CONTABILIDADE DE GESTÃO AVANÇADA

GESTÃO ESTRATÉGICA DE CUSTOS E AVALIAÇÃO DO DESEMPENHO

CONTABILIDADE DE GESTÃO AVANÇADA

GESTÃO ESTRATÉGICA DE CUSTOS E AVALIAÇÃO DE DESEMPENHO

ISABEL CRUZ
CLÁUDIA COIMBRA
LUÍS ABRANTES
MARIA DO CÉU ALVES
PATRÍCIA QUESADO

ALMEDINA

CONTABILIDADE DE GESTÃO AVANÇADA
GESTÃO ESTRATÉGICA DE CUSTOS E AVALIAÇÃO DE DESEMPENHO
AUTORES
Isabel Cruz
Cláudia Coimbra
Luís Abrantes
Maria do Céu Alves
Patrícia Quesado
EDITOR
EDIÇÕES ALMEDINA, S.A.
Avenida Emídio Navarro, 81, 3D
3000-151 CoimbraTel.: 239 851 904 · Fax: 239 851 901
www.almedina.net · editora@almedina.net
PAGINAÇÃO
EDIÇÕES ALMEDINA, S.A.
DESIGN DE CAPA
FBA./Ana Simões
PRÉ-IMPRESSÃO, IMPRESSÃO E ACABAMENTO

Janeiro, 2023
DEPÓSITO LEGAL

ALMEDINA | GRUPOALMEDINA

BIBLIOTECA NACIONAL DE PORTUGAL – CATALOGAÇÃO NA PUBLICAÇÃO
CONTABILIDADE DE GESTÃO AVANÇADA
Isabel Cruz... [et al.]
ISBN 978-989-40-0880-4
I – CRUZ, Isabel
CDU 657

ÍNDICE

AGRADECIMENTOS

Conseguir levar ao prelo um livro sobre Contabilidade de Gestão Avançada, envolvendo vários docentes, de diferentes Instituições de Ensino Superior, em diferentes locais do País, era, à partida, um desafio que exigia, por tal facto, um esforço redobrado de empenhamento, de partilha de ideias e de trabalho coordenado de equipa. Foram muitas as horas investidas na prévia definição dos temas a desenvolver, nos conceitos a harmonizar, na identificação dos exemplos ou casos práticos a apresentar, enfim, na elaboração de um índice - guião inicial, no desenvolvimento dos vários capítulos até à configuração da obra final e que, agora, se apresenta.

O primeiro agradecimento é, naturalmente, dedicado às nossas Famílias, pelo tempo de ausência que nos concederam, apoiando-nos e estimulando-nos, contudo, para que este projeto se concretizasse.

Mas se este livro resulta do contributo de cinco autores, ele contém, ainda que de forma implícita, os contributos de inúmeros colegas docentes e amigos que connosco lecionaram e que ajudaram na conceção, elaboração, revisão e resolução de muitos casos e exercícios que serviram de suporte a aulas de Contabilidade de Gestão, Contabilidade de Gestão Avançada e de Controlo de Gestão, ao longo de várias décadas de carreira académica. Casos e exercícios que, tendo agora sido reelaborados e melhorados, se apresentam ao longo dos vários capítulos do livro, para ilustrarem de forma prática os conceitos que aí são desenvolvidos.

Um agradecimento final, especial, ao Aldónio Ferreira – docente da Monash Business School (Melbourne, Austrália) que aceitou prefaciar o livro e, deste modo, dar relevo ao propósito mais singelo do nosso trabalho: mostrar "o ... potencial de criação de valor que a Contabilidade oferece às organizações, particularmente na ótica da gestão" e, consequentemente, poder ser útil a estudantes, docentes e gestores.

Os Autores
Dezembro de 2022

PREFÁCIO

A contabilidade desempenha um papel essencial na sociedade moderna, permeando esta a todos os níveis. O magnata Warren Buffet atribuiu-lhe o estatuto de "linguagem dos negócios" e defende que o seu conhecimento é absolutamente essencial para o sucesso no mundo dos negócios. Sendo isto verdade, também é facto de que papel da contabilidade vai muito mais além do contexto a que Warren Buffet tinha em mente, desempenhando um papel estruturante no setor público e nas organizações sem fins lucrativos. A Contabilidade de Gestão, com a sua ênfase nos processos internos e de tomada de decisão, direciona os seus holofotes para os gestores das diversas indústrias e setores de atividade, assumindo o estatuto de "porta-estandarte" da linguagem dos negócios, ainda que nem sempre recebendo o merecido crédito.

É neste contexto que temos *Contabilidade de Gestão Avançada*, um manual que resulta da uma colaboração multi-institucional, coordenada pela Isabel Cruz (Universidade de Coimbra) e que inclui também como coautores Cláudia Coimbra (ISCAC), Luís Abrantes (ISCAP), Maria do Céu Alves (Universidade da Beira Interior) e Patrícia Quesado (IPCA). O produto desta excelente colaboração é um valioso contributo para a oferta em língua portuguesa de textos didáticos na área da Contabilidade de Gestão. É um manual que ilustra o enorme potencial de criação de valor que a Contabilidade de Gestão oferece às organizações, particularmente na ótica da gestão.

Contabilidade de Gestão Avançada é um manual moderno que se distingue em diversos frentes. Realço desde logo a sua grande abrangência em termos de conteúdos, que nuns casos se equipara e noutros excede, os conteúdos de manuais semelhantes em língua inglesa. Sendo verdade que nem todos os conteúdos apresentam a mesma profundidade - tal dificilmente seria possível -, também é verdade que este manual oferece ao leitor a oportunidade de se familiarizar com as inúmeras potencialidades e aplicações que a Contabilidade de Gestão oferece nos tempos modernos. A frequente inclusão de referências bibliográficas encoraja o leitor a saciar o seu interesse e curiosidade em ir mais a fundo nos temas abordados, em especial nos temas de vanguarda que se mantêm em processo de evolução. Realço, também, o esforço para atingir um certo equilíbrio entre temas considerados mais tradicionais e outros considerados contemporâneos, entre os conhecimentos oriundos da tradição portuguesa e oriundos além-fronteiras.

O livro contém cinco partes e um total de dezanove capítulos. A primeira parte, que inclui três capítulos, oferece uma introdução à Contabilidade de Gestão, contextualizando a disciplina na área da contabilidade e lança as fundações concetuais do livro. A segunda parte, também subdividida em três capítulos, desenvolve o uso da informação na tomada de decisão. É aqui que o leitor encontra a Análise Custo-Volume-Resultado e o conceito fundamental de 'informação relevante', que está na base dos processos de tomada de decisão. O *Activity-Based Costing* e conceitos afins (i.e. *Activity-Based Management, Activity-Based Budgeting, Time-Driven Activity-Based Costing)* são o foco da terceira parte, um tratamento que realça a importância destes para a Contabilidade de Gestão contemporânea. A quarta parte aborda temas que, pelo seu todo, poderão ser designados como parte integrante da Gestão de Custos e de processos-chave. É aqui que encontramos capítulos que abordam temas como Custo-Alvo (i.e. *Target Costing*) e as motivações e efeitos das filosofias de gestão como *Just-in-Time (JIT), Total Quality Management (TQM), Lean Manufacturing, Benchmarking*, entre outros. A parte final do livro introduz ao leitor aspetos do Controlo de Gestão, começando pela intersecção entre a contabilidade e as estruturas organizacionais. Aqui, o manual reparte-se entre termos clássicos (e.g. preços de transferência, medidas financeiras de avaliação do desempenho das unidades de negócio) e o modelo estratégico de avaliação e gestão do desempenho (ii.e., *Balanced Scorecard*). Assim, este manual didático é versátil, podendo ser usado como ferramenta para introduzir conceitos e aplicações-base numa disciplina introdutória de Contabilidade de Gestão, mas também como base a disciplinas avançadas.

ALDÓNIO FERREIRA
Melbourne, novembro de 2022

NOTA INTRODUTÓRIA

Este livro, que tem como título Contabilidade de Gestão Avançada – Gestão Estratégica de Custos e Avaliação do Desempenho, destina-se a todos os interessados na construção, preparação, tratamento, análise e utilização da Contabilidade de Gestão como instrumento de informação que apoia os gestores empresariais na tomada de decisões operacionais e, sobretudo, estratégicas. Destina-se também a docentes e alunos nas áreas da Contabilidade, Gestão e Finanças e afins e está organizado em cinco partes.

A Parte I tem como principal objetivo fazer uma introdução à Contabilidade de Gestão evidenciando a sua importância no processo de tomada de decisão, planeamento e controlo, apresentando a terminologia e os conceitos básicos utilizados e desenvolvendo a problemática relacionada com os sistemas de custeio, estando dividida em três capítulos, nomeadamente o capítulo 1 – Introdução à Contabilidade de Gestão, o capítulo 2 – Aceções de gastos e alocação de custos e o capítulo 3 – Sistemas de custeio e efeito nos resultados.

Com a Parte II, composta também por três capítulos, pretende-se debater as informações financeiras que ajudam os gestores a tomar melhores decisões, essencialmente no curto prazo. Assim, no capítulo 4 desenvolve-se a Análise Custo-Volume-Resultado (CVR). O capítulo 5 centra-se na importância da Análise Diferencial no processo de tomada de decisão com foco nos custos e benefícios que diferem entre as diferentes alternativas; sendo que no capítulo 6 o enfoque vai para a Gestão e Análise da Produtividade, vista como fonte de crescimento económico, social e de progresso e melhoria do padrão de vida.

Na Parte III é desenvolvida a abordagem da gestão das atividades no processo de melhoria da eficiência da organização, começando-se no capítulo 7 por analisar o custeio baseado nas atividades (ABC) como uma metodologia de afetação dos gastos indiretos aos objetos de custeio em detrimento dos sistemas tradicionais. O capítulo 8 foca-se mais concretamente na importância estratégica da gestão das atividades, desenvolvendo os conceitos de gestão baseada nas atividades (ABM) e orçamento baseado nas atividades (ABB), sendo que o capítulo 9 desenvolve o tema do *Time Driven ABC* (TDABC) como um modelo mais simples que o proposto inicialmente com a aplicação direta do ABC.

O principal objetivo da Parte IV é apresentar e desenvolver técnicas de gestão de custos que permitam organizar e processar a informação para apoio à tomada de decisão por forma a criar maior valor para a organização, ou seja, com a finalidade de reduzir custos nas organizações, mas potenciando a produção de produtos e prestação de serviços com altos níveis de qualidade. Nos capítulos 10 a 16, serão apresentadas e debatidas técnicas como o *Target Costing* e *Kaizen Costing*, a Engenharia de Valor e Reengenharia de Processos, o *Just in Time*, a Curva de Aprendizagem (custos e ciclo de vida), a Gestão de Custos pela Qualidade Total, o *Lean Manufacturing*, a Teoria dos Constrangimentos (TOC) e o *Benchmarking*.

Por último, na Parte V os objetivos centram-se nos instrumentos de controlo de gestão e de gestão estratégica que as empresas têm de desenvolver no atual contexto de globalização e maior competitividade, que exige agilidade e flexibilidade da gestão e que tem conduzido as empresas para estruturas mais descentralizadas. Desta forma, o capítulo 17 desenvolve a temática da descentralização na implementação de um adequado sistema de controlo de gestão, com a consequente necessidade do desenvolvimento de ferramentas fundamentais como os preços de transferência interna. No capítulo 18 são analisadas várias métricas para a avaliação do desempenho organizacional que permitem obter uma visão mais holística da *performance* das organizações, nomeadamente métricas como o *Residual Income* (RI), o *Economic Value Added* (EVA), o *Cash Value Added* (CVA) ou *o Market Value Added* (MVA). Por último, no capítulo 19 discute-se o conceito de Contabilidade de Gestão Estratégica (CGE), que se traduz no desenvolvimento de práticas como o *Balanced Scorecard* (BSV), que permite uma mensuração mais abrangente do desempenho e uma gestão estratégica das organizações uma vez que contempla duas dimensões adicionais: a mensuração dos intangíveis e a criação de valor.

Cada capítulo desenvolvido apresenta uma estrutura uniforme, começando por definir os principais objetivos, passando depois para uma pequena introdução e desenvolvimento das temáticas abordadas. Cada capítulo termina, na generalidade, com a apresentação de um sumário, os termos e conceitos chave, questões teóricas e, ainda, na maior parte dos capítulos, com a inclusão de exercícios e problemas resolvidos e por resolver.

Os autores

Parte I

Esta primeira parte, com o objetivo de fazer uma introdução à Contabilidade de Gestão, subdivide-se em três capítulos. O primeiro capítulo começa por fazer uma breve resenha histórica sobre a evolução do papel da contabilidade na vida das organizações, prossegue com a distinção entre a Contabilidade Financeira e a Contabilidade de Gestão, evidencia a importância desta no processo de tomada de decisão, planeamento e controlo, terminando por explorar as várias funções da Contabilidade de Gestão, depois de realçar as mudanças que estão a acontecer no meio envolvente e a necessidade de adaptação da filosofia subjacente aos recentes Objetivos para o Desenvolvimento Sustentável (ODS), indispensáveis numa sociedade moderna e equilibrada. No segundo capítulo são apresentados a terminologia e conceitos básicos que a literatura utiliza na Contabilidade de Gestão, as questões relacionadas com a alocação de gastos diretos e indiretos aos objetos de custeio e os objetivos dos sistemas e custeio. Esta parte é concluída com a exploração, num terceiro capítulo, de diversos sistemas de custeio, os diferentes efeitos que têm nos resultados operacionais das organizações, os diversos determinantes de um sistema de custeio e o que de maior relevância deverá ser tido em consideração, relativamente aos processos de custeio, quando se consideram organizações cuja atividade é comercial ou de prestação de serviços.

CAPÍTULO 1

—

INTRODUÇÃO À CONTABILIDADE DE GESTÃO

OBJETIVOS DE APRENDIZAGEM

1. **Compreender a importância e a evolução do papel da contabilidade;**
2. **Distinguir entre Contabilidade de Gestão e Contabilidade Financeira;**
3. **Explicar as etapas do processo de tomada de decisão, planeamento e controlo;**
4. **Descrever os fatores do meio envolvente que influenciam as práticas da Contabilidade de Gestão;**
5. **Discutir o impacto da mudança do meio envolvente na Contabilidade de Gestão;**
6. **Identificar as funções de um sistema de custos e de Contabilidade de Gestão.**

1.1. INTRODUÇÃO

A gestão das organizações implica a tomada de decisões. Os responsáveis pela gestão confrontam-se com situações cuja complexidade é cada vez maior relativamente ao passado, onde, por vezes, o êxito dos negócios dependia essencialmente da experiência, da intuição e do espírito empreendedor (Rodrigues, 2016). A globalização dos mercados, a evolução tecnológica, os ciclos de vida de muitos produtos cada vez mais curtos, as expectativas dos clientes e dos consumidores, os novos canais de distribuição, as novas tecnologias de produção, a satisfação das reivindicações sociais, transformaram as organizações em sistemas complexos, cuja gestão exige a utilização de novas técnicas, novas ferramentas, novos métodos e novos saberes. O domínio da informação passa a ser um recurso preponderante para qualquer entidade. Como tal, as atividades de gestão exigem a disponibilização em tempo útil quer de informação financeira quer de informação não financeira de variada natureza. O sistema contabilístico é indispensável e é a principal fonte de produção da informação económica e financeira.

A contabilidade tem uma função preponderante nas atividades de gestão, mas não se deve reduzir à existência apenas da "obrigatória" Contabilidade Financeira que produz informação uniformizada e de divulgação essencialmente externa, transmitindo uma imagem da realidade económica, financeira e patrimonial da entidade de uma forma global. É premente dotar as entidades com informações contabilísticas mais orientadas para o apoio à tomada de decisão em todos os níveis da gestão, desde o conselho de administração aos gestores de primeira linha (Cruz, 2016). Para isso, deverá ser desenvolvida a Contabilidade de Gestão que se concentra na produção de informação adequada às necessidades de gestão da organização, nomeadamente, a informação relevante e suficiente para apoiar: a definição de objetivos organizacionais, a coordenação de operações e atividades, o planeamento e respetivo controlo, a melhor compreensão das informações produzidas pela Contabilidade Financeira, a análise de cenários de decisão alternativos e prever as respetivas consequências e possíveis soluções, a definição e avaliação de medidas e padrões de desempenho, entre outros. Este subsistema da informação assume tanto mais relevância quanto maior é o grau de complexidade da organização.

Neste capítulo, inicia-se com a apresentação de uma breve resenha da evolução da contabilidade e da Contabilidade de Gestão, evidenciando os seus principais utilizadores e as necessidades de informação que foram procurando colmatar ao longo dos tempos. De seguida, ilustram-se os principais aspetos que caracterizam e diferenciam a Contabilidade de Gestão da Contabilidade Financeira. Na secção seguinte reflete-se sobre a necessidade da Contabilidade de Gestão para o processo de decisão, o planeamento e o controlo de gestão. Depois de explorar as exigências com que a Contabilidade de Gestão se confronta face à permanente mudança do mundo contemporâneo, termina-se o capítulo recaindo sobre as principais funções da Contabilidade de Gestão.

1.2. Evolução do papel da contabilidade

A perceção da importância da contabilidade tem evoluído ao longo dos tempos, assim como a relevância que tem tido enquanto sistema de informação impulsionador do mundo dos negócios e, mais recentemente, de toda uma sociedade que precisa das suas organizações do setor não lucrativo para evoluir. Se inicialmente ocupava uma posição significativa no funcionamento da sociedade moderna industrial, a contabilidade foi-se tornando cada vez mais influente na gestão social e organizacional moderna, tanto em organizações privadas como públicas, criando padrões de visibilidade organizacional, articulando formas de gestão e a segmentação organizacional, reforçando ou até criando padrões particulares de poder e influência, moldando visões dos vários *stakeholders* sobre o que é importante para criar uma conceção particular da realidade organizacional (Burchell *et al.*, 1980).

Esta secção inicia por descrever a evolução da própria definição da contabilidade, de seguida evidencia a importância da contabilidade para as diversas entidades ou grupos que se relacionam com a entidade e que têm interesse na informação que é produzida e, por último, efetua-se uma incursão pela evolução da Contabilidade de Gestão em particular.

1.2.1. O QUE É A CONTABILIDADE?

A necessidade de contar e de controlar o património é identificada com a própria existência humana. As representações nas pinturas rupestres têm recentemente sido estudadas como sendo a primeira expressão contabilística. Porém, os registos contabilísticos individualizados conhecidos como mais antigos, feitos em placas de argila cozida, respeitam ao final do Período Neolítico (cerca de 4 000 a.C.) e os primeiros contabilistas empregados são identificados, por volta de 300 a.C., no Irão onde foram descobertas as primeiras fichas e registos de escrituração.

O termo contabilidade tem diversas aceções, de acordo com diversas perspetivas e autores, sendo que se irá aqui debater, essencialmente, a contabilidade enquanto sistema de informação. De facto, é comum ter a ideia da contabilidade como a prática da contabilidade e o resultado dessa atividade. Para os estudantes de contabilidade é comummente descrita como a "linguagem dos negócios" em vários livros e materiais didáticos (Carnegie *et al.*, 2021). A contabilidade processa informação utilizada internamente para apoio à gestão da organização e também para divulgação externa, com formatos uniformizados que proporcionem bases de interpretação da informação financeira comum a vários interessados pela atividade económica e financeira da entidade (Drury, 2021; Garrison *et al.*, 2021).

Reportando à teoria da contabilidade, foi em tempos (início dos anos 40) referida como "... a arte de registar, classificar e resumir de forma significativa e expressa monetariamente, transações, eventos que são, em parte, pelo menos, de caráter financeiro, e interpretam os resultados" (American Institute of Accountants, 1953, p. 9). Cerca de 25 anos mais tarde, acrescenta-se a noção da utilidade da informação para a decisão dos utilizadores da mesma. A contabilidade passa a ser reconhecida como um conjunto coeso de princípios concetuais, hipotéticos e pragmáticos que explicam e orientam as ações do contabilista na identificação, mensuração e comunicação das informações económicas para utilizadores das demonstrações financeiras (American Accounting Association, 1966). Esta moderna aceção da contabilidade foca-se nas "oito atividades-chave da contabilidade: identificação, mensuração, registo, classificação, resumo, análise, interpretação e comunicação" (Carnegie *et al.,* 2021, p. 66). Nos anos 80, Watts e Zimmerman (1986) acrescentam que a contabilidade deve ser concebida tendo em consideração a relevância da informação para quem tem de tomar decisões. Mais recentemente passou a ser reconhecida igualmente a importância da inclusão de informação não financeira no relatório e contas das entidades.

Desde os anos 80 que a contabilidade tem vindo a ser debatida para além do seu papel discreto de uma mera técnica ou ferramenta cujas características incluem a neutralidade, tornando-se mesmo parte de uma linguagem explicitamente reconhecida como uma 'prática social' e uma 'prática moral' (Tsahuridu & Carnegie, 2018). Este debate foi alargado, através de uma plataforma própria, a toda a Europa, Austrália e América, para profissionais e investigadores, sobre o papel preponderante que a contabilidade, os contabilistas e os professores de contabilidade podem exercer com objetivos de melhorar a contabilidade e oferecer perspetivas para "o desenvolvimento de uma profissão mais aberta, de mente aberta e geradora de valor" (Canergie, *et al.*, 2021, p. 67). Os autores acrescentam que a contabilidade compreende quer os fins quer os meios para fazer a diferença no mundo contemporâneo, podendo ter uma proatividade no combate às alterações climáticas e à degradação social, propõem mesmo uma nova definição de contabilidade a ter em consideração: " a contabilidade é uma técnica prática, social e moral preocupada com a utilização sustentável dos recursos e responsabilidade adequada às partes interessadas para permitir o florescimento das organizações, das pessoas e da natureza" (Canergie, *et al.*, 2021, p. 69).

Tal como reforça Drury (2021), a contabilidade como linguagem que transmite a informação económica para os *stakeholders* cumpre determinados requisitos, mas é observada e analisada com objetivos distintos.

1.2.2. Os utilizadores da informação contabilística

A teoria e a prática da contabilidade ainda não consideram as necessidades de tomada de decisão de todos os *stakeholders* que correm um certo risco devido às atividades das organizações (Mitchell *et al.*, 2015). Porém, para que a informação proporcionada nas demonstrações financeiras seja útil aos utentes é exigido que garantam as características qualitativas da informação: a compreensibilidade, a relevância, a fiabilidade e a comparabilidade (Aviso n.º 8254/2015 de 29 de julho do Ministério das Finanças, Sistema de Normalização Contabilística – Estrutura Conceptual).

Relativamente aos agentes externos à organização, com quem é partilhada a Contabilidade Financeira, podemos evidenciar as perspetivas e objetivos de várias entidades que têm interesse nesta informação: Estado e entidades governamentais, investidores (acionistas/sócios), clientes, fornecedores e outros credores (financiadores), a concorrência, empregados e a sociedade em geral ou o público.

- Os **investidores** estão interessados em ter uma explicação resumida sobre a rendibilidade, como medida de desempenho do negócio e da capacidade de gestão, o risco económico da sua atividade, a evolução dos investimentos da entidade e detetar se existem perspetivas quanto à possibilidade de distribuição de dividendos. Os atuais investidores estarão mais interessados em decidir se devem continuar a investir, já os potenciais investidores vêm como uma alternativa de investimento e comparam a rendibilidade e o risco da entidade face a outras opções de investimento no mercado.
- Os **fornecedores** e **outros credores**, principalmente os **financiadores** da entidade (instituições de crédito), ao analisar a informação contabilística, poderão detetar situações que proporcionem dificuldades no reembolso atempado das suas dívidas e outras condições acordadas, assim como avaliar e estimar o risco dos financiamentos a efetuar ou efetuados. Quer para verificar se devem conceder ou distender o crédito quer para definirem as condições de crédito (taxas de juro e prazos), estes *stakeholders* preocupam-se também com a avaliação do risco, para o qual é ainda mais importante garantir a fiabilidade da contabilidade, é importante detetar situações de eventuais fraudes. Os fornecedores terão igualmente interesse na manutenção da organização enquanto sua cliente e, por isso, por vezes, vão cedendo condições que permitam a sua sustentabilidade no mercado.
- O objetivo principal do interesse dos **clientes** nas contas de uma organização relaciona-se com a deteção de situações que possam colocar em risco a continuidade da mesma e a garantia do fornecimento de bens e serviços com a mesma ou melhor qualidade, nos prazos que são inicialmente estipulados.
- Para o **Estado**, a informação contabilística não se resume apenas a uma base para o cálculo dos impostos devidos pela entidade, mas essencialmente uma base de informação, entre outros, para o Instituto Nacional de Estatística e para a Base de Dados do Banco de Portugal. Esta informação agregada permite um estudo mais rigoroso e a implementação de políticas de estabilização ou de crescimento económico, de regulação de uma indústria ou de um

setor em particular, de planificação dos recursos económicos do país ou até de intervenção pública em áreas mais desprotegidas e carenciadas de serviços indispensáveis ao bem-estar social. Para além disso, tanto para o Governo como ainda mais para o poder local, é importante acompanhar a evolução das organizações, verificar se acrescentam valor para a comunidade e garantir a sua manutenção, não só como geradoras de rendimentos (através dos impostos), mas também como fonte de criação de emprego e grandes impulsionadores do desenvolvimento da economia local.

- Para poderem compreender melhor o seu posicionamento no mercado e identificar medidas de desempenho económico-financeiro que possam ser orientadoras para a sua própria organização, a **concorrência** também estará interessada em analisar, no mínimo, as informações de divulgação obrigatória das organizações que atuam no mesmo mercado ou em mercados similares. Para estes *stakeholders* a análise será mais global e terá a ver com indicadores de rendibilidade, de equilíbrio financeiro e de risco do negócio.
- Por último, os **trabalhadores**, à semelhança dos *stakeholders* anteriores, avaliam a possibilidade de a organização poder manter-se por longos anos em atividade, para manutenção do posto de trabalho, a sua capacidade para pagar as remunerações quando são devidas e atender às suas necessidades e reivindicações salariais. Já a **sociedade em geral**, para além de pretender que a entidade seja sustentável, como dinamizadora da economia, observa questões de preservação do ambiente e de responsabilidade social.

Os utilizadores internos da informação, gestores e administradores, devem exigir que a informação contabilística da organização seja perfeitamente adequada à tomada de decisões e ao controlo das atividades. Estes utilizadores têm a capacidade de determinar a forma e conteúdo das informações apresentadas, ainda que relativamente à Contabilidade Financeira existam normas subjacentes a serem rigorosamente cumpridas. Se inicialmente o gestor se confundia com o proprietário da organização, a criação das sociedades anónimas e o crescimento das organizações conduzem à separação entre o proprietário e o papel de gestão. Nas grandes e médias entidades, os acionistas (sócios) funcionam como fonte de capital e a gestão, geralmente, fica a cargo de profissionais. A Contabilidade Financeira ajuda a compreender o que aconteceu na entidade, mas para identificar as ações que devem ser desenvolvidas para melhorar o seu desempenho económico e financeiro é necessário dispor de informação mais pormenorizada sobre as suas atividades. A gestão precisa de informação complementar que lhes permita ter o detalhe suficiente para, por exemplo, saber:

- Qual foi o custo dos produtos fabricados?
- Qual é o custo-padrão de um produto ou serviço?
- Que preços devem ser praticados para cobrir os gastos e gerar uma margem aceitável de lucro?
- Qual a contribuição de cada produto, serviço, departamento, unidade de negócio ou até de cada colaborador para o resultado?
- Que valor é acrescentado em cada fase de produção?
- Será que é preferível recorrer ao *outsourcing* em alguma das fases de produção em vez de produzir internamente?

O grau de detalhe da informação contabilística é pertinente para o gestor. Se em pequenas entidades e microentidades é possível aos gestores procurar e recolher a informação necessária, processá-la construindo os seus próprios instrumentos, com os conhecimentos e experiência adquirida ao longo dos anos, de uma forma eficiente que permita desenvolver estratégias e tomar medidas para melhorar o desempenho da organização; as grandes e médias entidades exigem sistemas de informação mais elaborados que permitam recolher e processar a informação contabilística de gestão – com principal ênfase nos gastos e rendimentos por funções, departamentos, atividades, produtos, processos, linhas de negócio – de forma a permitir fornecer informação atempada para o planeamento e o controlo das atividades que garantam a máxima eficiência na utilização dos recursos disponíveis.

1.2.3. A Contabilidade de Gestão

A Contabilidade de Gestão é fundamental no apoio à realização de três importantes atividades dos gestores (Figura 1.1): **planear** – definição de objetivos para a organização e identificação de vias para os alcançar; **dirigir e motivar** – envolve a mobilização dos colaboradores para concretizar os planos e conduzir as operações necessárias; **controlar** – assegurar que o planeado seja bem concretizado na realidade e que sejam implementadas correções necessárias à sua boa execução, caso haja modificações das circunstâncias inicialmente consideradas (Garrison *et al.*, 2021).

FIGURA 1.1 – **Ciclo de planeamento e controlo**

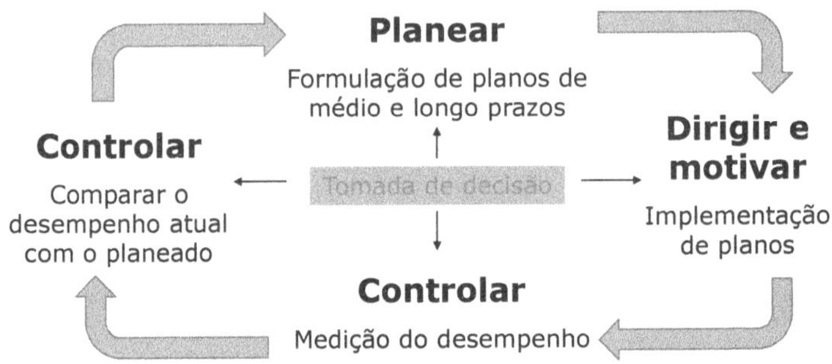

Fonte: Garrison *et al.* (2021, p. 7), adaptado.

A recolha, processamento e tratamento de informação relativa aos custos permite às organizações utilizá-la para tomar decisões informadas, por forma a otimizar a utilização dos seus recursos na prossecução de objetivos previamente definidos. Os sistemas de Contabilidade de Gestão recorrem a técnicas que, funcionando em conjunto, proporcionam uma maior criação de valor a um menor custo e apoiam a organização nas suas atividades e nos seus objetivos (Hilton *et al.*, 2006). A sua principal finalidade é ter informação segmentada através da atribuição de custos por diferentes objetos de custeio (por exemplo: produtos, serviços, atividades, clientes). Sempre que se melhora o rigor da afetação de custos, a informação produzida é de maior qualidade, sendo utilizada para tomar melhores decisões (Hansen & Mowen, 2005). A melhor afetação dos recursos tenta replicar a eficiência dos mercados, na medida em que o gestor é intimado a considerar cuidadosamente os custos e benefícios relevantes (diferenciais ou incrementais) ao tomar decisões (Samuel, 2018).

Uma das definições de Contabilidade de Gestão mais comuns é a que foi divulgada pelo *Institute of Management Accounting* (IMA): "O processo de identificação, medida, acumulação, análise, preparação, interpretação e comunicação de informação financeira utilizada pela gestão para planear, avaliar e controlar a organização internamente e assegurar que a utilização dos seus recursos foi apropriada e contabilizada." (IMA, 2008, p. 48).

Na primeira parte desta definição identifica-se o papel fundamental da Contabilidade de Gestão para a gestão do planeamento da organização, controlo e tomada de decisões. Na segunda parte, o apoio da Contabilidade de Gestão incide essencialmente na prática, nomeadamente na produção de relatórios de controlo de gestão.

FIGURA 1.2 – **Estrutura concetual para a Contabilidade de Gestão**

Fonte: Samuel (2018, p. 31), adaptado.

A Contabilidade de Gestão tem necessariamente que explorar a interação entre técnicas contabilísticas, estratégia organizacional e formas organizacionais para que se dirija a organização de forma global. Como não existe apenas uma teoria económica que explique a organização, Samuel (2018, p. 31) propõe uma estrutura conceptual (Figura 1.2) para a Contabilidade de Gestão, fundamentada teoricamente na literatura económica, baseando-se na "necessidade de coordenar recursos, controlar o desempenho e medir o consumo de recursos a partir da ausência dentro de uma organização de preços, de direitos de propriedade e consumos perfeitamente divisíveis". A Contabilidade de Gestão deixa de estar presa apenas a informações para a tomada de decisão, à contabilidade para o planeamento e o controlo e à gestão do desempenho organizacional.

No mundo contemporâneo, no sentido de conseguir prosperar, é necessário que as organizações se reinventem para criar valor e satisfazer as necessidades dos seus clientes. A criação de valor exige a tomada de decisões que requerem informação sobre o médio e longo prazo, não só sobre o meio envolvente, mas também sobre elementos internos, que exigem sistemas mais refinados de custeio dos produtos e/ou serviços (Innes & Eaton, 2005; Cooper & Kaplan, 1988). Também as novas abordagens de gestão, as mudanças nos processos de negócios e a inovação tecnológica constituem mudanças que acabam por ter impacto nos sistemas de Contabilidade de Gestão (Drury, 2021).

1.2.4. O percurso histórico da Contabilidade de Gestão

O primórdio da Contabilidade de Gestão está estritamente relacionado com a Revolução Industrial na Europa e nos Estados Unidos da América, nos séculos XVIII e XIX. Se inicialmente se resumia a uma mera técnica de cálculo de custos, quando surgiu na **segunda metade do século XVIII**, rapidamente se desenvolveu acompanhando a evolução dos processos de fabrico. Foi nesta altura que a manufatura e a produção com recurso a pequenos artesãos foi progressivamente substituída pelas primeiras fábricas – organizações com mão de obra, equipamentos e instalações próprios. Os empresários começaram a sentir necessidade de informação sobre o valor dos seus inventários de produção e os custos do processo de fabrico para o controlar (Johnson & Kaplan, 1987).

Foi na Revolução Industrial do **século XIX** que aconteceu o grande impulso na Contabilidade de Gestão e surgiram os primeiros procedimentos associados à indústria (Drury, 2021). Inicialmente era utilizada apenas por empresas industriais, sendo posteriormente alargada a muitos outros tipos de organizações e atividades. De acordo com Kaplan (1984), a procura de informação para planeamento e controlo aparece na primeira metade deste século, como forma de poder aconselhar procedimentos administrativos internos para coordenar os múltiplos processos envolvidos no desempenho de uma atividade.

Mais tarde, já no **início do século XX**, as práticas de contabilidade de custos passaram a ter a intervenção de engenheiros que, com uma análise mais detalhada de tempos e de padrões científicos de custos de mão de obra e material consumido na produção de uma unidade de produto, concebem o conceito de produtividade do trabalho e estabelecem padrões usados como base de pagamento dos trabalhadores (Kaplan, 1984). Neste período, existe um debate intensivo sobre a Contabilidade de Custos, com a consequente produção científica que desenvolve sistemas de Contabilidade de Custos desenhados e utilizados pelos departamentos de produção, com o objetivo de avaliar eficiências operacionais, ajudar nas decisões de preços e a controlar e motivar o desempenho dos trabalhadores.

Apenas com o desenvolvimento das organizações com multiatividades integradas verticalmente, para produção e distribuição em massa, aumentou a complexidade e passou a haver maior necessidade de coordenação e controlo das diversas atividades da empresa. Contudo, no final da I Grande Guerra Mundial constatou-se a falta de planeamento e controlo da maior parte das empresas industriais. Passam a ser conhecidas as práticas sofisticadas dos sistemas de Contabilidade de Gestão da *General Motors* (Kaplan, 1984) para conseguir um "controlo centralizado com responsabilidade descentralizada": (1) previsão anual operacional das divisões com coordenação posterior do desempenho, (2) relatórios de vendas com análise de desvios e atualização de orçamentos flexíveis, (3) distribuição de recursos e compensações de gestão às divisões com base no seu desempenho e (4) definição de sistemas de preços de transferência baseados no mercado entre muitas divisões operacionais (sistema que surgiu na organização funcional da *DuPont* em 1905).

As práticas de Contabilidade de Gestão usadas **até meados dos anos 80 do século XX** foram, em grande parte, desenvolvidas de 1880 até 1925, não tendo registado grandes inovações por cerca de 60 anos. Johnson e Kaplan (1987) reconhecem que para este impasse contribuiu significativamente a separação entre a propriedade e a gestão das organizações, que exigiu uma monitorização do investimento por parte dos detentores de capital e fez com que acontecesse uma evolução na Contabilidade Financeira, devido à sua obrigatoriedade e à necessidade de divulgação anual de demonstrações financeiras auditadas. Os autores acrescentam que a manutenção das duas contabilidades separadas exigia custos de recolha e tratamento da informação que não superavam os benefícios, pelo que os gestores recorriam à contabilidade usada para reporte externo para gerir as operações internas.

Com a revolução cibernética de 1964, os sistemas de informação passaram a ser automatizados e a preocupação centrava-se na automatização dos sistemas manuais que tinham sido desenvolvidos no passado, sem haver uma adaptação às exigências do meio envolvente. Johnson e Kaplan (1987) realçam que os sistemas de Contabilidade de Gestão usados pelas organizações estavam obsoletos em **meados dos anos 80 do século XX** e não respondiam de forma relevante ao ambiente competitivo e de constante mudança da indústria. Desde este alerta, a comunidade científica e os profissionais de contabilidade passaram a modificar e a implementar novas técnicas que correspondessem às necessidades latentes de apoio à gestão que assegurassem a recuperação da relevância da Contabilidade de Gestão (Drury, 2021). **Até meados dos anos 90** (século XX) surgiram novas ferramentas que têm sido refinadas e modificadas até aos dias de hoje: o custeio baseado nas atividades (*activity-based costing* – ABC), técnicas de gestão estratégica de custos e o *balanced sorecard*.

De uma forma resumida, estes marcos históricos ajudam a compreender as origens e a evolução de muitas práticas da Contabilidade de Gestão e a evolução das várias designações que na prática geralmente se confundem:

- **Contabilidade Industrial** ou **Contabilidade de Custos** (terminologia anglo-saxónica) – cingia-se às organizações industriais, centrava-se na determinação do custo de produção identificado com os consumos dos fatores de produção envolvidos nas várias fases de fabrico de um produto, para a determinação do valor dos inventários;
- **Contabilidade Analítica** – quando são acrescentados o tratamento e a análise dos dados da Contabilidade de Custos e a vertente dos rendimentos, agrupados por funções ou por processos, relativos à produção quer de bens quer de serviços, com o objetivo de conhecer, gerir e controlar a forma como se obtêm os resultados;
- **Contabilidade de Gestão** – amplia a utilização da contabilidade interna para a adequar às necessidades de cada gestor, agregando também informação externa relevante do meio envolvente, com o claro objetivo de permitir tomadas de decisão operacionais, táticas ou estratégicas, com maior rigor e fundamentação.

No mundo contemporâneo, no sentido de conseguir prosperar, é necessário que as organizações se reinventem para criar valor e satisfazer as necessidades dos seus clientes. A criação de valor exige a tomada de decisões que requerem informação sobre o o médio e o longo prazos, não só sobre o meio envolvente, mas essencialmente sobre elementos internos, que exigem sistemas mais refinados de custeio dos produtos. A gestão estratégica de custos exige um sistema de planeamento e controlo que permita gerar informações de apoio à gestão dos recursos de acordo com a estratégia da entidade. Geralmente, relaciona-se com a forma mais lucrativa de produzir serviços ou produtos que sejam competitivos, tendo em consideração entre outros: o custo, a qualidade, a funcionalidade ou a entrega atempada. Caso a organização não se consiga distinguir pela diferenciação no mercado, é preponderante que a organização aplique técnicas de gestão de custos por forma a que, em simultâneo, reduza suficientemente os seus custos, ganhe uma vantagem competitiva sustentável e melhore o seu posicionamento estratégico.

A organização deve avaliar todas as iniciativas planeadas ou em curso e verificar de que modo é que elas reforçam a posição competitiva da empresa. Caso a resposta obtida não seja a desejada ou se identifique que existe um reforço diminuto ou nulo dessa posição, então deverá ser reequacionado o programa de gestão de custos ou ponderadas novas possibilidades de atingir, por alguma via, diferenciação no mercado.

1.3. As diferenças entre a Contabilidade de Gestão e a Contabilidade Financeira

A discussão sobre a importância da contabilidade como indispensável para qualquer organização – porque transmite conhecimentos que permitem ler, analisar e interpretar a informação económica e financeira de uma organização – destaca o seu papel de sistema de informação, enquanto mecanismo formal para recolha, organização e comunicação de informação sobre as atividades de uma organização (Horngren *et al.*, 2014). Esta informação necessita de ser corretamente processada (mensurada, analisada e interpretada), bem como comunicada em tempo oportuno aos seus utilizadores para se tornar relevante e fundamental no apoio à tomada de decisão (Figura 1.3).

FIGURA 1.3 – **Sistema de informação contabilística**

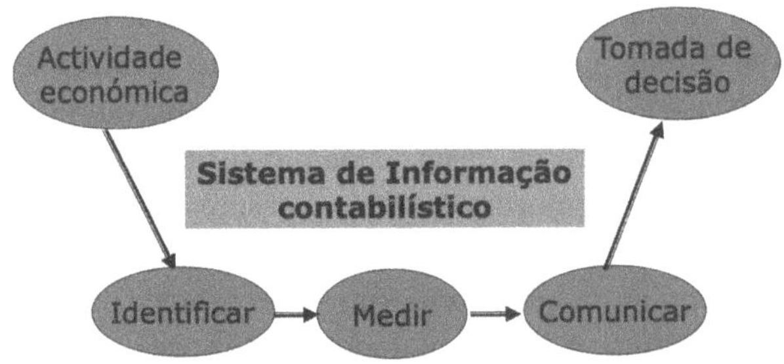

Fonte: Cruz (2016, p.382).

Depois de se ter debatido e demonstrado o interesse dos dois sistemas de contabilidade que mais se utilizam numa organização, a Contabilidade Financeira e a Contabilidade de Gestão, é de destacar as principais diferenças que existem entre elas.

A **Contabilidade Financeira** fornece periodicamente informações monetárias sobre a posição financeira e o desempenho económico e monetário da entidade como um todo, a partir do registo de acontecimentos passados na sua atividade. Para além de servir de base de trabalho para a própria gestão, esta informação é de divulgação obrigatória, sendo produzida em formatos uniformizados, em conformidade com enquadramentos legais, que se destinam a uma leitura compreensível por utilizadores externos que tenham algum interesse na entidade: investidores, fornecedores e outros credores, clientes, Estado, concorrência, trabalhadores e sociedade em geral.

A **Contabilidade de Gestão** prepara e divulga informações para os diversos administradores e gestores da organização, quer em valores monetários quer em valores não monetários, de uma forma mais detalhada, flexível, dirigida e completa. A informação é produzida à medida e em função das necessidades específicas da organização e dos seus utilizadores, não estando sujeita a qualquer constrangimento de forma. As informações podem ser de qualquer ordem: quantidades de matérias utilizadas, número de horas de mão de obra envolvida na produção respeitante a determinado objeto de custeio, quantidades de produto acabado, produtividade dos fatores de produção, percentagem de desperdício de matérias, percentagem de produtos defeituosos, percentagem da capacidade de produção utilizada, entre muitas outras (Cruz, 2016). Para além disso, pode incluir informações detalhadas e relevantes históricas, mas processa e analisa essa informação como apoio para projetar previsões e planos quanto ao seu futuro, tendo em consideração o seu meio envolvente e possíveis cenários de desenvolvimento do mesmo, sempre com objetivo o apoio à tomada de decisão com o maior rigor possível.

TABELA 1.1 – **Diferenças entre Contabilidade Financeira e Contabilidade de Gestão**

	Contabilidade Financeira	**Contabilidade de Gestão**
Objetivo	Recolhe e processa a informação necessária à preparação das demonstrações financeiras, com o principal objetivo da sua divulgação e esclarecimento sobre a posição financeira e o desempenho económico e monetário da organização. Visa essencialmente a prestação de contas (*accountability*).	Proporciona informação produzida de acordo com necessidades específicas de apoio à tomada de decisões na organização, para melhorar o desempenho.
Âmbito	Análise da organização como um todo.	Análise de segmentos de negócio ou de pequenas partes individuais.
Obrigatoriedade	Produção e divulgação das demonstrações financeiras obrigatórias.	Não existe qualquer imposição legal. A sua existência é facultativa.
Normalização	Toda a informação é produzida tendo subjacente um normativo legal (Sistema de Normalização Contabilística – SNC), e é consubstanciada em conceitos, princípios e regras, harmonizadas internacionalmente. O que lhe dá um caráter objetivo, consistente e permite a comparação nacional e internacional das contas das organizações.	A informação é processada de forma completamente livre, flexível, sem restrições formais, adaptada às necessidades dos decisores internos, de acordo com os critérios e sistemas seguidos na organização.
Temporalidade	Regista acontecimentos passados, contabilidade histórica.	Processa e analisa a informação do passado para antecipar o futuro, projetando os expectáveis desempenhos.

	Contabilidade Financeira	Contabilidade de Gestão
Utilizadores	Entidades externas que tenham interesse atual ou potencial na organização (Estado e outras entidades públicas, investidores, fornecedores e outros credores, financiadores, clientes, concorrência, trabalhadores) e os próprios gestores.	Todos os que têm responsabilidade na organização (gestores de topo, gestores intermédios, gestores de linha) e prováveis consultores.
Frequência de relatórios	No mínimo anual (obrigatório para todas as organizações), podendo ser semestral (obrigatório para entidades cotadas na Bolsa de Valores), trimestral (obrigatória para entidades cotadas em bolsas de valores internacionais) ou mensal.	Mensal, semanal ou mesmo diariamente. Produz relatórios à medida das necessidades de informação específica.

A organização é uma só e estas duas contabilidades processam e analisam uma mesma realidade, sob perspetivas diferentes, pressupondo os mesmos factos patrimoniais (acontecimentos) registados. Relativamente aos gastos, por exemplo, enquanto que na Contabilidade Financeira são classificados com fundamento na sua origem ou natureza (entre outros, gastos com o pessoal, custos das mercadorias vendidas e das matérias consumidas, gastos de depreciação e amortização, outros gastos e perdas, gastos e perdas de financiamento), quando muito por funções (produção, comercial, administrativa, financeira, entre outras); de acordo com Cruz (2016, p. 383), na Contabilidade de Gestão "os gastos são classificados por destinos (funções, secções, departamentos, atividades, produtos/serviços, segmento de mercado) e de acordo com outros atributos (diretos ou indiretos, fixos ou variáveis, controláveis ou não controláveis, totais ou parciais, históricos ou predeterminados)".

Sendo diferentes (Tabela 1.1), a Contabilidade Financeira e a Contabilidade de Gestão representam duas formas de tratamento da mesma realidade, de acordo com perspetivas e processamentos de informação distintos para responder a objetivos diferenciados, o resultado final global da atividade de determinado exercício de uma organização terá de ser o mesmo em ambas as contabilidades. Apesar de apresentarem demonstrações dos resultados com formatos que não são iguais, caso a Contabilidade de Gestão não tenha em consideração os custos de oportunidade, o resultado obtido no final de um período tem de ser coincidente.

As duas contabilidades cruzam necessariamente informação entre si. Se por um lado a Contabilidade de Gestão processa informação sobre os gastos (e rendimentos) registados pela Contabilidade Financeira; por outro lado, esta última necessita da valoração dos inventários, nomeadamente de produção, que são calculados pela Contabilidade de Gestão, caso esta esteja implementada.

1.4. O PROCESSO DE TOMADA DE DECISÃO, PLANEAMENTO E CONTROLO

O processo de tomada de decisão é inerente à gestão de qualquer organização, seja com fins lucrativos ou não lucrativos, privada ou pública. É a função mais importante do gestor que, perante várias alternativas, tem de optar por uma determinada situação.

A informação produzida pela Contabilidade de Gestão deve ser avaliada de acordo com o seu impacto nos resultados das decisões que são tomadas. Drury (2021) propõe um encadeamento de seis fases consecutivas (Figura 1.4), em que nas primeiras quatro fases se desenrola o **processo de tomada de decisão ou de planeamento** e nas duas últimas fases o **processo de controlo**, ou seja, a avaliação dos resultados das alternativas escolhidas e da boa execução dos planos para a sua implementação.

No processo de tomada de decisão, o gestor (decisor) deve primeiro proceder à **identificação de objetivos** específicos – de acordo com o objetivo estratégico previamente estabelecido e que indica o rumo, o que a empresa pretende alcançar com o seu negócio, como por exemplo a maximização do lucro, maximização do valor, sendo que este valor pode traduzir parâmetros de sustentabilidade ou de bem-estar social.

A segunda etapa do processo consiste na **procura de vias alternativas** que possam ser implementadas para alcançar os objetivos, devem ser identificadas as oportunidades e as ameaças do meio envolvente e antecipar formas que impulsionem a organização a poder alcançar os objetivos estipulados na primeira etapa: (1) desenvolver novos produtos para venda (desenvolvimento do produto); (2) desenvolver novos mercados para os produtos existentes (desenvolvimento do mercado); ou (3) desenvolver novos produtos para novos mercados (diversificação). Em seguida, na terceira etapa, é necessário fazer a **seleção de vias de ação apropriadas**, em que as alternativas são avaliadas e comparadas utilizando critérios aplicáveis, verificando-se quais as alternativas que oferecem maiores vantagens e decidindo racionalmente com base em informação rigorosa. Para esta etapa, a Contabilidade de Gestão é muito útil na determinação do custo/benefício de cada uma das alternativas e, para isso, é necessário recolher os dados relativos às alternativas, em que se vão identificar, entre outras questões, as potenciais taxas de crescimento das diferentes alternativas que se colocaram em consideração, que quota de mercado é provável a empresa alcançar, quais são as rendibilidades esperadas de cada uma das alternativas.

FIGURA 1.4 – **Processo de tomada de decisão, planeamento e controlo**

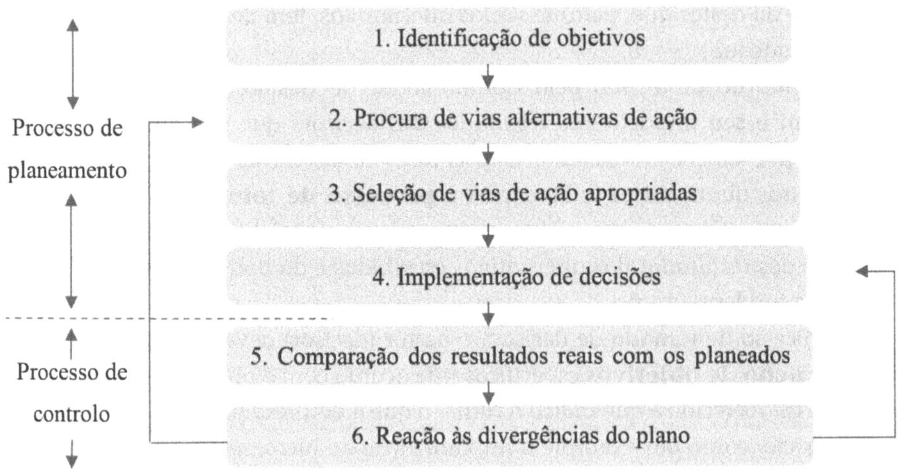

Fonte: Drury (2021, p. 7), adaptado.

Depois de se optar pela alternativa que parece mais vantajosa para a organização, ter-se-ão de proceder à **implementação de decisões** que terminam o processo de planeamento e são traduzidas em orçamentos auxiliares que culminam no orçamento global da organização e na construção das demonstrações financeiras previsionais para, pelo menos, um ano de exercício e devem ser fragmentadas em períodos mais curtos (trimestres, meses, quinzenas ou semanas). Quanto mais curta for a periodização em que são projetadas as previsões, maior poderá ser o rigor do posterior controlo e maior a capacidade de reação contra adversidades e a probabilidade de agir em tempo útil por forma a corrigir os maus desempenhos. Também para isso, é importante nesta fase da implementação fazer simulação de cenários, principalmente os que possam antecipar situações adversas e permitam ao gestor decidir sobre possíveis ações a serem tomadas no futuro para mitigar ou evitar resultados indesejáveis. É nesta quinta etapa que se dá a conhecer a todos os colaboradores o que se espera de cada um para implementar as decisões da gestão.

As duas últimas etapas, de controlo, são desenvolvidas posteriormente ao longo do exercício da atividade, em que, periodicamente se faz a **comparação dos resultados reais com os planeados**, verificando as diferenças (desvios) e salientando as que excedem uma determinada margem percentual que foi previamente identificada como um desvio aceitável. Nesta fase, ao analisar os desvios, devem ser produzidos relatórios de desempenho, gerando a informação necessária para dar a conhecer aos vários decisores a boa ou má execução dos planos. É com base nestes relatórios que se procede à última etapa do processo – **reação às divergências do plano**, em que os gestores devem fazer uma gestão por exceção, focando-se não só nos desvios mais desfavoráveis à prossecução dos objetivos, mas também reconhecendo e valorizando os que destacam situações mais favoráveis e que poderão ser ainda mais bem exploradas na atividade da organização. Nesta fase, com o propósito de proceder a eventuais correções, deverão ser propostas e executadas ações que deverão mitigar os desvios. Em alternativa, nomeadamente quando os desvios encontrados são causados por problemas exógenos, poderá ser necessário retomar a quarta etapa de implementação de decisões e reajustar as previsões, inicialmente consideradas, face às condições atuais do meio envolvente e às novas expectativas quanto ao futuro. O processo é dinâmico e quando a organização se confronta com contingências graves, como foi recentemente a situação pandémica, pode ser necessário procurar novas vias alternativas de ação, retomando a segunda etapa do processo.

No processo de tomada de decisão, a informação disponibilizada aos decisores deve ser concisa para incitar a capacidade de reação do gestor. Na realidade, o excesso de informação, geralmente, exige maior disponibilidade de tempo de análise, inibindo o gestor para a tomada de decisão adequada num curto período de tempo. Bazerman e Chugh (2006) realçam que existe uma consciência limitada que pode acontecer em vários pontos do processo de tomada de decisão. Os autores definem esta consciência limitada como o momento em que a pessoa deixa de ver, procurar, utilizar ou compartilhar informações de elevada relevância, facilmente acessíveis e prontamente percetíveis durante o processo de tomada de decisão. As consequências podem mesmo ser dramáticas porque: (1) os gestores podem deixar de ver ou pesquisar as principais informações que são necessárias para a tomada de decisão mais assertiva; (2) os gestores podem deixar de usar as informações que já consultaram, pois não têm consciência da sua relevância; e (3) os gestores podem deixar de partilhar informações, limitando assim a própria consciencialização por parte da organização. Os autores acrescentam que a tomada de decisões em grupo é uma boa solução porque exige a criação de mecanismos de partilha de informação que estimulam a melhoria da qualidade das decisões.

1.5. O impacto do meio envolvente na Contabilidade de Gestão

Existe um reconhecimento generalizado da existência limitada de recursos ambientais e que estes devem ser preservados para as gerações futuras (Drury, 2021). É incontornável a crescente importância da responsabilidade ambiental, social e de governo (*Environmental, Social, and Governance – ESG*), como garante da **sustentabilidade** da organização. Nas últimas quatro décadas, a exigência de divulgação sobre a responsabilidade social tem sido progressiva, quer para entidades com fins lucrativos quer para entidades sem fins lucrativos. É fundamental que as organizações tenham impacto na comunidade, não só na oferta de emprego e condições seguras de trabalho, mas também nas suas preocupações para com a sociedade como um todo.

Esta secção começa por debater as práticas de Contabilidade de Gestão num mundo global, onde imperam questões sobre a sustentabilidade, ao que se segue uma exploração das novas exigências da Contabilidade de Gestão impulsionadas pelas questões de ética profissional, e finalmente observa-se o que as novas tecnologias da informação e a digitalização vêm acrescentar como principais desafios para a Contabilidade de Gestão que deverá continuar a desenvolver técnicas que possam apoiar a gestão perante um ambiente em constante mudança.

1.5.1. As práticas de Contabilidade de Gestão no mundo global e a sustentabilidade

Granlund e Lukka (1998) diferenciam as práticas de Contabilidade de Gestão a nível macro – relacionado com os conceitos e as técnicas – e a nível micro – centrado nos padrões de comportamento de como é realmente usada a informação da Contabilidade de Gestão. Os autores sugerem que, a nível macro, haja uma forte propensão para a homogeneização das práticas de Contabilidade de Gestão nas várias partes do mundo industrializado por diversos fatores: a competitividade a nível global, os desenvolvimentos da tecnologia da informação, a proliferação de empresas multinacionais com uma tendência de práticas normalizadas, a indústria de consultoria global e a utilização dos mesmos livros técnicos e de ensino de referência a nível mundial. Porém, a nível micro, os autores reconhecem que as diferenças das culturas nacionais e da própria organização pode fazer com que a informação da Contabilidade de Gestão seja utilizada de forma diferente em diferentes países, mesmo que tenham implementado o mesmo sistema de informação.

A pressão sociopolítica e de organizações não governamentais, que se preocupam com o impacto mais amplo das atividades empresariais, tem reivindicado cada vez maior regulamentação neste âmbito, como forma de obrigar as organizações a fornecer informações sobre o impacto das suas atividades operacionais, de investimento e de financiamento. O objetivo é incentivar as organizações a aumentar a sua responsabilidade para com o ambiente e a sociedade. Desde então, existem modelos de relatórios amplamente adotados, mas, não havendo um padrão universal, as organizações continuam a divulgar aspetos ambientais e sociais de acordo com diferentes estruturas e padrões por si selecionados, o que reduz a comparabilidade num ambiente de crescente complexidade de empresas, mercados, investidores e restantes *stakeholders* (Barker *et al.*, 2020). Entre os diversos modelos é de destacar o *Global Report Initiative* (GRI) que, a partir de 1999, tem desenvolvido o formato e conteúdo de relatórios de sustentabilidade e que apresenta uma estrutura geralmente aceite. Em setembro de 2020, o GRI conjuntamente com outras quatro instituições, que definem estruturas e padrões de relatórios, publicaram uma "declaração de intenção" de um relatório empresarial mais abrangente neste âmbito (Adams & Abhayawansa, 2022). Também a Fundação de Normas Internacionais de Reporte Financeiro (*International Financial Reporting Standards – IFRS Foundation*) e o Grupo Consultivo de Relatórios Financeiros Europeus (*European Financial Reporting Advisory Group – EFRAG*) têm trabalhado para os padrões de relatórios de sustentabilidade. Adams e Abhayawansa (2022) realçam que as duas organizações são fundamentalmente diferentes na sua abordagem, sendo que: (1) o público-alvo da Fundação IFRS são os investidores e do EFRAG são todos os utilizadores dos relatórios de sustentabilidade e todos os *stakeholders* que possam ser afetados com os possíveis impactos presentes e futuros; (2) o foco da primeira é o clima e só depois o ESG, enquanto o

EFRAG se centra nas questões de desenvolvimento sustentável, incluindo o impacto dos produtos e serviços de uma organização e a sua cadeia de valor mais ampla; e (3) a Fundação IFRS considera apenas o que são informações relevantes para investidores, financiadores e outros credores, já o EFRAG baseia-se em princípios mais abrangentes que apoiam todos os *stakeholders*. As autoras reforçam que as empresas têm de intensificar os seus esforços para incorporar as considerações de desenvolvimento sustentável no governo, na estratégia e na abordagem de gestão, e ser responsável pelas suas opções. Atualmente, ainda existe um longo percurso a fazer para que todas as propostas sejam concretizadas e os utilizadores da informação encontrem maior transparência, maior rigor e fiabilidade nos relatórios e contas das organizações quanto a iniciativas de ESG.

Porter e Kramer (2011) vêm uma crescente congruência entre a criação de valor económico e os objetivos sociais. Os autores defendem que as organizações devem seguir o princípio do valor partilhado, que definem como as políticas e práticas que permitem alcançar a competitividade e simultaneamente desenvolver as condições sociais e económicas das comunidades onde atuam. Também a *Accenture* e o *Chartered Institute of Management Accountants* (CIMA) dão exemplos de como as organizações estão a aproveitar oportunidades através da cadeia de valor para criar valor partilhado e realçam que a sustentabilidade, quando incorporada em toda a organização (a nível estratégico e operacional), pode gerar valor em muitas dimensões: aumento dos rendimentos – a partir de novos produtos, serviços e mercados; controlo dos custos – melhorando a eficiência de recursos, reduzindo o consumo de energia e minimizando os resíduos; construção de confiança – aumentando o valor reconhecido da marcar e promovendo uma cultura positiva entre os funcionários e com outros *stakeholders*; gestão de riscos – cumprindo regulamentos ou evitando incidentes de segurança ambientais (Accenture e CIMA, 2011). Este relatório acrescenta que uma capacidade robusta de gestão de desempenho da sustentabilidade proporciona as informações indispensáveis para que os gestores identifiquem e criem valor a partir das alavancas de sustentabilidade relevantes para os seus negócios.

A Contabilidade de Gestão tem um papel determinante no apoio à mensuração e análise dos indicadores de desempenho da sustentabilidade que deverão ser divulgados, mas que, simultaneamente, deverão ter uma tradução interna na avaliação do desempenho.

1.5.2. A ÉTICA PROFISSIONAL

A fraude e a corrupção continuam a ser problemas latentes em todo o mundo, com diferentes graus de manifestação, e uma ameaça para a sociedade. A contabilidade pode ser parte da solução através de maior regulamentação e encorajando comportamentos éticos e padrões morais de todos os intervenientes (Drury, 2021).

Apesar dos grandes escândalos financeiros, que ocorreram no início deste século XXI, envolverem insucessos do governo das organizações relacionados com o relato financeiro divulgado aos *stakeholders*, também a Contabilidade de Gestão, que produz e analisa informação para a definição de objetivos, tomada de decisões e relatórios de rendibilidade, tal como a restante gestão, deve ter a responsabilidade e agir de acordo com uma **ética profissional**. A definição do que é correto ou aceite eticamente tem sido alvo de atenção nos anos mais recentes, nomeadamente de representações corporativas dos contabilistas de gestão, da CIMA no Reino Unido e do *American Institute of Certified Public Accountants* nos Estados Unidos da América, que emitiram códigos de diretrizes éticas para os seus membros e estabeleceram mecanismos para monitorizar e fazer cumprir a ética profissional. De acordo com Drury (2021), estas diretrizes induzem princípios fundamentais relacionados com[1]:

- Integridade – ser honesto e não fazer parte de nenhuma falsificação;
- Objetividade – não ser tendencioso nem prejudicial, apresentar factos sem os distorcer;
- Confidencialidade e competência profissional – ter as capacidades necessárias para prestar um serviço profissional competente e não partilhar informações a não ser que o tenham autorizado;
- Conformidade com a legislação e regulamentos vigentes e relevantes.

O que está certo ou errado, é ético ou não, pode ter perspetivas diferentes e ser fundamentado nos padrões morais da sociedade, daí que os responsáveis pela informação de Contabilidade de Gestão podem recorrer a códigos da própria organização e a códigos das organizações profissionais. Porém, quando as ações propostas são ilegais ou contrárias às exigidas nos regulamentos, o contabilista de gestão

[1] Ver: www.cimaglobal.com/ethics e www.aicpa.org/research/standards/codeoconduct.html; consultado a 13 de junho de 2022.

deve apresentar evidência documental de que essas ações não deveriam ter sido realizadas.

Apesar da maior atenção exercida ao âmbito da responsabilidade social, ambiental e de ética, tem sido argumentado que as divulgações efetuadas por algumas organizações sobre estas questões têm sido cosméticas – os relatórios externos "apenas produzem *greenwashing* que dá a impressão de uma adoção de práticas de sustentabilidade para ganhar legitimidade e mitigar pressões para a reforma ambiental" (Hopper & Bui, 2016, p. 25).

1.5.3. As tecnologias da informação e a digitalização

O incremento da utilização de **tecnologias de informação** para apoiar as atividades, para a recolha, tratamento, e divulgação da informação, de uma forma cada vez mais imediata e rigorosa, tem libertado os contabilistas de tarefas mais técnicas e rotineiras que exigiam muitas horas de trabalho. O recurso a computadores e a *softwares* permite-lhes dedicar mais tempo à análise de dados e ao apoio à gestão.

O desenvolvimento das tecnologias de comunicação empresarial eletrónicas (*e-business, e-commerce* ou *internet commerce*) têm tido um impacto na forma de acesso aos clientes, permitindo a comercialização em diversas localizações e em diferentes partes do mundo, de uma forma imediata, com gastos reduzidos. Também os clientes se tornaram ainda mais exigentes porque têm acesso facilitado à informação e podem comparar produtos, serviços ou fornecedores; bem como aceder a comentários favoráveis e desfavoráveis sobre os mesmos na *internet*.

Nas duas últimas décadas do século XX, os sistemas de planeamento de recursos da empresa ou sistemas de gestão integrada (***Enterprise Resource Planning* – ERP**), sistemas que integram numa única aplicação funcionalidades e dados de diversos subsistemas de departamentos ou de áreas funcionais distintas (entre outros: produção, logística, contabilidade e recursos humanos), armazenando e estruturando a informação de acordo com vários objetivos e acessibilidades, mas com a finalidade de controlar toda a informação que existe na organização. O sistema exige um conhecimento profundo dos procedimentos internos da entidade e das necessidades de informação dos vários utilizadores, para uma parametrização adequada que permita a tecnologia adaptar-se à realidade. Ao disponibilizar a informação de forma imediata, os gestores podem analisar a informação rapidamente e tomar decisões para melhorar a eficiência dos processos e resolver situações indesejadas. A informação migra entre os subsistemas de forma fluída e apenas com uma única introdução no sistema, quando é gerada. Estes sistemas seguem os princípios e práticas de Contabilidade de Gestão e podem ser ajustados às necessidades de cada entidade. Existem sistemas no mercado comercializados e implementados amplamente, sendo a SAP líder neste negócio, tanto em grandes organizações como em médias, pequenas e até microentidades.

Estes sistemas têm muito mais poder de processamento de enormes quantidades de informação, análises mais detalhadas de custos e rendibilidades, por produtos, clientes, unidades de negócio, entre outros; fornecendo informações relevantes para a tomada de decisões operacionais e estratégicas. Se antes dos anos 90 (do século XX), os contabilistas de gestão eram reconhecidos como gestores de informação, atualmente os decisores têm acesso imediato à informação que querem no sistema de gestão integrado, desde que tenham permissão para a obter. O contabilista de gestão continua a ser preponderante na interpretação adequada da informação, ao assegurar que o sistema de Contabilidade de Gestão fornece ao gestor a informação pretendida, com o rigor, a fiabilidade e a relevância exigidos.

O aparecimento do processamento em nuvem, libertou espaço nas empresas ao permitir que o *software* fique alojado em servidores externos, fornecedores externos de tecnologias de informação, que o disponibilizam através da *internet*. No entanto, a segurança e a proteção de dados tornaram-se riscos acrescidos que são difíceis de controlar.

A **digitalização** é o uso de tecnologias digitais para mudar o modelo de negócio e ter novas oportunidades de criação de rendimento e valor (Möller *et al.*, 2020). De acordo com Drury (2021), ainda está em franco desenvolvimento e no contexto da Contabilidade de Gestão, envolve *big data*, a inteligência artificial (*Artificial Intelligence* – AI) e a *internet* das coisas (*Internet of things* – IoT). ***Big data*** é o termo usado para identificar os dados, estruturados e não estruturados, financeiros e não financeiros, quantitativos e qualitativos, que estão disponíveis na organização diariamente, em grandes quantidades e em tempo real. Repare-se que *data* (dados) são os registos dos factos primários que não são organizados com um significado, enquanto a informação já está organizada de forma a ser compreensível e útil para um determinado propósito. A **inteligência artificial** é a inteligência exibida por máquinas que simulam funções que os humanos associam à mente humana, na aprendizagem e na resolução de problemas – por exemplo, em pesquisas na *internet*, a inteligência artificial aprende com os termos procurados e relaciona-os com as compras bem-sucedidas e adapta respostas futuras a estas boas aquisições, já apresentando soluções preferidas pelo cliente. A ***internet* das coisas** envolve a interconexão via *internet* de objetos físicos do quotidiano, dotando-os de capacidade para reunir e transmitir dados sem intervenção humana, em tempo real utilizando sensores – por exemplo, carros, frigoríficos, luzes.

A digitalização permite várias novas formas de cooperação entre as organizações, os fornecedores, os clientes e os empregados, levando a novas ofertas de produtos e serviços. Na contabilidade e no controlo de gestão, resultou na automação e robotização de processos mais rotineiros, na introdução de inteligência artificial na aplicação de análise de dados (Möller *et al.*, 2020). O desafio da Contabilidade de Gestão passou a ser o de identificar que dados são ou irão ser válidos e, quando utilizados para tomar uma decisão, que valor têm. Para além disso, o contabilista preocupa-se em apresentar os resultados da sua análise da *big data* por forma a acrescentar valor à informação recolhida no sistema. Trata-se de uma oportunidade para a Contabilidade de Gestão se tornar indispensável ao utilizar o seu conhecimento na análise estratégica de dados, ao recorrer à disponibilidade da enorme quantidade de dados de forma prospetiva na melhoria da orçamentação e na construção de medidas de desempenho alternativas para novos modelos de negócios, bem como para os existentes, antecipando tendências e facilitando a apresentação dos resultados da análise do *big data* para criar ainda mais valor, de forma clara, sintética e direcionada aos seus utilizadores para evitar a sobrecarga de informação.

1.5.4. Novas necessidades, novas tendências na Contabilidade de Gestão

Para além das questões que já foram destacadas nesta secção, existem outros fatores que induzem o aumento da necessidade de informação produzida pela Contabilidade de Gestão e que não devem ser esquecidos como: (1) a complexidade dos problemas e tamanho crescente das organizações, com grandes grupos económicos que exercem atividades de diferente natureza em países situados em diferentes zonas geográficas; (2) o aumento do foco na qualidade total; (3) o aumento da regulamentação do ambiente e (4) a competitividade mundial, com grande expressão da concorrência asiática.

Face a este mundo em permanente mudança, tem sido crescente o reconhecimento da importância dos custos de *overhead*, que se avolumam tanto na produção como na administração (face à clássica segregação dos custos de produção em custos diretos e indiretos de produção), com os respetivos problemas de alocação pelas atividades e/ou produtos e serviços das organizações. É de realçar que, cada vez mais, os gestores estão cientes da existência de gastos que interagem de forma mais complexa com a produção exigindo outras formas de explicar a variabilidade dos custos para além do simples volume de produção. Esta problemática exige uma visão mais ampla, por meio de indutores de custo distintos que permitam aumentar o rigor, melhorar a análise, gestão e mensuração de custos.

Desde o início deste século XXI que têm surgido uma série de novas ferramentas e técnicas que irão ser debatidas ao longo deste livro, como por exemplo:

- Custeio e gestão das atividades (ABC, ABM e TDABC);
- Automação e *Just-in-Time* (JIT);
- Custo-alvo (*Target Costing*) – que tende a substituir o clássico custo padrão da segunda metade do século XX, recorrendo à engenharia de valor, reengenharia de processos e do *Kaizen Costing*;
- Reconhecimento do custo total do produto ao longo de todo o seu (agora curto) ciclo de vida tende a substituir o clássico custo unitário médio do produto, apurado em cada período – custeio para o ciclo de vida (*life-cycle costing*) e a importância do *Design*;
- Teoria das Limitações e a gestão dos estrangulamentos.

Em resumo, com os desenvolvimentos das tecnologias de informação não é alterado o que é feito na Contabilidade de Gestão, mas sim como é feito, pois "torna a entrega mais rápida e potencialmente mais detalhada, podendo ser alcançado mais e com maior rigor, dada a análise que pode ser disponibilizada e o poder computacional das tecnologias de informação" (Drury, 2021, p. 672). O impacto da digitalização na Contabilidade de Gestão é tanto no que é feito como na forma como é feito. A mudança aqui pode ser radical, interferindo até no modelo de negócio. Para além da maior quantidade de informação que auspiciam melhores decisões, pode ser visto como uma oportunidade para melhorar a gestão dos custos através da tecnologia e melhorar os rendimentos pela maior interação com os clientes que permite a melhoria da satisfação das suas necessidades e maior divulgação de promoções. A Contabilidade de Gestão pode passar a ter um papel fundamental na supervisão da operacionalidade de sistemas de contabilidade e na segurança dos dados recolhidos e processados de forma digital, bem como na sua utilização eticamente correta nos negócios (Drury, 2021).

1.6. As funções da Contabilidade de Gestão

Do que foi referido nos pontos anteriores, infere-se que a Contabilidade de Gestão tem como uma das principais funções a atribuição de custos a produtos, serviços, unidades de negócio, entre outros objetos de custeio, e quanto maior for o rigor dessa atribuição de custos, melhor qualidade tem a informação produzida, conduzindo a decisões mais assertivas. Não obstante, a sua importância para uma organização não surge apenas pela capacidade de medição, análise e de reporte dos custos ocorridos, mas sim pelo facto de poder contrapor com os respetivos rendimentos, aumentar o rigor do cálculo das rendibilidades dos produtos, serviços, unidades de negócio, entre outros segmentos de análise, e conseguir maiores impactos futuros de acordo com as decisões tomadas. A Contabilidade de Gestão constitui, assim, um conjunto de técnicas que proporcionam uma maior criação de valor a um menor custo (Hilton *et al.*, 2006), procurando maximizar a utilização dos recursos disponíveis. Assim, as funções associadas a esta área da contabilidade são, entre outras, as seguintes (Cruz, 2016):

a) Proporcionar informações que permitam o cálculo dos custos das atividades, dos produtos, dos clientes, dos departamentos, ou outros segmentos de negócio, a fim de:
   - Avaliar os trabalhos para a própria organização e determinar o valor dos inventários, bem como o custo de produção dos produtos vendidos e /ou serviços prestados;
   - Calcular o resultado e/ou a margem de contribuição;
   - Comparar os custos de produção dentro da organização e entre a organização e a concorrência, para tentar obter vantagens competitivas;
   - Determinar, sempre que seja possível, os preços de venda dos produtos e/ou serviços.

b) Estabelecer padrões e previsões de custos e de rendimentos, como ponto de partida para:
   - Identificar objetivos operacionais;
   - Construir orçamentos;
   - Elaborar as demonstrações financeiras previsionais;
   - Calcular o ponto crítico económico;
   - Verificar a eficácia e a eficiência dos recursos consumidos, através do cálculo e análise dos desvios face a previsões efetuadas;

- Avaliar e controlar o desempenho global da organização.

c) Apoiar a tomada de decisões, quando exige identificação e avaliação dos recursos que se modificam perante alternativas de atuação diferentes, tais como:
   - Comprar ou produzir um determinado bem ou serviço;
   - Comprar ou arrendar (ou alugar) um ativo tangível ou intangível;
   - Vender e continuar a produzir um produto para além de determinada fase do processo produtivo;
   - Alterar ou não o processo de produção;
   - Aceitar ou não uma encomenda ou um negócio adicional a um determinado preço de venda (ainda que seja inferior ao preço de venda normal);
   - Eliminar ou manter a produção de certo produto ou de determinada atividade;
   - Executar ou não novas atividades.

Estas funções enunciadas associadas à Contabilidade de Gestão têm de ser exercidas pressupondo a crescente incerteza relativamente à dinâmica dos mercados, ao mundo em constante mudança, com uma evolução contínua das tecnologias de informação e de produção, que exigem que os gestores estejam em alerta permanente e façam uma gestão prospetiva, com foco na satisfação do cliente, o que exige identificar os fatores-chave de sucesso, a melhor utilização dos recursos disponíveis, a eficiência de custos (qualidade, ciclo de vida, inovação), melhoria contínua, novas abordagens de gestão, formação dos colaboradores e análise da cadeia de valor (Drury, 2021).

A Contabilidade de Gestão tem de se adaptar a estes desafios, fornecendo não só informações para analisar o passado e gerir o presente, mas também, e essencialmente, informações que estejam ao serviço da estratégia das organizações – informações para antecipar o futuro (Cruz, 2016).

SUMÁRIO

A Contabilidade de Gestão é um sistema de informação desenvolvido e orientado para os utilizadores internos que, tendo como pressupostos os objetivos organizacionais, permite apoiar a gestão na tomada de decisões estratégicas e operacionais, bem como no acompanhamento e controlo do desempenho das várias unidades de negócio e da organização no seu todo, por forma a maximizar a utilização de recursos e criar valor para a organização.

A Contabilidade Financeira, que se destina principalmente à transmissão externa de informação económica e financeira espelhada nas demonstrações financeiras de divulgação obrigatória, padronizada e generalista, não se traduz como suficiente para o exercício de uma gestão eficaz. A Contabilidade de Gestão permite responder às insuficiências da Contabilidade Financeira, prestando um apoio à tomada de decisão, de uma forma mais direta e minuciosa.

As mudanças constantes do meio envolvente, a crescente incerteza relativamente à dinâmica dos mercados, a evolução contínua das tecnologias de informação e de produção exigem da Contabilidade de Gestão um papel ainda mais ativo no apoio à tomada de decisão, com recurso a ferramentas e técnicas de gestão que devem ser ajustadas aos objetivos e às características específicas de cada organização e que irão ser exploradas neste livro: análise custo-volume-resultado (CVR); análise diferencial; gestão e análise da produtividade; custeio, gestão e orçamentação baseados nas atividades (*Activity-Based Costing* – ABC, *Activity-Based Management* – ABM; *Activity-Based Budget* – ABB); *Time-Driven* ABC (TDABC); custeio-alvo (*target costing*) e custeio kaizen (*kaizen costing*); engenharia de valor, reengenharia de processos e análises *tear-down; Just in Time* (JIT); curva de aprendizagem e os custos e ciclo de vida; gestão de custos pela qualidade total; *lean manufactoring*; teoria dos constrangimentos (TOC); *benchmarking* interno e externo; os centros de responsabilidade e formação de preços internos e externos; avaliação do desempenho em organizações; e, por último, modelos de Contabilidade de Gestão estratégica como o *Tableau de Bord* (TB) e o *Balanced Scorecard* (BSC).

TERMOS E CONCEITOS-CHAVE

Contabilidade de Custos
Contabilidade de Gestão
Contabilidade Estratégica
Contabilidade Financeira
Contabilidade Industrial

QUESTÕES TEÓRICAS

1. Identifique os possíveis diferentes utilizadores da informação contabilística e descreva os principais objetivos de análise da mesma.
2. Descreva as três principais atividades dos gestores e indique em que medida a Contabilidade de Gestão pode apoiar na realização das mesmas.
3. Apresente e explique o ciclo de planeamento e controlo.
4. Indique o que difere entre os termos Contabilidade Industrial, Contabilidade Analítica e Contabilidade de Gestão.
5. Explique as diferenças entre a Contabilidade de Gestão e a Contabilidade Financeira.
6. Enuncie e caracterize as várias etapas do processo de tomada de decisão, planeamento e controlo.
7. Analise como a evolução do meio envolvente tem influenciado a gestão das organizações e que impacto tem tido no papel da Contabilidade de Gestão.
8. Descreva as principais funções da Contabilidade de Gestão.

BIBLIOGRAFIA DO CAPÍTULO

Accenture & CIMA (2011). *Sustainability performance management: how CFOs can unlock value.* Em https://www.cimaglobal.com/CFOsustainability.

Adams, C., & Abhayawansa, S. (2022). Connecting the COVID-19 pandemic, environmental, social and governance (ESG) investing and calls for 'harmonisation' of sustainability reporting. *Critical Perspectives on Accounting*, 82, 3-15.

American Accounting Association (1966). A Statement of Basic Accounting Theory, Committee to Prepare a Statement of Accounting Theory. *American Accounting Association*, Evanston, Ill.

American Institute of Accountants (1953). Review and Resume. *Accounting Terminology Bulletins*, 1.

Aviso n.º 8254/2015 de 29 de julho do Ministério das Finanças, Sistema de Normalização Contabilística Estrutura Conceptual (EC). Diário da República: II série, No 146 (2015). Acedido a 24 abril de 2022. Disponível em www.dre.pt.

Barker, R., Eccles, R., & Serafeim, G. (2020). The Future of ESG Is … Accounting? *Harvard Business Review*, 3 December.

Bazerman, M., & Chugh, D. (2006). Decisions Without Blinders. *Harvard Business Review, 84*(1), 88-97.

Carnegie, G., & Tsahuridu, E. (2019). 'Key Performance Indicators and Organizational Culture: A New Proposition', International Federation of Accountants Knowledge Gateway, 5 December. Disponível em: www.ifac.org/knowledge-gateway/preparing-future-readyprofessionals/discussion/key-performance-indicators-and,

Carnegie, G., Parker, L., & Tsahuridu, E. (2021). It's 2020: What is Accounting Today? *Australian Accounting Review*, 96(31), 65-73.

Chenhall, R., & Moers, F. (2015). The role of innovation in the evolution of management accounting and its integration into management control. *Accounting, Organizations and Society*, 47, 1-13.

Cooper, R. & Kaplan, R. (1988). Measure Costs Right: Make the Right Decisions. *Harvard Business Review*, 66, 96-103.

Cruz, I. (2016). A Contabilidade de Gestão. In Filipe Almeida (Coord.), *Introdução à Gestão das Organizações* (4.ª ed., pp. 379-410). Escolar Editora.

Drury, C. (2021). *Management and Cost Accounting* (11th ed.). Cengage Learning College.

Ferreira, D., Caldeira, C., Asseiceiro, J., Vieira, J., & Vicente, C. (2019). *Contabilidade de Gestão, Estratégia de Custos e de Resultados* (2.ª ed.). Rei dos Livros.

Garrison, R., Noreen, E., & Brewer, P. (2021). *Managerial Accounting* (17th Ed.). McGraw-Hill/Irwin.

Granlund, M. & Lukka, K.(1998). It's a small world of management accounting practices. *Journal of Management Accounting Research*, (10), 153-179.

Hansen, G., & Mowen, M. (2005). *Management Accounting*, 7th Ed. Thomson Learning Inc.

Hilton, R., Maher, M., & Selto, F. (2006). Cost *management – Strategies for business* decisions (3rd Ed.). McGraw-Hill/Irwin.

Hopper, T. & Bui, B., (2016). Has Management Accounting Research Been Critical? *Management Accounting Research*, 31, 10-30.

Horngren, C., Datar S., & Rajan M. (2014). *Cost Accounting: A Managerial Emphasis* (15th Ed.). Pearson Education.

IMA (2008). Definition of management accounting and management accountants, *Strategic Finance*, August, 48-50.

Innes, J., & Eaton, G. (2005). *The Handbook of Management Accounting* (3rd Ed.). CIMA Publishing.

Jensen, M., & Meckling, W. (1976). Theory of the firm: Managerial behaviour, agency costs and ownership structure. *Journal of Financial Economics*, 3(4), 305-360.

Johnson, H., & Kaplan, R. (1987). *Relevance Lost: The Rise and Fall of Management Accounting.* Boston: Harvard Business School.

Johnson, T. (1983). The search for gains in markets and firms: A review of the historical emergence of management accounting systems. *Accounting, Organizations & Society*, 8(2/3), 139-146.

Jordan, H., Neves, J., & Rodrigues, J. (2021). *O controlo de Gestão ao Serviço da Estratégia e dos Gestores* (11.ª ed.). Áreas Editora.

Kaplan, R. (1984). The Evolution of Management Accounting. *The Accounting Review*, 59(3), 390-418.

Malmi, T. (1999). Activity-based costing diffusion across organizations: an exploratory empirical analysis of Finnish firms. *Accounting, Organizations and Society*, 24(6), 649-672.

Mitchell, R., Van Buren III, H. , Greenwood, M., & Freeman, R. (2015). Stakeholder Inclusion and Accounting for Stakeholders. *Journal of Management Studies*, 52(7), 851-877.

Möller, K., Schäffer, U., & Verbeeten, F. (2020). Digitalization in management accounting and control: an editorial. *Journal of Management Control*, 31, 1-8.

Porter, M., & Kramer, M. (2011). Creating Shared Value. *Harvard Business Review*, 89(1/2), 62-77.

Power, M. (2015). How accounting begins: Object formation and the accretion of Infrastructure. *Accounting, Organizations and Society*, 47, 43-55.

Rodrigues, A. (2016). A Contabilidade Financeira. In Filipe Almeida (Coord.), *Introdução à Gestão das Organizações* (4.ª ed., pp. 329-378). Escolar Editora.

Samuel, S. (2018). A conceptual framework for teaching management accounting. *Journal of Accounting Education*, 44, 25-34.

Tsahuridu, E., & Carnegie, G. (2018, junho 30). Accounting as a Social and Moral Practice. *International Federation of Accountants*. https://www.ifac.org/knowledge-gateway/building-trust-ethics/discussion/accounting-social-and-moral-practice

Watts, R., & Zimmerman. J. (1986). *Positive Accounting Theory*. Prentice Hall, Inc., Englewood Cliffs.

CAPÍTULO 2

—

ACEÇÕES DE GASTOS E ALOCAÇÃO DE CUSTOS

OBJETIVOS DE APRENDIZAGEM

1. **Distinguir diferentes aceções de gastos;**
2. **Organizar os gastos de acordo com os objetivos de apoio à tomada de decisão;**
3. **Identificar os principais componentes dos custos de produção de um bem, de uma obra ou serviço;**
4. **Introduzir o problema da alocação dos custos indiretos;**
5. **Conhecer os objetivos dos sistemas de custeio.**

2.1. INTRODUÇÃO

Os gastos suportados nos processos de produção de bens ou serviços são um alvo privilegiado da Contabilidade de Gestão (Cruz *et al.*, 2016). Daí que a abordagem neste capítulo seja dirigida ao processamento de gastos e rendimentos, ainda que segmentados de acordo com diferentes objetivos de leitura e análise dos mesmos de forma a apoiar a tomada de decisão.

Para compreender melhor como se caracterizam as atividades dos diversos tipos de organizações, a fim de traduzir a respetiva informação e processá-la em sistemas de Contabilidade de Gestão alinhados com as necessidades dos utilizadores da informação, bem como comunicar esta informação de forma percetível, é necessário compreender o que são gastos e quais as várias aceções que podemos ter deste conceito.

Atualmente, as organizações, na sua generalidade, têm como instrumento fundamental da comunicação interna a utilização da *intranet*, uma rede interna de informação que promove a partilha rápida de dados e permite a criação de fóruns de troca de ideias e de sugestões para resolver de uma forma quase imediata problemas operacionais. Se as organizações forem dotadas igualmente de um sistema de custeio que disponibilize informação sobre diversos objetos de custeio, em simultâneo, haverá maiores possibilidades de otimizar a eficiência dos processos operacionais e adequá-los às necessidades dos clientes.

Neste capítulo serão definidas várias tipologias de gastos ou/e de custos para se compreender melhor como se pode estruturar a informação sobre os gastos/custos de uma organização, de acordo com diferentes objetivos, para apoiar de forma mais adequada a tomada de decisão de gestores e administradores. De seguida são apresentados os objetivos dos sistemas de custeio, bem como as principais críticas que se têm colocado.

2.2. Objetivos das diversas aceções de gastos

De acordo com a Estrutura Conceptual do Sistema de Normalização Contabilística português:

> "**Gastos** são diminuições nos benefícios económicos durante o período contabilístico na forma de exfluxos ou deperecimentos de ativos ou na incorrência de passivos que resultem em diminuições do capital próprio, que não sejam as relacionadas com distribuições aos participantes no capital próprio" [Aviso n.º 8254/2015, §68, b)].

Assim, qualquer organização incorre em gastos sempre que efetua consumos ou utilizações dos meios ou recursos na produção, nas vendas e nas prestações de serviços. Estes recursos podem ser, entre muitos, matérias-primas e outros materiais, mão de obra (gastos com o pessoal), utilização de instalações e equipamentos e fornecimentos e serviços obtidos externamente (à organização).

Muitas vezes se confunde na prática, nomeadamente na Contabilidade de Custos e de Gestão, o termo gasto com o termo custo. O **custo** é "a quantificação monetária dos gastos incorridos (recursos consumidos) num determinado processo que permita a entidade obter um bem para ser transacionado (produzindo-o ou apenas comercializando-o) ou realizar a prestação de um serviço" (Cruz, 2016, p. 384) e que pode ficar associado a diversos objetos de custeio. Também designados por objetos de custo, estes são os elementos que provocam o consumo e sobre o qual se quer ter uma mensuração da respetiva acumulação de gastos, podendo ser: produtos ou linhas de produtos, serviços, atividades, secções de fabrico, encomendas, projetos, departamentos, pessoas (com responsabilidade organizacional), unidades de negócio (*SBU – Strategic Business Units*), ou qualquer outra finalidade.

Os sistemas de custeio, geralmente, reconhecem os custos em duas grandes etapas: (1) **identificação e acumulação de gastos** (dados pela Contabilidade Financeira de acordo com determinadas categorias, como o tipo de gasto (por exemplo, mão de obra direta, materiais diretos, gastos indiretos) ou o comportamento do gasto (fixos e variáveis); e, posteriormente, (2) **atribuição dos gastos aos objetos de custeio** de acordo com as exigências de informação dos decisores da organização (Drury, 2021; Hansen & Mowen, 2007).

Na Contabilidade Financeira sabemos os tipos de gastos que foram reconhecidos num período. A acumulação dos vários tipos de gastos são os gastos totais da empresa nesse período. Para a gestão é necessário saber dessa acumulação de gastos quais as parcelas que devem ser imputadas a cada objeto de custo – conjunto de gastos associados a um ou vários objetos de custo. Por exemplo, o gasto total das matérias-primas é imputado aos produtos onde foram incorporadas; os produtos são, neste caso, objetos de custo.

A forma como as organizações usam os diferentes termos e conceitos de gastos/custos depende das características das suas atividades e dos processos subjacentes. Podemos ter organizações de prestações de serviços, comerciais e industriais. As **organizações de prestação de serviços** executam essencialmente tarefas para outrem a título oneroso podendo ou não incluir a utilização de bens, mas não é possível armazenar um serviço para uso no futuro. Porém podem ter como inventários, trabalhos em curso, relativamente aos quais a entidade ainda não tenha reconhecido o referido rédito, e incluem os custos do serviço que "consistem sobretudo nos custos de mão de obra e outros custos com o pessoal diretamente envolvido na prestação do serviço, incluindo pessoal de supervisão, e os gastos gerais atribuíveis" (Aviso n.º 8256/2015, NCRF n.º 18, §19), São exemplo destas organizações, entre outras, empresas de contabilidade, os hospitais, companhias de seguros, instituições de crédito e universidades. As **organizações comerciais**, como supermercados e outro tipo de lojas, vendem bens que foram adquiridos anteriormente e não sofreram qualquer tipo de transformação, têm apenas como inventários as mercadorias que são compradas e detidas para revenda ou terrenos e outras propriedades detidas para revenda. As **organizações industriais** compram matérias-primas e outros materiais e convertem em outros produtos, utilizando para isso outros fatores de produção como o trabalho (mão de obra) e instalações (edifícios e equipamentos). Estas organizações podem ter vários tipos de inventários:

- **Matérias-primas** que se destinam a ser incorporadas no produto, são a substância do produto e aguardam a sua utilização no processo produtivo, ou seja, irão ser objeto de transformação, sendo um custo via consumo;
- **Matérias subsidiárias** são outros materiais consumíveis indispensáveis à produção, mas que podem ou não ser incorporáveis no produto, apenas auxiliam no processo produtivo, sendo, como tal, acessórias e não a substância ou "a razão de ser" do produto, como são as matérias-primas;
- **Produtos acabados e produtos intermédios** são os principais bens obtidos na atividade produtiva da organização;

- **Produtos em curso** (ou em vias de fabrico), que ainda se encontram numa determinada fase intermédia de produção e não estão em condições de serem vendidos;
- **Subprodutos**, os que são completamente produzidos juntamente com os produtos principais, mas têm um valor reduzido uma vez que são uma consequência da obtenção dos produtos principais;
- **Desperdícios, resíduos e refugos** são considerados os que se extraem da preparação ou utilização das matérias ou que são obtidos ao longo do processo produtivo e que têm um valor reduzido ou nem têm valor de mercado algum.

Na atribuição de gastos a um determinado objeto de custeio, identificam-se de imediato duas grandes categorias, atendendo ao modo como os recursos utilizados se relacionam com o objeto de custeio: **gastos diretos e gastos indiretos**.

São **gastos diretos** (ou específicos) os que têm uma relação direta com o objeto de custeio, existindo a possibilidade de se estabelecer uma relação causal entre o gasto e o objeto de custeio. No custo de produção de um determinado produto, por exemplo, podem ser identificados como seus gastos diretos: os **materiais diretos** (MD) – são todas as matérias (primárias) que são necessárias à transformação através do processo de fabricação em produtos – e a **mão de obra direta** (MOD) – são as remunerações e outros encargos com o pessoal fabril que trabalha diretamente na produção e cujos gastos possam ser especificamente e exclusivamente identificados com os produtos. O conjunto dos materiais diretos e da mão de obra direta constitui o **custo primo ou primário**, são os fatores de produção indispensáveis para que o processo se realize.

Os **gastos indiretos** (ou comuns) são os restantes gastos industriais que concorrem para o custo de produção, mas para os quais não é possível estabelecer uma relação de causalidade com o objeto de custeio. Por isso, é necessário estabelecer critérios de imputação através de processos racionais de cálculo (base, coeficiente ou critério de imputação ou de repartição de custos). Como gastos indiretos, geralmente, são considerados os **gastos gerais de fabrico** (GGF): são os restantes gastos de fabricação para além dos referidos materiais diretos e a mão de obra direta.

Se se considerar o produto como um objeto de custeio, os GGF são gastos que, regra geral, não se conseguem identificar fisicamente com esse produto, têm de ser imputados aos produtos com base, por exemplo, nas horas necessárias à sua produção. Os **custos de transformação ou de conversão** são compostos pela mão de obra direta e pelos gastos gerais de fabrico. Se adicionarmos a estes custos o custo dos materiais diretos obtemos o conjunto dos **custos de produção** que também se designa por **custo industrial,** ou seja, os custos afetos à produção.

Se for adicionado ao custo industrial dos produtos os custos de administração e armazenagem (que não são estritamente necessários à produção, pois existem gastos de armazenagem que por serem indispensáveis ao processo de fabrico são custos industriais), de investigação e desenvolvimento, financeiros e os custos de distribuição ou comerciais (de serviços aos clientes), obtém-se o **custo completo ou custo complexivo.**

Observando a Figura 2.1 – composição do **custo económico-técnico**, o conjunto dos materiais diretos e da mão de obra direta é designado por custo primo ou primário. Se a este custo forem adicionados os GGF são obtidos os custos industriais. Os **custos não industriais** são custos não afetos à produção e correspondem à soma dos valores dos restantes gastos inerentes às funções: administrativa, comercial (distribuição), investigação e desenvolvimento e financeira. O **custo complexivo** (completo, custo total ou, ainda, custo comercial em sentido lato) é o conjunto de todos os gastos incorridos que podem ser fiavelmente mensuráveis pela organização – custos industriais dos produtos vendidos e não industriais – e permite apurar o resultado líquido por produto, por mercados, por redes de distribuição, por clientes, ou por qualquer outro objeto de custeio, e compará-lo com os da concorrência.

FIGURA 2.1 – **Composição do custo económico-técnico**

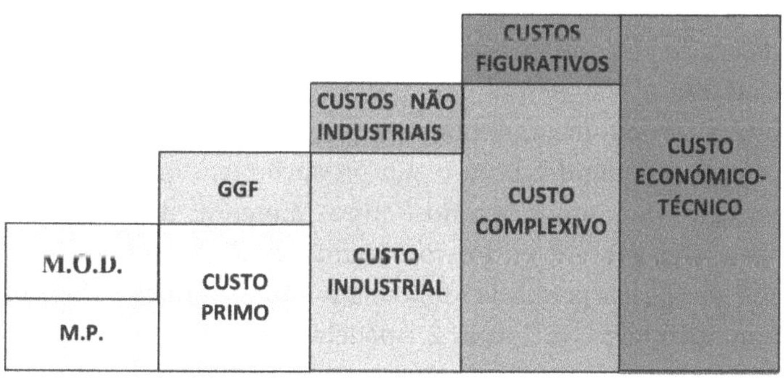

Fonte: Caiado (2020, p. 77), adaptado.

Os **custos figurativos, económicos ou supletivos** são custos não explícitos em termos contabilísticos, mas que devem ser considerados no cálculo do custo de um bem ou serviço. São de cálculo mais difícil podendo ser considerados, também, como custos de oportunidade. Estes custos envolvem o cálculo do potencial benefício que se deixa de obter quando se seleciona uma alternativa em vez de outra (Hilton *et al.*, 2006). Representam, a título de exemplo, o salário da função de direção ou de gestão, quando o "proprietário" assume esta função, mas não aufere a equivalente remuneração; a estimativa da renda de um edifício ou pavilhão, quando não há um contrato de arrendamento; ou a expectativa de remuneração do capital investido na empresa pelos sócios e que engloba um prémio de risco. Geralmente, os custos supletivos correspondem à margem que deve ser adicionada ao custo complexivo unitário para a obtenção do preço de venda dos produtos (Cruz, 2016). Pelo que o **custo económico-técnico** é obtido pela soma dos custos figurativos ao custo complexivo.

Nem sempre os gastos diretos são considerados como tal, depende da sua relevância e do custo/benefício do tratamento dessa informação. Se for um gasto insignificante, os recursos gastos para processar essa informação podem não justificar os benefícios acrescidos por ter o custo de produção mais rigoroso, e esse gasto direto poderá ser tratado englobado com outros itens e ter o mesmo tratamento de um gasto indireto.

A classificação dos gastos em diretos e indiretos também depende do objeto de custeio. Um gasto pode ser direto de uma secção e indireto relativamente ao custo do produto. Contudo, não existe dúvida sobre a grande importância desta classificação para calcular os custos com maior rigor bem como para o controlo de custos e imputação de responsabilidades aos vários departamentos, secções ou atividades. Quanto maior for o peso dos gastos diretos no cálculo do custo de produção, maior é o rigor do mesmo.

Numa organização industrial, por exemplo, os **gastos do produto** correspondem aos recursos consumidos para a sua produção (custos do produto) e é igual à soma dos custos de matérias-primas, outros materiais diretos consumidos e os custos de conversão, ou seja, custos com a mão de obra direta e os restantes custos industriais (ou gastos gerais de fabrico) que são incorridos para transformar as matérias num novo bem. Na Tabela 2.1 podemos observar um mapa exemplificativo do cálculo do custo da produção, em que se consideram os gastos por naturezas registados na Contabilidade Financeira ao longo de um determinado período, mas apenas os que representam consumos industriais (das secções fabris). Este mapa

TABELA 2.1 – **Custo Industrial da Produção Vendida (CIPV)**

Materiais diretos
Compras
+ Inventários iniciais de materiais
+/- Regularizações de materiais
- Inventários finais de materiais
= Consumo de materiais diretos durante o período......... **A**
Mão de obra direta
= Gastos com o pessoal imputados à produção.............. **B**
Gastos Gerais de Fabrico
Materiais indiretos diversos
+ Mão de obra indireta
+ Depreciações e amortizações
+ Reparações
+ Seguros
+....
= Total dos GGF... **C**
Custo industrial do período (CIP) = A + B + C
+ Inventários iniciais de produtos em vias de fabrico (EiPVF)
- Inventários finais de produtos em vias de fabrico (EfPVF)
= Custo industrial dos produtos acabados (CIPA)
+ Inventários iniciais de produtos acabados (EiPA)
- Inventários finais de produtos acabados (EfPA)
= Custo industrial dos produtos vendidos (CIPV) ➡ DR por Funções

Fonte: Cruz (2016, p.386), adaptado.

inclui o cálculo do consumo de matérias, para o caso de a entidade não efetuar o registo contabilístico em sistema de inventário permanente, não tendo por isso acessível de forma imediata o valor do custo das matérias consumidas em qualquer momento do ano económico. Para o de compras corresponde aos custos de compra de inventários que incluem: o preço de compra, direitos de importação e outros impostos (que não sejam os subsequentemente recuperáveis das entidades fiscais pela entidade) e custos de transporte, bem como custos de manuseamento e outros custos diretamente atribuíveis à aquisição de bens, de materiais e de serviços, líquidos de descontos comerciais, abatimentos e outros itens semelhantes (Aviso n.º 8256/2015, NCRF 18, §11). Os vários valores dos inventários iniciais e inventários finais terão em consideração a fórmula de custeio escolhida pela entidade para valoração das saídas. Esta opção, geralmente, é feita de acordo com a política estabelecida pela entidade e obedecendo à NCRF 18 – Inventários e ativos biológicos (Aviso n.º 8256/2015). No entanto, para tratamento da informação de Contabilidade de Gestão, este critério deverá ser adotado de forma racional, em função dos objetivos pretendidos de apoio à tomada de decisão, sem que seja obrigatório o cumprimento do preceituado nas NCRF.

Repare-se que os GGF que constam na Tabela 2.1 podem ser identificados por secções industriais principais, por atividades ou de acordo com algum outro critério de repartição dos gastos industriais indiretos (ver secção 2.4)

Os **gastos do período** referem-se aos restantes gastos que são assumidos pela organização e que não são incluídos nos gastos do produto, mas concorrem diretamente para o resultado de um período na demonstração dos resultados. Os gastos de administração geral, os gastos de investigação e desenvolvimento, os gastos de distribuição ou comerciais e os gastos financeiros, tradicionalmente, não são incluídos nos gastos do produto, e, ainda, gastos industriais que não tenham contribuído para o cálculo do custo de produção (**custos industriais não incorporados**).

É de referir que quando o produto é vendido, o gasto do produto (custo dos produtos vendidos – Tabela 2.1) contribui para a determinação do resultado, tornando-se, por isso, num gasto do período. O quociente entre o valor do **Custo Industrial da Produção Acabada** (CIPA) e a quantidade produzida permite obter o **Custo Industrial da Produção Acabada unitário** (CIPA unitário).

Contudo, todos os gastos imputados aos inventários finais são ativos que, não sendo consumidos no período, contribuem para o valor do património da organização no final do período. Serão apenas considerados como gastos no período seguinte, caso sejam de facto consumidos quando os produtos são vendidos.

Outra classificação dos gastos que é preponderante para o apoio à tomada de decisão é a sua identificação de acordo com o conhecimento do seu comportamento relativamente aos diferentes níveis de atividade. Facilmente se reconhece que, por exemplo, um gasto com a mensalidade da compra em *leasing* de um veículo será sempre imutável independentemente dos quilómetros percorridos nesse período, o que já não acontece com o consumo de combustível. É essencial esta classificação tendo em consideração o comportamento do consumo dos recursos perante as variações de determinado parâmetro de atividade.

Os **gastos fixos** (ou de estrutura) têm um comportamento de completa indiferença face ao nível de atividade, ou seja, o consumo de recursos não varia com alterações do parâmetro de atividade, dentro de um limite dado pela capacidade instalada, por isso, o seu custo unitário vai decrescendo à medida que aumenta a atividade. Os gastos com rendas são um exemplo de um gasto fixo. O comportamento dos **gastos variáveis** tem como característica uma relação direta com o nível de atividade, isto é, o consumo de recursos altera-se diretamente com as variações do parâmetro de atividade, se o custo unitário de aquisição dos fatores não variar, o custo unitário variável, no curto prazo, mantém-se sempre o mesmo.

Numa organização industrial, no curto prazo, todos os gastos diretos são variáveis, bem como as comissões dos vendedores, por exemplo. Numa organização comercial todas as mercadorias adquiridas. Porém, existem gastos, como por exemplo os gastos com a energia, que são geralmente faturados globalmente e mesmo tendo uma vendidas (custo das mercadorias vendidas) são gastos variáveis. Porém, existem gastos, como por exemplo os gastos com a energia, que são geralmente faturados globalmente e mesmo tendo uma forte componente variável são considerados como gastos indiretos, pois necessitam de um critério de repartição para serem imputados aos objetos de custeio. Assim como existem gastos fixos que não são todos gastos indiretos. Por exemplo, os gastos com as remunerações de um diretor de produção são um gasto fixo, mas pode ser considerado um gasto direto de produção se houver uma relação direta com determinado objeto de custeio.

Ao considerar que, por definição, os gastos fixos não se alteram para um determinado nível de atividade e que os gastos variáveis unitários são constantes, este conhecimento do comportamento dos gastos proporciona aos responsáveis das organizações informações que, nomeadamente, permitem (Drury, 2021; Cruz, 2016):

- Elaborar com mais facilidade os orçamentos;
- Calcular a margem de contribuição unitária – diferença entre o preço de venda unitário e os custos variáveis unitários; bem como a margem de contribuição total – diferença entre o valor de vendas e os gastos variáveis totais;
- Identificar o preço de venda do produto que proporciona uma determinada margem de contribuição;
- Saber qual vai ser o impacto nos gastos e nos rendimentos perante uma variação percentual da atividade;
- Calcular o ponto de equilíbrio ou crítico de vendas, isto é, a quantidade mínima que a organização precisa de vender de um produto para ter um resultado nulo, a situação em que os custos totais igualam os rendimentos totais ou, de outro modo, a quantidade a partir do qual se passa a obter um resultado líquido positivo (análise custo-volume-resultado – ver capítulo 4);

- Prever as quantidades que deverão ser vendidas de um produto para obter um determinado resultado líquido (análise custo-volume-resultado – ver capítulo 4);
- Discutir e decidir sobre aceitar ou recusar encomendas adicionais a um preço de venda inferior ao normal; comprar ou arrendar (ou alugar) um bem; comprar ou produzir um produto.

Existe ainda a possibilidade de haver gastos híbridos, em que uma parte do gasto é fixa e existe uma componente que é variável, neste caso designam-se por **gastos semivariáveis**. Os gastos com energia elétrica ou com a água têm uma taxa fixa que é suportada independentemente de haver ou não atividade e um custo unitário por cada quilowatt consumido ou por cada litro de água gasto (que varia em função da atividade). Já os **gastos semifixos** (gastos em escada) são gastos fixos para um intervalo de atividade e que suportam um incremento para um *plafond* de atividade superior; vão registando aumentos ou reduções de gastos fixos de acordo com intervalos de níveis de atividade que vão subindo ou descendo. Tipicamente é dado o exemplo da atividade hoteleira que pode ter épocas altas (períodos de férias ou períodos de neve), que tenha uma procura muito elevada, com necessidade de maior quantidade de trabalhadores, e épocas baixas em que reduz o número de trabalhadores, reduzindo este gasto fixo durante um intervalo de tempo em que a organização esteja em subatividade – neste caso os gastos com o pessoal são semifixos.

Se se atender ao número e natureza dos elementos de custo que são considerados no cálculo do objeto de custo, podemos classificar como **custo total**, quando se considera o valor de todos os recursos (fixos e/ou variáveis) utilizados na sua produção. Quando se considera o valor apenas de alguns recursos usados na sua produção, então designamos por **custo parcial**. São exemplos deste tipo de custos, o custo variável de produção ou o custo direto de produção. Um **custo unitário** (custo unitário médio) é calculado dividindo-se algum valor do custo total pelo número relacionado de unidades. As unidades podem ser expressas de várias maneiras. Como são custos médios, devem ser interpretados com precaução. Os custos variáveis unitários são normalmente constantes, mas os custos fixos unitários são decrescentes à medida que a organização aumenta o nível de atividade. No entanto, os custos unitários são frequentemente usados para decidir sobre preços de venda.

Também, de acordo com o momento a que o seu cálculo se refere, os custos podem ser classificados em **custos históricos** e em custos teóricos (predeterminados). Os custos históricos ou reais são valores dos recursos que foram efetivamente utilizados pelos objetos de custo numa realidade e num período passado.

Já os **custos teóricos** correspondem aos valores dos recursos calculados *a priori* e com base em quantidades e preços estimados e/ou convencionados pelos serviços técnicos e contabilísticos das organizações, que deverão ser incluídos nos objetos de custo (Cruz, 2016). Entre outros, os custos teóricos apresentam vários interesses no seu cálculo:

- Decidir sem ter em consideração os possíveis efeitos das alterações do nível de atividade, dos preços e do rendimento dos fatores de produção sobre o custo unitário dos produtos;
- Promover o cálculo dos desvios (diferença entre os custos históricos e os custos teóricos);
- Facultar informações que permitam o exercício de maior controlo dos gastos, porque ajudam a análise dos custos ou dos fatores que estão na origem dos desvios, a fim de serem tomadas medidas corretivas e de responsabilização;
- Auxiliar a elaboração de orçamentos e, consequentemente, permitir o controlo orçamental;
- Servir de instrumento de base para definir melhores medidas de desempenho, quer relativamente aos processos (indicadores de eficácia e eficiência), quer a nível dos resultados (por exemplo, percentagem normal de produtos defeituosos, percentagem normal de encomendas rejeitadas pelos clientes, duração média mínima de armazenagem de produtos acabados) ou ainda a nível de melhoria contínua (percentagem de horas de formação, investimento em tecnologias de informação, percentagem de horas para o desenvolvimento de competências).

Quando se observa a possibilidade de evitar ou reduzir os gastos, eles podem ser classificados em **gastos controláveis** e **gastos não controláveis**. Geralmente, existe esta possibilidade relativamente aos gastos fixos (remunerações e respetivos encargos de um gestor, as depreciações de uma máquina, gastos de arrendamento ou de seguros das instalações fabris), que são controláveis para um determinado nível de decisão (conselho de administração ou direção), que têm poder para decidir entre várias alternativas de investimento, e não o são a outros níveis (departamento de produção ou departamento administrativo, por exemplo). Porém, os gastos relacionados com os materiais e mão de obra direta já são gastos controláveis pelo responsável do departamento porque estão sob a sua decisão. Esta classificação de gastos é importante para a avaliação do desempenho, não sendo adequado que um determinado gestor seja avaliado por indicadores que incluam gastos que ele não controla. Numa ótica de contribuição para a melhoria da rendibilidade das organizações, todos os gastos devem ser controláveis.

Para a tomada de decisão é igualmente importante os gastos e rendimentos serem classificados de acordo com a sua relevância para uma decisão em particular. Os **gastos e rendimentos relevantes** são os que podem ser alterados por uma determinada decisão – a relevância, neste caso, relaciona-se com a possibilidade de haver mudança nos gastos e rendimentos futuros causados por uma decisão presente. Consideram-se **gastos e rendimentos irrelevantes** quando não são afetados pela tomada de decisões. Por exemplo, se a organização tem uma atividade em que pode comercializar as matérias-primas que usa na sua produção, e não tem problemas com a venda dos seus produtos; numa decisão entre vender as mercadorias ou produzir e vender os produtos, os gastos com a aquisição de matérias são gastos irrelevantes, porque têm de ser igualmente suportadas; já os preços de venda das mercadorias e dos produtos, bem como os gastos de conversão, constituem gastos e rendimentos relevantes na tomada desta decisão. Muitas vezes, confunde-se na prática esta aceção de gastos com os gastos evitáveis e gastos inevitáveis. Porque os **gastos evitáveis** são os que se podem poupar pelo facto de se adotar uma dada alternativa, enquanto os **gastos inevitáveis** são os que têm de ocorrer de qualquer das formas. A regra para tomarmos a decisão mais assertiva é optar pelas alternativas que geram rendimentos superiores aos gastos que se têm de incorrer e que são evitáveis.

Existem geralmente nas organizações os **custos irrecuperáveis** (***sunk costs***) que são gastos relacionados com recursos adquiridos no passado e que não podem ser alterados com decisões que se tomem no presente ou que se possam vir a tomar no futuro, ou seja, são gastos que não se podem alterar com a escolha entre várias alternativas, têm de ser suportados de qualquer das formas. Por exemplo, se a organização adquiriu um equipamento há dois anos, com uma vida útil de cinco anos, e não for possível a sua venda, ele vai sempre impor gastos que têm de ser suportados, quer se proceda ao abate, quer se utilize na produção. Este tipo de gastos não é relevante para a tomada de decisão. Porém nem todos os gastos irrelevantes são gastos irrecuperáveis. No parágrafo anterior foi dado como exemplo de um gasto irrelevante o consumo de matérias-primas e estas não são gastos irrecuperáveis porque vão sempre ter que ocorrer no futuro (Drury, 2021), desde que haja atividade, enquanto os gastos irrecuperáveis podem ser extintos.

Os **custos de oportunidade** já foram mencionados e relacionam-se com os custos que avaliam uma oportunidade (ou benefício) que tem de ser sacrificada ou perdida quando se escolhe uma outra alternativa e a primeira tem de ser abandonada. Por exemplo, o aluno que decide prolongar o curso por mais um ano para subir notas e tem uma oportunidade de emprego, o custo de oportunidade pode ser avaliado pela diferença entre os rendimentos que iria obter durante esse ano e os possíveis gastos adicionais que teria de suportar caso aceitasse o emprego. Os custos de oportunidade não podem ser, normalmente, considerados contabilisticamente porque não envolvem aquisições, mas devem ser considerados na tomada de decisões. Também só se coloca esta questão quando as alternativas são mutuamente exclusivas, geralmente, por existirem recursos escassos que impedem a implementação das duas alternativas. Se não existe qualquer outra alternativa, então o custo de oportunidade é nulo.

Ainda para a tomada de decisões surgem as classificações de **custos incrementais e custos marginais**. Os rendimentos e custos incrementais ou rendimentos e custos diferenciais são os que resultam da diferença entre duas alternativas que estão a ser tidas em consideração na tomada de uma determinada decisão. Por exemplo, os rendimentos e custos incrementais de expandir a quota de mercado em 10% referem-se ao montante de rendimentos, gastos fixos e de gastos variáveis que essa opção envolve face à situação de partida. Associado a estes conceitos podemos também referir o rendimento marginal e o custo marginal que traduzem o rendimento e o custo adicional por cada unidade que se produz a mais, e não de um conjunto de unidades (Drury, 2021; Hansen & Mowen, 2007).

2.3. Processos de alocação de custos diretos e indiretos

Muitas organizações fazem distinção entre departamentos operacionais ou industriais (em organizações industriais) e departamentos de apoio. Um departamento pode ser dividido em subunidades, geralmente designamos cada uma destas unidades e subunidades (ou divisões) como secções. Para se considerar como uma **secção principal (operacional ou industrial)**, geralmente, esta deve acrescentar valor a um produto ou serviço que seja percetível para o cliente (Drury, 2021). Uma secção de apoio ou auxiliar fornece os serviços que mantêm a operacionalidade das outras secções, são também designadas por **secções auxiliares** (manutenção das máquinas ou serviços de limpeza do parque industrial, por exemplo). Temos ainda **secções não industriais** (departamentos: jurídico, de recursos humanos. administrativo e financeiro) que em determinado tipo de setores podem ser consideradas também principais atendendo à sua importância na viabilidade económica e comercial da organização. Alocações de custos mais rigorosos das secções de apoio, pelo menos, as de serviços industriais, resultam em custos mais rigorosos dos objetos de custeio (produtos, serviços e clientes, por exemplo).

As organizações podem ser diferentes na forma como se estruturam organizacionalmente em departamentos e divisões e na forma como identificam as secções industriais, principais e auxiliares, e não industriais. Qualquer sistema de custeio deve atender às especificações de cada organização, compreender o significado exato da terminologia usada ao analisar os dados que incluem alocações dos custos das secções industriais e das secções de apoio. Para além disso, as organizações também diferem na consideração dos tipos de custos totais de apoio que devem ser alocados aos objetos de custeio.

Nesta secção vão ser inicialmente reavivados brevemente alguns termos introduzidos na secção 2.2 e outros novos que serão amplamente usados nos sistemas de custeio, para além de serem discutidos processos de alocação de custos. Ao que se segue a apresentação dos diferentes tipos de sistemas de custeio: modelos baseados na lógica da absorção e modelos baseados na lógica da contribuição. Por último, será feita uma análise comparativa entre os sistemas de custeio total, variável e racional.

No que concerne aos regimes de fabrico que podem caracterizar o processo como as organizações desenvolvem a sua atividade principal, e que são fundamentais para a determinação e desenvolvimento do sistema de custeio subjacente, podemos identificar regimes diferentes:

1. Atendendo ao número e sequência de operações necessárias para a transformação das matérias – **produção simples** (apenas uma operação) ou **produção complexa**, se exige diversas operações para a transformação das matérias na produção final, sendo que esta pode ainda ser:
   - o **produção contínua**, quando existe uma sequência ininterrupta de operações no processo de fabrico, ou
   - o **produção descontínua**, se este processo é orientado de acordo com características específicas da encomenda exigidas pelo cliente.
2. Considerando a variedade de produtos fabricados – **produção uniforme**, quando se fabrica um único produto, ou **produção múltipla**, na medida em que se podem fabricar diversos produtos; neste caso ainda se pode identificar como:
   - o **produção conjunta** – se a partir da mesma matéria e do mesmo processo de fabrico obtemos produtos diferentes (por exemplo, a partir da cana-de-açúcar, obtém-se o açúcar e a cachaça); e

- o **produção disjunta** – se cada produto tem o seu processo de fabrico próprio e independente.

As organizações cujo processo produtivo é caracterizado por uma produção descontínua, em que o produto ou o serviço pode ser identificado ao longo de todo o processo de fabrico, de forma independente, geralmente, recorrem ao **método de custeio direto, por ordem de produção ou por encomenda** (*job costing system*). O custeio é efetuado através do método direto, sendo possível reconhecer todos os gastos incorridos no processo produtivo daquele produto ou serviço de forma direta; o consumo do recurso ocorre devido à existência daquele objeto de custeio.

Se o processo produtivo é caracterizado por uma produção contínua, em que são identificadas fases ou processos de fabrico onde há uma acumulação de gastos (gastos indiretos) que exigem critérios de repartição pelos vários produtos/serviços que são produzidos de forma simultânea ou não – a organização deverá recorrer a **método de custeio indireto ou por processos** (*process costing systems*), em que o custo de produção pode ser determinado com recurso a diversos tipos de sistemas de custeio (ver capítulos 3 e 7). A maior parte das organizações recorrem a **métodos de custeio mistos**, por forma a obter maior rigor no custeio da sua atividade, diferenciando claramente no seu processo produtivo os custos diretos, que têm uma relação de causalidade direta, dos custos indiretos que deverão ser tratados com recurso a um sistema de custeio indireto.

Da terminologia amplamente utilizada na discussão de processos de alocação e diferentes métodos de custeio, convém relembrar alguns conceitos de forma muito breve e introduzir outros que ainda não foram mencionados, sendo que doravante, quase sempre, teremos em consideração apenas a perspetiva de custo, entendido como o valor dos recursos consumidos:

- Objeto de custo ou **objeto de custeio** – qualquer item sobre o qual se pretende uma valoração separada de custos;
- **Custos diretos** de um objeto de custeio – custos específicos desse objeto, que estão relacionados apenas com esse objeto e que são identificados de forma economicamente viável (custo-benefício);
- **Custos indiretos** de um objeto de custeio – custos que estão relacionados ao objeto de custeio específico, mas não podem ser com ele identificados de uma forma economicamente viável (custo-benefício), necessitando de serem aloca-

dos ou repartidos entre vários objetos de custeio, com recurso a um critério de repartição de custos;

- **Base de alocação de custos** ou **base de repartição de custos** – um fator que é o denominador comum para vincular sistematicamente um determinado custo indireto ou grupo de custos indiretos para um objeto de custeio, ou seja, a quantidade ou valor que expressa a atividade a que respeitam os gastos. Uma base de alocação de custos pode ser financeira (como os custos diretos de matéria-prima) ou não financeiros (como o número de quilómetros percorridos). As organizações muitas vezes procuram usar **indutores de custos** indiretos para identificar uma base de alocação de custos. Por exemplo, o número de quilómetros percorridos pode ser usado como base para alocar custos operacionais de veículos.

Estes cinco conceitos constituem o ponto de partida para a construção dos sistemas de custeio. Como se pode observar na Figura 2.3, os custos diretos têm uma relação direta com o objeto de custeio, sendo atribuídos de forma direta de acordo com os consumos efetivamente ocorridos ou estimados (materiais diretos e mão de obra direta). Já os custos indiretos precisam de critérios de repartição, estes podem ser identificados através de indutores de custos que evidenciam uma relação de causa-efeito entre o recurso consumido e o objeto de custeio ou podem ser identificados de forma agregada (conjunto de gastos comuns), em que se identificam critérios de alocação mais generalistas e arbitrários.

Numa organização industrial o processo de cálculo do custo de produção começa por identificar a forma como se pode representar a estrutura organizacional e o que deve ser considerado como custos operacionais a serem alocados (Figura 2.3).

Para haver a possibilidade de exercício de controlo de gestão e de avaliação do desempenho dos vários departamentos, geralmente, os rendimentos e os gastos devem ser atribuídos a estes departamentos ou unidades que justificam a ocorrência desses mesmos rendimentos e gastos. Assim, o apuramento de custos é determinado numa primeira fase por **centros de responsabilidade** (Figura 2.4) e estes podem, ainda, ser subdivididos em subunidades contabilísticas que se designam por **centros de gastos** (ou centros de custos) – relativamente aos quais são apurados os custos de funcionamento. Esta repartição intermédia tem por objetivo determinar os rendimentos e gastos provocados pelo funcionamento dos diversos órgãos da empresa e afetá-los, numa segunda fase, aos vários produtos e/ou serviços concluindo o cálculo do custo de produção dos mesmos (Cruz, 2016).

FIGURA 2.3 – **Métodos de alocação de custos**

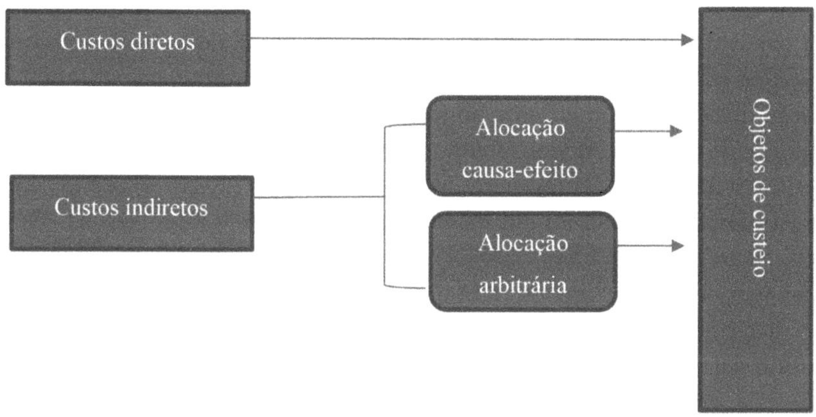

Fonte: Drury (2021, p. 52), adaptado.

FIGURA 2.4 – **Sistema de informação contabilística**

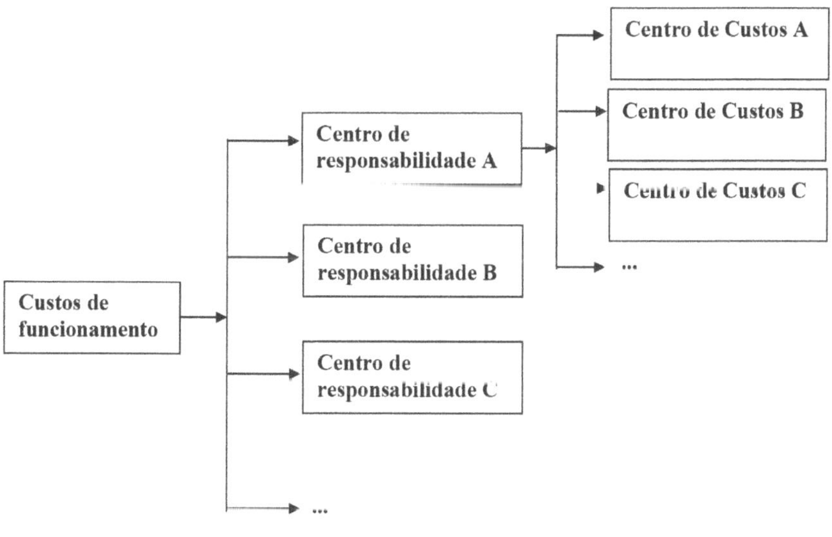

Fonte: Caiado (2020, p. 81), adaptado.

Entenda-se o centro de responsabilidade como uma unidade orgânica da estrutura organizacional descentralizada, criada para o efeito de imputação dos rendimentos e custos diretos, bem como para a alocação dos gastos indiretos. Assim, tem de ter objetivos específicos e um conjunto de meios materiais e humanos que são geridos por um indivíduo que seja o responsável pelo mesmo, assegurando a boa execução do seu programa de atividade com a maior autonomia possível – daí a designação de centro de responsabilidade (ver capítulo 17).

A Contabilidade de Gestão deve apurar os gastos subjacentes a cada centro de responsabilidade, analisá-los e transmiti-los aos respetivos responsáveis, tendo em vista o seu controlo e a boa prossecução do desempenho da organização em direção aos seus objetivos. Para isso tem de identificar as funções (atividades) de cada centro, determinar os recursos utilizados e respetivos gastos/rendimentos, a fim de calcular o gasto associado às suas atividades, utilizando unidades de produção ou ponderações com vista ao cálculo do custo unitário ou/e rendimento unitário dessas secções homogéneas. Estas secções são, então, centros de responsabilidade, como já foi mencionado, geralmente, determinados pelo desenvolvimento conceptual da estrutura organizacional das unidades fabris, com determinadas características cumulativas (Cruz, 2016):

- Responsabilização – um indivíduo responsável pela utilização racional dos recursos e controlo dos gastos incorridos;
- Homogeneidade – de tarefas ou atividades por forma a ser passível a identificação de um indutor de custo;
- Existência de uma unidade de medida da atividade do centro (idealmente a unidade de obra, que serve quer para quantificar as tarefas executadas pela secção, quer para imputação, quer para controlo dos gastos).

Este método de imputação de gastos permite alcançar os principais objetivos dos sistemas de custeio: tomada de decisão sobre a afetação de gastos; medição da rendibilidade dos produtos/serviços e unidades de negócio; e promover a motivação dos gestores e restantes colaboradores.

Porém, no grupo dos diversos custos de funcionamento podemos identificar custos diretos e custos indiretos, sendo que estes últimos requerem uma base de repartição pelos diversos centros de responsabilidade, que por sua vez, caso sejam subdivididos em centros de custos, também exigem novas bases de repartição dos respetivos custos por estes últimos centros.

Quando se produzem vários produtos, é necessário igualmente proceder à alocação dos gastos das diversas secções (centros de responsabilidade), gastos indiretos dos produtos, através de um processo de imputação dos respetivos custos suportados durante um determinado período aos diversos produtos (objetos de custeio finais) utilizando critérios racionais. Este processo exige duas etapas:

- Em primeiro – agrupar os custos de acordo com uma certa homogeneidade de comportamento dos correspondentes gastos (*cost pools*) e selecionar um indutor de custos que permita identificar uma relação de causa-efeito entre o consumo dos recursos e a produção no objeto de custeio, identificando uma correlação com o montante de custos desse "agrupamento" e o objeto de custeio;
- Em segundo – identificar as secções (objetos de custeio) que consomem esses gastos e reparti-los de acordo com o indutor escolhido.

As bases de repartição podem ser **bases únicas** – quando se identifica apenas uma base de imputação para repartir todos os GGF (horas de trabalho direto, quantidade de matérias-primas consumidas, custo das matérias-primas consumidas, número de unidades fabricadas ou, por exemplo, horas de trabalho das máquinas). Este tipo de bases é adequado quando a empresa produz um único produto ou produtos com características do processo produtivo muito semelhantes e os gastos de produção indiretos são homogéneos.

$$Coeficiente\ de\ imputação = \frac{\text{GGF}}{\text{Base de imputação}}$$

O **coeficiente de imputação** indica quanto é que deve ser atribuído de GGF por unidade indicada na **base de imputação** (por exemplo, quantidade total de horas máquina ou quantidade total de horas de mão de obra direta, durante um determinado período) – euros de GGF por hora máquina ou hora de mão de obra direta. O valor de GGF a alocar a determinada secção ou departamento será igual ao produto, por exemplo, do número de horas máquina ou horas de mão de obra direta registada naquela secção ou departamento, durante um determinado período, pelo coeficiente de imputação calculado anteriormente.

Quando há necessidade de reagrupar os GGF em subgrupos de gastos mais homogéneos e se adotam bases de repartição diferentes para cada subgrupo, de acordo com a natureza dos gastos em causa, existem **bases múltiplas** de repartição. Por exemplo, a repartição do custo de mão de obra indireta pode ser efetuada em função das horas de mão de obra direta; as matérias indiretas em função do custo das matérias diretas incorporadas ou o seguro de incêndio em função da área ocupada ou do valor do ativo fixo tangível e intangível subjacente. É necessário ter o devido cuidado de não chegar a extremos, nem ter apenas um grupo de custos comuns, nem ter numerosos grupos de gastos. O conceito de homogeneidade é importante para tomar esta decisão e equilibrar o sistema.

Resumindo, um método de apuramento de custos de produção numa empresa industrial exige (Drury, 2021; Garrison *et al.*, 2021; Cruz, 2016; Hansen & Mowen, 2007):

1. Escolher o objeto de imputação (podem ser departamentos, produtos, serviços, clientes, segmentos de negócio, ...);
2. Identificar o maior número possível de gastos diretos (por exemplo: matérias-primas e outros materiais diretos, mão de obra direta) que permitam uma imputação perfeitamente ajustada;
3. Elencar os gastos indiretos (por exemplo: depreciações do equipamento produtivo, renda da fábrica, energia, manutenção industrial);
4. Agrupar os gastos indiretos, de acordo com uma certa homogeneidade de comportamento, por centro de custo;
5. Selecionar um indutor de custos adequado ao montante de gastos de cada um dos grupos identificados anteriormente e calcular a respetiva taxa ou quota de imputação – quociente entre os GGF associados a cada um dos grupos identificados e a base de repartição escolhida para a imputação (número ou quantidade de ocorrências registadas, no período em causa, que expressa a atividade a que respeitam aqueles gastos);
6. Escolher critérios de alocação dos centros de gastos/gastos indiretos ao objeto de custeio.

Numa empresa industrial (ver Figura 2.5) coexistem: secções produtivas (ou fabris) – secções principais e auxiliares; secções não industriais – comercial (de distribuição), administrativa e financeira. A secção de aprovisionamento, responsável pela aquisição dos materiais necessários à atividade da empresa e armazenamento até ao início do processo de produção, caso exista, deve contribuir para o custo de produção porque os seus custos devem ser acrescidos ao custo das matérias (custo de compra – Aviso n.º 8256/2015, NCRF 18, § 11). Existem ainda outros custos de armazenamento, de produtos em curso e intermédios, desde que sejam indispensáveis para garantir o processo de fabrico, deverão também ser adicionados aos custos industriais. Mas, geralmente, existem gastos de armazenagem com produtos acabados que não são indispensáveis à produção e, por isso, são considerados custos não industriais.

FIGURA 2.5 – **Método das secções homogéneas**

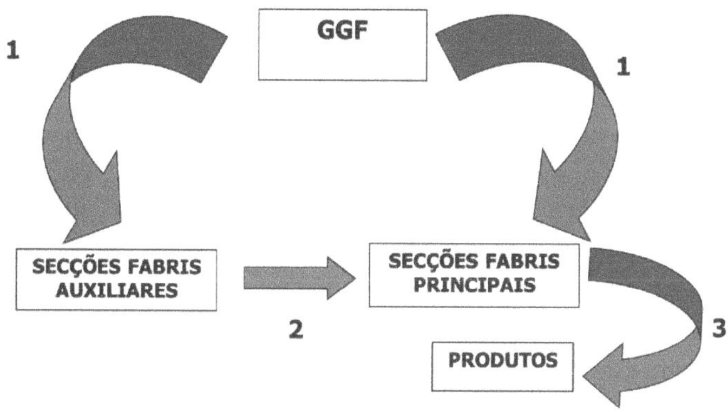

Fonte: Cruz (2016, p. 396), adaptado.

O **método das secções homogéneas** permite calcular o custo de produção de uma forma sequencial de repartição de custos, geralmente, com recurso a bases múltiplas. Na Figura 2.5, podemos identificar:

1. Primeiro nível ou repartição primária ou repartição direta – a repartição dos GGF pelas secções principais e auxiliares, atendendo a várias bases de repartição:
   - A cada secção corresponde uma conta da contabilidade;
   - À medida que vão surgindo os gastos (por naturezas), estes são classificados, para a Contabilidade de Gestão, de acordo com a secção a que devem ser imputados e registados na conta da secção que estiver em causa;
   - Gastos diretos ou específicos (que respeitam unicamente a determinado centro);

- Gastos comuns (por exemplo: depreciações, seguros de incêndio, rendas, etc.) – identificados em subgrupos (de acordo com homogeneidade mais adequada) onde são definidas as bases de repartição.

2. Segundo nível ou repartição secundária:
   - Imputação dos gastos das secções auxiliares às secções beneficiárias da sua atividade (reembolsos): com base nos respetivos consumos – o que exige a definição de unidades de obra que permitam fazer a distribuição de tais custos ou outros critérios de repartição. Neste nível de repartição poderão haver gastos das secções não industriais (por exemplo, serviço administrativo), indispensáveis ao processo de fabrico, que possam ter de ser alocados às secções fabris-, bem como reembolsos entre as secções principais.
3. Terceiro nível de repartição:
   - Distribuição dos gastos totais de cada secção principal pelos diversos utilizadores da sua atividade (produtos, departamentos, etc.) com base no número de unidades de obra (ou de imputação) que cada um consumiu durante o período considerado:
     - O gasto total de cada secção (num determinado período) é dividido pelo número de unidades de obra (ou unidades de imputação) produzido pela mesma e assim é calculado o respetivo custo unitário.
     - Os gastos a repartir no segundo e terceiro níveis são considerados como gastos indiretos dos produtos.

No segundo nível de repartição, existem frequentemente algumas secções principais e/ou auxiliares que contribuem com o seu serviço para outras secções e, em simultâneo, recebem prestações de serviços dessas secções. Esta relação bilateral é designada por **prestação recíproca ou cruzada**. Quando existem prestações recíprocas entre as secções principais, estas devem ser resolvidas ainda no segundo nível do processo anteriormente descrito, depois de terem sido alocados todos os gastos das secções auxiliares e secções de apoio (não industriais) às secções principais, para que se possa determinar o custo total de cada uma das secções principais.

São diversos os métodos que auxiliam a resolução desta questão das participações ou prestações recíprocas ou cruzadas e a escolha do mais adequado deverá ter em consideração o binómio custo (ou eficiência) – eficácia, de acordo com a relevância dos valores a repartir e com os meios técnicos e tecnologia de informação disponível, porque alguns modelos seriam de difícil aplicação na ausência de *spreadsheets*, computadores portáteis e com grande memória (Ferreira *et al.*, 2019). Os autores referem que estes modelos são fundamentalmente cinco:

- **Método das relações ou repartições sucessivas entre centros** – em que as repartições são efetuadas de forma sucessiva, por um processo iterativo onde se vão esgotando os gastos que vão sendo distribuídos entre as secções, raramente sendo possível atingir valores exatos;
- **Método dos custos aproximados** – utilizam-se custos aproximados aos reais com base num longo histórico e numa prática de tratamento rigoroso anterior;
- **Método do cálculo matricial** – a sua aplicação é facilitada com o recurso a computadores portáteis e outros utilitários com funções semelhantes, com grande capacidade de memória e folhas de cálculo em que se utiliza o cálculo matricial para a resolução de n incógnitas;
- **Método dos custos-padrão ou *standard*** – apoia-se em processos de gestão orçamental e de gestão previsional consolidados e pode ser utilizado com rigor, desde que os custos-padrão sejam consequência de uma prática suficientemente longa e fiável;
- **Método algébrico** – com base em processos mais simples e eficientes, é um método rigoroso onde são atribuídas incógnitas aos valores totais de gastos a serem repartidos entre si, ou aos custos de unidade de obra de cada uma das secções com gastos a repartir entre si, sendo a resolução efetuada com base num sistema de equações (tantas quanto o número de incógnitas que exista – número de secções com prestações recíprocas). Por isso, este método deve ser aplicado quando existe um número diminuto de secções com prestações recíprocas.

É importante não esquecer que o valor a ser distribuído pelas secções que recebem prestações de serviços é sempre o custo total da secção que presta o serviço e não o seu custo direto (a não ser que sejam coincidentes). Em cada uma das secções, o **custo total** corresponde ao custo direto acrescido do custo das prestações de serviço que recebe das outras secções e o **custo de unidade de obra** (Cuo) é o quociente (ou a razão) entre o valor do custo total e a atividade registada num determinado período. Então, o custo total pode ser calculado também pelo produto entre o custo de unidade de obra e a atividade registada no período. Estas duas formas diferentes de cálculo do mesmo custo total é a base para a definição das equações do sistema que permite resolver esta questão das prestações recíprocas. Atribuindo incógnitas aos valores que não sabemos e dos quais depende a prestação de serviços recíprocas, podemos identificar as equações do sistema a partir da igualdade das diferentes formas do custo total.

Para processos mais simples, dado o rigor do processo, o método algébrico é o mais adequado e o escolhido para dar um exemplo sobre a resolução desta questão das prestações recíprocas que se passa a apresentar: a Sociedade XPTO, Lda. em cujo processo produtivo foram identificadas quatro secções homogéneas – duas principais (SP1 e SP2) e duas auxiliares (SAA e SAB) – com os custos diretos e as prestações de serviços contantes na Tabela 2.2. Sabe-se ainda que as atividades de SP1 e SP2 foram de 5 000 e 6 000 horas máquina (HM), respetivamente.

TABELA 2.2 – **Prestações recíprocas**

	SAA	SAB	SP1	SP2
Custos diretos (€)	10 495	10 000	30 515	35 830
Reembolsos				
SAA (prestações em HH)	0	100	1 100	900
SAB (% do custo total)	10%	0	50%	40%

No caso ilustrativo, tendo em consideração as duas formas diferentes de cálculo do mesmo custo total:

- Custo total da SAA = 10 495,00 € + 10% x Custo total da SAB;
- Custo total da SAA = 2 100 HH x CuoSAA; e
- Custo total da SAB = 10 000,00 € + 100 HH x CuoSAA.

Atribuindo a incógnita de W ao custo de cada hora homem (HH) de prestação de serviços da secção SAA e a incógnita Z ao custo total da secção SAB, as equações do sistema traduzem-se em:

$$\begin{cases} 2\,100\,HH\,x\,W = 10\,495{,}00\,€ + 10\%\,x\,Z \\ Z = 10\,000{,}00\,€ + 100\,HH\,x\,W \end{cases} \Leftrightarrow \begin{cases} W = 5{,}50\,€ \\ Z = 10\,550{,}00\,€ \end{cases}$$

Uma vez determinado o custo de unidade de obra da secção SAA (W) e o custo total da secção SAB (Z), podem ser traduzidas as prestações de cada uma das secções auxiliares em valor (€), calcular o valor total de cada uma das secções principais e o respetivo custo de unidade de obra. De acordo a Tabela 2.3, o custo das secções a ser alocado aos custos de produção será de 8,368 € por cada hora máquina da secção principal SP1 e de 7,50 € por cada hora máquina da secção principal SP2.

TABELA 2.3 – **Prestações recíprocas – custo de unidade de obra**

	SAA	SAB	SP1	SP2	Total
Custos diretos	**10 495,00 €**	**10 000,00 €**	**30 515,00 €**	**35 830,00 €**	**86 840,00 €**
SAA	-	100	1100	900	2 100
	0,00 €	550,00 €	6 050,00 €	4 950,00 €	11 550,00 €
SAB	10%	-	50%	40%	100%
	1 055,00 €	0,00 €	5 275,00 €	4 220,00 €	10 550,00 €
Custos totais	**11 550,00 €**	**10 550,00 €**	**41 840,00 €**	**45 000,00 €**	**86 840,00 €**
Unidade de obra	HH	nd	HM	HM	
Atividade	2 100	nd	5 000	6 000	
Custo de unidade de obra (cuo)	**5,5000 €**	**nd**	**8,3680 €**	**7,5000 €**	

2.4. OBJETIVOS DOS SISTEMAS DE CUSTEIO

As várias aceções de gastos e de custos que foram debatidas neste capítulo, bem como as questões relacionadas com a alocação dos gastos, permitem fazer um melhor enquadramento dos processos da organização e conceber ou adequar melhor os sistemas de informação de custeio e de gestão que disponibilizem as informações necessárias de acordo com diversos objetivos, donde se destacam:

1. Avaliar o custo dos diversos inventários, informação indispensável à conceção das demonstrações financeiras de divulgação externa obrigatória. A determinação do valor dos inventários da produção permite calcular o valor da variação da produção para a Demonstração dos Resultados por Naturezas e o custo industrial dos produtos vendidos (custo industrial das vendas), bem como dos restantes gastos não industriais alocados por funções, para a Demonstração

dos Resultados por Funções. O valor dos inventários finais são também informação necessária constante nos ativos correntes do Balanço.

2. Proporcionar informação relevante para apoiar os gestores na tomada de melhores decisões:
   - o Operacionais – por exemplo, relacionado com o planeamento e o controlo das condições internas de exploração; o controlo retrospetivo dos resultados obtidos face aos que estavam previstos em orçamento, bem como dos diversos rendimentos e gastos que contribuíram para os mesmos; a avaliação do desempenho económico e financeiro dos segmentos de negócio identificados na organização (unidades de negócio);
   - o Estratégicas – entre outras, adicionar uma nova linha de produção; decidir se deve fazer um componente ou comprá-lo de outro fabricante; investir na aquisição de um equipamento ou alugar; decidir entre atividades lucrativas e não lucrativas.
3. Promover o exercício da avaliação do desempenho com maior rigor e equidade, bem como a motivação dos próprios gestores e dos restantes colaboradores da organização.
4. Ajudar a determinar e fixar preços externos de venda e preços de transferência interna (ver capítulo 17), reclamar um preço mais "justo" para contratos governamentais (por exemplo, contratos-programa da contratualização dos serviços de saúde ou concursos públicos), e estabelecer bases para o cálculo de valores a reembolsar a consultores, por exemplo, que ganham uma percentagem sobre a poupança de custos induzida pela implementação de um determinado sistema por eles recomendado.

O grande problema que é colocado aos sistemas de custeio tem a ver com a alocação ou distribuição dos custos indiretos a um objeto de custeio específico. Como já vimos anteriormente, são custos relacionados com esse objeto de custeio, mas que não podem ser identificados de uma forma economicamente percetível (fisicamente) ou por um custo efetivo. Os custos indiretos, geralmente, representam uma percentagem significativa dos custos atribuídos aos objetos de custeio, como produtos, serviços, canais de distribuição e clientes, podendo ter uma influência determinante na tomada de decisão. A forma como devem ser distribuídos os custos indiretos deve ter em consideração o objetivo que se pretende com o processamento dessa informação. A alocação de um custo particular não precisa de satisfazer todos os objetivos simultaneamente. Bhimani *et al.* (2015) ilustram bem esta situação ao referir que o salário de um cientista aeroespacial num departamento central de pesquisa: (1) pode ser alocado como parte dos custos centrais de pesquisa para apoiar a tomada de decisões económicas; (2) pode ou não ser alocado para satisfazer o objetivo de motivar os gestores e os restantes colaboradores; (3) pode ou não ser atribuído para cálculo do valor de um contrato de consultoria e (4) não deve ser imputado para avaliação dos inventários (são gastos do período de acordo com as normas contabilísticas e de relato financeiro sobre a mensuração dos ativos).

Nas diversas funções industriais que as organizações regularmente assumem na cadeia de valor, não parece ser necessário que a combinação de custos para avaliar cada uma dessas seis funções seja a mesma, nem que os objetivos da informação contemplem todas as perspetivas enunciadas (Figura 2.2.). Para fins de decisão económica (por exemplo, preços), devem ser incluídos os custos de todas as seis funções. Já se quisermos ter informação para fins de motivação, dependendo do alvo de motivação, poderão ser incluídos apenas as informações sobre os custos de uma das funções.

FIGURA 2.2 – **Funções associadas à cadeia de valor**

Fonte: Bhimani *et al.* (2015, p. 124), adaptado.

Bhimani *et al.* (2015) referem que muitas empresas japonesas e alemãs exigem que os custos relativos aos *designers* de produto, nas estimativas de custo de produção, sejam incorporados com menor peso na distribuição e atendimento ao cliente do que no *design*. O objetivo é focar a atenção em como as diferentes opções de *design* de produto afetam os custos totais da organização. Por exemplo, para fins de mensuração de rendas e ativos para divulgar nas demonstrações financeiras, os custos inventariados de acordo com as normas contabilísticas, geralmente, incluem apenas custos de fabricação (e custos de *design* do produto em alguns casos). Na maioria dos países europeus, incluindo Portugal, os custos de pesquisa (investigação) são imputados aos custos do período contabilístico em que ocorrem e os custos com o desenvolvimento podem ser capitalizados (até cinco anos), mediante a verificação de critérios de reconhecimento da viabilidade do projeto – NCRF 6 – Ativos intangíveis (Aviso n.º 8256/2015).

De acordo com Drury e Taylor (2005), não ter em consideração o objetivo pelo qual se processa e analisa determinada informação, é uma das críticas habitualmente identificadas relativamente aos sistemas de custeio:

1. A utilização da mesma informação de custeio para colmatar diferentes necessidades de informação. Neste âmbito, o erro mais comum nas organizações é utilizarem a informação sobre o custo dos inventários para divulgação externa, de acordo com critérios de reconhecimento e mensuração enunciados na NCRF 18 – Inventários (Aviso n.º 8256/2015), como base para tomar outras decisões, nomeadamente, de caráter mais económico, como a escolha de produzir ou recorrer a subcontratação e a fixação de preços de venda.
2. O recurso a bases de imputação extremamente simples (critérios de repartição de custos indiretos), como é exemplo o formato percentual, sem um estudo prévio de validação, que não abona a favor do rigor e proporciona imagens distorcidas da realidade, provocando decisões que não promovem a sustentabilidade da organização.
3. Não identificação de bases de rateio mais ajustadas a cada um dos gastos indiretos existentes, utilizando como base de imputação a informação sobre a mão de obra direta, apesar desta ter vindo a perder importância relativa na estrutura atual de gastos da maior parte das organizações.
4. A pressão exercida pela normalização contabilística e pelas deduções fiscalmente aceites que induzem a práticas de cálculo do custo dos produtos subservientes aos princípios da Contabilidade Financeira (vida útil de equipamentos de acordo com a perspetiva fiscal e não com a lógica de utilidade económica).

Desde o início deste século que tem sido crescente o interesse da investigação sobre o custeio do produto, desencadeado por dois fatores principais: (1) o ambiente em que ocorre o processamento da informação de custeio dos produtos sofreu uma mudança substancial em termos de tecnologias da informação, estrutura de custos, inovação tecnológica industrial e maior competitividade; e (2) o debate sobre o custeio do produto foi iniciado por várias críticas notáveis aos sistemas tradicionais de custeio de produtos. Os resultados de uma investigação efetuada a organizações industriais do Reino Unido (Drury & Taylor, 2005) sobre o apoio efetivo da Contabilidade de Gestão na tomada de decisão sobre preços ou particularmente a análise de rendibilidades, concluíram de forma evidente que:

1. Mais de 90% das organizações estão agora a focar-se na análise da rendibilidade e a consideram-na uma das mais importantes práticas de Contabilidade de Gestão, analisando rotineiramente os lucros por produtos/serviços em intervalos frequentes;
2. A maioria das organizações analisa periodicamente os lucros por mais de um objeto de custo;
3. A maioria das organizações utiliza a análise de rendibilidade como um ponto fundamental da sua gestão;
4. Aproximadamente 80% das organizações envolveram o uso de alocações arbitrárias para objetos de custo dentro da análise de rendibilidade e 14% atribuíram apenas custos diretos nessa alocação;
5. Praticamente todas as organizações anteriores relataram separadamente os custos não incrementais e os custos indiretos. Além disso, aproximadamente 50% dessas organizações poderiam distinguir entre custos indiretos baseados em causa e efeito e alocações arbitrárias. O que confirma o nível de sistemas de tecnologias de informação é tal que existe a possibilidade de extração de informações de custos de maneira flexível;
6. Embora 50% dos entrevistados relatassem separadamente a alocação de custos indiretos de causa e efeito, as evidências sugeriram que muitas organizações estavam a usar sistemas de custo que podem não atribuir com precisão esses custos aos objetos de custeio.

No entanto, a referida investigação destaca ainda que perduram lacunas que continuam a impulsionar mais investigação, pois ainda não existe uma visão generalizável o suficiente sobre:

- Informações tanto técnicas, em relação ao conteúdo, como quanto à organização, tal investigação teria ainda mais relevância com o recurso a estudos de caso que complementariam os resultados obtidos nesta investigação em particular;
- O papel da análise da rendibilidade na gestão de organizações com uma múltipla variedade de produtos;

- O papel da análise da rendibilidade na gestão de organizações com uma múltipla variedade de clientes, análise ABC da rendibilidade, usando uma hierarquia de custos, mas não ignorando os ganhos do lado da receita induzidos pelo aumento das unidades vendidas e atividades de melhoria do produto;
- A frequência com que uma organização analisa a rendibilidade por produtos;
- Análise da rendibilidade tendo em consideração a posição relativa face aos concorrentes;
- Análise da rendibilidade tendo em consideração complementaridades entre produtos, diferenças de preferências do consumidor atual e dos potenciais (o sucesso do produto pode aumentar os rendimentos);
- Quais os outros mecanismos existentes na organização para evidenciar a necessidade de tomada de decisões estratégicas?
- Qual é a natureza do sistema de custeio utilizado e quais são as suas incompatibilidades e debilidades?
- Qual o nível de sofisticação do sistema de custeio?
- Quais as variáveis que influenciam a gestão da organização na escolha e desenho do sistema de custeio?

Nesta secção apenas se relacionam os objetivos dos sistemas de custeio e a ergonomia das funções da cadeia de valor, a fim de se facilitar a análise do que poderá ser interessante para a inclusão ou não de determinado gasto nos custos de produção. Porém, na maioria dos sistemas de custeio existem e podem coexistir vários objetos de custeio em vários níveis de decisão de acordo com as necessidades de informação dos vários utilizadores. Quando se ambiciona desenhar e implementar um sistema de custeio existem, à partida, algumas perguntas que deverão ser colocadas para que o sistema possa ser ajustado à realidade organizacional e corresponder às necessidades de informação para apoiar os vários decisores:

- Sobre o quê é útil ter informação de custeio (quais são os objetos de custeio)?
- Quais são os custos a imputar aos objetos de custeio?
- Quais os critérios para essa imputação?
- Qual é o objetivo pretendido com a informação?
- Qual o nível de sofisticação pretendido para o sistema de custeio?
- Qual a temporalidade em que deve ser requerida a informação?
- Qual a frequência possível para tratamento dos dados?

A resposta a estas questões deverá ajudar a equipa encarregue do desenho, construção e implementação do sistema de custeio a decidir qual o modelo mais adequado para determinada organização.

SUMÁRIO

Os sistemas de custeio, tendo subjacente os gastos identificados pela Contabilidade Financeira, procedem à alocação dos gastos pelos objetos de custeio de acordo com as necessidades de informação dos decisores da organização. Para isso é necessário conhecer os diferentes termos e conceitos de gastos/custos que, dependendo das características das atividades da organização e dos processos subjacentes às mesmas, podem ser organizados de forma a operacionalizar o apoio à tomada de decisão.

Este capítulo explica o porquê de ser necessário compreender as várias aceções de gastos/custos, pois o termo tem uma vasta tipologia que é utilizada de acordo com diferentes situações. Este conhecimento é preponderante para clarificar os pressupostos subjacentes à medição dos vários objetos de custeio, ou seja, algo sobre o qual o decisor pretende saber o custo. Para isso, é necessário saber identificar quais são os custos relevantes, aqueles que podem influenciar uma determinada tomada de decisão. Se os custos diretos não oferecem qualquer dúvida, já a identificação dos custos indiretos necessita de critérios de repartição pelos diversos objetos de custeio, bases de alocação de custos que traduzam o melhor possível uma relação de causa-efeito e possam diminuir a arbitrariedade de qualquer sistema de custeio.

Para introduzir o capítulo seguinte, foram explicados os objetivos dos sistemas de custeio, entre outros: avaliar o custo dos diversos inventários, proporcionar informação relevante para apoiar os gestores na tomada quer de decisões operacionais quer de decisões estratégicas, incentivar o exercício da avaliação do desempenho com maior rigor e equidade e ajudar fixação de preços externos de venda e preços de transferência interna; e relacionados com as funções da cadeia de valor, o que facilita a análise do que poderá ser preponderante para a inclusão ou não de determinado gasto nos custos de produção.

TERMOS E CONCEITOS-CHAVE

Base de alocação de custos
Custo de unidade de obra
Custo industrial da produção acabada
Custo industrial dos produtos vendidos ou custo industrial das vendas
Custo total, custo parcial e custo unitário
Custos de oportunidade
Custos incrementais ou diferenciais e custos marginais
Por ordem alfabética:
Custos irrecuperáveis (sunk costs)
Gastos diretos e gastos indiretos
Gastos do produto e gastos do período
Gastos e rendimentos relevantes e gastos e rendimentos irrelevantes
Gastos fixos e gastos variáveis
Indutor de custo
Objeto de custeio
Prestação recíproca ou cruzada

QUESTÕES TEÓRICAS

1. Defina objeto de custeio e dê três exemplos.
2. Descreva o comportamento dos custos variáveis e fixos, no total e por unidade.
3. Qual a diferença entre um gasto direto e um gasto indireto? Dê um exemplo de cada um.
4. Dando um exemplo ilustrativo, descreva como é que um determinado gasto pode ser tanto um gasto direto como um gasto indireto.
5. Distinga entre custos controláveis e não controláveis.
6. Quais são os três principais componentes ou fatores que contribuem para o custo industrial de produção?
7. Defina o seguinte: custos diretos de materiais, mão de obra direta, gastos gerais de fabrico, custo primo, custos de conversão, custos não industriais e custos supletivos.
8. Distinga entre custos do produto e custos do período.

9. Liste e descreva quatro tipos de processos de fabricação.
10. Qual a importância de identificar bem os indutores de custos?
11. Defina e dê exemplos de custo de oportunidade, custo irrecuperável e gasto/custo inevitável.
12. O que entende por gastos e rendimentos relevantes e irrelevantes.

EXERCÍCIOS RESOLVIDOS

Exercício 2.1 – Classificação de gastos/custos

A GLASS-B, Lda. é uma empresa que produz e vende garrafas e frascos de vidro de vários tamanhos e formatos, produzidos a partir de casco de vidro que provém dos desperdícios da produção, da recolha seletiva de resíduos ou de contentores de vidro para reciclagem. Desta forma, a organização poupa nas matérias-primas e reduz o consumo de energia. No último exercício económico, entre outros, a entidade apresentou a seguinte lista de gastos incorridos:

	Gastos
1	Recibo da operadora de comunicação com pacote fixo
2	Assinatura anual de revista da especialidade (administração)
3	Fardas de proteção usadas na produção
4	Remunerações dos trabalhadores da produção
5	Remunerações da rececionista
6	Gastos com a manutenção do equipamento básico
7	Renda paga dos escritórios administrativos
8	Juros de empréstimos bancários
9	Gastos com deslocações e estadas dos vendedores
10	Depreciações do equipamento básico
11	Remunerações do diretor operacional
12	Seguro do equipamento básico
13	Campanha de marketing na comunicação social (TV e Rádio)
14	Despesas de pesquisa de novos produtos
15	Casco de vidro

	Gastos
16	Fatura de energia (Kw gastos) da fábrica
17	Depreciações do equipamento do bar
18	Depreciações do edifício fabril
19	Rendas leasing do equipamento de transporte (garrafas e frascos)
20	Avença da empresa de segurança da fábrica

Pedidos:

Sabendo que a organização produziu e vendeu a mesma quantidade de produtos no período, complete a tabela classificando cada um dos itens de gastos da tabela, como: (a) gastos variáveis ou fixos (V ou F) – no que concerne ao número de unidades produzidas e vendidas; e (b) custo do produto ou custo do período (P ou R).

Resolução:

	Gastos	V	F	P	R
1	Recibo da operadora de comunicação com pacote fixo		X		X
2	Assinatura anual de revista de fiscalidade (administração)		X		X
3	Fardas de proteção usadas na produção		X	X	
4	Remunerações dos trabalhadores da produção		X	X	
5	Remunerações da rececionista		X		X
6	Gastos com a manutenção do equipamento básico		X	X	
7	Renda paga dos escritórios administrativos		X		X
8	Juros de empréstimos bancários		X		X
9	Gastos com deslocações e estadas dos vendedores	X			X
10	Depreciações do equipamento básico		X	X	
11	Remunerações do diretor operacional		X	X	
12	Seguro do equipamento básico		X	X	
13	Campanha de marketing na comunicação social (TV e Rádio)		X		X
14	Despesas de pesquisa de novos produtos	X			X
15	Casco de vidro	X		X	
16	Fatura de energia (Kw gastos) da fábrica	X		X	

	Gastos	V	F	P	R
17	Depreciações do equipamento do bar		X		X
18	Depreciações do edifício fabril		X	X	
19	Rendas leasing do equipamento de transporte (garrafas e frascos)		X		X
20	Avença da empresa de segurança da fábrica		X	X	

Exercício 2.2 – Custo industrial dos produtos vendidos

A Fit Blazer, Lda., que produz blazers, forneceu as seguintes informações sobre a sua atividade do ano N:

Compras de matérias-primas	152 000,00 €
Gastos de mão de obra direta	105 000,00 €
Outros fornecimentos e serviços utilizados na produção	10 600,00 €
Seguro da fábrica	2 100,00 €
Comissões pagas a vendedores	15 000,00 €
Remunerações do Diretor fabril	19 350,00 €
Publicidade	4 800,00 €
Depreciações e amortizações industriais	22 000,00 €
Inventários de produtos em vias de fabrico em 31 de dezembro de N-1	95 000,00 €
Inventários de produtos em vias de fabrico em 31 de dezembro de N	84 000,00 €
Inventários de matérias-primas em 31 de dezembro de N-1	20 800,00 €
Inventários de matérias-primas em 31 de dezembro de N	57 000,00 €
Inventários de produtos acabados em 31 de dezembro de N-1	40 110,00 €
Inventários de produtos acabados em 31 de dezembro de N	21 500,00 €

Pedidos:

A. Indique qual o valor do custo industrial das vendas.

B. Qual foi o custo primo ou primário para o ano N?

C. Qual foi o montante dos custos de transformação ou conversão?

Resolução questão A – Determinação do custo industrial das vendas

Materiais diretos		
Compras	152 000,00 €	
+ Inventários iniciais de materiais	20 800,00 €	
+/- Regularizações de materiais	- €	
- Inventários finais de materiais	- 57 000,00 €	
Consumo de materiais diretos durante o período	115 800,00 €	**A**
Mão de obra direta	105 000,00 €	**B**
Gastos Gerais de Fabrico		
Materiais indiretos diversos	- €	
+_Mão de obra indireta	19 350,00 €	
+_Depreciações e amortizações	22 000,00 €	
+_Reparações	- €	
+_Seguros	2 100,00 €	
+ Outros fornecimentos e serviços utilizados na produção	10 600,00 €	
subtotal	54 050,00 €	**C**
Custo industrial do período (CIP) = A + B + C	274 850,00 €	
+ Inventários iniciais de produtos em vias de fabrico (EiPVF)	95 000,00 €	
- Inventários finais de produtos em vias de fabrico (EfPVF)	- 84 000,00 €	
Custo industrial da produção acabada (CIPA)	285 850,00 €	
+ Inventários iniciais de produtos acabados (EiPA)	40 110,00 €	
- Inventários finais de produtos acabados (EfPA)	- 21 500,00 €	
Custo industrial dos produtos vendidos (CIV)	304 460,00 €	

Resolução questão B – Custo primo ou primário

O custo primo ou primário é o conjunto dos custos com o consumo de matérias-primas ou materiais diretos e a mão de obra direta:

Consumo de materiais diretos durante o período	115 800,00 €
Mão de obra direta	105 000,00 €
Custo primo	**215 800,00 €**

Resolução questão C – Custos de transformação ou conversão

Mão de obra direta	105 000,00 €	**B**
Gastos gerais de fabrico	54 050,00 €	**C**
Gastos de conversão	**159 050,00 €**	

Exercício 2.3 – Prestações recíprocas e custo industrial dos produtos vendidos

A TETRIS, Lda. produz dois produtos: o produto X, a partir da matéria-prima A, é fabricado na secção principal 1 (SP1) e o produto Y, a partir da matéria-prima B, é fabricado na secção principal 2 (SP2). Para além disso, a organização considera ainda as secções auxiliares A e B. No fabrico dos produtos A e B estão envolvidos ainda o consumo de materiais indiretos e mão de obra indireta, com a seguinte repartição no mês de maio:

Gastos	Produto X	Produto Y	Total
Consumo de matérias-primas	18 000 €	12 000 €	30 000,00 €
Consumo de materiais indiretos	Horas máquina (HM)	Horas máquina (HM)	6 000,00 €
Gastos de mão de obra indireta	Horas homem (HH)	Horas homem (HH)	30 000,00 €

Sabe-se que não existe produção em vias de fabrico e que a movimentação de inventários de produção acabada foi a seguinte:

Inventários	Produto X	Produto Y
Produção	2 000 unidades	3 000 unidades
Inventários iniciais	200 x 21,00 €	300 x 15,00 €
Inventários finais	100 unidades	500 unidades

Por outro lado, foram ainda recolhidas outras informações pelos chefes das diversas secções:

Secções	Custos Diretos (€)
Secção auxiliar A (SAA)	2 000,00
Secção auxiliar B (SAB)	4 000,00
SP1	18 000,00
SP2	16 800,00

	SAA	SAB	SP1	SP2	TOTAL
SAA	-	100 HH	900 HH	800 HH	1 800 HH
SAB	50 HH	-	600 HH	550 HH	1 200 HH
Horas Máquina	200 HM	150 HM	1 200 HM	1 450 HM	3 000 HM

Secções	Produto X	Produto Y
Secção Principal 1	1 200 HH	3 000 HH
Secção Principal 2	1 450 HH	4 000 HH

Pedidos:

A. Calcule o custo real da unidade de obra de cada uma das secções principais.
B. Determine o custo industrial de cada um dos produtos.
C. Sabendo que a TETRIS, Lda. utiliza a fórmula de custeio das saídas do custo médio ponderado, indique o valor dos inventários finais e do custo industrial das vendas de cada produto acabado.

Resolução questão A – Custo real da unidade de obra de cada secção principal

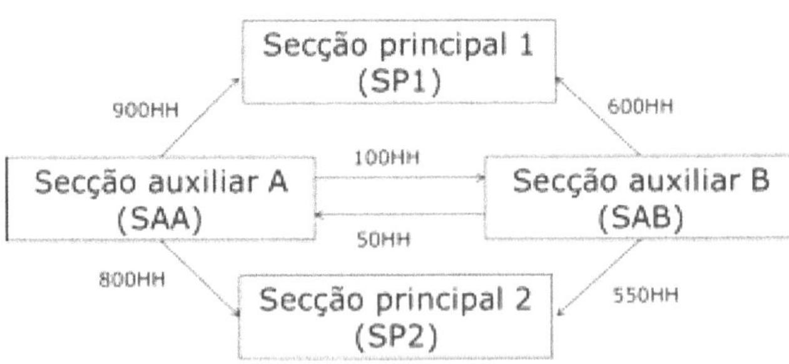

Base de imputação da mão de obra indireta

– Horas homem (HH)
Taxa de imputação = 30 000,00 €/10 000 HH = 3,00 €/HH

Base de imputação dos materiais diretos
– Horas máquina (HM)
Taxa de imputação = 6 000,00 €/3 000 HM = 2,00 €/HM

1.ª Etapa – Cálculo dos gastos diretos e indiretos das secções:

Descrição	SAA	SAB	SP1	SP2	Total
HH	1 800	1 200	3 000	4 000	10 000
HM	200	150	1 200	1 450	3 000
1 - Custos diretos (€)	2 000,00 €	4 000,00 €	18 000,00 €	16 800,00 €	40 800,00 €
2 - MO indireta (€)	5 400,00 €	3 600,00 €	9 000,00 €	12 000,00 €	30 000,00 €
3 - Materiais indiretos (€)	400,00 €	300,00 €	2 400,00 €	2 900,00 €	6 000,00 €
Subtotal (€) = (1)+(2)+(3)	7 800,00 €	7 900,00 €	29 400,00 €	31 700,00 €	76 800,00 €

2.ª Etapa – Resolução dos reembolsos com prestações recíprocas:

$$\begin{cases} \text{Custo total da SAA} = 7\,800{,}00\text{ €} + 50\text{ HH} \times \text{CuoSAB} \\ \text{Custo total da SAB} = 7\,900\text{ €} + 100\text{ HH} \times \text{CuoSAA} \end{cases}$$

e

$$\begin{cases} \text{Custo total da SAA} = 1\,800\text{ HH} \times \text{CuoSAA} \\ \text{Custo total da SAB} = 1\,200\text{ HH} \times \text{CuoSAB} \end{cases}$$

então,

$$\begin{cases} 1\,800\text{ HH} \times \text{CuoSAA} = 7\,800{,}00\text{ €} + 50\text{ HH} \times \text{CuoSAB} \\ 1\,200\text{ HH} \times \text{CuoSAB} = 7\,900{,}00\text{ €} + 100\text{ HH} \times \text{CuoSAA} \end{cases}$$

$$\begin{cases} \text{CuoSAA} = ? \\ \text{CuoSAB} = ? \end{cases}$$

$$\begin{cases} 1\,800 \text{ HH} \times CuoSAA = 7\,800{,}00\ € + 50 \text{ HH} \times CuoSAB \\ 1\,200 \text{ HH} \times CuoSAB = 7\,900{,}00\ € + 100 \text{ HH} \times CuoSAA \end{cases}$$

$$\begin{cases} CuoSAA = 4{,}5267€/HH \\ CuoSAB = 6{,}9606€/HH \end{cases}$$

Descrição	SAA	SAB	SP1	SP2	Total
Subtotal de gastos	7 800,00 €	7 900,00 €	29 400,00 €	31 700,00 €	76 800,00 €
SAA (prestações em HH)	0	100	900	800	1800
cuoSAA x prest. HH	0,00	452,67	4074,01	3621,35	8148,03
SAB (prestações em HH)	50	0	600	550	1200
cuoSAB x prest. HH	348,03 €	- €	4 176,33 €	3 828,31 €	
Custo total	8 148,03 €	8 352,67 €	37 650,35 €	39 149,65 €	
Atividade (HH)	1 800	1 200	3 000	4 000	
Custo de unidade de obra (cuo)	4,53 €	6,96 €	12,55 €	9,79 €	

Resposta: O custo de unidade de obra da secção principal 1 é de 12,55 € por cada hora homem e o custo de unidade de obra da secção principal 2 é de 9,79 € por cada hora homem.

Resolução questão B – Custos de produção dos produtos

3.ª Etapa – Cálculo dos custos de produção dos produtos X e Y:

Descrição	Produtos		
Custos de Produção	Produto X	Produto Y	Total
Matéras-primas	12 000,00 €	18 000,00 €	30 000,00 €
Custos de transformação			
Secção principal 1 (HH)	2 000	1 000	3 000
Secção principal 1 (€)	25 100,23 €	12 550,12 €	37 650,35 €
Secção principal 2 (HH)	1 500	2 500	4 000
Secção principal 2 (€)	14 681,12 €	24 468,53 €	39 149,65 €
CIPA	51 781,35 €	55 018,65 €	106 800,00 €
Produção (unidades)	2 000	3 000	
CIPA unitário	25,89 €	18,34 €	

Resolução C – Inventários finais e custo industrial dos produtos vendidos

O valor dos inventários finais e do custo industrial dos produtos vendidos de cada produto acabado:

$$Custo\ médio\ ponderado\ unitário\ (CMPu) = \frac{\text{Valor total de inventários}}{\text{Quantidade total de inventários}}$$

Produto X

$$Custo\ médio\ ponderado\ unitário\ (CMPu) = \frac{51\,781{,}35\ € + 200 \times 24{,}00\ €}{2\,000 + 200}$$

$$= 25{,}71879\ €$$

Vendas = Produção + Inventários iniciais – Inventários finais
= 2 000 + 200 – 100 = 2 100
CIV = 2 100 x 25,71879 € = 54 009,46 €
Inventários finais = 100 x 25,71879 € = 2 572,88 €

Produto Y

$$Custo\ médio\ ponderado\ unitário\ (CMPu) = \frac{55\,018{,}65\ € + 300 \times 15{,}00\ €}{3\,000 + 300}$$

$$= 18{,}03595\ €$$

Vendas = Produção + Inventários iniciais – Inventários finais
= 3 000 + 300 – 500 = 2 800
CIV = 2 800 x 18,03595 € = 50 500,66 €
Inventários finais = 500 x 18,03595 € = 9 017,96 €

EXERCÍCIOS E PROBLEMAS POR RESOLVER

Exercício 2.4 – Classificação de gastos/custos

O Departamento de Gestão das Florestas e Conservação da Natureza, integrado no Governo da Ilha do Príncipe, é responsável pela gestão integrada da paisagem, da floresta, da biodiversidade, dos espaços naturais e áreas protegidas. Indique qual das seguintes classificações descreve melhor cada um dos diversos gastos incorridos pelo Departamento que estão listados abaixo. Pode ser atribuída mais do que uma classificação a cada um dos itens de gastos.

Classificações de gastos/custos:

a) Variável
b) Fixo
c) Controlável pelo diretor do departamento
d) Incontrolável pelo diretor do departamento
e) Custo diferencial
f) Custo marginal
g) Custo de oportunidade
h) Custo irrecuperável
i) Custo direto do Departamento
j) Custo indireto do Departamento
k) Custo direto de serviços prestados
l) Custo indireto de serviços prestados

Gastos incorridos:

1. Depreciações do exercício dos veículos usados pelos guardas-florestais.
2. Gastos de limpeza da praia do Boi com contaminação de resíduos tóxicos.
3. O salário do diretor de departamento.
4. Gastos de subcontratação de limpeza do parque de abetos.
5. Gastos com espécies de árvores para reposição da área sul do Pico do Papagaio.
6. Gastos com a produção de desdobráveis sobre boas práticas de proteção ambiental.
7. Atribuição de parcela dos gastos de funcionamento do Departamento de Tecnologias de Informação do Governo da Ilha do Príncipe.
8. Gastos com materiais administrativos utilizados no Departamento.
9. Custo de fornecer um número de acesso gratuito para os moradores da ilha relatarem problemas ambientais.

10. Custo adicional de um guarda-florestal, no mês de outubro, quando existem palestras e atividades nas escolas do ensino básico e secundário sobre proteção do ambiente.
11. Custo adicional incorrido por cada hora de prestação de serviços fora do horário normal de atividade (das 10h às 17h).
12. Rendimento que se poderia obter se houvesse a contratação de mais um colaborador de limpeza das áreas de acesso às roças.
13. O custo de produção de um programa de TV a ser exibido na televisão pública sobre reutilização e reciclagem.
14. Gastos de depreciação dos computadores adquiridos no ano passado pelo diretor do departamento, sem valor de venda, e que foram este ano substituídos por computadores portáteis.

Exercício 2.5 – Custo de produção

A Bob Agro, Lda. é uma entidade detida por uma família de agricultores que está a planear a sua produção para a próxima época de colheitas. Na ausência de qualquer membro da família com formação de gestão, a entidade pediu-lhe a sua opinião, como perito em Contabilidade de Gestão, sobre qual o mix ótimo de produção para o próximo ano. Sabe-se que no ano N os dados relativamente à Bob Agro, Lda. foram os seguintes:

	Batatas	Nabos	Cherovias	Cenouras
Área ocupada (hectares)	30	24	36	30
Produção por hectare (toneladas)	12	10	11	14
Preço de venda por tonelada	120,00 €	150,00 €	180,00 €	162,00 €
Gastos variáveis por hectare				
Fertilizantes	36,00 €	30,00 €	54,00 €	48,00 €
Sementes	18,00 €	24,00 €	36,00 €	30,00 €
Pesticidas	30,00 €	18,00 €	24,00 €	30,00 €
MOD	480,00 €	540,00 €	600,00 €	684,00 €
Gastos fixos por ano	64 800,00 €			

Considera-se que:

1. Os gastosfixos devem ser repartidos de acordo com o valor de venda das diversas produções;
2. A área que tem sido usada para a produção de cenouras e cherovias pode ser ocupada por estas duas espécies, mas não por batatas ou nabos;
3. A área que tem sido usada para batatas e nabos, pode ser ocupada por estas duas espécies, mas não por cenouras ou cherovias;
4. Para ter capacidade de resposta à procura destes produtos, a empresa devia produzir anualmente 50 toneladas de batatas e nabos e 45 toneladas de cenouras e cherovias.

Pedidos:

A. Calcule o custo de produção por tonelada de cada um dos produtos produzidos.
B. Sabendo que a produção foi toda vendida, calcule o resultado final obtido no ano N.
C. Assumindo que a propriedade pode ser cultivada de tal forma que se pode produzir, indiferentemente, qualquer das espécies acima descritas e que não existem restrições de mercado, indique:
   i) Em que espécie é que a Bob Agro, Lda. deve concentrar a sua produção e a sua força de vendas?
   ii) O resultado que a entidade obteria caso optasse pela solução proposta na alínea anterior?

Exercício 2.6 – Prestações recíprocas e custo de unidade de obra

A VITESSE, LDA. dedica-se ao transporte de mercadorias em camiões de reboque pequeno, com uma capacidade de carga até 3 500 kg, e reboque médio, cuja capacidade de carga situa-se entre 3 500 kg e 12 000 kg. A estrutura organizacional da função operacional divide-se em dois departamentos principais (Transportes Nacionais e Transportes Internacionais) e duas secções auxiliares (Manutenção e Gastos Comuns). Da Contabilidade de Gestão recolheram-se os seguintes elementos relativos ao mês de junho do ano N:

I. Alocação de gastos diretos:

	Reb. Pequeno	Reb. Médio	Manutenção	Gastos Comuns
Gastos com pessoal	90 000,00 €	60 000,00 €	40 000,00 €	– €
Gasóleo	90 000,00 €	120 000,00 €	– €	1 000,00 €
Água	– €	– €	5 000,00 €	– €
Energia elétrica	– €	– €	2 500,00 €	1 000,00 €
Materiais diversos	4 000,00 €	5 700,00 €	6 000,00 €	1 000,00 €
Depreciações	40 000,00 €	30 500,00 €	12 500,00 €	1 000,00 €
Seguros	1 000,00 €	1 300,00 €	1 500,00 €	1 400,00 €
Outros gastos operacionais	5 000,00 €	7 500,00 €	2 500,00 €	600,00 €
Total	230 000,00 €	225 000,00 €	70 000,00 €	6 000,00 €

II. Repartição da atividade:

	Reb. Pequeno	Reb. Médio	Manutenção	Gastos Comuns
Transportes Nacionais	60 000 km	1 100 000 km	2 500 HH	25%
Transportes Internacionais	600 000 km	500 000 km	7 000 HH	25%
Manutenção	-	-	-	50%
Gastos Comuns	-	-	500 HH	-

Pedidos:

A. Determine o custo total de cada departamento principal e respetivo custo da unidade de obra.

B. Indique qual o custo por km percorrido dos camiões de reboque pequeno e dos camiões de reboque médio.

Exercício 2.7 – Custo industrial dos produtos vendidos

A empresa Green, S.A. fabrica dois produtos (X e Y), em dois departamentos de produção principais (Produção e Montagem), dispondo ainda de dois outros departamentos auxiliares (Cantina e Manutenção). A empresa encerra no mês de agosto para férias.

Para o mês de setembro do ano N, a empresa efetuou as seguintes previsões:

1. Quantidades produzidas e consumos unitários:

Produtos	X	Y
Unidades Produzidas	1 200	800
Matéria-prima consumida: (Kg/unidade)	2,0 kg	2,3 kg
MOD por unidade: Secção de Produção	3,2 HH	3,0 HH
Secção de Montagem	2,4 HM	2,6 HM

2. Custos diretos e indiretos das secções e nível de atividade das secções principais

Departamentos	Produção	Montagem	Cantina	Manutenção	Total
Custos Diretos	27 816 €	19 032 €	11 712 €	14 640 €	73 200 €
Rendas, Depreciações e outros custos indiretos	?	?	?	?	17 568 €
Número de Trabalhadores	25	11	4	4	44
Unidade de obra	2 800 HH	1 800 HM	?	---	

3. **Outras informações:**

a. O produto X só consome a matéria-prima A e o produto Y só consome matéria-prima B. No início do mês existiam em armazém 1 000 kg de cada uma das matérias-primas com o valor unitário de20,00 €/kg, tendo sido comprados 1 500 kg da MP A 22,00 €/kg e 1 000 kgs da MP B a 25,00 €/Kg.
b. O custo estimado da MOD é de 12,00 €/hora na Secção de Produção e de 8,00 €/hora na Secção de Montagem.
c. Os custos indiretos devem ser repartidos pelas secções com base no montante dos custos diretos.
d. Os custos da Cantina são repartidos pelas outras secções de acordo com o número de trabalhadores.
e. Foi estimado que 60% dos custos da Secção de Manutenção resultam do apoio à Secção de Produção, 10% do apoio à Cantina, e o remanescente de apoio à Secção de Montagem.

f. Cada unidade de X consome 1,0 HH da Secção de Produção e 0,5 HM da Secção Montagem. Cada unidade de Y consome 2 HH da Secção de Produção e 1,5 HM da Secção Montagem.
g. No final de julho existiam em armazém apenas 120 unidades de X com um custo de 12 600 €, mas existia produção em vias de fabrico do Y no valor de 8 500 €, não se prevendo a existência de produção em curso no final de setembro.
h. A empresa utiliza o custo médio ponderado para valorizar as saídas de armazém e pretende ter em armazém 100 unidades de cada modelo acabado, no final de cada mês.

Pretende-se que calcule, para o mês de setembro:

A. O custo total e unitário de cada uma das secções principais.
B. O custo de produção unitário orçamentado dos produtos acabados.
C. O custo dos produtos vendidos previsto para cada produto.
D. Sabendo que a empresa fatura cada produto com uma margem de 30% sobre o preço de custo, determine o volume de faturação e margem bruta de cada produto prevista para o mês de setembro.

BIBLIOGRAFIA DO CAPÍTULO

Aviso n.º 8254/2015 de 29 de julho do Ministério das Finanças, Sistema de Normalização Contabilística Estrutura Conceptual (EC). Diário da República: II série, No 146 (2015). Acedido a 24 abril de 2022. Disponível em www.dre.pt.

Aviso n.º 8256/2015 de 29 de julho do Ministério das Finanças, Sistema de Normalização Contabilística – Normas Contabilísticas e de Relato Financeiro (NCRF). Diário da República: II série, No 146 (2015). Acedido a 24 abril de 2022. Disponível em www.dre.pt.

Bhimani, A., Horngren, C., Datar, S., & Rajan, M. (2015). *Management and cost accounting* (6th Ed.). Pearson.

Caiado, A. (2020). *Contabilidade Analítica e de Gestão* (9.ª ed.). Áreas Editora.

Cruz, I. (2016). A Contabilidade de Gestão. In Filipe Almeida (Coord.), *Introdução à Gestão das Organizações* (4.ª ed., pp. 379-410). Escolar Editora.

Drury, C. (2021). *Management and Cost Accounting* (11th ed.). Cengage Learning College.

Drury, C., & Taylor, M. (2005). Explicating the design of overhead absorption procedures in UK organizations. *The British Accounting Review*, 37(1), 47-84.

Ferreira, D., Caldeira, C., Asseiceiro, J., Vieira, J., & Vicente, C. (2019). *Contabilidade de Gestão, Estratégia de Custos e de Resultados* (2.ª ed.). Rei dos Livros.

Garrison, R., Noreen, E., & Brewer, P. (2021). *Managerial Accounting* (17th ed.). McGraw-Hill/Irwin.

Hansen, G., & Mowen, M. (2007). *Managerial Accounting* (8th ed.). Thomson Learning Inc.

Hilton, R., Maher, M., & Selto, F. (2006). *Cost management – Strategies for business decision* (3rd ed.). McGraw-Hill/Irwin.

CAPÍTULO 3

—

SISTEMAS DE CUSTEIO E EFEITOS NOS RESULTADOS

OBJETIVOS DE APRENDIZAGEM

1. **Identificar as diferenças entre modelos baseados na lógica da absorção e modelos baseados na lógica da contribuição;**
2. **Discutir o sistema de custeio variável, total e racional e o seu impacto no resultado;**
3. **Avaliar os determinantes para a escolha de um sistema de custeio;**
4. **Reconhecer as diferenças entre as organizações industriais, comerciais e de serviços.**

3.1. INTRODUÇÃO

No capítulo anterior foi evidenciado que as organizações necessitam dos sistemas de Contabilidade de Gestão para executar funções de apoio à tomada de decisão e foram introduzidos conceitos de gastos e custos, que ajudam a decidir como se pode identificar a informação relevante para a tomada de decisão, bem como métodos de acumulação e alocação de custos que ajudam a atribuir custos aos objetos de custeio.

Relembrando que um objeto de custeio é qualquer coisa sobre o qual se pretende avaliar o seu custo, o objetivo deste capítulo é assumir, inicialmente, que os objetos de custeio são os produtos ou os serviços e concentrar a atenção na forma como os custos são atribuídos a esses objetos de custeio e o impacto que esta forma poderá ter na produção do resultado do período obtido pela entidade.

A alocação dos custos das secções principais aos produtos faz-se proporcionalmente ao número de unidades de obra prestadas por cada secção principal para o fabrico de cada um dos produtos obtidos no mês – **lógica da absorção** dos gastos – assim, o valor a imputar é dado pelo produto entre o custo unitário da sua unidade de obra e o número de unidades de obra que a secção trabalha em benefício daquele produto (atividade do período considerado para aquele produto) – sistema de custeio total (SCT)[2]. A alocação dos custos pode ser efetuada na **lógica da**

---

[2] Um Sistema de Custeio é parte da Contabilidade de Gestão, "é um (sub-sub-) sistema de informação desenhado e implementado em empresas e organizações que, a partir de inputs diversos, gera como outputs principais os indicadores de custos" (Maciel *et al.*, 2016, p. 7). O custo contabilístico dos produtos é modelado por diferentes fatores, destacando-se dois: técnicas de custeio e métodos de custeio. De acordo com estes autores, a técnica de custeio tem a ver com a escolha do "tipo de gastos, quanto à sua relação com as quantidades produzidas ou nível de atividade, a incluir no somatório de

contribuição, quando se evidencia no custo dos produtos/serviços os gastos que efetivamente contribuem para a diminuição do benefício económico daquele produto/serviço (sistema de custeio direto e sistema de custeio variável – SCV). Existem sistemas mistos, como o sistema de custeio racional (SCR), que envolvem ambas as lógicas de absorção e de contribuição.

Neste capítulo exploram-se, nas quatro secções seguintes, os sistemas de custeio: direto, total, variável e racional – identificando-se as principais vantagens e desafios. Relativamente aos sistemas de custeio indireto, apresenta-se um exemplo elucidativo sobre as principais diferenças existentes na aplicação dos três sistemas alternativos de custeio tradicionais (sistema de custeio total, variável e racional), demonstrado que as diferenças de impacto nos resultados são justificadas pelas diferenças de variação na valoração dos inventários, entre os diversos sistemas. Mencionam-se ainda os determinantes de um sistema de custeio e, por fim, faz-se alusão ao que pode surgir de diferente nos sistemas de custeio das organizações comerciais e de prestação de serviços.

3.2. Sistema de custeio direto

Enquadrado na lógica da contribuição, neste sistema de custeio não são considerados quaisquer gastos comuns ou indiretos. São identificados de forma rigorosa todos os gastos que são aplicados na produção ou satisfação da encomenda, produto, atividade ou obra: matérias utilizadas, mão de obra direta e os restantes gastos industriais variáveis e fixos específicos que são assumidos diretamente na

---

que resulta o custo que se pretende apurar" (idem, p. 11) – de acordo com a forma como os custos fixos industriais são incluídos no custo da produção, teremos assim associada a respetiva Técnica de Custeio (Custeio Total, Custeio Variável e Custeio Racional). O método de custeio baseia-se nas "alternativas quanto à forma de relacionar os diversos custos com os objetos de custo" (idem, p.21) – define a forma como os custos diretos (MP e MOD) são considerados no custo da produção. Tendo em consideração as características da fabricação, podemos distinguir os seguintes métodos de apuramento de custos dos produtos: (a) Método Indireto, ou método de custeio por: Processos de Produção (*process costing*) ou Fases de Fabrico; (b) Método Direto, ou método de custeio por: Ordens de Produção (*job order costing*), Tarefas, Obras ou Encomendas Específicas; e (c) Método Misto.

Neste capítulo a opção foi designar, genericamente, por sistemas de custeio quer as técnicas quer os métodos, no sentido de representarem possíveis alternativas de custeio a serem implementadas nas organizações.

concretização do objeto. Para isso, começa-se pelos objetos de custeio e são registados os consumos efetivos dos gastos diretos, geralmente, em fichas de obra. Os restantes gastos industriais (gastos indiretos), que não são incorporados nos custos de produção, são reconhecidos nos custos do período.

Porém, para efeitos de orçamentação de encomendas ou obra específicas, geralmente, acrescenta-se à previsão dos custos diretos previsionais da encomenda ou obra a imputação de uma quota parte dos custos indiretos previsionais. Para isso, é necessário estabelecer critérios de repartição pelos vários objetos de custeio que partilham esses gastos e por isso deve-se selecionar uma base de imputação que seja mais adequada, calcular coeficientes de imputação dos gastos indiretos que, multiplicados pelos componentes das bases de imputação efetivamente utilizados pelo objeto de custeio (por exemplo, de acordo com as horas de mão de obra necessárias até ao momento no processo de fabrico), permitirá obter os valores a serem imputados. No seu formato mais simples, existe uma base única para repartição do conjunto de todos os gastos indiretos (*blanked overhead rate* ou *plant wide rate*), podendo ser calculada com valores reais, *a posteriori*, ou numa base previsional, *a priori*, com um estudo prévio que permite obter uma taxa teórica para ser utilizada na orçamentação e em análises previsionais. Esta informação servirá apenas como apoio para decidir sobre um preço de venda que assuma uma margem que cubra os custos da organização, ou que identifique claramente o prejuízo que se possa incorrer. Estes preços e margens podem variar, ao longo do ciclo de vida do produto ou tipo de serviço prestado, de acordo com estratégias de venda adotadas.

Este sistema de custeio apresenta como principais **vantagens**:

- **Proporcionar a qualquer momento o valor da encomenda ou produto, ainda que este esteja em curso ou em vias de fabrico**, permitindo um perfeito controlo sobre os gastos incorridos relativamente aos gastos orçamentados para aquela obra, produto ou encomenda;
- **Eliminar a subjetividade subjacente à repartição de gastos comuns**, refletindo apenas de forma imediata a margem disponível para cobertura dos gastos comuns;
- **Permitir uma política de preços de venda mais ajustada às estratégias da organização**, com aplicação de diferentes margens conforme a fase de vida do produto.

As **limitações** que habitualmente se apontam a este sistema de custeio relacionam-se com:

- A **falta de conhecimento do custo total real** que é obtido apenas na data de finalização da encomenda, do serviço ou da obra;
- A **execução das encomendas**, obras ou serviços podem **não ser coincidentes com o período contabilístico**, o que pode conduzir a distorções na análise;
- Alguma **dificuldade na identificação dos gastos diretos e gastos indiretos**;
- **Elevados custos administrativos com a manutenção do sistema**, apesar desta limitação poder ser esbatida com a utilização de sistemas de informação adequados que permitem a identificação da obra no momento do registo das aquisições de materiais, ainda representam custos significativos.

Por vezes, este sistema adota a designação de **sistema de custeio por contrato**, quando aplicado a unidades relativamente grandes que assumem um tempo considerável (plurianual) para poder ser executado, por exemplo os contratos de construção.

Em organizações não industriais, nomeadamente em empresas de prestação de serviços, o sistema de custeio direto também é amplamente utilizado, seguindo os mesmos procedimentos que foram identificados para as organizações industriais, salvo o registo dos consumos de materiais diretos, por não ser característica deste tipo de atividade, havendo maior incidência e exercício de controlo sobre o consumo de horas de recursos humanos. Estas também são, geralmente, a base de imputação dos restantes gastos consumidos.

3.3. Sistema de custeio total

A lógica da absorção está plenamente refletida no sistema de custeio total, também conhecido como sistema de custeio completo ou global. Baseado no volume, ou seja, nas quantidades produzidas, o sistema de custeio total (*absorption costing ou full costing*) absorve todos os custos industriais, quer sejam fixos quer sejam variáveis (materiais diretos, mão de obra direta e gastos gerais de fabrico). Tal como foi observado na secção anterior, os gastos diretos são facilmente associados aos objetos de custeio, já os gastos indiretos, por necessitarem de repartição, exigem bases de imputação adequadas a cada grupo de gastos homogéneos. O objetivo da gestão, ao utilizar o custeio por absorção, é que cada produto recupere o seu custo total e deixe algum valor que representa o retorno sobre o investimento.

Sendo considerado um sistema de custeio tradicional, Al-Omiri e Drury (2007) referem que ao fazer uso de informações já disponíveis, este sistema é fácil de compreender e de ser aplicado; e, por essa razão, grande parte das organizações que têm sistemas de custeio implementados utilizam este sistema de custeio, com recurso a centros de custos que coincidem com a estrutura organizacional e indutores de custos padronizados e baseados no volume (Labro *et al.*, 2012). Isto significa que os gastos indiretos são, normalmente, repartidos de acordo com critérios simples como as horas de trabalho, as horas máquina ou fundamentados numa percentagem.

Como o custo industrial da produção acabada é determinado pela totalidade dos custos industriais, o valor dos inventários finais da produção será influenciado caso haja uma quantidade de produção superior à quantidade vendida; e, portanto, os inventários finais apresentarão valores superiores, o que implica uma variação da produção positiva e o "transporte" de custos fixos industriais para o resultado do período seguinte, pressupondo uma fórmula de custeio das saídas de inventários do primeiro lote a entrar é o que custeia a primeira saída (*First in First out* - FIFO). Então, pode-se reconhecer que o sistema de custeio total é influenciado pelo volume de produção, visto que, a organização valoriza os seus inventários de produção ao custo total industrial. Isto é, ao focar-se no produto, neste sistema de custeio, os custos são atribuídos diretamente aos produtos, pressupondo-se que cada produto consome recursos na proporção direta do seu volume de produção.

Vulgarmente, os custos industriais fixos são atribuídos aos produtos pressupondo uma taxa fixa de absorção que é calculada em função de uma produção estimada (orçamentada) anual, o que conduz a ajustamentos da valoração da produção. No final do período económico (anual): (1) se a produção real for superior à produção inicialmente estimada, os custos fixos industriais imputados ao valor da produção foram superiores aos reais, situação de **sobrevalorização da produção**, e deverá ser registada uma redução do valor pela diferença; e (2) se a produção real for inferior à produção inicialmente estimada, os custos fixos industriais imputados ao valor da produção foram inferiores aos reais, existe uma **subavaliação da produção**, e deverá ser registado um aumento pela diferença entre o valor estimado e o valor real.

Ao sistema de custeio total são atribuídas, normalmente, as seguintes **vantagens** (Drury, 2021; Hansen & Mowen, 2007; Hilton, *et al.*, 2006) como argumentos válidos que induzem à sua utilização:

- **Não subestima a importância e indispensabilidade dos custos fixos** na valoração da produção, reconhece que não é possível produzir se não tivesse existido um investimento em infraestruturas e, consequentemente, os gastos do seu uso devem ser reconhecidos nas unidades produzidas, quer sejam vendidas quer fiquem retidas nos ativos da organização em inventários, tendo em consideração a absorção dos custos fixos a longo prazo (de acordo com as respetivas depreciações e amortizações);
- **Evita perdas fictícias** na medida em que, por exemplo, em organizações com uma atividade sazonal, existem períodos em que se produz para inventários que são vendidos posteriormente e, com este sistema de custeio, os gastos imputados ao período fazem a devida correspondência com os rendimentos efetivamente obtidos nas vendas, porque apenas são imputados os custos fixos industriais relativos à produção vendida;
- **Consistência com a informação externa** o que beneficia os gestores de topo porque os indicadores de desempenho são mais congruentes com os que são divulgados para o mercado – a avaliação interna ao usar as mesmas regras e procedimentos para a avaliação dos resultados e dos inventários, faz com que o desempenho dos gestores tenha o mesmo reconhecimento que a organização tem no mercado, o que pode motivar os gestores na prossecução dos objetivos organizacionais.

No entanto, também são reconhecidas algumas **limitações** ao sistema de custeio total (Drury, 2021; Hilton *et al.*, 2006) que não abonam a favor da sua utilização:

- **Arbitrariedade das repartições dos gastos indiretos** o que reduz a utilidade prática para fins de controlo dos mesmos, porque são imputados em função das quantidades produzidas e não com base num critério de efetiva utilização dos recursos na produção. Existem processos de produção mais intensos que apesar de não produzirem em grande escala consomem e provocam maior desgaste das infraestruturas;

- O custo industrial de produção unitário varia em função do nível de atividade, por isso **não deve servir de referência para a determinação dos preços de venda**;
- **Nem sempre o produto absorve a totalidade dos custos industriais**, veja-se, por exemplo, a existência de gastos irrecuperáveis que provocam distorções temporárias nos resultados;
- **Não evidencia a existência de produtos ou/e atividades com reduzida margem de contribuição**, a apresentação dos dados não é útil para a tomada de decisões porque os gastos fixos obscurecem a relação custo-volume-resultado; não sendo possível identificar quais os produtos/atividades que poderão até ter margens negativas, nem as que devem ser incentivadas pelo maior contributo que possam dar para os resultados da organização, beneficiando até a própria cobertura dos gastos fixos e promovendo a possibilidade de maiores investimentos, a gestão torna-se menos eficiente; no limite, pode haver **um aumento de vendas e este traduzir-se numa diminuição dos resultados**;
- **Não oferece informação adequada para a tomada de certas decisões**, tais como a de aceitar ou não determinada encomenda ocasional a um preço mais baixo do que o normalmente praticado;
- **Não identifica a efetiva utilização dos recursos por centros de responsabilidade**, por isso não deve ser utilizado como base do sistema de avaliação do desempenho da gestão (intermédia e de linha);
- **Não reflete a eficiência na gestão dos recursos**, o sistema não proporciona um guia para a melhoria na eficiência do consumo dos recursos porque inclui gastos que podem ser consumidos com intensidades diferentes pelas várias linhas de produção.
- **Os resultados não dependem exclusivamente das vendas, mas também da produção**, caso a quantidade produzida seja superior às quantidades vendidas, parte dos custos fixos industriais incorridos no exercício são transportados para o período seguinte no valor dos inventários, não sendo imputados ao exercício que efetivamente incorrem.

3.4. Sistema de custeio variável

No sistema de custeio variável (*variable costing, marginal costing*) só se consideram os custos industriais variáveis para o cálculo do custo do produto fabricado e/

ou serviço prestado, quer sejam custos diretos ou indiretos, uma vez que apenas estes custos variam, de facto, com o nível de atividade. Por seu lado, os custos fixos industriais, como não dependem da variação da produção e não podem ser associados a um objeto em específico, sendo custos que a empresa é obrigada a suportar para produzir, são considerados como gastos do período (custos industriais não incorporados). Este sistema de custeio baseia-se na lógica da contribuição, sendo por vezes confundido com o sistema de custeio direto (secção 3.2). É também um dos sistemas de custeio mais conhecidos e utilizados pelas organizações devido à sua simplicidade e objetividade.

Mais correntemente utilizado em organizações com elevada automatização ou tecnologia, caracterizadas por um menor peso de gastos de mão de obra direta, onde a separação entre os gastos variáveis e os gastos fixos é um processo mais tranquilo, é um sistema que facilita a determinação do custo unitário variável de produção. Este método de custeio torna mais fácil o cálculo do ponto de equilíbrio ou crítico das vendas e permite a avaliação prudente dos inventários mensurados a custos mais baixos, por apenas considerar os custos variáveis industriais. Neste sistema de custeio, as informações dos custos dos produtos ou serviços não variam com as alterações no volume de produção, possibilitando uma maior eficácia em decisões de planeamento e gestão, especialmente se combinado com a análise da relação custo-volume-resultado (ver capítulo 4).

A relevância da informação disponibilizada por este sistema de custeio é reconhecida pelos decisores porque adquirem conhecimento, com alguma segurança, sobre quais os produtos ou linhas de produtos que contribuem com maiores resultados para a organização, ou quais os clientes ou regiões que lhe trarão maiores rendibilidades. Para além disso, geralmente, constitui uma boa base para a definição dos preços de venda pois esta abordagem de imputação dos gastos facilmente é ampliada aos gastos não industriais (separação entre fixos e variáveis), tornando possível ter uma visão mais clara da margem de contribuição completa, ao imputar os gastos não industriais variáveis ao custo do produto e/ou serviço. Pode-se assim calcular a **margem de contribuição unitária** pela diferença entre o preço de venda unitário e o custo variável unitário, representando o valor que resta da venda de cada unidade de produto e que fica disponível para a cobertura dos gastos fixos e formação do resultado; bem como a **margem de contribuição total** que é obtida pelo produto da margem de contribuição unitária dos produtos pelas respetivas quantidades vendidas. Assim, a margem de contribuição revela se um produto ou serviço é rentável para a empresa, isto é, se proporciona um resultado que contribua para a cobertura dos custos fixos.

Os gestores podem atribuir custos diferentes a um mesmo objeto de custo dependendo da finalidade que pretendem da informação obtida. Por exemplo, para divulgação externa, os custos (inventariáveis) de um produto incluem apenas os custos de fabricação (industriais). Em contrapartida, os custos variáveis de todas as áreas da cadeia de valor podem ser atribuídos a um produto para decisões sobre o seu preço e decisões de planeamento.

As principais **vantagens** reconhecidas na aplicação de um sistema de custeio variável prendem-se com (Drury, 2021; Hansen & Mowen, 2007; Hilton, *et al.*, 2006):

- Mais eficiente do que o sistema de custeio total **porque inclui uma maior percentagem de custos incorporáveis** e diretamente atribuíveis ao produto;
- Tem uma **repartição dos gastos** que é **mais simples, fidedigna e rigorosa** por haver menor peso de gastos indiretos a serem repartidos (os gastos fixos), aos quais se associam critérios mais discricionários e, consequentemente, possibilidade de maiores discrepâncias;
- **Maior facilidade em determinar os pontos críticos das vendas** e fazer uma avaliação mais prudente dos inventários ao considerar valores mais baixos, não capitalizando custos fixos no valor de ativos, por vezes, com pouca probabilidade de venda;
- Identificação do contributo de cada segmento de negócio para a cobertura dos gastos comuns e de estrutura por categorias, **evidencia atividades e operações com reduzida margem de contribuição**, apoiando a tomada de decisão sobre continuidade/descontinuidade de produtos ou segmentos de negócio;
- **Determinação da margem de contribuição total**, como referido anteriormente, que é um indicador fundamental para o planeamento da estratégia de uma empresa, refletindo de forma imediata o remanescente para a cobertura dos gastos comuns que não são específicos a nenhum segmento de negócio, evitando imputações arbitrárias destes gastos;
- **Evidencia a variabilidade dos resultados**, em função das quantidades de vendas e das margens de contribuição unitárias;
- **Isola o valor dos custos fixos industriais** e não os considera numa base unitária, como o sistema de custeio total, são encargos de estrutura que deve-

rão ter cobertura pela margem de contribuição total para que a organização tenha viabilidade e por isso terá **maior interesse para a análise da situação económica da empresa**;

- Os **resultados não são influenciados** pelas variações nos **volumes da produção ou políticas de *stocks* e sim pelo volume de vendas**, mais consentâneo com a avaliação da *performance* da organização.

Em contraste, este sistema de custeio apresenta algumas **limitações** (Drury, 2021; Hansen & Mowen, 2007; Hilton, *et al.*, 2006):

- **Dificuldade de separação entre gastos variáveis e fixos**; no longo prazo, pode ser prejudicial para a empresa, pois não inclui todos os custos que a empresa tem de suportar ao longo do tempo;
- **Custo incompleto dos produtos**, por apenas considerar os custos industriais variáveis;
- **Em empresas com elevada produção** e capacidade e altamente desenvolvidas tecnologicamente, **os custos variáveis são pouco significativos relativamente aos custos fixos** e, por isso, a não consideração de custos fixos relacionados com a produção cria um resultado erróneo na margem de cobertura, podendo ser, deste modo, uma medida ilusória para a definição de preços de venda.

3.5. Sistema de custeio racional

O sistema de custeio racional consiste num caso particular de sistemas de custeio por absorção que utiliza quotas racionais. Este sistema, também designado por sistema de custeio por absorção moderado, tem em consideração a capacidade instalada da organização (infraestrutura) que é efetivamente utilizada na sua atividade num determinado período de tempo. Este sistema torna-se ainda mais relevante quando a atividade real ou produção real (PR) – quantidade de produção obtida num determinado período de tempo – difere substancialmente da atividade normal ou produção normal (PN) – quantidade de produção que a organização teria, em condições normais de atividade, de forma a utilizar a capacidade disponível das suas instalações (quantidade de produção expectável de acordo com a infraestrutura existente) num determinado período. Neste sistema de custeio, o custo do produto é determinado pelos gastos variáveis industriais incorridos, ao longo do período, acrescidos dos custos fixos industriais proporcionais à capacidade produtiva utilizada. O principal objetivo deste sistema é neutralizar os efeitos das variações de atividade sobre o custo de produção, isto é, colocar em perspetiva a diferença entre as capacidades normal e real. Isto representa-se através da seguinte fórmula:

$$\text{Custos fixos a incorporar no custo da produção} = \text{Custos fixos industriais} \times \left(\frac{PR}{PN}\right)$$

A partir desta fórmula determina-se a quota racional dos custos fixos industriais a ser imputada ao custo de produção do período. Este sistema permite, portanto, uma visão mais ampla do resultado líquido da empresa, uma vez que utiliza ambos os custos variáveis e fixos, mas ponderando com a capacidade das instalações efetivamente utilizadas pela organização. O valor dos restantes custos fixos industriais (custos industriais não incorporados – CINI) são considerados como custos do período e contribuem diretamente para a redução do resultado desse mesmo período:

$$CINI = \text{Custos fixos industriais} \times \left(1 - \frac{PR}{PN}\right)$$

Desta forma, se a produção de um determinado período não for totalmente vendida nesse mesmo período, os inventários que restam valorizam o ativo e serão vendidos em períodos posteriores. Assim, parte dos custos fixos industriais irão estar incorporados nos resultados dos períodos subsequentes, pressionando os resultados e, consequentemente, o respetivo encargo fiscal. Esta situação é ainda mais exacerbada no sistema de custeio total, por incluir a totalidade dos custos industriais fixos na valoração da produção.

No âmbito da informação financeira a reportar para o exterior, a Norma Internacional de Contabilidade 2 (NIC 2) e a NCRF 18 (Aviso n.º 8256/2015), onde se estabelecem as regras para o reconhecimento e mensuração inicial e subsequente dos inventários, prescrevem que os custos de conversão de inventários devem incluir os custos diretamente relacionados com as unidades de produção, como a mão de obra direta, e "uma imputação sistemática de gastos gerais de produção fixos e variáveis que sejam incorridos ao converter matérias em produtos acabados" (Aviso n.º 8256/2015, NCRF 18, §12). A mensuração dos inventários de produção, para divulgação externa, deve recorrer ao sistema de custeio racional porque a norma sobre inventários acrescenta ainda que "a quantia de gastos gerais de produção fixos imputada a cada unidade de produção não é aumentada como consequência de baixa produção ou de instalações ociosas" (Aviso n.º 8256/2015, NCRF 18, §13). Relativamente aos custos industriais não incorporados, a mesma norma esclarece que "os gastos gerais não imputados são reconhecidos como um gasto no período em que sejam incorridos" (idem). Assim, os custos fixos industriais a imputar são apenas aqueles que foram efetivamente utilizados, sendo que os custos da subatividade (custos industriais não incorporados) são considerados nos custos do período e, por isso, assumidos no resultado deste.

O sistema de custeio racional pode ser considerado como um sistema que equilibra as vantagens e limitações dos sistemas de custeio total e variável. A grande pretensão desta métrica é anular os efeitos das variações que a atividade pode ter sobre o custo de produção unitário, ao se considerar apenas a parte dos custos industriais fixos que foram efetivamente utilizados para produzir em determinado período. O que diferencia o sistema de custeio total do sistema de custeio variável é o processamento dos gastos industriais fixos: no custeio variável são custos do período, que afetam diretamente o resultado do período; no custeio total, são imputados aos custos de produção, apenas afetando o resultado do período na medida em que esta produção é vendida. O custeio racional é, então, uma solução híbrida em que incorpora a lógica da absorção, mas de forma moderada, com intervenção da lógica da contribuição, ao considerar os custos fixos industriais apenas na proporção em que eles efetivamente contribuem para a produção de determinado período.

Em resumo, podem-se identificar como principais **vantagens** do sistema de custeio racional (Ferreira *et al.*, 2019; Horngren *et al.*, 2015):

- **Neutraliza os efeitos das variações da atividade no custo total do produto**, ao moderar os custos industriais fixos imputados ao custo de produção e ao assumir como custos do período os restantes custos não incorporados;
- **Bom instrumento de orientação da política de vendas** (preço e mercado), por definir um custo de produção unitário mais completo;
- **Evidencia os custos da subatividade** (nos custos industriais não incorporados), caso estes sejam persistentes, potenciando uma melhor gestão da capacidade instalada;

- **Realça o efeito da sobreprodução no custo unitário industrial fixo**, possibilitando uma análise imediata da redução dos custos unitários no caso desta sobreprodução ter sido provocada pela subcontratação (o aumento nos custos unitários industriais variáveis deverão ser mais do que compensados pela redução do custo industrial unitário fixo);
- Ao corrigir o custo industrial fixo incorporado no custo de produção com base na variação da atividade real face à atividade normal, **aumenta a comparabilidade dos custos de produção reais com os custos padrões** que geralmente são utilizados na orçamentação;
- **Evita a sobrevalorização dos inventários** em períodos de subatividade (face ao sistema de custeio total) **e modera a subvalorização dos mesmos** (face ao sistema de custeio variável).

As **limitações** que geralmente são apontadas a este sistema de custeio relaciona-se com:

- A **dificuldade prática de identificar com rigor a produção normal** ou atividade normal;
- A **arbitrariedade nos critérios de repartição dos gastos indiretos**.

A diferença entre os GGF reais e os que foram imputados à produção com base em taxas pré-determinadas originam as diferenças de imputação que serão posteriormente distribuídas pelos produtos acabados em armazém, pelos produtos em curso e pelo custo dos produtos vendidos, tudo na respetiva proporção ou, caso as diferenças não sejam de valor significativo, são totalmente imputadas ao custo dos produtos vendidos.

3.6. Os efeitos no resultado e inventários dos diferentes sistemas de custeio

Depois de apresentados os sistemas de custeio tradicionais que são mais recorrentemente utilizados e que estão subjacentes aos sistemas de custeio mais sofisticados, pode-se cotejar os diferentes impactos que provocam em termos de resultados operacionais quando a quantidade produzida é diferente da quantidade vendida. Nesta situação, os resultados operacionais obtidos são diferentes e as diferenças registadas correspondem às diferenças dos valores da variação dos inventários que têm efeitos no património da entidade e que compensa a diferença dos resultados. Uma vez que os custos industriais variáveis são comuns, a diferença que se regista entre os sistemas de custeio – total, racional e variável – reside apenas na diferente incorporação dos custos fixos industriais no custo de produção.

A Tabela 3.1 sintetiza o efeito nos resultados tendo em consideração o custo industrial da produção vendida (CIPV) ou custo industrial das vendas e o custo industrial não incorporado (CINI), em cenários de quantidades de produção (P) e quantidades de vendas (V) distintos; de acordo com os diferentes sistemas de custeio total (SCT), racional (SCR) e variável (SCV).

Quando existem inventários iniciais, a organização pode ter quantidades vendidas superiores às quantidades produzidas. Atualmente, como fórmulas de custeio das saídas de inventários, de acordo com o SNC, são admissíveis para relato externo: o custo específico, para "bens ou serviços produzidos e segregados para projetos específicos" e a "fórmula "primeira entrada, primeira saída" (FIFO)" – *First In First Out* – ou "fórmula do custo médio ponderado" (CMP) para os restantes inventários (Aviso n.º 8256/2015, NCRF 18, § 23 e §25). A fórmula de custeio das saídas de inventários *Last In First Out* (LIFO), em que as saídas são valorizadas aos custos mais recentes (o último a entrar é o primeiro a sair), não é reconhecido como critério aplicável de acordo com o SNC.

Quando a produção é inferior às vendas (Tabela 3.1), em determinado período, pressupondo que os custos industriais fixos se mantêm, a organização vende o equivalente à produção do período e inventários do período anterior que no sistema de custeio total incorporam a totalidade dos custos fixos por unidade, daí que os resultados operacionais são inferiores aos obtidos no sistema de custeio racional, em que os inventários iniciais incorporam apenas parte dos custos industriais fixos por unidade; e os resultados operacionais obtidos neste sistema de custeio são, por sua vez, inferiores aos resultados operacionais obtidos no sistema de custeio variável, em que os inventários do período anterior são valorados apenas com os custos industriais variáveis do período anterior. A Tabela 3.1 foi desenhada pressupondo a fórmula de custeio das saídas de inventários FIFO, mas com a fórmula do custo médio ponderado os efeitos mantêm-se.

Estas diferenças nos resultados, tal como já foi referido, são compensadas pela diferença dos valores das variações dos inventários (valor dos inventários finais deduzidos do valor dos inventários iniciais).

TABELA 3.1 – **Efeitos nos resultados**

Descrição	**SCT**	**SCR**	**SCV**
CIPA	$CIPA = CV\ ind. + CF\ ind.$	$CIPA' = CV\ ind. + CF\ ind. \times \frac{PR}{PN}$	$CIPA'' = CV\ ind.$
		Produção >Vendas	
CIPV	$CIPA \times \frac{V}{P}$	$CIPA' \times \frac{V}{P}$	$CIPA'' \times \frac{V}{P}$
CINI	0	$CF\ ind \times (1 - \frac{PR}{PN})$	$CF\ ind.$
Efeito nos resultados	Resultado SCT > Resultado SCR > Resultado SCV		
		Produção <Vendas	
CIPV	$CIPA + (V - P) \times CIPA\ unit._{(N-1)}$	$CIPA' + (V - P) \times CIPA'\ unit._{(N-1)}$	$CIPA'' + (V - P) \times CIPA''\ unit._{(N-1)}$
CINI	0	$CF\ ind \times (1 - \frac{PR}{PN})$	$CF\ ind.$
Efeito nos resultados	Resultado SCT < Resultado SCR < Resultado SCV		

Através de um exemplo poderão ser observadas as principais diferenças existentes na aplicação dos três sistemas alternativos de custeio (sistema de custeio total, variável e racional), respetivos efeitos nos resultados, bem como demonstradas que as diferenças de impacto nos resultados são justificadas pelas diferenças dos valores da variação dos inventários, entre os diversos sistemas, e, ainda, que esse efeito se regista temporariamente. No médio e longo prazo estas diferenças são compensadas e o resultado acumulado torna-se indiferente, independentemente da fórmula de custeio que é utilizada para se registar os custos das saídas de inventários.

No Exemplo 3.1 faz-se uma simulação, com a fórmula do FIFO, para demonstrar que, depois de vários períodos consecutivos, o efeito agregado das diferenças de aplicação dos diferentes sistemas de custeio é nulo.

Exemplo 3.1.

Pressupondo que a entidade Bela Vista, Lda. é uma organização industrial e tem as seguintes condições operacionais:

Preço de venda unitário – 22 €
Custo unitário variável – 10 €
GGF fixos – 100 000 €
Produção normal (PN) = 20 000
Fórmula de custeio - FIFO

Unidades	Período 1	Período 2	Período 3	Período 4	Período 5
Produção	10 000	18 000	16 000	14 000	12 000
Vendas	8 000	9 000	16 000	20 000	17 000
EF (último lote)	2 000	11 000	11 000	5 000	0
Coef. = PR/PN	0,5	0,9	0,8	0,7	0,6

Se a Bela Vista, Lda. optar por aplicar **o sistema de custeio total**, em que o custo industrial da produção tem em consideração todos os custos variáveis industriais e todos os custos fixos industriais, não há qualquer custo industrial não incorporado e os resultados brutos obtidos para cada período são os que constam na Tabela 3.2.

Tabela 3.2 – **Impacto nos resultados do SCT**

Sistema de Custeio Total (SCT) - Resultados						
	Período 1	Período 2	Período 3	Período 4	Período 5	Total
CIPA unitário	20,00000 €	15,55556 €	16,25000 €	17,14286 €	18,33333 €	
Vendas	176 000,00 €	198 000,00 €	352 000,00 €	440 000,00 €	374 000,00 €	1 540 000,00 €
CIV	160 000,00 €	148 888,89 €	252 361,11 €	333 035,71 €	305 714,29 €	1 200 000,00 €
CINI	- €	- €	- €	- €	- €	- €
Resultado Bruto	16 000,00 €	49 111,11 €	99 638,89 €	106 964,29 €	68 285,71 €	340 000,00 €

Caso a Bela Vista, Lda. opte por aplicar o **sistema de custeio variável**, em que o custo de produção é calculado em função apenas dos custos variáveis industriais, sendo que os custos fixos industriais são considerados custos industriais não incorporados (CINI), obterá os resultados brutos que a Tabela 3.3 apresenta.

Tabela 3.3 – **Impacto nos resultados do SCV**

Sistema de Custeio Variável (SCV) - Resultados						
	Período 1	Período 2	Período 3	Período 4	Período 5	Total
CIPA unitário	10,00000 €	10,00000 €	10,00000 €	10,00000 €	10,00000 €	
Vendas	176 000,00 €	198 000,00 €	352 000,00 €	440 000,00 €	374 000,00 €	1 540 000,00 €
CIV	80 000,00 €	90 000,00 €	160 000,00 €	200 000,00 €	170 000,00 €	700 000,00 €
CINI	100 000,00 €	100 000,00 €	100 000,00 €	100 000,00 €	100 000,00 €	500 000,00 €
Resultado Bruto	- 4 000,00 €	8 000,00 €	92 000,00 €	140 000,00 €	104 000,00 €	340 000,00 €

Observando as Tabelas 3.2 e 3.3, se considerarmos períodos mensais, o impacto acumulado no resultado ao fim de cinco períodos é exatamente o mesmo e o efeito fiscal será nulo. Se considerarmos períodos anuais, para além do impacto dos resultados na avaliação do desempenho que será distinto, a gestão deve considerar também o efeito fiscal quando decide por um sistema de custeio em detrimento de outro, apesar de no médio prazo o resultado acumulado se confirmar o mesmo.

De realçar que o custo unitário de produção se mantém inalterado ao longo dos vários períodos no SCV (Tabelas 3.2 e 3.3), sendo sempre francamente inferior ao custo industrial unitário obtido no SCT, este diminui à medida que a produção aumenta, demonstrando maior eficiência na utilização da capacidade instalada. Consequentemente, a margem de contribuição (Vendas – CIV) é sempre superior no SCV face ao SCT, devido à não inclusão dos custos fixos industriais no custo industrial da produção. Por outro lado, esses custos fixos no SCV são totalmente assumidos como custos do período, produzindo um resultado bruto inferior ao produzido em SCT. A diferença dos resultados é exatamente igual à diferença dos valores dos inventários finais, mensurados de acordo com sistemas de custeio diferentes. O que significa que o custo que o SCT deixa de assumir no período é compensado pelo valor dos inventários que fica no ativo e vai ser transferido como gasto para o período em que estes inventários forem vendidos. Esta transferência de resultados de um período para o outro será diferente consoante a fórmula de custeio adotada nas saídas de inventários.

Tabela 3.4 – **Diferença entre resultados do SCT vs SCV**

	Período 1	Período 2	Período 3	Período 4	Período 5	Total
Diferença de Resultados (SCT/SCV)	**20 000,00 €**	**41 111,11 €**	**7 638,89 €**	**- 33 035,71 €**	**- 35 714,29 €**	**- €**
Variação inventários (SCT)						
1 - Inventários finais	40 000,00 €	171 111,11 €	178 750,00 €	85 714,29 €	- €	
2 - Inventários iniciais	- €	40 000,00 €	171 111,11 €	178 750,00 €	85 714,29 €	
A = (1) - (2)	40 000,00 €	131 111,11 €	7 638,89 €	- 93 035,71 €	- 85 714,29 €	- €
Variação inventários (SCV)						
1 - Inventários finais	20 000,00 €	110 000,00 €	110 000,00 €	50 000,00 €	- €	
2 - Inventários iniciais	- €	20 000,00 €	110 000,00 €	110 000,00 €	50 000,00 €	
B = (1) - (2)	20 000,00 €	90 000,00 €	- €	- 60 000,00 €	- 50 000,00 €	- €
Diferença da var. inventários (A-B)	**20 000,00 €**	**41 111,11 €**	**7 638,89 €**	**- 33 035,71 €**	**- 35 714,29 €**	**- €**

Assim, as diferenças registadas entre os resultados brutos obtidos em cada um dos períodos, tendo em consideração cada um dos sistemas de custeio, são iguais às diferenças das variações dos inventários em cada um dos períodos (inventário final – inventário inicial), mensurados de acordo com os diferentes sistemas de custeio. Na Tabela 3.4 confirma-se esta clarividência, onde é percetível que a diferença obtida entre os resultados em SCT e SCV é justificada pela diferença dos valores registados na variação dos inventários em SCT e SCV.

Pode-se ainda acrescentar que esta Tabela 3.4 demonstra nos seus totais que esta diferença obtida nos resultados, quando se opta por um ou por outro sistema, é temporária e compensada em outros períodos subsequentes. Ao fim de um determinado número de períodos a soma total das diferenças é nula.

Resumidamente, a Tabela 3.5 expõe as diferenças registadas entre o SCT e o SCV, para as diferentes situações que possam ocorrer, evidenciando o impacto em termos de valoração dos inventários e resultados obtidos.

Tabela 3.5 – **Impacto nos inventários e resultados do SCT vs SCV (FIFO)**

Produção vs Vendas	Efeito nos inventários	Resultados SCV vs SCT
Produção > Vendas	Aumenta os inventários	SCT > SCV
Produção < Vendas	Diminui os inventários	SCT < SCV
Produção = Vendas	Variação positiva ou nula no SCT e nula no SCV	SCT = SCV ou SCT>SCV, se houver inventários iniciais

De facto, a escolha do sistema de custeio a utilizar irá afetar o resultado apurado em cada um dos períodos. Se a **quantidade produzida for superior à quantidade vendida** existe um inventário final que em SCT tem um valor superior, absorve parte dos custos fixos industriais e por isso o resultado obtido, como apenas envolve os custos fixos da produção vendida, é superior ao resultado obtido em SCV. Quando a **quantidade produzida é igual à quantidade vendida**, se a organização utiliza como fórmula de custeio das saídas o FIFO ou o custo médio ponderado, depende se existe um inventário inicial ou não. Se não existir, é indiferente o sistema de custeio que é utilizado pela organização, os impactos na variação dos inventários e nos resultados são os mesmos, uma vez que os custos industriais, quer sejam variáveis ou fixos, serão todos imputados ao período, totalmente como custo industrial das vendas (em SCT) ou como custo industrial das vendas acrescido de custos industriais não incorporados (em SCV). Se a organização tiver um inventário inicial, o custo das primeiras vendas é valorado ao custo deste inventário, com o consequente impacto nos rresultados. Assim, o impacto quer no valor dos inventários finais quer no resultado não é indiferente no SCT e depende do valor da variação da produção.

No caso em que se **vende maior quantidade do que a que é produzida**, em princípio, terá que ser vendida produção que estava no ativo da empresa e que foi produzida em períodos anteriores, consequentemente, o valor dos inventários diminui e o resultado será superior em SCV do que em SCT. De facto, em SCV regista-se como gastos do período os custos fixos industriais e os custos variáveis quer da produção do período quer da produção que estava em inventário no final do período anterior e que é entretanto vendida; enquanto em SCT são imputados aos gastos do período todos os custos variáveis e fixos industriais do período e ainda o custo de inventários que estavam no ativo e que são vendidos no período em causa, tendo estes um um valor superior no SCT por incluírem os custos variáveis e a quota parte dos custos fixos de períodos anteriores.

Tabela 3.6 – **Impacto nos resultados do SCR**

Sistema de Custeio Racional (SCR) - Resultados	Período 1	Período 2	Período 3	Período 4	Período 5	Total
CIPA unitário	15,00000 €	15,00000 €	15,00000 €	15,00000 €	15,00000 €	
Vendas	176 000,00 €	198 000,00 €	352 000,00 €	440 000,00 €	374 000,00 €	1 540 000,00 €
CIV	120 000,00 €	135 000,00 €	240 000,00 €	300 000,00 €	255 000,00 €	1 050 000,00 €
CINI	50 000,00 €	10 000,00 €	20 000,00 €	30 000,00 €	40 000,00 €	150 000,00 €
Resultado Bruto	6 000,00 €	53 000,00 €	92 000,00 €	110 000,00 €	79 000,00 €	340 000,00 €

Para que a análise fique mais completa, apresenta-se na Tabela 3.6 a simulação dos resultados brutos da Bela Vista, Lda. quando se recorre ao **sistema de custeio racional** (SCR) para o cálculo do custo industrial unitário da produção. Neste caso, para o cálculo do custo industrial da produção acabada, recorde-se, para além dos custos variáveis industriais são incluídos uma quota racional dos custos fixos industriais tendo em consideração o coeficiente de utilização da capacidade instalada. Repare-se que o custo industrial da produção acabada (CIPA) unitário é constante, pois é igual ao CIPA unitário em sistema de custeio variável acrescido da imputação dos custos fixos unitários (custos fixos/produção normal). O montante de custos industriais não incorporados representam o custo com a subatividade, aumentando à medida que a organização diminua a produção que efetivamente realiza face à produção que poderia realizar em condições normais de atividade.

Comparando os resultados do SCT com os obtidos quando se recorre ao SCR, pode-se observar na Tabela 3.7 que a diferença de impacto nos resultados quando se utiliza o SCT e o SCR é igualmente explicada pela diferença da valorização da variação dos inventários obtida entre os dois sistemas. Porém, a diferença registada entre entre os dois sistemas não depende apenas das quantidades produzidas e das quantidades vendidas, mas também da relação entre a produção real face à produção normal (utilização da capacidade disponível).

Tabela 3.7 – **Diferença entre resultados do SCT vs SCR**

	Período 1	Período 2	Período 3	Período 4	Período 5	Total
Diferença de Resultados (SCT/SCR)	**10 000,00 €**	**-3 888,89 €**	**7 638,89 €**	**-3 035,71 €**	**-10 714,29 €**	**0,00 €**
Variação inventários (SCT)						
1 - Inventários finais	40 000,00 €	171 111,11 €	178 750,00 €	85 714,29 €	0,00 €	
2 - Inventários iniciais	0,00 €	40 000,00 €	171 111,11 €	178 750,00 €	85 714,29 €	
A = (1) - (2)	40 000,00 €	131 111,11 €	7 638,89 €	-93 035,71 €	-85 714,29 €	**0,00 €**
Variação inventários (SCR)						
1 - Inventários finais	30 000,00 €	165 000,00 €	165 000,00 €	75 000,00 €	0,00 €	
2 - Inventários iniciais	0,00 €	30 000,00 €	165 000,00 €	165 000,00 €	75 000,00 €	
B = (1) - (2)	30 000,00 €	135 000,00 €	0,00 €	-90 000,00 €	-75 000,00 €	**0,00 €**
Diferença da var. inventários (A-B)	**10 000,00 €**	**-3 888,89 €**	**7 638,89 €**	**-3 035,71 €**	**-10 714,29 €**	**0,00 €**

Na Tabela 3.7, é evidente que no segundo período regista-se um aumento na utilização da capacidade disponível de 50% para 90%, no SCR e, por isso, os custos industriais não incorporados diminuem 40%. Porém das 8 000 unidades vendidas, neste período, 2 000 unidades foram valoradas ao custo industrial do período anterior, em que há uma diferença de 5 € por unidade entre o SCT e o SCR. Este apontamento faz com que o resultado obtido em SCR seja superior ao obtido em SCT, apesar das quantidades produzidas serem superiores às quantidades vendidas, tal como acontece no período anterior. O aumento da capacidade utilizada, conjugado com a fórmula de custeio utilizada, inverteu a diferença entre os resultados obtidos, passando o SCR a produzir um maior resultado face ao SCT.

Convém relembrar que o impacto acumulado no resultado ao fim dos cinco períodos analisados, independentemente do sistema de custeio utilizado, é exatamente o mesmo. Quando se aplicam sistemas de custeio diferentes, a preocupação centra-se apenas no efeito que os respetivos resultados poderão causar na avaliação do desempenho e na responsabilidade fiscal (os impostos que a organização terá ou não de suportar), se considerarmos períodos anuais. Porém, no médio prazo o resultado acumulado será indiferente. Em países com alguma instabilidade, em que as políticas fiscais não são estáveis, a opção por um sistema de custeio mais ajustado aos objetivos da organização torna-se muito relevante. Se bem que, a partir da entrada em vigor do SNC, em Portugal, esta questão foi esbatida pela imposição da adoção do sistema de custeio racional para valoração da produção, promovendo uma maior equidade entre as organizações.

Neste exemplo, foi analisado o impacto da produção e venda apenas de um produto. Na maior parte das organizações, com vários produtos e ou serviços, a gestão tem em consideração que nem todos os produtos podem dar a mesma contribuição para o resultado. O preço de venda estipulado em alguns produtos pode ser suficiente apenas para cobrir o seu custo variável, podendo não ser suficiente para cobrir a componente de custo fixo. Porém, existe todo um ciclo de vida dos produtos e a possibilidade de os custos fixos serem recuperados não no curto prazo, mas num horizonte temporal mais dilatado, bem como haver compensação entre as margens de diferentes produtos. No longo prazo, as organizações pretendem maximizar o valor, de forma a ter um retorno do valor investido, seja qual for o significado de valor para as diferentes tipologias de organizações.

3.7 Determinantes de um sistema de custeio

No âmbito dos sistemas de custeio, dos mais tradicionais aos mais modernos e sofisticados, existe uma grande quantidade de técnicas e ferramentas de gestão que foram desenvolvidas para as grandes entidades e que simplesmente foram adaptadas para as pequenas e médias entidades, sem que antes fossem consideradas as suas características e o perfil da atividade que exercem. Para pequenas e médias entidades o desenvolvimento de uma abordagem de custeio mais rigorosa não implica necessariamente a aquisição de recursos de tecnologias de informação avultados. Como refere Cooper (1988, p. 47), "o sistema de custeio ótimo é diferente para diferentes organizações e depende de vários contextos".

O **nível de sofisticação do sistema de custeio** tem a ver exatamente com o número de grupos de gastos que se identificam para a imputação dos gastos indiretos aos objetos de custeio e a variedade de bases de repartição ou rateio utilizadas nos vários níveis de repartição (Al-Omiri & Drury, 2007):

1. Os sistemas de custeio mais simples utilizam um só grupo de custos (*cost pool*) e uma só base de repartição;
2. Os sistemas de custeio tradicionais já com alguma sofisticação utilizam vários grupos de custos e duas bases de repartição simples baseadas na produção (horas de mão de obra direta ou custo de mão de obra e horas máquina ou unidades de produção);
3. Os sistemas tradicionais mais sofisticados utilizam vários grupos de custos e várias bases de repartição, ainda que baseados no volume de produção; e
4. Sistemas de custeio mais modernos, como o sistema de custeio baseado nas atividades (ABC), têm um nível de sofisticação ainda maior porque partem de filosofias de imputação dos gastos aos objetos de custeio mais racionalizadas.

Independentemente do tamanho e da complexidade da organização, a escolha do sistema mais adequado depende da análise de vários fatores determinantes para decidir qual o desenho do sistema de custeio da organização, como deve ser estruturado, desenvolvido e implementado de forma mais ajustada às necessidades da organização para facilitar a tomada e controlo de decisões (Zimmerman, 2011). Existem algumas dimensões que já foram exploradas e identificadas como fatores determinantes na escolha de sistemas de custeio mais sofisticados, como o tamanho da organização, a estrutura de custos, a concorrência (competitividade) e a diversidade de produtos (Brown *et al.*, 2004); ou "a natureza e extensão da diversidade de produtos; características do processo da produção; estrutura de custos de fabricação com foco no componente indireto desses custos e, finalmente, características do sistema de custeio" (Abernethy *et al.* 2001, p. 264). Numa investigação realizada mais recentemente, sobre mercados emergentes, para além da composição de custos, da diversidade de produtos e dos objetivos do sistema de custeio (que designam por utilidade para a tomada de decisão), Shil *et al.* (2021) testaram, ainda, como fatores determinantes na escolha de sistemas de custeio: o uso de tecnologias de informação, a maturidade e a satisfação do contabilista que não se revelou como fator determinante. Convém refletir sobre estes determinantes e a forma como impactam na decisão:

1. **Objetivos das organizações** – organizações com objetivos semelhantes tendem a reagir aos maus desempenhos adotando a mesma tecnologia de gestão eficiente de outras organizações (Malmi, 1999). Por outro lado, Shank e Govindarajan (1993) sugerem que as diferenças na estratégia podem causar diferenças na gestão de custos – as que visam a liderança de custos precisam de sistemas de custeio mais sofisticados do que as empresas que competem pela diferenciação de produtos.
2. **Objetivos do sistema de custeio** e a sua utilidade para a tomada de decisão – a opção por um sistema de custeio poderá ser diferente de acordo com o objetivo com que se processa a informação se é para mensuração de inventários ou para efeitos de análises de rendibilidades de produtos (Horngren *et al.*, 2015).
3. **Estrutura dos custos da organização** – quanto mais complexo o processo de produção, mais complexo tende a ser o sistema de custeio necessário para modelá-lo (Malmi, 1999). Kaplan e Cooper (1998) acrescentam que organizações com elevados custos indiretos devem fazer a alocação destes com recurso a sistemas mais sofisticados, uma vez que os sistemas mais simples tendem a relatar custos distorcidos. Neste caso, a adoção de sistemas de custeio direto, ao imputar uma parte reduzida de custos, pode prejudicar o apoio à tomada de decisão sobre a mensuração de inventários, análises de rendibilidades e definição de preços de venda, por exemplo. Por outro lado, quando o processo produtivo envolve poucos custos indiretos, pode ser mais apropriado o sistema de custeio direto ou misto. Também as novas tecnologias de produção são vistas como um fator fundamental para alterar a estrutura de custos de muitas organizações que, com esta modernização, veem aumentados os custos indiretos em relação aos custos diretos.
4. **Nível de concorrência do mercado** – os sistemas de custeio tradicionais tornam-se obsoletos num ambiente de franca evolução tecnológica da

produção que intensifica a competitividade (Cooper, 1988; Kaplan & Johnson, 1987). Por outro lado, organizações com uma forte pressão competitiva necessitam de sistemas de custeio mais sofisticados que reduzam os potenciais erros que impeçam a tomada de decisões de forma rápida e eficaz. Num ambiente de elevada competitividade não existe margem de manobra para o erro.

5. **Diversidade de produtos** – existe a possibilidade de potencial distorção de custos com o crescimento da diversidade de produtos na organização e esta possibilidade é tanto maior quanto maior for o número de produtos que consomem recursos das atividades ou das secções com proporções diferentes. Por isso, quanto maior for a diversidade de produtos mais premente deverá ser a necessidade de um sistema de custeio mais sofisticado (Malmi, 1999; Kaplan & Cooper, 1998), que possa atribuir com maior rigor o efetivo consumo que cada produto requer dos diferentes recursos necessários à sua produção. Porém, Abernethy *et al.* (2001) concluíram, através de cinco estudos de caso, que não é tão linear a suposição de que a diversidade de produtos está necessariamente associada ao aumento de gastos gerais, nem à implementação de sistemas de custeio mais sofisticados, o que contraria a literatura que indica este fator como determinante para justificar a implementação de sistemas mais sofisticados.
6. **Dimensão da empresa** – no Reino Unido, Al-Omiri e Drury (2007) encontraram uma relação positiva entre o tamanho da organização e o nível de sofisticação do sistema de custeio utilizado na Contabilidade de Gestão. Também Albu e Albu (2012) comprovaram que o tamanho é um dos fatores mais importantes para a adoção e uso de técnicas de Contabilidade de Gestão. Porém, em contraste com a maioria dos estudos conhecidos, Abernethy *et al.* (2001) detetaram que nem todas as grandes empresas deveriam ter sistemas de custeio sofisticados, concluindo que o impacto do tamanho da empresa na sofisticação do sistema de custos depende da idade da empresa e é mediado pela diversidade de produtos, mas não pela estrutura de custos.
7. **Uso das tecnologias de informação** – a tecnologia da informação usada no processamento de informações deve ser altamente integrativa, em tempo real e deve permitir obter soluções baseadas em consultas. Em contexto da indústria 4.0, a inovação tecnológica mudou a linguagem de análise de dados, com impacto nos instrumentos de Contabilidade de Gestão que sofreram mudanças significativas. Um sistema sofisticado exige tecnologia da

informação suficientemente inteligente para responder às necessidades do decisor instantaneamente (Shil *et al.*, 2021). Se houver um baixo investimento em tecnologias de informação, mão de obra qualificada e outras infraestruturas, mesmo um sistema sofisticado, por vezes, não consegue fornecer as informações necessárias em tempo real.

8. **Maturidade** – os anos de vida da organização permitem fornecer parâmetros específicos que facilitam as exigências de sistemas mais sofisticados. As organizações mais jovens correm maior risco de sobrevivência do que as organizações mais maduras. O próprio IFAC (1998) desenvolveu uma estrutura que explica a evolução das práticas de Contabilidade de Gestão em que identifica o nível de sofisticação com base no tempo decorrido. O conhecimento é adquirido com a experiência e a maturidade das organizações é um fator muito importante para projetar e usar um sistema sofisticado que permaneça relevante e competitivo (Shil *et al.*, 2021).

Embora nenhum determinante individualmente seja conclusivo, sobre a inoperância de um sistema de custeio, coletivamente, eles podem sinalizar a necessidade de uma revisão detalhada do sistema de custeio existente. Relativamente aos sistemas de custeio do produto, Bhimani *et al.* (2015) indicam quatro questões que devem ser colocadas e respondidas para orientar a organização:

1. Os gestores podem explicar facilmente as mudanças nas margens de lucro de um período para outro?
2. Os gestores conseguem saber se as suas ofertas de negócios estão a ser bem-sucedidas ou malsucedidas?
3. O sistema de custeio tem um pequeno número de *pools* de custos e os itens em cada *pool* de custos parecem ser heterogéneos?
4. Os produtos da concorrência, comparáveis aos da organização, têm preços de mercado substancialmente inferiores, podendo ser até inferiores ao custo dos nossos produtos?

Caso as respostas às duas primeiras perguntas sejam negativas e à terceira e quarta sejam positivas, então existe um alerta quanto à funcionalidade do sistema existente. Neste caso, o sistema deverá ser significativamente alterado, parece estar a superestimar os custos dos produtos e, no mínimo, deverá ser revista a heterogeneidade dos gastos e repensado com um aumento do número de grupos de custos, tornando-o mais sofisticado.

Os sistemas de custeio visam processar, analisar e divulgar internamente os custos, a forma como objetos de custo específicos – como departamentos, produtos, serviços e clientes – usam os recursos de uma organização. Depois de explorarmos os detalhes dos sistemas de custeio e os determinantes para a escolha do sistema mais adequado, três pontos merecem destaque (Bhimani *et al.*, 2015):

- A abordagem custo-benefício, que já foi discutido no Capítulo 1, é relevante para a escolha e para a conceção de um sistema de custeio. Os custos de desenho, desenvolvimento, implementação e manutenção de sistemas, incluindo os custos de formação dos seus potenciais utilizadores, podem atingir montantes elevados. A administração pode optar por implementar um sistema mais ou menos sofisticado de acordo com a expectativa dos benefícios inerentes ao mesmo superarem os seus custos. Esta decisão é muito intuitiva, uma vez que, na prática, o benefício não é passível de ser assertivamente quantificado. Fatores comportamentais, políticos e institucionais geralmente influenciam a escolha e projeto de sistemas de informação contabilísticos.
- Os sistemas tendem a ser adaptados às características da própria entidade e às operações subjacentes à sua atividade. Qualquer mudança significativa nas operações deve exigir uma mudança correspondente nos respetivos sistemas de custeio. Quando os decisores percebem que o sistema não está a ser útil, transmite informações que parecem não ser corretas ou que são incompatíveis com as suas necessidades ou com o seu estilo de gestão, os sistemas deixam progressivamente de ser utilizados.
- Os sistemas de custeio são apenas uma fonte de informação para os gestores que, geralmente, combinam informações de custos com métricas não financeiras e informações qualitativas para tomar decisões.

3.8 Os custos em organizações comerciais e de serviços

Os gastos nas empresas comerciais, bem como nas empresas de serviços, são mais simples de processar uma vez que estas empresas, de acordo com o conjunto dos gastos assumidos num determinado período, deverão apenas arranjar critérios de imputação do mesmo pelas mercadorias vendidas ou serviços prestados. As bases de imputação mais utilizadas, na prática, têm como referência o valor de venda de cada segmento de mercadorias ou de cada obra (serviço) relativamente ao valor total de negócios da empresa. Nas empresas comerciais adiciona-se ainda o custo da mercadoria vendida.

Relativamente às empresas de serviços, poderá ser delineado um custeio direto, por obra (elaborando uma ficha de custeio onde se vão registando os custos diretos). No fim da obra/serviço, é adicionado, ao total dos custos diretos, um montante gerado pela repartição dos gastos indiretos de acordo com uma base de imputação previamente determinada (poderá ser, por exemplo, o número de horas de mão de obra direta). Existem organizações que apenas consideram uma margem mais elevada sobre o custo de produção do serviço, por forma a cobrir os custos indiretos, mas esta solução não é tão rigorosa e poderá conduzir a maiores distorções nos preços de venda estipulados.

SUMÁRIO

A explosão de tecnologia que é visível na atualidade, com um mundo globalizado cada vez mais competitivo, exige que os decisores das organizações procurem produzir bens e serviços de elevada qualidade, fornecer um excelente serviço de atendimento ao cliente, e fazê-lo com o menor custo possível. Para ajudar os gestores neste ambiente de alta pressão, convém que a organização se afaste de uma perspetiva de contabilidade de custos históricos e caminhe em direção a uma perspetiva de gestão previsional. Um sistema de Contabilidade de Gestão é indispensável para o planeamento e controlo de gestão e exercício de uma avaliação do desempenho com maior rigor e equidade, bem como para a motivação dos gestores e restantes colaboradores da organização.

O conhecimento das características da organização, a forma como está organizada, o tipo de gastos que são envolvidos na sua atividade e no processo como a executam, permite identificar qual o sistema de custeio que melhor se ajusta aos objetivos de informação da organização, se é para determinação do resultado e mensuração dos inventários (informação externa), ou se é para satisfazer as necessidades de informação para o apoio à tomada de decisão. O primeiro e segundo objetivos podem ser cumpridos em simultâneo, mesmo que seja necessário manter sistemas de custeio paralelos que produzam informação para diferentes objetivos e/ou utilizadores.

Os vários componentes necessários para conhecer o custo de produção (materiais diretos, mão de obra direta e gastos gerais de fabrico) são processados de forma diferente consoante o sistema de custeio utilizado. De acordo com a abordagem escolhida. De acordo com a abordagem escolhida – sistemas de custeio por absorção (sistema de custeio total) ou sistemas de custeio por contribuição (sistema de custeio direto e sistema de custeio variável), ou sistemas de custeio por absorção moderado ou misto (sistema de custeio racional) – também a forma de construção da demonstração dos resultados é diferente, bem como o efeito nos resultados e mensuração dos inventários. Estes efeitos são diferentes ou não e as diferenças registadas entre os diversos sistemas de custeio utilizados variam ou não de acordo com as condições da atividade da organização: se a quantidade produzida é superior, igual ou inferior à quantidade vendida; se a capacidade utilizada das instalações é inferior à sua capacidade normal (produção em subatividade); e de acordo com a fórmula de custeio utilizada na valoração das saídas de inventários (FIFO, custo médio ponderado ou custo específico).

Embora a informação seja cada vez mais um produto acessível, de consumo normal e corrente, só continua a ser útil se permitir a tomada de decisões que beneficiem a organização de forma compensadora relativamente ao investimento efetuado para obter essa informação. A capacidade de processar a informação de modo a criar essa mais-valia, torná-la eficaz e eficiente para a tomada de decisões, é, sem dúvida, um dos principais fatores de criação de riqueza e de sustentabilidade para as organizações.

TERMOS E CONCEITOS-CHAVE

Custo industrial não incorporado
Sistema de custeio direto
Sistema de custeio racional
Sistema de custeio total
Sistema de custeio variável

QUESTÕES TEÓRICAS

1. Compare os diferentes sistemas de custeio identificando as principais vantagens e limitações inerentes a cada um?
2. Que fatores podem ser determinantes na escolha de um sistema de custeio?

3. Numa situação em que a produção é superior às vendas e não existem inventários iniciais, qual o sistema de custeio (total, variável e racional) que apresenta um maior resultado?
4. Numa situação em que a produção é inferior às vendas, qual o sistema de custeio (total, variável e racional) que apresenta um maior resultado?
5. Como se justificam as diferenças obtidas nos resultados pela utilização de diferentes sistemas de custeio?

EXERCÍCIOS RESOLVIDOS

Exercício 3.1 – Sistema de custeio total

A entidade Metaluz, Lda. fabrica e vende um único modelo de candeeiros solares metálicos de jardim. Iniciou a sua atividade em 1 de janeiro do ano N. Os gastos incorridos ao longo do ano foram os seguintes:

Gastos	Gastos variáveis	Gastos fixos
Materiais diretos	280 000,00 €	
Gastos de mão de obra direta	60 000,00 €	
Gastos de energia da fábrica	10 000,00 €	
Gastos de mão de obra indireta	20 000,00 €	32 000,00 €
GGF	16 000,00 €	48 000,00 €
Gastos de marketing e distribuição	245 700,00 €	80 000,00 €
Gastos administrativos	..........0 €	100 000,00 €

Sabendo que:

- Os gastos industriais variáveis têm uma relação direta com as unidades produzidas;
- Os gastos comerciais variáveis variam em função das unidades vendidas;
- Inventários de materiais diretos em 31 de dezembro de N – 2 000 kg;
- Não existem produtos em vias de fabrico;
- Inventários finais de produção acabada – 100 000 unidades;
- Cada candeeiro consome 2 kg de materiais diretos;

- As vendas em N ascenderam a 873 600,00 €;
- O custo unitário dos materiais e os preços unitários de venda não oscilaram ao longo do ano;
- As saídas de inventários são mensuradas pela fórmula de custeio do custo médio ponderado; e
- O valor dos inventários finais de produtos acabados foi de 41 940,00 €;
- Utiliza-se o **sistema de custeio total** para cálculo dos inventários.

Pedidos:

A) Indique, apresentando o raciocínio, dos valores relativos a:

1. Inventários finais de materiais diretos;
2. Quantidade de inventários finais de produtos acabados;
3. Preço de venda unitário;
4. Resultado operacional.

B) Suponha que a administração prevê uma manutenção do preço de venda por unidade e do custo variável por unidade para o ano N+1 relativamente ao ano N, bem como dos custos industriais fixos e dos custos de marketing e distribuição. As vendas em N+1 deverão ser de 122 000 unidades. Prevê-se ainda que os inventários finais para N+1 sejam de 12 000 unidades, não haverá inventários nem de materiais diretos nem de produtos em curso no final desse exercício. A administração propõe ainda que seja revista a política de valorimetria de saída dos inventários para o FIFO (*First in First out*), em que o primeiro lote a entrar será o primeiro a sair; e pede que elabore a demonstração dos resultados por funções de N+1.

Resolução A-1:

O valor do inventário final de materiais diretos é de 2 800,00 €:

- Quantidade consumida de materiais diretos (2 kg x Produção) = 200 000 kg
- Custo por kg = Consumo de materiais diretos/Quantidade consumida = 1,40 €
- Valor dos inventários finais de materiais diretos = 2 000 kg x Custo por kg

Resolução A-2:

A quantidade de inventários finais de produtos acabados é de 9 000 unidades:

- Custo Industrial da Produção acabada (CIPA) = Total dos custos industriais de produção = 466 000,00 €
- CIPA unitário = CIPA/Produção = 4,66 €
- Quantidade de inventários finais de produtos acabados = Valor dos inventários finais de produtos acabados/CIPA unitário

Resolução A-3:

O preço de venda unitário é de 9,60 €:

- Quantidade vendida = Quantidade de produção acabada – Inventários finais = 91 000 unidades
- Preço de venda unitário = Vendas de N/Quantidade vendida

Resolução A-4:

O resultado operacional é negativo em 18 100,00 €:

- Resultado operacional = Vendas – Gastos operacionais =
= 873 600,00 € – 891 700,00 €

Resolução B:

Demonstração dos Resultados por Funções (N+1)
Tendo em consideração os seguintes pressupostos enunciados:

- Vendas de 122 000 unidades x 9,60 € cada
- CIPA unitário (N) = 4,66 €
- Quantidade de inventários finais de produtos acabados (N+1) = 12 000

- Produção = Vendas + Inventários iniciais – Inventários finais = 125 000
- Consumo de matérias = 2kg x Produção = 250 000
- Custo unitário variável de MOD = Gastos variáveis de MOD N/Produção N = 0,60 €
- Custo unitário variável de energia = Gastos variáveis de energia N/Produção N = 0,10 €
- Custo unitário variável de MO indireta = Gastos variáveis de MO indireta N/Produção N = 0,20 €
- Custo unitário variável de GGF = Gastos variáveis de GGF de N/Produção N = 0,16 €
- Custo unitário variável de marketing e distribuição = Gastos variáveis de marketing e distribuição de N/Vendas N = 2,70 €
- Gastos de N+1:

Gastos	Gastos variáveis	Gastos fixos	CIPA
Consumo de materiais diretos	350 000,00 €		350 000,00 €
Gastos de mão de obra direta	75 000,00 €		75 000,00 €
Gastos de energia da fábrica	12 500,00 €		12 500,00 €
Gastos de mão de obra indireta	25 000,00 €	32 000,00 €	57 000,00 €
GGF	20 000,00 €	48 000,00 €	68 000,00 €
Gastos de marketing e distribuição	329 400,00 €	80 000,00 €	
Gastos administrativos	– €	100 000,00 €	
Totais	811 900,00 €	260 000,00 €	562 500,00 €

- CIPA unitário (N+1) = CIPA (N+1) / Produção N = 4,60 €

Demonstração dos Resultados por Funções	**(€)**
Vendas	1 171 200,00
Custo industrial das vendas	– 550 440,00
Margem Bruta	620 760,00
CINI	0,00
Resultado Industrial	20 760,00
Gastos comerciais variáveis	– 329 400,00
Gastos comerciais fixos	– 80 000,00

Demonstração dos Resultados por Funções	**(€)**
Resultado após função comercial	211 360,00
Gastos administrativos	- 100 000,00
Resultado operacional	111 360,00

- CIV (FIFO) = Inventários iniciais de produtos acabados + CIPA (N+1) – Inventários finais de produtos acabados = 550 440,00 €

Exercício 3.2 – Sistema de custeio racional

A sociedade PNEUMAX, Lda. dedica-se à recauchutagem de pneus usados. A sua produção de qualidade é vendida em Portugal e Espanha, tanto os pneus A (viaturas de grande porte) como os pneus B (viaturas ligeiras). A empresa adquire pneus usados e processa a recauchutagem da seguinte forma:

- O pneu entra numa fase de teste, onde é verificado o seu estado viável para a Secção de Recauchutagem. Posteriormente, segue para a Secção de Raspagem, onde é eliminada a banda de rodagem e de seguida é passada uma cola e é colocada uma nova banda de rodagem na Secção de Moldagem. Por último, o pneu entra na Secção de Vulcanização onde lhe é conferida a textura pretendida.

Existem, ainda, as Secções Auxiliares industriais de Manutenção e de Controlo de Qualidade, sendo que esta última reparte os seus gastos pelas restantes secções industriais em função dos gastos diretos variáveis de cada uma. As secções não industriais da sociedade são a Secção Administrativa, a Secção Financeira e a Secção Comercial. A moldagem e a vulcanização ocorrem frequentemente em simultâneo, pelo que as secções responsáveis prestam serviços entre elas.

Da contabilidade relativa ao mês de abril de N retirou-se a seguinte informação:

1. Os custos diretos das secções e respetivas repartições secundárias foram os seguintes:

Descrição	Raspagem	Enchimento	Moldagem	Vulcanização	Manutenção	C. Qual.
Gastos variáveis (€)	2 700	5 500	5 200	8 900	2 700 €	5 000 €
Gastos fixos (€)	15 000	40 000	15 000	25 000	10 000	-
Unidade de obra	HH	HM	HM	HM	HH	-
Atividade	?	?	?	?	?	-
Repartição secundária						
Manutenção	100 HH	50 HH	50 HH	50 HH	-	50 HH
Controlo de Qualidade	?	?	?	?	?	-
Moldagem	-	-	-	400 HM		
Vulcanização	-	-	300 HM	-		
Pneus A	500 HM	2 000 HM	700 HM	500 HM		
Pneus B	500 HM	2 500 HM	500 HM	1 100 HM		

2. Os gastos das Secções Administrativa e Comercial foram, respetivamente: 50 000,00 € e 30 000,00 €. A Secção Financeira registou gastos de 10 500,00 € e rendimentos de 5 500,00 €.

3. Movimento de inventários de matérias-primas:

Inventários	Ex. Iniciais	Compras	Ex. finais
Pneus usados	5 000 a 5 €/pneu	11 000 a 5,5 €/pneu	3 000
Bandas de borracha	0	50 000 kg a 2,0 €/ kg	4 400 kg

4. Consumos de matérias, produção acabada e vendas:

Descrição	Pneu A	Pneu B
Consumo de bandas de borracha	5,5 kg/pneu	2,5 kg/pneu
Existência inicial	1 500 unidades a 30 €/c	2 000 unidades a 22 €/c
Existência final	2 000	?
Produção acabada	?	8 000
Vendas	3 500 unidades a 60 € cada	9 000 unidades a 40 € cada

5. A empresa utiliza o sistema de custeio racional, pressupondo uma produção normal total de 15 000 pneus em cada mês, e valoriza as saídas de inventários de matérias e produtos segundo as fórmulas de custeio do FIFO e do custo médio ponderado, respetivamente.

Pedidos:

A. Determine o custo total de cada secção e o respetivo custo da unidade de obra.
B. Determine os custos industriais de produção totais e unitários de cada uma das linhas de produção.
C. Elabore a demonstração de resultados para maio de N, evidenciando a margem bruta por cada linha de produtos.

Resolução A – Custo total da secção e custo de unidade de obra

Em sistema de custeio racional ter-se-á que incorporar apenas quota racional dos custos fixos industriais ao custo de produção do período determinada pela razão entre a produção real do período e a produção real.

$$Custos\ fixos\ industriais\ fixos\ incorporados = Custos\ industriais\ fixos \times \frac{PR}{PN}$$

$$Custos\ fixos\ industriais\ fixos\ incorporados = Custos\ industriais\ fixos \times \frac{12\ 000}{15\ 000}$$

Mapa das Secções

	Raspagem	Enchimento	Moldagem	Vulcanização	Manutenção	Cont. Qual.
Custos diretos						
Fixos	15 000,00	40 000,00	15 000,00	25 000,00	10 000,00	-
Fixos incorporáveis	12 000,00	32 000,00	12 000,00	20 000,00	8 000,00	-
Variáveis	2 700,00	5 500,00	5 200,00	8 900,00	2 700,00	5 000,00
subtotais	14 700,00	37 500,00	17 200,00	28 900,00	10 700,00	5 000,00
Reembolsos						
Manutenção (HH)	100	50	50	50	0	50
(€)	3 815,34	1 907,67	1 907,67	1 907,67	-	1 907,67
Controlo de qualidade	10,80%	22,00%	20,80%	35,60%	10,80%	-
(€)	746,03	1 519,69	1 436,80	2 459,13	746,03	-
Subtotal	19 261,37	40 927,36	20 544,47	33 266,80	11 446,03	6 907,67
Moldagem	-	-	-	400,00		
	-	-	(6 714,32)	6 714,32		
Vulcanização	-	-	300,00	-		
	-	-	6 312,81	(6 312,81)		
Custos totais	19 261,37	40 927,36	20 142,96	33 668,31	11 446,03	-
unidade de obra	HH	HM	HM	HM	HH	
Atividade	1000	4 500	1 600	1 900	300	
			1 200	1 600		
cuo (€)	19,2614	9,0950	16,7858	21,0427	38,1534	

Prestações recíprocas entre as Secções Auxiliares:

Sendo a o custo de unidade de obra da Secção de Manutenção e b o custo total da Secção de Controlo de Qualidade, então:

$$\begin{cases} b = 3\,815{,}34\ € + 10{,}8\%\ x\ a/300\ HH \\ a = 5\,000{,}00\ € + 50\ HH\ x\ b \end{cases}$$

$$\begin{cases} b = 38{,}15343\ €/HH \\ a = 6\,907{,}67\ € \end{cases}$$

Prestações recíprocas entre as Secções Principais:

Sendo w o custo de unidade de obra da Secção de Moldagem e y o custo de unidade de obra da Secção de Vulcanização, então:

$$\begin{cases} w = (20\,544{,}47\ € + 300\ HM * y)/1\,600\ HM \\ y = (33\,266{,}80\ € + 400\ HM * w)/1\,900\ HM \end{cases}$$

$$\begin{cases} w = 16{,}78580\ €/HM \\ a = 21{,}04270\ €/HM \end{cases}$$

Resposta: Os custos totais das Secções de Recauchutagem, Raspagem, Moldagem e Vulcanização são, respetivamente, de 19 261,37 €, 40 927,36 €, 20 142,96 € e 33 668,31 €. Em valores aproximados, o custo da unidade de obra, da Secção de Recauchutagem é de 19,26 € por hora homem, da Secção de Raspagem é de 9,10 € por hora máquina, da Secção de Moldagem é de 16,79 € por hora máquina e da Secção de Vulcanização é 21,04 € por hora máquina homem.

Resolução B – Custo dos produtos acabados

Movimentação dos inventários:

Inventários	Existências iniciais	Compras	Existências finais	Consumo
Pneus usados (quant)	5000	11000	3000	13000
Custo unitário (€)	5	5,5	5,5	69000
Bandas de borracha (quant)	0	50000	4400	45600
Custo unitário (€)	0	2	2	91200

Consumo = Inventários iniciais + Compras – Inventários finais

Fórmula de custeio – FIFO

Consumo de pneus usados (€) = 5 000 x 5,00 € + (13 000 – 5 000) x 5,50 € = 69 000,00 €

Mapa dos custos de produção

		Pneu A		Pneu B	
Custos de produção	custo unit.	Consumo (quantidades)	Custo	Consumo (quantidades)	Custo
Consumo de matérias					
Pneus usados	5,75 €	4 000	23 000,00 €	8 000	46 000,00 €
Bandas de borracha	2,17 €	22 000	47 771,43 €	20 000	43 428,57 €
		5,5		2,5	
subtotal			70 771,43 €		89 428,57 €
Custos de transformação					
Raspagem	19,26 €	500	13 482,96 €	500	9 630,69 €
Enchimento	9,09 €	2 000	4 547,48 €	2 500	22 737,42 €
Moldagem	16,79 €	700	11 750,06 €	500	8 392,90 €
Vulcanização	21,04 €	500	10 521,35 €	1 100	23 146,97 €
Custo Industrial do Período	(CIP)		111 073,28 €		153 336,54 €
Ei PVF			- €		- €
Ef PVF			- €		- €
Custo Industrial da PA	(CIPA)		111 073,28 €		153 336,54 €
Produção			4 000		8 000
Custo de produção unitário			27,7683 €		19,1671 €

Resposta: O custo industrial de produção total do pneu A é de 111 073,28 €, sendo o custo unitário, aproximadamente, de 27,77 €. O custo industrial de produção total do pneu B é de 153 336,54 €, sendo o custo unitário, aproximadamente, de 19,17 €.

Resolução C – Demonstração dos Resultados por Funções

Fórmula de custeio – custo médio ponderado (cmp)

$$cmp\ unit. = \frac{Valor\ Inventários\ Iniciais + Valor\ da\ Produção}{Quantidade\ Inventários\ Iniciais + Quantidade\ Produzida}$$

Valorização dos inventários finais:

Descrição		Pneu A	Pneu B	Total
Produção	(€)	111 073,28	153 336,54	264 409,82
	(quantidades)	4 000	8 000	12 000,00
Inventários iniciais	(€)	45 000,00	44 000,00	89 000,00
	(quantidades)	1 500	2 000	
	Custo unitário	30	22	
Custo médio ponderado unitário (cmp		28,38	19,73	
Vendas	(quantidades)	3 500	9 000	12 500
	pv	60	40	
Valor de vendas		210 000	360 000	570 000,00
Inventários finais	(quantidades)	2 000	1 000	
	(€)	56 753,92	19 733,65	76 487,57

Demonstração dos Resultados por Funções:

Descrição	Pneu A	Pneu B	Total
Vendas	210 000,00 €	360 000,00 €	570 000,00 €
Custo industrial das vendas (CIV)	99 319,36 €	177 602,89 €	276 922,25 €
Margem Bruta	110 680,64 €	182 397,11 €	293 077,75 €
Custo industrial não incorporado (CINI)			105 000,00 €
Resultado industrial			188 077,75 €
Custos comerciais			30 000,00 €
Resultados após f. comercial			158 077,75 €
Custos administrativos			50 000,00 €
Resultados após f. administrativa			108 077,75 €
Custos financeiros			5 000,00 €
Resultado Antes de Impostos			103 077,75 €

Exercício 3.3 – Sistema de custeio variável vs sistema de custeio total[3]

A sociedade CINTOS, Lda. dedica-se ao fabrico de cintos para grandes marcas de roupa e trabalha por encomendas para os seus clientes internacionais. Os cintos são produzidos a partir de três tipos de materiais: couro, pele de porco e fivelas que são encomendadas de acordo com os logotipos dos clientes.

O fabrico do cinto inicia-se na Secção de Corte onde se trabalha o couro, seguindo para a Secção de Acabamento onde é adicionada a pele de porco, que proporciona maior consistência e durabilidade ao cinto, e a fivela. Existem ainda as secções auxiliares industriais de Manutenção e de Controlo de Qualidade, sendo que esta última reparte os seus gastos pelas restantes secções industriais em função dos gastos diretos variáveis de cada uma. As secções não industriais da sociedade são a secção administrativa, a Secção Financeira e, ainda, a Secção Comercial.

Da contabilidade, relativa ao mês de maio de N, e da recolha de informações angariada pelos chefes das várias secções, obteve-se a seguinte informação:

1. Os custos diretos das secções e respetivas repartições secundárias foram os seguintes:

Descrição	Corte	Acabamento	Manutenção	Controlo de Qualidade
Gastos variáveis	30 000 €	20 000 €	5 000€	10 000€
Gastos fixos	20 000 €	10 000 €	-	-
Unidade de obra	HH	HH	HH	-
Atividade	?	?	?	-
Repartição secundária				
Manutenção	150 HH	100 HH	-	50 HH
Controlo de Qualidade	?	?	?	-

2. Os gastos das Secções Administrativa, Financeira e Comercial foram, respetivamente, de: 5 000,00 €, 7 500,00 € e 3 000,00 €.

3. Movimento de inventários:

[3] Exercício adaptado de Cruz (2016, p. 400-401 e 405-408).

Inventários	Ex. Iniciais	Compras	Ex. finais
Couro	1 100 m² a 7 €/m²	11 000 m² a 7,5 €/m²	1 100 m²
Pele de porco	2 200 m² a 3 €/m²	22 000 m² a 2,5 €/m²	4 400 m²
Fivelas	7 500 unid. a 0,5 €/cada	29 500 unid. a 0,5 €/cada	?
Enc. em curso	Encomenda n.º 34 a 50 000 €		Encomenda n.º 36

4. O couro foi requisitado de forma equitativa apenas pelas Encomendas n.º 35 e n.º 36. Em cada cinto é colocada sempre uma fivela. A Encomenda n.º 34 consumiu 30% da pele de porco, tendo sido o restante consumido pela Encomenda n.º 35.

5. Os gastos das secções principais tiveram a seguinte repartição pelas encomendas em carteira:

Secções	Encomenda n.º 34	Encomenda n.º 35	Encomenda n.º 36
Corte	-	2 080 HM	920 HM
Acabamento	640 HH	960 HH	-

6. Produção acabada e vendas:

Descrição	Encomenda n.º 34	Encomenda n.º 35
Produção acabada	10 200	16 700
Vendas	122 400 €	250 500 €

7. A empresa utiliza o sistema de custeio variável, valorizando as saídas de inventários segundo a fórmula de custeio do FIFO.

Pedidos:

A. Determine o custo total de cada secção e o respetivo custo da unidade de obra.

B. Determine os custos totais e unitários (quando possível) das encomendas em curso e acabadas.

C. Elabore a demonstração dos resultados para maio de N, evidenciando a margem bruta por encomenda.

D. Sabendo que em **sistema de custeio total** a valorização dos inventários iniciais de encomendas em curso (Encomenda n.º 34) foi de 80 000 €, sem fazer a demonstração dos resultados em sistema de custeio total:

 i) Determine o resultado operacional da Sociedade CINTOS, Lda. neste sistema de custeio.

 ii) Justifique, teórica e algebricamente, a diferença de resultados obtidos nos dois sistemas de custeio.

Resolução A – Mapa das Secções:

Descrição	Corte	Acabamento	Manutenção	Controlo de Qualidade
Gastos diretos				
Gastosvariáveis	30 000,00	20 000,00	5 000,00	10 000,00
Gastos fixos (CINI)	20 000,00	10 000,00	-	-
subtotais	30 000,00	20 000,00	5 000,00	10 000,00
Reembolsos				
Manutenção (HH)	150	100	-	50
Manutenção (€)	3 000,00	2 000,00	-	1 000,00
Controlo de Qualidade	54,55%	36,36%	9,09%	-
Controlo de Qualidade (€)	6 000,00	4 000,00	1 000,00	-
Custos totais	39 000,00	26 000,00	6 000,00	11 000,00
unidade de obra	HM	HH	HH	
Atividade	3 000	1 600	300	
cuo (€/H)	13,0000	16,2500	20,0000	

Prestações recíprocas:

Sendo **a** o custo de unidade de obra da secção de manutenção e **b** o custo total da secção de controlo de qualidade, então:

$$\begin{cases} a = (5\ 000{,}00\ € + 9{,}09\% \times b)\ /\ 300\ HH \\ b = 10\ 000{,}00\ € + 50\ HH \times a \end{cases}$$

$$\begin{cases} a = 20{,}00\ €/HH \\ b = 11\ 000{,}00\ € \end{cases}$$

Resposta: Os custos totais das secções de corte, acabamento, manutenção e controlo de qualidade são, respetivamente, de 39 000,00 €, 26 000,00 €, 6 000,00 € e 11 000,00 €. O custo da unidade de obra da secção de corte é de 13,00 € por hora máquina, da secção de acabamento é de 16,25 € por hora homem e da secção de manutenção é de 20,00 € por hora homem.

Resolução B – Cálculo dos custos de produção

Movimentação de inventários:

Inventários	Invent. Iniciais	Compras	Invent. finais	Consumo (FIFO)
Couro (m^2)	1 100	11 000	1 100	11 000
Couro (€)	7,00 €	7,50 €	?	81 950,00 €
Pele de porco (m^2)	2 200	22 000	4 400	19 800
Pele de porco (€)	3,00 €	2,50 €	?	50 600,00 €
Fivelas	7 500	29 500	10 100	26 900
Fivelas (€)	0,50 €	0,50 €	?	13 450,00 €
Encomendas em curso	Encomenda n.º 34		Encom. n.º 36	
Encomendas em curso (€)	50 000 €		?	

- Consumo = Inventários iniciais + Compras – Inventários finais

Fórmula de custeio – FIFO (*First in First out*)

Consumo de couro (€) = 1 100 x 7,00 € + (11 000 – 1 100) x 7,50 € = 81 950,00 €

Mapa dos custos de produção:

Custos de produção	Encomenda n.º 34	Encomenda n.º 35	Encomenda n.º 36
Consumo de Matérias			
Couro (repartição)		50%	50%
Couro (€)	–	40 975,00 €	40 975,00 €
Pele de porco (repartição)	30%	70%	
Pele de porco (€)	15 180,00 €	35 420,00 €	–
Fivelas (quantidades)	10 200	16 700	
Fivelas (€)	5 100,00 €	8 350,00 €	–
subtotal	20 280,00 €	84 745,00 €	40 975,00 €
Custos de transformação			
Corte (HM)	–	2 080	920
Corte (cuo x HM)	–	27 040,00 €	11 960, €
Acabamento (HH)	640	960	–
Acabamento (cuo x HH)	10 400,00 €	15 600,00 €	–
Custo Industrial do Período (CIP)	30 680,00 €	127 385,00 €	52 935,00 €
Inv. Iniciais PVF	50 000,00 €	–	–
Inv. Finais PVF	–	–	52 935,00 €
Custo Industrial da PA (CIPA)	80 680,00 €	127 385,00 €	–
Produção (unidades)	10 200	16 700	–
CIPA unitário (€)	7,91 €	7,63 €	–

Resposta: O custo total da encomenda em curso é de 52 935,00 €. Os custos totais das encomendas concluídas n.º 34 e n.º 35 são, respetivamente, de 80 680,00 € e 127 385,00 €; sendo que cada cinto da encomenda n.º 34 custa 7,91 € e cada cinto da encomenda n.º 35 custa 7,63 €.

Resolução C – Demonstração dos Resultados por Funções

Demonstração dos Resultados por Funções

Descrição	Encomenda n.º 34	Encomenda n.º 35	Total
Vendas	122 400,00	250 500,00	372 900,00
Custo industrial das vendas (CIV)	80 680,00	127 385,00	208 065,00
Margem Bruta	41 720,00	123 115,00	164 835,00
CINI			30 000 00
Resultado industrial			134 835,00
Gastos comerciais			3 000,00
Resultados após função comercial			131 835,00
Gastos da função administrativa			5 000,00
Resultados após função administrativa			126 835,00
Gastos da função financeira			7 500,00
Resultado antes de impostos (RAI)			119 335,00

Resolução D.I – Resultados em sistema de custeio total

Descrição	Construção	Acabamento
Custos totais (SCV)	39 000,00	26 000,00
Gastos fixos	20 000,00	10 000,00
Custos totais (SCT)	59 000,00	36 000,00
unidade de obra	HM	HH
Atividade	3 000	1 600
acréscimo cuo* (€/HH ou HM)	6,67	6,25

* Acréscimo de cuo = gastos fixos / atividade

		Encomenda n.º 34	Encomenda n.º 35	Encomenda n.º 36
Consumo de matérias				40 975,0
Secções Principais				
Corte	(HM)	0	2 080	920
(€)	6,6667		13 866,70	6 133,30
Acabamento	(HH)	640	960	-
(€)	6,2500	4 000,00	6 000,00	0
Custo do Período (CIP)		4 000,00	19 866,67	6 133,3
Ei PVF		30 000,00	0	0
EfPVF		0	0	6 133,3
Custo da encomenda (CIPA)		34 000,00	9 866,67	0

Variação do CIP = 640 x 6,25 + 2080 x 6,25+960*6,25 + 30000 = 53 866,67 €

CINI = 30 000,00 €

Variação do resultado = -variação do CIP+CINI= - 23 866,67 €

RAI (SCT) = RAI (SCV) + variação do resultado = 110 968,33 €

Resolução D.II – Justificação teórica e algébrica da diferença dos resultados

Os gastos que o SCT deixa de assumir no período, quando a quantidade produzida é superior à quantidade vendida, são incluídos no valor dos inventários que são valorados pelos custos totais; enquanto no SCV esse valor de gastos fixos contribui todo para o resultado do período, sendo que os inventários não assumem esse valor por serem mensurados apenas com gastos variáveis. Assim, a diferença registada entre os resultados industriais obtidos no período, tendo em consideração cada um dos sistemas de custeio, é igual à diferença das variações dos inventários em cada um dos períodos (inventário final-inventário inicial), mensurados de acordo com os diferentes sistemas de custeio.

	SCV	SCT	SCV vs SCT
Produção em curso inicial	50 000,00	80 000,00	
Produção em curso final	66 975,00	73 108,33	
Variação da produção	16 975,00	(6 891,67)	(23 866,67)
Resultado operacional	34 835,00	110 968,33	(23 866,67)

EXERCÍCIOS E PROBLEMAS POR RESOLVER

Exercício 3.4 – Identificação de sistemas de custeio

A sociedade Campeonato Confinado, Lda. produz e comercializa um único produto, sendo a sua capacidade normal de produção anual de 100 000 unidades. No 1.º semestre de N, a empresa vendeu 35 000 unidades e produziu 40 000 unidades. Nesse semestre, os gastos industriais ffixos foram de 2 400 000,00 €, os gastos industriais variáveis unitários de 70,00 € e os gastos não industriais variáveis unitários de 27,00 €.

Os valores em euros, pelo menos em texto, devem ser uniformizados até aos cêntimos e os milhares separados com um espaço.

No final do semestre foram apresentados os seguintes apuramentos de resultados brutos:

Descrição	A	B
Vendas	7 525 000 €	7 525 000 €
CIV + CINI	4 730 000 €	4 550 000 €
Resultado bruto	2 795 000 €	2 975 000 €

Sendo: CIV – Custo Industrial das Vendas e CINI – Custo Industrial não Incorporado

Sabendo que no semestre não havia inventários iniciais de produção acabada, nem inventários de produção em vias de fabrico, indique qual a opção que identifica corretamente os sistemas de custeio subjacentes a cada uma das versões:

a) A versão A utiliza o sistema de custeio total e a versão B utiliza o sistema de custeio variável.
b) A versão A utiliza o sistema de custeio variável e a versão B utiliza o sistema de custeio total.
c) A versão A utiliza o sistema de custeio total e a versão B utiliza o sistema de custeio racional.
d) A versão A utiliza o sistema de custeio racional e a versão B utiliza o sistema de custeio total.
e) Nenhuma das respostas anteriores.

Exercício 3.5 – Sistema de custeio total

A sociedade Acontece, Lda. realiza vários tipos de eventos que são minuciosamente preparados por toda a equipa que está dividida nos seguintes departamentos: gestão de eventos, *design*, animação, *catering* e manutenção. A empresa ainda dispõe de mais dois departamentos: marketing e administrativo. Apesar de subcontratar alguns serviços e alugar alguns equipamentos, a sociedade preocupa-se em garantir a qualidade do serviço, pelo que tem em carteira algumas empresas que já trabalham consigo em parceria desde o início da sua atividade em 2005. A empresa adota o **sistema de custeio total**.

No início do mês de maio, do corrente ano, a empresa tinha dois projetos em curso: casamento 14, com um custo incorrido de 3 000,00 €, e Congresso 7, com um custo incorrido de 35 000,00 €. Relativo a este mês a sociedade tinha em carteira quatro projetos, sobre os quais temos os seguintes dados:

A – Projetos e alocação de custos:

Projeto	Preço de venda [€]	N.º de Pessoas	Consumo de materiais [€]	Aluguer de equipamentos [€]	Afetação de subcontratos [€]
Casamento 14	37 500	250	2 000	5 625	15 000
Congresso 7	600 000	1 500	90 000	250 000	100 000
Casamento 15	Em curso	220	450	-	5 000
Corporate 12	60 000	300	10 000	5 000	20 000

B – Tabela de repartição dos gastos fixos [€]:

Gastos	TOTAL	Gestão eventos	Design	Animação	*Catering*	Manut.	Market.	Administ.
Pessoal	27 000	3 500	5 000	1 875	3750	1 875	5 000	5 000
Impostos	300	50	50	25	50	25	50	50
Fom. serv. ext.	1 100	300	100	50	150	50	200	250
Out. Gastos	500	75	75	50	75	25	125	75
Depreciações	200	25	25	25	25	50	25	25

C – Repartição da atividade dos vários departamentos por outros departamentos e/ou projetos:

	Gestão eventos	***Design***	**Animação**	***Catering***	**Manutenção**
Design	-	-	40 HH	60 HH	20 HH
Manutenção	10%	20%	30%	40%	-
Casamento 14	30 HH	-	50 HH	150 HH	-
Congresso 7	60 HH	40 HH	50 HH	150 HH	-
Casamento 15	20 HH	80 HH	-	50 HH	-
Corporate 12	30 HH	60 HH	50 HH	100 HH	-

Pedidos:

A. Determine o custo total de cada um dos departamentos principais da empresa e o respetivo custo de unidade de obra.
B. Apure o custo de produção dos projetos terminados e em curso no mês de maio.
C. Elabore a demonstração de resultados para maio de N, evidenciando a margem bruta por projeto.

Exercício 3.6 – Sistema de custeio total

A empresa Green, S.A. fabrica dois produtos (X e Y), em dois departamentos de produção principais (produção e montagem), dispondo ainda de dois outros departamentos auxiliares (cantina e manutenção). A empresa encerra no mês de agosto para férias.

Para o mês de setembro do ano n, a empresa efetuou as seguintes previsões:

I – Quantidades produzidas e consumos unitários:

Produtos	X	Y
Unidades Produzidas	1 200	800
Matéria-prima consumida: (Kg/unidade)	2,0 kg	2,3 kg
MOD por unidade: Secção de produção	3,2 HH	3,0 HH
Secção de montagem	2,4 HH	2,6 HH

II – Custos diretos e indiretos das secções e nível de atividade das secções principais:

Departamentos	Produção	Montagem	Cantina	Manutenção	Total
Custos diretos	27 816 €	19 032 €	11 712 €	14 640 €	73 200 €
Rendas, depreciações e outros custos indiretos	?	?	?	?	17 568 €
Número de trabalhadores	25	11	4	4	44
Unidade de obra	2 800 HH	1 800 HM	?	---	

III – Outras informações:

1. O produto X só consome a matéria-prima A e o produto Y só consome matéria-prima B. No início do mês existiam em armazém 1 000 kgs de cada uma das MP com o valor unitário de 20,00€/kg, tendo sido comprados 1 500 kg da MP A a 22,00 €/kg e 1 000 kg da MP B a 25,00 €/kg.
2. O custo estimado da MOD é de 12,00 €/hora na secção de produção e de 8,00 €/hora na secção de montagem
3. Os custos indiretos devem ser repartidos pelas secções com base no montante dos custos diretos.
4. Os custos da cantina são repartidos pelas outras secções de acordo com o número de trabalhadores.
5. Foi estimado que 60% dos custos da secção de manutenção resultam do apoio à secção de produção, 10% do apoio à cantina, e o remanescente de apoio à secção de montagem.
6. Cada unidade de X consome 1,0 HH da secção de produção e 0,5 HM da secção montagem. Cada unidade de Y consome 2 HH da secção de produção e 1,5 HM da secção montagem.
7. No final de julho existiam em armazém apenas 120 unidades de X com um custo de 12 600,00 €, mas existia produção em vias de fabrico do Y no valor de 8 500,00 €, não se prevendo qualquer produção em curso no final de setembro.
8. A entidade utiliza o sistema de custeio total e a fórmula do custo médio ponderado para valorizar as saídas de armazém e, no final de cada mês, pretende ter em armazém 100 unidades de cada modelo acabado.

Pedidos:

Calcule, para o mês de setembro:

A. O mapa de custos das secções principais (o custo total e unitário).
B. O custo de produção unitário orçamentado dos produtos acabados.
C. O custo dos produtos vendidos previsto para cada produto.
D. Sabendo que a empresa fatura cada produto com uma margem de 30% sobre o preço de custo, determine o volume de faturação e margem bruta de cada produto prevista para o mês de setembro.

Exercício 3.7 – Sistema de custeio total

A sociedade PROBEBÉ, Lda. é uma empresa de média dimensão que fabrica mobiliário estandardizado para quartos de bebé. As vendas são realizadas para uma cadeia de hipermercados. A produção efetua três produtos distintos: o berço-cama, o armário e a cómoda com fraldário.

O processo de fabrico inicia-se com o corte das placas de madeira de pinho maciço e MDF, de acordo com o desenho das peças, na Secção de Corte, as quais seguem para a Secção de Colagem/Montagem, onde é utilizada a cola branca. Finalmente, na Secção de Acabamento, as peças são lixadas, sofrem uma pintura de velatura, seguindo-se aplicação do tapa-poros (fundo) e do verniz, tudo isto com produtos não tóxicos; e, por fim, são colocados os puxadores e as dobradiças.

A empresa recorre a três secções principais: Corte, Colagem/Montagem e Acabamento; existindo também duas secções auxiliares: Manutenção e Gastos Comuns. A empresa tem como gastos não industriais a Secção Comercial e a Secção Administrativa e Financeira cujos gastos ascenderam a 1 200,00 € e a 4 000,00 €, respetivamente, no mês de julho.

A PROBEBÉ, Lda. utiliza o critério do custo médio ponderado na valorimetria das suas existências e o **sistema de custeio total**.

Da informação contabilística de julho do ano N extraíram-se os seguintes dados:

I – Inventários iniciais

Matéria-prima	MDF (placas)	Madeira	Cola	Velatura	Fundo	Verniz	Dobradiças	Puxadores
Unidade de obra	M	m^3	Litro	litro	litro	litro	unidade	unidade
Quantidade	20	5	5	10	10	10	100	100
Custo unitário	15 €	1 000 €	2,5 €	2,5 €	3 €	3,2 €	1 €	1 €
Total	300 €	5 000 €	10 €	25 €	30 €	32 €	100 €	100€

Produtos em curso	Quantidade	Valor (€)
Berços-cama	25	2 000 €
Armários	10	1 200 €

Produtos acabados	Quantidade	C. unit	TOTAL (€)
Berços-cama	50	110 €	5 500 €
Armários	30	180 €	5 400 €
Cómodas	20	90 €	1 800 €

II – Compras de matérias-primas

Matéria-prima	Placas	Madeira	Cola	Velatura	Fundo	Verniz	Dobradiças	Puxadores
Quantidade	180	35	5	20	50	40	800	700
Custo unitário	16 €	1 000 €	2,5 €	2,5 €	3 €	3,2 €	1 €	1 €

III – Consumo de matérias-primas (quantidades)

Matéria-prima	Placas	Madeira	Cola	Velatura	Fundo	Verniz	Dobradiças	Puxadores
Berços-cama	100	22	4	15	30	20	-	-
Armários	60	10	2	8	18	12	600	400
Cómodas	20	4	1	3	5	5	140	280

IV – GGF

Gastos	Corte	Col/Montagem	Acabamento	Manutenção	G. comuns	TOTAL
Forn. serv. externos	700 €	300 €	300 €	100 €	100 €	1 500 €
Gastos c/ pessoal	4 000 €	5 000 €	6 000 €	500 €	500 €	16 000 €
Depreciações	4 000 €	200 €	600 €	100 €	100 €	5 000 €
Outros gastos	1 000 €	1 000 €	400 €	50 €	50 €	2 500 €
Total	9 700 €	6 500 €	7 300 €	750 €	750 €	25 000 €
Reembolsos						
Horas de manutenção	50	50	50	-	30	180
% Gastos comuns	40%	30%	20%	10%	-	100%

V – Utilização da atividade das secções pela produção

Produtos	Corte (HM)	Colag/Montagem (HH)	Acabamento (HH)
Berços-cama	1 100	880	1 200
Armários	500	300	350
Cómodas	200	120	150
TOTAL	1 800	1 300	1 700

VI – Produção e vendas

Produtos acabados	Produção	Vendas		
	Quantidade	Quantidade	Pvu	TOTAL (€)
Berços-cama	300	250	150 €	37 500 €
Armários	100	80	220 €	17 600 €
Cómodas	70	60	130 €	7 800 €

Pedidos:

A. Apure o custo das unidades de obra de cada uma das secções.
B. Calcule o custo unitário da produção acabada no mês de julho do ano N.
C. Valorize as existências finais do período considerado.

D. Construa a demonstração dos resultados por funções, evidenciado o resultado bruto por produto, sabendo que a taxa de imposto sobre o rendimento é de 25%.

Exercício 3.8 – Sistema de custeio variável vs sistema de custeio racional

A empresa Química, S.A. tem capacidade de produção normal de 300 toneladas/ano.

Do ano N conhecem-se os seguintes elementos:

1) Vendas: 250 toneladas a 800,00 €/cada
2) Produção acabada: 275 toneladas
3) Inventários iniciais nulos
4) Gastos variáveis:
   - Industriais:
     - Matérias-primas: 84 000,00 €
     - Custos de transformação ou conversão: 18 000,00 €
   - Não industriais: 2 000,00 €
5) Gastos fixos:
   - Industriais: 22 000,00 €
   - Não industriais: 7 000,00 €

Pedidos:

A. Elabore, apresentando todos os cálculos, as demonstrações dos resultados por funções pelos sistemas de custeio variável e racional, evidenciando a margem bruta.
B. Justifique teórica e algebricamente a diferença de resultados encontrada entre os dois sistemas de custeio.

BIBLIOGRAFIA DO CAPÍTULO

Abernethy, M., Lillis, A., Brownell, P., & Carter, P. (2001). Product diversity and costing system design choice: field study evidence. *Management Accounting Research*, 12, 261-279.

Albu, V. & Albu, C. (2012). Factors Associated with the Adoption and Use of Management Accounting Techniques in Developing Countries: The Case of Romania. *Journal of International Financial Management & Accounting*, 23(3), 245-276.

Al-Omiri, M., & Drury, C. (2007). A survey of factors influencing the choice of product costing systems in UK organizations. *Management Accounting Research*, 18(4), 399-424.

Aviso n.º 8256/2015 de 29 de julho do Ministério das Finanças (retificado pela declaração de retificação n.º 918/2015), Normas Contabilísticas e de Relato Financeiro do Sistema de Normalização Contabilística. Diário da República, II série, No 146 (2015). Acedido a 24 abril de 2022. Disponível em www.dre.pt.

Bhimani, A., Horngren C., Datar S., & Rajan M. (2015). *Management and Cost Accounting* (6th ed.). Pearson Education.

Brown, D., Booth, P., & Giacobbe, F. (2004). Technological and organizational influences on the adoption of activity-based costing in Australia. Accounting & Finance, 44(3), 329-356.

Cooper, R. (1988). The rise of activity-based costing – part two: when do I need an activity-based cost system? *Journal of Cost Management*, 2(3), 41-48.

Cruz, I. (2016). A Contabilidade de Gestão. In Filipe Almeida (Coord.), *Introdução à Gestão das Organizações* (4.ª ed., pp. 379-410). Escolar Editora.

Drury, C. (2021). *Management and Cost Accounting* (11.ª ed.). Cengage Learning College.

Ferreira, D., Caldeira, C., Asseiceiro, J., Vieira, J., & Vicente, C. (2019). Contabilidade de *Gestão, Estratégia de Custos e de Resultados* (2.ª ed.). Rei dos Livros.

Hansen, G., & Mowen, M. (2007). *Managerial Accounting* (8th Ed.). Thomson Learning Inc.

Hilton, R., Maher, M., & Selto, F. (2006). Cost *management – Strategies for business decisions* (3rd ed.). McGraw-Hill/Irwin.

Horngren, C., Datar, S., & Rajan, M. (2015). *Cost Accounting: A Managerial Emphasis* (15th ed.). Pearson Education.

International Federation of Accountants (IFAC) (1998). *International Management Accounting Practice Statement: Management Accounting Concepts*. IFAC.

Kaplan, R., & Johnson, H (1987). *Relevance Lost: The Rise and Fall of Management Accounting*. Harvard Business School Press.

Kaplan, R., & Cooper, R. (1998). *Cost & effect: using integrated cost systems to drive profitability and performance*. Harvard Business Press.

Labro, E., Balakrishnan, R., & Sivaramakrishnan, K. (2012). Product Costs as Decision Aids: An Analysis of Alternative Approaches (Part 1 and 2). *Accounting Horizons*, 26(1), 1-20.

Maciel, G, Oliveira, J., & Ribeiro, J. (2016). *Sistemas de Custeio*. Ordem dos Contabilistas Certificados. Em https://www.ocam.org.mz.

Malmi, T. (1999). Activity-based costing diffusion across organizations: an exploratory empirical analysis of Finnish firms. *Accounting, Organizations and Society*, 24(8), 649-672.

Shank, J., & Govindarajan V. (1993). *Strategic Cost Management: The New Tool for Competitive Advantage*. The Free Press.

Shil, N., Hoque, M., & Akter, M. (2021). Factors Influencing the Choice of Sophisticated Management Accounting Practices – Exploratory Evidence from An Emerging Market. *Emerging Markets Journal*, 11(1), 1-12.

Zimmerman, J. (2011). *Accounting for Decision Making and Control* (7th ed.). McGraw-Hill/ Irwin.

Parte II

O objetivo desta segunda parte, que inclui três capítulos, é debater as informações financeiras que ajudam os gestores a tomar melhores decisões, essencialmente no curto prazo. No capítulo 4 apresenta-se a análise Custo-Volume-Resultados (CVR) como uma das ferramentas mais utilizadas na Contabilidade de Gestão para obter informações que permitem verificar a rendibilidade e o risco da empresa numa perspetiva de curto prazo, com base na estrutura dos custos (fixos e variáveis), os rendimentos e a relação que se estabelece entre estas variáveis. No capítulo seguinte explora-se a informação que é indispensável no processo de decisão entre duas alternativas mutuamente exclusivas, identificando-se um modelo para este processo, bem como o significado de relevância, a dicotomia entre a relevância e os custos de oportunidade e a importância dos fatores qualitativos no processo de tomada de decisão. Por último, no sexto capítulo, partindo do conceito de produtividade, enunciam-se as medidas de produtividade que satisfazem os objetivos de desempenho e controlo.

CAPÍTULO 4

—

ANÁLISE CUSTO-VOLUME-RESULTADOS (CVR)

OBJETIVOS DE APRENDIZAGEM

1. **Compreender o papel da análise CVR no processo de tomada de decisão;**
2. **Analisar os pressupostos e objetivos inerentes à análise CVR;**
3. **Calcular e analisar o ponto de equilíbrio ou crítico (breakeven point) em quantidade e em valor;**
4. **Analisar o cálculo do ponto de equilíbrio perante uma produção múltipla;**
5. **Analisar o cálculo do resultado máximo perante uma situação de escassez de recursos;**
6. **Identificar as principais vantagens e limitações da aplicação da análise CVR.**

4.1. INTRODUÇÃO

Para as empresas se manterem no mercado e alcançarem um posicionamento competitivo sólido têm necessariamente que tomar um conjunto de decisões em função de diferentes alternativas possíveis. A preocupação com a redução de custos, com o fornecimento de produtos e serviços com qualidade e a definição de preços competitivos para os mesmos, são uma constante nos dias de hoje. Acresce a isto a importância de se saber *à priori* qual a viabilidade de colocação no mercado de um determinado produto ou da realização de um determinado negócio ou projeto.

A análise Custo-Volume-Resultados (CVR) é uma das ferramentas utilizadas na Contabilidade de Gestão que fornece informações imprescindíveis e relevantes para o processo decisório, possibilitando uma gestão mais eficiente. Através desta análise é possível verificar a rendibilidade e o risco da empresa numa perspetiva de curto prazo, averiguando a estrutura dos custos (fixos e variáveis), os rendimentos, bem como, a relação entre os mesmos.

Neste capítulo realça-se a importância e pressupostos de aplicabilidade da análise CVR para a gestão dos negócios. De seguida apresenta-se o cálculo do ponto de equilíbrio em quantidade e em valor monetário, assim como os conceitos associados à análise CRV (Margem de Contribuição e Margem de Segurança). Por fim, chama-se a atenção para o papel do cálculo do ponto de equilíbrio perante uma situação de escassez de recursos e as vantagens e aspetos críticos associados à realização de uma análise CVR.

4.2. A Importância da análise CVR para a gestão dos negócios

Como o próprio nome indica, a análise CVR irá debruçar-se sobre os custos, centrando-se na compreensão do seu comportamento, e sobre o volume de vendas e o resultado,[4] propriamente dito, de forma a perceber como determinar o ponto de equilíbrio da empresa, em termos económicos, isto é, o volume e valor de vendas que permite alcançar um resultado nulo. Assim, pressupõe a análise das relações que se estabelecem entre os custos, volumes (ou níveis de atividade) e o lucro ou prejuízo da organização. Como tal, permite avaliar os impactos nos resultados de variações de preços, custos e unidades vendidas, assim como analisar o comportamento dos gastos e dos resultados, no curto prazo, relativamente a variações no nível de atividade.

A importância da análise CVR para a gestão dos negócios recai precisamente no tipo de informação que possibilita aos gestores das organizações, qualquer que seja a sua natureza e ramo de atividade, apoiar o processo de tomada de decisão, e no planeamento de gestão relativo à expansão ou restrição do negócio. Neste sentido, é considerada uma ferramenta fundamental ao proporcionar informações relevantes para suportar decisões rotineiras e estratégicas, do tipo: que produtos fabricar ou vender? Que serviços prestar? Que política de preços aplicar? Que estratégia de mercado adotar? Qual a capacidade considerada crítica? Quais os impactos das decisões nos indicadores financeiros? Que produtos produzir em detrimento de outros, quando existem limitações de recursos (humanos, financeiros ou materiais)? Qual o nível de atividade necessário para atingir objetivos predeterminados de resultados? Qual o nível de atividade a partir do qual a empresa deixa de apresentar prejuízos?, Qual o resultado em diferentes cenários? entre outras questões.

Para Santos (2011), decisões empresariais relacionadas com alteração do *mix* de vendas, tendo em vista o comportamento do mercado; com o planeamento e controlo de vendas e de resultados; com a alteração de políticas de vendas relativas a lançamento de novos produtos; com a definição do *mix* de produtos, do nível de produção e do preço do produto; com a avaliação do desempenho através da análise do lucro marginal de cada unidade vendida; com as unidades de produto que devem ser vendidas para se obter determinado montante de lucro; e com o impacto nos resultados de variações no preço de venda, são objetivos subjacentes à análise

[4] Entendido como a diferença entre as vendas e os custos (fixos e variáveis).

CVR. Desta forma, esta análise facilita a elaboração e o controlo de orçamentos, a redução de custos e a realização de projeções de resultados.

4.3. Pressupostos da análise CVR

Embora a análise CVR seja considerada por vários autores uma análise muito simplista, aplicada no curto prazo, a mesma pressupõe que se cumpram um conjunto de pressupostos para que o modelo não perca fiabilidade e para não se retirarem conclusões erróneas.

Tais pressupostos podem resumir-se ao seguinte (Ferreira *et al.*, 2019, Coelho, 2019; Caiado, 2015, Atkinson *et al.*, 2015; Nabais & Nabais, 2016, Santos, 2011; Hansen *et al.*, 2009):

- Classificação dos gastos em fixos e variáveis;
- Consideração do preço de venda unitário fixo no período em análise;
- Aplicação a um determinado nível de atividade;
- Consideração de que os gastos fixos se mantêm inalteráveis durante o período em análise;
- Pressuposto de que o custo variável unitário é fixo no período em análise, uma vez que as variações nos custos variáveis acompanham diretamente e no mesmo sentido as quantidades produzidas/vendidas;
- Consideração que a produção iguala as vendas e que a variação da produção em vias de fabrico (ou em curso) não existe ou não é considerada revelante;
- Pressuposto de que as vendas correspondem à totalidade dos rendimentos;
- Consideração de que a produção ou regime de fabrico é uniforme (produção de um único tipo de produto).

4.4. O cálculo do Ponto de Equilíbrio ou Crítico (Breakeven Point)

O ponto de equilíbrio ou crítico (*breakeven point*) é uma das aplicações da análise CVR, correspondendo àquele ponto (em unidades físicas ou monetárias) em que a totalidade dos gastos (sejam industriais ou não industriais, fixos ou variáveis, diretos ou indiretos) iguala os rendimentos. Desta forma, será o ponto em que o resultado é nulo (zero), não existindo, como tal, lucro ou prejuízo.

Quando o ponto de equilíbrio ou crítico é expresso em unidades físicas estamos perante a chamada quantidade de equilíbrio (Qe), quando é expresso em unidades monetárias estamos na presença do chamado valor de equilíbrio (Ve), representando, no primeiro caso, o número de unidades a produzir e vender para o resultado ser nulo e, no segundo caso, o valor das vendas para cobrir a totalidade dos gastos e o resultado ser nulo (volume mínimo de negócios). Assim, por um lado, qualquer quantidade ou valor acima do ponto de equilíbrio ou crítico proporcionará lucro para a empresa e, por outro lado, qualquer quantidade ou valor abaixo do ponto de equilíbrio ou crítico significa que a empresa está a ter prejuízo.

Partindo da equação do resultado, e considerando os pressupostos de aplicabilidade subjacentes à análise CVR, podemos determinar a fórmula de cálculo da quantidade de equilíbrio (Qe) da seguinte forma:

Resultado = Rendimentos – Gastos

Resultado = Vendas – Gastos Fixos – Gastos Variáveis

$$R = Qv \times pv - CF - Qvv \times kv$$

$$R = Qv \times (pv - kv) - CF$$

$$R + CF = Qv \times (pv - kv)$$

$$Qv = \frac{R + CF}{pv - kv}$$

Como no ponto de equilíbrio ou crítico o resultado é nulo (zero), então, o ponto de equilíbrio em quantidade pode ser assim calculado:

$$Qe = \frac{CF}{pv - kv}$$

Em que:
R – Resultado
Qe – Quantidade de equilíbrio
Qv – Quantidade vendida
pv – Preço de venda

CF – Custos (Gastos) Fixos Totais
kv – Custo variável unitário
CV – Custos (Gastos) Variáveis Totais

Quanto ao ponto de equilíbrio em unidades monetárias ou valor de equilíbrio (Ve), é obtido através da multiplicação da quantidade de equilíbrio pelo preço de venda unitário, representando o volume de negócios mínimo para a empresa não incorrer em prejuízo. Assim, pode ser calculado da seguinte forma:

$$Ve = Qe \times pv$$

Alternativamente, o mesmo também pode ser calculado do seguinte modo:

$$Ve = \frac{CF}{pv - kv} \times pv$$

Então,

$$Ve = \frac{CF}{1 - \frac{kv}{pv}}$$

O ponto de equilíbrio ou crítico, em quantidade e valor, pode ainda ser expresso graficamente (figura 4.1), para facilitar a interpretação dos resultados obtidos, a tomada de decisões e a consideração de resultados simulados.

Assim, graficamente, o ponto de equilíbrio ou crítico situa-se na interseção entre os rendimentos e os custos totais, ou seja, quando os rendimentos igualam a totalidade dos custos (resultado nulo). Como tal, abaixo desse ponto qualquer quantidade vendida não é suficiente para cobrir a totalidade dos custos (a empresa apresentará prejuízo) e, acima desse ponto, qualquer quantidade vendida origina lucro (a empresa apresentará lucro). Desta forma, um resultado positivo será tanto maior quanto mais afastado se encontrar da referida interseção.

Figura 4.1 – **Análise Gráfica do Ponto de Equilíbrio ou Crítico**

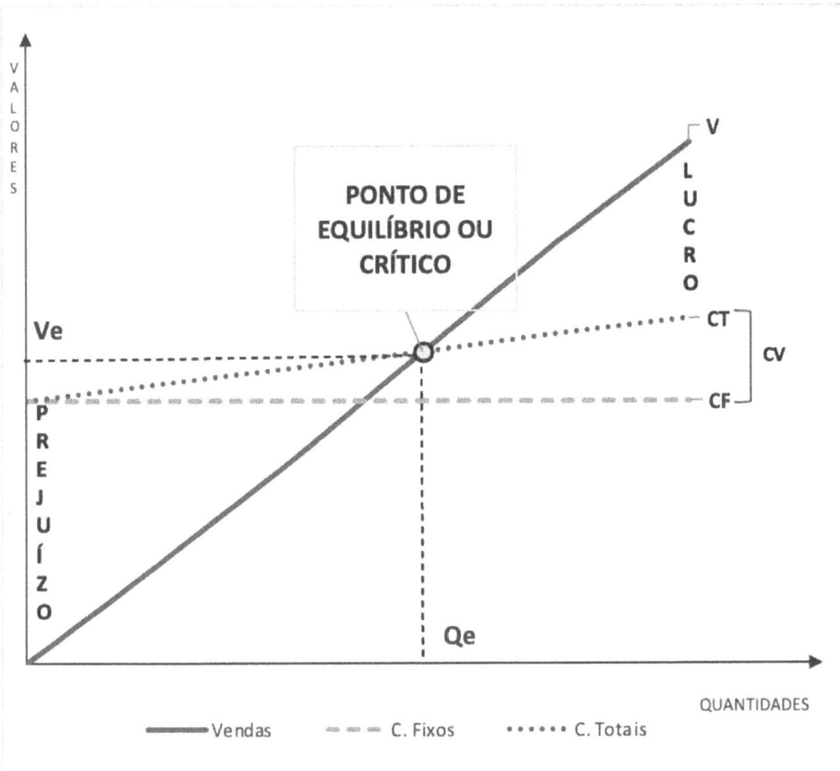

Fonte: Quesado e Ferreira (2021, p. 30), adaptado.

4.5. A Margem de Contribuição, Cobertura ou Absorção e a Margem de Segurança

A Margem de Contribuição, Cobertura ou Absorção e a Margem de Segurança são conceitos associados à análise CRV e, em particular, ao ponto de equilíbrio ou ponto crítico.

A Margem de Contribuição, Cobertura ou Absorção representa, em termos unitários (mc), a diferença entre o preço de venda unitário e os custos variáveis unitários e, em termos globais ou totais (MCT), a diferença entre as vendas e os custos variáveis. Assim, corresponde ao montante de vendas ou à parcela do preço de venda que sobra para cobrir os custos fixos e, consequentemente, para a formação do resultado (lucro, se a Margem de Contribuição Cobertura ou Absorção superar os custos fixos, e prejuízo, se a mesma for inferior aos custos fixos). Desta forma, no ponto de equilíbrio ou crítico esta margem iguala o montante dos custos fixos.

Face ao exposto, o ponto de equilíbrio ou crítico em quantidade poderá ser representado da seguinte forma:

$$Qe = \frac{CF}{mc}$$

Esta margem também pode ser calculada percentualmente (mc%), quer em termos unitários (dividindo a Margem de Contribuição, Cobertura ou Absorção unitária pelo preço de venda unitário) quer em termos globais (dividindo a Margem de Contribuição, Cobertura ou Absorção global ou total pelas vendas):

$$mc\% = \frac{pv - kv}{pv} = 1 - \frac{kv}{pv}$$

Ou, alternativamente, em termos globais:

$$mc\% = \frac{Vendas - CV}{Vendas} = 1 - \frac{CV}{Vendas}$$

Desta forma, o ponto de equilíbrio ou crítico em valor poderá ser representado do seguinte modo:

$$Ve = \frac{CF}{mc\%}$$

Em suma, a Margem de Contribuição, Cobertura ou Absorção possibilita a avaliação do impacto nos resultados de uma alteração no volume das vendas, e a sua contribuição para a formação do lucro será tanto maior quanto maior o montante da margem.

Por sua vez, o conceito de Margem de Segurança é distinto do conceito de Margem de Contribuição, Cobertura ou Absorção, correspondendo ao intervalo ou distância entre o nível de vendas da empresa e o seu ponto de equilíbrio ou crítico. Desta forma, a Margem de Segurança pode ser calculada em quantidade (MSQ), representando o intervalo entre a quantidade de vendas da empresa e o ponto de equilíbrio ou crítico em quantidade; em valor (MSV), representando o intervalo entre o valor das vendas da empresa e o ponto de equilíbrio ou crítico em valor; e em percentagem (ms%), representando a Margem de Segurança em valores relativos para possibilitar a comparação do risco operacional da empresa com outras empresas e perante diferentes níveis de atividade, podendo ser calculada em relação ao ponto de equilíbrio ou crítico, ou em relação às vendas. Assim, podemos expressar a Margem de Segurança através das seguintes fórmulas:

Margem de Segurança em Quantidade:

$$MSQ = Qv - Qe$$

Margem de Segurança em Valor:

$$SV = Vv - Ve$$

Margem de Segurança em Percentagem, em relação ao ponto de equilíbrio ou crítico:

$$ms\% = \frac{Qv - Qe}{Qe} \times 100$$

Ou:

$$ms\% = \frac{Vv - Ve}{Ve} \times 100$$

Margem de Segurança em Percentagem, em relação às vendas:

$$ms\% = \frac{Qv - Qe}{Qv} \times 100$$

Ou:

$$ms\% = \frac{Vv - Ve}{Vv} \times 100$$

O conceito de Margem de Segurança é fundamental para medir o risco económico ou operacional ao representar quanto as vendas podem cair sem que a empresa entre em prejuízo. Assim, se a margem for nula significa que a empresa se situa no ponto de equilíbrio ou crítico, pelo que se a mesma for negativa, a empresa está a operar abaixo do ponto de equilíbrio ou crítico apresentando, como tal, prejuízo, o que supõe necessariamente um aumento das vendas para passar a operar em equilíbrio. Desta forma, quanto maior for a Margem de Segurança menor será o risco enfrentado pela empresa relativamente a alterações na procura, nos preços de venda e na estrutura de custos.

4.6. O Ponto de Equilíbrio ou Crítico perante uma produção múltipla

Quando se está perante um regime de produção múltipla (produção de vários produtos), o cálculo do ponto de equilíbrio ou crítico torna-se, por um lado, mais complexo, visto que se se calculasse o ponto de equilíbrio ou crítico de cada produto isoladamente originar-se-ia uma repartição dos custos fixos pelos diferentes produtos arbitrária, já que se trata de custos de estrutura, que não se identificam, de forma direta, com cada uma das unidades dos diferentes produtos ou lotes de produtos. Além disso, regra geral, o preço de venda e os custos variáveis unitários de cada produto são diferentes, dando origem a margens de contribuição unitárias distintas.

Por outro lado, na presença de mais do que um produto, é imprescindível a determinação do impacto de cada um dos produtos nos resultados da empresa, assim como no ponto de equilíbrio ou crítico. Neste sentido é fundamental determinar qual a combinação de produtos que proporcionará um resultado nulo, uma maior rendibilidade e um menor risco operacional, através da perceção do contributo de cada um dos produtos para a cobertura dos custos fixos e, consequentemente, para a formação do resultado.

Podemos encontrar na literatura diferentes métodos para o cálculo do ponto de equilíbrio ou crítico nesta situação, sendo os mais utilizados o método do valor das vendas, o método das margens mais elevadas e o método do *mix* das vendas (taxa das unidades vendidas).

O método do valor das vendas pressupõe, admitindo que existe proporcionalidade constante das vendas no período em análise, a determinação do peso de cada produto nas vendas totais. Assim, o ponto de equilíbrio ou crítico é calculado através da percentagem das vendas de cada produto. Por sua vez, o método das margens mais elevadas pressupõe a produção e venda dos produtos com maior Margem de Contribuição Cobertura ou Absorção unitária, de forma a se alcançar mais rapidamente o ponto de equilíbrio ou crítico, já que são os produtos que apresentam um maior excedente sobre as vendas para a cobertura dos custos fixos. Quanto ao método do *mix* das vendas pressupõe-se a determinação do peso relativo das quantidades vendidas de cada produto, no total das quantidades vendidas, para se calcular o ponto de equilíbrio ou crítico, como se existisse apenas um produto, o que implicará a determinação de um preço de venda e de um custo variável unitário médio (Ferreira *et al.*, 2019; Nabais & Nabais, 2016; Caiado, 2015). Assim, o ponto de equilíbrio ou crítico não se refere aos produtos individualmente, mas sim à combinação das unidades vendidas dos vários produtos (*mix*).

4.7. O Ponto de Equilíbrio ou Crítico perante escassez de recursos

Hoje em dia é frequente as empresas depararem-se com limitações em termos de recursos, sejam eles materiais, humanos ou financeiros, obrigando a optar pela produção e venda de uns produtos em detrimento de outros. Para o efeito, o cálculo do ponto de equilíbrio ou crítico deverá ter em consideração o recurso considerado escasso ou restrito (horas, quantidades de matérias (kg, litros, metros, etc.), espaço, entre outros).

Perante esta situação, a literatura sugere, na existência de limitações físicas (ao nível da capacidade de produção e armazenamento) ou limitações impostas de ordem política, o cálculo da Margem de Contribuição, Cobertura ou Absorção por unidade em restrição (já que não se pode satisfazer totalmente a procura), maximizando, desta forma, o resultado obtido. Assim, já não se trata de optar pelo produto que apresenta maior Margem de Contribuição, Cobertura ou Absorção, mas sim por aquele que apresenta maior Margem de Contribuição, Cobertura ou Absorção em relação ao recurso considerado escasso.

4.8. Vantagens e limitações da análise CVR

Ao longo do capítulo foi possível identificar um conjunto de vantagens resultantes da aplicação da análise CVR que podem resumir-se ao seguinte (Ferreira *et al.*, 2019; Coelho, 2019; Caiado, 2015; Atkinson *et al.*, 2015; Horngren *et al.*, 2015; Nabais & Nabais, 2016; Santos, 2011; Hansen *et al.*, 2009):

- Permite averiguar a estrutura dos custos, separados em fixos e variáveis, os rendimentos, bem como a relação entre eles;
- Permite identificar um nível de produção e de vendas mínimo necessário para assegurar a rendibilidade da empresa;
- Permite analisar os fatores que influenciam a determinação do ponto de equilíbrio ou crítico (análise de sensibilidade);
- Determina o espaço de variação do nível de atividade;
- Permite analisar o risco empresarial numa perspetiva de curto prazo;
- Auxilia no processo de planeamento, especialmente quando o nível de atividade da empresa se expande ou retrai;
- Permite analisar o comportamento e influência de alguns parâmetros económicos relevantes sobre a rendibilidade da empresa;
- O gráfico do ponto de equilíbrio ressalva as relações da análise CVR em grandes intervalos de atividade, sendo capaz de apresentar aos gestores uma perspetiva da empresa que não pode ser obtida de nenhuma outra maneira;
- Analisa a viabilidade económica de novos investimentos em capital fixo;
- Auxilia na tomada de decisão sobre os produtos e segmentos de mercado que devem merecer maior esforço de venda, através do conceito de Margem de Contribuição, Cobertura ou Absorção;
- Permite avaliar o risco económico ou operacional, através do conceito de Margem de Segurança, sendo maiores as possibilidades de negociação de preços, se esta margem apresentar valores elevados;
- Aplica-se a organizações públicas e privadas dos mais variados setores.

Não obstante as vantagens enumeradas, na literatura são apontadas um conjunto de limitações inerentes à análise CVR ou aspetos que podem dificultar o seu cálculo, em muito resultantes dos próprios pressupostos de aplicabilidade da análise, nomeadamente (Ferreira *et al.*, 2019; Coelho, 2019; Caiado, 2015; Atkinson *et al.*, 2015; Horngren *et al.*, 2015; Nabais & Nabais, 2016; Santos, 2011; Hansen *et al.*, 2009):

- O preço de venda unitário poderá não ser fixo no período em análise;
- Os gastos fixos podem variar durante o período em análise, se se verificarem alterações na capacidade instalada da empresa;
- O custo variável unitário pode não ser fixo no período em análise, uma vez que as variações nos custos variáveis podem não acompanhar diretamente, e no mesmo sentido, as quantidades produzidas/vendidas;
- Dificuldade na separação da parte fixa da parte variável quando estamos na presença de gastos semifixos;
- A produção e as vendas regra geral são diferentes, o que implica a constituição de *stocks* (inventários);
- A variação da produção em curso ou vias de fabrico poderá ser revelante;
- A análise é válida apenas para decisões num horizonte temporal de curto prazo;
- Não incorporação do risco e da incerteza na tomada de decisão;
- Dificuldades no cálculo em empresas que comercializam vários produtos (produção múltipla) já que o ponto de equilíbrio ou crítico em quantidade ou quantidade de equilíbrio é por definição utilizado no regime de produção uniforme e não se pode garantir que a evolução das quantidades e das margens é idêntica para todos os produtos.

SUMÁRIO

A análise CVR é uma ferramenta de Contabilidade de Gestão fundamental para efeitos de planeamento, controlo e tomada de decisão por parte da Gestão. Como o próprio nome indica, esta análise centra-se nos custos, no volume de vendas e no resultado propriamente dito para determinar se a empresa está a seguir na direção correta e apresenta equilíbrio em termos financeiros e económicos.

Os principais conceitos que compõem a análise CVR são: Ponto de Equilíbrio ou Crítico, Margem de Contribuição, Cobertura ou Absorção e Margem de Segurança. Estes conceitos permitem identificar aquele ponto onde todos os custos (fixos e variáveis) da empresa são cobertos pelo seu volume de negócios (resultado nulo), a contribuição de cada produto para a formação do resultado (lucro ou prejuízo) e o quanto as vendas, em unidades ou valor, podem cair sem que a empresa passe a operar com prejuízo.

Apesar das inúmeras vantagens da análise CVR ao nível do fornecimento de respostas que apoiem as decisões quotidianas dos gestores e na obtenção de vantagens competitivas em relação à concorrência, a mesma pode apresentar algumas dificuldades sobretudo relacionadas com os pressupostos da sua aplicabilidade (que a tornam uma ferramenta bastante simplista), no cálculo da situação de equilíbrio perante uma produção caracterizada como múltipla e em situações de escassez de recursos, o que exige a utilização de diferentes métodos de cálculo do ponto de equilíbrio ou crítico.

TERMOS E CONCEITOS-CHAVE

Breakeven point
Custo-Volume-Resultados (CVR)
Margem de Contribuição
Margem de Segurança
Ponto de Equilíbrio
Ponto Crítico

QUESTÕES TEÓRICAS

1. Explique a importância da análise CVR no processo de tomada de decisões por parte das organizações.
2. Compare os conceitos Margem de Contribuição e Margem de Segurança.
3. Apresente as principais vantagens e limitações da análise CVR.
4. Classifique como verdadeira (V) ou falsa (F) cada uma das seguintes afirmações:
   a. A análise CVR caracteriza-se por ser uma análise aplicada essencialmente a longo prazo.
   b. Se a empresa tiver uma quebra de vendas igual ao valor da sua Margem de Segurança significa que a Margem de Contribuição é zero.
5. Analise os diferentes métodos para o cálculo do ponto de equilíbrio ou crítico quando a produção é múltipla e quando existe escassez de recursos.

EXERCÍCIOS RESOLVIDOS

Exercício 4.1 – Ponto de Equilíbrio ou Crítico, Margem de Contribuição, Cobertura ou Absorção e Margem de Segurança

Uma determinada empresa produz 20 000 unidades de um único produto que vende ao mercado ao preço de 80,00 €. A estrutura de custos da referida empresa é composta por custos fixos de produção ou industriais no valor de 320 000,00 € e por custos fixos não industriais no valor de 190 000,00 €, assim como por custos variáveis industriais e não industriais cujos valores unitários ascendem a 15,00 € e 5,00 €, respetivamente.

Pedidos:

Sabendo que não existem inventários iniciais ou finais de qualquer natureza, determine:

A. O resultado pela equação CVR.
B. O Ponto de Equilíbrio ou Crítico em Quantidade e em Valor.
C. A Margem de Contribuição, Cobertura ou Absorção unitária, total e em percentagem.
D. A Margem de Segurança em Quantidade, Valor e em Percentagem (em relação ao ponto de equilíbrio ou crítico e em relação às vendas).

Resolução questão A:

Utilizamos a equação CVR para determinar o resultado da empresa. O cálculo é efetuado do seguinte modo:

$pv * Qv - CF - kv * Qv = R \Leftrightarrow$

$\Leftrightarrow$ 80,00 €*20 000-(320 000,00 €+190 000,00 €)-20,00 €*20 000=R

$\Leftrightarrow$ 1 600 000,00 €-510 000,00 €-400 000,00 €=R

$\Leftrightarrow R = 690\ 000{,}00$ €

Em face destes elementos, a empresa obterá um resultado positivo (lucro) no valor de 690 000,00 €.

Resolução questão B:

Sendo a quantidade no ponto de equilíbrio aquela que permitirá à empresa um resultado nulo, então, através da utilização da equação CVR, temos que:

$$Qe = \frac{CF}{pv - kv} \Leftrightarrow Qe = \frac{510\,000}{80{,}00 - 20{,}00} \Leftrightarrow Qe = 8\,500 \text{ UF}$$

Assim, para a empresa não ter lucro nem prejuízo terá que produzir e vender 8 500 unidades.

Por sua vez, o cálculo do valor no ponto de equilíbrio poderá ser calculado da seguinte forma:

$$Ve = Qe \times pv \Leftrightarrow Ve = 8\,500 \times 80{,}00 \Leftrightarrow Ve = 680\,000{,}00 \text{ €}$$

Alternativamente, o mesmo também pode ser calculado do seguinte modo:

$$Ve = \frac{CF}{pv - kv} \times pv \Leftrightarrow Ve = \frac{510\,000}{80 - 20} \times 80{,}00 \Leftrightarrow Ve = 680\,000 \text{ €}$$

Resolução questão C:

Margem de Contribuição, de Cobertura ou Absorção unitária

$$mc = pv - kv \Leftrightarrow mc = 80{,}00 \text{ €} - 20{,}00 \text{ €} - mc = 60{,}00 \text{ €}$$

Cada unidade contribui com 60,00 € para cobrir os custos fixos e formar resultado.

Margem de Contribuição, de Cobertura ou Absorção total

$$MC = Vendas - CV \Leftrightarrow MC = 1\ 600\ 000{,}00 - 400\ 000{,}00 \Leftrightarrow MC = 1\ 200\ 000{,}00\ €$$

A totalidade das unidades produzidas e vendidas contribuem com 1 200 000,00 € para cobrir os custos fixos e formar o resultado.

Margem de Contribuição, de Cobertura ou Absorção unitária, em percentagem

$$mc\ \% = \frac{pv-kv}{pv} \Leftrightarrow MC1 = \frac{80{,}00-20{,}00}{80{,}00} \Leftrightarrow mc\ \% = 0{,}75 \Leftrightarrow mc\% = 75\%$$

Margem de Contribuição, de Cobertura ou Absorção total, em percentagem

$$MC\ \% = \frac{Vendas-CV}{Vendas} \Leftrightarrow MC\ \% = \frac{1\ 600\ 000-400\ 000}{1\ 600\ 000} \Leftrightarrow MC\ \% = \frac{1}{1}$$

$$MC\ \% = 0{,}75 \Leftrightarrow MC\ \% = 75\%$$

Assim, cada unidade vendida contribui em 75% para cobrir os custos fixos e formar resultado.

Resolução questão D:

Margem de Segurança, em quantidade

$$MSQ = Qv - Qe \Leftrightarrow MSQ = 20\ 000 - 8\ 500 \Leftrightarrow MSQ = 11\ 500 \text{ unidades}$$

Assim, se a empresa sofrer uma quebra de vendas em 11 500 unidades, a empresa encontra-se no ponto de equilíbrio ou crítico, apresentando um resultado nulo.

Margem de Segurança, em valor

$$MSV = Vv - Ve \Leftrightarrow MSV = 1\,600\,000{,}00\text{ €} - 680\,000{,}00\text{ €} \Leftrightarrow MSV = 920\,000{,}00\text{ €}$$

Como tal, se a empresa sofrer uma quebra de vendas no valor de 920 000,00 €, a empresa encontra-se no ponto de equilíbrio ou crítico, apresentando um resultado nulo.

Margem de Segurança, em percentagem, das quantidades do ponto de equilíbrio

$$ms\,\% = \frac{Qv-Qe}{Qe} * 100 \Leftrightarrow ms\,\% = \frac{20\,000-8\,500}{8\,500} * 100 \Leftrightarrow ms\,\% = 135{,}29\%$$

Margem de Segurança, em percentagem, das vendas do ponto de equilíbrio

$$ms\,\% = \frac{V-Ve}{Ve} * 100 \Leftrightarrow \text{ms}\,\% = \frac{1\,600\,000-680\,000}{680\,000} * 100 \Leftrightarrow ms\,\% = 135{,}29\%$$

Assim, quando as vendas forem de 20 000 unidades e o volume de vendas de 1 600 000,00 €, a empresa terá um nível de atividade superior em 135,29% relativamente ao ponto de equilíbrio ou crítico.

Margem de Segurança, em percentagem, em relação às unidades vendas

$$ms\,\% = \frac{Qv-Qe}{Qv} * 100 \Leftrightarrow ms\,\% = \frac{20\,000-8\,500}{20\,000} * 100 \Leftrightarrow ms\,\% = 57{,}5\%$$

Margem de Segurança, em percentagem, em relação ao valor das vendas

$$ms\,\% = \frac{Vv - Ve}{Vv} * 100 \Leftrightarrow ms\,\% = \frac{1\,600\,000 - 680\,000}{1\,600\,000} * 100 \Leftrightarrow ms\,\% = 57{,}5\%$$

Como tal, o volume de vendas da empresa pode ser reduzido em 57,5% sem que a empresa apresente prejuízo.

Exercício 4.2 – Ponto de Equilíbrio ou Crítico para múltiplos produtos e escassez de recursos

Uma determinada empresa industrial dedica-se à produção e comercialização dos produtos A, B e C. Os custos fixos da empresa ascendem a 440 000,00 €. Os preços de venda, os custos variáveis unitários e as quantidades a vender, de cada produto, são os seguintes:

Produtos	pv	kv	Quantidades
A	3,00	1,00	100 000
B	5,00	2,00	50 000
C	5,00	1,00	50 000

Pedidos:

Face ao exposto, determine:

A. O Ponto de Equilíbrio ou Crítico através do método do valor das vendas.
B. O Ponto de Equilíbrio ou Crítico através do método das margens mais elevadas.
C. O Ponto de Equilíbrio ou Crítico através do método do *mix* de vendas (taxa das unidades vendidas).
D. As quantidades a produzir de cada um dos produtos e o resultado máximo da empresa, assumindo que as quantidades vendidas representam a procura máxima dos produtos e que cada unidade dos produtos A, B e C consome 1 kg, 3 kg e 5 kg, respetivamente, de uma matéria-prima escassa no mercado (havendo uma limitação de 400 000 kg).

Resolução questão A:

De acordo com o método do valor das vendas devemos calcular o peso das vendas de cada produto nas vendas totais.

Produtos	Quantidades	pv	Vendas	%
A	100 000	3,00	300 000	37,50
B	50 000	5,00	250 000	31,25
C	50 000	5,00	250 000	31,25
Total	**200 000**	---	**800 000**	**100,00**

Atendendo a que estarmos na presença de vários produtos será necessário obter o cálculo dos custos variáveis e da Margem de Contribuição, Cobertura ou Absorção total.

Produtos	pv	kv	mc	MCT
A	3,00	1,00	2,00	200 000
B	5,00	2,00	3,00	150 000
C	5,00	1,00	4,00	200 000
Total	---	---	---	**550 000**

Assim, já estamos em condições de calcular a Margem de Contribuição, Cobertura ou Absorção em termos percentuais através da seguinte fórmula:

$$MC\ \% = \frac{Vendas - CV}{Vendas} \Leftrightarrow MC\ \% = \frac{MC}{Vendas} \Leftrightarrow MC\ \% = \frac{550\ 000{,}00\ €}{800\ 000{,}00\ €} \Leftrightarrow MC\% = 68{,}75\ \%$$

Com base nestes elementos podemos calcular o Ponto de Equilíbrio ou Crítico em valor da seguinte forma:

$$Ve = \frac{CF}{MC\ \%} \Leftrightarrow Ve = \frac{440\ 000{,}00\ €}{68{,}75\%} \Leftrightarrow Ve = 640\ 000{,}00\ €$$

Como tal, considerando o peso de cada produto na totalidade das vendas, podemos determinar o Ponto de Equilíbrio ou Crítico das vendas de cada produto:

Produtos	**%**	**Ve (€)**
A	37,50	240 000
B	31,25	200 000
C	31,25	200 000
Total	**100,00**	**640 000**

Podemos ainda calcular o Ponto de Equilíbrio ou Crítico em quantidade através da divisão do Ponto de Equilíbrio ou Crítico em valor pelo preço de venda de cada produto.

$$Ve = Qe \times pv \Leftrightarrow Qe = pv$$

Produtos	**Qe (unidades)**
A	80 000
B	40 000
C	40 000
Total	**160 000**

Em suma, de acordo com este método, para a empresa não apresentar lucro nem prejuízo deverá produzir e vender em quantidade 160 000 unidades (80 000 unidades de A, 40 00 unidades de B, e 40 000 unidades de C) e em valor 640 000,00 € (240 000,00 € de A, 200 000,00 € de B, e 200 000,00 € de C).

Resolução questão B:

Segundo o método das margens mais elevadas, o primeiro produto a produzir e vender é aquele que mais contribui para a cobertura dos custos fixos e, consequentemente, para a formação do resultado. Assim, determinamos a forma mais rápida de atingir o Ponto de Equilíbrio ou Crítico através da Margem de Contribuição, Cobertura ou Absorção unitária de cada produto.

Produtos	**pv**	**kv**	**mc**	**Ordenação**	**MCT (€)**
A	3,00	1,00	2,00	3.º	200 000
B	5,00	2,00	3,00	2.ª	150 000
C	5,00	1,00	4,00	1.º	200 000
Total	---	---	---		**550 000**

O produto que apresenta maior Margem de Contribuição, Cobertura ou Absorção unitária (4,00 €) é o produto C, devendo ser o primeiro produto a ser vendido. Este produto proporciona uma Margem de Contribuição, Cobertura ou Absorção Total de 200 000,00 €, como tal, ficam por cobrir custos fixos no valor de 240 000,00 € (440 000,00 € – 200 000,00 €). O segundo produto a ser vendido é o B, com a segunda maior Margem de Contribuição, Cobertura ou Absorção unitária (3,00 €). Este produto proporciona uma Margem de Contribuição Total de 150 000,00 €, como tal, ficam por cobrir custos fixos no valor de 90 000,00 € (240 000,00 € – 150 000,00 €). Para cobrir os restantes custos fixos não será necessário vender a totalidade do produto A, uma vez que a sua Margem de Contribuição, Cobertura ou Absorção Total excede os custos fixos a cobrir. Assim, é necessário vender apenas 45 000 unidades do produto A (90 000,00 €/2,00 €) para se alcançar o ponto de equilíbrio ou crítico.

Em suma, de acordo com este método, para a empresa obter um resultado nulo deverá apresentar as seguintes quantidades e valores de equilíbrio:

Produtos	Qe (unidades)	Ve (€)
A	45 000	135 000
B	50 000	250 000
C	50 000	250 000
Total	**145 000**	**635 000**

Resolução questão C:

Relativamente ao método do *mix* de vendas (taxa das unidades vendidas) devemos determinar o preço de venda médio e o custo variável unitário médio, ponderados com o peso relativo que cada produto detém nas vendas totais (em quantidade) da empresa, ou calcular a proporcionalidade entre as unidades vendidas.

Produtos	Quantidades	%	pv	kv	pv ponderado	kv ponderado
A	100 000	50%	3,00	1,00	1,50	0,50
B	50 000	25%	5,00	2,00	1,25	0,50
C	50 000	25%	5,00	1,00	1,25	0,25
Total	**200 000**	**100%**	---	---	**4,00**	**1,25**

Através deste método e após o cálculo dos valores médios já podemos calcular o ponto de equilíbrio ou crítico em quantidade, do seguinte modo:

$$Qe = \frac{CF}{pv-kv} \Leftrightarrow Qe = \frac{440\ 000{,}00\ €}{4{,}00\ € - 1{,}25\ €} \Leftrightarrow Qe = 160\ 000 \text{ unidades}$$

Considerando o peso relativo que cada produto detém nas vendas totais (em quantidade), para a empresa apresentar um resultado nulo deverá apresentar as seguintes quantidades e valores de equilíbrio:

Produtos	**%**	**Qe (unidades)**	**Ve (€)**
A	50%	80 000	240 000
B	25%	40 000	200 000
C	25%	40 000	200 000
Total	**100%**	**160 000**	**640 000**

Resolução questão D:

Atendendo a que existe um fator restrito (escassez de recursos), neste caso, a matéria-prima, o método a adotar é começar por vender aqueles produtos que apresentam maior Margem de Contribuição, Cobertura ou Absorção unitária atendendo à restrição (kg), de forma a maximizar a restrição e, consequentemente, o resultado.

Produto	**Quant.**	**Cons. unitários (kg)**	**Consumos totais (kg)**	**pv**	**kv**	**mc**	**mc/ kg**	**Ordenação**
A	100 000	1,00	100 000	3,00	1,00	2,00	2,00	1.º
B	50 000	3,00	150 000	5,00	2,00	3,00	1,00	2.º
C	50 000	5,00	250 000	5,00	1,00	4,00	0,80	3.º
Total	**200 000**	---	**500 000**	---	---	---	---	---

Perante esta situação o produto que apresenta maior Margem de Contribuição, Cobertura ou Absorção por kg é agora o produto A. Como a restrição efetiva são

400 000 kg e o produto A necessita de 100 000 kg, significa que podemos produzir a totalidade das unidades de A (100 000 unidades), restando ainda 250 000 kg.

O segundo produto com maior Margem de Contribuição, Cobertura ou Absorção por kg é o produto B. Este produto necessita de 150 000 kg para ser produzido pelo que, à semelhança do anterior, poderá ser produzido na totalidade (50 000 unidades), restando ainda 100 000 kg. Não obstante, o próximo produto (produto C) excede os kg disponíveis pelo que apenas poderemos produzir 30 000 unidades do mesmo (150 000 kg/5 kg).

Assim, nestas circunstâncias, o resultado máximo que a empresa poderá obter é o seguinte:

$$R = Qv \times pv - CF - Qv \times kv \Leftrightarrow R = Qv \times mc - CF \Leftrightarrow$$
$$\Leftrightarrow R = (100\,000 \times 2{,}00\,€ + 50\,000 \times 3{,}00\,€ + 30\,000 \times 4{,}00\,€)$$
$$- 440\,000{,}00\,€ \Leftrightarrow \mathrm{R} = 30\,000{,}00\,€$$

Qualquer outra combinação proporcionará à empresa um resultado inferior a este.

EXERCÍCIOS E PROBLEMAS POR RESOLVER

Exercício 4.3 – Ponto de Equilíbrio ou Crítico, Margem de Contribuição, Cobertura ou Absorção e Margem de Segurança

Uma determinada empresa produz um único produto, apresentando a seguinte estrutura de custos:

Consumo de matérias-primas	200 000 €
Custos de transformação (ou conversão) fixos	80 000 €
Custos de transformação (ou conversão) variáveis	3,00 € / unidade
Custos de distribuição (ou comerciais) variáveis	1,00 € / unidade
Custos administrativos fixos	15 000 €
Custos de financiamento fixos	5 000 €

A Margem de Contribuição, Cobertura ou Absorção da empresa situou-se nos 40% e a produção da empresa são 10 000 unidades.

Pedidos:

Sabendo que não existem inventários iniciais ou finais de qualquer natureza, determine:

A. O resultado pela equação CVR.
B. O Ponto de Equilíbrio ou Crítico em Quantidade e em Valor.
C. A Margem de Contribuição, Cobertura ou Absorção unitária e total.
D. A Margem de Segurança em Quantidade, Valor e em Percentagem (em relação ao ponto de equilíbrio ou crítico e em relação às vendas).

Exercício 4.4 – Ponto de Equilíbrio ou Crítico para múltiplos produtos e escassez de recursos

Uma determinada empresa industrial dedica-se à produção e comercialização dos produtos A, B e C. Os custos fixos da empresa ascendem a 880 000,00 €. Os preços de venda, os custos variáveis unitários e as quantidades a vender, de cada produto, são os seguintes:

Produtos	pv	kv	Quantidades
A	6,00	2,00	200 000
B	10,00	4,00	100 000
C	10,00	2,00	100 000

Pedidos:

Face ao exposto, determine:

A. O Ponto de Equilíbrio ou Crítico através do método do valor das vendas.
B. O Ponto de Equilíbrio ou Crítico através do método das margens mais elevadas.
C. O Ponto de Equilíbrio ou Crítico através do método do *mix* de vendas (taxa das unidades vendidas).

D. As quantidades a produzir de cada um dos produtos e o resultado máximo da empresa, assumindo que as quantidades vendidas representam a procura máxima dos produtos e que cada unidade dos produtos A, B e C consome 2 kg, 6 kg e 10 kg, respetivamente, de uma matéria-prima escassa no mercado (havendo uma limitação de 800 000 kg).

BIBLIOGRAFIA DO CAPÍTULO

Atkinson, A., Kaplan, R., Matsumura, E., & Young, S. (2015). *Contabilidade Gerencial: Informação para Tomada de Decisão e Execução da Estratégia.* Editora Atlas.

Bornia, A. (2002). *Análise Gerencial de Custos: Aplicação em Empresas Modernas.* Bookman.

Caiado, A. (2015). *Contabilidade Analítica e de Gestão.* Áreas Editora.

Coelho, M. (2019). *Contabilidade Analítica: Cálculo e Análise de Custos para a Gestão.* Vida Económica.

Cogan, S. (2013). *Custos e Formação de Preços: Análise e Prática.* Editora Atlas.

Cokins, G., Juras, P., David, S., & Blocher, E. (2016). *Cost Management: A Strategic Emphasis.* McGrawHill.

Drury, C. (2021). *Management and Cost Accounting* (11th ed.). Cengage Learning.

Ferreira, D., Caldeira, C., Asseiceiro, J., Vieira, J., & Vicente, C. (2019). *Contabilidade de Gestão, Estratégia de Custos e de Resultados* (2.ª ed.). Rei dos Livros.

Ferreira, D., Caldeira, C., Asseiceiro, J., Vieira, J., & Vicente, C. (2016). *Contabilidade de Gestão, Estratégia de Custos e de Resultados – Casos Práticos – Volume II.* Rei dos Livros.

Franco, V., Oliveira, Á., Morais, A., Oliveira, B., Lourenço, I., Major, M.J., Jesus, M., & Serrasqueiro, R. (2010). *Temas de Contabilidade e Gestão: Os Custos, os Resultados e a Informação para a Gestão.* Livros Horizonte.

Garrison, R., & Noreen, E. (2001). *Contabilidade Gerencial.* LTC Editora.

Hansen, D., Mowen, M., & Guan, L. (2009). *Cost Management: Accounting & Control.* Cengage Learning.

Horngren, C., Rajan, M., Bhimani, A., & Datar, S. (2015). *Management and Cost Accounting.* Pearson Education Limited.

Kaplan, R., & Atkinson, A. (1998). *Advanced Management Accounting.* Prentice-Hall.

Nabais, C., & Nabais, F. (2016). *Prática de Contabilidade Analítica e de Gestão.* Lidel, Edições Técnicas.

Quesado, P., & Ferreira, P. (2021, setembro). *A Análise Custo-Volume-Resultados.* Manual de Formação Segmentada, Ordem dos Contabilistas Certificados (OCC).

Santos, J. (2011). *Contabilidade e Análise de Custos.* Editora At

CAPÍTULO 5
—
ANÁLISE DIFERENCIAL E TOMADA DE DECISÕES

OBJETIVOS DE APRENDIZAGEM

1. **Compreender e descrever o modelo de decisão de gestão;**
2. **Distinguir entre custos/rendimentos relevantes e custos/rendimentos irrelevantes;**
3. **Descrever o conceito de custo irrecuperável (*Sunk Cost*) e de custo de oportunidade;**
4. **Explicar a importância dos fatores qualitativos.**

5.1. Introdução

Toda a decisão envolve a escolha entre pelo menos duas alternativas. Ao tomar uma decisão, os custos e benefícios de uma alternativa devem ser comparados aos custos e benefícios de outras alternativas. A técnica que permite fazer tais comparações é a análise diferencial, com foco nos custos e benefícios que diferem entre as alternativas. Os custos que diferem entre as alternativas são chamados de custos relevantes. Os benefícios que diferem entre as alternativas são chamados de rendimentos relevantes. A distinção entre custos e rendimentos relevantes e irrelevantes é fundamental por dois motivos (Garrison *et al.*, 2021). Em primeiro lugar, porque dados irrelevantes podem ser ignorados, economizando muito tempo e esforço na recolha de informação. Em segundo lugar, as más decisões podem facilmente resultar da inclusão errônea de custos e rendimentos irrelevantes ao analisar alternativas. Desta forma, para terem sucesso na tomada de decisão, os gestores devem ser capazes de distinguir entre dados relevantes e irrelevantes e devem ser capazes de usar corretamente os dados relevantes na análise de alternativas.

Este capítulo começa por explorar a informação que é indispensável no processo de decisão entre duas alternativas mutuamente exclusivas, identificando um modelo para este processo. Nas secções seguintes é apresentado o significado de relevância, a dicotomia entre a relevância e os custos de oportunidade e, por último, a importância dos fatores qualitativos no processo de tomada de decisão.

5.2. A informação e o processo de decisão

A disponibilização de informação adequada ao processo de tomada de decisão é uma das funções mais importantes da Contabilidade de Gestão. Nielsen *et al.* (2015) mostraram que as técnicas e as informações da Contabilidade de Gestão desempenham um papel importante quando as organizações se confrontam com situações de decisão complexas e estratégicas. Tomar decisões envolve escolher entre várias alternativas, o que requer que apenas sejam considerados os custos e rendimentos que são relevantes para essas alternativas, em particular (Drury, 2019). Se a informação sobre custos e rendimentos irrelevantes for igualmente considerada, podem vir a ser tomadas decisões erradas. Desta forma, torna-se essencial identificar os custos e rendimentos relevantes para as alternativas consideradas (Garrison *et al.*, 2021), sendo importante que o gestor não se foque demasiado no curto prazo, atendendo a que o objetivo passa por maximizar os benefícios a longo prazo e poderá haver possibilidade de reduzir ou aumentar a capacidade com implicações nos custos fixos (Drury, 2019).

FIGURA 5.1 – **Modelo de Decisão**

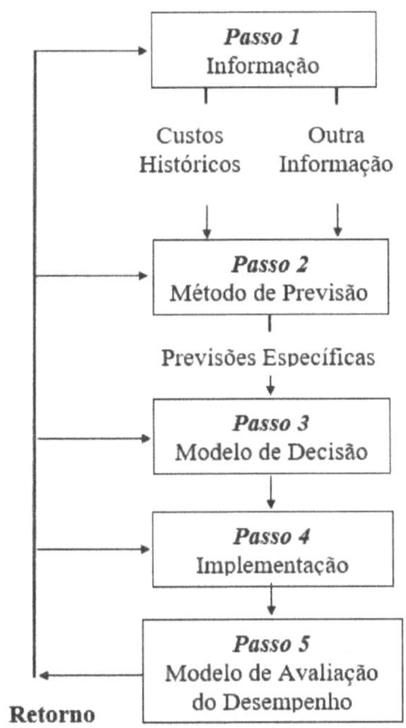

Os gestores têm um modelo (muitas vezes designado de Modelo de Decisão) para decidir entre alternativas de ação. Um Modelo de Decisão é um método formal de efetuar uma escolha envolvendo frequentemente análises qualitativas e quantitativas. Esse modelo, explanado no esquema da Figura 5.1, passa normalmente por cinco fases: recolha de informação para cada uma das alternativas possíveis; aplicação dos métodos de previsão no processo de estimativa de custos e rendimentos futuros; processo de decisão que envolve um modelo de decisão por parte do gestor que envolva critérios diversificados e próprios que envolvem aspetos quantitativos (por exemplo, análise da rendibilidade *versus* risco), mas também qualitativos; implementação da decisão com a operacionalização da alternativa escolhida; e, por último, a definição do modelo de avaliação de desempenho que permita ir acompanhando os resultados, obtendo o retorno de informação que permitirá aos gestores efetuarem novas previsões e tomarem medidas corretivas.

As consequências das alternativas equacionadas podem ser divididas em duas categorias: quantitativas e qualitativas (Drury, 2019).

Os fatores quantitativos são os resultados que se podem medir em termos numéricos. Alguns fatores quantitativos são de natureza financeira – isto é, podem exprimir-se facilmente em termos financeiros. São exemplos os custos dos materiais diretos, da mão de obra direta e de marketing. Outros fatores quantitativos são não financeiros – podem ser medidos numericamente, mas não podem exprimir-se em termos financeiros – a redução do tempo de desenvolvimento do produto, a percentagem de voos que chegam na hora prevista, etc. são exemplos destes fatores.

Os fatores qualitativos são resultados que não podem ser medidos em termos numéricos – é o caso, por exemplo, da moral dos trabalhadores. Existem ainda outros fatores de medição difícil ou até impossível, Luft e Shields (2010) referem a importância das recompensas intrínsecas que podem influenciar a tomada de decisão individual, desde o momento da recolha da informação para o apoio à tomada de decisão, como o sentido de justiça, honestidade, reciprocidade, identidade social ou influência efetiva.

A análise de custos enfatiza os **fatores quantitativos** que se podem exprimir em termos financeiros. Mas exatamente porque os **fatores qualitativos** e **quantitativos não financeiros** não podem ser medidos em termos financeiros isso não quer dizer que não sejam importantes. Os gestores procuram reconhecer e responder a este problema de dois modos:

- Uma forma consiste em avaliar os fatores não financeiros e os fatores qualitativos de forma separada e depois de se ter efetuado a análise financeira. De facto, os gestores podem, por vezes, dar maior peso aos fatores qualitativos do que a um fator quantitativo. A dificuldade com esta abordagem consiste em determinar com precisão como balancear as considerações financeiras e as não financeiras.

- Uma segunda abordagem, que está a ser muito utilizada, consiste em tentar quantificar os fatores que tradicionalmente eram considerados como não financeiros ou qualitativos. Um exemplo é a tentativa da *Hewlett-Packard* de medir os benefícios financeiros de um tempo mais rápido de desenvolvimento do produto. A dificuldade aqui consiste em obter uma correta medida financeira.

5.3. O SIGNIFICADO DE RELEVÂNCIA

O esquema anterior (Figura 5.1) mostra também que cada decisão envolve o futuro. Uma decisão (passo 3) envolve sempre uma previsão (passo 2). A função da tomada de decisão é a de escolher cursos de ação para o futuro. Nada pode ser feito para alterar o passado!

Assim, podemos dizer que **custos relevantes** são os custos futuros esperados que diferem conforme os cursos de ação alternativos, sendo que os **rendimentos relevantes** são os rendimentos futuros esperados que diferem conforme os cursos de ação alternativos. Ou seja, os custos e os rendimentos relevantes necessários para a tomada de decisão são apenas aqueles que serão afetados pela decisão.

Custos e rendimentos independentes de uma decisão não são relevantes e não precisam ser considerados no processo de decisão. Os *inputs* financeiros relevantes para a tomada de decisão são, portanto, os fluxos de caixa futuros, que irão diferir entre as várias alternativas consideradas. Por outras palavras, apenas fluxos de caixa diferenciais (ou incrementais) devem ser levados em consideração, e fluxos de caixa que serão iguais para todas as alternativas são irrelevantes.

Assim, como o processo de tomada de decisão se preocupa em escolher entre futuros cursos alternativos de ação, e nada pode ser feito para alterar o passado, os **custos irrecuperáveis**, ou ***sunk costs***, são custos passados e não são relevantes para a tomada de decisão. Por outro lado, os custos fixos comuns futuros, mas alocados (ou seja, distribuídos) aos objetos de custo, também são irrelevantes para a tomada de decisões. Estes custos são incorridos para apoiar uma área ou a organização como um todo e geralmente não alteram a alternativa escolhida pelo que devem ser desconsiderados para a tomada de decisão.

Uma "armadilha" da análise de custos relevantes consiste em assumir que todos os custos variáveis são relevantes. Se a alternativa analisada não implicar custos variáveis adicionais face à situação inicial, então os mesmos não serão relevantes.

Uma segunda "armadilha" consiste em assumir que todos os custos fixos são irrelevantes, uma vez que os mesmos podem aumentar como resultado direto da alternativa escolhida e, se assim for, os mesmos são relevantes para a análise dessa alternativa.

A melhor via para evitar estas duas "armadilhas" consiste em retomar sempre o conceito de relevância. Não esquecer que qualquer item incluído na análise deve, em simultâneo: ser um custo ou rendimento futuro esperado e diferir conforme as alternativas.

Os seguintes princípios gerais podem, portanto, ser aplicados na identificação de custos relevantes e irrelevantes (Drury, 2019):

1 – Custos relevantes são custos futuros que diferem entre alternativas;
2 – Custos irrelevantes consistem em custos irrecuperáveis, custos alocados e custos futuros que não diferem entre as alternativas.

Relativamente aos rendimentos relevantes a análise é semelhante, pelo que os mesmos princípios gerais podem ser aplicados na sua análise.

5.4. Relevância e custos de oportunidade

De um modo ideal, um gestor deveria ser capaz de fazer uma lista exaustiva das alternativas e, depois, calcular os resultados esperados de cada uma delas, levando em consideração total os efeitos de interdependência. Em termos práticos, o decisor faz uma seleção das alternativas, abandona logo muitas que lhe parecem obviamente não atrativas, provavelmente "olha muito de leve" algumas possibilidades atrativas e concentra-se num número limitado delas. A ideia de Custo de Oportunidade aparece porque algumas alternativas não são selecionadas.

Em muitas situações de tomada de decisão, os gestores são confrontados com demasiadas alternativas para analisar inteiramente. Porque os gestores excluem algumas alternativas de uma consideração explícita, deriva o conceito de Custo de Oportunidade. O **Custo de Oportunidade** é o resultado que é perdido (ou rejeitado) por não se utilizar um recurso limitado no seu melhor uso alternativo.

Desta forma, um custo de oportunidade é sempre um custo relevante da alternativa equacionada.

5.5. A IMPORTÂNCIA DOS FATORES QUALITATIVOS

Em diversas situações é difícil quantificar, em termos financeiros, vários aspetos relacionados com cada uma das alternativas, mas que são importantes para a sua análise. Esses fatores que não se conseguem quantificar, são designados de fatores qualitativos ou não financeiros.

Como exemplo destes fatores, poderemos evidenciar o efeito sobre a motivação dos trabalhadores; o agravamento da qualidade percebida para o cliente e que poderá originar a perda do cliente (por exemplo, o não cumprimento de prazos de entrega ou o não cumprimento dos requisitos do produto ou serviço oferecido); e, por outro lado, o risco associado ao não cumprimento de determinados pressupostos base considerados nos aspetos financeiros, nomeadamente os que estão relacionados com a dependência futura de fornecedores e cadeias de abastecimento e que podem colocar em causa a continuidade dos fornecimentos e da empresa.

É por isso essencial que os fatores qualitativos sejam objeto de atenção e análise por parte dos gestores durante o processo de tomada de decisão, atendendo a que, caso contrário, pode existir o perigo de a decisão tomada se tornar numa decisão errada.

SUMÁRIO

Neste capítulo o enfoque recaiu sobre a disponibilização de informação financeira adequada para o processo de tomada de decisão por parte dos gestores e o contributo da Contabilidade de Gestão neste processo. O requisito base consiste na aplicação de uma simples, mas importante, ideia. Apenas os custos e os rendimentos que difiram entre as várias alternativas em análise é que são relevantes para a decisão. Ou seja, os custos e rendimentos relevantes representam os custos e rendimentos que se alteram por se avançar com determinada alternativa, enquanto os custos e rendimentos irrelevantes são aqueles que não se alteram pela decisão. Desta forma, todos os custos e rendimentos irrelevantes devem ser ignorados, nomeadamente os custos irrecuperáveis – custos passados – assim como os custos futuros que não difiram entre as alternativas.

Por outro lado, quando os recursos são escassos e existem diferentes alternativas, o benefício que se perde por não avançar com a outra alternativa – designado de custo de oportunidade – deve ser considerado como um custo relevante da alternativa em análise.

No curto prazo, os resultados irão melhorar com a escolha de determinada alternativa se os rendimentos relevantes excederem os custos relevantes.

De realçar ainda que, em muitas situações, pode não ser possível quantificar todos os fatores relevantes para a tomada de decisão. No entanto, esses fatores, designados de fatores qualitativos, por serem relevantes, torna-se essencial que sejam considerados no processo de tomada de decisão.

Sendo estes conceitos essencialmente utilizados em contexto de decisões de curto prazo, os mesmos não deixam de ser importantes para as decisões de médio e longo prazo e por isso continuarão a ser utilizados em abordagens onde essas decisões são consideradas e que serão objeto de análise em capítulos subsequentes.

TERMOS E CONCEITOS-CHAVE

Análise diferencial
Custos de oportunidade
Custos e rendimentos irrelevantes
Custos e rendimentos relevantes
Custos irrecuperáveis
Fatores qualitativos
Relevância

QUESTÕES TEÓRICAS

1. Um Modelo de Decisão é um método formal de efetuar uma escolha. Identifique e explique as cinco etapas que envolve, geralmente, o Modelo de Decisão.
2. Explique o que é um custo relevante.
3. Qual é a importância de se considerarem fatores qualitativos quando se processa a informação para a tomada de decisão?

4. Identifique possíveis fatores qualitativos que poderão ser considerados numa decisão de recurso à subcontratação ou compra externa em vez da produção interna de um componente ou um produto.
5. Descreva alguns riscos que poderão estar associados às decisões que se concentram excessivamente num horizonte temporal curto.
6. Explique a importância dos custos de oportunidade para a tomada de decisões.

EXERCÍCIOS RESOLVIDOS

Exercício 5.1 – Custos e Rendimentos Relevantes

A empresa Alfabeta, S.A. teve, pela primeira vez na sua história, um resultado líquido negativo. Da Demonstração dos Resultados do ano N retiraram-se os seguintes elementos, para vendas de 600 000 unidades:

- Vendas líquidas de 2 400 000,00 €
- Margem de contribuição em % das vendas de 32,5%;
- Resultado líquido negativo de 60 000,00 €.

A gestão da empresa, pretendendo reverter a situação atual e melhorar a sua rentabilidade, está a ponderar as seguintes medidas alternativas e independentes, a ser implementadas no ano seguinte (N+1):

A. Aumentar o preço de venda em 16%, estimando-se que este aumento provocará uma diminuição da procura de 20%;
B. Modificar a atual remuneração dos vendedores da empresa de 230 000,00 € de salários anuais fixos para um total de 70 000,00 € de salários, mais 1,0% de comissões sobre as vendas;
C. Alterar a estratégia de distribuição, substituindo parte da atual frota de viaturas comerciais pela subcontratação do serviço de transporte, o que permitiria baixar os custos fixos em 20%, e aumentar o custo variável unitário em 0,10 €/unid. A empresa prevê ainda uma ligeira diminuição das vendas numa fase inicial, não considerando, no entanto, que seja estrutural.

Pretende-se que:

Quantifique, para cada uma das alternativas consideradas para N+1, quais os custos, rendimentos e resultados relevantes. Com base apenas no critério financeiro, diga por qual das alternativas optava.

Resolução: Alternativa A

(+) Rendimentos Relevantes:	
Aumento das vendas (aumento Pv x Qv) =	307 200,00 €
(–) Custos Relevantes:	
Perda da margem da diminuição das vendas =	156 000,00 €
(=) Resultado Relevante	151 200,00 €

Resolução: Alternativa B

(+) Rendimentos Relevantes:	
Poupança de custos fixos =	160 000,00 €
(–) Custos Relevantes:	
Aumento dos custos das comissões =	24 000,00 €
(=) Resultado Relevante	136 000,00 €

Resolução: Alternativa C

(+) Rendimentos Relevantes:	
Poupança de custos fixos =	168 000,00 €
(–) Custos Relevantes:	
Aumento dos custos variáveis =	60 000,00 €
(=) Resultado Relevante	108 000,00 €

Com base apenas no critério financeiro, a melhor alternativa é a alternativa A

Exercício 5.2 – Custos e Rendimentos Relevantes

A empresa PROJECT, S.A. encontra-se a desenvolver um projeto no qual já gastou até ao momento 150 000,00 €. Pretende, agora, reanalisá-lo. Considera-se que se for decidido que ele prossiga deverá ficar concluído dentro de aproximadamente 1 ano, altura em que os resultados do projeto poderão ser vendidos por 300 000,00 € a um organismo do Estado. Os custos que o Diretor do projeto considera necessários para o concluir são:

a) Materiais: 60 000,00 €. Estes materiais já foram recebidos; são extremamente tóxicos e se não forem utilizados no projeto terão que ser eliminados rapidamente, implicando um custo de eliminação de 5 000,00 €.
b) Mão de obra: 40 000,00 €. Os trabalhadores são altamente qualificados e de difícil recrutamento. Eles foram deslocados para o projeto a partir de um departamento de produção e, numa recente reunião de direção, o diretor desse departamento disse que se esses trabalhadores regressassem o departamento poderia obter para a empresa mais 150 000,00 € de vendas por ano. O contabilista calcula que o custo direto dessas vendas seria 100 000,00 € e que os gastos gerais imputados (todos fixos) seriam 20 000,00 €.
c) Pessoal de Investigação – 60 000,00 €. Já foi decidido que este será o último trabalho de investigação a fazer, pelo que quando cessar o trabalho neste projeto os investigadores ficarão excedentários – estima-se que os custos com o despedimento seriam 25 000,00 €; para a hipótese de o despedimento se fazer antecipadamente considere uma taxa de juro de 10%.
d) Quota-parte dos serviços de Administração Geral – 35 000,00 €. O Diretor do projeto não sabe muito bem se deve incluir esta despesa. Sabe, todavia, que a contabilidade todos os anos lhe imputa este montante.

Pedido:

Partindo do princípio de que as estimativas estão corretas diga se o projeto deve ou não prosseguir – explique e mostre todos os cálculos que fundamentam a sua conclusão.

Resolução:

			Alternativa:	Avançar com o Projeto
Custos do projeto até ao momento	150 000 €	Afundados		0,00 €
Venda do projeto daqui a 1 ano	300 000 €		Proveito relevante	300 000,00 €
Custos do projeto até conclusão				
a) Materiais	60 000 €	Afundados		0,00 €
Custos de eliminação	5 000 €		Poupança de custos	5 000,00 €
b) Mão-de-obra para projeto	40 000 €	Irrelevantes:	Futuros mas não diferenciais	0,00 €
Regresso trabalhadores ao outro departamento				
Vendas	150 000 €		Custo de oportunidade	-150 000,00 €
Custo direto vendas				
Mão-de-obra	40 000 €	Irrelevantes:	Futuros mas não diferenciais	0,00 €
Outros	60 000 €		Poupança de custos diretos	60 000,00 €
Custos Fixos incorporados	20 000 €	Irrelevantes:	Futuros mas não diferenciais	
d) Ordenados Pessoal de Investigação	60 000 €		Custo relevante	-60 000,00 €
Despedimento	25 000 €	Irrelevantes:	Futuros mas não diferenciais	0,00 €
Antecipação do despedimento	10%		Poupança de custos	2 500,00 €
e) Quota-parte dos serviços de Administração Geral	35 000,0 €	Irrelevantes:	Futuros mas não diferenciais	0,00 €
			Resultado Relevante	**157 500,00 €**

Exercício 5.3 – **Preço mínimo de encomenda. Descontinuação de um produto. Produzir ou comprar**

O quadro seguinte é um relatório de resultados do primeiro trimestre de N para os dois produtos fabricados e vendidos pela empresa CLARAS, Lda. (valores em Euros)

	A	B	Total
Volume de Produção e Vendas (n.º unid)	1 000	800	
Preço Unitário de Venda	175	140	
Vendas	175 000	112 000	287 000
Custos de Produção:			
- Fixos Diretos	35 000	29 000	64 000
- Variáveis (A- 60 €/unid; B- 65 €/unid)	60 000	52 000	112 000
- Custos Comuns repartidos proporcionalmente aos outros custos industriais	95 000	81 000	176 000
Custos Administrativos e de Venda repartidos em função das Vendas			
Custos Totais	19 000	16 200	35 200
Resultado			
	26 250	16 800	43 050
	140 250	114 000	254 250
	34 750	(2 000)	32 750

Pedidos:

A. Supondo que a empresa tem capacidade ociosa, qual o preço mínimo que deve ser solicitado por uma encomenda especial de 200 unidades do produto A, por parte de um cliente num mercado sem qualquer relação com os atuais clientes?

B. Suponha agora que a empresa está no limite de capacidade da sua mão de obra e que para aceitar a encomenda anterior terá de recorrer a horas extraordinárias. Sabe-se ainda que cada lote de 100 unidades adicionais implica a realização de 4 horas extraordinárias (HE) a um custo de 10,00 €/hora. Nesta situação qual o preço mínimo que deve ser solicitado? E na situação em que para aceitar a encomenda especial a empresa não faz HE, mas terá de deixar de vender no mercado habitual? Que conclusão geral retira?

C. Dado que o produto B regista um prejuízo, acha que deve ser descontinuado (isto é que deve cessar a sua produção)? Justifique.

D. Outros fabricantes estão a pretender fornecer os produtos A e B nas quantidades requeridas aos custos unitários de 140,00 € e 110,00 €, respetivamente. No caso de parar com a produção, a CLARAS, L.ª poderia arrendar o espaço da fábrica por 30 000,00 € por trimestre, adquirir os produtos a um fabricante, aos referidos preços, e suportar só os custos administrativos e comerciais. Acha que esta alternativa é vantajosa para a empresa? Que outros fatores deveriam ser considerados na decisão?

Resolução questão A:

No curto prazo:

Preço Mínimo Encomenda = Custos Relevantes Encomenda
= Custos Adicionais + Custo de Oportunidade

Assim:

Preço Mínimo da Encomenda de 200 unidades de A:
= Custos variáveis adicionais
= 200 unid x 60,00 €
= 12 000,00 €

Resolução questão B:

Com HE: Preço Mínimo = Custos variáveis adicionais + Custo das HE
= 12 000,00 € + 8 HE x 10,00 €/HE
= 12 800,00 €

Sem HE: Preço Mínimo = Custos variáveis adicionais + Custo de oportunidade
= 12 000,00 € + 200 x 115,00 €/HE
= 12 800,00 € + 23 000,00 €
= 35 800,00 €

Conclusão geral: Neste tipo de decisão é muito importante conhecer a capacidade normal, pois a não existência de capacidade de cisão, pode condicionar fortemente a decisão.

Resolução questão C:

No pressuposto que apenas os custos diretos podem ser eliminados (e os custos fixos comuns não têm uma melhor aplicação alternativa), então a eliminação do produto B, implica perder a margem de contribuição direta:

MCD = Vendas – (Custos Variáveis + Custos Fixos Diretos)
= 112 000,00 € – 81 000,00 €
= 31 000,00 €

Ou seja, eliminar o produto B, implica a empresa perder 31 000,00 € no curto prazo, pelo que não deverá avançar.

Resolução questão D:

(+) Rendimentos Relevantes:

Renda da fábrica	30 000,00 €
Poupança dos custos de produção	211 200,00 €

(–) Custos Relevantes:	
Custo de compra do A	140 000,00 €
Custo da compra do B	88 000,00 €
(=) Resultado Relevante	13 200,00 €

Apenas pelo critério da rendibilidade a empresa devia avançar, mas deveria ainda considerar o risco e outros fatores não quantitativos relacionados com a eventualmente dependência de fornecedores resultante do recurso ao *outsourcing*.

EXERCÍCIOS E PROBLEMAS POR RESOLVER

Exercício 5.4 – Custos e rendimentos relevantes

A Manuela, uma estudante de Lisboa, está a considerar visitar a sua amiga que mora em Faro (Algarve) durante uma semana. Ela pode ir de carro ou pode ir de comboio. A distância de sua casa até à morada da sua amiga são 280 km. Ela está a tentar decidir qual a melhor opção e recolheu a seguinte informação:

1. Depreciação anual do carro (quotas constantes)	4 000,00 €
2. Custo por km de gasolina	0,12 €
3. Custo do seguro anual e imposto de circulação	400,00 €
4. Custos de manutenção e reparação por km	0,05 €
5. Custos anuais com estacionamento em Lisboa (residente)	54,00 €
6. Redução no valor de revenda do carro por km percorrido	0,02 €
7. Custo da viagem de comboio (ida e volta)	50,00 €
8. Custos do hotel de animais (para o cão) durante uma semana	40,00 €

Pedidos:

A. Quais são os custos relevantes para esta tomada de decisão?

B. Para além da informação indicada na alínea anterior, que outros fatores poderiam ser relevantes para que a Manuela possa escolher a melhor opção para viajar?

Exercício 5.5 – Alternativas de processos de produção

A sociedade Tudo Feito, Lda. está a ponderar adquirir uma nova máquina de produção que lhe permitiria poupar na mão de obra direta. Caso se opte por fazer o investimento, a máquina a ser substituída não tem possibilidade de ser vendida e tem ainda uma vida útil de mais 3 anos. Para tomar uma decisão informada o Diretor financeiro recolheu a seguinte informação:

1. Vendas anuais (com e sem a nova máquina)	10 000 unidades x 50,00 €
2. Materiais diretos por unidade	15,00 €
3. Mão de obra direta (por unidade)	
i. Nas condições atuais	10,00 €
ii. Com a nova máquina	7,00 €
4. Gastos Gerais de fabrico variáveis (por unidade)	3,00 €
5. Gastos fixos	
i. Da máquina existente (depreciações)	4 000,00 €
ii. Renda anual da nova máquina	10 000,00 €
iii. Outros gastos fixos anuais	70 000,00 €

Pedido:

Qual a decisão a tomar e qual o resultado diferencial?

Exercício 5.6 – Manter ou abandonar um segmento de negócio

A sociedade Roda Viva, Lda. é uma fábrica de equipamento de hóquei em patins e patinagem artística que vende que, para além do espaço comercial físico que tem no norte do país, vende essencial através da internet. A única linha de patins de hóquei em patins que a entidade produz e vende no seu conjunto completo, tem registado desempenhos menos favoráveis. De facto, a tendência atual é para o cliente configurar os seus patins adicionando os vários elementos (bota, chassi, rodas, travão, parafusos e atacadores) de acordo com especificações diferenciadas, tendo a possibilidade de montar em casa ou pagar o serviço de montagem. A Direção está preocupada com as perdas que a referida linha tem registado nos últimos dois anos e quer tomar uma decisão sobre a possibilidade de abandonar o seu fabrico. Da Contabilidade de Gestão sabe-se que esta linha representa 20% do volume de negócios, o resultado total antes de impostos foi de 51 200,00 € no passado semestre e que os outros gastos fixos comuns são repartidos pelas diversas linhas de acordo com o volume de vendas. Foi recolhida ainda a seguinte informação adicional sobre a linha em questão:

1. Vendas	480 pares x 200,00 €
2. Materiais diretos e mão de obra direta por par	100,00 €
3. Gastos gerais de fabrico variáveis (por par)	10,00 €
4. Gastos fixos semestrais	
i. Publicidade desta linha	9 600,00 €
ii. Remuneração do Diretor de produção	9 000,00 €
iii. Outros gastos fixos comuns	30 000,00 €

Pedidos:

A. Qual o resultado que esta linha de patins produz para a sociedade Roda Viva, Lda. por semestre?

B. Que decisão deve a Direção Financeira adotar sobre a possível descontinuidade desta linha?

Exercício 5.7 – Produzir ou comprar

A sociedade Só Peças, Lda. fabrica peças de automóveis. Relativamente à peça XPT, composta por três componentes (X. P e T), surgiu uma pequena empresa metalúrgica que começou a produzir e vender a componente T. De acordo com o orçamento pedido, é possível obter esta componente ao preço de 50,00 € para compras inferiores a 30 000 unidades e a 45,00 € para compras superiores ou iguais a essa mesma quantidade.

Para a produção atual 30 000 unidades, o custo unitário de produção da componente T é:

1. Materiais diretos	16,00 €
2. Mão de obra direta	8,00 €
3. Gastos gerais de fabrico	5,00 €
4. Depreciações do equipamento	5,00 €
5. Remuneração do Diretor de produção	3,00 €
6. Outros gastos fixos comuns (alocação)	8,00 €

Pedidos:

A. Indique qual a decisão a ser tomada, sabendo que o equipamento não tem valor residual e é utilizado apenas para a produção deste componente.
B. Que outros fatores poderiam ser considerados para que a decisão seja ainda mais robusta?

BIBLIOGRAFIA DO CAPÍTULO

Drury, C. (2019). *Management Accounting for Business* (7th ed.). Cenfage Learning EMEA.

Garrison, R.; Noreen, E., & Brewer, P. (2021). *Managerial Accounting* (17th ed.). McGraw-Hill/ Irwin.

Luft, J. & Shields, M. (2010). Psychology Models of Management Accounting. *Foundations and Trends in Accounting*, 4(3–4), 199-345.

Nielsen, L., Mitchel, F., & Nørreklit, H. (2015). Management accounting and decision making: Two case studies of outsourcing. *Accounting Forum*, 39(1), 64-82.

CAPÍTULO 6

—

GESTÃO E ANÁLISE DA PRODUTIVIDADE

OBJETIVOS DE APRENDIZAGEM

1. **Descrever o conceito de produtividade;**
2. **Conhecer e explicar a importância dos indicadores de produtividade parcial;**
3. **Perceber as diferenças e a complementaridade entre indicadores de produtividade parcial e indicadores de produtividade total;**
4. **Aplicar um modelo de análise da produtividade na avaliação da melhoria da atividade;**
5. **Saber relacionar as melhorias da qualidade com as melhorias da produtividade.**

6.1. Introdução

As questões relacionadas com a produtividade são um problema extremamente complexo e interdisciplinar, estando relacionadas quer com questões macroeconómicas ao nível das economias global e nacional, quer com os sistemas microeconómicos, que incluem as empresas e os empregos individuais. No mundo moderno, o crescimento da produtividade é visto como fonte de crescimento económico, social e de progresso e melhoria do padrão de vida (Piętowska, 2019). A concorrência nos mercados interno e externo força os produtores a procurar novas formas de aumentar a produtividade e melhores métodos para melhorar a produtividade. Por outro lado, as ações para melhorar a produtividade levam a um melhor uso dos recursos de produção existentes.

Desta forma, num contexto de negócios cada vez mais concorrenciais, as organizações para poderem ser competitivas têm de melhorar a sua eficiência, devendo ser tão boas ou melhores que os seus concorrentes em obter recursos e a transformá-los em produtos e serviços de alta qualidade que vão ao encontro das necessidades e expectativas dos seus clientes. Essa vantagem competitiva pode ser obtida utilizando poucos recursos para produzir um dado produto ou serviço, ou produzindo mais *outputs* para um dado conjunto de recursos (Purba, *et al.*, 2021). Para isso, os gestores precisam de monitorizar e controlar a evolução da eficiência avaliando a eficácia das decisões que são orientadas para a melhoria da produtividade. A utilização de medidas de eficiência preocupadas em relacionar os recursos utilizados com os produtos e serviços obtidos, vão ao encontro desses objetivos de desempenho e controlo e são designadas de medidas de produtividade.

O capítulo começa por apresentar o conceito de produtividade e das medidas da produtividade parcial e total dos fatores, descrevendo-se de seguida um modelo para avaliar os efeitos nos custos e nos resultados das variações da produtividade dos fatores. Por último, realça-se a ligação entre a produtividade e a melhoria da qualidade dos produtos e serviços, mas também dos processos.

6.2. Conceito de produtividade

Quando se analisam os sistemas produtivos das organizações, um dos maiores desafios dos gestores de produção e operações está relacionado com a perfeita utilização produtiva dos recursos disponíveis. A isso dá-se o nome de produtividade. A **produtividade** envolve a produção eficiente de um *output* e considera especificamente a relação entre o *output* e os *inputs* utilizados para produzir o *output*. "Produtividade é simplesmente a relação entre os resultados gerados a partir de um sistema e as entradas fornecidas para criar essas saídas." (Sink, 1985, p.3). Esse sistema envolve o consumo, numa forma geral, de mão de obra (recursos humanos), capital (ativos de capital físico e financeiro), energia, materiais e dados; recursos que são transformados em saídas (bens e serviços). "A produtividade é a relação da quantidade produzida por um determinado sistema durante um determinado período de tempo, e a quantidade de recursos consumidos para criar ou produzir essas saídas no mesmo período de tempo" (idem).

Ou seja, pode-se definir produtividade como um índice que representa a relação entre o que se produz (*outputs*) e os recursos utilizados nessa produção (*inputs*). A produtividade mede a eficiência da produção num negócio.

Assim, o **índice de produtividade** pode ser expresso da seguinte forma:

P = O/I

Onde:

P = Produtividade

O = *Output*

I = *Input*

Numa visão simplificadora, pode-se dizer que, quanto mais se produzir com menos recursos, maior a produtividade. No entanto, é necessário levar em conta a qualidade. Produzir bens ou oferecer serviços em grandes quantidades com um equipa reduzida e recursos deficientes não significa alta produtividade, necessariamente.

Assim, no limite, pode-se dizer que produtividade é o processo de produzir um maior número de produtos e/ou serviços com qualidade aceitável e sem aumentar os custos, ou seja, fazer mais com menos. No entanto, a análise da produtividade não requer apenas este tipo de abordagem; será importante analisar, por exemplo, se terão sido utilizados mais recursos do que os necessários para produzir *o output*, ou se foi utilizada a melhor combinação de *inputs* para obter o *output*.

A produtividade aumenta quando os trabalhadores utilizam o tempo de forma mais eficiente, melhoram os métodos e os procedimentos de trabalho e utilizam melhores máquinas e ferramentas.

A aumento da produtividade, no fundo, está muito relacionado com a melhoria na qualidade, uma vez que a melhoria da qualidade, permite, entre outras vantagens, diminuir os desperdícios e as unidades rejeitadas, o que permite diminuir os recursos necessários na produção, por diminuição das unidades reprocessadas e/ou destruídas.

A melhoria da produtividade exige, pois, a resposta à seguinte questão: Como podemos produzir um produto ou concluir uma tarefa com menores recursos (materiais, tempo, instalações)? Mas a melhoria da produtividade não tem que se restringir aos esforços de redução dos *inputs* necessários para um mesmo *output* ou ao aumento do *output* para os mesmos *inputs*. Uma profunda melhoria da produtividade deve ir mais fundo, tentando identificar a natureza das tarefas a efetuar ao longo dos processos produtivos, mas também comerciais; perceber porque é que se realizam, sendo, por vezes, muito mais importante redefinir as tarefas a executar, eliminar tarefas que não acrescentam valor e redesenhar, desta forma, os próprios processos.

Saber como calcular a produtividade é um conhecimento muito importante para as organizações. Sem medir a produtividade do que se está a produzir, sejam serviços ou produtos, não é, pois, possível avaliar se os resultados são adequados em função dos recursos utilizados, nem é possível comparar o seu desempenho com outras organizações e com o mercado.

No entanto, é importante realizar um balanceamento adequado entre a quantidade e a qualidade desejada, tanto do que é produzido como dos fatores utilizados na produção, de forma a definir-se como calcular o índice de produtividade mais adequado ao negócio.

Desta forma, antes de se definir como calcular a produtividade é importante definir o que os clientes valorizam e determinar como conseguir atingir esse resultado com a qualidade desejada e a menor quantidade de recursos possível.

6.3. Produtividade parcial

Avaliar a produtividade é simplesmente uma avaliação quantitativa de mudanças na produtividade. O objetivo é avaliar se a eficiência produtiva aumentou ou diminuiu. Medir a produtividade pode ser efetuada para cada *input* em separado, ou para todos os *inputs* em conjunto. Medir a produtividade apenas para um *input*, designa-se de medida da produtividade parcial.

Assim, quando se relaciona aquilo que é produzido por uma empresa com apenas um dos *inputs* utilizados, estamos a focar-nos num **índice de produtividade parcial** (Hansen & Mowen, 2007). Por exemplo, a produtividade da mão de obra relaciona a produção da empresa (*output*) com a quantidade de mão de obra (horas homem) utilizada.

Assim, o índice de produtividade parcial pode ser expresso da seguinte forma:

PP = O/I

Onde:

PP = Produtividade Parcial

O = Quantidade de *Output*

I = Quantidade do *Input*

Se o *output* e o *input* forem medidos em quantidades físicas, então temos a **medida operacional da produtividade**; se o *output* ou o *input* forem expressos em unidades monetárias, então temos uma **medida financeira de produtividade**.

A grande utilidade deste tipo de indicadores prende-se com o facto de:

- Se focarem sobre um *input* específico, sendo fácil de calcular;
- Serem facilmente compreensíveis a nível operacional;
- Permitirem verificar a evolução da produtividade dos *inputs* individuais, verificando se está a melhorar ou a piorar ao longo de diversos períodos de análise e até comparativamente a um determinado padrão ou objetivo estabelecido.

Por outro lado, a utilização isolada dos indicadores de produtividade parcial pode ser enganadora, uma vez que a queda na produtividade de um *input* pode ser necessária para aumentar a produtividade de outro *input*. A sua maior limitação prende-se com o facto de não se considerar a produtividade de todos os fatores, nem a possibilidade de substituição de uns fatores por outros fatores.

Desta forma, a existência de substituições nos *inputs* exige uma medida total de produtividade para avaliar os méritos sobre decisões de produtividade. Os gestores apenas conseguem tirar conclusões precisas sobre o desempenho geral da produtividade ao analisarem o efeito total de todos os *inputs* sobre a produtividade. Para isso, uma medida total de produtividade deve avaliar as consequências financeiras agregadas e, portanto, deve ser uma medida financeira.

6.4. Medida de produtividade total dos fatores

Medir a produtividade para todos os *inputs* de uma só vez é designada de avaliação da produtividade total. Na prática, pode não ser necessário medir o efeito de todos os *inputs* e muitas empresas medem a produtividade apenas daqueles fatores que se acredita que sejam indicadores relevantes do desempenho e sucesso organizacional.

A produtividade total é, desta forma, a relação entre o *output* realizado e a soma de todos os fatores de *input*, refletindo assim o impacto de todos os fatores na produção do *output* (Hansen & Mowen, 2007).

O **índice de produtividade total** pode ser expresso da seguinte forma:

PT = O/VI

Onde:

PT = Produtividade Total

O = Quantidade ou valor do *Output*

VI = Valor dos *Inputs* consumidos

A medida de produtividade total mede a produtividade combinada de todos os fatores e avalia o efeito de substituição entre esses fatores. Reconhece que os ganhos de produtividade podem advir de consumir menos *inputs* para obter um dado *output*, ou alterando o *mix* dos *inputs*, ultrapassando algumas das limitações dos indicadores de produtividade parcial.

6.5. Variações dos custos e resultados e variação da produtividade

Avaliar os efeitos nas mudanças de produtividade nos resultados atuais é uma forma de avaliar as mudanças na produtividade. Os resultados mudam do período base para o período atual, sendo parte da mudança dos resultados atribuível às mudanças na produtividade. A medida do montante da mudança no resultado atribuível à mudança na produtividade é definida como mensuração da produtividade ligada aos custos e consequentemente ligada aos resultados.

Avaliar o efeito das mudanças da produtividade nos custos e nos resultados no período atual, isolando-o dos efeitos decorrentes de outros fatores económicos, nomeadamente os preços, ajudará os gestores a entenderem a importância económica das mudanças na produtividade. Ligar as mudanças na produtividade aos resultados é descrito pela seguinte regra: para o período atual, determinar os custos dos *inputs* que teriam sido consumidos mantendo a produtividade do período anterior, ou seja, na ausência de qualquer mudança de produtividade, comparando esses custos com os custos dos *inputs* realmente consumidos (Hansen & Mowen, 2007). A diferença nos custos é o montante pelo qual os custos e os resultados mudaram por causa das mudanças na produtividade.

Desta forma, a variação dos custos entre dois períodos de análise, pode ficar a dever-se a diferenças razões:

- Variação na produtividade total dos *inputs*
- Variação do preço dos *inputs*
- Ajustes de quantidade de *output*

Sendo que para poder avaliar o impacto causado por cada uma destas razões será necessário aplicar um modelo de análise que permita separar e quantificar o seu efeito individual na variação total dos custos.

Desta forma, podemos quantificar o impacto de cada uma das causas em análise, da seguinte forma (Hansen & Mowen, 2007):

- **Variação da produtividade total dos *inputs*:**
  •Custos Reais do *Input* no Ano N + 1
  •***menos*** Consumos Reais dos *Inputs* que deveriam ter ocorrido no ano N para produzir o *Output* do ano N+1 a preços do ano N + 1
- **Variação de preços dos *inputs*:**

•Consumos Reais que deveriam ter ocorrido no ano N para produzir o *Output* de N + 1 a preços de N + 1_

•***menos*** Consumos Reais dos *Inputs* que deveriam ter ocorrido no ano N para produzir o *Output* do ano N+1 a preços do ano N

- **Ajustes de *output* – Aumento dos custos por aumento do *Output*:**

•Consumos Reais dos *Inputs* que deveriam ter ocorrido no ano N para produzir o *Output* do ano N+1 a preços do ano N

• ***menos*** Custos Reais do *Input* no Ano N

6.6. Qualidade e produtividade

A melhoria da qualidade pode melhorar a produtividade, e vice-versa. Considere, por exemplo, o trabalho em duplicado ou retrabalho originado pela existência de produtos defeituosos. Se o retrabalho for reduzido por meio da produção de menos produtos defeituosos, então serão necessárias menos horas de mão de obra e menos unidades de materiais consumidos para produzir o mesmo *output*. Assim, a redução do número de unidades defeituosas melhora a produtividade e a redução da quantidade de *inputs* também melhora a produtividade (Hansen & Mowen, 2007).

Como a maioria das melhorias na qualidade reduz o montante de recursos consumidos para produzir e vender o produto ou serviço da organização, a maioria das melhorias na qualidade melhorará a produtividade. Desta forma, melhorias na qualidade serão geralmente refletidas nas medidas de produtividade. No entanto, existem outras maneiras de se melhorar a produtividade além das melhorias da qualidade do produto. Uma empresa pode produzir um produto com poucos defeitos, ou nenhum defeito, mas ainda assim ter processos ineficientes.

É, pois, necessário melhorar também a qualidade do processo, nomeadamente identificando as atividades que não acrescentam valor para que sejam eliminadas, e apostando-se muitas vezes na reengenharia desses processos e eliminação do desperdício. Para isso, torna-se importante a implementação de várias técnicas de gestão estratégica de custos que permitam à empresa focar-se na redução dos custos, mas aumentando o valor gerado para os clientes, obtendo assim uma vantagem competitiva sustentável.

SUMÁRIO

A melhoria contínua implica que a eficiência vá aumentando com o tempo. Na verdade, para serem competitivas, as organizações devem aumentar a sua eficiência. Uma organização deve ser tão boa, ou melhor, quanto os seus concorrentes em obter materiais, mão de obra, máquinas, energia e outros recursos e transformá-los em produtos e serviços de alta qualidade. Uma empresa pode criar uma vantagem competitiva ao utilizar poucos recursos para produzir um dado produto, ou produzir mais produtos para um dado conjunto de recursos. A gestão precisa de avaliar a eficácia real e em potencial de decisões que são dirigidas para melhorar a eficiência. A gestão precisa também de monitorizar e controlar as mudanças na eficiência. As medidas de produtividade satisfazem esses objetivos de desempenho e controlo.

A produtividade envolve a produção eficiente de um *output* e considera especificamente o relacionamento entre o *output* e os *inputs* utilizados para produzir o *output*. Normalmente combinações diferentes, ou combinações de *inputs*, podem ser utilizadas para produzir um dado nível de *output*.

A avaliação da produtividade é simplesmente uma avaliação quantitativa de mudanças na produtividade. O objetivo é avaliar se a eficiência produtiva aumentou ou diminuiu. A medida da produtividade pode ser desenvolvida para cada *input* em separado, ou para todos os *inputs* em conjunto. Medir a produtividade para um *input* por vez, designa-se de mensuração parcial da produtividade. Medir a produtividade para todos os *inputs* de uma só vez, designa-se de mensuração total da produtividade. Na prática, pode não ser necessário medir o efeito de todos os *inputs*. Muitas empresas medem a produtividade apenas daqueles fatores que se acredita sejam indicadores relevantes do desempenho e sucesso organizacional.

Por outro lado, avaliar os efeitos nas mudanças da produtividade nos resultados atuais é uma forma de avaliar as mudanças na produtividade. Os custos variam do período base para o período atual, sendo que parte dessa variação se deve a variações na produtividade. Torna-se, por isso, importante conseguir medir os efeitos da produtividade, isolando-os dos efeitos que resultam de outras variáveis.

Melhorar a produtividade dos fatores, implica melhorar a qualidade dos produtos e dos processos, sendo necessária a implementação de diferentes técnicas, mas complementares, relacionadas com a gestão estratégica de custos, que permitam a redução de custos, mas com o enfoque na criação de valor para o cliente. Dentro dessas técnicas podemos encontrar a Gestão Baseada nas Atividades, o *Target Costing*, o *Kaizen*, a Engenharia de Valor, a Reengenharia dos Processos, o *Just-in Time*, a

Teoria das Limitações, o *Lean* e a Melhoria da Qualidade Total, que serão desenvolvidas nos capítulos seguintes.

TERMOS E CONCEITOS-CHAVE

Índice de Produtividade
Índice de Produtividade parcial
Produtividade
Produtividade parcial

EXERCÍCIOS RESOLVIDOS

Exercício 6.1 – Produtividade parcial – mão de obra

Uma empresa do setor automóvel produz 640 unidades/dia com a utilização de 5 420 trabalhadores. Após melhorias no processo produtivo, passou a montar 768 unidades por dia com a utilização de 3 720 trabalhadores. Qual foi o aumento da produtividade da mão de obra?

Resolução:

Produtividade da mão de obra (inicial) = 640 unid/ 5 420 trab = 0,11808 unid/trab
Produtividade da mão de obra (com melhoria) = 768 unid/ 3 720 trab = 0,20645 unid/trab
Pelo qua a ΔP_{MO} = 74,84%

Exercício 6.2 – Produtividades Parciais e Produtividade Total

Considere o produto X produzido por uma empresa. Os seguintes dados são os custos típicos de uma semana de produção (valores em €):

Saídas (Outputs)	**10 500,00**
Entradas (Inputs)	
• Mão de obra	1 000,00
• Materiais	3 000,00
• Capital	2 500,00
• Energia	300,00
• Outras Despesas	200,00

Pedidos:

A. Determine as produtividades parciais para esse produto em relação a cada um dos cinco fatores.

B. Determine também a produtividade total.

Resolução questão A:

Produtividade da Mão de obra (PPMo) = 10 500,00 €/1 000,00 € = 10,50 €
Produtividade dos Materiais (PPMat) = 10 500,00 €/3 000,00 € = 3,50 €
Produtividade do Capital (PPCap) = 10 500,00 €/2 500,00 € = 4,20 €
Produtividade da Energia (PPEn) = 10 500,00 €/300,00 € = 35,00 €
Produtividade das Outras Despesas (PPOD) = 10 500,00 €/200,00 € = 52,50 €

Resolução questão B:

Produtividade Total (PT) = 10 500,00 €/7 000,00 € = 1,50 €

Exercício 6.3 – Variação das produtividades parciais e total

Suponha que uma empresa tem uma máquina que produz 100 unidades/HH. Recentemente a empresa decidiu substituir a referida máquina por uma outra mais moderna e mais cara, que permite ao operador produzir 120 unidades/HH. Sabendo que os custos de operação da máquina antiga e da máquina nova são, respetivamente, 4,00 € /HM e 6,00 € /HM e que o salário do operador é 5,00 € /HH.

Pedidos:

A. Calcule a variação da produtividade da mão de obra.
B. Calcule a variação da produtividade da máquina.
C. Calcule a variação da produtividade total.

Resolução questão A:

Produtividade da mão de obra (Máquina atual): 100 unid/HH
Produtividade da mão de obra (Máquina nova): 120 unid/HH
Pelo qua a ΔPMO = + 20,0%

Resolução questão B:

Produtividade da máquina (Máquina atual): 100/4€ = 25 unid/€
Produtividade da máquina (Máquina nova): 120/6€ = 20 unid/€
Pelo que a ΔPMaq = -20,0%

Resolução questão C:

Produtividade total (Máquina atual): 100/9,00 € = 11,1(1) unid/€
Produtividade total (Máquina nova): 120/11,00 € = 10,909 unid/€
Pelo qua a ΔPTotal = – 1,82%

Exercício 6.4 – Variações da produtividade – Impacto no resultado

No final do ano N, a empresa Homero implementou um novo processo de mão de obra e reformulou o seu produto com a expectativa de que a produtividade do consumo dos fatores aumentasse. No final do ano N+1, o Presidente da empresa pretende que se faça uma avaliação das mudanças da produtividade.

Os dados necessários para efetuar essa avaliação constam do quadro seguinte:

	N-1	N
N.º unidades de *Output*	10 000	12 000
Preços de venda	20,00 €	20,00 €
Materiais consumidos (kgs)	8 000	8 400
Custo por unidade de materiais (€/unid)	6,00 €	8,00 €
N.º horas de MOD utilizadas	5 000	4 800
Taxa da mão de obra por hora (€/hora)	10,00 €	10,00 €
Energia (Kw)	2 000	3 000
Preço por Kw (€/Kw)	2,00 €	3,00 €

Pedidos:

A. Determine as produtividades parciais para N-1 e N, assim como a produtividade total dos fatores. O que pode concluir sobre a melhoria da produtividade.
B. Determine a variação da produtividade por fator e total. O que pode ser dito relativamente ao programa de produtividade?
C. Determine a margem bruta de N e N-1 com a respetiva variação (considere que toda a produção foi vendida).
D. Calcule o impacto da produtividade na melhoria da margem da empresa.

Resolução questão A:

Medidas Parciais	Ano N	Ano N -1	Variação
Materiais	12 000/8 400 = 1,43	12 000/8 400 = 1,25	Δ = 0,18 (+12,6%)
Mão de obra	12 000/8 400 = 2,50	12 000/8 400 = 2,00	Δ = 0,5 (+20,0%)
Energia	12 000/8 400 = 4,00	12 000/8 400 = 5,00	Δ = -1,0 (-25,0%)

A análise dos indicadores, indica que a eficiência produtiva aumentou para materiais e mão de obra e diminuiu para energia. O resultado é misto, e nenhuma afirmação sobre a melhoria total na produtividade pode ser feita sem a avaliação da sua substituição.

	Ano N	**Ano N -1**	**Variação**
Produtividade Total	12 000 €/124 200,0 € = 0,0966 €	10 000 €/102 000,0 € = 0,0980 €	Δ = -0,0014 €

Da análise ao indicador de produtividade total, pode parecer que a produtividade total, resultante da substituição dos fatores de produção, agravou no ano N. No entanto, a variação da produtividade total também é influenciada pelas alterações dos custos unitários dos fatores, pelo que será necessário quantificar a variação da produtividade para se poder avaliar o seu efeito nos resultados.

Resolução questão B:

Fatores Produção	**(1) QA**	**(2) QA x P**	**(3) QR**	**(4) QR x P**	**(4) - (2) (QR x P) - (QA x P)**
Materiais	9 600 Kgs	76 800,0 €	8 400 Kgs	67 200,0 €	(9 600,0) €
Mão de obra	6 000 HH	60 000,0 €	4 800 HH	48 000,0 €	(12 000,0) €
Energia	2 400 Kw	7 200,0 €	3 000 Kw	9 000,0 €	1 800,0 €
Total		144 000,0 €			(19 800,0) €

Em que:

QA = Quantidade Ajustada ao consumo unitário de N-1
P = Preço ano N
QR = Quanto real consumida no ano N

O valor dos aumentos na eficiência para materiais e mão de obra, mais do que compensaram o aumento da energia consumida. Assim, pode-se concluir que o programa de melhoria na produtividade foi bem-sucedido, tendo um impacto positivo nos resultados de 19 800,00 €.

Resolução questão C:

Rúbricas	**Ano N**	**Ano N -1**	**Variação**
Vendas	240 000,0 €	200 000,0 €	Δ = +40 000,0 €
Custo das Vendas	124 200,0 €	102 000,0 €	Δ = +22 200,0 €
Margem Bruta	115 800,0 €	98 000,0 €	Δ = +17 800,0 €

Resolução questão D:

Atendendo a que a margem bruta melhorou 17 800,00 €, verifica-se que sem a melhoria da produtividade no valor de 19 800,00 €, os resultados teriam vindo agravados em 2 000,00 €. Ou seja, sem a melhoria da produtividade o aumento das vendas não teria compensado o aumento dos custos dos fatores.

EXERCÍCIOS E PROBLEMAS POR RESOLVER PROPOSTOS

Exercício 6.5 – Variações da produtividade – Impacto no resultado

A LUSA, SA fabrica pequenos componentes a partir de folhas de mistura de aço. A gestão da empresa tem alguma experiência em substituir materiais diretos e mão de obra direta. Se os operários cortarem o aço com cuidado a empresa pode produzir mais componentes a partir de uma folha de metal, mas isso requer maior número de horas de mão de obra direta. Ao contrário, a empresa pode utilizar menor número de horas de mão de obra direta se tolerar um maior desperdício de materiais diretos.

Considere a seguinte informação relativa aos anos de N-1 e N:

	N-1	N
N.º unidades de *Output*	400 000	520 000
N.º horas de MOD utilizadas	10 000	13 875
Ordenados/hora (€)	26,00	25,00
Materiais consumidos	160 tons.	190 tons.
Custo por tonelada dos Materiais Diretos (€)	3 187,50	3 437,50

Pedidos:

A. Calcule os rácios de produtividade parciais de N-1 e N.
B. Somente com base nos rácios de produtividade parciais pode concluir se a produtividade global melhorou em N? Porquê?
C. Calcule os custos reais da Empresa de N-1 e N.
D. Calcule e compare a produtividade total dos fatores de N-1 e N.

E. O que é que a medida de produtividade total lhe diz que as medidas parciais não lhe dizem?
F. Calcule o montante da variação dos custos que se deve a ajustamentos de componentes no output, à variação de preços dos fatores e à variação de produtividade dos fatores.
G. Interprete as suas respostas dadas em 6 para explicar porque é que os custos variaram entre N-1 e N.

BIBLIOGRAFIA DO CAPÍTULO

Hansen, D., & Mowen, M. (2007), *Management Accounting* (8th ed.). Thomson Learning.

Piętowska R. L. (2019). Productivity Management in the Contemporary Enterprise – Analysis, Evaluation and Improvement. *Humanities and Social Sciences*, XXIV(26), 115-125.

Purba, H., Nindiani, A., Trimarjoko, A., Jaqin, C., Hasibuan, S., & Tampubolon, S. (2021). Increasing Sigma Levels in Productivity Improvement and Industrial Sustainability with Six Sigma Methods in Manufacturing Industry. A Systematic Literature Review. *Advances in Production Engineering & Management*, 16(3), 307-325.

Sink, D. (1985). *Productivity Management: Planning, Measurement and Evaluation, Control and Improvement*. John Wiley & Sons.

Parte III

As profundas mudanças tecnológicas que ocorreram pós anos 80, a par da aceleração da competitividade das empresas a nível global, com a consequente alteração dos paradigmas de produção – com produtos diferenciados, em pequenas séries e ciclos de vida curtos – induziram o desenvolvimento de novas atividades, tais como as de conceção e *design*, de controlo da Qualidade, de *marketing*, provocaram um forte aumento de gastos indiretos com decrescimento do peso da mão de obra direta no custo dos produto. Neste contexto, os **sistemas tradicionais de apuramento de custos** – em que os gastos indiretos continuavam a ser repartidos com base em volumes de produção – foram-se mostrando imperfeitos na capacidade de fornecer informação relevante e fiável para a tomada de decisões rigorosas e tempestivas.

É neste novo contexto que Johnson e Kaplan vêm propor uma nova abordagem no processo de afetação dos gastos indiretos aos objetos de custeio, com base na prévia identificação das **atividades** e dos respetivos ***cost drivers***, que a literatura consagrou com a designação de ***Activity-Based Costing*** (ABC).

O ABC evoluiu posteriormente, deixando de ser apenas um sistema de custeio para ser o suporte de uma nova metodologia de **gestão das atividades** – o ***Activity-Based Costing*** (ABM) – tendo em vista a otimização dos recursos necessários à realização das atividades de valor acrescentado, no âmbito da **cadeia de valor** de uma organização. O intento foi, numa primeira fase, melhorar a eficiência da organização – **ABM operacional** – e alcançar um posicionamento competitivo estratégico do negócio único – **ABM estratégico**.

Consequentemente, a tradicional metodologia de orçamentação foi substituída por uma metodologia de planeamento e orçamentação – o ABB (*Activity-Based Budgeting*) – em que os custos passaram a ser estimados por atividades, com base na prévia avaliação dos recursos necessários, para o desenvolvimento das atividades da empresa. Compreender estas novas abordagens são o objetivo e âmbito dos capítulos 7 e 8.

Todavia, o reconhecimento da exigência e complexidade de implementação do ABC, e da necessidade de ajustes no modelo de funcionamento deste sistema de custeio, nem sempre simples e tempestivas, em situações de volatilidade de negócio, de alterações frequentes de especificações de produtos e das respetivas atividades, levaram a que Robert Kaplan e Steven Anderson propusessem um novo modelo, mais simples, designado de ***Time-Driven Activity-Based Costing*** (TDABC), em que o tempo é o *driver* fundamental de imputação de custos aos objetos de custeio, sendo essa imputação feita de forma integrada, com base em **equações de tempo** (*time equations*) relativas a processos, sem ser necessário calcular, previamente, o custo unitário de cada atividade. Este tema será desenvolvido de forma detalhada ao longo do capítulo 9.

CAPÍTULO 7

—

ACTIVITY-BASED COSTING (ABC)

OBJETIVOS DE APRENDIZAGEM

1. **Compreender o contexto em que ocorreu o desenvolvimento conceptual do sistema de custeio ABC;**
2. **Caracterizar o sistema de custeio ABC e reconhecer a diferença entre os sistemas de custeio tradicionais e o ABC;**
3. **Distinguir os diferentes tipos de atividades, no âmbito do conceito de cadeia de valor;**
4. **Compreender o conceito de cost driver e apresentar exemplos;**
5. **Apresentar as principais fases de implementação do ABC;**
6. **Identificar as vantagens e as dificuldades de implementação do ABC.**

7.1. Introdução

Durante as décadas da era industrial, as preocupações da gestão tiveram uma orientação focada no produto e, consequentemente, os sistemas e modelos de custeio tradicionais estavam vocacionados para o apuramento dos gastos de produção e a preparação de informação para a elaboração das demonstrações financeiras.

Assentes numa lógica de absorção, a determinação do custo dos produtos e serviços estava bastante dependente de critérios de repartição e imputação dos gastos indiretos fabris, com base em volumes de produção, que frequentemente provocavam flutuações de valor e dificultavam a avaliação de rentabilidade e desempenho dos negócios e a consequente tomada de decisão.

Os sistemas de Contabilidade Analítica, desintegrados dos demais subsistemas de informação, continuavam bastante dependentes de regras e princípios financeiros, ignorando o forte crescimento de gastos com a emergência de novas atividades de suporte, de natureza não estritamente industrial, decorrentes das mutações no ambiente de negócios, em que o mercado e os clientes passavam a ser o novo paradigma e foco da gestão, em detrimento da produção.

Perante este cenário, Robert Kaplan e Robin Cooper propuseram, na década de 80, um sistema de custeio alternativo, baseado em atividades e vulgarmente conhecido por **sistema ABC (*Activity-Based Costing*)**, capaz de superar as limitações dos **sistemas de custeio tradicionais**, nomeadamente as que decorrem de imputações arbitrárias e imprecisas dos custos indiretos, que de forma contínua foram ganhando relevância e dimensão, em resultado da emergência de novas funções e atividades industriais e não industriais nas empresas. A ideia básica é a de que são as atividades que consomem recursos (causando custos) e não os produtos de *per si* que geram os custos. Os produtos apenas consomem atividades, tidas como necessárias para serem produzidos e/ou para atender a necessidades e expectativas dos clientes.

Com o decorrer dos anos este método de análise e custeio das atividades foi-se aperfeiçoando, permitindo a adoção de uma perspetiva de gestão estratégica de custos, ao identificar pontos fracos e oportunidades de melhoria em termos de desempenho organizacional das empresas.

7.2. Um novo contexto de negócios

A partir dos anos 80, o ambiente empresarial tornou-se significativamente mais competitivo, com o desenvolvimento da tecnologia e com a globalização e internacionalização dos mercados. Por outro lado, os clientes tornaram-se mais exigentes, quer porque a oferta excedia a procura, quer porque os níveis de informação enquanto compradores lhes conferia uma maior capacidade de seleção e escolha. A oferta de produtos, com níveis crescentes de qualidade, passou a ser diferenciada e com ciclos de vida cada vez mais curtos; as organizações tiveram que flexibilizar atividades e processos produtivos, cujo foco passou a ser a prestação de um serviço de excelência ao cliente, pré e pós-venda, e o lançamento de novos produtos para substituir aqueles que entravam em declínio.

As empresas viram reduzida a sua capacidade de fixação dos preços de venda e, sendo obrigadas a acompanhar os preços de mercado, assistiram a uma redução progressiva das margens de lucro.

Além disso, a par de uma maior complexidade e automatização dos processos de fabrico, com novas exigências em termos de gestão eficiente dos recursos técnicos e humanos, verificou-se um crescimento contínuo dos gastos indiretos com as atividades de suporte, tais como as de investigação e desenvolvimento, de *design*, de controlo de qualidade, de planeamento, de *marketing* e comercialização, em detrimento dos gastos diretos de produção.

Foi neste contexto, de um novo ambiente de negócios em constante mudança e muito mais competitivo, que no final da década de 80 e início dos anos 90, Cooper e Kaplan (1988) apresentaram diversos casos de empresas em que demonstravam como a informação obtida a partir dos sistemas tradicionais de apuramento de custos não permitia um adequado controlo e avaliação de desempenho organizacional, podendo, até, conduzir a decisões de gestão erradas.

7.3. As origens do ABC

Johnson e Kaplan (1987) apresentam em 1987, na obra intitulada *Relevance Lost: The Rise and Fall of Management Accounting,* uma síntese do que tinha sido o desenvolvimento histórico da Contabilidade de Gestão e afirmam que, no novo contexto de desenvolvimento de negócios, a mesma se tinha tornado irrelevante, enquanto sistema de informação. E justificavam dizendo que, em resultado da pressão dos sistemas de normalização contabilística, a Contabilidade de Gestão se limitava a um mero exercício de valorização de inventários das produções de natureza industrial, para efeitos de prestação de contas a *stakeholders* externos à organização, tais como investidores, financiadores, administrações fiscais, governos, entre outros. Por outro lado, referiam que os sistemas tradicionais de custeio só se mostravam adequados em situações de processos produtivos padronizados, em que os gastos diretos, com matérias e mão de obra direta, representassem a parcela mais significativa da estrutura de custos. Todavia, em face do crescimento contínuo dos gastos indiretos, verificava-se que os critérios de imputação de custos pelos objetos de custeio, baseados em volumes de produção (unidades físicas, horas homem, horas máquina, quantidade de matérias) se revelavam desajustados e até arbitrários, porque não refletiam o consumo efetivo das diferentes atividades e o custo dos respetivos recursos.

É nesta linha de pensamento, que Cooper e Kaplan (1988) vêm propor um novo sistema de imputação de custos indiretos aos objetos de custeio (processos, produtos, clientes), que, tendo como base o conceito de atividade, se passou a designar de *Activity-Based Costing* (ABC).

7.4. Caracterização do ABC

A nova abordagem de custeio, designada de ABC, tem por base dois conceitos teóricos relevantes:

a) O conceito de transações, apresentado por Miller e Vollmann (1985);
b) O conceito de **cadeia de valor/valor**, desenvolvido por Porter (1985).

Para Miller e Vollmann (1985), os custos indiretos constituem uma importante, mas oculta, parcela de trabalho nas empresas e, logo, dos custos dos produtos: custos que não estão relacionados com volumes de produção, mas que dependem de "transações" no interior da empresa e que podem ser tipificadas em quatro categorias: (1) transações logísticas, com a movimentação de materiais e produtos, (2) transações de equilíbrio e (3) transações de mudança e flexibilidade operacional – que visam o ajustamento dos recursos materiais, humanos e técnicos da empresa em face das alterações do mercado e exigências dos clientes e (4) transações de qualidade, para efeitos de cumprimentos dos quesitos e especificações dos produtos. Assim, o gestor terá como principal missão a permanente avaliação sobre quais devem ser as "transações" necessárias e adequadas a executar de forma eficaz.

Para Porter (1985), a vantagem competitiva de uma empresa resulta da capacidade em oferecer aos clientes um valor superior ao dos concorrentes, ou um valor equivalente, mas com um menor custo. A análise dessa vantagem competitiva deve ser feita com base no conceito de cadeia de valor e que corresponde ao conjunto de atividades que se desenvolvem no seio da empresa. Estas atividades são apresentadas em dois grupos:

- **Atividades primárias**, ligadas à produção de bens e serviços e que integram ainda as operações de logística interna, logística externa, *marketing* e serviços de pós-venda e apoio aos clientes;
- **Atividades de suporte** (às primárias), que incluem os aprovisionamentos, a investigação e desenvolvimento, a programação das operações, a gestão de recursos humanos, e a administração e gestão da organização.

A análise da cadeia de valor permite avaliar o valor gerado por cada uma destas atividades e o respetivo contributo para o valor final dos bens e serviços oferecidos aos clientes. A tabela seguinte caracteriza, de forma detalhada, cada uma das atividades primárias e de suporte.

Os conceitos anteriormente apresentados, e em particular o conceito de cadeia de valor desenvolvido por Porter, estão na origem da terminologia do sistema ABC, que é, atualmente, mais do que uma simples metodologia de apuramento de custos. Assim, as organizações devem ser vistas não numa lógica funcional (em termos de divisões, departamentos ou secções), mas numa ótica interfuncional, isto é, de processos que integram múltiplas atividades, e que são, frequentemente, transversais a vários departamentos (Figura 7.1):

TABELA 7.1 – **Caracterização das atividades primárias e de suporte**

<table>
<tr><th colspan="3">Atividades</th></tr>
<tr><td rowspan="10">Primárias</td><td rowspan="3">• Logística interna (de inputs)</td><td>• Receção e conferência de materiais</td></tr>
<tr><td>• Movimentação e armazenagem</td></tr>
<tr><td>• Aviamento de entregas</td></tr>
<tr><td>• Operações</td><td>• Operações relacionadas com a produção de bens e serviços</td></tr>
<tr><td rowspan="3">• Logística externa (de outputs)</td><td>• Armazenagem de produtos acabados</td></tr>
<tr><td>• Transporte e entregas aos clientes</td></tr>
<tr><td>• Faturação</td></tr>
<tr><td>• Marketing</td><td>• Promoção e imagem; relações-públicas</td></tr>
<tr><td>• Serviço pós-venda</td><td>• Assistência técnica, acompanhamento e apoio ao cliente</td></tr>
<tr style="display:none"><td></td><td></td></tr>
<tr><td rowspan="15">de Suporte</td><td rowspan="4">• Aprovisionamentos</td><td>• Pesquisa de fornecedores</td></tr>
<tr><td>• Encomendas</td></tr>
<tr><td>• Receção e conferências</td></tr>
<tr><td>• Contabilização de faturas</td></tr>
<tr><td rowspan="4">• I&D, Programação das operações, Engenharia, Manutenção, etc.</td><td>• Investigação e Desenvolvimento</td></tr>
<tr><td>• Planeamento e controlo das operações</td></tr>
<tr><td>• Tempos e métodos</td></tr>
<tr><td>• Manutenção</td></tr>
<tr><td rowspan="4">• Recursos Humanos</td><td>• Seleção e recrutamento, formação</td></tr>
<tr><td>• Processamento de remunerações</td></tr>
<tr><td>• Cadastro de colaboradores</td></tr>
<tr><td>• Avaliação de desempenho e plano de carreiras</td></tr>
<tr><td rowspan="3">• Administração</td><td>• Gestão administrativa e financeira</td></tr>
<tr><td>• Planeamento e controlo de gestão</td></tr>
<tr><td>• Gestão de sistemas de informação</td></tr>
</table>

FIGURA 7.1 – **Visão departamental vs visão dos processos (interfuncional) de uma organização**

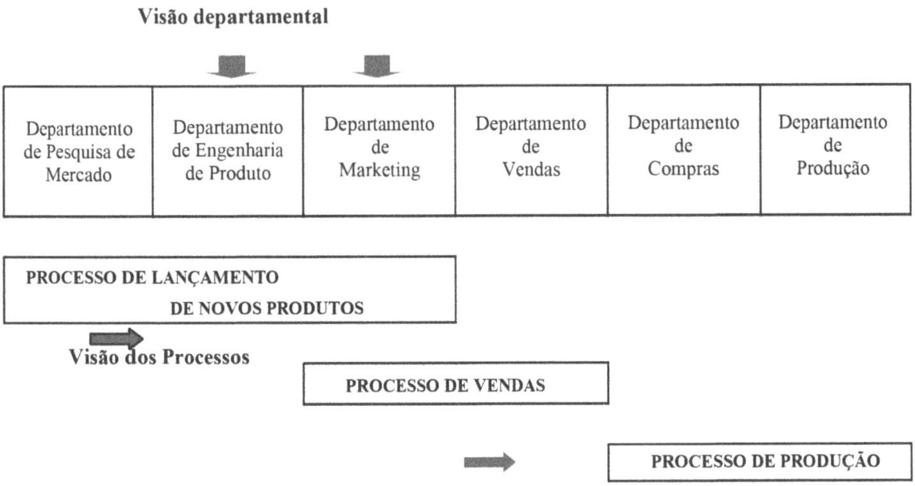

Os **processos** são um conjunto interligado de atividades, que exigem a utilização ou consumo de recursos, tais como mão de obra, equipamentos, instalações, viaturas, consumíveis, capital. Cada um dos processos é desagregado em termos das respetivas atividades.

As **atividades** são as ações ou tarefas realizadas ao nível de cada processo (de vendas, de produção e outros), com base numa combinação de recursos, tendo em vista assegurar que os objetivos e funções da organização sejam atingidos. Como exemplo, o processo de vendas pode ser detalhado por atividades, do seguinte modo (Tabela 7.2).

São, assim, as atividades que explicam o maior ou menor nível de consumo de recursos. Como os produtos resultam das atividades, então, os custos dos produtos e os resultados das empresas dependem da forma como são executadas as atividades. Dito de outro modo, são as atividades que originam os custos e não os produtos, *de per si*. Deste modo, os gestores são compelidos a gerir as atividades e os recursos associados, de forma a minimizar os custos das organizações.

O processo de atribuição de custos das atividades é feito através dos ***cost drivers*** das atividades, isto é, geradores ou indutores de custo ou atividade e que são os fatores que são responsáveis pelo maior ou menor nível de recursos consumidos e que determinam o custo das atividades.

TABELA 7.2 – **Processo de vendas por atividades**

Código	Descrição	Departamento
PV.01	Obter pedido do cliente (encomenda)	
PV.02	Processar pedido do cliente (encomenda)	
PV.03	Conferir pedido (código, preço, condições de pagamento, seguro de crédito...)	
PV.04	Autorizar venda	
PV.05	Verificar *stock*	
PV.05.01	Existe *stock*: enviar pedido ao armazém	
PV.05.02	Não existe *stock*: enviar pedido para a produção	
PV.06	Efetuar venda	
PV.07	Transportar produto até ao cliente (logística)	

A título de exemplo, podem ser identificados os seguintes *cost drivers* no processo de venda e de expedição de uma empresa:

TABELA 7.3 – ***Cost drivers* para o processo de vendas e expedição**

Atividades	*Cost drivers*
• Obtenção de encomenda	• Tempo médio de atendimento de cliente
• Registo da encomenda	• N.º de linhas de encomenda
• Planeamento da encomenda	• N.º de artigos da encomenda
• *Picking* da encomenda	• Quantidades totais da encomenda
• Embalagem da encomenda	• Volume da encomenda
• Emissão da guia de transporte	• N.º de artigos expedidos
...	

A identificação dos *cost drivers* é uma etapa importante no conhecimento da causa dos custos – ao estabelecer relações de causa e efeito entre as atividades e os objetos de custeio – permitindo aos gestores a implementação de medidas que racionalizem a utilização de recursos e, assim, minimizem custos e melhorem os resultados da organização.

Para se implementar um sistema ABC é importante atender à diversidade dos produtos (quantidade e variedade dos produtos que as empresas põem à disposição dos consumidores), à diversidade das atividades de apoio, em que deve fazer-se referência à variação dos custos indiretos, e à existência de processos comuns (avaliar a proporção do processo produtivo que é comum aos diferentes produtos). Este processo pretende identificar todas as tarefas da empresa como a fabricação, a comercialização, a distribuição, a compra de materiais, o controlo de qualidade, entre outras.

O sistema ABC, para além da vertente da gestão de custos, pretende apoiar o processo de tomada de decisões, como por exemplo, a fixação de uma política de preços, a combinação de produtos, o *design* de produtos, tendo em vista estabelecer as prioridades para uma melhor otimização dos recursos. A filosofia das atividades é evitar atuações supérfluas que acarretam custos desnecessários às empresas. Deste modo, o sistema ABC tende a proporcionar uma visão mais clara do *mix* dos produtos que a empresa oferece e do contributo de cada uma das atividades para a melhoria contínua do desempenho da empresa. A combinação de informação não financeira sobre o controlo operacional das atividades a par de informação recolhida a partir de sistemas de custos baseados em atividades podem permitir à Administração da empresa a tomada de decisões mais coerentes e racionais.

7.5. Comparação dos sistemas de custeio tradicionais com o Sistema de Custeio ABC

Nas últimas décadas, as mudanças registadas no mundo empresarial, impulsionadas pela concorrência global e pelas inovações tecnológicas, têm conduzido a alterações surpreendentes quanto à utilização da informação financeira e não financeira por parte das organizações. Assim, os avanços na tecnologia industrial, as alterações no ambiente competitivo, a expansão da diversidade de produtos oferecidos ao mercado e o considerável aumento do montante dos custos indiretos, tornaram os sistemas de custeio baseados no volume de produção obsoletos.

Os sistemas de custeio tradicionais não foram capazes de acompanhar a realidade dos dias de hoje na medida em que foram desenvolvidos num contexto em que a predominância da mão de obra direta era intensiva, o montante dos custos indiretos era reduzido, havia uma pequena variedade de produtos e, basicamente, não existia automatização.

A comparação dos sistemas de custeio tradicionais com o sistema de custeio ABC pode ser feita nos seguintes termos:

1. Nos sistemas tradicionais apenas os gastos de natureza industrial são imputados aos objetos de custeio (secções e produtos), com base em volumes de produção, regra geral, horas homem ou horas-máquina;
2. No sistema ABC todos os custos, de natureza industrial e não industrial (comerciais, de *marketing* e administrativos), são atribuídos aos objetos de custeio, em função de *cost drivers* previamente identificados;
3. As secções, que assumem um papel central no método das secções homogéneas, são substituídas no ABC por **centros de atividades**, o que permite uma maior homogeneidade dos custos em cada centro, em face da desagregação dos recursos por múltiplas atividades, que podem estar concentradas numa única secção (ou centro de custo);
4. A classificação tradicional entre custos diretos e indiretos ou custos variáveis e fixos perde muito da sua relevância.

O modo distinto de apuramento de custos, por parte do sistema de custeio tradicional e o ABC, pode ser ilustrado nos seguintes termos:

7.6. Fases de implementação do ABC

A adoção de um sistema de custeio ABC envolve as etapas ou fases (e metodologia de trabalho tendo em vista a sua implementação) que se descrevem de forma resumida, nos seguintes termos:

- **Fase 1: Identificação de atividades**
  - Reconhecer e identificar o espaço físico da organização (mapas de *layouts* e ocupação de espaços pelas pessoas);
  - Entrevistar os gestores e colaboradores, para analisar as funções e tarefas realizadas;
  - Sistematizar as tarefas em termos de atividades relevantes, verificando se o *cost driver* selecionado permite estabelecer uma relação de causa-efeito com os custos incorridos;

Figura 7.2 – **Apuramento de custos: sistemas de custeio tradicionais vs ABC**

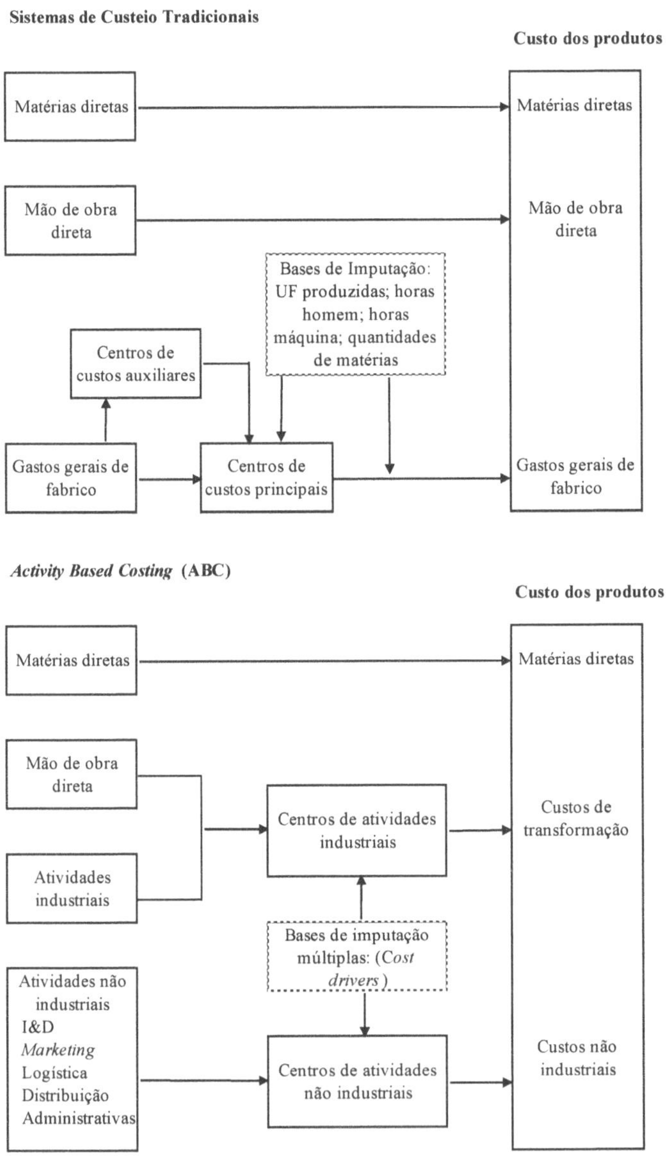

Fonte: Major & Vieira (2017, p. 306), adaptado.

- o Classificar as atividades com e sem valor acrescentado, com base na cadeia de valor de Porter;
- o Definir e codificar os centros de atividades, elaborando o respetivo "plano de contas", a difundir por toda a organização;
- o Articular os centros de atividades com outros segmentos de análise da entidade, tais como centros de responsabilidade, mercados, canais de distribuição.

- **Fase 2: Identificação dos geradores de custos (*cost drivers*)**
  - o Identificar para cada atividade, o(s) fator(es) que estão na origem do nível de consumo de recursos, isto é, os respetivos nexos de causalidade e selecionar o respetivo gerador de custos e que permite apurar a produtividade da atividade;
  - o Criar condições e mecanismos para registar no sistema de informação o n.º de ocorrências relativas a cada *cost driver*, como por exemplo: n.º de clientes visitados; n.º de encomendas ou ordens de fabrico; n.º de documentos processados, etc.;
- **Fase 3: Afetação de recursos às atividades e cálculo dos custos das atividades**
  - o Listar os recursos de todas as áreas da organização e proceder à sua imputação às atividades, isolando aqueles recursos que estejam inativos ou subutilizados (avarias; absentismo);
  - o Proceder à repartição dos recursos e custos comuns (eletricidade, água e outros) e que possam ser afetos a mais do que uma atividade;
  - o Apurar o custo total de cada atividade ($K_{a)}$.
- **Fase 4: Apuramento dos custos unitários das atividades (*cost drivers rates*)**
  - o Calculados através o quociente entre o custo de cada uma das atividades ($K_{a)}$ e o total da atividade (ΣA), isto é o n.º de ocorrências afetas aos objetos de custeio que requerem esta atividade, ou seja: $k_a = K_a/\Sigma A$;
  - o Este indicador fornece informação sobre o custo unitário médio de cada atividade, como por exemplo: o custo de cada visita a clientes, de cada proposta de preço, de cada encomenda, de cada fatura ou documento, etc.;
  - o Este indicador de custo pode ser atribuído ao seu utilizador e o seu acompanhamento ao longo do tempo fornece informação sobre a melhorias de produtividade do processo.

- **Fase 5: Atribuição dos custos das atividades aos objetos de custeio**
  - o Obtém-se a partir da multiplicação do custo unitário da atividade pelo volume ou nível de utilização dessa atividade, por cada objeto de custeio;
  - o O custo total por objeto de custeio resulta do somatório dos custos das diversas atividades, atribuídos de acordo com o procedimento anteriormente descrito.

7.7. Vantagens e dificuldades na implementação do ABC

As vantagens de implementação de um sistema de custeio ABC podem ser sumariadas do seguinte modo:

- A organização/empresa é vista como um conjunto de atividades (processos) e não numa ótica estritamente funcional;
- Os processos de melhoria contínua das atividades e a redução ou eliminação das atividades que não geram valor são potenciados com a implementação desta metodologia de custeio;
- O controlo dos custos é conjugado com o desempenho operacional das atividades (custo da atividade vs número de ocorrências; por exemplo: custo do registo de encomendas vs n.º encomendas de clientes registadas);
- O desempenho da organização está ligado ao desempenho das suas atividades, o que permite uma melhor perceção do comportamento dos custos e dos respetivos *drivers*;
- A análise do desempenho assume uma dimensão multidimensional: produtos, clientes, mercados, segmentos.

O ABC é reconhecido como uma ferramenta de gestão que (1) permite um maior controlo do processo produtivo, (2) demonstra os fatores que são geradores dos custos, (3) permite obter informações mais precisas e analíticas sobre os custos, (4) contribui para a diminuição de custos numa determinada atividade, ou até mesmo a sua eliminação, (5) possibilita que os colaboradores aprendam mais sobre a forma como a organização gere e cria valor com os seus recursos, e (6) auxilia os gestores na tomada de decisão.

As principais dificuldades no processo de implementação estão relacionadas com os seguintes fatores:

- O elevado número de atividades que se podem identificar;
- A definição de *cost drivers* por atividade, sendo que nem todas as atividades têm *cost drivers* facilmente identificáveis, como por exemplo nas atividades de gestão;
- O *cost driver* escolhido nem sempre é capaz de explicar o comportamento dos custos de uma dada atividade;
- A imputação dos custos dos recursos às atividades, em que a proliferação de atividades obriga à repartição de custos comuns;
- A resistência à mudança e ausência de compreensão da âmbito e importância do sistema ABC por parte dos colaboradores;
- A recolha demorada e dispendiosa de informação;
- A necessidade de novos sistemas e recursos para a recolha e processamento de dados;
- A complexidade de implementação em termos administrativos e técnicos dos novos sistemas e dos procedimentos.

SUMÁRIO

A partir de meados da década de 1970 assistiu-se a profundas mudanças tecnológicas permitindo a produção de novos e diferentes tipos de produtos e ao desenvolvimento de novas atividades, tais como as de Investigação e Desenvolvimento (I&D), de Controlo da Qualidade, de *Marketing* entre outras, gerando um forte aumento de gastos indiretos. Por sua vez, o peso da mão de obra direta no custo dos produtos decresceu de forma significativa. Neste contexto empresarial, os sistemas tradicionais de apuramento de custos, em que os gastos indiretos continuavam a ser repartidos com base em volumes de produção, conduziam a informação distorcida e logo irrelevante para a tomada de decisão por parte dos gestores. Por outro lado, a crescente concorrência nos negócios exigia informação sobre a rendibilidade de clientes e de segmentos de mercado.

O sistema de custeio ABC vem propor uma nova abordagem no processo de afetação dos gastos indiretos aos objetos de custeio, com base na prévia identificação das atividades e dos respetivos *cost drivers*, isto é, dos fatores que causam, condicionam e direcionam os referidos custos.

As principais características dos sistemas tradicionais, comparativamente com o sistema de custeio ABC, podem ser sistematizadas nos seguintes termos:

Sistemas de custeio tradicionais:

- Os produtos geram custos;
- Os custos estão dispersos na empresa, por departamentos ou centros de custos e, consequentemente, têm que ser imputados aos produtos;
- Os custos são classificados numa lógica funcional, tendo em vista o apuramento do que se gasta em cada "centro de custos", área ou função (industrial, comercial, administrativa) da empresa;
- Os custos são apurados ao nível industrial (mão de obra + matéria-prima + gastos gerais fabrico), não se considerando outras atividades criadoras de valor;
- Os critérios de repartição de custos indiretos com base em volumes de produção, horas homem ou horas-máquina podem conduzir a análises enviesadas e a decisões de gestão incorretas.

Sistema de custeio ABC:

- Os produtos não geram custos *de per si;*
- Os produtos requerem atividades e são as atividades que consomem recursos;
- A *performance* de uma organização depende da forma como são realizadas as atividades, no âmbito dos processos da cadeia de valor da organização, pelo que o objetivo central é calcular o custo das atividades.

Em suma, o grande objetivo do ABC é demonstrar como estão a ser geridos os recursos e as atividades das empresas e em que medida os produtos/serviços consomem essas atividades, e, consequentemente, consomem os recursos associados. As vantagens deste sistema de custeio residem essencialmente no facto de, perante um elevado montante de custos indiretos, se poder obter informações precisas sobre o custo dos produtos produzidos, ao mesmo tempo que se observam as relações causais entre os indutores de custo e as atividades exigidas pelos produtos. Ao serem as atividades a consumir os recursos necessários à fabricação, torna-se mais fácil a identificação das tarefas executadas e permitir a eliminação de tarefas irrelevantes, de tempos de ociosidade, de desperdícios. Não obstante, este sistema também apresenta algumas limitações relacionadas com o facto de ser dispendioso e moroso, o que facilmente leva à resistência dos colaboradores da organização no processo de implementação.

TERMOS E CONCEITOS-CHAVE

Activity-Based Costing (ABC)
Atividades
Atividades primárias
Atividades de suporte
Cadeia de valor
Centros de atividades
Cost driver
Processos
Sistemas de custeio tradicionais

QUESTÕES TEÓRICAS

1. Identifique o contexto e as razões de desenvolvimento do sistema ABC.
2. Compare os sistemas de custeio tradicionais com o ABC.
3. Apresente os principais estádios ou fases de implementação do ABC.
4. Analise as principais vantagens e dificuldades na implementação do ABC.
5. Uma atividade que exija consumo de recursos é designada de:
   a. Atividade *just-in-time.*
   b. Atividade de suporte aos produtos (*product-sustaining activities*).
   c. *Cost driver.*
   d. *Atividade non-value-added.*
6. Qual dos seguintes itens poderá ser o melhor *cost driver* para uma atividade de montagem:
   a. Número de linhas de produtos.
   b. Número de partes ou componentes.
   c. Número de encomendas.
   d. Número de m^2
7. Uma empresa de componentes eletrónicos fabrica três tipos de componentes (C1, C2, C3). Suportou num determinado período custos anuais de 1 920 000,00 € com o conjunto das atividades de Controlo de Qualidade. Foram realizadas 40 000 inspeções de C1, 30 000 inspeções de C2 e 90 000 inspeções de C3. Quais os custos assignados a cada tipo de componente?
8. Classifique como verdadeira (V) ou falsa (F) cada uma das seguintes afirmações:

a) O ABC tem como objetivo a identificação dos custos **diretos** por atividades para se fazer uma imputação dos mesmos aos produtos de forma mais correta e rigorosa.
b) Um sistema de custeio tradicional permite a afetação dos **gastos indiretos** utilizando múltiplos critérios e taxas de repartição.
c) O processo de afetação dos gastos indiretos aos objetos de custeio no ABC é feito em cinco grandes etapas.
d) Antes da implementação do ABC devem ser avaliadas prioridades, tais como o compromisso da gestão de topo, a existência de capacidades informáticas e a integração com sistemas financeiros e orçamentais.
e) Uma atividade é um evento, ação, transação ou uma sequência de tarefas que incorre em custos quando se produz um produto ou serviço.
f) Se, no cálculo do custo unitário de um produto – apurado com base no sistema de custeio sistema de custeio tradicional e, alternativamente, pelo sistema ABC – se se verificar uma variação positiva do respetivo custo, então, deverá verificar-se, pelo menos, uma variação negativa relativamente aos restantes produtos.
g) Um *cost driver* é a base de referência para a repartição dos custos das atividades aos objetos de custeio.

Respostas:

5 – c) e 6 – b).
7 – C1 = 480 000,00 €; C2 = 360 000,00 €; C3 = 1 080 000,00 €.
8 – a) Falsa; b) Falsa; c) Verdadeira; d) Verdadeira; e) Verdadeiro; f) Verdadeira; g) Verdadeira.

EXERCÍCIOS RESOLVIDOS[5]

Exercício 7.1 – Custos de produtos pelo sistema de custeio tradicional e pelo ABC

A empresa *Têxtil do Ave*, SA dedica-se ao fabrico e comercialização de três produtos, designados de P1, P2 e P3.

---

[5] Exercícios desenvolvidos em coautoria com os colegas Carlos Reis de Sousa e José A. Oliveira Vale (docentes de Contabilidade de Gestão Avançada do ISCAP).

Tradicionalmente, tem adotado uma metodologia de custeio para a determinação do custo unitário dos produtos, em que os gastos indiretos fabris e comerciais têm sido imputados às encomendas daqueles produtos com base nas horas de mão de-obra direta. De acordo com a informação do sistema de custeio atual, e em face dos preços de mercado, os produtos P1 e P3 não são rentáveis, enquanto o produto P2 apresenta uma margem industrial média de 30%.

Em consequência, a Administração da empresa está a ponderar a possibilidade de proceder à reorientação do processo fabril e à concentração dos "esforços de venda" no produto P2. Todavia, antes de implementar esta nova estratégia de mercado, a Administração solicitou a uma empresa de consultoria especializada nas áreas da gestão industrial uma avaliação crítica do sistema de custeio existente, nomeadamente quanto ao modo de repartição dos custos indiretos, com base nos princípios e metodologia de custeio designada de *Activity Based Costing* (ABC).

Após trabalho aprofundado de categorização das principais atividades relativas ao processo fabril e ao processo comercial e de distribuição, identificação dos respetivos *cost drivers* e apuramento dos custos dos recursos afetos às referidas atividades, foi apresentado pela empresa de consultoria um Relatório, do qual se extraiu a seguinte informação, relativamente ao mês M:

1. Preços de venda e coeficientes de consumos unitários de fatores, por produtos:

Produtos	**P1**	**P2**	**P3**
Preço de venda (€/UF)	320,00 €	200,00 €	500,00 €
Consumo matérias-primas (kg/UF)	10,00	6,00	20,00
Consumo mão de obra direta (HH/UF)	3,00	1,00	4,00

2. Produção: P1: 3 000 UF; P2: 5 000 UF; P3: 5 000 UF
3. Custos com matérias-primas e mão de obra direta:
   - Matérias-primas: 1 200 000,00 €
   - Mão de obra direta: 440 000,00 €
4. Custos indiretos das atividades fabris e comerciais e respetivos *cost drivers*:

Atividades fabris	***Cost drivers***	**Custo total (K_a)**
A1 – Logística de matérias	Custo matérias consumidas	36 000 €
A2 – Corte e costura	N.º horas máquina	660 000 €
A3 – Acabamento	N.º horas MOD	308 000 €
A4 – Planeamento e controlo produção	N.º ordens de fabrico (OF)	32 000 €
A5 – Deslocação de produtos para armazém	N.º de unidades produzidas	20 000 €

Atividades comerciais/ distribuição	***Cost drivers***	**Custo total (K_a)**	**N.º de registos**
C1 – Receção de encomendas	N.º encomendas	10 500 €	350 encomendas
C2 – Expedição de encomendas	N.º entregas	20 400 €	340 entregas

5. Outros dados:
   - Operação de corte e costura: n.º de horas máquina/UF (HM):

Produtos:	**P1**	**P2**	**P3**
N.º de horas máquina	3,00	4,00	2,00

   - Cada OF é, normalmente, constituída por um lote de 100 UF de produto com a mesma referência.

Pedidos:

A. Cálculo do custo unitário de fabrico dos produtos, de acordo com o sistema de custeio tradicional e o sistema de custeio ABC, evidenciando o custo unitário de cada atividade.
B. Análise comparativa da margem industrial dos produtos, para cada um dos sistemas de custeio.
C. Cálculo da rendibilidade duma encomenda do cliente C1, de 100 UF do produto P2.

Resolução:

A. Cálculo dos custos unitários dos produtos

i) Sistema de custeio tradicional:

- **Custo unitário dos produtos (€/UF):**

	P1	P2	P3	Notas de resolução
Matérias-primas	120,00 €	72,00 €	240,00 €	A
Mão de obra direta	60,00 €	20,00 €	80,00 €	B
Gastos gerais de fabrico	144,00 €	48,00 €	192,00 €	C
Custo unitário total (k_u)	324,00 €	140,00 €	512,00 €	

a. Cálculo do custo unitário dos produtos, em termos de matérias-primas (€/UF):

Produtos	Produção (UF)	Consumos (kg/UF)	Consumo total (kg)	Custo total (€)	Custo unitário (€/UF)
P1	3 000	10,00	30 000	360 000 €	120,00 €
P2	5 000	6,00	30 000	360 000 €	72,00 €
P3	2 000	20,00	40 000	480 000 €	240,00 €
Total	10 000		100 000	1 200 000 €	
	Custo unitário de MP (€/kg)			12,00 €	

b. Cálculo do custo unitário dos produtos, em termos de mão de obra direta (€/UF):

Produtos	Produção (UF)	Tempo de MOD (HH/UF)	Tempo total de MOD (HH)	Custo total (€)	Custo unitário (€/UF)
P1	3 000	3,00	9 000	180 000 €	60,00 €
P2	5 000	1,00	5 000	100 000 €	20,00 €
P3	2 000	4,00	8 000	160 000 €	80,00 €
Total			22 000	440 000 €	
			Custo unitário de MOD (€/HH)	20,00 €	

c. Cálculo do custo unitário dos produtos, em termos de Gastos gerais de fabrico (€/UF):

(Imputação proporcional à MOD)

Produtos	Produção (UF)	Tempo de MOD (HH/UF)	Tempo total de MOD (HH)	Custo total (€)	Custo unitário (€/UF)
P1	3 000	3,00	9 000	432 000 €	144,00 €
P2	5 000	1,00	5 000	240 000 €	48,00 €
P3	2 000	4,00	8 000	384 000 €	192,00 €
Total			22 000	1 056 000 €	
			Custo unitário de GGF (€/HH)	48,00 €	

ii) Sistema de custeio ABC:

- **Custo unitário dos produtos (€/UF):**

	P1	P2	P3
Matéria-prima	120,00 €	72,00 €	240,00 €
Mão de obra direta	60,00 €	20,00 €	80,00 €
Gastos gerais de fabrico, por atividades			
A1 – Logística de matérias	3,60 €	2,16 €	7,20 €
A2 – Corte e costura	60,00 €	80,00 €	40,00 €
A3 – Acabamento	42,00 €	14,00 €	56,00 €
A4 – Planeamento e controlo produção	3,20 €	3,20 €	3,20 €
A5 – Deslocação de produtos para armazém	2,00 €	2,00 €	2,00 €
Subtotal	110,80 €	101,36 €	108,40 €
Custo unitário (k_u)	290,80 €	193,36 €	428,40 €

A1 – Logística de matérias:
Cost driver: Custo das matérias consumidas

Produtos	Custo unitário MP (€/UF)	Taxa de imputação (k_a) *	Custo unitário (€/UF)
P1	120,00 €	3,00%	3,60 €
P2	72,00 €	3,00%	2,16 €
P3	240,00 €	3,00%	7,20 €

* – Taxa de imputação de custos da atividade A1 – Logística de materiais:
$k_a = K_a/\Sigma A$ = 36 000,00 €/1 200 000,00 € = 3,00 %

A2 – Corte e costura:

Cost driver: N.º de horas máquina

Produtos	Produção (UF)	Tempo de Fabrico (H.Maq/UF	Tempo total de HMaq	Custo total (€)	Custo unitário (€/UF)
P1	3 000	3,00	9 000	270 000 €	60,00 €
P2	5 000	4,00	20 000	150 000 €	80,00 €
P3	2 000	2,00	4 000	240 000 €	40,00 €
Total			33 000	660 000 €	
			Custo unitário de H.Maq (€/HH)	20,00 €	

A3 – Acabamento:

Cost driver: N.º horas mão obra direta

Produtos	Produção (UF)	Tempo de MO (HH/UF)	Tempo total de MOD (HH)	Custo total (€)	Custo unitário (€/ UF)
P1	3 000	3,00	9 000	270 000 €	42,00 €
P2	5 000	1,00	5 000	150 000 €	14,00 €
P3	2 000	4,00	8 000	240 000 €	56,00 €
Total			22 000	308 000 €	
			Custo unitário (€/H.MOD)	14,00 €	

A4 – Planeamento e controlo de produção

Cost driver: N.º OF

Produtos	Produção (UF)	OF = 100 UF	Custo total (€)	Custo unitário (€/UF)
P1	3 000	30	9 600 €	3,20 €
P2	5 000	50	16 000 €	3,20 €
P3	2 000	20	6 400 €	3,20 €
Total		1000	32 000 €	
		Custo unitário (€/OF)	320,00 €	

A5 – Deslocação de produtos para armazém

Cost driver: N.º UF

Produtos	Produção (UF)	Custo total (€)	Custo unitário (€/UF)
P1	3 000	6 000 €	2,00 €
P2	5 000	10 000 €	2,00 €
P3	2 000	4 000 €	2,00 €
Total	10 000	20 000 €	
	Custo unitário (€/UF)	2,00 €	

Mapa síntese dos custos unitários por atividades (k_a):

Atividades	*Cost driver*	Custo total (K_a)	Base (ΣA)	$k_a = K_a/\Sigma A$
A1 - Logística de matérias	Custo MP	36 000 €	1 200 000 €	3,00 %
A2 - Corte e costura	N.º H. Maq	660 000 €	33 000	20,00 €
A3 - Acabamento	N.º H. MOD	308 000 €	22 000	14,00 €
A4 - Planeamento, controlo de produção	N.º OF	32 000 €	100	320,00 €
A5 - Deslocação de produtos para armazém	N.º UF	20 000 €	10 000	2,00 €
Total dos custos		1 056 000 €		

B. Análise comparativa da margem industrial dos produtos, para cada um dos sistemas de custeio.

Sistema de custeio tradicional: margem industrial

	P1	P2	P3
Preço venda (pv)	320,00 €	200,00 €	500,00 €
Custo unitário (k_u)	324,00 €	140,00 €	512,00 €
Margem industrial	- 4,00 €	60,00 €	- 12,00 €
%	- 1,3%	30,0%	- 2,4%

Sistema ABC: margem industrial

	P1	P2	P3
Preço venda (pv)	320,00 €	200,00 €	500,00 €
Custo unitário (k_u)	290,80 €	193,36 €	428,40 €
Margem industrial	29,20 €	6,64 €	71,60 €
%	9,1%	3,3%	14,3%

Comentários:

- Os preços de venda são definidos pelo mercado e não resultam dos sistemas de custeio;
- Confirma-se que, de acordo com o sistema de custeio tradicional, os produtos P1 e P3 não são rentáveis, enquanto o produto P2 apresenta uma margem industrial média de 30%.
- Com o sistema de custeio ABC, a rendibilidade industrial dos produtos P1 e P3 passou de negativa para positiva, contrariando a avaliação anterior. O produto P3 passou a ser o produto com melhor rendibilidade e o P2 apresenta-se como o produto menos rentável;
- Os custos totais dos fatores não se alteraram em face de cada um dos sistemas de custeio; O que variou foram os critérios de repartição dos gastos indiretos pelos produtos, que passou a ser feita, no ABC, com base nas atividades;
- Assim, a eventual decisão da Administração relativamente à reorientação do processo fabril da empresa e à concentração dos "esforços comerciais" no produto P2 seria errada, podendo conduzir a empresa a uma situação de redução de resultados, porventura de prejuízos, se se mantivesse o atual processo de consumo e afetação de recursos, com base nas atividades exigidas para o fabrico dos produtos.

C. Cálculo da rendibilidade do cliente C1, para uma encomenda de 100 UF do produto P2.

Análise da rendibilidade da encomenda de P2 (sistema de custeio ABC):

	UF/Enc	pv/k_u	Total	%
Vendas	100 UF	200,00 €	20 000,00 €	100,0%
Custo das vendas	100 UF	193,36 €	(19 336 ,00€)	96,7%
Margem industrial			664,00 €	3,3%
Gastos comerciais				
C1 – Receção de encomendas	1 Enc	30,00 €	(30,00 €)	0,2%
C2 – Expedição de encomendas	1 Enc	60,00 €	(60,00 €)	0,3%
Margem comercial			574,00 €	2,9%

Cálculo do custo unitário das atividades comerciais:

Atividades	*Cost driver*	K_a	Total de Ativ.	$k_a = K_a/A$
C1 – Receção de encomendas	N.º encomendas	10 500 €	350	30,00 €
C2 – Expedição de encomendas	N.º entregas	20 400 €	340	60,00 €

Comentários:

- A margem comercial de P2 após afetação dos gastos das atividades comerciais é de 574,00 €, correspondendo a 2,9 % do valor de vendas;
- O custo de receção de cada encomenda é de 30,00 € e o custo de expedição é de 60,00 €, admitindo-se que houve uma única expedição da encomenda, ou que a mesma não foi entregue com outras encomendas;
- O total de registos para a expedição de encomendas (340 enc.) é diferente do n.º de encomendas rececionadas (350 enc.), porque algumas encomendas podem não ter sido expedidas, ou, alternativamente, algumas entregas podem englobar mais de que uma encomenda.

Exercício 7.2 – Custos de produtos pelo sistema de custeio tradicional e pelo ABC

A empresa *Automovox* dedica-se à montagem de vários tipos de componentes para a indústria automóvel, que são integrados nas viaturas como um sistema, sendo classificados em três categorias de produtos: P1, P2 e P3.

O departamento de Engenharia e de Produção tem vindo a implementar novos processos de automatização e robotização das linhas de montagem de componentes, a par de melhorias na organização e gestão industrial. Os princípios mais relevantes da organização da produção podem ser resumidos da seguinte forma:

- Produção de base mensal, com 20 dias úteis de produção por mês, em média;
- Emissão de uma única ordem de fabrico, para cada categoria de produto e para cada dia de produção;
- Entrega de materiais pelo armazém à produção: por ordem de fabrico, num contentor contendo apenas um tipo de componente;
- Controlo e certificação de funcionamento: adoção de uma filosofia de zero defeitos, pelo que no final da operação de montagem todos produtos são sujeitos a verificação. Os produtos que registem falhas são classificados, para efeitos de controlo, em três categorias: T (falha total), M (falha média) e S (simples), havendo lugar a uma operação de remontagem. A tabela estatística de controlo de falhas de produtos é a seguinte (% por tipo de falha):

Produtos	Falha T	Falha M	Falha S
P1	15%	60%	25%
P2	10%	50%	40%
P3	25%	60%	15%
Tempo de remontagem por unidade (mn/UF)	90	30	15

Recentemente, a empresa introduziu uma metodologia de cálculo de custos ABC para o tratamento dos custos de transformação ou de conversão – em substituição de uma anterior metodologia de custeio, em que a repartição dos referidos custos era feita com base nos tempos da mão de obra direta (MOD) – tendo sido identificadas as seguintes atividades e respetivos *drivers* de custeio:

Atividades	*Cost drivers*
A1 – Planeamento e controlo da produção	N.º de ordens de fabrico
A2 – Logística de materiais	N.º de contentores
A3 – Montagem	Tempo total de montagem
A4 – Certificação de funcionamento	N.º de unidades de produto
A5 – Controlo e remontagem	Tempo de remontagem

Dados:

1. Relativamente a um determinado mês M, obtiveram-se as seguintes informações de produção:

Produtos	Produção (UF)	Custo por matérias-primas (€/UF)	Tempo de MOD por UF (mn)	N.º de tipos de componentes por UF	Tempo de montagem por componente (mn)	N.º componentes por UF	Taxa de falhas
P1	50 000	40,00 €	25	10	3	20	4%
P2	80 000	55,00 €	20	15	2	36	6%
P3	100 000	75,00 €	15	20	2	48	2%

2. No mesmo período, apuraram-se os seguintes gastos de transformação (gastos indiretos), por atividades:

Atividades (A)	Custo total (K_a)
A1 – Planeamento e controlo da produção	180 000 €
A2 – Logística de materiais	108 000 €
A3 – Montagem	3 672 000 €
A4 – Certificação de funcionamento	115 000 €
A5 – Controlo e remontagem	275 000 €
Total	4 350 000 €

Pedidos:

A. Cálculo do custo unitário de produção de cada um dos produtos (k_u), de acordo com:
   i) Sistema de custeio tradicional;
   ii) Sistema de custeio ABC, evidenciando o custo de cada atividade (k_a).

B. Análise comparativa de custos unitários dos produtos, com base em cada um dos sistemas de custeio.

Resolução:

A. Cálculo dos custos unitários dos produtos
i) Sistema de custeio tradicional:

Custo unitário dos produtos (€/UF)

	P1	P2	P3	Notas de Resolução:
Matérias-primas	40,00 €	55,00 €	75,00 €	Ver dados n.º 1
Gastos de transformação	25,00 €	20,00 €	15,00 €	
Custo unitário total (k_u)	65,00 €	75,00 €	90,00 €	

Custo unitário dos produtos em termos de gastos de transformação (€/UF)

Produtos	Produção (UF)	Tempo de MOD por unidade (mn)	Tempo total de MOD (mn)	Custo total (€)	Custo unitário (€)
P1	50 000	25	1 250 000	675 000 €	25,00 €
P2	80 000	20	1 600 000	1 440 000 €	20,00 €
P3	100 000	15	1 500 000	2 250 000 €	15,00 €
Total			4 350 000	4 350 000 €	
Custo unitário transformação (€/mn)				1,00 €	

ii) Sistema de custeio ABC:

Custo unitário dos produtos (€/UF)

	P1	P2	P3
Matérias-primas	40,00 €	55,00 €	75,00 €
Gastos de transformação, por atividades			
A1 – Planeamento e controlo produção	1,20 €	0,75 €	0,60 €
A2 – Logística de materiais	0,48 €	0,45 €	0,48 €
A3 – Montagem	12,00 €	14,40 €	19,20 €
A4 – Certificação de funcionamento	0,50 €	0,50 €	0,50 €
A5 – Controlo e qualidade/remontagem	1,29 €	1,65 €	0,78 €
Subtotal	15,47 €	17,75 €	21,56 €
Custo unitário total (k_u)	55,54 €	72,75 €	96,56 €

Notas: Cálculo do custo unitário de cada atividade ($k_a = K_a/A$) e do custo unitário do produto por atividade (€/UF):

A1: Planeamento e controlo produção

Cost driver: **Número de ordens de fabrico (OF)** **1 dia=1 OF**

Produtos	Produção (UF)	Dias de trabalho	N.º OF	Custo total	k_u
P1	50 000	20	20	60 000 €	1,20 €
P2	80 000	20	20	60 000 €	0,75 €
P3	100 000	20	20	60 000 €	0,60 €
Total			60	180 000 €	
k_a	180 000,00 €/60 OF = 3 000,00 €/OF				

A2: Logística de materiais

Cost driver: **Número de contentores**

Produtos	Produção (UF)	N.º OF	N.º de tipo de componentes	N.º de contentores	Custo total	k_u
P1	50 000	20	10	200	24 000 €	0,48 €
P2	80 000	20	15	300	36 000 €	0,45 €
P3	100 000	20	20	400	48 000 €	0,48 €
Total				900	108 000 €	
k_a		108 000,00 €/900 cont. = 120,00 €/contentor				

A3: Montagem

Cost driver: **Tempo total de montagem**

Produtos	Produção (UF)	(N.º. comp.) x (tempo/ comp.)	Tempo mont/ UF	Tempo total montagem	Custo total	k_u
P1	50 000	20 x 3	60	3 000 000	600 000 €	12,00 €
P2	80 000	36 x 2	72	5 760 000	1 152 000 €	14,40 €
P3	100 000	48 x 2	96	9 600 000	1 920 000 €	19,20 €
Total				18 360 000	3 672 000 €	
k_a	3 672 000,00 €/18 360 000 mn = 0,20 €/mn					

A4: Certificação de funcionamento

***Cost driver*:** **Número de unidades de produto**

Produtos	Produção (UF)	Custo Total	k_u
P1	50 000	25 000 €	0,50 €
P2	80 000	40 000 €	0,50 €
P3	100 000	50 000 €	0,50 €
Total	230 000	115 000 €	
k_a	0,50 €/UF		

A5: Controlo qualidade/remontagem

***Cost driver*:** **Número de unidades controladas**

Produtos	Produção (UF)	Taxa de falhas	N.º produtos com falha	Tempo médio remontagem (*)	Tempo total remontagem	Custo total	k_u
P1	50 000	4%	2 000	35,25	70 500	64 625 €	1,29 €
P2	80 000	6%	4 800	30,00	144 000	132 000 €	1,65 €
P3	100 000	2%	2 000	42,75	85 500	78 375 €	0,68 €
Total					300 000	275 000 €	
k_a	0,916(7) €						

(*) – Cálculo do tempo médio da operação de remontagem (Tmr), por produto:

Produtos	Falha T	Falha M	Falha S	Total	Tempo médio remontagem
P1	15%	60%	25%	100%	35,25
P2	10%	50%	40%	100%	30,00
P3	25%	60%	15%	100%	42,75
Tempo de remontagem	90 mn	30 mn	15 mn		

- Tmr P_1 = (90 mn x 15 %) + (30 mn x 60 %) + (15 mn x 25 %) = 35,25 mn

B. Análise comparativa de custos unitários dos produtos

A comparação de custos unitários revela diferenças significativas entre cada uma das metodologias de custeio:

	P1	P2	P3
Custeio ABC	55,47 €	72,75 €	96,56 €
Custeio tradicional	65,00 €	75,00 €	90,00 €
Diferenças	-9,53 €	-2,25 €	6,56 €
	-14,7%	-3,0%	7,3%

- O produto P1 apresenta, no sistema de custeio ABC, um custo unitário inferior em cerca de 14,7% relativamente ao custo unitário apurado de acordo com o sistema tradicional;
- P1 estava sobrevalorizado, subsidiando, particularmente, o produto P3, cujo custo unitário é, afinal, superior em 7,3% ao custo inicial.

Exercício 7.3 – Custos de produtos pelo sistema de custeio tradicional e pelo ABC

A empresa de *Sopas & Sopas S.A.* dedica-se ao fabrico de cremes e sopas para comercialização através das grandes superfícies comerciais. Para efeitos do presente exercício considera-se a existência de apenas três variedades de produtos acabados: Caldo Verde (VE), Creme de Cenoura (CE) e Sopa Juliana (JU), comercializadas em caixas plásticas com 1/2 litros (e que, por simplificação de cálculo, se pressupõe ser equivalente a 0,5 kg).

O processo produtivo é simples. Após a receção e conferência, os legumes são selecionados e preparados, sendo retiradas, manualmente, as partes não aproveitáveis, pelo que ocorrem desperdícios nesta fase. Logo depois, os legumes são cozidos em panelas com capacidade de 250 litros, obtendo-se uma sopa ou creme, pelo que, dada a natureza do produto, cerca de 50% do peso dos produtos é constituído por água simples, que não sofre qualquer operação de transformação, embora contribua para o volume final do produto. Alguns produtos são sujeitos a uma operação de trituração a meio do processo de cozedura (Caldo Verde) ou no final deste processo (Creme de Cenoura). Após as operações de trituração e arrefecimento, em ambiente natural, as sopas são embaladas em caixas plásticas.

Atualmente, a empresa apura os custos industriais dos produtos de acordo com o sistema de custeio tradicional e o sistema ABC, com o objetivo de selecionar o sistema que melhor se adeque às necessidades de gestão.

O processo é parcialmente automatizado, pelo que a empresa optou por agregar os gastos de mão de obra direta e os gastos gerais de fabrico (i.e., os custos de transformação), repartindo-os, no sistema de custeio tradicional, em função do número de horas de mão de obra.

A produção e outros indicadores de atividade, num determinado período, foram os seguintes:

Prod.	Produção (N.º de caixas) 1 cx = ½ litro	Custo da MP (€/caixa) (1)	Taxa de desperdícios	Custo da embalagem (€/caixa)	Número de cabazes de legumes por 100 caixas de sopa	Mão de obra por unidade (min/caixa)	Tempo de cozedura por panela (2)
VE	50 000	0,200 €	16,66667%	0,350 €	10	10,00	30
CE	30 000	0,255 €	7,40741%	0,350 €	10	15,00	20
JU	40 000	0,220 €	20,00 %	0,350 €	10	20,95	40

(1) – Custo antes da ocorrência da taxa de desperdícios.

(2) – Cada panela tem capacidade de 250 litros.

Num determinado período os custos de transformação por atividades foram os seguintes:

Atividades	Custos	*Cost Drivers*
A1 – Receção e conferência	3 600 €	Número de cabazes com legumes
A2 – Seleção e preparação	35 600 €	Peso total das matérias-primas (legumes) incorporadas (3)
A3 – Cozedura	37 000 €	Tempo de cozedura
A4 – Trituração	1 200 €	Número de panelas
A5 – Embalagem	12 000 €	Número de caixas
Total	89 400 €	

(3) – Cerca de 50% do peso dos produtos é constituído por água simples.

Pedidos:

A. Cálculo do custo de produção por unidade de produto, de acordo com o sistema de custeio tradicional e o sistema ABC.
B. Aconselhe a empresa quanto ao sistema de custeio a adotar.

Resolução:

A. Cálculo dos custos unitários dos produtos

i) Sistema de custeio tradicional:

Custo unitário dos produtos (€/caixa)

	VE	**CE**	**JU**	**Notas de Resolução:**
Matérias-primas	0,2400	0,2754	0,2750	A
Embalagem	0,3500	0,3500	0,3500	Ver enunciado
Custos de transformação	0,5000	0,7500	1,0475	B
Custo unitário total (k_u)	1,0900	1,3754	1,6725	

a – Cálculo do custo unitário dos produtos, em termos de matérias-primas (€/caixa):

	VE	CE	JU
Custo da matérias-primas (€/caixa)	0,2000	0,2550	0,2200
Taxa de desperdícios	16,66667%	7,40741%	20,00%
Custo da MP, incluindo desperdícios (*)	0,2400	0,2754	0,2750

(*) $k_u = k/(1 - \text{tx desp.})$

b – Cálculo do usto unitário dos produtos, em termos em termos de gastos de transformação (€/caixa):

Produtos	Produção (N.º Caixas)	Tempo de MOD por unidade (mn)	Tempo total de MOD (mn)	Custo total (€)	Custo unitário (€)
VE	50 000	10,00	500 000	25 000 €	0,500 €
CE	30 000	15,00	450 000	22 500 €	0,750 €
JU	40 000	20,95	838 000	41 900 €	1,048 €
Total			1 788 000	89 400 €	
Custo unitário transformação (€/mn)				0,05 €	

ii) Sistema de custeio ABC:

Custo unitário dos produtos (€/UF)

	VE	CE	JU
Matérias-primas	0,2400	0,2754	0,2750
Embalagem	0,3500	0,3500	0,3500
Custos de transformação			
A1 – Receção e conferência	0,0300	0,0300	0,0300
A2 – Seleção e preparação	0,3000	0,2700	0,3125
A3 – Cozedura	0,3000	0,2000	0,4000
A4 – Trituração	0,010	0,010	0,010
A5 – Embalagem	0,100	0,100	0,100
Subtotal	0,7400	0,6100	0,8525
Custo unitário total (k_u)	1,3300	1,2354	1,4775

Cálculo do custo unitário de cada atividade ($k_a = K_a/\Sigma A$) e cálculo do custo unitário do produto, por atividade (€/caixa):

A1 – Receção e conferência
Cost driver: Número de cabazes de legumes

Produtos	Produção	N.º total de cabazes	Custo total	Custo unitário
VE	50 000	5 000	1 500 €	0,03 €
CE	30 000	3 000	900 €	0,03 €
JU	40 000	4 000	1 200 €	0,03 €
Total		12 000	3 600 €	
k_a	0,300 €			

A2 – Seleção e preparação

Cost driver: Peso total das matérias-primas

Produtos	Produção	Peso líquido total de sopa 1 cx = 1/2 kg	Peso líquido de Legumes (Nota 3)	Peso Total de Legumes	Custo total	Custo unitário
VE	50 000	25 000	12 500	15 000	15 000 €	0,3000 €
CE	30 000	15 000	7 500	8 100	8 100 €	0,2700 €
JU	40 000	20 000	10 000	12 500	12 500 €	0,3125 €
Total				35 600	35 600 €	
k_a	1,00 €					

A3 – Cozedura

Cost driver: Tempo de cozedura

Produtos	Produção	Peso líquido total (= Litros Totais)	N.º de Panelas (1 pn = 250 l)	Minutos totais de cozedura	Custo total	Custo unitário
VE	50 000	25 000	100	3 000	15 000 €	0,300 €
CE	30 000	15 000	60	1 200	6 000 €	0,200 €
JU	40 000	20 000	80	3 200	16 000 €	0,400 €
Total				7 400	37 000 €	
k_a	5,00 €					

A4 – Trituração

Cost driver: Número de panelas

Produtos	Produção	N.º total de panelas	Custo total	Custo unitário
VE	50 000	100	500 €	0,01 €
CE	30 000	60	300 €	0,01 €
JU	40 000	80	400 €	0,01 €
Total		240	1 200 €	
k_a	5,00 €			

A5 – Embalagem

Cost driver: Número de caixas

Produtos	Produção	Custo total	Custo unitário
VE	50 000	5 000 €	0,10 €
CE	30 000	3 000 €	0,10 €
JU	40 000	4 000 €	0,10 €
Total	120 000	12 000 €	
k_a	0,10 €		

B. Aconselhamento da empresa

Comentários:

Comparando os custos unitários de cada tipo de creme/sopa, para cada um dos sistemas de custeio, obtém-se, em síntese, a seguinte informação:

	VE	CE	JU
Custeio ABC	1,3300 €	1,2354 €	1,4775 €
Custeio tradicional	1,0900 €	1,3754 €	1,6725 €
Diferenças	0,2400 €	- 0,1400 €	0,1950 €
	+22,0%	-10,2%	-11,7%

- O produto VE revela ter, no sistema de custeio ABC, um custo unitário superior em 0,24 €, isto é 22,0% acima do que é apurado com base no custeio tradicional;

- Inversamente, os produtos CE e JU apresentam agora custos unitários inferiores em cerca de 10% e 12 %, respetivamente;
- Conclui-se que o produto VE beneficiava, no sistema de custeio tradicional, de um processo de "subsidiação de custos" por parte dos dois outros produtos, em resultado de uma repartição dos custos de transformação com base num critério único (número de horas de mão de obra), que não representa o consumo efetivo de recursos correspondente a cada uma das atividades, cujos bases de imputação (*drivers* de custeio) são seguramente mais rigorosas e ajustadas.
- A empresa deve, assim, passar a adotar o sistema de custeio ABC que se configura como mais adequado, permitindo avaliar de forma mais correta as margens de venda dos produtos.

Exercício 7.4 – Custos de produtos pelo sistema de custeio tradicional e pelo ABC

A empresa *Atum-Bem Bom S.A.* desenvolve a sua atividade no setor das conservas de atum, enfrentando forte concorrência de países do norte de África. Por este motivo procura conhecer com rigor os custos dos produtos que comercializa. Face a esta problemática a empresa decidiu implementar uma metodologia ABC para calcular os custos dos produtos.

O atum é comprado em lombos, já limpos e cozidos. Mesmo assim, geram-se desperdícios de peixe, correspondentes a 10% da matéria-prima incorporada. O processo decorre ao longo de uma linha de produção, sendo as operações realizadas lata a lata, com exceção da operação de esterilização, a qual tem de ser realizada em grupos de latas, definidos pela capacidade do respetivo equipamento (autoclave). Toda a produção é sujeita a controlo de qualidade através de processos de visão artificial e raio x. Uma vez que este processo ainda se encontra em fase de desenvolvimento, regista-se a ocorrência de falsas rejeições (falsos defeituosos) que obrigam a que a produção rejeitada pela primeira vez seja sujeita a um segundo controlo de qualidade. A taxa de falsas rejeições é de 4,875%, 25% e 50% para os produtos P1, P2 e P3, respetivamente.

A partir da ficha técnica dos produtos recolheu-se a seguinte informação:

Produtos		Peso de atum escorrido, após desperdício de 10%	N.º max. de unidades por encomenda	N.º de cortes por lotes de latas	N.º máx. de latas por operação de esterilização
P1	Latas 125 gr	0,1125 kg	25 000	20 cortes por 1000 latas	20 000 latas
P2	Latas 400 gr	0,36 kg	1 000	10 cortes por 100 latas	1 250 latas
P3	Latas 800 gr	0,72 kg	500	5 cortes por 100 latas	500 latas

Dados relativos a um determinado período mensal:

1. Produção e custos unitários diretos de produção

Produtos		Produção (N.º de latas)	Custos unitários (€/lata)		
			Mat. prima Atum	Óleos e outras matérias	Mão de obra direta
P1	Latas 125 gr	200 000	?	0,15 €	0,10 €
P2	Latas 400 gr	5 000	?	0,50 €	0,40 €
P3	Latas 800 gr	1 000	?	1,50 €	1,00 €

- Custo total do atum consumido: 111 200,00 €, correspondente ao consumo efetivo de atum, de acordo com a ficha técnica, não havendo desvios entre consumos previstos e consumos reais.

2. Gastos gerais de fabrico, por atividades, relativos às principais operações de transformação:

Atividades	Custo	*Cost driver*
A1 – Planeamento	15 400 €	N.º de encomendas (Enc.)
A2 – Corte	9 100 €	N.º de cortes realizados
A3 – Enlatamento	27 800 €	Peso da matéria-prima incorporada
A4 – Cravação	10 300 €	N.º de latas
A5 – Esterilização	3 400 €	N.º de operações realizadas
A6 – Controlo Qualidade	17 400 €	N.º de latas sujeitas a controlo qualidade
Total	83 400 €	

Pedidos:

A. Cálculo do custo unitário dos produtos pelo sistema de custeio tradicional, considerando que os gastos gerais de fabrico são imputados em função do peso total das matérias-primas incorporadas;
B. Cálculo do custo unitário dos produtos pelo sistema de custeio ABC;
C. Comparação dos resultados obtidos para cada um dos sistemas de custeio.

Resolução:

Cálculo dos custos unitários dos produtos e análise de rendibilidade

A. Sistema de custeio tradicional:

Custo unitário dos produtos (€/lata)

	P1	P2	P3	Notas de Resolução:
Matérias-primas (atum)	0,50 €	1,60 €	3,20 €	A
Outras matérias-primas	0,15 €	0,50 €	1,50 €	Dados enunciado
Mão de obra direta	0,10 €	0,40 €	1,00 €	Dados enunciado
GGF	0,375 €	1,20 €	2,40 €	B
Custo unitário total (k_u)	1,125 €	3,70 €	8,10 €	

i) Custo unitário de matérias-primas (€/lata)

		P1 Lt 125 gr	P2 Lt 400 gr	P3 Lt 800 gr
Peso líquido MP (kg/UF)	$q_{u\ MP}$	0,1125	0,360	0,720
Taxa de desperdícios		10 %	10 %	10 %
Peso total MP, incl. desp. (kg/UF)	$q_{t\ MP}$	0,125	0,400	0,800
Produção (n.º latas)	P_e	200 000	5 000	1 000
Peso total MP incorporadas (kg).	Q_{MP}	25 000	2 000	800
Custo unitário MP	$k_{u\ MP}$	4,00 €	4,00 €	4,00 €
Custo unitário P_i	$k_{u\ Pi} = k_{u\ MP} \times q_{t\ MP}$	0,50 €	1,60 €	3,20 €

- $q_{t\,MP} = q_{u\,MP}$ /(1- tx desp.)
- Kt_{MP} = 111 200,00 € (dado)
- Q_{MP} = 25 000 kg + 2 000 kg + 800 kg = 27 800 kg
- $k_{u\,MP} = Kt_{MP} / Q_{MP}$ => $k_{u\,MP}$ = 111 200,00 €/ 27 800 kg = 4,00 €/kg
- $k_{u\,P1}$ = 4,00 €/kg x 0,125 kg = 0,50 €/lata; $k_{u\,P2}$ = 4,00 €/kg x 0,400 kg = 1,60 €/ lata
- $k_{u\,P3}$ = 4,00 €/kg x 0,800 kg = 3,20 €/lata

ii) Custo unitário em termos de gastos gerais de fabrico (€/lata)

- Critério de repartição: em função do peso das matéria-prima principal incorporada (atum):
  - Kt_{GGF} = 83 400,00 €
  - Q_{MP} = 27 800 kg
  - $k_{u\,GGF} = Kt_{GGF} / Q_{MP}$ => $k_{u\,GGF}$ = 83 400,00 €/ 27 800 kg = 3,00 €

	P1 Lt 125 gr	**P2 Lt 400 gr**	**P3 Lt 800 gr**
Peso (kg/UF)	0,125	0,400	0,800
$k_{u\,GGF}$	3,00 €	3,00 €	3,00 €
Custo unitário GT (k_u)	0,375 €	1,20 €	2,40 €

B. Sistema de custeio ABC:

Custo unitário dos produtos (€/lata)

	P1	**P2**	**P3**
Matérias-primas (atum)	0,500 €	1,600 €	3,200 €
Outras matérias-primas	0,150 €	0,500 €	1,500 €
Mão de obra direta	0,100 €	0,400 €	1,000 €
GGF			
A1 – Planeamento	0,041 €	1,027 €	2,053 €
A2 – Corte	0,040 C	0,200 €	0,100 €
A3 – Enlatamento	0,125 €	0,400 €	0,800 €
A4 – Cravação	0,050 €	0,050 €	0,050 €
A5 – Esterilização	0,011 €	0,170 €	0,425 €
A6 – Controlo Qualidade	0,084 €	0,100 €	0,120 €
Custo unitário total (k_u)	1,101 €	4,447 €	9,248 €

A1: Planeamento

CD: Número de encomendas

Produtos		Produção	N.º. de UF/Enc.	N.º. Enc.	Kt	k_u (€/lata)
P1	Lata 125 gr	200 000	25 000	8	8 213 €	0,041 €
P2	Lata 400 gr	5 000	1 000	5	5 133 €	1,027 €
P3	Lata 800 gr	1 000	500	2	2 053 €	2,053 €
	Total			15	15 400 €	
	k_a	15 400,00 €/15 Enc. = 1 026,667 €/Enc.				

A2: Corte

CD: Número de cortes

Produtos		Produção	N.º de lotes para efeito de corte	Cortes por lotes de latas	N.º. de cortes	Kt	k_u (€/lata)
P1	Lata 125 gr	200 000	200	20	4 000	8 000 €	0,040 €
P2	Lata 400 gr	5 000	50	10	500	1 000 €	0,200 €
P3	Lata 800 gr	1 000	10	5	50	100 €	0,100 €
	Total				4 550	9 100 €	
	k_a	9 100,00 €/4 550 cortes = 2,00 €/corte					

A3: Enlatamento

CD: Peso matéria-prima

Produtos		Produção	Peso escorrido de atum por lata (kg)	Peso bruto atum incorporado por lata (kg)	Peso da MP incorporada (kg)	Kt	k_u (€/lata)
P1	Lata 125 gr	200 000	0,1125	0,125	25 000	25 000 €	0,125 €
P2	Lata 400 gr	5 000	0,360	0,400	2 000	2 000 €	0,400 €
P3	Lata 800 gr	1 000	0,720	0,800	800	800 €	0,800 €
	Total				27 800	27 800 €	
	k_a	27 800,00 €/27 800 kg = 1,00 €/kg					

A4: Cravação

CD: Número de latas

Produtos		Produção	Kt	k_u (€/lata)
P1	Lata 125 gr	200 000	10 000 €	0,05 €
P2	Lata 400 gr	5 000	250 €	0,05 €
P3	Lata 800 gr	1 000	50 €	0,05 €
	Total; k_a	206 000	10 300 €	0,05 € / lata

A5: Esterilização

CD: N.º de operações esterilização

Produtos		Produção	N.º latas por operação esteriliz.	N.º de operações esterilização	Kt	k_u (€/lata)
P1	Lata 125 gr	200 000	20 000	10	2 125 €	0,011 €
P2	Lata 400 gr	5 000	1 250	4	850 €	0,170 €
P3	Lata 800 gr	1 000	500	2	425 €	0,425 €
	Total			16	3 400 €	
	k_a	3 400,00 €/16 op. = 212,50 €/op. esteril.				

A6: Controlo Qualidade

CD: N.º de unidades sujeitas a controlo

Produtos		Produção	Taxa de falsas rejeições	N.º de unidades rejeitadas	N.º de unidades controladas	Kt	k_u (€/lata)
P1	Lata 125 gr	200 000	4,875%	9 750	209 750	16 780 €	0,084 €
P2	Lata 400 gr	5 000	25,00%	1 250	6 250	500 €	0,100 €
P3	Lata 800 gr	1 000	50,00%	500	1 500	120 €	0,120 €
	Total	206 000		11 500	217 500	17 400 €	
	k_a	17 400,00 €/217 500 un. = 0,08 €/un. control.					

C. Comparação de custos unitários (€/lata):

	P1	P2	P3
Custeio ABC	1,101 €	4,447 €	9,248 €
Custeio tradicional	1,125 €	3,700 €	8,100 €
Diferenças	-0,024 €	0,747 €	1,148 €
%	-2,2%	20,2%	14,2%

Comentários:

- No sistema de custeio tradicional, o produto P1 (latas de 125 gr.) tem estado a subsidiar os custos de P2 e P3;
- P2 e P3, de acordo com o sistema ABC, em face de uma melhor identificação das atividades consumidas por cada produto, apresentam custos unitários superiores, em mais de 20% e 14%, respetivamente;
- Com a implementação do sistema de custeio ABC a empresa passou a dispor de um instrumento de gestão que permitirá avaliar com maior rigor a rentabilidade dos produtos, promover políticas comerciais de *pricing* mais rigorosas e melhor gerir as atividades e os recursos afetáveis a cada atividade.

Exercício 7.5 – Sistema de custeio tradicional vs ABC

A empresa *Metalomecânica do Norte*, SA dedica-se ao fabrico de três produtos, P1, P2 e P3 que tem adotado um sistema tradicional para a determinação do custo unitário dos produtos.

Em face da informação de custeio disponível, a Direção Comercial concluiu que o produto P3 não é lucrativo, estando a pensar em abandonar a sua comercialização. Todavia, antes de decidir, solicitou uma análise detalhada do sistema de custeio existente, tendo sugerido a adoção de uma filosofia *Activty Based Costing* (ABC).

Dados:

1) Com referência ao mês N, foram recolhidos os seguintes dados relativos à produção, preços de venda, consumos unitários de matérias-primas (MP)

e respetivas taxas de desperdícios, bem como as correspondentes horas de montagem e acabamento dos produtos, que, no sistema de custeio tradicional, são a base à imputação dos custos de transformação:

Produtos	Produção (UF)	Preço venda (€/UF)	Consumos unitários de MP (kg/UF)	Taxas de desperdícios (%)	Horas totais de montagem (HMaq)
P1	5 000	75,00 €	36,00	10,0%	1 500
P2	2 000	150,00 €	57,00	5,0%	1 082,5
P3	4 000	87,50 €	20,00	20,0%	2 700

2) O custo total das matérias-primas foi de 420 000,00 €;
3) Os custos de transformação ascenderam a 528 250,00 €;
4) A partir dos relatórios referentes à implementação do sistema ABC, recolheu-se a seguinte informação sobre as atividades fabris e comerciais, respetivos *cost drivers*:

Atividades fabris	Custos de transformação	*Cost drivers*	Consumos de atividades /UF		
			P1	P2	P3
A1 – Corte	150.000 €	N.º de operações equivalentes	3,0	25,0	2,5
A2 – Soldadura	10.250 €	N.º minutos	5,0	3,0	2,5
A3 – Montagem	368.000 €	N.º minutos	20,0	30,0	40,0

Atividades comerciais/ distribuição	*Cost drivers*	Custo total	N.º de registos
C1 – Receção de encomendas	N.º encomendas	18 000 €	600 encomendas
C2 – Expedição	N.º entregas	20 000 €	500 entregas

Pedidos:

A. Pronuncie-se sobre a rendibilidade dos vários produtos e em especial de P3, utilizando o sistema de custeio tradicional e o sistema de custeio baseado nas atividades (ABC).
B. Calcule a rendibilidade de uma encomenda de 100 UF do produto P3.

Resolução:

A. Análise de rendibilidade dos produtos
ii) Sistema de custeio tradicional:

Custo unitário dos produtos (€/UF)

	P1	P2	P3	Notas de Resolução
Matérias-primas	40,00 €	60,00 €	25,00 €	A
Gastos de transformação	30,00 €	54,125 €	67,50 €	B
Custo unitário total (k_u)	70,00 €	114,125 €	92,50 €	

a – Custo unitário de matérias-primas (€/UF)

	P1	P2	P3
Produção (UF)	5 000	2 000	4 000
Consumo unitário MP (kg/UF) $q_{u\ MP}$	36,00	57,00	20,00
Taxa de desperdícios	10 %	5%	20,00 %
Consumo unit.º MP, incl. desperd. ($q_{t\ MP}$). *	40,00	60,00	25,00
Consumo total MP (Q = Prod. X $q_{t\ MP}$) (kg)	200 000	120 000	100 000
$k_{u\ Pi} = k_{u\ MP} \times q_{t\ MP}$	40,00 €	60,00 €	25,00 €

- (*) $q_{t\ MP} = q_u$ / (1- tx desp.) = 36,00/(1- 0,1) = 40,00 kg ; ...
- Kt_{MP} = 420 000,00 €
- Q_{MP} = (200 000 + 120 000 + 100 000) kg = 420 000 kg
- $k_{u\ MP} = Kt_{MP} / Q_{MP}$ = 420 000,00 €/ 420 000 kg = 1,00 €/kg

b – Custo unitário em termos de gastos de transformação (€/UF)

Produtos	Produção (UF)	Horas laboração (h)	Custo total Kt_{GT} (€)	Custo unitário (€)
P1	5 000	1 500,0	150 000 €	30,000 €
P2	2 000	1 082,5	108 250 €	54,125 €
P3	4 000	2 700,0	270 000 €	67,500 €
Total		5 282,5	528 250 €	

- $k_{u\ GT} = Kt_{GT} / H_{GT}$ = 528 250,00 €/5 282,50 h = 100,00 €/h

Análise de rendibilidade dos produtos (€/UF):

	P1	P2	P3
Preço de venda (pv)	75,00 €	150,00 €	87,50 €
Custo unitário total (k_u)	70,00 €	114,125 €	92,50 €
Margem industrial (mg = pv – k_u)	5,00 €	35,875 €	-5,00 €
Margem %	6,67%	23,92%	-5,71%

Conclusão: Com base no processo tradicional de apuramento de custos, o produto P3 apresenta uma margem negativa (-5,00 €; 5,71%); O P2 é o produto com maior rentabilidade.

Em face desta informação, compreende-se a posição da Direção Comercial, que vai no sentido de abandonar a comercialização de P3.

ii) Sistema de custeio ABC:

Custo unitário dos produtos (€/UF)

	P1	P2	P3
Matérias-primas	40,00 €	60,00 €	25,00 €
Gastos de transformação			
A1 – Corte	6,00 €	50,00 €	5,00 €
A2 – Soldadura	1,25 €	0,75 €	0,625 €
A3 – Montagem	23,00 €	34,50 €	46,00 €
Custo unitário total (k_u)	70,25 €	145,25 €	76,625 €

A1 – Corte

Cost driver: N.º de oper. equivalentes

Produtos	Produção	*Cost driver*		Custo total (Kt)	k_u
		Op./UF	Totais operações		
P1	5 000	3,0	15 000	30 000 €	6,00 €
P2	2 000	25,0	50 000	100 000 €	50,00 €
P3	4 000	2,5	10 000	20 000 €	5,00 €
Total			75 000	150 000 €	
k_a = Custo unitário	2,00 €/op. corte				

A2 – Soldadura

Cost driver: N.º de minutos

Produtos	Produção	*Cost driver* mn/UF	*Cost driver* Total mn	Custo total (Kt)	k_u
P1	5 000	5,00	25 000	6 250 €	1,250 €
P2	2 000	3,00	6 000	1 500 €	0,750 €
P3	4 000	2,50	10 000	2 500 €	0,625 €
Total			41 000	10 250 €	
k_a = Custo unitário	0,250 €/mn				

A3 – Montagem

Cost driver: N.º de minutos

Produtos	Produção	*Cost driver* mn/UF	*Cost driver* Total mn	Custo total (Kt)	k_u
P1	5 000	20	100 000	115 000 €	23,00 €
P2	2 000	30	60 000	69 000 €	34,50 €
P3	4 000	40	160 000	184 000 €	46,00 €
Total			320 000	360 000 €	
k_a = Custo unitário	1,15 €/mn				

Análise de rendibilidade dos produtos (€/UF)

	P1	P2	P3
Preço de venda	75,00 €	150,00 €	87,50 €
Custo unitário total ($k_{u\,Pi}$)	70,25 €	145,25 €	76,625 €
Margem industrial (mg = pv – $k_{u\,Pi}$)	4,75 €	4,75 €	10,875 €
Margem %	6,33%	3,17%	12,43%

Conclusão:

- O apuramento de custos ABC revela que o produto P3 apresenta a margem mais elevada (10,875 €; 12,43%) do tipo de produtos produzido pela empresa;

- P2 é, contrariamente ao que revelava o sistema de custeio tradicional, o produto com menor rentabilidade;
- O processo de identificação das atividades e afetação aos produtos, e o correspondente custo dos recursos envolvidos, permitem apurar custos mais rigorosos no sistema ABC. Conclui-se que o modo de imputação dos custos de transformação no sistema de custeio tradicional, com base nas horas de montagem e acabamento revela ser inadequado, o que teria conduzido a Direção Comercial a decisões erradas, se tivesse optado por abandonar a produção e comercialização do produto P3, porque apresentava uma margem industrial negativa.

B. Cálculo da rendibilidade de uma encomenda de 100 UF do produto P3

Sistema de custeio ABC:

	UF/Enc	pv/k_u	Total	%
Vendas	100 UF	87,50 €	8 750,00 €	100,0%
Custo das vendas	100 UF	76,625 €	(7 662,50 €)	87,6%
Margem industrial			1 087,50 €	12,4%
Gastos comerciais				
C1 – Receção de encomendas	1 Enc	30,00 €	(30,00 €)	0,3%
C2 – Expedição de encomendas	1 Enc	40,00 €	(40,00 €)	0,5%
Margem comercial			1 017,50 €	11,6%

Cálculo do custo unitário das atividades comerciais:

Atividades	*Cost driver*	K_a	Total de Ativ. (A)	$k_a = K_a/A$
C1 – Receção de encomendas	N.º. encomendas	18 000 €	600	30,00 €
C2 – Expedição de encomendas	N.º. entregas	20 000 €	500	40,00 €

Comentário:

- A margem comercial de P3 após afetação dos respetivos gastos das atividades comerciais é positiva, no montante de 1 017,50 €, correspondendo a 11,6%

do valor de vendas, contrariando, uma vez mais, as conclusões decorrentes da análise de margens segundo o sistema de custeio tradicional.

EXERCÍCIOS E PROBLEMAS POR RESOLVER

Exercício 7.6 – Sistema de custeio tradicional vs ABC

Uma determinada empresa produz os produtos P1 e P2, tendo decidido implementar um sistema de custeio baseado nas atividades (ABC) para calcular de forma mais rigorosa o custo dos seus produtos, em face da grande concorrência existente no mercado em que atua. Para tal definiu que, num determinado período, os custos indiretos deveriam ser imputados às atividades, com base nos respetivos indutores de custo (*cost driver*), nos seguintes termos:

Atividades	**Custo total**	***Cost driver*** **(Indutor de custo)**	**Total indutor de custo (n.º)**
A1 – Preparação de máquinas	400 000 €	N.º de preparações	800
A2 – Corte	600 000 €	N.º horas máquina	200 000
A3 – Expedição encomendas	200 000 €	N.º de entregas	200

As produções e os consumos unitários de matéria-prima (MP) e de mão de obra direta (MOD) foram os seguintes:

Produtos	**Produção (UF)**	**Consumo MP (kg/UF)**	**MOD (Horas/UF**
P1	2 000	4,00	4
P2	4 000	6,00	6

- O custo da MP é de 20,00 €/kg e o custo hora de MOD é de 10,00 €/hora.

Foram registadas as seguintes atividades para cada tipo de produto:

Produtos	**N.º Preparações**	**N.º de Horas máquina**	**N.º de Entregas**
P1	300	80 000	80
P2	500	120 000	120

Pedidos:

A. Calcule o custo unitário dos produtos P1 e P2, pelo sistema de custeio ABC.
B. Refira detalhadamente quais as razões que determinaram o surgimento do sistema ABC.

Exercício 7.7 – Sistema de custeio tradicional vs ABC

A empresa ABC, S.A. está em fase de implementação de um sistema de custeio ABC. Para o efeito, procedeu à reclassificação dos gastos indiretos por atividades, cujos custos, num determinado período, e respetivos *cost drivers* são os seguintes:

Atividades	**Custo total**	***Cost drivers***
• Aprovisionamento de MP	50 700,00 €	N.º de total de componentes
• Planeamento de produção máquina	30 000,00 €	N.º de arranques (*set-up´s)*
• Fabricação (máquinas)	800 000,00 €	N.º de horas máquina
• Controlo de qualidade	50 000,00 €	N.º de ordens de fabrico
• Embalagem e distribuição	80 000,00 €	N.º de encomendas

Tradicionalmente, a empresa imputava os gastos indiretos à produção utilizando um critério de dupla base, nos seguintes termos:

- Aprovisionamentos: proporcionalmente ao custo das matérias-primas;
- Restantes gastos: proporcionalmente ao n.º de horas máquina.

Adicionalmente, é conhecida a seguinte informação para o período de análise:

	P1	**P2**	**P3**
Produção (UF)	30 000	20 000	8 000
Custo/consumos unitários de fatores:			
– Matérias primas (componentes) (€/UF)	25,00	20,00	12,50
– Mão de obra direta (horas/UF)	1 1/3	2,0	1,0
– Máquinas (horas/UF)	1,5	1,0	1,875

	P1	P2	P3
N.º de componentes por unidade produto	5	5	11
N.º de arranques (*set- up*) de máquina	30	70	200
N.º de ordens de fabrico	15	10	25
N.º de encomendas de clientes	30	10	10

- Custo médio de Mão de obra direta: 6,00 €/hora

Pedidos:

A. Apure o custo unitário dos produtos com base no sistema de custeio tradicional.
B. Apure o custo unitário dos produtos utilizando o custeio baseado nas atividades (ABC), apresentando os custos unitários por atividades.
C. Analise sucintamente as diferenças entre os dois sistemas de custeio.

BIBLIOGRAFIA DO CAPÍTULO

Caiado, A. (2020). *Contabilidade Analítica e de Gestão* (9.ª ed.). Áreas Editora.

Cooper, R., & Kaplan, R. (1988). Measure Costs Right: Make the Right Decisions. *Harvard Business Review,* 66(5), 96-103.

Drury, C. (2021). *Management and Cost Accounting* (11th ed.). Cengage Learning.

Ferreira, D., Caldeira, C., Asseiceiro, J., Vieira, J., & Vicente, C. (2019). *Contabilidade de Gestão, Estratégia de Custos e de Resultados* (2.ª ed.). Rei dos Livros.

Innes, J. & Mitchell, F. (2002). *Custeio Baseado em Atividades: Um Guia Prático* (1.ª ed.). Monitor.

Johnson, H., & Kaplan, R. (1987). *Relevance Lost: The Rise and Fall of Management* Accounting. Harvard Business School Press.

Jordan, H., Neves, J., & Rodrigues, J. (2021). *O Controlo de Gestão ao serviço da Estratégia e dos Gestores* (11.ª ed.). Áreas Editora.

Kaplan, R., & Cooper, R. (1998). *Cost and Effect: Using Integrated Cost Systems to Drive Profitability and Performance.* Harvard Business School Press.

Kimmel, P., Weygandt, J., & Kieso, D. (2022). *Accounting: Tools for Business Decision Making* (7th ed.). WilleyPlus.

Major, M., & Vieira, R. (2017). Activity-Based Costing/Management. In Major, M., J., & Vieira, R. (Org.). *Contabilidade e Controlo de Gestão* (2.ª ed., pp. 297-329). Escolar Editora.

Miller, J., & Vollmann, T. (1985). The Hidden Factory. *Harvard Business Review*, 63(5), 142-150.

Porter, M. (1985). *Competitive Advantage: Creating and Sustaining Superior Performance. The Free Press.*

Rodrigues, J., & Simões, A. (2009). *Apurar Resultados de acordo com os Processos.* Áreas Editora.

CAPÍTULO 8

—

ACTIVITY-BASED MANAGEMENT (ABM) E *ACTIVITY-BASED BUDGETING* (ABB)

OBJETIVOS DE APRENDIZAGEM

1. **Apresentar o ABM como uma ferramenta ou processo de gestão complementar do sistema de custeio ABC;**
2. **Compreender a evolução dos sistemas ABC e distinguir o ABM operacional e o ABM estratégico;**
3. **Analisar as várias etapas para a implementação do ABM;**
4. **Apresentar o ABB – *Activity-Based Budgeting* como processo orçamental baseado nas atividades.**

8.1. INTRODUÇÃO

O termo ABM (*Activity-Based Management*), que designa a gestão baseada em atividades, é utilizado para descrever as aplicações de gestão de custos tendo como referência o sistema de custeio ABC.

A implementação do ABM, envolve três etapas principais: (a) identificação das principais atividades de uma organização; (b) atribuição de custos a centros de custos de cada atividade; (c) determinação do respetivo *cost driver*. As empresas podem assim omitir a fase final de atribuição dos custos das atividades aos produtos, pelo que o ABC se limita a ser utilizado apenas para efeito de gestão de custos das atividades.

O ABM encara um processo de negócio como um conjunto de atividades integradas – tal como decorre do conceito de cadeia de valor, apresentado no subcapítulo 6.4 – cujo propósito é o de acrescentar valor ao cliente. Partindo do princípio de que cada atividade consome recursos, que envolvem custos, ao gerir as atividades, e os fatores que as determinam, os custos serão geridos a longo prazo. O objetivo do ABM é, assim, duplo: permitir que as necessidades dos clientes sejam satisfeitas e, ao mesmo tempo, otimizar os recursos organizacionais necessários à realização das atividades, cuja *performance* deve ser continuamente melhorada (Drury, 2021).

A ênfase é, uma vez mais, colocada na análise horizontal dos processos em detrimento de uma visão vertical ou departamental da empresa, com o intento de buscar, numa primeira fase, a eficiência da organização – ABM operacional – e atingir, em última instância, um posicionamento competitivo estratégico do negócio único – ABM estratégico.

A metodologia tradicional de orçamentação estima os custos por tipo ou natureza de despesas para cada centro de responsabilidade. Em contrapartida, o ABB (*Activity-Based Budgeting*), adota uma metodologia de orçamentação em que os custos são estimados por atividades, fornecendo aos gestores informações sobre as atividades e os recursos necessários, em termos previsionais, e, consequentemente, a razão de ser dos custos a incorrer.

Nos subcapítulos seguintes são desenvolvidos de forma detalhada os conceitos apresentados.

8.2. Activity-Based Management (ABM)

O sistema de gestão baseado nas atividades (ABM) tem como fonte principal de informação o sistema ABC, com a identificação das atividades na cadeia de valor de uma organização e os respetivos *cost drivers*. Todavia, o ABC está focalizado no cálculo dos custos dos diferentes objetos de custeio (produtos e serviços), de forma mais correta, enquanto o ABM se foca na gestão dos processos e na identificação da causa dos custos, tal como se ilustra na figura seguinte:

Figura 8.1 – **Perspetiva do ABC vs ABM**

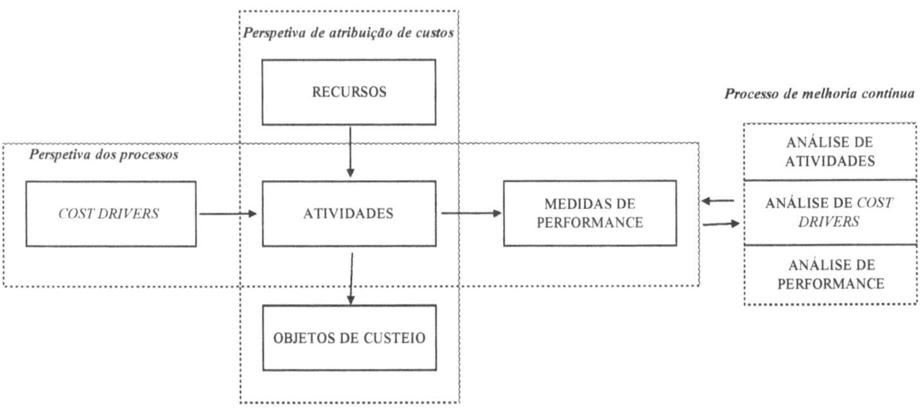

Fonte: Miller (1996, p. 236) e CIMA (2001), adaptado

Com o ABM pretende-se identificar as atividades que geram e acrescentam valor, distinguindo-as das atividades que não acrescentam, ou destroem valor, reduzindo-as ou eliminando-as. São atividades que não acrescentam valor, por exemplo, a preparação de processos produtivos (*set-ups*), a movimentação dos produtos ao longo do processo produtivo e a sua armazenagem, a logística de receção das matérias de fornecedores ou de entrega dos produtos aos clientes. A informação obtida a partir de sistemas de gestão ABM permite melhorar processos e atividades, definir prioridades de produção, reduzir custos, nomeadamente em negócios estagnados, isto é, sem perspetivas de crescimento, negócios em declínio, ou negócios com restrições ou limitações de capacidade produtiva. Os objetivos do ABM são, assim, a melhoria, de forma contínua, do valor a oferecer aos clientes e, consequentemente, a melhoria da posição competitiva e dos resultados da organização.

8.3. Evolução do ABC/ABM

Se na fase inicial de desenvolvimento, o ABC foi apresentado como uma metodologia de imputação dos gastos indiretos e de apuramento dos custos dos produtos e serviços, a partir da década de 90 a perspetiva fundamental passou a ser a de gerir as atividades e os respetivos custos, passando a designar-se de ABM – *Activity-Based Management*.

Com base nas necessidades de informação das organizações, Mecimore e Bell (1995) identificaram três fases na evolução dos sistemas ABC (Tabela 8.1).

Inicialmente, os sistemas ABC pretendiam uma melhor imputação dos gastos indiretos aos produtos, enfatizando a ideia de que nem todos os *cost drivers* estavam associados ao volume de produção. A preocupação não estava centrada na gestão das atividades e na interligação entre as mesmas.

Na segunda geração destes sistemas a ideia relevante passou a ser a gestão das atividades e a rendibilidade dos processos, com base numa filosofia de melhoria contínua, tendo assumido particular importância os indicadores, não exclusivamente financeiros, de *performance* das atividades.

A terceira geração de sistemas ABC passa a dar ênfase à gestão das unidades de negócio e à interação com outros negócios internos e externos à organização. A análise da cadeia de valor e a posição relativa da organização face à concorrência, bem como o valor medido na ótica do cliente, passam a ser os instrumentos de análise fundamentais.

Tabela 8.1 – **Três gerações de sistemas ABC**

	Primeira Geração	**Segunda Geração**	**Terceira Geração**
Orientação	Produto	Processo	Unidades de Negócio
Planeamento e controlo	Centro de Custos	Centro de Custos	Unidades de Negócio
Âmbito	Custos Industriais	Custos de Processo (industriais, de distribuição e administrativos)	Custos internos e externos
Foco	Rendibilidade por produtos	Rendibilidade por processos	Rendibilidade por clientes
Objetivo	Custo dos produtos (custo das atividades)	Melhoria de processos (reengenharia)	Gestão e satisfação dos clientes

Fonte: Mecimore e Bell (1995), adaptado.

Recomenda-se a releitura do capítulo 6, que permitirá melhor compreender como a gestão das atividades utiliza o ABC para analisar a relação entre a execução das atividades e a utilização dos fatores produtivos, isto é, os recursos.

8.4. Principais tipos de ABM

O ABM pode ser apresentado segundo duas tipologias: o ABM operacional e o ABM estratégico, conforme a Figura 8.2 (Kaplan & Cooper, 1998).

O ABM operacional está orientado para a eficiência da organização, cujo objetivo é "fazer as coisas bem" (*do the things right*), através da redução dos recursos ou do tempo (custo) de realização das atividades ou da eliminação das atividades que não acrescentam valor, porque o respetivo custo é superior aos rendimentos que geram.

O ABM pode ser utilizado conjuntamente com outras metodologias de melhoria de *performance*, tais como a Gestão da Qualidade Total (TQM), *Seis Sigma* e a Reengenharia de Processos Empresariais (BPR). Na Gestão da Qualidade Total, os custos são analisados em termos de custos de conformidade (custos de avaliação e prevenção) e custos de não conformidade (custos de falhas internas e externas). O objetivo da TQM é reduzir os custos de não-conformidade. O ABM permite às organizações calcular com maior precisão estes custos relacionados com a qualidade e monitorizar as melhorias implementadas. As filosofias *Six Sigma, Business Process Improvements* e *Business Process Reengineering* (BPR) têm em vista alcançar fortes melhorias (descontínuas), em particular em processos empresariais relacionados com a eficiência e melhor satisfação dos clientes.

Figura 8.2 – **Utilização do ABM para melhorias operacionais e decisões estratégicas**

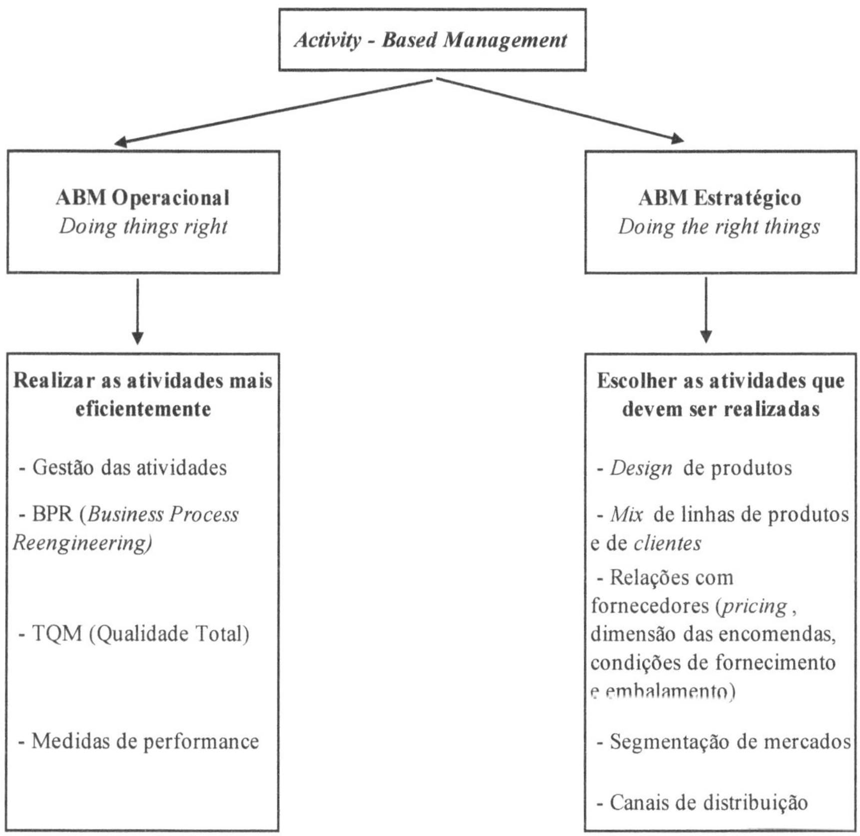

Fonte: Kaplan e Cooper (1998), adaptado.

O ABM pode apoiar estas metodologias da seguinte forma:

- Identificando os processos que necessitam de melhorias, estabelecendo prioridades;
- Apresentando e justificando os custos para prosseguir com o projeto;
- Acompanhando os benefícios dos projetos.

No que diz respeito ao estabelecimento de prioridades, o ABM permite à Gestão da empresa identificar quais as atividades ou processos em que se está a gastar mais e onde podem ser feitas as maiores poupanças financeiras. Pode também identificar atividades em que podem ser feitas grandes melhorias, tipicamente, em processos altamente fragmentados, que envolvem pessoas de diferentes departamentos.

Muitos projetos de melhoria empresarial podem exigir despesas de investimento significativas, pelo que será necessário fazer uma análise custo-benefício para determinar se se deve prosseguir com esses investimentos. O ABM pode fornecer informações mais precisas sobre as potenciais poupanças de um determinado projeto, conduzindo assim a uma avaliação mais rigorosa.

Após a conclusão de um projeto de melhoria do processo empresarial, muitas empresas não medem os benefícios alcançados e, em alguns casos, não os aproveitam plenamente. Por exemplo, o projeto pode ter reduzido o tempo gasto no tratamento de reclamações de clientes, mas importa assegurar que o pessoal excedentário foi reafecto a outros departamentos.

Os modelos ABM também fornecem informações sobre os custos incorridos nas várias atividades, pelo que é mais fácil controlar o montante da redução de custos com a implementação de um determinado projeto.

O ABM estratégico tem como propósito "fazer as coisas certas" (*do the right things*). Está focado na tomada de decisões sobre os produtos a fabricar ou os serviços a prestar, os clientes a quem vender ou os mercados a servir, com base na avaliação da sua rendibilidade, proporcionada pela utilização de sistemas de custeio ABC, que permitem o cálculo de custos de uma forma mais exata e correta, por contraponto com os sistemas de custeio tradicionais. São decisões de natureza estratégica as que envolvem questões tais como: continuar ou abandonar a produção de uma gama, ou categoria de produtos ou serviços; aumentar ou reduzir preços; decisões que podem exigir a utilização de outras ferramentas de gestão tais como as de *target price/target cost*, tendo em consideração a eventual existência de custos fixos e ou custos afundados (*sunked costs*).

8.5. Fases de Implementação do ABM

As fases ou etapas de implementação do ABM numa organização são as mesmas do ABC, ou seja:

- Identificação de atividades e dos processos;
- Identificação do *cost driver* de cada atividade;
- Cálculo dos custos totais e unitários de cada atividade.

A definição das atividades depende fundamentalmente do tipo de informação que se pretende para efeitos de otimização de custos e tomada de decisão, sendo que o tempo utilizado em cada atividade e, obviamente, o respetivo custo são os elementos-chave para essa identificação. Em face das inúmeras atividades que são desenvolvidas internamente, as organizações tendem a fixar um *plafond* máximo de atividades ou conjunto integrado de atividades a identificar, isto e, processos – entre 20 a 30 atividades – tendo em vista uma boa gestão da relação custo/benefício da recolha e tratamento da informação.

Logo depois, deve ser feita a identificação dos *cost driver* das atividades. A afetação dos recursos operacionais e financeiros a cada atividade permite a determinação do respetivo custo total (K_a). A repartição deste custo pelo total da atividade (ΣA), de cada centro, permite a determinação do custo unitário de cada atividade ($ka = Ka/\Sigma A$).

Para uma melhor compreensão deste processo de cálculo de custos das atividades, remete-se para o secção 7.6 apresentada anteriormente.

No ABM, e ao contrário do sistema de custeio ABC, a informação sobre o custo de cada uma das atividades pode ser suficiente. No ABC os custos são imputados aos produtos, com base nos consumos relativos em termos de *cost drivers.*

8.6. Activity-Based Budgeting (ABB)

O orçamento baseado nas atividades (ABB) é uma metodologia de orçamentação que tem como base os princípios do sistema ABC. O objetivo do ABB é permitir aos gestores a determinação, autorização e a alocação dos recursos ao desenvolvimento das atividades necessárias para o cumprimento das metas orçamentais, constantes dos planos de vendas e de produção (Drury, 2021).

A elaboração dos orçamentos com base no método ABB é feita de forma inversa ao modelo ABC (Kaplan & Cooper, 1998). No ABC os gastos com os recursos são afetos a atividades e, com base em *cost drivers*, os custos das atividades são afetos aos objetos de custeio, tais como produtos, serviços ou clientes. No ABB, ao invés, os objetos de custeio são o ponto de partida

Na Figura 8.3 apresenta-se uma comparação entre os referidos sistemas.

Figura 8.3 – **Comparação do ABC vs ABM**

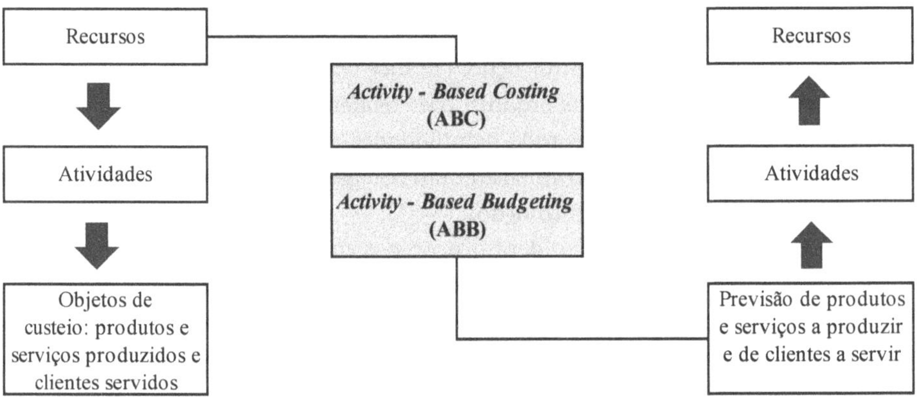

Para um determinado período, a metodologia ABB envolve as seguintes etapas, sequenciais:

i) Estimativa dos volumes de vendas e produção (planos), por produto ou clientes;
ii) Estimativa das atividades necessárias, para realizar os referidos planos;
iii) Cálculo dos recursos necessários para realizar essas atividades;
iv) Comparação dos recursos necessários (procura) face aos recursos disponíveis (oferta);
v) Planos de ação para ajustamento entre os recursos disponíveis e os recursos necessários.

A primeira etapa, correspondente à elaboração dos planos de vendas e de produção, é idêntica ao do processo orçamental tradicional. Mas, logo depois, para implementar uma filosofia ABB é preciso conhecer e estimar o volume de atividades de suporte necessárias, para produzir e vender os produtos e serviços, tais como o número de encomendas a fornecedores, o número de receções de materiais, o número de ordens de produção a planear, o número de encomendas a expedir para os clientes. Estas estimativas podem ser feitas utilizando uma abordagem equivalente à utilizada, convencionalmente, para determinar as quantidades de matérias ou de mão de obra direta a incorporar nos orçamentos de gastos diretos de produção. É necessário utilizar fichas padrão de atividades para cada produto, com indicação dos *drivers* e quantidade (volume) das diferentes atividades necessárias para produzir um número específico de produtos.

Na terceira etapa é feita uma estimativa dos recursos necessários para a realização das atividades programadas. Por exemplo, se o número de encomendas de clientes a processar for de 5 000 e cada encomenda exigir 30 minutos para ser processada, então são necessárias 2 500 horas de atividade de processamento de encomendas.

Depois, é feita uma estimativa dos recursos necessários para o desempenho de cada atividade. Assim, se cada colaborador contratado trabalhar 1 500 horas/ano, serão necessários 1,67 colaboradores (2 500/1 500); mas como os recursos não podem ser parcialmente divisíveis, será necessário admitir 2 colaboradores. Os demais recursos, tais como equipamentos, serão fixados e alocados proporcionalmente, em função das necessidades

Na etapa final é feita a comparação entre as estimativas de recursos necessários e os recursos disponíveis; se, em face da capacidade instalada, houver a necessidade de contratar ou adquirir recursos adicionais, é autorizada uma despesa orçamental; inversamente, se houver um excedente de recursos, estes devem ser realocados ou dispensados.

A metodologia ABB, aumenta o grau de sofisticação do sistema de planeamento operacional, permitindo que o orçamento de uma organização se torne mais flexível, permitindo ajustamentos em face de imprevistos ao longo do período orçamental (Hansen & Stede, 2004).

SUMÁRIO

Partindo da informação recolhida a partir do ABC, o ABM tem como propósito uma melhor gestão do portfólio de produtos e de negócios de uma organização. O ABM é utilizado (CIMA, 2001):

- No *design* de produtos e serviços que possam cumprir ou exceder as expetativas de clientes e que possam ser produzidos e fornecidos com lucro;
- Na avaliação da necessidade de implementar programas de melhoria contínua (ou de reengenharia) em termos de qualidade, de eficiência ou prazos de entrega;
- Na escolha entre fornecedores alternativos;
- Como guia de escolha do *mix* de produtos ou decisões de investimento;
- Na definição das características e qualidade do produto, na entrega e atendimento dos clientes e logo na negociação de preços;
- No emprego de processos de distribuição e de serviço eficazes e eficientes para atingir segmentos de clientes e de mercado;
- Na melhoria do valor de produtos e serviços de uma organização.

O ABM pode ser categorizado em dois níveis: ABM operacional e ABM estratégico. O ABM operacional foca-se na análise dos *drivers* de atividade, tendo em vista a melhoria de eficiência, a redução de custos e a melhoria de utilização de ativos. Com o ABM estratégico, o propósito da análise das atividades é a alteração da procura das atividades e a melhoria da rendibilidade de produtos, clientes ou segmentos de mercado.

O orçamento baseado nas atividades (ABB) é, de acordo com o CIMA (2001) uma metodologia de orçamentação que utiliza os dados e informação relativos à estrutura de atividades de uma organização, e respetivos *cost drivers*, tendo como suporte um sistema de custeio baseado nas atividades (ABC).

TERMOS E CONCEITOS-CHAVE

***Activity-Based Costing* (ABC)**
***Activity-Based Budgeting* (ABB)**
***Activity-Based Management* (ABM)**
ABM operacional
ABM estratégico

QUESTÕES TEÓRICAS

1. Quais os principais objetivos do ABM?

2. Quais as fases de implementação de um sistema de gestão ABM?
3. Classifique cada uma das atividades seguintes, de uma empresa de produção de skis de água, como atividade de valor acrescentado (AVA – *value-added*) ou de não acrescentado (NVA – *non value-added*):

    a. Inspeção final dos skis.
    b. Armazenagem de matérias-primas.
    c. Arranque das máquinas (*setups*).
    d. Montagem dos fixadores dos skis.
    e. Embalagem dos skis.
    f. *Reworking* de skis defeituosos.

4. Distinga ABM operacional de ABM estratégico.
5. Quais as principais etapas de implementação de uma metodologia ABB?
6. Quais os principais benefícios e dificuldades da adoção de uma metodologia orçamental ABB.
7. Classifique como verdadeira (V) ou falsa (F) cada uma das seguintes afirmações:

    a. O ABM foca-se na mensuração do valor acrescentado das atividades tendo em vista identificar produtos, atividades e clientes chave da empresa e, assim, obter uma vantagem competitiva.
    b. Uma das dificuldades de implementação do ABM, pode resultar de alterações organizacionais (e das consequências comportamentais) que podem não estar de acordo com a estrutura formal da organização.
    c. O ABC pode ser utilizado como fonte de informação para o processo de planeamento orçamental das atividades (ABB).
    d. O ABM operacional tem como objetivo a apresentação de planos de ações, baseados em metodologias ABC e que visam alterar a procura de atividades e, deste modo, melhorar a rendibilidade de produtos, clientes ou segmentos de mercado.
    e. O ABM não reduzirá os custos, apenas ajudará a compreender melhor os custos para saber o que corrigir.
    f. A metodologia baseada nas atividades para efeitos de orçamentação é uma versão mais sofisticada do tradicional sistema custeio designado de *absorption costing*. O ABB utiliza os *cost drivers* identificados pelo ABC para elaborar os orçamentos de departamentos de suporte das empresas.

Respostas 3:

a. NVA, b. NVA, c. NVA, d. VA, e. VA, f. NVA

Respostas 7:

a. Verdadeira, b. Verdadeira, c. Verdadeira, d. Falsa, e. Verdadeira, f. Verdadeira

EXERCÍCIOS RESOLVIDOS

Exercício 8.1 – ABC/ABM

Considere a atividade do departamento de aprovisionamento da empresa X, que adotou uma filosofia "*just in time*" em termos de gestão de inventários e uma metodologia de custeio ABC/ABB. Assim, diariamente, são emitidos os pedidos de entrega aos fornecedores, com encomendas para cada tipo de componentes, que devem ser rececionadas nos cinco dias seguintes.

O *cost driver* da atividade de aprovisionamento foi definido como base no "n.º de pedidos a fornecedores".

1. Para o próximo ano – com 226 dias úteis de trabalho – foram elaborados os seguintes programas de produção e de necessidades de aprovisionamento, em termos de n.º de componentes e tipo de componentes por UF:

Produto	Produção (UF)	N.º de componentes/UF	Tipo de comp./UF
P1	45 200	10	8
P2	45 200	8	6
P3	50 000	15	10

2. O orçamento anual da referida atividade é de 54 240,00 €.

Pedidos:

Cálculo, em termos orçamentais e com referência ao departamento de aprovisionamento, do:

A. Custo unitário da atividade;
B. Custo unitário de aprovisionamento de componentes, imputável a cada produto.

Resolução:

Atividade: "Nº de pedidos a fornecedores"

Produto	Produção (UF)	Nº tipo de comp./UF	Nº. dias trabalho	Nº pedidos	Custo total (Kt)	Custo unitário (ku)
P1	45 200	8	226	1 808	18 080 €	0,400 €
P2	45 200	6	226	1 356	13 560 €	0,300 €
P3	50 000	10	226	2 260	22 600 €	0,452 €
Total				5 424	54 240 €	
Custo total da atividade				54 240 €		
Custo unitário da atividade (ka)				**10,00 €**	/pedido	

- N.º de pedidos/ano: N.º tipo de componentes x N.º dias úteis trabalho
- Custo unitário da atividade (k_a) = Kt/N.º pedidos
- Custo total (Kt) = k_a x N.º pedidos
- Custo unitário (k_u) = Kt/Produção

Exercício 8.2 – ABM – Operacional. Decisão de investimento[6]

A sociedade *K&C* produz manuais técnicos para múltiplos clientes da indústria informática. Devido ao enorme volume de manuais a fornecer ao seu principal cliente, a IBM, cujo inventário é de rotação lenta, a empresa arrendou um novo espaço de armazenagem em *Elmore Street*, localizado a alguns quilómetros da principal unidade fabril, situada em *South Street*. Assim, após a produção, os manuais de todos os demais clientes são transportados para este armazém, onde permanecem até serem remetidos aos clientes, quando necessário, o que acontece duas a três semanas mais tarde.

A Direção da empresa tem consciência de que esta movimentação de artigos é ineficiente, e, em face do sistema tradicional de custeio que tem adotado, sabe

[6] Kaplan e Cooper (1998), adaptado.

que o custo de transporte para o armazém é de 200 000,00 €/ano. O redesenho do processo de armazenagem dos artigos de entrega rápida na fábrica, localizada em *South Street*, e que tem em vista eliminar o armazém de *Elmore Street*, foi estimado em 600 000,00 €.

Após a implementação de um sistema de custeio ABM, a empresa estimou ser possível obter as seguintes poupanças anuais, decorrentes da redução dos custos de funcionamento do atual processo de armazenagem externa:

- Despesas de arrendamento: 128 000,00 €
- Despesas com transportes: 271 000,00 €
- Custos de movimentação e de gestão de inventários (€):

	Produtos em curso	Produtos acabados	Total
Custos de movimentação no interior da fábrica	38 000 €	91 000 €	129 000 €
Custos de gestão	44 000 €	68 000 €	112 000 €

- Custos de localização/gestão dos inventários: 88 000,00 €
- Economias de utilização de equipamentos: 27 000,00 €
- Eliminação de utilização de outros armazéns: 53 000,00 €

Pedido:

Qual a decisão a adotar pela empresa?

Resolução:

Com base no sistema de custeio tradicional, e em face de uma poupança de custos de apenas de 200 000,00 €/ano, o investimento na nova solução de armazenagem apenas seria recuperado (*pay-back*) no final do 3.º ano. Todavia, com base na informação proporcionada pelo ABM, em que as poupanças são estimadas em 808 000,00 €/ano, o investimento seria realizado de imediato, com um retorno inferior a 9 meses.

Exercício 8.3 – ABM/ABB – *Activity-Based Budgeting*[7]

Atualmente, o Departamento Comercial da Empresa SX tem em atividade seis colaboradores cuja tarefa principal é a "receção e planeamento de encomendas", com um custo anual total de 150 000,00 €, que inclui despesas com pessoal, despesas com comunicações e material de escritório, depreciações de equipamentos, entre outras. Em média, cada colaborador processa 50 encomendas por mês. Durante o ano N, a empresa processou 2 800 encomendas-*standard* de clientes.

Para o ano N+1, com base nos planos previsionais de vendas e de produção, estima-se que sejam processadas apenas 2 500 encomendas.

Pedidos:

Utilizando uma metodologia ABM/ABB, estime ou calcule:

A. Os recursos necessários para o Departamento e respetivo custo;
B. O custo de processamento de cada encomenda;
C. Os custos de atividade e os custos de inatividade, em face do orçamento para o ano N+1.

Resolução:

A. Recursos necessários para o Departamento e o respetivo custo:

- N.º de encomendas/ ano processadas em média por colaborador: 50 enc x 12 meses = 600 encomendas;
- Recursos necessários no ano N: 2 800 enc/600 = 4,67 → cinco colaboradores;
- Recursos disponíveis: 6 colaboradores;
- Conclusão: o staff de colaboradores pode ser reduzido para cinco pessoas, com a transferência de uma pessoa para outras funções, representando uma eco-

[7] Colin Drury, adaptado.

nomia de custos de 25 000,00 € (considerando que as despesas operacionais são ajustáveis);

- O custo anual do departamento passará a ser de 5 x 25 000,00 € = 125 000,00 €, com uma capacidade de processamento de 3 000 encomendas/ano (600 enc x 5 colab.);

B. Custo de "processamento de cada encomenda":

- 125 000,00 €/3 000 enc. = 41,6(6) €/encomenda.

C. Custos de atividade e custos de inatividade, em face do orçamento para o ano N+1:

• Custo orçamental, de processamento das encomendas: (2 500 x 41,66 €)	104 167,00 €
• Capacidade excedentária/planeada: (3 000 – 2 800) x 41,66 €	8 333,00 €
• Capacidade excedentária/não planeada: (2 800 – 2 500) x 41,66 €	12 500,00 €
• Orçamento total do Departamento:	125 000,00 €

Os cálculos relativos à *performance* de atividade do Departamento permitem aos gestores conhecerem o potencial de redução de recursos, para o ano N+1, num total de 20 833,00 € (8 333,00 €, planeado + 12 500,00 €, não planeado) ou, alternativamente, o volume de atividade que pode ser acomodado, com os recursos atualmente disponíveis (cinco colaboradores).

Exercício 8.4 – ABM, Gestão de atividades, Gestão da Qualidade e Indicadores de performance[8]

A *Navier Aerials Co* (*Navier*) fabrica antenas parabólicas para a receção de sinais de televisão por satélite, fornecendo as principais empresas de televisão por satélite, que instalam antenas parabólicas padrão para os seus clientes. A empresa também fabrica e instala um pequeno número de antenas parabólicas especializadas para

[8] ACCA-*Paper P5-Question* 2 June 2013, adaptado.

clientes individuais ou empresariais com necessidades específicas, resultantes da má receção de sinal nas respetivas localizações.

O diretor executivo (CEO) quer iniciar um programa de redução de custos na *Navier*. O plano é utilizar uma metodologia de Gestão Baseada em Atividades (ABM) para identificar atividades que possam ser sem valor acrescentado e imputar os custos de forma mais precisa a cada um dos dois tipos de produtos em fabrico, pois acredita-se, desde há algum tempo, que o método de alocação de custos em vigor conduz a um apuramento de resultados irrealista. O Departamento de Atendimento de Clientes (DAC) será o primeiro a ser analisado.

De acordo com o atual sistema de custeio, os gastos deste Departamento são os seguintes:

Gastos com o pessoal	400 000 €
Trabalhos especializados (computação/gestão de *software*)	165 000 €
Comunicações	79 000 €
Outros fornecimentos e serviços	27 000 €
Depreciações de equipamentos	36 000 €
Total gastos	707 000 €

A partir de diversas entrevistas aos colaboradores da área de gestão de clientes e da área financeira do referido Departamento, e de informação recolhida, o *controller* identificou as atividades, os respetivos *cost drivers* e gastos, nos seguintes termos:

Atividades	**Custos**	**Tempo**	***Cost drivers***	**N.º registos**
Tratamento de pedidos e preparação de orçamentos para potenciais encomendas	282 800 €	40%	N.º de orçamentos	35 000
Receção de encomendas	70 700 €	10%	N.º de encomendas	16 000
Atribuição de plafond de crédito aos clientes	70 700 €	10%	N.º de encomendas	
Supervisão de encomendas, desde a fase de fabricação até à fase de entrega	106 050 €	15%	N.º de encomendas	
Gestão de reclamações	176 750 €	25%	N.º de reclamações	3 200
Total gastos	707 000 €	100%		

Pedido:

O CEO pretende que se analisem os custos de cada uma das atividades, inerentes ao processo de atendimento aos clientes, identificando as que possam ser "sem valor acrescentado" (*non-valued added activities)*, tendo em vista uma redução de custos e a melhoria das condições de Gestão da Qualidade da *Navier*. Apresente, neste sentido, um relatório-síntese com a avaliação da situação, contendo propostas de ações de melhoria.

Resposta:

A tabela de gastos por atividade, apresentada anteriormente, mostra que os principais custos reportam às atividades de "Tratamento de pedidos de clientes e preparação de orçamentos" e de "Gestão de reclamações", que representam 65% do tempo despendido pelos recursos (*staff*) do Departamento. O trabalho de pré-venda é essencial para a empresa; todavia apenas 46% (16 000/35 000) dos orçamentos se convertem em encomendas efetivas.

Proposta 1: Comparar este indicador de *performance* com indicadores equivalentes da concorrência (*benchmark*), ainda que se reconheça a dificuldade em recolher esta informação, em face da natureza sensível da mesma, em termos comerciais.

De acordo com a metodologia ABM, as atividades sem valor acrescentado são aquelas que não aumentam o valor do produto para o cliente; exemplos comuns são o tempo de inspeção e o tempo ocioso no fabrico. Normalmente não é possível eliminar estas atividades, mas muitas vezes é possível minimizá-las. Assim, a atividade relativa à "Gestão de reclamações" pode ser classificada como "*non-valued added*", porque o tratamento das reclamações não tem "valor acrescentado", porque resulta do não cumprimento dos padrões de qualidade do serviço esperado e, por isso, o custo já está incluído no preço da proposta. A melhoria da qualidade dos produtos permitirá reduzir estes custos, que são significativos. O número de reclamações representa 20% (3 200/16 000) das encomendas adjudicadas.

Proposta 2: Identificar as causas das falhas.

As queixas podem ter diferente natureza e as causas poderão estar na má identificação dos trabalhos a desenvolver na fase de apresentação das propostas, ou, porventura, na fase de execução, porque os trabalhos são incorretamente especificados junto das equipas de fabrico ou de instalação. Isto leva a custos de não conformidade, dado que os produtos não cumprem as normas previstas e, neste caso, as queixas implicam custos de falhas externas, porque são identificadas pelos clientes.

A qualidade do produto final poderá também ser afetada pela atividade de "Supervisão". De modo a assegurar o seu bom funcionamento, o Departamento de Atendimento de Clientes (DAC) deverá ter autoridade para intervir no trabalho de outros departamentos de modo a corrigir erros; esta poderá ser uma área chave para a prevenção de falhas e, assim, tornar-se uma atividade de controlo de qualidade central (da qual decorrerão custos de inspeção e de prevenção).

Proposta 3: Implementar indicadores de desempenho para as demais atividades do Departamento.

As outras atividades do Departamento têm natureza administrativa e os respetivos indicadores de *performance* deverão estar integrados nos sistemas de informação financeira da *Navier*. A qualidade do trabalho relativa ao "Processamento de encomendas" pode ser medida a partir da análise do número de faturas em discussão com os clientes e o número de notas de crédito emitidas. A eficácia da função de "Atribuição de *plafonds* de crédito" pode ser medida pelos níveis de crédito malparado.

Exercício 8.5 – ABB /ZBB (*Zero-Based Budgeting*)[9]

A *Great Wine Store* é uma empresa de distribuição de vinhos do Reino Unido, que após importação dos mesmos, os revende para diversas cadeias retalhistas e *outlets* especializados na área alimentar. Após a receção das encomendas, por via postal, é feito o registo das mesmas no sistema informático para confirmação da venda e reserva de stocks, sendo os artigos remetidas para os clientes a partir do Armazém Comercial, com prazos de entrega entre 5 a 10 dias.

O diretor comercial já elaborou o orçamento anual para o ano N, com base numa análise detalhada da procura dos produtos por parte de clientes atuais e ainda de novos clientes, cuja informação se sintetiza nos seguintes termos:

[9] Steven, G. (2007).

- Vendas do ano corrente: 8 000 000 £
- Valor médio de cada encomenda: 200,00 £
- A empresa espera manter os atuais clientes, em face do reconhecimento da qualidade dos produtos em venda, estimando um aumento do valor médio de cada encomenda em 10%. Estima-se ainda um aumento do n.º encomendas, para novos clientes, de 3,125 %;
- O valor médio esperado de cada encomenda para os novos clientes é de 160,00 £;
- Taxa média de inflação para o período orçamental: 2%;
- Gastos gerais com o "*Office Sales*" (i.e. Escritório) no ano corrente:

Salários e outras remunerações	80 000 £ (*)
Outros gastos (renda, seguros, outros:	120 000 £
Total	200 000 £

(*) – Os salários e outras remunerações correspondem a uma equipa de 5 colaboradores operacionais, cujo contrato de trabalho prevê uma atividade máxima de 1 500 horas/ano/colaborador, que poderão ser acrescidas de até um máximo de 100 horas de trabalho suplementar. A remuneração base anual por colaborador é de 15 000 £. O trabalho suplementar tem sido pago de forma proporcional.

A empresa adotou recentemente um sistema de custeio ABC, tendo identificado como *cost driver* para as atividades desenvolvidas pelo escritório do Departamento comercial o "n.º de encomendas de clientes". O tempo médio de processamento de uma encomenda (cobrindo o ciclo de receção, confirmação, faturação e recebimento) é de 0,20 horas.

O diretor comercial elaborou uma primeira estimativa para os gastos do escritório comercial (*office sales*) de 225 000 £, admitindo um crescimento proporcional destes gastos, com base no acréscimo do valor de vendas (+12,50%). Todavia, reconhece que esta abordagem incremental na preparação do orçamento não é adequada, pois parte das despesas são fixas; por outro lado, o eventual aumento do custo com o *staff* de pessoal deve atender ao crescimento da atividade administrativa do escritório, ou seja do trabalho de processamento do n.º de encomendas a processar. Assim, solicitou ao *controller* da empresa, que o ajudasse a preparar uma estimativa orçamental daqueles gastos, com base numa abordagem ABB e ZBB (*Zero-Based Budgeting*), suportada nos *cost drivers* identificados pela metodologia de análise de atividades (ABC), que a empresa tem vindo a adotar.

Pedidos:

A. Apresente o orçamento de vendas para o ano N.
B. Calcule o custo médio por encomenda, atual e previsional.
C. Elabore o orçamento de gastos para o "*Office Sales*" do Departamento comercial da empresa, com base numa metodologia orçamental designada de atividades e base zero (ABB/ZBB).

Resolução:

A. **Orçamento de vendas de N:**

	Clientes atuais	**Novos Clientes**	**Total**
Vendas ano anterior (£)	8 000 000		
Valor médio de encomenda (£)	200,00		
N.º de encomendas	40 000	1 250	41 250
Previsão de aumento do valor enc. (£)	10%		
Previsão do valor médio das encomendas (£)	220,00	160,00	
Orçamento de vendas (£)	8 800 000	200 000	**9 000 000**

- O orçamento de vendas para os clientes atuais é de 8 800 mil £ e de 200 mil £ para novos clientes, totalizando 9 000 mil £.
- Estima-se ser necessário processar um total de 41 250 encomendas de clientes.

B. **Custo médio por encomenda, atual e previsional:**

Gastos totais do "Office Sales" (£)	200 000
N.º de encomendas	40 000
Custo atual por encomenda (£)	5,00
Fator de ajustamento (inflação: 2 %)	1,02
Estimativa de custo por encomenda (£)	5,10

C. **Orçamento de gastos para o "*Office Sales*", segundo uma metodologia de atividades (ABB) e de base zero (ZBB):**

Estimativa do n.º de horas e do n.º de colaboradores necessários:

N.º de horas por encomenda	0,20
N.º total de encomendas ano N	41 250
N.º horas necessárias	8 250
Contrato horas/colaborador	1 500
N.º de colaboradores necessários	5,50

Remuneração anual/colaborador (£)	15 000
Fator de ajustamento (inflação: 2 %)	1,02
N.º de colaboradores necessários	5,50
Total das remunerações (£)	84 150

Orçamento de gastos:

Remunerações (£)	84 150
Outros gastos (inclui taxa de aumento de 2%) (£)	122 400
Orçamento (£)	**206 550**

- Os atuais 5 colaboradores têm uma capacidade de trabalho normal de 1 500 h x 5 col. = 7 500 horas, podendo atingir 8 000 horas em regime de atividade suplementar, isto é, mais 500 horas; situação de acréscimo de trabalho que não é consensual entre o *staff*;
- A atividade prevista, num total de 41 250 encomendas, exige 8 250 horas; logo, a Direção comercial da *Great Wine Store* terá de contratar um novo colaborador, em regime de *part-time*, terminando com o regime de trabalho suplementar da atual equipa de 5 colaboradores; o dispêndio com salários será de 84 150 £.
- Admitindo que não é necessário alargar o espaço de trabalho e suportar gastos adicionais com equipamentos de suporte, considerou-se que a rubrica de

outros gastos (*overheads*) poderá crescer à taxa de inflação, de 120 000 £ para 122 400 £.

- O orçamento total, com base numa metodologia ABB/ZBB será de 206 550 £, valor bastante inferior à estimativa inicial, resultante de um processo de orçamentação incremental, de 225 000 £.
- O custo médio de processamento de cada encomenda será pois, em termos previsionais e após atualização de gastos à taxa de inflação, de apenas: 206 550 £ / 41 250 enc. = 5,00£, isto é um valor igual ao atual.

Comentários finais:

A metodologia orçamental ABB permite estimar com maior rigor os custos de estrutura inerentes às atividades de suporte administrativo do Departamento comercial, com particular foco, na avaliação de desempenho do *staff* (i.e os recursos, de forma ampla), concluindo não ser necessário mais do que 6 colaboradores para responder às tarefas necessárias ao cumprimento do plano de vendas.

Contudo, outras reflexões se impõem, no âmbito de uma filosofia de gestão ABM. Com efeito, embora o "*Office Sales*" utilize um sistema informático, a organização de trabalho parece apenas corresponder a uma "versão computorizada de um sistema de trabalho manual". A *Great Wine Store* necessita avaliar os seus procedimentos administrativos e proceder à reengenharia do processo de negócio (BPR), digitalizando, por exemplo, a transmissão de informação de e para os seus clientes, assegurando um *up to date* dos procedimentos atuais.

EXERCÍCIOS E PROBLEMAS POR RESOLVER

Exercício 8.6 – ABC/ABB[10]

A *CJD, Lda.* produz componentes de plástico para a indústria automóvel, que são categorizados em três tipos, designados de C1, C2, C3.

---

[10] Bhimani *et al.* (2019), adaptado.

Está em curso a elaboração do orçamento do ano N, a partir do qual foi recolhida a seguinte informação:

1. Produção, preços e custos diretos previsionais:

Componentes tipo:	C1	C2	C3
Produção e vendas (UF)	10 000	15 000	20 000
Preço de venda (€/UF)	200,00 €	183,00 €	175,00 €
Custo de materiais (€/UF)	50,00 €	40,00 €	35,00 €
Custo de mão de obra direta	30,00 €	35,00 €	30,00 €

2. Custos orçamentados e respetivos *cost drivers* relativos às atividades de "receção e inspeção de materiais" e "planeamento de produção", que servem de suporte à atividade fabril da empresa.:

Atividades	Orçamento	*Cost drivers*
A1 – Receção e inspeção de materiais	1 500 000 €	N.º de requisições a fornecedores
A2 – Planeamento de produção	1 200 000 €	N.º de *set-ups* de máquinas

3. Totais de atividade, por tipo de componentes:

Componentes tipo:	C1	C2	C3
N.º de requisições a fornecedores	1 200	1 800	2 000
N.º de *set-ups* de máquinas	240	260	300

Pedido:

Utilizando uma metodologia de custeio e orçamentação ABC/ABB, calcule a margem unitária previsional de cada um dos tipos de componentes, apresentando o custo unitário previsional de cada uma das atividades.

BIBLIOGRAFIA DO CAPÍTULO

ACCA-*Paper P5-Question* 2 June 2013.

Bhimani, A., Horngren, C., Datar, S., & Rajan, M. (2019). *Management and Cost Accounting* (7th ed.). Pearson.

CIMA (*Charted Institute of Management Accoutants*) (2001). *Activity-Based Management – An overview*, Technical briefinging. Em

https://www.cimaglobal.com/Documents/ImportedDocuments/ABM_techrpt_0401.pdf.

Drury, C. (2021). *Management and Cost Accounting* (11th ed.). Cengage Learning.

Ferreira, D., Caldeira, C., Asseiceiro, J., Vieira, J., & Vicente, C. (2019). *Contabilidade de Gestão, Estratégia de Custos e de* Resultados (2.ª ed.). Rei dos Livros.

Hansen, S., & Stede, W. (2004). Multiple facets of budgeting: an exploratory analysis. *Management Accounting Research*, 15(4), 415-439.

Kaplan, R. & Cooper, R. (1998). *Cost & Effect. Using Integrated Cost Systems to Drive Profitability and* Performance. Harvard Business School Press.

Kimmel, P.,Weygandt, J. & Kieso D. (2022). *Accounting: Tools for Business Decision Making* (7th ed.). WilleyPlus.

Mecimore, C. & Bell, A. (1995). Are we ready for fourth-generation ABC? *Management Accounting*, 76(1), 22-26.

Major, M., & Vieira, R. (2017). Activity-Based Costing/Management (pp. 297-329). In Major, M., & Vieira, R. (Org.). *Contabilidade e Controlo de Gestão* (2.ª ed.). Escolar Editora.

Miller, J. (1996). *Implementing Activity-Based Management in Daily Operations*, John Wiley & Sons Inc.

Steven, G. (2007). Management Accounting – Performance Evaluation.

CAPÍTULO 9

—

TIME-DRIVEN ACTIVITY-BASED COSTING (TDABC)

OBJETIVOS DE APRENDIZAGEM

1. **Compreender o que é o TDABC;**
2. **Analisar as características do TDABC e como este sistema de custeio pretende ultrapassar as dificuldades de implementação e de funcionamento do ABC;**
3. **Identificar as principais etapas de implementação do TDABC;**
4. **Saber como construir equações de tempo (*time equations*);**
5. **Sumariar as principais críticas deste "novo ABC".**

9.1. Introdução

No capítulo 6 foi apresentado o ABC – **Activity-Based Costing** – como um sistema de custeio alternativo aos sistemas tradicionais, baseado na identificação das atividades de uma organização e dos recursos que lhe são afetáveis, permitindo uma atribuição mais ajustada dos gastos indiretos aos diferentes objetos de custeio – tais como produtos, serviços, projetos, clientes ou canais de distribuição – tendo em consideração o consumo ou utilização real dos recursos.

As vantagens do ABC, com a consequente evolução para o ABM – *Activity-Based Management* – foram reconhecidas, permitindo às empresas uma melhor gestão das suas atividades e recursos e a tomada de decisões corretas, quanto ao lançamento, desenvolvimento ou abandono do *mix* de produtos e de serviços prestados, da carteira de clientes ou de segmentos de mercado.

Todavia, apesar dos inúmeros benefícios, este sistema de custeio tem sido objeto de múltiplas críticas, quer na fase de implementação, mas em particular na fase seguinte de processamento de dados para efeitos de reporte de informação; processo que pode ser complexo, exigindo sistemas informáticos de suporte, recursos humanos e recursos monetários avultados. Por outro lado, em contextos de volatilidade de mercado, em que os produtos a fabricar são variados e com adaptações constantes, podem verificar-se alterações significativas no nível de utilização dos recursos e na eficiência das atividades, o que pode conduzir a erros de mensuração do nível de capacidade prática da empresa e tornar os *cost drivers* desajustados. Estas dificuldades impulsionaram o desenvolvimento do *Time-Driven Activity-Based Costing* (TDABC).

9.2. O MODELO TDABC

O modelo TDABC, desenvolvido por Robert Kaplan e Steven Anderson, pretende responder às dificuldades identificadas no sistema ABC. Um dos aspetos mais relevantes desta abordagem é o conceito de capacidade, associada à produção de bens ou serviços da organização, com a mensuração da capacidade não utilizada (ociosidade), em que o *driver* fundamental de consumo das atividades é o tempo. Segundo Kaplan e Anderson (2007a, 2007b, 2004), está-se em presença de um "novo ABC" em que o objetivo é facilitar, flexibilizar e simplificar a implementação do sistema ABC, em que o custo das atividades se baseia no tempo que os produtos e serviços exigem para serem produzidos ou realizados. Assim, evita-se uma implementação dispendiosa, demorada e subjetiva na identificação das atividades, que ocorre na primeira fase da implementação do ABC convencional; por outro lado, permite o apuramento dos tempos, dos custos e do grau de eficiência da utilização dos sistemas e recursos da empresa, e a mensuração das capacidades não utilizadas.

Para Kaplan e Norton (2008, p. 209), o TDABC é "uma nova variante do ABC que permite construir modelos de custo poderosos e flexíveis de forma bastante simples". O fator chave da metodologia TDABC é a estimação do tempo indispensável à realização de cada tarefa ou atividade, sendo que para fazer a alocação do custo dos recursos aos objetos de custeio, é apenas necessário calcular, em primeiro lugar, o custo desses recursos e, em segundo lugar, estimar o tempo necessário requerido para executar uma unidade de transação de cada atividade (Kaplan & Anderson, 2007b).

A figura seguinte sintetiza as principais diferenças entre o ABC e o TDABC, sendo possível inferir que:

- O TDABC não exige o cálculo do custo de cada atividade, sendo apurado o custo global do processo e mensurada a capacidade operacional (prática) dos recursos afetos, com base na qual se calcula o custo por unidade de tempo desse processo;
- O processo é dividido em atividades ou eventos (tarefas) mais elementares sendo construída uma equação (*time-equation*) que permite identificar como é aplicado ou consumido o tempo em cada uma das atividades em que se desdobra o referido processo;
- O custo de cada objeto de custeio (produto, serviço, cliente, ...) é apurado com base no número de eventos (tarefas) previstos na equação do tempo.

Figura 9.1 – **ABC vs TDABC**

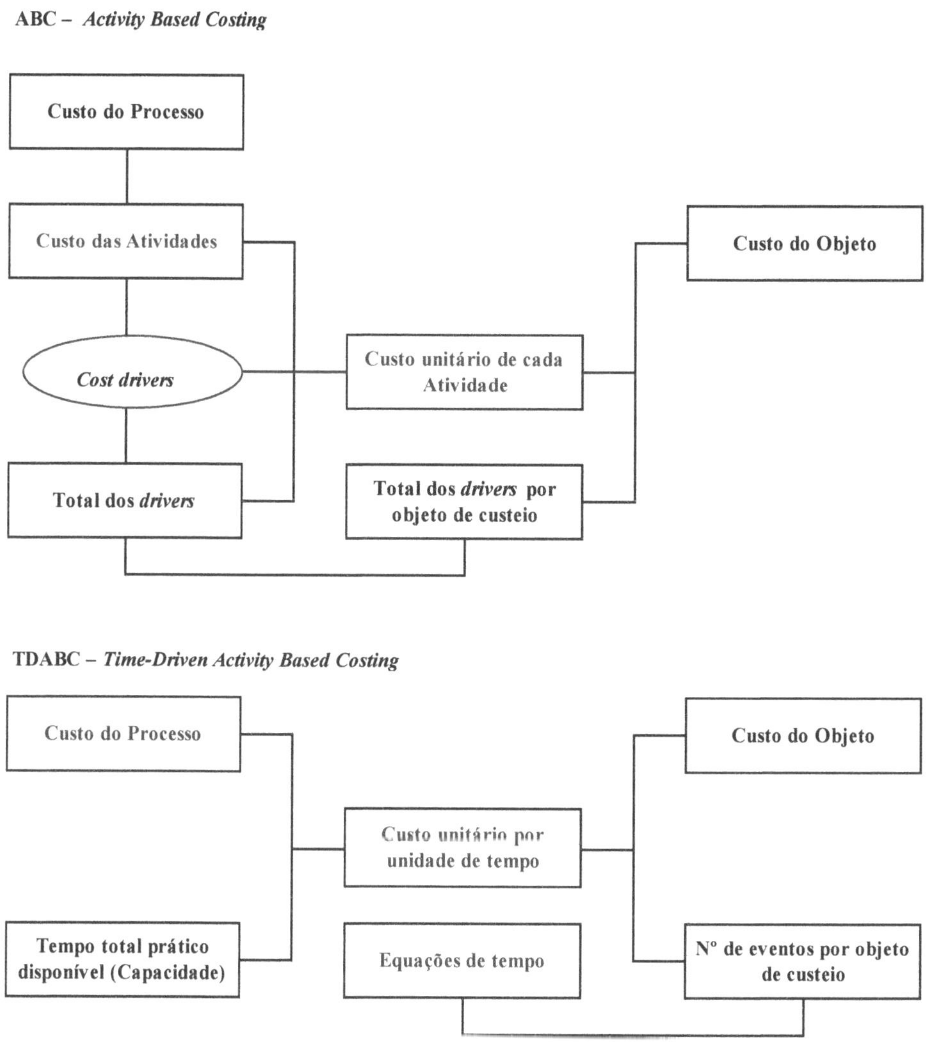

9.3. Etapas de implementação do TDABC

A implementação do TDABC envolve um conjunto de etapas (Reddy *et al.*, 2012; Everaert *et al.*, 2008):

1. Identificação dos processos da empresa (conjunto de atividades com um mesmo objetivo) e das variações a que cada atividade pode estar sujeita;
2. Estimativa dos tempos de realização de cada atividade e definição das equações de tempo (***time equations***) para cada processo;
3. Identificação dos recursos afetos a um determinado processo e cálculo do respetivo custo;
4. Cálculo da **capacidade prática**, com base na quantidade de recursos (homens ou máquinas) disponíveis e de uma taxa de atividade normal;
5. Apuramento do **custo por unidade de tempo** do processo;
6. Atribuição dos gastos aos objetos de custeio.

9.4. Identificação de processos e definição das equações de tempo

Tal como no ABC, uma das primeiras tarefas no TDABC é a identificação das atividades relativas aos diferentes processos de negócio da empresa, quer na área fabril, quer nas áreas de venda ou distribuição. A tarefa seguinte pressupõe a construção de equações de tempo (*time-equations)* para cada um desses processos, tendo como base uma estimativa de tempo padrão para realizar uma unidade de cada tipo de atividade.

Este sistema de equações permitirá quantificar as variáveis que condicionam a aplicação do tempo, e que dependem das características de cada uma das atividades (Kaplan e Anderson, 2007a). Dito de outro modo, é necessário identificar para cada atividade os múltiplos eventos que determinam um maior ou menor consumo do tempo e traduzir esse consumo numa expressão matemática – a equação do tempo – que permita calcular o tempo total necessário ou aplicado à realização de um determinado processo.

Para melhor ilustrar o modo como se identificam as atividades para um processo e se constrói uma equação de tempo, a partir de tempos previamente estimados, considerar-se-à um exemplo relativo a uma empresa de prestação de serviços (Barbearia) e cujo detalhe de informação será apresentado de forma faseada, nos subcapítulos seguintes.

Exemplo 9.1:[11]

I. A *Haircut* é uma pequena barbearia que se dedica ao corte de cabelo e barba para homens e que dispõe de três cadeiras e três profissionais que exercem a sua atividade durante 8 horas por dia. Os tempos estimados para cada uma das atividades deste processo e respetivas determinantes (variáveis) são os seguintes:

<table>
<tr><th>N.º</th><th colspan="2">Atividades</th><th>Tempo (mn)</th></tr>
<tr><td rowspan="2">1</td><td rowspan="2">Sentar o cliente, preparar os apetrechos de corte e identificar o trabalho a realizar</td><td>Cliente habitual</td><td>1</td></tr>
<tr><td>Cliente "novo"</td><td>4</td></tr>
<tr><td>2</td><td colspan="2">Lavar o cabelo (se o cliente pedir)</td><td>15</td></tr>
<tr><td rowspan="2">3</td><td rowspan="2">Cortar o cabelo</td><td>Corte normal</td><td>30</td></tr>
<tr><td>Corte de moda</td><td>60</td></tr>
<tr><td rowspan="2">4</td><td rowspan="2">Cortar ou aparar a barba</td><td>Cortar</td><td>10</td></tr>
<tr><td>Aparar</td><td>20</td></tr>
<tr><td rowspan="2">5</td><td rowspan="2">Emitir fatura</td><td>Com NIF</td><td>2</td></tr>
<tr><td>Sem NIF</td><td>0,5</td></tr>
<tr><td rowspan="2">6</td><td rowspan="2">Recebimento</td><td>Dinheiro</td><td>1</td></tr>
<tr><td>Cartão multibanco</td><td>5</td></tr>
</table>

- Em média cada cliente espera 10 minutos para ser atendido.

Pedido:

Apresente a equação de tempo para servir um cliente T_C.

Resposta:

A equação de tempo para atendimento de um cliente (T_C) é a seguinte:

[11] Baseado em caso desenvolvido por Carlos Reis de Sousa (ISCAP, Contabilidade de Gestão Avançada)

$$T_C = \underbrace{1\,X_1 + 4\,(1-X_1)}_{\text{Tarefa nº 1.}} + \underbrace{15\,X_2}_{2.} + \underbrace{30\,X_3 + 60\,(1-X_3)}_{3.} + \underbrace{10\,X_4 + 20\,(1-X_4)}_{4.} +$$

$$+ \underbrace{0{,}5\,X_5 + 2\,(1-X_5)}_{5.} + \underbrace{1\,X_6 + 5\,(1 - X_6)}_{6.}$$

Identificação das variáveis:

X_1 – Tipo de cliente	(se cliente habitual, X1 = 1; se cliente novo, X1 = 0)
X_2 – Lavagem de cabelo	(se cliente pedir, X2 = 1; X2 = 0)
X_3 – Cortar cabelo	(corte normal, X3 = 1; corte moda, X3 = 0)
X_4 – Cortar ou aparar barba	(corte, X4 = 1; aparar, X4 = 0)
X_5 – Emissão da fatura	(sem NIF, X5 = 1; com NIF, X5 = 0)
X_6 – Recebimento	(dinheiro, X6 = 1; multibanco, X6 = 0)

Neste exemplo, seis atividades são combinadas num único processo e a equação que se apresenta incorpora o tempo padrão das atividades básicas e os vários *drivers* para afetar os tempos de atividades incrementais.

A recolha de informação sobre as atividades e respetivos tempos é feita com base em dados históricos e por observação direta ou através de entrevistas aos colaboradores, de acordo com condições normais de atividade.

Generalizando, uma *time equation* pode ser modelizada nos seguintes termos:

$T = \beta o + \beta_1 X_1 + \beta_2 X_2 + \beta_3 X_3 + \cdots + \beta_i X_i$

T_A = Tempo de processo (somatório da duração das várias atividades de um processo)

β_o = Tempo padrão (estimado) para a realização da atividade básica

β_i = Tempo estimado da atividade incremental i

X_i = Quantidade da atividade i (i = 1. 2, ..., n)

Na prática, para além dos tempos de operação constantes (que poderão ocorrer, porque são independentes das variáveis que condicionam a realização da atividade), podem definir-se dois tipos de geradores de atividades, isto é, fatores que implicam o consumo de mais tempo do processo:

- Quantitativos, de natureza discreta (n.º de clientes, n.º de encomendas ou de faturas) ou de natureza contínua (km percorridos, pesos de paletes, etc.);
- Qualitativos ou de situação, tais como o tipo de cliente (antigo/novo), tipo de operação, tipo de recebimento (em dinheiro ou por multibanco), conforme o exemplo apresentado.

A utilização do tempo neste sistema de equações permite uma fácil atualização do modelo sempre que ocorra uma melhoria significativa na eficiência com que atividade é realizada ou quando os processos de produção e/ou serviços são redesenhados, pelo que o TDABC se revela um sistema adequado para situações contextuais de elevada volatilidade (Everaert *et al.*, 2008).

9.5. Identificação de recursos e cálculo dos respetivos custos

Identificados os recursos afetos às atividades de um determinado processo, importa mensurar os respetivos custos, considerando, entre outros, os gastos relativos a fornecimentos e serviços de terceiros, remunerações e encargos com colaboradores, depreciações com equipamentos ou instalações. Estes gastos permitirão o cálculo do custo por unidade de tempo, após a determinação do tempo de atividade efetivo para a realização das várias atividades deste processo (capacidade prática).

9.6. Estimativa da capacidade prática e do custo por unidade de tempo

O tempo total disponível dos recursos, normalmente medido em minutos, é apurado, tendo como referência um determinado período de tempo, considerando o tempo de trabalho das equipas de colaboradores ou dos equipamentos, conforme o fator mais relevante para a determinação da capacidade instalada:

- Tempo total disponível (capacidade teórica) = (N.º de colaboradores/n.º de máquinas) x (n.º de dias de trabalho) x (n.º de horas de trabalho/dia) x 60 minutos

O cálculo da **capacidade prática** resulta da aplicação de uma percentagem correspondente ao tempo de "atividades não produtivas", por parte dos recursos (colaboradores, equipamentos) decorrentes de pausas de trabalho, paragens para reuniões ou formação, preparação de ferramentas, *set – up* ou manutenção preventiva de máquinas. Logo, o nível de capacidade prática deve ser ajustado e tende a situar-se num intervalo entre 80% e 90% do correspondente nível de capacidade teórica dos recursos.

- **Tempo prático disponível** (capacidade prática) = (Tempo total disponível) x (1 – taxa de atividades não produtivas)

O custo por unidade de tempo (*cost rate*), para o período *t*, é apurado dividindo os gastos totais pela capacidade prática, isto é, através do seguinte rácio:

$$Custo\ por\ unidade\ de\ tempo\ t = \frac{Gastos\ totais\ do\ processo}{Capacidade\ prática}$$

Os gastos totais do processo poderão ser gastos reais ou gastos orçamentados, reportados ao período *t*.

Regressando ao exemplo da Barbearia, considere-se a seguinte informação adicional:

II. A *Haircut* suportou os seguintes gastos num determinado mês, correspondente a 22 dias de trabalho, para o conjunto dos 3 colaboradores e com um coeficiente de atividade normal de 90%:

Gastos	Valor
Fornecimentos e serviços de terceiros	
Energia elétrica	200,00 €
Renda de instalações	600,00 €
Outros fornecimentos e serviços	482,40 €
Gastos com o pessoal	4 000,00 €
Gastos de depreciação e amortização	420,00 €
Total	5 702,40 €

Pedido 2:

Determine a capacidade prática e o custo minuto de trabalho do mês.

Resposta:

Cálculo da capacidade prática:

N.º de colaboradores	3
N.º. de dias de trabalho/mês	22
Tempo de trabalho diário (mn): 8 h x 60 mn =	480
Capacidade teórica (mn, mês)	31 680
Taxa normal de aproveitamento do tempo	90%
Capacidade prática (mn)	28 512

Cálculo do custo minuto:

Como os gastos do mês foram de 5 702,40 €, o custo por minuto da capacidade prática será de:

$$Custo\ por\ mn = \frac{5\ 702{,}40\ €}{28\ 512\ mn} = 0{,}20\ €/mn$$

9.7. Atribuição dos gastos aos objetos de custeio

Com base nas equações de tempo de cada processo, nesta fase, é possível apurar o custo imputável aos diferentes objetos de custeio, tendo em consideração o tempo afetável ou consumido por cada desses objetos. O que permite determinar o nível de utilização de capacidade prática, a eventual ociosidade dos recursos disponíveis, bem como o respetivo custo.

Voltando ao exemplo da Barbearia:

III. Considere que durante o mês em análise, cada um dos três colaboradores da *Haircut* desenvolveu as seguintes atividades:

	Colaboradores			
	C1	**C2**	**C3**	**Total**
N.º de clientes	300	180	120	600
...dos quais, clientes novos	30	-	-	30
N.º de lavagens de cabelo	10	20	20	50
N.º de cortes de cabelo	300	120	80	500
...dos quais, corte de moda	-	120	80	200
N.º de cortes de barba	-	80	100	180
N.º de aparações de barba	-	60	40	100
N.º de faturas sem NIF	200	100	100	400
N.º de recebimentos c/ multibanco	60	20	20	100

Pedidos:

Calcule:

1) O tempo de trabalho e o custo da atividade no período em análise;
2) O tempo e o custo de inatividade (ociosidade);
3) A performance de cada um dos colaboradores (C1, C2 e C3);
4) O custo de servir um cliente novo, que lavou e cortou o cabelo (corte de moda), aparou a barba e solicitou emissão de fatura com identificação fiscal e pagou com cartão multibanco.

Resolução:

1) Tempo de trabalho e o custo da atividade

		Tempo (mn)	N.º de eventos	Tempo Total (mn)
X1 – Tipo de cliente	Habitual	1	570	570
	Novo	4	30	120
X2 – Lavagem cabelo		15	50	750
X3 – Corte de cabelo	Normal	30	300	9 000
	Moda	60	200	12 000
X4 – Cortar ou aparar barba	Corte	10	180	1 800
	Aparar	20	100	2 000
X5 – Emissão de fatura	Sem NIF	0,5	400	200
	Com NIF	2	200	400
X6 – Tipo de recebimento	Dinheiro	1	500	500
	Multibanco	5	100	500
Tempo total aplicado				27 840

2) Tempo e o custo de inatividade:

	Tempo (mn)	%	Custo/mn	Custo total
Tempo útil ou prático (mn)	28 512	100,0 %	0,20 €	5 702,40 €
Tempo total aplicado (mn)	27 840	97,6 %	0,20 €	5 568,00 €
Tempo de ociosidade (mn)	672	2,4 %	0,20 €	134,40 €

A taxa de atividade corresponde, em termos totais, a 97,6% do tempo total pratico, pelo que a ociosidade é de 2,4%, correspondendo a um custo de 1 234,40 €. Importa, todavia, avaliar o desempenho de cada colaborador e avaliar se não desequilíbrios no exercício da atividade, porventura, com sobreocupação de algum colaborador relativamente à atividade tida como normal.

3) *Performance* de cada um dos colaboradores (C1, C2 e C3):

		Tempo (mn)	C1		C2		C3	
			N.º eventos	**Tempo Total**	**N.º eventos**	**Tempo Total**	**N.º eventos**	**Tempo Total**
X1 – Tipo de cliente	Habitual	1	270	270	180	180	120	120
	Novo	4	30	120	0	0	0	0
X2 – Lavagem cabelo		15	10	150	20	300	20	300
X3 – Corte de cabelo	Normal	30	300	9 000	0	0	0	0
	Moda	60	0	0	120	7 200	80	4 800
X4 – Cortar ou aparar barba	Corte	10	0	0	80	800	100	1 000
	Aparar	20	0	0	60	1 200	40	800
X5 – Emissão de fatura	Sem NIF	0,5	200	100	100	50	100	50
	com NIF	2	100	200	80	160	20	40
X6 – Tipo de recebimento	Dinheiro	1	240	240	160	160	100	100
	Multibanco	5	60	300	20	100	20	100
Tempo total aplicado (mn)				10 380		10 150		7 310

	Tempo (mn)	**%**	**Tempo (mn)**	**%**	**Tempo (mn)**	**%**
Tempo prático (mn)	9 504	100,0%	9 504	100,0%	9 504	100,00%
Tempo total aplicado (mn)	10 380	109,2%	10 150	106,8%	7 310	76,9%
Tempo de sobre atividade ou ociosidade (mn)	-876	-9,2%	-646	-6,8%	2 194	23,1%
Custo de atividade	2 076 €		2 030 €		1 462 €	
Custo de sobre atividade ou ociosidade (mn)	-175 €		-129 €		439 €	

Conclui-se que os colaboradores C1 e C2 tiveram uma atividade efetiva superior à que foi definida como normal (tempo prático) de 9,2% e 6,8%, respetivamente. O colaborador C3 teve uma taxa de inatividade (ociosidade) superior a 23 %. Se esta situação for estrutural, isto é permanente, o colaborador C3 deve ser incentivado a atender alguns dos clientes, atualmente afetos aos outros dois colegas de trabalho, permitindo uma distribuição de tarefas mais equitativa.

4) Custo de servir um cliente novo, que lavou e cortou o cabelo (corte de moda), aparou a barba e solicitou emissão de fatura com identificação fiscal e pagou com cartão multibanco.

Resposta: Utilizando a equação de tempo o cálculo do custo de servir o cliente é bastante simples:

$T_C = 4 + 15 + 60 + 20 + 2 + 5$
$T_C = 106$ mn
O custo de servir o cliente é de 106 mn x 0,20 € = 21,20 €

9.8. Vantagens e limitações do TDABC

A utilização do TDABC, em alternativa ao ABC, permite simplificar o processo de cálculo do custo das atividades, que pode ser dispensado, sendo reduzido ao cálculo do custo dos processos; permite identificar o nível de atividade e os custos de inatividade, conduzindo a uma gestão mais eficiente dos recursos. Permite, adicionalmente, o cálculo rápido do custo de múltiplos objetos de custeio, aproveitando os dados de outros sistemas de informações, com referência a múltiplas entidades (departamentos, clientes, colaboradores, entre outras).

Para Kaplan e Anderson (2007a, 2007b), o TDABC não exige questionários nem entrevistas dispendiosas e demoradas com os colaboradores das organizações, além disso, permite ainda, oferecer aos gestores informações úteis e relevantes para a tomada de decisão, sendo um método menos propenso a erros, mais simples e rápido do que o tradicional ABC. Deste modo, o TDABC oferece às organizações uma opção prática para determinar o custo e a capacidade utilizada dos processos, a rendibilidade dos produtos e clientes através de um modelo acessível e económico.

Finalmente, a implementação do TDABC incentiva os gestores na estruturação e padronização dos vários processos da empresa, contribuindo para a melhoria de eficiência e a redução dos custos, ao permitir identificar as atividades que são maiores consumidoras de tempo e se afigurem como pontos de estrangulamento (*bottleneck points)* dos processos. Schmidt *et al.* (2009) referem que o TDABC evita o trabalho dispendioso, demorado e subjetivo que o ABC exige das organizações.

As limitações inerentes ao TDABC decorrem do facto deste sistema só poder ser aplicado a atividades que estejam devidamente padronizadas, isto é, que não sejam aleatórias. Se uma atividade puder ser realizada de várias formas, ou se não tiver soluções definidas, não é possível estimar um tempo para a sua realização. Por esta razão, o TDABC é de muito difícil aplicação a casos de produção por encomenda. Por outro lado, se os recursos que estão afetos à realização de um processo não forem homogéneos, ou não tiverem uma participação semelhante em todas as atividades, o custo unitário do tempo pode conduzir a distorções no apuramento do custo dos objetos de custeio. Por exemplo, a determinação do custo de um "ato médico" num hospital, que apenas exige a intervenção de enfermeiros, pode ser penalizado relativamente a outro que exige uma forte participação de um médico e ou de centro de cirurgia.

Para Gervais *et al.* (2010) existe alguma incerteza associada ao TDABC entre utilizar custos padrão ou custos reais para determinar o custo unitário. Além disso, a mensuração do tempo é um processo complexo e a estimativa do custo da subatividade não é calculada de forma simples, onde a utilização de tempos médios de execução das atividades pode colocar em causa a fiabilidade do sistema. Este sistema de gestão de custos, que é de aplicabilidade simples quando os processos são padronizáveis em termos de tempos de execução, é, apesar de tudo, alvo de críticas por parte de alguns autores (Adkin, 2008), considerando que:

- Não é "novo", existindo sob outras formas há bastante tempo;
- Exclui o custo de capacidade não utilizada (inatividade normal e extraordinária) no cômputo do custo dos produtos ou serviços – ao contrário do ABC – pelo que a taxa de inatividade pode depender de circunstâncias contextuais de cada empresa, o que pode conduzir a erros de cálculo;
- Apesar de mais simples, também o TDABC exige atualizações sempre que os processos, produtos, serviços e os custos se alteram;
- Não induz, *de per si*, melhores e mais rápidas decisões de gestão; o excessivo foco na identificação de fatores que permitem a redução dos tempos padrão para execução das tarefas, pode desviar a atenção dos gestores para a investigação dos fatores que permitem uma efetiva redução de custos, porventura para o redesenho dos produtos ou processos.

SUMÁRIO

O TDABC foi apresentado por Kaplan e Anderson (2004) com o propósito de ultrapassar as dificuldades de implementação e de funcionamento do ABC – fatores que explicam, em grande medida, a baixa taxa de adoção pelas empresas desta metodologia de custeio –

A abordagem do TDABC, que utiliza o tempo como *cost driver*, requere, apenas, que sejam feitas estimativas ou cálculos relativos ao:

- Custo dos recursos utilizados num determinado processo ou conjunto de atividades, por unidade de tempo;
- Consumo daqueles recursos, exigidos por cada produto (ou lote de produtos) ou prestação de serviços aos clientes.

Deste modo, deixa de ser necessário atribuir, previamente, os custos dos recursos a cada atividade para, só depois, se imputarem os custos aos objetos de custeio (produtos, ordens de fabrico, serviços ou clientes), tal como se preceitua para a metodologia ABC.

O TDABC permite a determinação da capacidade prática dos recursos afetos aos diferentes processos, calculada com base numa percentagem da capacidade teórica máxima; permite, adicionalmente, a mensuração de eventual ociosidade desses recursos, em face da aplicação de equações de tempo (*time equations*) aos níveis de atividade efetivos da empresa.

TERMOS E CONCEITOS-CHAVE

Capacidade prática
Capacidade teórica
Cost rates
Custo por unidade de tempo
Equações de tempo (*time equations*)
Taxa de ociosidade
Tempo útil ou prático
TDABC – *Time Driven Activity-Based Costing*

QUESTÕES TEÓRICAS

1. Quais as principais dificuldades de implementação do modelo ABC, que induziram o surgimento do modelo TDABC?
2. Apresente as principais semelhanças e diferenças entre o ABC e o TDABC.
3. Identifique as principais etapas de um processo de implementação de um sistema de custeio TDABC.
4. Defina o que são equações de tempo (*time equations*) apresentando exemplos modelo.
5. Refira as vantagens, dificuldades e críticas ao TDABC.
6. Leia atentamente as asserções seguintes e escolha as palavras adequadas para as completar, de entre as sugeridas:

   "O _______propõe-se atualizar e adaptar o ________convencional, ultrapassando algumas das _________mais relevantes desta metodologia de custeio, em particular as situações de processos produtivos __________e com variabilidade de(as) ____________dos produtos."

7. Classifique como verdadeira (V) ou falsa (F) cada uma das seguintes afirmações:

   a. Qualquer que seja a metodologia de imputação dos custos indiretos aos produtos (sistema tradicional, ABC ou TDABC) os custos totais dos fatores são iguais.
   b. O TDABC só pode ser aplicado quando uma atividade estiver padronizada.
   c. No ABC, os *cost drivers* são indicadores de frequência com que as atividades são realizadas. No TDABC o principal indicador é o tempo de realização das diferentes tarefas que integram uma atividade.
   d. A equação do tempo procura quantificar o tempo necessário para a realização de um determinado processo.
   e. O modelo de equações do TDABC terá de ser atualizado sempre que se adicionarem ou abandonarem atividades, em resultado da reconfiguração de processos produtivos, ou, simplesmente, se se obtiverem ganhos de eficiência na empresa.
   f. As equações de tempo (*time equations*) simplificam o processo de afetação de custos *diretos* aos objetos de custeio, permitindo o respetivo cálculo de modo simples e fiável.

Resposta 6:

(1) ABC/TDABC.
(2) Vantagens/Dificuldades.
(3) Uniformes/Diversificados/Pequena escala.
(4) Atividades/Especificações/Custos.

Resposta 7:

a. Verdadeira; b. Verdadeira; c. Verdadeira; d. Verdadeira; e. Verdadeira; f. Falsa.

EXERCÍCIOS RESOLVIDOS[12]

Exercício 9.1 – TDABC

Considere uma atividade de corte e costura, que decorre numa célula de produção de uma empresa têxtil, que fabrica, sob encomenda, dois produtos tipo: *t shirts* e *sweat shirts*. Em virtude da filosofia de qualidade adotada, todas as peças com defeito são, imediatamente, recuperadas.

1. Os tempos de operação e respetivas determinantes são os seguintes:

Operações:	Tempos padrão (mn)	Obs.
Preparação e corte	5	por cor
Costura		
T shirts	5	por peça
Sweat shirts	9	por peça
Recuperação de defeitos	2	por peça

2. Num determinado período foi fabricada a seguinte encomenda de *sweat shirts*:

Cor	N.º de *sweat shirts (UF)*	*sweat shirts* recuperadas (UF)
Azul	1 500	120
Amarelo	1 000	105
Branco	1 200	100
Total	3 700	325

[12] Exercícios desenvolvidos em coautoria com os colegas Carlos Reis de Sousa e José A. Oliveira Vale (docentes de Contabilidade de Gestão Avançada do ISCAP).

Pedidos:

A. Apresente a equação de tempo para a execução de uma encomenda.
B. Determine o tempo de trabalho aplicado na execução da encomenda.

Respostas:

A. Equação de tempo por encomenda:
T enc. = 5 X1 + 5 X2 * X3 + 9 (1 – X2) * X3 + 2 X4
X1 – N.º de cores de cada encomenda
X2 – Produto é uma *t shirt*? (sim X2 = 1; não X2 = 0)
X3 – N.º de peças fabricadas, por encomenda
X4 – N.º de peças defeituosas recuperadas

B. Tempo de trabalho aplicado na execução da encomenda de *sweat shirts*

Operações	Tempo padrão (mn)	N.º registos	Tempo total (mn)
Preparação e corte	5	3	15
Costura			
sweat shirts	9	3 700	33 300
Recuperação	2	325	650
Total (mn)			**33 965**

Conclusão: O tempo total de execução da encomenda foi de 33 965 mn (566 horas, isto é, 71 dias úteis de trabalho, considerando uma jornada de 8 horas de trabalho efetivo/dia).

Exercício 9.2 – TDABC

Com a adoção do regime de teletrabalho, o diretor administrativo de uma determinada empresa implementou um sistema de custeio TDABC, tendo como objetivo dispor de informação que permitisse o controlo do tempo de atividade dos colaboradores do departamento de Contabilidade.

1. O trabalho de cada colaborador passou a ser definido com base em "pacotes de tarefas", e que lhe são remetidos diariamente por *email*. Para este efeito, foram definidas as seguintes atividades e respetivos tempos de execução:

   - Abertura do email com os documentos e do sistema de contabilização: 10 minutos;
   - Consulta inicial: 30 segundos, por cada documento;
   - Contabilização: 2 minutos, por cada documento. Se a contabilização envolver a identificação de contas correntes ou de um centro de custo (c/c), o tempo aumenta 50%;
   - Responder ao *email* e finalizar o trabalho: 30 minutos.

2. Os custos do processo (FSE, gastos com o pessoal, depreciações) relativos a um determinado mês, foram de: 2 448,00 €/colaborador.
3. Em média, cada mês tem 20 dias úteis de trabalho, com uma jornada de 8 horas. A capacidade prática de trabalho é de 85% da capacidade máxima de trabalho disponível.
4. Relativamente ao mês M, o pacote de tarefas incluía a contabilização de 1 800 documentos, 300 dos quais não envolviam a identificação c/c ou de centro de custo.

Pedidos:

A. Apresente a equação de tempo (em minutos) para cada "pacote de tarefas".
B. Determine o custo minuto do trabalho por colaborador.
C. Calcule o tempo total, a taxa de ociosidade e o custo da atividade realizada, durante o mês M, por colaborador.
D. Custo médio de processamento de cada tipo de documento, no mês M.

Resolução:

A. Equação de tempo (em minutos):
T = 10 + 0,5 (X1 + X2) + 2 X1 + 3 X2 + 30
X1 – Número de documentos contabilizados não exigindo identificação de conta corrente (cc) ou centro de custo.

X2 – Número de documentos contabilizados exigindo identificação de conta corrente (cc) ou centro de custo.

B. Cálculo do custo minuto:

- Tempo total disponível e tempo prático (mn):

N.º de colaboradores	1
N.º de dias de trabalho/mês	20
Jornada de trabalho diária (mn) (8 h x 60 mn)	480
Tempo total de trabalho disponível mensal (mn)	9 600
Taxa normal de atividade	85%
Tempo de trabalho útil mensal (mn)	8 160

- Custo minuto:

Custo total mensal	2 448 €
Tempo de trabalho útil ou prático (mn)	8 160
Custo unitário/mn	0,30 €

C. Tempo total, taxa de ociosidade e o custo da atividade realizada durante o mês:

Atividades	**t (mn)**	**N.º eventos**	**Tempo total (mn)**
Abertura do email e do sistema contabilização	10	20	200
Consulta inicial do documento digitalizado	0,5	1 800	900
Contabilização do documento sem cc	2	300	600
Contabilização do documento com cc	3	1 500	4 500
Responder a emails e finalizar o trabalho	30	20	600
Total			6 800

Mês M:	**Tempo (mn)**	**%**	**Custo/ mn**	**Custo total**
Tempo de atividade útil ou prático	8 160	100,0 %	0,30 €	2 448 €
Tempo total efetivo de atividade	6 800	83,3 %	0,30 €	2 040 €
Tempo de ociosidade	1 360	16,6 %	0,30 €	408 €

D. Custo médio de processamento de cada tipo de documento, no mês M:

- Tempo médio imputável/doc.: (200 mn + 600 mn)/ 1 800 docs = 0,44(4) mn/doc.

	Doc. sem cc	Doc. com cc
Tempo médio de abertura e resposta a emails	0,44 (4)	0,44 (4)
Tempo consulta + contabilização	2,50	3,50
Tempo total/doc.	2,94 (4)	3,94 (4)
Custo/mn	0,30 €	0,30 €
Custo/doc.	0,883 (3) €	1,183 (3) €

Exercício 9.3 – TDABC. Equações de tempo

A SOPNEUS é uma microempresa que se dedica exclusivamente à realização de atividades relacionadas com pneus de viaturas ligeiras, nomeadamente: reparação de furos, substituição de pneus desgastados por pneus novos ou reciclados, troca da localização de pneus (passagem dos pneus dianteiros para traseiros e vice-versa), calibragem de pneus e alinhamento da direção. Para o efeito, estão disponíveis duas mesas elevatórias, uma especifica para a troca de pneus e outra para o alinhamento da direção. Quando são efetuadas duas operações (troca de pneus e alinhamento de direção) terá de se fazer uso de ambas as mesas elevatórias (elevadores). Os colaboradores estão qualificados para realizar qualquer tipo de tarefa.

O cliente é quem decide o serviço que pretende, muito embora exista sempre aconselhamento quanto ao tipo de serviço a realizar. Independentemente do pedido do cliente, quando se realiza uma qualquer tarefa com um pneu é sempre necessário proceder à sua calibragem.

Para efeitos do presente exemplo, as múltiplas tarefas podem ser resumidas da forma seguinte:

N.º	Atividades	Tempo de operação (mn)	Observações
1	Boas-vindas, apresentação da forma de trabalho, identificação do problema e registo do pedido (identificação do cliente e do problema)	8	Se for cliente habitual o tempo reduz-se a metade.

N.º	Atividades	Tempo de operação (mn)	Observações
2	Colocação da viatura no elevador para realizar o trabalho e posterior remoção da mesma, depois de realizado o trabalho	4	Tempo igual quer se trate de operações com pneus ou de alinhamento de direção.
3	Desmontar o pneu e a jante da viatura	0,5	Por cada pneu. Se for um pneu sobressalente (que está na mala da viatura) o tempo é de apenas 15 segundos.
4	Reparação de furos (identificação do furo e selagem)	2	Por cada furo.
5	Substituição de pneus usados por pneus novos ou recauchutados (na própria jante)	6	Por cada pneu.
6	Calibragem de pneus	7	Por cada pneu.
7	Colocar pneu novo e a respetiva jante na viatura	0,5	Por cada pneu. Se for um pneu sobressalente, a colocação na mala demora 15 segundos.
8	Alinhamento da direção	15	Por viatura.

Dados referentes a um determinado mês:

1. Custos totais (consumíveis; ferramentas e utensílios diversos, outros fornecimentos, gastos com o pessoal, depreciações): 11 700,00 €;
2. N.º de colaboradores: 2 a tempo inteiro e 1 em *part-time* (50%);
3. N.º de dias de trabalho: 26 dias, que inclui os sábados;
4. Jornada de trabalho diária: 8 horas;
5. Taxa normal de atividade prática: 75%;
6. Tarefas (produção) realizadas:

Tarefas realizadas (produção)	N.º eventos
N.º total de clientes para operações com pneus (20% dos clientes eram novos)	400
N.º de clientes para operações de alinhamento da direção (50% dos clientes realizaram, simultaneamente, operações com pneus; nenhum cliente novo)	200
N.º de pneus desmontados/montados (100 pneus eram sobressalentes, que se encontravam na mala das viaturas)	1 000
N.º de furos reparados (1 furo por pneu)	250
N.º de pneus trocados (passagem dos pneus dianteiros para traseiros e vice-versa)	100

- Pressuposto: cada pedido de cliente diz respeito apenas a uma viatura e nenhum cliente solicitou, apenas, a reparação de pneus sobressalentes.

Pedidos:

A. Equação do tempo para um pedido de serviço (Ts).
B. Cálculo do custo minuto.
C. Tempo total de atividade efetiva e de inatividade (ou ociosidade) e respetivo custo, no período.
D. Cálculo do tempo de serviço e respetivo custo para uma operação de substituição, calibragem e alinhamento de 4 pneus de viatura, de um novo cliente.

Resolução:

A. Equação de tempo para um pedido de serviço (Ts):

$$\mathbf{Ts} = \underbrace{[8\,X1 + 4\,(1 - X1)]}_{\text{Ativ. 1.}} + \underbrace{4\,X2}_{2.} + \underbrace{(0{,}5\,X3 + 0{,}25\,X4)}_{3.} + \underbrace{2\,X5}_{4.} + \underbrace{6\,X6}_{5.} + \underbrace{7\,X7}_{6.} +$$

$$+ \underbrace{[0{,}5\,X3 + 0{,}25\,X4]}_{7.} + \underbrace{15\,X8}_{8.}$$

Identificação de variáveis:

X1 – Cliente novo (sim = 1; não = 0)
X2 – N.º de vezes que a viatura é colocada/removida do elevador
X3 – N.º de pneus desmontados/montados na viatura
(X3 = 1, se pneu novo; 0, se pneu sobressalente)
X4 – N.º de pneus retirados/colocados na mala; (15 seg = 15/60`` = 0,25 mn)
(X4 = 1, se pneu sobressalente; 0)
X5 – N.º de furos reparados

X6 – N.º de pneus usados, substituídos por pneus novos/recauchutados
X7 – N.º de pneus sujeitos a calibragem
X8 – Viatura com alinhamento da direção (sim = 1; não = 0)

B. Cálculo do custo minuto:

- Tempo total disponível e tempo prático (mn):

N.º. de colaboradores (1 *part-time* = 0,5)	2,5
Jornada trabalho (horas)	8
N.º. de dias/mês, incluindo sábados	26
Horas disponíveis	520
Minutos disponíveis totais (horas x 60 mn)	31 200
Taxa de atividade normal	75%
Tempo prático (mn)	23 400

- Custo minuto:

Custo total mensal	11 700 €
Tempo prático (mn)	23 400
Custo unitário/mn	0,50 €

C.

a. Tempo total de atividade efetiva e de inatividade (ou ociosidade) no período:

<table>
<tr><th>N.º</th><th colspan="2">Atividades</th><th></th><th>t (mn)</th><th>N.º eventos</th><th>Tempo total (mn)</th><th>Notas (*)</th></tr>
<tr><td rowspan="2">1</td><td rowspan="2">Boas-vindas...</td><td>Cliente novo</td><td>X1</td><td>8</td><td>80</td><td>640</td><td>(1)</td></tr>
<tr><td>Cliente habitual</td><td>(1-X1)</td><td>4</td><td>420</td><td>1 680</td><td>(2)</td></tr>
<tr><td>2</td><td colspan="2">Colocação da viatura no elevador ...</td><td>X2</td><td>4</td><td>600</td><td>2 400</td><td>(3)</td></tr>
<tr><td rowspan="2">3</td><td rowspan="2">Desmontar o pneu e a jante da viatura</td><td>Pneus em uso</td><td>X3</td><td>0,5</td><td>900</td><td>450</td><td>(4)</td></tr>
<tr><td>Pneus sobressalentes</td><td>X4</td><td>0,25</td><td>100</td><td>25</td><td>(4)</td></tr>
<tr><td>4</td><td colspan="2">Reparação de furos (identificação do furo e selagem)</td><td>X5</td><td>2</td><td>250</td><td>500</td><td>(5)</td></tr>
</table>

<table>
<tr><th>N.º</th><th colspan="3">Atividades</th><th>t (mn)</th><th>N.º eventos</th><th>Tempo total (mn)</th><th>Notas (*)</th></tr>
<tr><td>5</td><td colspan="2">Substituição de pneus usados por pneus novos ou recauchutados (na própria jante)</td><td>X6</td><td>6</td><td>650</td><td>3 900</td><td>(6)</td></tr>
<tr><td>6</td><td colspan="2">Calibragem de pneus</td><td>X7</td><td>7</td><td>1 000</td><td>7 000</td><td>(7)</td></tr>
<tr><td rowspan="2">7</td><td rowspan="2">Colocar pneu novo e a respetiva jante na viatura</td><td>Pneus em uso</td><td>X3</td><td>0,5</td><td>900</td><td>450</td><td>(4)</td></tr>
<tr><td>Pneus sobressalentes</td><td>X4</td><td>0,25</td><td>100</td><td>25</td><td>(4)</td></tr>
<tr><td>8</td><td colspan="2">Alinhamento da direção</td><td>X8</td><td>15</td><td>200</td><td>3 000</td><td>(8)</td></tr>
<tr><td></td><td colspan="2">Tempo total de atividade efetiva (mn)</td><td></td><td></td><td></td><td>20 070</td><td></td></tr>
</table>

c. Cálculo da taxa de atividade e de inatividade e dos respetivos custos:

	Tempo (mn)	%	Custo/mn	Custo total
Tempo prático (mn)	23 400	100,0%	0,50 €	11 700 €
Tempo total de atividade efetiva (mn)	20 070	85,8%	0,50 €	10 035 €
Tempo de ociosidade (mn)	3 330	14,2%	0,50 €	1 665 €

(*) Notas sobre o cálculo do n.º de eventos, para cada tarefa:

(1) 20% x 400 = 80 clientes;

(2) 80% x 400 + 50% x 200 = 420 clientes habituais, com operações com pneus e de alinhamento de direção (50% dos clientes realiza operações com pneus, que foram identificados inicialmente, no n.º total de clientes, i.e. 400);

(3) N. de viaturas colocadas nos elevadores para operações com pneus (400) + operações de alinhamento de direção (200) = 600;

(4) Do total dos 1 000 pneus desmontados/montados, 100 estavam na mala de viatura, com um tempo de operação de apenas 0,25 mn;

(5) N.º total de furos reparados: 500;

(6) O total de pneus desmontados foi de 1 000, sendo que em 250 pneus apenas se repararam furos e 100 pneus foram trocados da dianteira para a traseira das viaturas. Logo, o n.º de substituições de pneus usados por pneus novos foi de: 1 000 – 250 – 100 = 650 pneus;

(7) Todos os pneus desmontados/montados, num total de 1 000, são calibrados;

(8) Realizaram-se 200 operações de alinhamento, de acordo com a tabela de tarefas do mês.

D. Tempo de serviço e respetivo custo para uma operação de substituição, calibragem e alinhamento de 4 pneus (cliente novo):

<table>
<tr><th>N.º</th><th colspan="2">Tarefas</th><th></th><th>t (mn)</th><th>N.º eventos</th><th>Tempo total (mn)</th></tr>
<tr><td rowspan="2">1</td><td rowspan="2">Boas-vindas...</td><td>Cliente novo</td><td>X1</td><td>8</td><td>1</td><td>8</td></tr>
<tr><td>Cliente habitual</td><td>(1-X1)</td><td>4</td><td>–</td><td>-</td></tr>
<tr><td>2</td><td colspan="2">Colocação da viatura no elevador ...</td><td>X2</td><td>4</td><td>1 troca + 1 alinhamento</td><td>8</td></tr>
<tr><td rowspan="2">3</td><td rowspan="2">Desmontar o pneu e a jante da viatura</td><td>Pneus em uso</td><td>X3</td><td>0,5</td><td>4</td><td>2</td></tr>
<tr><td>Pneus sobressalentes</td><td>X4</td><td>0,25</td><td>-</td><td>-</td></tr>
<tr><td>4</td><td colspan="2">Reparação de furos (identificação do furo e selagem)</td><td>X5</td><td>2</td><td>-</td><td>-</td></tr>
<tr><td>5</td><td colspan="2">Substituição de pneus usados por pneus novos ou recauchutados (na própria jante)</td><td>X6</td><td>6</td><td>4</td><td>24</td></tr>
<tr><td>6</td><td colspan="2">Calibragem de pneus</td><td>X7</td><td>7</td><td>4</td><td>28</td></tr>
<tr><td rowspan="2">7</td><td rowspan="2">Colocar pneu novo e a respetiva jante na viatura</td><td>Pneus em uso</td><td>X3</td><td>0,5</td><td>4</td><td>2</td></tr>
<tr><td>Pneus sobressalentes</td><td>X4</td><td>0,25</td><td>-</td><td>-</td></tr>
<tr><td>8</td><td colspan="2">Alinhamento da direção</td><td>X8</td><td>15</td><td>1</td><td>15</td></tr>
<tr><td></td><td colspan="2">Tempo total de atividade efetiva (mn)</td><td></td><td></td><td></td><td>87</td></tr>
</table>

- O serviço de substituição, calibragem e alinhamento de 4 pneus foi de 87 mn;
- O respetivo custo é de: 87 mn x 0,50 € = 43,50 €

Exercício 9.4 – TDABC. Equações de tempo

A empresa *Greatcook* dedica-se ao fabrico e montagem de cozinhas por medida, quer para particulares, quer para empresas, segundo as especificações dos clientes.

O negócio desenvolve-se de acordo com diferentes processos: medidas, desenho redesenho/aprovação por parte do cliente, orçamentação/negociação do preço, fabrico e montagem. Para efeitos do presente exercício apenas se consideram os processos de Fabrico & Montagem, sendo que grande parte das componentes a incorporar são compradas a terceiros, acabadas ou semiacabadas.

Para garantir maior eficiência e rapidez de entrega, o Fabrico & Montagem segue o modelo de organização estruturado em células, constituídas por equipas de três colaboradores que se encarregam de todas as tarefas, desde a análise do desenho até à montagem final. Nesta equipa todos os colaboradores estão aptos a realizar qualquer tarefa pelo que as mesmas vão sendo repartindo entre si. Apenas as tarefas 1, 7, 8, 9 e 10 são realizadas em conjunto. Os pedidos de clientes que englobem várias cozinhas, com especificações iguais, são sempre associados a uma única encomenda e a sua produção e montagem é sempre entregue à mesma equipa.

As cozinhas são, normalmente, montadas em módulos regulares (com 60 cm), que podem ser dedicados a eletrodomésticos (por exemplo, o forno), à colocação de prateleiras ou de gavetas. Os módulos considerados irregulares possuem menor dimensão ou encaixes e são sempre dedicados a prateleiras. Para simplificação do presente exemplo, considera-se que cada cozinha apenas possui um tampo.

1. As atividades realizadas no processo de Fabrico & Montagem e respetivos tempos padrão são as seguintes:

Atividades		**Tempo por ativ. e por trabalhador (mn)**	**Observações**
1	Análise, discussão do desenho aprovado pelo cliente e organização do trabalho	5	Se forem fabricadas e montadas várias cozinhas iguais, este tempo é apenas aplicado uma vez. Toda a equipa participa nesta tarefa.
2	Corte do tampo à medida	10	Apenas se o tampo for de madeira. Os tampos de pedra ou inox são totalmente subcontratados.
3	Preparação do tampo: corte dos encaixes dos pios/lava-loiça e placa do fogão	15	Por cada encaixe.

Atividades		Tempo por ativ. e por trabalhador (mn)	Observações
4	Fabrico da estrutura/esqueleto do móvel em módulos	30	Por cada módulo regular de 60 cm. Por cada módulo irregular o tempo é o dobro.
5	Montagem das gavetas, incluindo ferragens	15	Por cada gaveta.
6	Pré-montagem das portas e respetivas ferragens nos módulos com prateleiras	5	Por cada porta.
7	Embalar, carregar e acondicionar a cozinha na viatura	15	Por cozinha. Toda a equipa participa nesta tarefa.
8	Transporte dos móveis		Velocidade média 60 Km. No máximo podem ser incluídas 3 cozinhas no mesmo transporte. Toda a equipa participa nesta tarefa (um dos elementos assume a função de motorista).
9	Descarregar a cozinha	10	Por cozinha. Toda a equipa participa nesta tarefa.
10	Montagem da cozinha no local:		Toda a equipa participa nesta tarefa.
	... do tampo	7	Por cada tampo.
	... do móvel	3	Por cada módulo de 60 cm.
	... da placa do fogão, forno e exaustor (subcontrato)	30	Este trabalho é subcontratado a um eletricista que realiza estas tarefas.
	...	...	...

2. Custos indiretos totais e custos unitários/mn:

	Total	€/mn
Desenho/Redesenho e Orçamentação	15 048,00 €	0,60 €
Fabrico & Montagem	27 086,40 €	0,30 €

3. O cliente C1 colocou uma encomenda de duas cozinhas iguais com as seguintes especificações:

a. Tampos de granito (em que vão ser colocados um lava-loiça e uma placa de fogão);
b. Módulos: cada cozinha possui sete módulos regulares de 60 cm, dos quais um para o forno, dois com prateleiras e portas e quatro com gavetas: 2 com três gavetas e 2 com quatro gavetas e um móvel irregular;
c. A instalação localiza-se a 60 km de distância;
d. Instalação de uma placa de fogão, um forno e um exaustor em cada cozinha.

Para além do custo associado às tarefas de Fabrico & Montagem, decorrentes das especificações anteriores, estão estimados, adicionalmente, os seguintes custos:

- Custo das matérias-primas e componentes: 1 816,00 €
- Custo de montagem elétrica: 180,00 €, para todos eletrodomésticos
- Tempo de "Medição/Desenho/Orçamentação": 60 minutos.

Pedidos:

A. Equação do tempo para um pedido de cliente (considere que cada pedido pode incluir várias cozinhas).
B. Tempo de atividade para satisfazer a encomenda do cliente C1.
C. Preço a propor ao cliente C1, sabendo que a empresa determina o preço com uma margem bruta de 25% sobre o custo orçado.

Resolução:

A. Equação de tempo para um pedido de cliente, em minutos, (mn):

$$T = \underbrace{[3 \text{ col.} * 5\ X1]}_{\text{Atividade nº 1.}} + \underbrace{10\ X2}_{2.} + \underbrace{X2 * 15\ X3}_{3.} + \underbrace{30\ X4 + 60\ X5}_{4.} + \underbrace{15\ X6}_{5.} + \underbrace{5\ X7}_{6.} + \underbrace{[3 * 15\ X8]}_{7.}$$

$$+ \underbrace{[3 * X9 \text{ km} / 60 \text{ km} * 60 \text{ mn} * X8/3 \text{ coz. por viatura}]}_{8.} + \underbrace{[3 * 10\ X8]}_{9.} + \underbrace{[(3 * 7\ X8) +}_{10.}$$

$$+ \underbrace{(3 \text{ col} * 3\ X4)]}_{10. \text{ (cont.)}} + \text{subcontrato.}$$

- Nota: as tarefas 1, 7, 8, 9 e 10 são realizadas por equipa de 3 colaboradores, em simultâneo, tal como é referido no enunciado.

Identificação de variáveis:

X1 – N.º de desenhos de cozinhas
X2 – Tampo de madeira? (Sim, X2 = 1; Não, X2 = 0)
X3 – N.º de encaixes
X4 – N.º de módulos regulares de 60 cm
X5 – N.º de módulos irregulares
X6 – N.º de gavetas
X7 – N.º de portas
X8 – N.º de cozinhas (1 cozinha = 1 tampo)
X9 – N.º total de km (ida e volta)

B. Tempo de atividade para satisfazer a encomenda do cliente C1, de 2 cozinhas:

(*) O tempo t (mn), refere-se a equipa de 3 colaboradores para as tarefas 1, 7, 8, 9 e 10

	Atividades		**t (mn)**	**N.º eventos**	**Tempo total (mn)**
1	Análise, discussão do desenho aprovado pelo cliente e organização do trabalho (*)	X1	15	1 ped.	15
2	Corte do tampo à medida	X2	10	0	–
3	Preparação do tampo: corte dos encaixes dos pios/lava-loiça e placa do fogão	X3	15	0	–
4	Fabrico da estrutura/esqueleto do móvel em módulos regulares	X4	30	(7 mód. x 2 coz.) = **14** mod.	420
4	Fabrico da estrutura/esqueleto do móvel em módulos irregulares	X5	60	(1 x 2 coz.) = **2** mód.	120
5	Montagem das gavetas, incluindo ferragens	X6	15	[(2 mód x 3 gav.) + (2 mód x 4 gav.)] x 2 coz. = **28** gav.	420

	Atividades		t (mn)	N.º eventos	Tempo total (mn)
6	Pré-montagem das portas e respetivas ferragens nos módulos com prateleiras	X7	5	(2 + 1 portas) x 2 coz.= **6** portas	30
7	Embalar, carregar e acondicionar a cozinha na viatura (*)	X8	45	2 coz.	90
8	Transporte dos móveis (*)	X9	3	60 mn	180
9	Descarregar a cozinha (*)	X8	30	2 coz.	60
10	Montagem da cozinha no local (*):				
	... do tampo		21	2 tampos	42
	... do móvel		9	(8 mód. x 2 coz.) = **16** mód.	144
	... da placa do fogão, forno e exaustor (subcontrato)	-	-	subcontrato	-
	TOTAL (mn)				1 521

- O tempo total de atividade para satisfazer a encomenda de duas cozinhas do cliente C1, é de 1 521 minutos, a que corresponde um custo de 1 521 mn x 0,30€ = 456,30 €.

C. Preço a propor ao cliente C1, sabendo que a empresa determina o preço com uma margem bruta de 25% sobre o custo orçado.

	Total	Notas
Gastos diretos		
Matérias-primas e componentes	1 816,00 €	Enunciado
Montagem elétrica (subcontrato)	180,00 €	Idem
Gastos diretos		
Medição/desenho/orçamentação	36,00 €	0,60 € x 60 mn
Fabrico & montagem	456,30 €	0,30 € x 1 521 mn
Custo total	2 488,30 €	
Preço a propor	3 110,38 €	Margem 25%

Exercício 9.5 – TDABC. Equações de tempo

A *Allwash* é uma empresa que se dedica à lavagem e engomagem de artigos têxteis, de tapeçaria, de pele e a pequenos arranjos de costura a particulares ou empresas do sector hoteleiro.

Os serviços disponibilizados pela empresa são os seguintes: *serviços de lavandaria* (que podem incluir ou não tratamento anti traças e/ ou tratamento anti ácaros); *serviços de engomadoria* (passagem a ferro); *serviço de recolha e entrega ao domicílio*; *arranjos de costura.*

O presente exemplo abrange apenas as atividades de receção, que inclui a carga e descarga das máquinas de lavar e preparação dos artigos para entrega aos clientes.

O processo de trabalho é simples: Todos os pedidos são registados no ERP (*software* integrado de controlo da atividade da empresa), que para além da identificação do cliente, permite o registo do tipo de serviço solicitado, as referências, quantidades e pesos dos artigos rececionados. No caso de recolha no domicílio é entregue ao cliente um pedido manual, com o número de peças e o serviço pretendido, que é posteriormente replicado no ERP. No momento da receção todas os artigos são identificados com uma etiqueta.

A lavagem é efetuada em lotes exatos de 100 kg, pelo que nesta operação se incluem normalmente peças de vários clientes. Após a lavagem, as peças são separadas com base na respetiva etiqueta e enviadas, se necessário, para o serviço de engomadoria. As peças que não tenham serviço de engomadoria são sempre dobradas e alisadas manualmente e, seguidamente, prensadas em lote. Os produtos são embalados em sacos de plástico que podem incluir apenas uma peça ou um conjunto de peças.

A análise do processo de receção e lavandaria conduziu à definição das atividades constantes do quadro seguinte. Os serviços de engomadoria e de arranjos de costura são muito especializados pelo que a empresa tem colaboradores dedicados em exclusivo a estas atividades.

	Atividades	Tempo por tarefa (mn)	Observações
1	Registo de pedido	10	50% do tempo, para um cliente é habitual; o tempo para um pedido manual é de 5 mn.

	Atividades	Tempo por tarefa (mn)	Observações
2	Deslocação ao domicílio, para receção ou entrega das peças/artigos		Velocidade média de circulação: 40 km/h. Tempo de estacionamento: 5 mn.
3	Pesagem das peças	0,25	
4	Contagem das peças	0,10	Por cada peça.
5	Etiquetagem e separação das peças, conforme tratamento solicitado	0,25	Por cada peça.
6	Carregar e preparar a máquina para lavagem	10	Por cada carga de 100 kg de roupa (capacidade da máquina).
7	Lavagem (que pode incluir tratamentos) e secagem automáticas	60	Se existir tratamento anti traça ou anti ácaros o tempo aumenta 15 minutos por tratamento.
8	Descarregar e separar as peças por pedido/cliente e envio para armazém de "peças prontas" ou para engomadoria	0,10	Por cada peça.
9	Dobrar e alisar as peças não sujeitas a engomadoria e colocação em saco plástico	10	Por cada saco. O peso máximo por saco é de 5 kg.
10	Entrega da roupa ao cliente, emissão da fatura e recebimento (qualquer que seja o modo de recebimento)	5	Alguns clientes exigem que se proceda à conferencia dos artigos entregues, pelo que o tempo de entrega aumenta em 5 minutos.

Pedido:

Defina a equação do tempo no processo de receção e lavandaria, relativa a um pedido de cliente.

Resolução:

Equação de tempo para um pedido de cliente, em minutos, (mn):

T = [10 X1 + 5 (1- X1) + 5 X2] + [X3/40 km * 60 mn + 5 mn] + 0,25 + (0,10 + 0,25 X4 +

Atividade nº 1. 2. 3. 4. e 5.

+ (10 X5 / 100 kg) + 0 + 0,10 X4 + 0,10 X6 + [5 X7 + 10 (1 – X7)]

6. 7. 8. 9. 10.

Nota: A tarefa 7, relativa à lavagem e secagem é automática, de natureza mecânica e sem intervenção humana, decorrendo em simultâneo com outras atividades; razão pela qual esta operação não é considerada na equação de tempo.

Identificação de variáveis:

X1 – Cliente novo (sim, X1 = 1; não X1= 0)
X2 – Registo manual (sim, X2 = 1; não, X2 = 0)
X3 – N.º de km na deslocação ao domicílio
(X3 = 1, com deslocação; X3 = 0, sem deslocação)
X4 – N.º de peças
X5 – N.º de cargas e preparação das máquinas de lavar
X6 – N.º de operações de colocação de peças em sacos (n.º de sacos)
X7 – Entregas de roupa e recebimento
(X7 = 1, sem conferencia de artigos; X7 = 0, com conferência)

EXERCÍCIOS E PROBLEMAS POR RESOLVER

Exercício 9.6 – TDABC – Equações de tempo

A REPVIRUS é uma empresa franchisada que se dedica à reparação ou recuperação de equipamentos informáticos oferecendo aos seus clientes um variado pacote de serviços que, para efeitos do presente exemplo, se reduzirão apenas a três tipos:

- Diagnóstico, reparação do *software* e recuperação de dados (em computadores ou discos externos);

- Serviço de *back-up* e outros;
- Venda de *software* antivírus, discos externos, *pens* e tinteiros.

Relativamente ao processo de negócio e organização da empresa destacam-se os seguintes aspetos:

a. A venda do *software* antivírus e de tinteiros pode ser realizada isoladamente ou em conjunto com qualquer dos dois serviços anteriores. Esta mesma situação pode ocorrer com os dispositivos para armazenagem de dados. Neste caso não é efetuado o registo de qualquer pedido, procedendo-se de imediato à faturação e entrega do artigo ao cliente;
b. De acordo com a política comercial da empresa nenhum trabalho é iniciado e realizado sem prévio contacto com o cliente e aprovação do preço;
c. No caso das reparações dos computadores, o diagnóstico é uma tarefa obrigatória mesmo que o cliente não tenha dúvidas sobre qual o problema a resolver. Este procedimento visa evitar futuras reclamações por trabalhos incompletos ou mal realizados;
d. Por simplificação, um pedido de serviço inclui apenas um equipamento. Este processo exige a realização de um conjunto de atividades que, por simplificação, se resumem da forma seguinte:

	Atividades	**Tempo por tarefa (mn)**	**Observações**
1	Boas-vindas, apresentação da forma de trabalho e registo do pedido (identificação do cliente, e do problema)	10	
2	Diagnóstico do computador (realizado por *software* apropriado).	30	O tempo de trabalho real é apenas 1/6 deste parâmetro já que se resume a ligar/desligar o equipamento e analisar os resultados.
3	Reparação do *software* e recuperação de dados ou *backups*	0,50	Este tempo reporta-se a cada 500 *megabytes* de *software* ou dados que tenham de ser recuperados/guardados.

	Atividades	Tempo por tarefa (mn)	Observações
4	Contato telefónico com o cliente para comunicação dos resultados em situação padrão (1.º contacto com o diagnóstico + 2.º contacto após o termo da reparação ou *backup*)	2	• Todos os contactos fora do padrão são telefónicos e levam o dobro do tempo. • 30 segundos se o contato for realizado por email.
5	Entregar o equipamento, faturar e receber	10	Metade do tempo, se se tratar de uma simples venda de produtos (*software* antivírus ou tinteiros).

Dados referentes a um determinado mês:

1. Custos totais (consumíveis; ferramentas e utensílios diversos, outros fornecimentos, gastos com o pessoal, depreciações): 32 256,00 €;
2. N.º de colaboradores: 3 a tempo inteiro e 1 a *part-time*;
3. N.º de dias de trabalho: 30 dias, que inclui sábados e domingos;
4. Jornada de trabalho diária: 8 horas;
5. Taxa normal de atividade prática: 80%;
6. Tarefas realizadas no mês (produção):

Atividades realizadas (produção)	N.º eventos
N.º de pedidos registados	1 000
N.º de diagnósticos realizados	900
Reparação de *software* e recuperação de dados (*megabytes*)	5 000 000
Backups (*megabytes*)	1 500 000
Software antivírus e tinteiros vendidos	500
Contactos realizados por email (%)	20 %
N.º de contactos realizados fora de padrão (todos telefónicos)	50

Pedidos:

A. Equação do tempo para um pedido de prestação de serviço (Ts).
B. Cálculo do custo minuto.
C. Tempo total de atividade efetiva e de inatividade (ou ociosidade) e respetivo custo, no período.

Exercício 9.7 – TDABC. Equações de tempo

A *Laboratórios ALFA* desenvolve atividade no sector de análise clínicas. De entre os processos organizacionais da empresa identifica-se o processo operacional, que consiste, essencialmente, na receção, colheita de sangue (que constituem, de *per si*, um subprocesso) e realização de análises laboratoriais.

A atividade é normalmente realizada mediante a apresentação de uma requisição/pedido de análises elaborado por um médico do serviço nacional de saúde, de outros sistemas de saúde ou de particulares, que tipifica de uma forma bastante clara o tipo de análises que são solicitadas para cada paciente. O processo operacional pode ser assim caracterizado:

a) **Receção**: esta atividade abrange a identificação do paciente, da requisição e de todas as análises que vão ser realizadas bem como a emissão da documentação para acompanhar os recipientes necessários à recolha (etiquetas autocolantes). Após o registo, caso o paciente não esteja incluído nas condições de isenção de pagamento, procede-se à imediata cobrança do valor a cobrar (por simplificação não se considera esta tarefa).
b) **Colheita**: consiste exclusivamente na recolha de sangue. As recolhas de urina, de fezes ou similares são efetuadas pelo próprio paciente. Em caso de impossibilidade de deslocação do paciente, estas recolhas podem ser efetuadas no domicílio.
c) **Análise laboratorial**: realização das análises e elaboração do respetivo relatório. Se os resultados das análises forem comunicados por email, o laboratório encarrega-se do respetivo encaminhamento.

Os tempos relativos às principais tarefas de cada atividade são os seguintes:

Atividades	Tempo (mn)	Observações
Receção		
Boas-vindas, apresentação dos documentos relativa às análises e explicação dos procedimentos a adotar	4	
Abertura da ficha/cadastro de cliente	2	por cada cliente/paciente novo (no caso de um paciente habitual, o tempo reduz-se a 0,5 minutos, para confirmação dos dados do cadastro)

Atividades	Tempo (mn)	Observações
Registo das análises a realizar	0,25	por cada análise
Registo do pedido de análise	3	apenas no caso de alguns seguros de saúde
Impressão das instruções para recolha, nomeadamente etiquetas para os recipientes de recolha e para o sistema de saúde respetivo	2	
Colheita		
Colheita de sangue	3	por paciente
Colheita de sangue no domicílio	30	por paciente
Análise Laboratorial		
Análise ao sangue	3,5	por cada análise
Análise à urina	15	por cada análise
Análise às fezes	90	por cada análise
Elaboração do relatório de análises	2	
Conferência do relatório de análises	1	
Envio do relatório de resultados por email	0,5	por cada relatório

Os custos do processo, referidos a um determinado período, foram os seguintes (valores em €):

	Receção e Colheita	Análises Laboratoriais
Gastos com o pessoal (1)	6 930 €	7 219 €
Fornecimentos e serviços externos	23 076 €	16 241 €
Água	..	
Energia elétrica	...	
Manutenção e conservação	..	
...		
Gastos de depreciação e de amortização	2 250 €	6 780 €
TOTAL	32 256 €	30 240 €

(1) – Os gastos com o pessoal já se encontram distribuídos de acordo com a afetação dos colaboradores por atividades e incluem os gastos proporcionais de férias e de subsídios.

O quadro de pessoal da empresa afeto a cada atividade é o seguinte:

- Receção: 1 pessoa em *full time* e duas pessoas em *part time* (4 horas);
- Colheita: 3 pessoas em *full time*. Da parte da tarde dois destes trabalhadores são deslocados para o laboratório de análises (4 horas por cada trabalhador);
- Laboratório de análises: 1 analista a *full time* e outro em *part time* (4 horas).

A jornada de trabalho é de 8 horas, cinco dias por semana. A capacidade prática de trabalho representa cerca de 80% da capacidade máxima de trabalho disponível. O período em análise é constituído por 21 dias de trabalho.

No período em causa verificaram-se os seguintes eventos, relativos ao subprocesso de receção e colheita:

Receção

	N.º eventos
N.º total de clientes (pacientes)	2 000
N.º de clientes (pacientes) novos	300
N.º de clientes com seguro de saúde exigindo registo prévio	250
N.º de análises a realizar	12 000

Colheita

	N.º eventos
N.º de recolhas na empresa (laboratório)	1 700
N.º de recolhas no domicílio	100

Pedidos:

A. Determine o custo minuto do trabalho;
B. Identifique as equações do tempo que devem ser aplicadas para o cálculo do custo das atividades realizada no atendimento de cada cliente/paciente;
C. Determine o custo de atendimento de um cliente/paciente (novo) do serviço nacional de saúde, cujo médico pediu a realização de cinco análises de sangue diferentes e um exame à urina, cuja colheita de amostras foi efetuada na empresa e cujos resultados foram encaminhados por email;

D. Identifique o tempo total – e respetivo custo – do subprocesso de receção e de colheita, no período em referência;
E. Apure a taxa de inatividade ou ociosidade do período para o referido subprocesso.

BIBLIOGRAFIA DO CAPÍTULO

Adkin, T. (2008). Five Myths about Time-Driven Activity-Based Costing: The Straight Facts about Traditional and TimeDriven Costing Methodologies, *SASCOM Magazine*. Em www.sas.com/news/sascom/2008q2/feature_abc.html.

Gervais, M., Levant, Y., & Ducrocq, C. (2010). Time-Driven Activity-Based Costing (TDABC): An Initial Appraisal through a Longitudinal Case Study. *The Journal of Applied Management Accounting Research,* 8(2), 1-20.

Kaplan, R. S., & Anderson, S. R. (2004). Time-driven activity-based costing. *Harward Business Review, 82*(11), 131-138.

Kaplan, R. S., & Anderson S. R. (2007a). *Time-driven activity-based costing. A simplier and more powerful path to higher profits.* Harvard Business School Press.

Kaplan, R. S., & Anderson, S. R. (2007b). The innovation of time-driven activity-based costing. *Cost Management, 21*(2), 5-15.

Kaplan, R., & Norton, D. (2008). *The execution premium. Linking strategy to operations for competitive advantage.* Harvard Business School Press.

Everaert, P., & Bruggeman, W. (2007). Time-driven activity-based costing: Exploring the underlying model. *Cost Management, 21*(2), 16-20.

Everaert, P., Bruggeman, W., Sarens, G., Anderson, S., & Levant, Y. (2008). Cost modeling in logistics using time-driven ABC: Experiences from a wholesaler. *International Journal of Physical Distribution & Logistics Management, 28(3)*, 172-191.

Reddy, K., Venter, H., & Olivier, M. (2012). Using Time-Driven Activity-Based Costing To Manage Digital Forensic Readiness In Large Organisations. *Information Systems Frontiers, 14(5)*, 1061-1077.

Schmidt, P., Santos, J., & Leal, R. (2009). Time Driven Activity Based Costing (TDABC): Uma Ferramenta Evolutiva na Gestão de Atividades. *Revista Iberoamericana de Contabilidade de Gestión, 7(14)*, 1-11.

Zimmerman, J. (2020). *Accounting for Decision Making and Control* (10th ed.). McGraw Hill.

Parte IV

A globalização e internacionalização que caracterizam os mercados atuais, associadas às rápidas mudanças registadas nos mesmos, levam à necessidade de implementar sistemas de gestão que tornem as organizações mais flexíveis e mais eficientes.

Nos sistemas tradicionais de Contabilidade de Gestão enfatiza-se mais a contenção de custos do que a redução de custos. Porém, uma gestão de custos rigorosa com um maior enfoque na redução dos custos, na melhoria contínua e na mudança, pode marcar a diferença entre as organizações e constituir uma vantagem competitiva.

A procura por técnicas eficientes de gestão de custos para obter vantagens competitivas tem sido assim uma constante na vida das organizações, como resposta a uma intensa concorrência e a uma crescente exigência por parte dos clientes, quer ao nível da qualidade dos produtos e serviço quer ao nível do serviço pós-venda.

Desta forma, a gestão estratégica de custos consiste num conjunto de ações levadas a cabo pelos gestores com a finalidade de reduzir custos, mas produzindo produtos e serviços com elevados níveis de qualidade.

O objetivo deste capítulo é apresentar e desenvolver técnicas de gestão de custos que permitem organizar e processar a informação de forma a apoiar e a facilitar a tomada de decisão, por forma a criar mais valor para a organização. Nos capítulos 10 a 16, serão apresentadas e debatidas técnicas como o *Target Costing* e *Kaizen Costing*, a engenharia de valor e reengenharia de processos, o *Just in Time*, a curva de aprendizagem (custos e ciclo de vida), a Gestão de Custos pela Qualidade Total, o *Lean Manufacturing*, a Teoria dos Constrangimentos e o *Benchmarking*.

CAPÍTULO 10

—

TARGET COSTING E *KAIZEN COSTING*

OBJETIVOS DE APRENDIZAGEM

1. Descrever a abordagem do *Target Costing*;
2. Integrar o *Target Costing* no ciclo de vida do produto;
3. Conhecer as etapas de implementação do *Target Costing*;
4. Identificar os objetivos da engenharia de valor;
5. Perceber o papel da reengenharia dos processos na criação de valor para os clientes;
6. Conhecer os princípios fundamentais do processo *Kaizen*;
7. Perceber a interligação entre o *Target Costing* e o *Kaizen Costing*.

10.1. Introdução

A gestão estratégica de custos consiste num conjunto de ações levadas a cabo pelos gestores com a finalidade de reduzir custos. Algumas dessas ações são fundamentadas através da informação extraída dos sistemas contabilísticos, outras ações envolvem a necessidade de melhoria dos processos, nomeadamente quando é identificada uma oportunidade de tornar os processos mais eficazes e eficientes com o objetivo de reduzir os custos dos produtos e ao mesmo tempo potenciar o aumento da satisfação dos consumidores. O ideal será implementar ações que reduzam os custos das organizações e ao mesmo tempo melhorem a satisfação dos consumidores.

Idealmente, a gestão de custos deve incorporar o conceito de criação de valor para o consumidor, sendo que aumentar o valor para o consumidor pode ser feito de duas maneiras, reduzindo custos sem sacrificar as funcionalidades dos produtos/serviços, ou aumentando as funcionalidades sem aumentar os custos. A redução de custos é importante porque permite que a empresa se mantenha competitiva conduzindo à manutenção ou redução dos preços de venda e, ao mesmo tempo, aumentando a satisfação e a criação de valor para os seus clientes. O aumento da satisfação dos clientes é normalmente associado a um aumento das vendas e dos resultados, que em último estágio será refletido no valor gerado para o acionista.

O *Target Costing* e o *Kaizen Costing*, que serão desenvolvidos nos pontos seguintes, são consideradas técnicas de gestão de custos que visam a redução de custos, sendo que ambas se preocupam em manter o nível de qualidade dos seus produtos e o nível de satisfação dos consumidores. Neste âmbito, é salientada, também neste capítulo, a engenharia de valor, como uma técnica utilizada no *Target Costing* para reduzir o custo de um produto através da análise dos conflitos entre os diferentes tipos e níveis de funcionalidades de um produto e o seu custo de produção total. Paralelamente, explora-se a reengenharia de processos de negócios cujo objetivo é proceder à sua melhoria nas organizações, concentrando-se na simplificação, redução de custos, melhoria da qualidade e aumento da satisfação do consumidor. Termina-se o capítulo, em jeito de conclusão, com uma apresentação sucinta das principais diferenças entre o *Target Costing* e o *Kaizen Costing*.

10.2. Target Costing

Conceito

O Custeio Alvo (*Target Costing*), ou *Genka Kikako* em japonês, trata-se de uma formulação de custos especialmente adaptada a organizações que praticam o *Target Pricing*, isto é, consideram como um dado (ou alvo, ou objetivo) os preços propostos pelos clientes atuais e/ou potenciais (porque não têm condições de os influenciar) e procuram estabelecer preços de custo que assegurem uma rendibilidade desejada, introduzindo, se necessário, modificações no *design* ou no processo por forma a satisfazer o preço definido pelo cliente. A primeira empresa que se conhece a utilizar esta ferramenta no planeamento de um produto foi a Toyota Motor Corporation em 1959 (Cooper & Slagmulder, 1997). No início deste milénio, integrado no seu processo de melhoria contínua, a Toyota ainda mantinha esta ferramenta em vigor como "espinha dorsal" do seu sistema de produção (Bender & Morita, 2007).

Trata-se, aqui, uma vez mais, de atender e reconhecer as necessidades dos clientes em matéria de preço. Se os clientes entendem que determinado preço é muito elevado, eles podem orientar-se para outros fornecedores ou para um produto substituto ou, mesmo, produzi-lo eles próprios.

Muitas empresas começam tradicionalmente por adicionar uma margem aos seus custos. Contudo, um grande número de empresas inverte a equação e desenvolve custos com base nos preços. As empresas que utilizam o *Target Costing* estabelecem primeiro o preço ao qual podem vender um novo produto e, depois, desenham-no por forma a ser produzido ao custo mais baixo que garanta uma adequada margem de lucro. É uma ferramenta de custeio baseada no preço, mais do que estabelecer o preço baseado no custo (Ansari & Bell, 1997). Os "*designers*" do produto tomam então consciência do impacto do *design* quer do produto quer do seu processo de produção sobre o custo final do produto.

Por exemplo, estudos de mercado podem indicar que uma empresa poderá vender anualmente 100 000 unidades de determinado modelo desportivo a um determinado preço. Os engenheiros que desenham o produto (*designers*) podem considerar várias combinações diferentes levando a custos diferentes. Se o custo total do produto for suficientemente baixo, o produto pode ser lançado. Pelo contrário, se o custo total for muito alto, o produto pode revelar-se injustificado. Certamente, aqui o essencial é que o cliente "ajude" a determinar o preço. Os engenheiros de produto e os *controllers* trabalham juntos para saber se pode ser desenvolvido um produto atrativo a um custo-alvo que proporcione um lucro atrativo.

Quer uma empresa estabeleça preços baseados nos custos ou custos baseados nos preços, é inevitável que exista uma interação entre uns e outros. Os preços, historicamente são formados adicionando uma margem de lucro aos custos, ou, mais atualmente, num mundo que se orienta por uma crescente competitividade, o preço é determinado pelo mercado (Cogan, 1999). O porquê dos custos passa a fundamentar-se no exterior, tomando-se o preço de mercado como referência para os custos do produto e não como o seu corolário (Zengin & Ada, 2010). Se a focalização é sobre os preços que são influenciados basicamente pelas forças do mercado, os gestores devem assegurar-se que todos os custos sejam cobertos a longo prazo. Se os preços forem calculados com uma margem sobre os custos, os gestores devem observar o comportamento dos clientes e dos concorrentes para se certificarem se os produtos podem, de facto, ser vendidos a determinado preço.

Sendo assim, para fazer face às condições existentes no mercado, o *Target Costing* é um processo caracterizado por antecipar os custos antes de serem incorridos e melhorar continuamente o desenho e o processo do produto; do ponto vista externo foca-se na satisfação dos clientes e nas ameaças competitivas, ligando sistematicamente a organização e os *stakeholders* num sistema de planeamento de custos e obtenção de lucro. O *Target Costing* enquadra a escolha dos bens e serviços e a fixação do limiar máximo de custos a que devem ser produzidos, dadas as exigências de funcionalidade dos clientes e de rentabilidade dos investidores (Cooper & Slagmulder, 1997).

Os princípios do *Target Costing*

Como já foi referido, o princípio do *Target Costing* é a obtenção do lucro desejado, através da gestão dos custos e do planeamento do lucro. Esse princípio assenta em seis ideias fundamentais (Swenson, *et al.*, 2003):

1. O custo é conduzido pelo preço, ou seja, os custos são estabelecidos pelo preço de mercado, daí a equação *Target Cost = Target price – Target profit.*
2. O foco é no cliente: a satisfação do cliente em termos de qualidade, custos e tempo é que orienta a análise dos custos. É fundamental entender as características de qualidade e pontualidade que os clientes esperam obter por um determinado preço de mercado, para poder responder ao nível de competitividade existente no mercado. O *Target Cost* deve ser obtido sem sacrificar a satisfação do cliente, sem diminuir o desempenho e a confiabilidade do produto, e sem atrasar a introdução no mercado.
3. O foco no projeto: os custos de um produto são definidos na fase do projeto, porque nessa fase os custos ainda não foram incorridos; então, a melhor oportunidade para reduzir os custos é analisá-los enquanto o produto estiver em projeto.
4. Envolvimento das diversas áreas da empresa como um todo, pois são responsáveis pelo produto desde o início da sua conceção.
5. Orientação para o ciclo de vida do custo, cujo objetivo é o de minimizar os custos de aquisição para um cliente, sendo que para o produtor significa desenvolver produtos que minimizem os custos desde o início até o fim do seu ciclo de vida.
6. Envolvimento de toda a cadeia de valor: o *Target Costing* é um sistema que envolve uma relação ativa e colaborativa entre os diversos membros da cadeia de valor (entre outros, consumidores, fornecedores, financiadores, estado e colaboradores), em que as técnicas de redução de custos são compartilhadas por todos.

O *Target Costing* e o ciclo de vida do produto

Existem diversas técnicas de gestão de custos que são utilizadas nas diferentes fases do ciclo de vida do produto (Drury, 2021). Entre todas elas, o *Target Costing* é a que cumpre com as novas condições do mercado, integrando as exigências dos clientes, atributos técnicos e informações de custos na fase de desenho do produto, reduzindo os custos do produto e eliminando as funções que não acrescentem valor.

A identificação e compreensão com maior rigor dos fatores geradores de custos em todas as etapas do ciclo de vida do produto é um ponto crítico (Kaplan & Atkinson, 1998). A desconsideração de alguma das etapas pode gerar informações distorcidas do custo do produto, nomeadamente, os custos antes e após fabricação que, por vezes, têm um peso significativo nos custos totais durante o ciclo de vida do produto (Blocher *et al.*, 2007).

O *Target Costing* inicia a gestão de custos nas primeiras fases do desenvolvimento do produto e é aplicado em todo o ciclo de vida do produto envolvendo toda a cadeia de valor. Ao contrário do sistema de custeio tradicional, em que os gestores apenas se focam no custo de produção, no *Target Costing* analisam-se os custos *upstream* (antes de produção) e *downstream* (após produção) durante o ciclo de vida, por forma a obter uma melhor análise dos seus custos e lucros (Figura 10.1).

Figura 10.1 – ***Target Costing* no ciclo de vida de um produto**

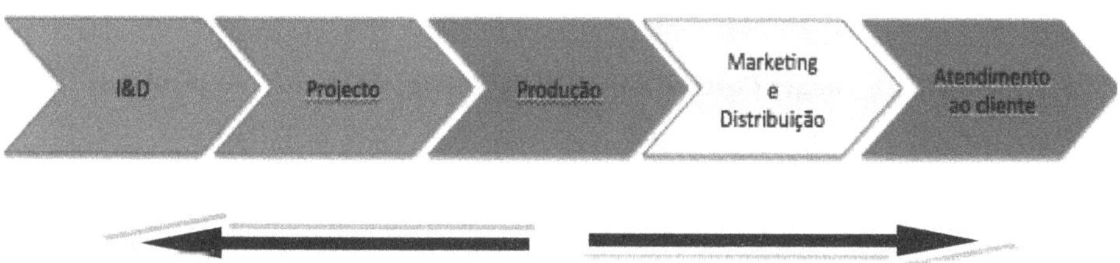

Atividades anteriores à produção — ***Upstream***

Atividades posteriores à produção — ***Downstream***

Fonte: Blocher *et al.* (2006), adaptado.

O *Target Costing* é, desta forma, uma ferramenta utilizada para reduzir os custos totais de um produto ao longo do seu ciclo de vida, com principal objetivo de reduzir o custo no planeamento e *design*, ou seja, na fase a montante do processo produtivo. Acaba por ser um sistema de planeamento do resultado e de gestão de custos conduzido pelo preço, focado no cliente, centrado no projeto e que envolve diversas áreas da empresa (Ansari *et al.*, 1997), começando pelo desenho que potencia a simplificação das atividades, reduzindo assim o *time-to-market* e os gastos posteriormente suportados com a produção do bem ou serviço (Ansari *et al.*, 2006).

O sistema *Target Costing* posiciona-se, assim, na fase inicial do ciclo de vida do produto uma vez que tem em consideração a redução de todos os custos do produto. Numa perspetiva mais específica, a fase inicial do produto é desenvolvida da seguinte forma:

1. Planeamento do produto, no qual o produto e o nicho de cliente são definidos.
2. Desenvolvimento do conceito do produto e testar a viabilidade do mesmo.
3. Desenvolvimento do desenho.
4. Produção do produto.

Pode-se dizer que o *Target Costing* ocorre em duas fases, a fase do estabelecimento e a fase de realização. A primeira fase ocorre no planeamento e desenvolvimento do conceito do produto e envolve o estabelecimento do custo-alvo. A segunda fase diz respeito à realização do custo-alvo e ocorre no desenvolvimento do desenho e na produção do produto (Figura 10.2).

FIGURA 10.2 – **Target Costing e o ciclo de desenvolvimento do produto**

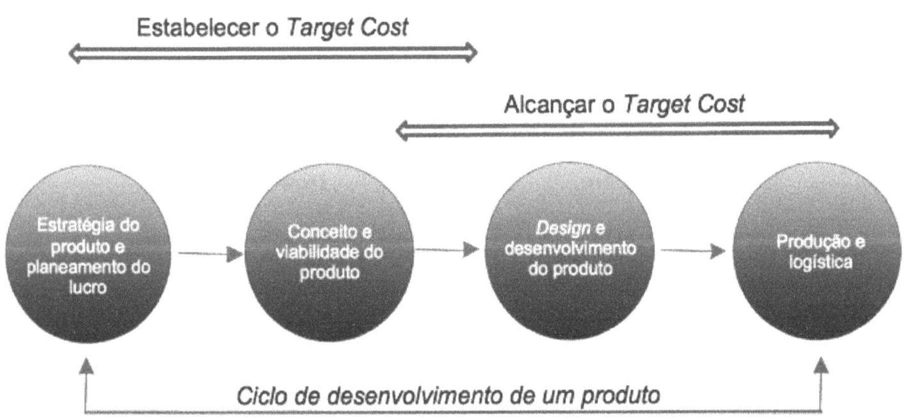

Fonte: Ansari *et al.* (1997b), citado por Swamidass (2012, p. 401), adaptado.

O *Target Costing* representa, assim, um processo dinâmico que termina apenas quando o nível do custo médio (das várias etapas) se situa abaixo da meta fixada para o produto ou, perante a impossibilidade de isto ocorrer, o projeto de introdução do produto no mercado poderá ser abandonado (Kee, 2010).

10.2.4. Implementação do *Target Cost*

A partir da fundamentação anteriormente apresentada e para que se possam alcançar os objetivos anteriormente traçados para o *Target Cost* é importante conhecer as etapas de implementação desta ferramenta. De acordo com Hornegren *et al.* (2000), o desenvolvimento do *Target Cost* deve obedecer a uma sequência de quatro etapas, à qual foi adicionada uma quinta etapa (Ortiz, 2009; Pascoal *et al.*, 2009):

1. Desenvolver um produto que satisfaça as necessidades dos potenciais clientes;
2. Determinar o *Target Price*, com base no valor aceite pelos consumidores e nos preços praticados pelos concorrentes;
3. Calcular o *Target Cost* subtraindo o *Target profit* ao *Target Price*;
4. Utilizar a engenharia de valor para atingir o *Target Cost*;
5. Adotar o *Kaizen Costing* e o controlo operacional para uma maior redução dos custos.

O *Target Cost* é, pois, uma abordagem interativa entre o *design* e o desenvolvimento do produto, envolvendo a participação ativa e constante de indivíduos de diferentes departamentos. Não é apenas uma técnica de gestão de custos, mas sim uma ferramenta de gestão estratégica que envolve outras importantes ferramentas e técnicas de gestão como a engenharia de valor. Deve ser desenvolvida pelo trabalho de uma equipa multifuncional, reunindo cliente, engenheiros, *designers*, *controllers* e o pessoal de vendas. Isso significa que o *Target Cost* não diz respeito apenas aos *controllers*. Para ser implementado, requer um trabalho de equipa ativo e o apoio de cada membro da organização. A implementação será bem-sucedida, se a equipa tiver como objetivo desenvolver um bom nível de qualidade e funcionalidade a um bom preço.

O *Target Costing* pode ser considerado uma ferramenta de gestão estratégica de custos, que permite planear os lucros sobre um produto, que satisfaça as necessidades dos clientes, estabelecendo um target, a partir da rendibilidade esperada e do preço alvo (mercado), de forma a reduzir os custos do processo de formação do produto (Quesado & Silva, 2020).

A prática do *Target Cost*, exige informação de custo do produto detalhada e acessível. Apesar da intuição estratégica desta ferramenta de controlo de gestão, a sua operacionalização durante a tomada de decisão na fase inicial do ciclo de vida do produto, requer uma decomposição cuidadosa dos elementos que constitui o custo do produto.

Os esforços subsequentes ao *Target Cost* concentram-se em alcançar o custo permissível de um produto. Se é possível alcançar o custo do produto então o mesmo será produzido, caso contrário, a produção do produto é rejeitada porque financeiramente é um projeto inviável.

O *Target Cost* é uma metodologia de custo oposto, isto é, o preço de venda e a margem de lucro necessária são utilizadas para determinar o custo admissível para a produção de um novo/existente produto.

O *Target Price* é a estimativa de preço do produto ou serviço que o consumidor está disposto a pagar. A estimativa é baseada na perceção do valor do produto aceite pelos clientes e pelos preços utilizados pelos concorrentes. O preço-alvo tem que ser realista, e, consequentemente, o processo de estabelecer os preços alvo é muito rigoroso para a maior parte das empresas. Estes preços são definidos tendo em conta as condições esperadas de mercado quando o produto for lançado.

O *Target Profit* ou lucro-alvo, é a margem de lucro desejada ou a rentabilidade desejada que a empresa pretende obter na venda do produto. Ao definir o *Target Profit* há que ter em consideração um valor que possa ser atingível e que permita compensar os custos do ciclo de vida do produto.

Cabe à gestão de topo definir o nível desejado de lucro com base numa estratégia segura e com objetivos financeiros. Em muitos casos, o lucro-alvo é fundamentado no retorno pretendido sobre o ativo ou o retorno sobre as vendas.

Após estimar o preço de venda de um produto e a sua margem de lucro desejada, é possível obter o custo pelo qual o produto será fabricado, pela seguinte equação:

$$\textit{Target Cost} = \textit{Target Price} - \textit{Target Profit}$$

Conhecendo o custo pelo qual o produto terá que ser produzido, para alcançar a redução do custo, a empresa pode optar por:

- Integrar novas tecnologias de produção, aplicando técnicas avançadas de gestão de custos, como o custeio baseado em atividades e assim obter maior produtividade (Engenharia de valor);

- Reengenharia do produto ou serviço. Esse método é benéfico para muitas empresas na medida que reconhece que as decisões do projeto são responsáveis por grande parte dos custos do ciclo de vida de um produto;
- Através de uma análise cuidadosa do projeto é possível obter-se reduções significativas no custo total (*Kaizen Costing*).

10.3. Engenharia de Valor e Reengenharia dos Processos

A engenharia de valor, também designada de análise de valor, é um exame sistemático e interdisciplinar aos fatores que afetam o custo de um produto ou serviço, por forma a que a empresa implemente o melhor meio de atingir o *Target Cost*, mantendo o padrão exigido em termos de qualidade e confiabilidade (Horngren *et al.*, 2000; Ansari *et al.*, 1997a), ou seja, o objetivo da análise de valor é atingir o *Target Cost* atribuído, através da:

- Identificação de melhores *designs* para os produtos que reduzam o seu custo sem sacrificar as suas funcionalidades, ou seja, redefinindo os produtos ou serviços, os processos e o *design* em todas as atividades da cadeia de valor, e/ou
- Eliminação de funções desnecessárias que aumentam os custos do produto e pelas quais os clientes não estão dispostos a pagar mais.

Desta forma, a engenharia de valor é uma técnica utilizada no *Target Costing* para reduzir o custo de um produto através da análise dos conflitos entre os diferentes tipos e níveis de funcionalidades de um produto e o seu custo de produção total. O passo essencial e prévio passa pela análise de consumidores, a fazer na fase de *design* de um produto novo ou revisto, e analisando as preferências críticas do consumidor a partir das quais se estabelecem as funcionalidades do novo produto. Esta fase depende da própria funcionalidade do produto. Assim, em produtos cujas funcionalidades são pouco estáveis (como por exemplo, automóveis, computadores e telemóveis), as funcionalidades devem poder ser introduzidas ou retiradas de modo fácil; já em produtos cujas funcionalidades são mais estáveis (como, equipamentos médicos e gruas), as funcionalidades devem ser concebidas no interior do próprio produto.

A análise de valor requer o uso da análise do *design* e da análise funcional. A análise do *design* é uma forma comum de engenharia de valor na qual a equipa de *design* prepara vários *designs* possíveis para o produto, cada um dos quais com idênticas configurações, mas com diferentes níveis de desempenho e diferentes custos (Cooper, 1995). O *benchmarking* e a análise da cadeia de valor guiam a equipa na conceção de *designs* que sejam de baixo custo e competitivos. Deve ser adotado o *design* com maior desempenho funcional e mais baixo custo. Frequentemente, o desenho que produz maiores funcionalidades é o que tem custo mais elevado. Quando a organização se confronta com esta situação, os engenheiros de produção devem explorar formas de produzir com o mesmo desempenho funcional elevado a um custo mais baixo. Caso não seja possível, devem ser encontrados outros pontos (ao longo do processo de fabrico) onde se possam reduzir custos para compensar o aumento de custos provocado pela alternativa mais funcional.

O processo da análise funcional envolve a decomposição do produto nos seus muitos elementos ou atributos, onde é analisado o desempenho e o custo de cada uma das principais funções ou configurações, por forma a encontrar um equilíbrio entre o desempenho e o custo. É determinado um preço, ou valor, para cada elemento que reflete o valor que o cliente está disposto a pagar. Para obter essas informações, as empresas normalmente realizam pesquisas e entrevistas com os clientes. O custo de cada função de um produto é comparado com os benefícios percebidos pelos clientes. Se o custo da função exceder o benefício para o cliente, então a função deve ser eliminada, modificada para reduzir o seu custo ou aprimorada em termos do seu valor percebido, para que o seu valor exceda o custo. É, assim, obtido um nível desejado de desempenho para cada função, mas mantendo o custo total de todas as funções abaixo do *target cost*. Nesta fase é utilizado o *Benchmarking* para determinar quais as configurações que garantem uma vantagem competitiva.

Deve-se notar que o foco está no valor para o cliente e não apenas na redução de custos. Portanto, o valor pode ser aumentado reduzindo o custo sem sacrificar a funcionalidade, ou aumentando a funcionalidade sem aumentar o custo. A engenharia de valor visa redesenhar o produto ou serviço, assim como os processos produtivos e até de distribuição e de assistência pós-venda, tendo em vista uma redução de custos que não comprometa a funcionalidade e a qualidade, ou o aumento da utilidade que não coloque em causa o *Target Cost*. Aplica-se a funções e componentes cujo custo excede a respetiva fração do *Target Cost* do produto (Kee, 2010).

Conforme referido, a análise de valor foca-se no *design* do produto para obter reduções de custos. Mas os processos de negócios que serão usados para produzir e comercializar o produto também são fontes potenciais de redução de custos. Assim, é importante que os processos de toda a cadeia de valor sejam estudados de forma intensiva com vista a aumentar a sua eficiência e a alcançar as reduções de custos necessárias.

A reengenharia de processos de negócios envolve a análise dos processos de negócios com a realização de mudanças substanciais na forma como a organização opera atualmente. Ou seja, envolve o redesenho de como o trabalho é feito através de atividades. Um processo de negócio consiste num conjunto de atividades que estão interligadas de forma coordenada para atingir um objetivo específico.

O objetivo da reengenharia de processos é melhorar os principais processos de negócios de uma organização, concentrando-se na simplificação, redução de custos, melhoria da qualidade e aumento da satisfação do cliente. Muitas organizações recorrem à reengenharia de processos de negócios para monitorizar cada processo e, em seguida, eliminar ou melhorar os processos que não agregam valor (Keegan & Eiler, 1994). A reengenharia de processos de negócios pode ser aplicada não apenas aos processos de fabricação, mas também aos processos administrativos. A reengenharia de processos beneficia da existência de tecnologias de informação que permitem repensar os processos e redesenhar as organizações de forma a melhorar significativamente indicadores relevantes de desempenho (Davenport, 1994). O resultado final pode ser a eliminação, ou uma redução permanente, das atividades sem valor acrescentado, o que representa uma oportunidade de redução de custos sem reduzir os serviços aos clientes.

Uma característica distintiva da reengenharia de processos de negócios é que ela envolve mudanças radicais e dramáticas nos processos, abandonando as práticas atuais e reinventando métodos completamente novos de execução dos processos de negócios. O foco está em grandes mudanças em vez de melhorias marginais. A reengenharia de processos significa 'começar de novo'. Não significa reformular o que já existe ou fazer pequenas mudanças apenas. Significa, sim, acabar com procedimentos instalados e reexaminar o trabalho necessário para produzir os produtos e serviços das empresas que proporcionam valor acrescentado para os clientes. Em suma, "é o repensar fundamental e a reestruturação radical dos processos empresariais que visam alcançar drásticas melhorias em indicadores críticos e contemporâneos de desempenho, tais como custo, qualidade, atendimento e velocidade" (Hammer & Champy, 1993). Por exemplo, relativamente aos tempos de arranque, Godinho e Uzsoy (2013) investigaram os efeitos cumulativos de programas de melhoria contínua para reparação e configuração de um sistema de produção e detetaram que, pequenas melhorias em várias áreas têm maiores benefícios ao longo do tempo do que apenas uma grande redução de um único parâmetro.

10.4. *KAIZEN COSTING*

Conceito

Kaizen é uma palavra japonesa que envolve dois conceitos, "*kai*" que significa mudança e "*zen*" que significa melhoramentos. É uma palavra que é associada ao processo de melhoria contínua de uma atividade. A melhoria contínua é um dos núcleos das estratégias de excelência na produção e é considerada vital no ambiente competitivo dos tempos de hoje. Implica um esforço interminável que envolve toda a organização, desde a gestão de topo, a gestores, supervisores e, por fim, trabalhadores.

O *Kaizen Costing* pretende a redução dos custos nos processos de produção dos vários produtos existentes numa empresa, descobrindo de que forma pode uma empresa melhorar a eficiência no processo produtivo, reduzindo custos e mantendo sempre a qualidade dos seus *outputs* (Kaplan & Cooper, 1998). Esta melhoria contínua é feita através de pequenos passos de melhoramentos, que no seu conjunto têm uma enorme contribuição na redução dos custos de uma empresa. Em muitas empresas, o ciclo de vida de produção é superior ao ciclo de vida de um produto. Por isso, a grande meta será averiguar como conseguir reduzir esse tempo de produção tornando-o mais eficiente.

A essência do *Kaizen* considera que as pessoas que estão responsáveis por uma determinada tarefa são as mais competentes para a exercer, consequentemente, ao envolvê-las no processo e ao demonstrar confiança nas suas capacidades, nasce um sentimento de compromisso de todas as partes, havendo assim uma sinergia para um objetivo comum na empresa. Com estes sistemas, os esforços de equipa permitem e encorajam a inovação e a mudança e, ao abranger todos os elementos da empresa, faz desaparecer as paredes imaginárias de uma organização, dando lugar aos melhoramentos na produtividade e funcionamento da organização. Imai (2012), fundador do conceito, apresenta-o como um guarda-chuva que abarca diferentes técnicas de melhoria contínua. Na realidade, o modelo *Kaizen Costing*, envolve diferentes estratégias tais como: estratégia orientada para o cliente; *Six Sigma* que promove a mudança nas organizações; robótica; círculos de qualidade; sistemas de sugestão em que todos os envolvidos no processo participam; automatização; *Just-in-time; Zero defects*, entre outras. Todas elas têm um objetivo comum: tornar um processo mais eficiente e produtivo recorrendo a pequenos esforços conjuntos numa organização.

É preciso ter em conta que este processo não termina e que passa a fazer parte da vida da empresa. É um processo que está dividido em duas fases, uma primeira fase consiste em introduzir este pensamento de que todos podem contribuir para a melhoria dos processos e uma segunda fase, depois de implementado, induz a garantir a sua manutenção.

Princípios fundamentais do processo *Kaizen*

Segundo Imai (2012) existem três pilares fundamentais neste processo:

1. Organizar a empresa
2. Eliminação de desperdícios
3. Estandardização

- **Organizar a empresa**

O processo conhecido como *Gemba,* ou *Gemba Kaizen,* é o ponto de partida de todo o processo *Kaizen* e fundamenta-se em fazer mudanças em todos os lugares onde se possam fazer melhorias. Para realizar o *Gemba* recorre-se à metodologia dos cinco S's que permite uma avaliação de como os trabalhadores se sentem quanto ao produto, quanto à empresa e quanto a eles mesmos (Imai, 2012). É uma ferramenta que possibilita ganhos significativos de produtividade num local de trabalho, por possibilitar um ambiente mais seguro, estável e motivador (Figura 10.3).

Seiri é o processo inicial que consiste na remoção de todos os itens que não são necessários ao desempenho das tarefas naquele local de trabalho. Usa-se frequentemente o método *redtagging* para sinalizar todos os materiais desnecessários, a fim de os remover. Esta seleção resulta numa análise dos recursos que acrescentam efetivamente valor.

O segundo passo é o ***seiton,*** a ordenação ou arrumação, tudo o que é para ser mantido deve ser organizado e arrumado no sítio mais útil de forma a diminuir as deslocações para aceder a um recurso. Após organizado e arrumado o local de trabalho procede-se à sua limpeza (***seiso***). Num local de trabalho limpo, as anomalias tornam-se evidentes e por isso fáceis de detetar. Quando se deteta um problema, exige-se que o responsável identifique a causa do mesmo e tome medidas imediatas para o resolver, mostrando-se aos outros, desta forma, que a mudança é necessária (Gupta & Jain, 2014).

FIGURA 10.3 – **Abordagem dos cinco S's**

Seiri Utilização	• Eliminar do espaço de trabalho tudo o que nao é necessário e inútil.
Seiton Ordenção	• Tudo o que é para ser mantido tem de ser arrumado e organizado.
Seiso Limpeza	• Limpar tudo o que fica, arranjar e tornar o local de trabalho agradável.
Seiketsu Saúde	• Manter o local de trabalho organizado, servindo de exemplo para outros
Shitsuke Autodisciplina	• Tornar como rotina o processo e incentivar o comportamento.

O ***seiketsu*** implica normalizar os comportamentos, servindo como práticas-*standard* no futuro. Por fim, a última etapa do processo é o ***shitsuke***, a autodisciplina. Para que todo o processo se mantenha, é necessário não o tornar num projeto isolado, pelo que todos devem participar e manter o local organizado limpo e arrumado.

Imai (2012) realça que, se os princípios do *Kaizen* forem adotados pelas organizações, as mesmas podem beneficiar com processos a custos mais baixos e aumentos de *outputs*.

- **Eliminação de desperdícios**

A eliminação de desperdícios está ligada com as atividades que não acrescentam valor ao produto, estando por isso muitas vezes as empresas a despender recursos que poderiam estar afetos a outra atividade mais produtiva. Assim que se identifique uma atividade que não acrescenta valor ao produto, tem de se tomar ação e eliminá-la do processo na organização.

Em japonês a palavra desperdício é traduzida como *muda*. Todos os recursos de cada processo, portanto pessoas e máquinas, devem ser analisados. Se esses recursos não são considerados úteis, isto é, recursos que não acrescentam valor ao produto, então são classificados como *muda*. A Figura 10.4 apresenta alguns exemplos de desperdícios numa indústria e num escritório.

Figura 10.4 – **Exemplos de "muda" numa indústria e num escritório**

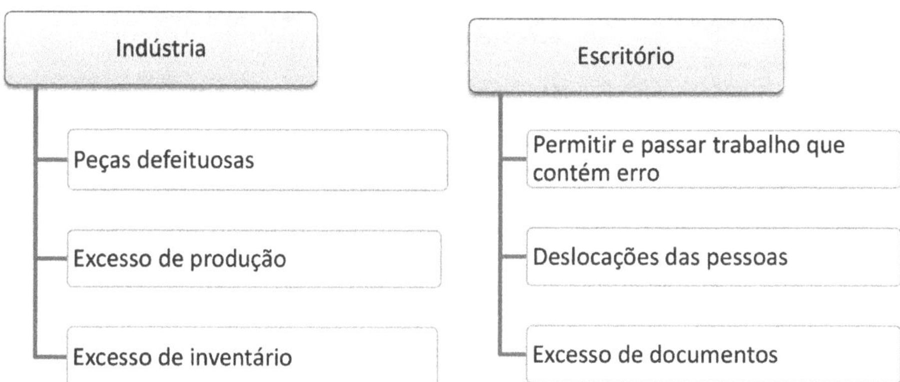

No modelo de *Kaizen* o objetivo é eliminar os sete tipos de desperdícios numa empresa, causados pelo excesso de produção, tempos de espera, o transporte, stock desnecessário, excesso de processos e defeitos de fabrico. A Figura 10.5 apresenta os sete tipos de desperdícios (*muda*).

Estes são os sete desperdícios identificados numa empresa e que acarretam custos por vezes elevados que serão imputados ao produto final. Os dois mais comuns são o desperdício por excesso de produção e o elevado nível de *stock*. Produzir mais que o agendado gera desperdício e consequentemente custos porque para produzir necessitamos de recursos, tais como matérias-primas e mão de obra. O excesso de produção acaba por levar ao aumento de *stock*, dado que não existe procura para os *outputs*. Surge assim o segundo maior desperdício, os elevados níveis de *stock* com produtos finais, semiacabados e matérias-primas. Este pode gerar custos elevados não só pelo facto de se necessitar de mais espaço para armazenamento, como pelo facto de os produtos poderem deteriorar-se com o tempo ou até mesmo perderem o interesse no mercado, perdendo assim valor que tinham.

FIGURA 10.5 – **Os sete tipos de *muda***

Superprodução	•Produzir mais que o agendado
Processamento	•Existirem no processo etapas que não acrescentam valor ao produto
Transporte	•Movimentar material e recursos necessários no processo ou a deslocação do produto final
Movimentação	•Movimentação de pessoas para tarefas que não se encontram no processo de produção
Espera	•Falta de sincronização entre processos
Defeitos	•Erros de qualidade no produto
Stock	•Níveis elevados de matérias em stock

O desperdício de processamento também é usual nas indústrias. Numa linha de produção um produto passa por várias etapas e nessas etapas são acrescentadas componentes que não acrescem valor ao produto. Para exemplificar, vejamos o caso de uma placa que, ao longo do processo, lhe são acrescentados parafusos; no fim de todo o processo conclui-se que a funcionalidade da placa se manteria se, em vez de cinco parafusos, apenas tivesse três.

A movimentação de pessoas dentro de uma fábrica diminui a eficiência de um processo, dado que o tempo de deslocação para ir buscar recursos, significa tempo de ausência no seu local de trabalho a exercer a tarefa que lhe compete e que acrescenta valor ao produto.

O defeito de fabrico gera ineficiências e acarreta elevados custos, uma vez que requer recursos para a reparação do produto ou porque tem de ser eliminado. Por vezes este tipo de desperdícios obriga a um aumento da supervisão, por colocar em causa a qualidade do produto, e, portanto, a um aumento de recursos.

A falta de sincronização entre processos acarreta consigo custos fixos sem que haja um retorno. O transporte de matérias-primas ou de produtos finais dentro da fábrica é uma tarefa que não acrescenta valor ao produto pelo que deverá ser minimizado o tempo e a distância de transporte dos materiais para o armazém. O tempo de espera entre processos pode obrigar à paragem de máquinas ou à não utilização de recursos na sua forma plena.

O pressuposto do *Kaizen* é que todas as empresas têm desperdícios, e que os desperdícios acarretam custos por vezes elevados. Sendo o objetivo do *Kaizen* a redução dos custos, tendo em vista a melhoria da produtividade e a obtenção de uma maior eficiência nos processos, eliminar ou reduzir estes desperdícios leva a uma diminuição dos custos.

- **Estandardização**

Os objetivos estabelecidos são definidos pela administração, mas estes têm de ser capazes de responder às necessidades do meio envolvente, isto é, mudar sempre que for necessária a mudança. As organizações devem evoluir como resultado das mudanças no ambiente operacional que exige uma adaptação e desenvolvimento por forma a mudar a sua estrutura e a lucratividade (Wit & Mayer, 2010)

O objetivo da estandardização é manter o que já foi construído anteriormente, permitindo detetar de forma mais eficaz os problemas que surgem e a partir daí melhorar no que for possível melhorar. Criar e manter este processo de redução de custos implica o uso repetitivo do ciclo de *Demings*. Este ciclo é definido como a sequência planear-fazer-verificar-agir (Figura 10.6). Este é um mecanismo básico da abordagem *Kaizen* que padroniza as melhorias através deste ciclo (*plan-do-check--act*), incentivando a que os gestores e trabalhadores utilizem a inovação e a assunção de riscos, como uma oportunidade para atender melhor aos requisitos dos clientes (Lyu Jr., 1996).

FIGURA 10.6 – **Ciclo PDCA (*Plan Do Check Act*)**

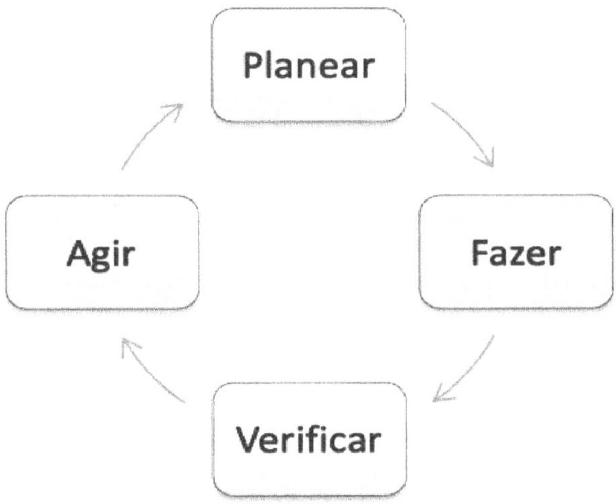

Fonte: Hansen *et al.* (2006, p. 396), adaptado.

A primeira etapa – **planear** – implica traçar os objetivos a atingir e como os atingir. Recorre-se muito aos círculos de qualidade, que se resume a uma equipa de trabalho que se encontra periodicamente e analisa o estado de desenvolvimento da empresa e seus problemas. Em conjunto procuram soluções para as diversas áreas de uma organização. A equipa estabelece as mudanças que poderão melhorar os processos, aumentando assim a eficiência dos mesmos, para um determinado período de tempo. Na segunda etapa, executa-se o plano, em que cada envolvido sabe o **que fazer** e **como fazer** para atingir as metas estabelecidas. Os trabalhadores são motivados e encorajados a identificar o problema no processo e a reportá-lo, sugerindo possíveis soluções para o problema. No final do período, procede-se à **verificação**, onde são analisados os desempenhos e estudados os resultados, obtendo-se uma medida *standard*. Nesta fase identificam-se os erros cometidos e assim surgem as oportunidades para uma nova melhoria no processo de produção. Passa-se à fase seguinte onde se tomam **ações corretivas** para a melhoria do processo. Nesta fase, gerentes e trabalhadores são encorajados a arriscar e a usar estratégias inovadoras que possibilitem oportunidades de melhorar algo na atividade.

Chegando ao fim de todas as etapas, reinicia-se o ciclo, sempre em busca de possibilidades de melhoria, e ao mesmo tempo pretende-se que o que já foi corrigido se mantenha. Aqui ganha sentido a expressão **melhoria contínua**, pois o processo nunca termina sendo por isso contínuo e sempre com o objetivo de o melhorar, tornando-o mais eficiente a cada ciclo que passe. A ideia a reter neste processo, é que os dados mais atuais e mais baixos de custos, tornam-se o objetivo *standard*, e, por isso, pretende-se sempre que recomece o ciclo, baixem os valores ou pelo menos mantenham esse nível de custos considerados *standards*.

Objetivos do *Kaizen*

O objetivo do *Kaizen* é motivar o processo de redução de custo e não o de obter informação mais precisa sobre os custos do produto. Quer isto dizer que, embora se obtenha a informação mais precisa dos custos de um determinado produto, a intenção principal é que todos os envolvidos na vida da empresa participem na redução de custos de forma motivada. Ao permitir o acesso à informação dos custos e rendimentos e o seu impacto, possibilita aos envolvidos participar de forma ativa, estabelecer objetivos, analisar o impacto dos seus esforços e tomar decisões. A intenção é descobrir potenciais oportunidades para melhoria e não censurar o trabalhador; assim, incentivam-se os trabalhadores a participarem livremente no programa relatando questões importantes no processo. Outra característica deste sistema é que se trata de uma responsabilidade da equipa e não de uma responsabilidade individual, ou seja, toda a empresa tem o mesmo objetivo. Assim, frequentemente os custos de produção são calculados, analisados e partilhados. As equipas de trabalho são responsáveis por ter ideias de como alcançar o objetivo de redução de custo. Em vez de considerar os trabalhadores como o problema, pretende-se dar ênfase ao processo, sendo os trabalhadores que podem fornecer a informação das melhorias, ao entenderem quais as suas tarefas, como as executar e acima de tudo como as melhorar.

Ao aderir a esta técnica há que ter em conta que subjacente a todo o processo está a mudança de comportamentos numa organização e por isso a alteração na cultura da empresa. Estes acabam por ser dos maiores obstáculos da aplicação da técnica, dado que o *Kaizen* envolve todos os funcionários das várias camadas organizacionais. Assim pode-se dizer que o *Kaizen* procura ensinar e orientar as pessoas, para que se tornem melhores no que fazem, através da sua motivação e reconhecimento.

Implementação do *Kaizen*

Algumas empresas delegam a responsabilidade do processo de melhoria contínua a gestores e engenheiros de produção, pois estes deverão ser os que mais conhecimento têm do processo e por isso os mais competentes nas diversas áreas de que são responsáveis. Ao entenderem o processo de produção e com a informação que adquirem com os trabalhadores, estes são os mais indicados para sugerirem as potenciais oportunidades de melhorias. Para implementar o *Kaizen*, a equipa de engenheiros que dará apoio à produção, no futuro próximo, tem de aprender a filosofia *Kaizen* para melhorar a sua competência e, consequentemente, resolver muitos projetos de forma contínua. É igualmente necessário transferir a tecnologia e o conhecimento dos especialistas para os engenheiros menos experientes. A sistematização destes dois aspetos é um ponto-chave para manter a superioridade competitiva de cada organização a nível mundial (Murata & Katayama, 2010).

A motivação dos trabalhadores e o sentimento de compromisso para com a organização são bastante importantes na aplicação do *Kaizen*; por isso, os trabalhadores são encorajados, não só a exprimirem dificuldades no processo e possíveis resoluções, como também são estimulados a agir.

São criadas equipas diversificadas para proporcionar impactos mais rápidos e proativos num setor de uma empresa. Cada membro da equipa é escolhido de acordo com as suas capacidades e competências, para que possam de alguma forma contribuir ativamente no processo. Um evento *Kaizen* é estabelecido para um determinado intervalo de tempo e são agendadas reuniões para que a equipa discuta as questões e proceda à sua implementação. Todos os envolvidos no processo devem oferecer sugestões nas reuniões relativamente à zona do processo em que se encontram a executar tarefas, por forma a estimular o *brainstorming* da equipa. As discussões e decisões envolvem todos os membros da equipa e devem ser, o máximo possível, baseadas em factos e dados concretos (Alukal, 2007; Alukal & Manos, 2006). Todos deverão perceber que embora façam parte da equipa não se encontram em nível hierárquico superior relativamente aos colegas da mesma secção e que devem também ouvir as suas sugestões, estimulando-se também o trabalho de equipa.

Benefícios do *Kaizen*

Os eventos *Kaizen* são bastante diferentes dos modelos tradicionais de melhoria. Por exemplo, é bastante comum pensar-se em lucro e recorrer-se a uma gestão com base nos lucros, e por vezes ouvem-se frases como: (1) "Se instalarmos uma nova linha de produção podemos duplicar os *outputs*" ou (2) "Precisamos de instalar um novo programa de *software* que resolva todos os nossos problemas com a informação nos inventários" (Manos, 2007, p. 47). Estas abordagens tradicionais, por norma, não fornecem os resultados desejados. Aplicar o modelo *Kaizen* é que constitui o desafio, porque mudar o comportamento de pessoas não é uma tarefa fácil e no meio empresarial as pessoas são avessas à mudança. Incutir a ideologia nas pessoas e mantê-la é o grande obstáculo das técnicas do *Kaizen*. A prática da metodologia leva a empresa a liderar em quatro fatores chave da competitividade (Ortiz, 2009; Manos, 2007): Qualidade, Custo, Serviço e Motivação.

Benefícios quantitativos

Estes são resultados possíveis de ser medidos e são utilizados para demonstrar, a uma área específica, que houve melhorias e um maior aproveitamento do tempo, dinheiro e esforço. Podem-se incluir nestes benefícios os seguintes:

- Dinheiro Poupado
- Tempo Poupado
- Menos Recursos Humanos
- Diminuição do tempo do ciclo de produção
- Valor acrescentado ao produto ou diminuição de valor não acrescentado
- Redução de inventários

Benefícios qualitativos

Estes resultados são mais difíceis de medir e revelam mais o lado humano das pessoas envolvidas. Por exemplo, pode-se quantificar a aplicação do modelo dos 5's em termos de deslocação de pessoas no local de trabalho e o número de acidentes de trabalho.

Benefícios específicos

Existem dois tipos de benefícios específicos quando se realiza o *Kaizen*, que perduram numa empresa, que noutras técnicas poderão não existir: Tempo e Trabalho de equipa.

Tempo

Numa empresa o tempo parece nunca ser suficiente, uma vez que existe sempre trabalho para fazer e tarefas para executar. O *Kaizen* obriga ao agendamento de reuniões e de aplicação das técnicas, pelo que torna o ambiente organizado e metódico. Se não for agendado e apenas aguardar pela altura em que todos estão disponíveis, poderá ter que se esperar bastante tempo.

Trabalho de equipa

No fim de um evento *Kaizen* é notável as ligações estabelecidas entre trabalhadores. As pessoas estão mais dispostas a ajudar e a ser ajudadas, contribuindo mais para os objetivos da empresa, o que revela que a cultura de uma organização pode ser alterada.

Em suma, a aplicação do *Kaizen* de forma duradoura e contínua, leva a uma diminuição dos custos, aumento da qualidade, aumento da eficiência dos equipamentos e o aumento da produtividade.

10.5. *Target Costing* versus *Kaizen Costing*

O *Target* e o *Kaizen Costing* são considerados técnicas de redução de custos, sendo que ambas se preocupam em manter o nível de qualidade dos produtos e o nível de satisfação dos clientes. O *Kaizen Costing*, concentrado por natureza na execução dos processos, tem em consideração a informação produzida no processo de operacionalização do *Target Costing* do bem ou serviço (Shank & Fisher, 1999).

Uma das diferenças das duas técnicas ocorre no momento em que intervêm no processo. O *Kaizen Costing*, ao contrário do *Target Costing*, não se preocupa com o *design* do produto, isto é, na abordagem de *Kaizen Costing* não são alteradas funcionalidades do produto ou especificidades, focando-se apenas no processo de produção, uma vez que intervém quando o produto já se encontra em produção. Ao focar-se no processo de produção, pretende reduzir ou eliminar ineficiências que podem ocorrer, que se revelam em custos desnecessários dado que não acrescentam valor ao produto final. No *Target Costing*, o *design* do produto ainda não está finalizado, ou, se já está finalizado, ainda podem ocorrer alterações. Daqui resulta a segunda diferença entre as duas técnicas. Enquanto no *Target Costing* existe uma maior liberdade para a diminuição de custos, no *Kaizen* essa possibilidade já não existe, dado que grande parte dos custos já estão definidos na conceção do produto e não passíveis de ser reduzidos. No *Target Costing* podemos diminuir os custos dos produtos ao retirar componentes e funcionalidades do produto, no *Kaizen* o produto já se encontra desenvolvido pelo que já existem custos que lhe são imputados que não poderão ser alterados, embora se possam fazer ligeiras alterações na sua conceção que se considerem um desperdício de processamento.

Ambas as técnicas podem ser aplicadas independentemente, no entanto é frequente, ao aplicar a técnica de *Target Costing*, implementar o *Kaizen Costing* numa das suas fases para a redução de custos. A intensidade no uso de cada uma das técnicas, depende da velocidade com que o custo de produto consegue acompanhar o decréscimo no preço, assegurando a meta de lucro projetada (Shank & Fisher, 1999).

A figura seguinte (figura 10.7) mostra a relação entre o *Target* e o *Kaizen*, partindo do princípio de que o preço é estável e decrescente ao longo do tempo. As empresas podem responder à pressão competitiva redesenhando periodicamente os seus produtos usando o *Target Costing* e, simultaneamente, para reduzir custos, recorrer ao *Kaizen Costing*, aumentando assim o valor agregado do produto. Os dois pontos do gráfico determinam o primeiro e o segundo *Target Cost*, e o período entre os dois redesenhos é o seu ciclo de vida. No período compreendido entre os dois períodos de redesenho, o *Kaizen* foi aplicado para reduzir os custos de fabricação, racionalizando a cadeia de abastecimento e aperfeiçoando os métodos tornando-os mais eficientes e produtivos. Conclui-se, assim, que os dois métodos são complementares e usados continuamente para reduzir custos e agregar valor no produto.

FIGURA 10.7 – **O *Target* e o *Kaizen Costing***

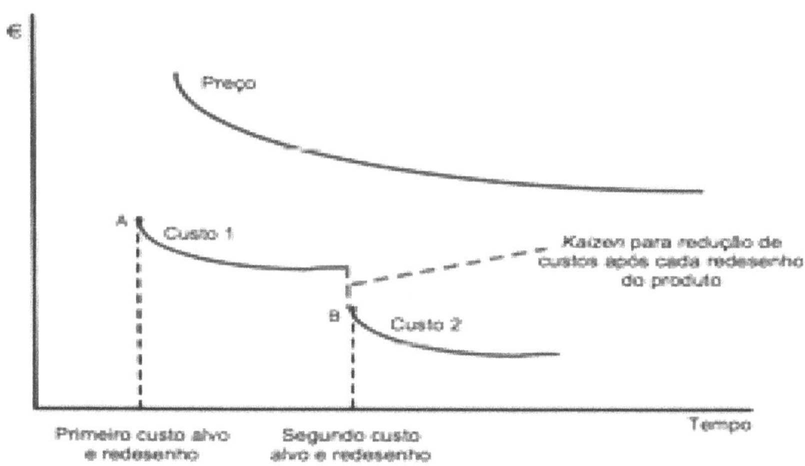

Fonte: *Blocher et al.* (2006), adaptado.

A gestão pode recorrer a várias técnicas de Contabilidade de Gestão que produzem informação relevante para o apoio à tomada de decisão, quanto à melhoria de uma ou mais funções ou processos de uma organização, sem ter em conta todo o ciclo de vida do produto. O *Target Costing* é uma técnica que tem em consideração quer os custos de produção quer os desejos e expectativas dos clientes durante a fase de projeto de desenvolvimento do produto, apoiando as organizações a tomar decisões no design do produto com o objetivo de aumentar o valor acrescentado para a organização. O *Kaizen* Costing impulsiona para que todos na organização reconsiderem continuamente as tarefas que têm de realizar e se não existe uma outra forma de as fazer melhor. Não é tanto uma rotina de custeio, mas sim uma cultura organizacional de aprendizagem em todos os níveis que induz o desenvolvimento da organização através da melhoria contínua. A Figura 10.8 sintetiza as diferenças entre as duas técnicas.

Figura 10.8 – ***Target Costing versus Kaizen Costing***

	Target Costing	***Kaizen Costing***
Definição	Abordagem para determinar o custo máximo de um produto, assumindo um valor alvo de lucro e de margem	Abordagem para reduzir os custos, aumentar a qualidade do produto e melhorar o processo de produção, através de esforços de melhoria contínua
Onde	Novos produtos	Produtos já desenvolvidos
Quando	Fase de desenvolvimento	Fase de produção
Como	Mais eficaz quando existe um objetivo específico de redução de custo e é usado para obter o nível *standard* de produção	Mais eficaz quando existe um plano de redução de custos; as reduções são integradas no processo de produção *standard* para a melhoria na eficiência
Eficácia	Tem um maior potencial para a redução de custos porque 80% a 90% do ciclo de vida do custo do produto está incorporado no produto durante as fases de desenvolvimento e *design*	Tem um potencial limitado, mas pode fornecer informações importantes para a execução do *Target Costing* no futuro
Ênfase	Todos os *inputs* assim como no processo de produção	Depende de onde os esforços serão mais eficazes no processo de melhoria contínua para a redução de custos

Fonte: Lal (2009), adaptado.

Por fim, é de destacar que as técnicas associadas ao *Target Costing* que foram referidas, são exemplos do conceito japonês de melhoria contínua. *Target Costing* significa melhoria contínua no desenvolvimento de produtos e *Kaizen* significa redução de custos nos processos de produção e entrega (Lee & Monden, 1996).

SUMÁRIO

No contexto atual, caraterizado pela globalização e internacionalização dos mercados e pela forte concorrência empresarial, aspetos como a gestão estratégica dos custos e a satisfação das necessidades dos clientes são fundamentais para a obtenção de vantagens competitivas. A procura constante por novos modelos de gestão de custos, que coloquem a ênfase no cliente, tem sido uma preocupação das organizações. Determinar o preço mínimo de venda do produto e, em simultâneo, garantir uma margem de lucro favorável, sem comprometer a qualidade e fiabilidade dos produtos, é um aspeto essencial nos dias de hoje (Quesado & Silva, 2022).

A implementação do *Target Costing* pelas empresas para definição do preço de venda segue uma metodologia inversa ao tradicional cálculo do preço de venda com base nos custos mais uma margem. Com o *Target Costing* o ponto inicial começa com a determinação do preço de venda alvo, ou seja, o preço que os clientes estão dispostos a pagar pelo produto ou serviço. Posteriormente deduz-se a margem de lucro pretendida, por forma a determinar o custo-alvo. O custo-alvo representa a estimativa a longo prazo do custo do produto ou serviço que permita que o lucro-alvo possa ser atingido. A estimativa para o custo atual será posteriormente comparada com o custo-alvo e, quando este for ultrapassado, então a empresa vai incidir todos os esforços na engenharia de valor para que o mesmo possa ser atingido. Se o custo-alvo não for atingido então dificilmente se avançará com o novo produto.

A maior vantagem da adoção do *Target Costing* é, pois, ser implementado durante a fase de projeto e planeamento de um produto por forma a ter impacto na determinação de um valor máximo de custos comprometidos. No entanto, as equipes de projeto não devem ter permissão para atingir os custos alvo eliminando funções desejáveis do produto. O objetivo é projetar um produto com um custo esperado que não exceda o custo-alvo e que também atenda ao nível alvo de funcionalidade. Desta forma, as equipas de *design* utilizam a engenharia de valor e as melhorias dos processos para atingir o custo-alvo.

O *Kaizen Costing*, ao contrário do *Target Costing*, não se preocupa com o *design* do produto, isto é, na abordagem de *Kaizen Costing* não são alteradas funcionalidades do produto ou especificidades, focando-se no processo de produção, de expedição e de distribuição, uma vez que intervém quando o produto já se encontra em produção. Ao focar-se no processo de produção, pretende reduzir ou eliminar ineficiências que podem ocorrer, que se revelam em custos desnecessários dado que não acrescentam valor ao produto final.

Ambas as técnicas podem ser aplicadas de forma independente, no entanto, é frequente, ao aplicar a técnica de *Target Costing*, implementar o *Kaizen Costing* numa das suas fases para a redução de custos.

TERMOS E CONCEITOS-CHAVE

Ciclo de vida do produto
Engenharia de valor
Kaizen Costing
Reengenharia de processos
Target Costing

QUESTÕES TEÓRICAS

1. Explique o que é o *Target Costing*.
2. Apresente as características essenciais do ciclo de vida do produto.
3. Descreva como deve ser integrado o *Target Costing* no ciclo de vida do produto.
4. Identifique e descreva as etapas de implementação do *Target Costing*.
5. Apresente os objetivos da engenharia de valor.
6. Explique o papel da reengenharia dos processos na criação de valor para os clientes.
7. Explique o *Kaizen Costing*.
8. Indique e caracterize os princípios fundamentais do processo *Kaizen*.
9. Identifique e descreva as etapas de implementação do *Kaizen Costing*.
10. Descreva que tipo de benefícios se identificam no *Kaizen Costing*.
11. Diga em que medida pode existir interligação entre o *Target Costing* e o *Kaizen Costing*.

EXERCÍCIOS RESOLVIDOS

Exercício 10.1 – *Target Costing*

Suponha que uma empresa está a considerar produzir uma nova escavadeira. As especificações atuais de produção e uma fatia-alvo de mercado pedem um preço de venda de 250 000,00 €. A margem-alvo é de 20% sobre o preço de venda.

É estimado que os atuais projetos de produção e de processo atinjam custos de 225 000,00 € por unidade.

Diga se deve ser viabilizado o projeto sabendo que:

1. Uma análise por 'desmontagem' de uma escavadeira da concorrência revelou uma melhoria de projeto que possibilita uma poupança de 5 000,00 € por unidade;
2. Um estudo de marketing a reações de clientes em relação a funções do produto, revelou que a velocidade adicional para a escavadeira, que constava no novo projeto, era considerada relativamente insignificante. A mudança no projeto para refletir uma velocidade mais baixa da escavadeira economizava 10 000,00 €;
3. Por outro lado, o fornecedor da empresa também propôs a utilização de um componente padronizado, reduzindo os custos em mais 5 000,00 €;
4. Finalmente, a equipa de projeto foi capaz de mudar o projeto do processo e de reduzir o tempo para testes em 50%. Isso permitiu poupar 6 000,00 € por unidade.

Resolução:

Sendo a margem-alvo de 20% sobre o preço de venda, então o custo-alvo deverá ser de 200 000,00 €.

Custo-alvo = Preço venda – Margem = 250 000,00 € – 50 000,00 € = 200 000,00 €

Como é estimado que os atuais projetos de produção e de processo atinjam custos de 225 000,00 € por unidade, deverão ser implementados esforços para obter uma redução do custo necessária para atingir o custo-alvo em 25 000,00 € (diferença entre o custo estimado e o permitido).

Custo estimado – (a) – (b) – (c) – (d) = 225 000,00 € – 5 000,00 € – 10 000,00 € – 5 000,00 € – 6 000,00 € = 199 000,00 €

A última mudança alcançou o valor limite pretendido e a produção para o novo modelo deverá ser aprovada.

Os custos-alvo são um tipo de padrão a obter. No entanto, em termos de conceito, são diferentes dos padrões tradicionais. O que os separa é a força motivadora. Os padrões tradicionais são motivados internamente e estabelecidos baseados em conceitos de eficiência, desenvolvidos pela engenharia industrial e gestores de produção. Por outro lado, custos alvo são direcionados externamente, gerados por uma análise de mercados e concorrência.

Exercício 10.2 – *Target Costing*

A empresa "EcoEco" situa-se num mercado muito competitivo e com ciclos de vida muito curtos. Neste momento pretende lançar um novo produto, Eco 1, tendo efetuado as seguintes estimativas de custos para uma unidade, tendo por base o *design* e as características definidas:

Tipo de Custos	Por unidade de produto
Produção:	
Materiais	10 unidades a 2,85 €/unidade (em média)
MOD	20 horas a 6,28 €/hora
Máquinas diretas	5 horas a 2,26 €/hora
Encomendas e receção	1 encomenda a 1,65 €/enc.
Garantia de Qualidade	2 horas de testes de garantia a 9,38 €/hora
Extra-Produção:	
Marketing	45,64 €/unidade vendida
Distribuição	18,2 €/unidade vendida
Pós-venda	0,5 horas a 14,56 €/hora

Sabe-se ainda que antes de avançar com o lançamento do novo produto, a empresa fez um estudo de mercado analisando potenciais clientes e concorrentes, tendo chegado à conclusão que para ser competitiva terá de colocar o produto no mercado a um preço de venda de 336,00 €/unid.

Pretende-se que:

A. Determine o custo previsto para uma unidade do Eco 1.

B. Determine o Custo-alvo (*Target Cost)* do produto, assim como o desvio face ao custo unitário previsto, sabendo que a empresa pretende manter uma margem de 30% sobre o preço de venda.

Resolução questão A):

	Unid.F./Cost Driver	custo Unit	QUANT	Custo total
MAT DIRETOS	Unid	2,85 €	10	28,50 €
MOD	Unid	6,28 €	20	125,60 €
CUSTOS MAQUINAS		2,26 €	5	11,30 €
CUSTO DAS ATIVIDADES:				
Encomendar e Receber	Nº Encomendas	1,65 €	1	1,65 €
Teste e Inspeção	Horas de teste	9,38 €	2	18,76 €
CUSTO DE PRODUÇÃO				**185,81 €**
CUSTOS DE MARKETING				45,64 €
CUSTOS DE DISTRIBUIÇÃO				18,20 €
CUSTOS POS VENDA		14,56	0,5	7,28 €
TOTAL DOS CUSTOS EXTRA-PRODUÇÃO				**71,12 €**
CUSTO COMPLETO (Inclui toda a Cadeia de Valor Interna)				**256,93 €**

Target Price	336,00 €
Margem alvo 30 %	100,80 €
Target Cost	**235,20 €**

Resolução questão B):

Target Cost	235,20 €
Custo Completo	256,93 €
Desvio	- **21,73 €**

EXERCÍCIOS E PROBLEMAS POR RESOLVER

Exercício 10.3 – *Target Costing*

A empresa Edward SA, monta e vende vários tipos de aparelhagens e pretende aumentar a gama de produtos para incluir "Rádios digitais" com mais tecnologia e potencialidades.

O sistema de custeio de produtos caracteriza-se por imputar os GGF/CIP aos produtos na base das Horas de MOD de montagem dos componentes.

A empresa pretende utilizar uma abordagem de *Target Costing* (TC) para o seu novo produto.

Outras informações:

1. PV = 44,00 €, Preço de mercado para produto similar com as mesmas características;
2. MB desejada pelo gestor = 20%;
3. Custos previstos para o novo produto:
   a. Custo de aquisição do componente 1 = 4,10 €/unidade, adquiridos em lotes de 4 000 unidades com um custo adicional de entrega por lote de 2 400,00 €
   b. Custo de aquisição do componente 2 = 0,50 €/metro, cada aparelho inclui 25 cm deste componente, devendo considerar-se mais 2% para perdas no processo de montagem;
   c. Outros materiais = 9,80 €/unidad;
   d. A empresa tem Montadores especializados disponíveis para montar o produto, a remunerar a uma taxa horária estimada de 12,60 €, prevendo-se 30 minutos de MOD de montagem por produto;
   e. Os GGF fixos são suportados pelos produtos existentes prevendo-se para GGF variáveis 30,00 €/H/H.

Pretende-se:

A. Apresente uma breve descrição do processo de TC que a empresa deve empreender;

B. Refira os principais benefícios para a empresa resultantes da adoção desta abordagem do TC no estádio inicial do processo de desenvolvimento do produto;
C. Calcule o custo estimado por unidade e compare com o custo permitido;
D. Assumindo a hipótese de o custo estimado ser superior ao custo permitido refira possíveis passos que a empresa possa tomar para reduzir esta "diferença".

BIBLIOGRAFIA DO CAPÍTULO

Alukal, G. (2007). Lean Kaizen In The 21st *Century. Quality Progress*, 40(8), 69.

Alukal, G., & Manos, A. (2006). *Lean Kaizen: a simplified approach to process improvement*, American Society for Quality Press.

Ansari S., Bell J., Klammer T., & Lawrence C. (1997a). *Target Costing, A modular series, Management Accounting*, The McGraw-Hill Companies, Inc.

Ansari S., Bell J., Klammer T., & Lawrence C. (1997b). *Target Costing*. Irwin. In Swamidass, P. (Editor) (2012), *Innovations in Competitive Manufacturing*.

Ansari, S., Bell, J. & Swenson, D. (2006). A template for implementing target costing. *Cost Management*, 20(5): 20-27.

Swenson, D., Ansari, S., Bell J., & Kim W. (2003). Best practices in Target Costing. *Management Accounting Quarterly*, 4(2), 12-17.

Benders, J., & Morita, M. (2007). Changes in Toyota Motors Operations Management, *International Journal of Production Research*, 42(3), 433-444.

Blocher, E., Chen, K., Cokins, G., & Lin, T. (2006), *Gestão Estratégica de Custos* (3.ª ed.). McGraw-Hill Interamericana do Brasil, Ltda.

Cogan, S. (1999). *Custos e Preços – Formação e Análise*. Editora Pioneira Thomson Learning.

Cooper, R. (1995). *When Lean Enterprises Collide: Competing Through Confrontation*, Harvard Business School Press.

Cooper, R., & Slagmulder, R. (1997). *Target Costing and Value Engineering (Strategies in Confrontational Cost Management Series)*, Productivity Press The IMA Foundation for Applied Research, Inc.

Davenport, T. (1994). *Reengenharia de Processos: Como Inovar na Empresa Através da Tecnologia da Informação*. Editora Campus.

Godinho, M., & Uzsoy, R. (2013). The Impact of Simultaneous Continuous Improvement in Setup Time and Repair Time on Manufacturing Cycle Times Under Uncertain Conditions. *International Journal of Production Research*, 51(2), 447-464.

Gupta, R., & Jain, S. (2014). The 5S and kaizen concept for overall improvement of the organisation: a case study. *International Journal Lean Enterprise Research*, 1(1), 22-40.

Hammer, M., & Champy, J. (1993). Reengenharia: Revolucionando a Empresa (13.ª ed.). Editora Campus.

Hansen, R., & Mowen, M. (2006). *Managerial Accounting* (8th ed.). Thomson-South Western.

Horngren, C., Foster, C., & Datar, S. (2000). *Contabilidade de Custos* (9.ª ed.). LTC – Livros Técnicos e Científicos Editora.

Imai, M. (2012). *Gemba Kaizen: A commonsense, low-cost approach to management* (2nd ed.). McGraw-Hill.

Kaplan, R., & Atkinson, A. (1998). *Cost Effect – Using Integrated Cost Systems to Drive Profitability and Performance*. Harvard Business School Press.

Kaplan R., & Cooper, R., (1998). *Advanced management accounting* (3rd ed.). Prentice Hall.

Kee, R. (2010). The sufficiency of Target Costing for evaluating production-related decisions, *International Journal of Production Economics,* 26, 204-211.

Keegan, D., & Eiler, R. (1994). Let's Reengineer Cost Accounting. *Strategic Finance*, 76(2), 26-31.

Lal, J. (2009). *Cost Accounting* (4th ed.). McGraw-Hill Education.

Lee, J., & Monden, Y. (1996). An International Comparison on Manufacturing-Friendly Cost Management *Systems. The International Journal of Accounting*, 31 (2), 197-212.

Lyu Jr, J. (1996). Applying Kaizen and Automation to Process Reengineering. *Journal of Manufacturing Systems*, 15(2), 125-132.

Manos, A. (2007). The Benefits of Kaizen and Kaizen Events. *Quality Progress*, 40(2), 47-48.

Murata, K., & Katayama, H. (2010). A Study on Construction of a Kaizen Case-Base and Its Utilization: A Case of Visual Management in Fabrication and Assembly Shop-Floors, *International Journal of Production Research,* 48(24), 7265-7287.

Ortiz, C. (2009). *Kaizen e Implementação de Eventos.* Editora Bookman.

Pascoal, F., Kliemann Neto, J., & Duffey, R. (2009). Target Costing operationalization during product development: Model and *application. International Journal of Production Economics,* 118(2), 398-409.

Quesado, P., & Silva, R. (2022). *Uma visão sobre o Target Costing e a investigação.* In Temas Emergentes em Ciências Empresariais: Novas abordagens nas áreas científicas da Contabilidade, Finanças, Sistemas de Informação, Metodologias e Práticas Pedagógicas (pp. 63-72), Volume 1, Edições Sílabo.

Quesado, P., & Silva, R. (2020). *O Target Costing como ferramenta de gestão estratégica de custos.* Revista AECA, 131, 55-57.

Shank, J., & Fisher, J. (1999). Case Study – Target Costing as a Strategic Tool. *Sloan Management Review*, 41(1), 73-82.

Swamidass, P. (2012). *Innovations in Competitive Manufacturing.* Springer Science & Business Media.

Zengin, Y., & Ada, E. (2009). Cost management through product design: Target Costing approach, *International Journal of Production Research*, 48(19), 5593-5611.

Wit, B., & Meyer, R. (2010). *Strategy Synthesis: Resolving Strategy Paradoxes to Create Competitive Advantage* (3rd ed.). Editora Cengage Learning EMEA.

CAPÍTULO 11

—

JUST IN TIME (JIT)

OBJETIVOS DE APRENDIZAGEM

1. **Compreender o papel do JIT no incremento da posição competitiva das empresas, analisando a origem e definição do conceito;**
2. **Analisar os requisitos e objetivos subjacentes ao JIT e as suas implicações contabilísticas;**
3. **Identificar as vantagens e as dificuldades de implementação do JIT;**
4. **Compreender em que consiste o *Backflush Costing*.**

11.1. Introdução

A globalização e internacionalização que caracterizam os mercados atuais, associada às rápidas mudanças registadas nos mesmos, levam à necessidade de implementar sistemas que tornem as organizações mais flexíveis para serem capazes de produzir diferentes produtos a baixos custos e com altos níveis de qualidade.

A eliminação dos desperdícios e o aumento da eficácia é uma constante nos dias de hoje, procurando-se incrementar e reformular aspetos relacionados com a tecnologia, o ambiente produtivo, a estratégia de negócios, o comportamento dos custos de produção, assim como, a sua medição e controlo, a estrutura e a cultura organizacional, entre outros. Neste sentido, o sistema *Just in Time* (JIT) tem-se afirmado como um sistema cujo objetivo principal passa por produzir a quantidade exata de um produto, de acordo com a procura, de forma a não se formarem *stocks*.

No presente capítulo apresentamos a origem, definição e requisitos do JIT. De seguida comparamos o sistema JIT com a produção tradicional, destacando as principais diferenças entre ambos. Realçamos também os impactos da aplicação do JIT em termos de Contabilidade de Custos e de Gestão, assim como as vantagens e dificuldades apontadas na literatura que podem resultar do processo de implementação do JIT. Finalmente, caracterizamos o sistema *Backflush Costing* como uma alternativa para a contabilização dos custos no sistema JIT.

11.2. Origem e definição do JIT

Embora muitos autores apelidem o JIT como uma nova filosofia de gestão, o certo é que não é tão recente quanto se crê. A primeira empresa no mundo a desenvolver e a aplicar este modelo com reconhecido êxito foi a *Toyota Motor Company*. O sistema foi desenvolvido pelo engenheiro de produção Taiichi Ohno, nos anos 40, como uma técnica para controlo da produção e dos inventários para competir com as indústrias automobilísticas do Ocidente.

O JIT é um sistema centrado na rentabilização de recursos quer em termos físicos (eliminação de desperdícios), quer em termos humanos (aproveitando e incrementando as capacidades e habilidades dos trabalhadores), tendo como objetivo principal produzir as unidades necessárias, na quantidade necessária e no momento preciso ("justo a tempo"), reduzindo custos e satisfazendo procura. Neste sentido, o JIT baseia-se na filosofia de redução do tempo de processo de toda a cadeia de valor, do aprovisionamento à produção e da produção ao serviço pós-venda, na eliminação de interrupções no processo de produção e na constante e permanente procura da eliminação de inventários e desperdícios, para se alcançar uma melhoria significativa no desempenho.

Feliu e Aznar (1996) e Fernández e Rodríguez (1997) consideram o JIT como uma nova forma de gestão empresarial, baseada na racionalidade e na simplificação do processo, através da deteção dos problemas que existem na fábrica e da sua eliminação e através de uma cultura preventiva e de melhoria contínua. Assim, mais do que uma mera técnica de controlo de inventários, é uma filosofia que compreende e abarca todas as funções de uma organização.

O'Grady (1992) considera que o JIT tem quatro objetivos: atacar os problemas fundamentais (não os ocultar e enfrentar as suas causas); eliminar desperdícios (com redução da inspeção, tempos de espera, transporte e inventário); desenhar sistemas para identificar os problemas e alcançar os objetivos anteriores sem incorrer em custos elevados e com um reduzido investimento de capital.

Face ao exposto, o JIT é mais do que um sistema de produção ou um método de redução de custos, constituindo uma verdadeira ferramenta de melhoria contínua ao pretender maximizar o valor acrescentado da empresa e, consequentemente, incrementar a competitividade empresarial e a qualidade total.

11.3. Requisitos do JIT

A aplicação do JIT exige que se proceda a uma análise das atividades empresariais, de forma a destacar aquelas que acrescentam valor à produção ou prestação de serviços. Tal análise pode ser efetuada, por exemplo, com recurso ao sistema ABC e ABM, conceitos abordados nos capítulos 7 e 8, respetivamente. Por outro lado, deve-se reduzir ao máximo inventários ou *stocks* em armazém, principalmente de matérias-primas e produtos em curso ou vias de fabrico, para se obter uma boa gestão dos recursos, da qualidade dos produtos e dos custos operacionais.

Dopico e Agra (1998), Montañés (1997) e Foster e Horngren (1993) salientam que a implementação de um sistema JIT exige que se atenda a um conjunto de requisitos:

- Flexibilidade de adaptação, por parte dos funcionários, à nova conceção de empresa;
- Incremento do tempo destinado à formação e qualificação dos funcionários;
- Promoção da participação dos funcionários na resolução de problemas;
- Incorporar o JIT na cultura organizacional: cultura voltada para a diminuição de falhas ("fazer bem à primeira") e para a poupança de tempo;
- Redução dos tempos ineficientes destinados à reparação de máquinas;
- Redução, de uma forma equilibrada, tanto da quantidade produzida como da variedade de produtos, sem prejuízo da qualidade oferecida: sincronização entre as várias operações inerentes à produção, de modo a reduzir o ciclo de produção e os *stocks*;
- Promoção da fabricação de um produto ou componente básico, desde o princípio até ao fim;
- Redução do tempo de processamento, manuseamento e mudança de ferramentas;
- Atribuição de funções e tarefas aos que se especializaram nas mesmas;
- Cultura de melhoria contínua e procura da excelência em todas as atividades realizadas, o que está intimamente relacionado com o conceito de qualidade total;
- Estabelecimento de um fluxo contínuo de produção relativo a produtos com características semelhantes;
- Atribuição de incentivos e recompensas;
- Orientação para a satisfação dos clientes e para as estreitas relações com os fornecedores: estreita integração entre os sistemas de produção do comprador e do fornecedor;
- Habilidade para operar com existências mínimas;
- Assegurar um funcionamento eficiente das máquinas para prevenir eventuais problemas resultantes de avarias;

- Necessidade de fontes seguras e eficientes de aprovisionamento no que respeita a entregas pontuais e de qualidade;
- Rapidez no *feedback*;
- Sistemas de medida flexíveis que se adaptem constantemente;
- Identificação, medida e eliminação de custos que não geram valor acrescentado e reclassificação dos custos por processos e produtos.

Em suma, o funcionamento do JIT implica que os tempos de inspeção, de armazenagem, de espera, de processamento, de movimento de matérias e produtos sejam classificados, assim como que seja planificada a produção e que seja realizada uma análise do valor acrescentado ao produto em cada um destes tempos, o que implicará um controlo de quantidades e a elaboração de um sistema de informação adequado capaz de facilitar a eliminação de unidades consideradas desnecessárias, a redução dos armazéns e custos de transporte e a melhoria do rácio de rotação de capital.

11.4. O JIT E A PRODUÇÃO TRADICIONAL

Importa salientar que existe um conjunto de características que diferenciam o JIT da chamada produção tradicional. Estas características encontram-se resumidas na seguinte tabela.

Tabela 11.1 – **Diferenças entre o JIT e a produção tradicional**

JIT	Produção Tradicional
1. Sistema *Pull-through*	1. Sistema *Push-through*
2. Inventários insignificantes	2. Inventários significantes
3. Células de produção	3. Estrutura departamental
4. Mão de obra interdisciplinar	4. Mão de obra especializada
5. Controlo da qualidade total	5. Nível de qualidade aceitável
6. Serviços descentralizados	6. Serviços centralizados

Fonte: Mallo e Merlo (1995, p. 48), adaptado.

Comparando a produção tradicional com o JIT podemos destacar que o JIT procura reduzir os inventários a níveis insignificantes na medida em que só se produz após indicação da etapa seguinte da necessidade de produzir, ao passo que no sistema de produção tradicional, os materiais são transformados e transferidos para a fase seguinte sem atender ao nível de procura existente, originando inventários sempre que a procura seja inferior à produção. O JIT privilegia o conceito de células de produção em que cada uma produz um produto particular ou um conjunto de produtos, por sua vez, no sistema de produção tradicional os produtos passam, regra geral, por diferentes fases ou departamentos. Enquanto no JIT, o objetivo é ter zero defeitos, no sistema de produção tradicional tolera-se a produção com defeitos desde que esta não exceda um determinado nível. Além disso, o JIT implica um fácil e rápido acesso aos serviços de apoio, o que significa que os departamentos de serviços devam ser descentralizados e a mão de obra interdisciplinar, contrariando os sistemas de produção tradicionais que se caracterizam, regra geral, por mão de obra especializada e serviços centralizados.

11.5. Implicações do JIT para a Contabilidade de Custos e de Gestão

Para as empresas serem capazes de adotar o JIT têm necessariamente que alterar o seu sistema contabilístico em virtude de alterações verificadas nas operações, uma vez que a filosofia JIT terá impactos na identificação dos indutores dos custos, no número de elementos do custo do produto, na imputação dos custos ao produto e na natureza das medidas de rendimento.

O JIT, tal como o sistema ABC e ABM, advoga a necessidade de simplificação das práticas de Contabilidade de Custos, em concreto a simplificação de atividades, eliminando as que não acrescentam valor e melhorando o contributo das restantes atividades, a identificação das verdadeiras causas dos custos, assim como uma alteração na gestão dos custos, em que a função contabilística não pode ser vista única e exclusivamente como uma função de controlo, mas como uma função de coordenação das operações para reduzir os custos. Além disso, é importante garantir um pleno conhecimento do *design* do produto, do planeamento e controlo da produção e do processo produtivo, para se perceberem quais os impactos das ações sobre o custo total e eliminar possíveis barreiras de comunicação entre a contabilidade e as operações. Por fim, impõe-se uma reanálise do método de imputação dos custos aos produtos para proporcionar uma visão mais clara das verdadeiras componentes do custo do produto e incrementar a responsabilidade dos gestores sobre os custos.

Como no JIT os inventários são, fundamentalmente, de matérias-primas e produtos acabados, torna-se mais fácil a sua contabilização e valorização. Embora o JIT reduza os custos com o manuseamento e armazenamento (reduzindo o custo de obsolescência) dos inventários, o facto de se exigirem entregas mais frequentes aos fornecedores, irá aumentar o custo com o transporte de tais inventários.

A distinção entre custos do produto e custos do período deixa de fazer muito sentido, na medida em que no JIT os inventários de produtos em vias de fabrico e de produtos acabados reduzem-se a níveis insignificantes. Desta forma, os custos que tradicionalmente se classificam como custos dos produtos são agora considerados custos do período, incorporando-se todos os custos nos produtos vendidos.

Foster e Horngren (1993) consideram, ainda, que se devia alterar o sistema de cálculo dos custos por tarefas por um sistema de cálculo de custos por processos ou baseado no consumo, relacionado com a produção constante e centrado no processo individual num determinado período de tempo. Este sistema caracteriza-se por um nível menos detalhado de informação sobre as unidades individuais de produto, cujos elementos-chave de análise são as compras de materiais ou componentes e a finalização da produção ou a venda dos produtos acabados. Assim, não se efetua uma acumulação dos custos dos produtos durante as diferentes fases. Este sistema, ao contrário dos sistemas convencionais, centra-se, em primeiro lugar, no *output* de uma organização e só depois é que se imputam os custos às unidades vendidas e aos inventários. Para os autores, não é surpreendente esta alteração, uma vez que no JIT a produção funciona sobre uma base de fluxo constante, com maior homogeneidade entre as unidades processadas (derivado da constante preocupação pela qualidade e melhoria contínua e da eliminação dos defeitos e das unidades em reelaboração). Face ao exposto, o JIT terá impactos na (McIlhattan, 1993):

- **Identificação dos indutores dos custos (*cost drivers*)**: identificar o motivo da ocorrência dos custos e aferir da correlação entre o número de transações e os custos de produção.
- **Identificação e análise dos processos e atividades que não acrescentam valor ao produto**: para determinar se é possível eliminá-las ou reduzi-las (a filosofia JIT defende a eliminação e prevenção de atividades desnecessárias).
- **Simplificação de atividades, incluindo os sistemas de custos e as áreas operacionais, tais como as compras e a produção.**

- **Redução do número de elementos do custo do produto**: para ajudar a empresa a reduzir o custo total do produto e diminuir os custos relacionados com a elaboração de relatórios, cálculos, manutenção e controlo. Identificadas as causas dos custos, deve-se desenvolver um processo de melhoria contínua voltado para a redução do custo do produto através de alterações contínuas no *design* e no processo, eliminando a necessidade de definir múltiplos elementos de custo.
- **Imputação dos custos ao produto**: sendo o objetivo do JIT a redução do tempo de produção e a produção de produtos simples, semelhantes ou com componentes principais comuns, a natureza de custos do produto foi alterada, o que teve reflexos na utilização de métodos alternativos na imputação dos custos. Ao analisar-se para cada atividade as verdadeiras causas dos custos, está-se a promover uma maior fiabilidade na unidade de imputação e a classificação de muitos custos como custos diretos.
- **Natureza das medidas de desempenho**: o JIT promove a utilização de indicadores não financeiros (e não apenas financeiros) para medir o desempenho organizacional, assim como de medidas globais (e não individuais). Na Tabela 11.2 apresenta-se um conjunto de medidas que podem ser apropriadas para um sistema de gestão de custos num ambiente JIT.

Tabela 11.2 – **Novas medidas de desempenho num ambiente JIT**

Tradicional	JIT

– Mão de obra direta
  – Eficiência
  – Utilização
  – Produtividade
– Utilização de máquinas
– Rotação do inventário
– Variações de custos
– Incentivos individuais
– Finalização do inventário
– Promoção baseada na antiguidade
	– Produtividade global e por grupos
	– Rendimento sobre os ativos líquidos
	– Dias de inventário
	– Custo do produto, especialmente relacionado com os custos das suas componentes
	– Incentivos de grupo
	– Serviço aos clientes
	– Promoção baseada no conhecimento crescente e na capacidade
	– Ideias gerais
	– Ideias implementadas
	– Tempo por produto/família de produtos
	– Redução do tempo de aprendizagem

Tradicional	JIT
	– Número de reclamações dos clientes – Tempo de resposta à "retroalimentação" dos clientes – Disponibilidade das máquinas – Custos da qualidade

Fonte: McIlhattan (1993, p. 237), adaptado.

O processo de redução de custos num ambiente JIT encontra-se sintetizado na tabela seguinte.

Tabela 11.3 – **Redução dos custos por aplicação do JIT**

Redução dos custos	Origem
Redução dos *stocks* e dos custos de armazenagem – Matérias-primas e peças compradas	Entrega direta nas células Crescente frequência das entregas e redução dos prazos de entrega Redução do número de componentes utilizados por produto; normalização dos componentes
– Produtos em curso	Simplificação dos circuitos de materiais Organização em células: regularidade e sincronização das operações Redução do tempo de mudança de ferramentas Gestão em fluxo tenso e supressão do fabrico por lotes (ou redução do tamanho dos lotes) Redução dos acidentes aleatórios (avarias, não-qualidade, ...) e *stocks* de segurança correspondentes
– Produtos acabados	Ajustamento à procura
Custos materiais	Melhoria da conceção dos produtos Sociedade com os fornecedores Normalização dos componentes Ações de qualidade (rejeitados, defeitos, ...)

Redução dos custos	Origem
Custos mão de obra	Sincronização e regularização das operações Redução do número de operações efetuadas Redução do tempo de espera e tempos não produtivos (avarias, retoques, ...) Redução dos custos de posse e controlo do tempo da mão de obra direta Formação dos operadores simplificada (máquinas simples)
Custos máquinas	Recurso a máquinas simples: desenvolvimento da manutenção preventiva e redução das avarias Investimento menos dispendioso Atualização mais rápida
Custos de manutenção	Simplificação dos circuitos de materiais Entrega direta em oficina em acondicionamento pronto para ser usado
Custos de compra	Redução do número de fornecedores Contratos a médio prazo
Custos de controlo de qualidade	Supressão ou redução das inspeções na receção e no fim da produção
Custos de administração	Simplificação da gestão dos dados técnicos (gamas, nomenclaturas, ...) Simplificação da organização Simplificação da gestão dos pagamentos Simplificação da Contabilidade de Custos (gestão da mão de obra direta, acompanhamento dos *stocks*) Simplificação do ciclo das compras Intercâmbio de dados informatizado
Custos de superfícies	Ação sobre os *stocks* Simplificação do circuito de materiais Entrega e expedição por célula
Custos financeiros	Redução dos *stocks* e produtos em curso
Custos de obsolescência das matérias-primas, semiacabados e produtos acabados	Redução dos *stocks*
Custos de conservação	Redução dos *stocks*

Fonte: Laverty e Demeestère (1993, p. 229), adaptado.

11.6. Vantagens e dificuldades do JIT

São várias as vantagens apontadas na literatura que podem resultar do processo de implementação do JIT, nomeadamente:

- Entrega da quantidade requerida no momento necessário;
- Fabricação com reduzidos *stocks*;
- Estímulo das relações de trabalho entre fornecedores, distribuidores e utilizadores com o objetivo comum de eliminar todo o excesso de *stocks* dos armazéns;
- Realização exclusiva daquelas atividades que são requeridas por algum setor da organização;
- Eliminação das atividades que não acrescentam valor, controlando o tempo efetivo de produção (eliminando "tempos mortos"), no sentido de potenciá-lo;
- Incremento da produtividade e competitividade empresarial;
- Flexibilidade que permite uma resposta rápida perante mudanças imprevistas.

Para Bragg (2001), o JIT é uma técnica ou método comprovado que irá agilizar todos os processos associados ao sistema produtivo, aumentando a qualidade e a eficiência e, simultaneamente, reduzindo custos. O autor acrescenta que o JIT reduz o trabalho relacionado às transações e permite que os funcionários se concentrem em atividades que aumentem os lucros; elimina redundância, erros e desperdício; e promove a aplicação de tecnologias mais recentes.

Não obstante as vantagens enumeradas, também é possível encontrar na literatura alguns obstáculos à implementação do JIT, em concreto:

- Conflito entre empresa e fornecedor, atendendo à exigência de entregas frequentes e prazos rígidos de entrega, obrigando à criação de *stocks* por parte dos fornecedores e, consequente, aumento dos custos de inventário;
- Aumento de preços por parte dos fornecedores dada a dependência da empresa em relação a estes;
- Tensão e falta de motivação sentida pelos trabalhadores na implementação do JIT;
- Não pode ser aplicado em organizações onde a procura sofre várias oscilações;
- Confusão conceptual: sistema de produção, tecnologia, nova filosofia de gestão, conjunto de técnicas de produção, controlo de *stocks*, processo de melho-

ria contínua, modelo para controlo da qualidade total, estratégia baseada na excelência produtiva, entre outros;

- Obsessão de redução dos *stocks;*
- Aumento do investimento na capacidade instalada para poder fazer face a eventuais aumentos de procura;
- Obsolescência do sistema contabilístico;
- A estratégia de baixo custo e elevada qualidade só pode ser eficientemente aplicada em empresas que oferecem uma gama limitada de produtos. Assim, não é aconselhada a sua aplicação a empresas de produção diversificada e variável no tempo.

11.7. O sistema Backflush Costing

Os sistemas de custos convencionais vão imputando os custos ao produto à medida que ele vai progredindo pelo processo de fabrico, ou seja, vão-se agregando os custos das secções por onde passa o produto. A empresa que utilize o sistema de gestão empresarial JIT pode seguir o sistema tradicional, apurando as quantidades de produtos saídos de cada célula de fabrico no final do dia e imputando-lhes o custo total desse mesmo dia (Bhimani & Bromwitch, 1991).

No entanto, o sistema JIT apresenta características bem diferentes do sistema tradicional, como vimos. Assim, o sistema de inventário na filosofia JIT é utilizado para a obtenção de existências apenas na altura em que são necessárias à produção e para a entrega dos produtos acabados na altura em que são vendidos, reduzindo custos e necessidades de armazenamento. Este sistema requer que a empresa corrija imediatamente um processo de fabrico que esteja a produzir peças defeituosas, porque não existem armazéns onde essas peças possam ficar até serem reparadas ou deitadas fora. Assim, aquando do recebimento de uma encomenda, a produção ordena a entrada de matérias e o ciclo de produção inicia-se. Tão cedo quanto o processo de fabrico conclua a encomenda, a produção termina. Em termos práticos, as empresas que usam o JIT escalonam as encomendas para assegurar a continuidade da produção. Desta forma, e uma vez que a produção JIT responde a uma encomenda recebida, a contabilidade JIT pode imputar todos os custos diretamente à produção dos bens vendidos (Maher *et al.,* 1991). É nesta linha de raciocínio que surge uma segunda alternativa para a contabilização dos custos no sistema JIT: o *Backflush Costing*.

Com o sistema *Backflush Costing* os custos são imputados aos produtos assim que a produção está terminada, recorrendo geralmente ao sistema de custeio padrão. Scarlett (1996) considera o *Backflush Costing* como um sistema que assume que, na envolvente moderna, grandes variações de preços são pouco prováveis e que os valores da produção em curso são geralmente baixos. Assim sendo, criar sistemas muito sofisticados para a definição do custo dos produtos pode não se justificar. Até porque, se for deduzido ao custo padrão da produção obtida os custos reais ficamos com uma "ideia aceitável" do valor das existências e da produção em vias de fabrico. Esta metodologia inverte, como tal, a direção de um sistema de acumulação de custos tradicional.

Drury (2021) entende que o *Backflush Costing* visa eliminar procedimentos contabilísticos complexos e a necessidade de seguir produtos ao longo de todas as fases de um processo de fabrico. A chave para o JIT é a simplificação. Neste sentido, o *Backflush Costing* procura eliminar todas as atividades do sistema de apuramento de custos que não acrescentem valor ao produto final[13], sendo um sistema de cálculo de custos simplificado que visa eliminar registos contabilísticos complexos e que pode ser adotado em empresas que trabalhem com uma filosofia de produção JIT. Começa por se focar na produção (*output*) da organização e depois trabalha para trás, quando se imputa custos entre custos de bens vendidos e inventários.

Na caracterização deste método é necessário ter em conta que no sistema contabilístico de uma empresa que trabalhe com o JIT (Zimmerman, 1997):

- a mão de obra direta e os encargos gerais de fabrico encontram-se agregados numa única conta denominada custos de transformação ou conversão;
- tanto quanto possível, os encargos gerais de fabrico são imputados diretamente às linhas de produção, ou células de trabalho, que os originaram;
- os custos das matérias diretas são imputados diretamente aos produtos;
- os custos de transformação ou conversão são imputados tendo por base uma taxa predeterminada, que geralmente incide sobre o tempo de utilização da máquina ou o tempo de produção da célula de fabrico;

[13] O controlo da produção em curso insere-se neste conjunto de atividades dado que, no sistema JIT, as existências de produtos em curso de fabrico assumem um valor pequeno quando comparado com os custos dos produtos fabricados e vendidos. Assim sendo, o que acontece, em muitas empresas, é que os custos de acompanhamento e controle dos produtos em curso de fabrico ao longo do processo são maiores do que os benefícios que daí advêm.

- a contabilização detalhada da produção em curso é eliminada;
- uma única conta de existências é usada para as matérias-primas e em curso, denominada: Existências de matérias diretas;
- todas as matérias-primas (e compras), em produção, são registadas nesta conta;
- assim que os produtos acabados são obtidos, é abatida nesta conta a parcela relativa ao custo dos materiais[14]. Esta mesma parcela é igualmente acrescentada na conta de produtos acabados;
- os custos de transformação ou conversão são imputados diretamente aos produtos acabados, sem passar pela imputação prévia aos produtos em curso.

Assim, os registos são efetuados de acordo com o esquema apresentado na Figura 11.1. Em termos de procedimentos contabilísticos, verifica-se que consoante se pretenda mais ou menos informação e consequentemente um menor ou maior grau de simplificação do processo, podemos encontrar várias situações[15], nas quais se constata que o número e o tipo de registos a efetuar irá depender das necessidades da empresa. Os registos nos livros da contabilidade não são efetuados de uma forma sequencial, acompanhando o produto ao longo do processo de fabrico. Não são efetuados registos relativos aos produtos em curso. Os custos só são imputados aos produtos depois da última unidade ter saído da produção[16]. Assim, os registos neste sistema são mais simples do que no sistema tradicional, uma vez que este sistema permite a eliminação das contas de controlo da produção em curso[17].

Uma das empresas que adotou este novo sistema foi a *Hewlett-Packard*[18]. Nesta empresa constatou-se que depois de ter sido instalado o JIT, os níveis de *stocks* eram quase nulos, os custos com a mão de obra direta representavam apenas 3 a 5% do custo total de produção, e a maioria do custo com a mão de obra e os encargos gerais de fabrico eram fixos. Estas descobertas afetaram significativamente os métodos de

[14] É este movimento que é denominado de *backflushing*.

[15] Trata-se de variantes do *Backflush Costing*. Para exemplos concretos de aplicação ver Horngren *et al.* (2012) e Drury (2021).

[16] Por vezes, os registos só são feitos depois da venda dos produtos.

[17] Não podemos esquecer que o *Backflush Costing* não adere ao normativo contabilístico. Por exemplo, os produtos em curso existem, mas não são registados, embora esta atitude se justifique pelo facto destes produtos não assumirem um valor significativo ou ainda, de não variarem muito de um período para o outro.

[18] Para mais informações sobre este caso ver Maher *et al.* (1991), Hunt *et al.* (1985) e Patell (1987).

apuramento dos custos. Assim, a mão de obra direta representava uma parcela tão pequena do custo total que esta empresa deixou de a considerar separadamente, em vez disso passou a ser registada com os gastos gerais de fabrico; o baixo nível de *stocks* e o reduzido período de tempo que decorre entre o início da produção e a entrega dos produtos acabados fazem com que, virtualmente, todos os gastos gerais de fabrico e mão de obra direta sejam imputados aos produtos acabados do período.

FIGURA 11.1 – **Funcionamento do sistema *Backflush Costing***

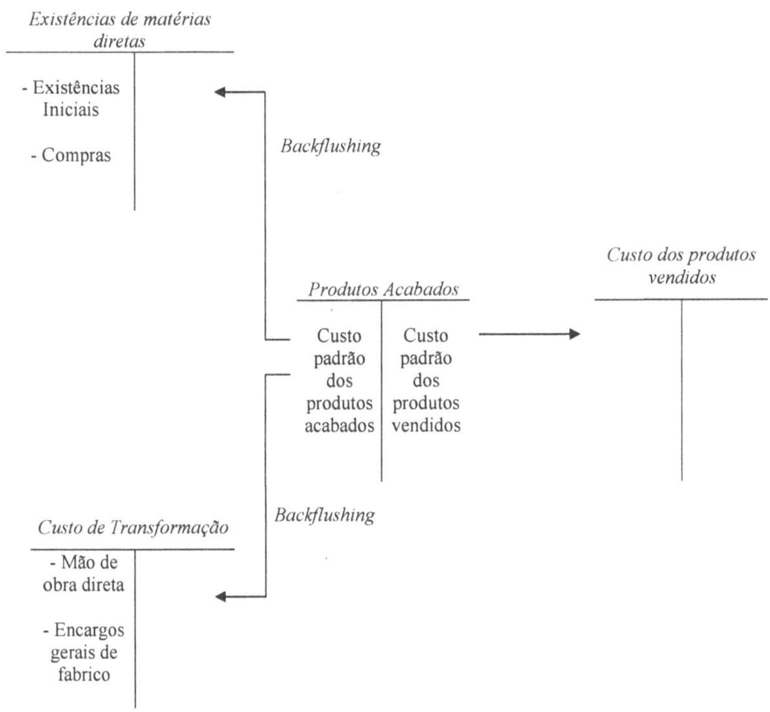

Fonte: Zimmerman (1997, p. 658), adaptado.

Os diagramas seguintes permitem fazer a comparação do novo método de registo da *Hewlett-Packard* com o método tradicional.

FIGURA 11.2 – **Comparação do sistema tradicional com o sistema simplificado da *Hewlett-Packard***

Sistema tradicional

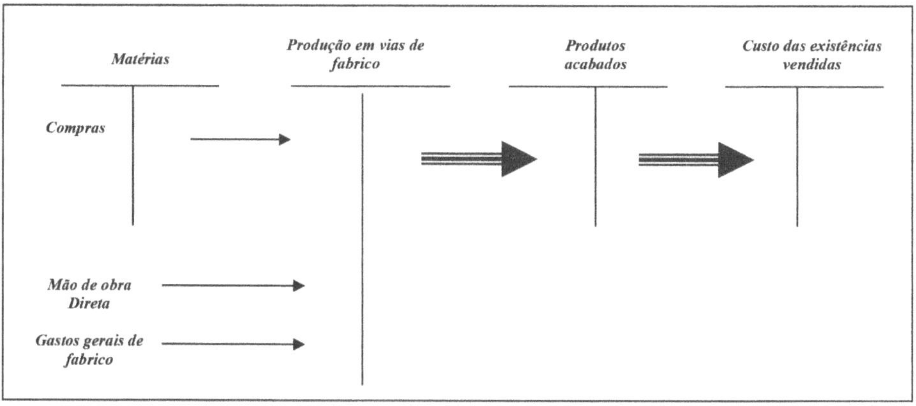

Sistema simplificado da *Hewlett-Packard*

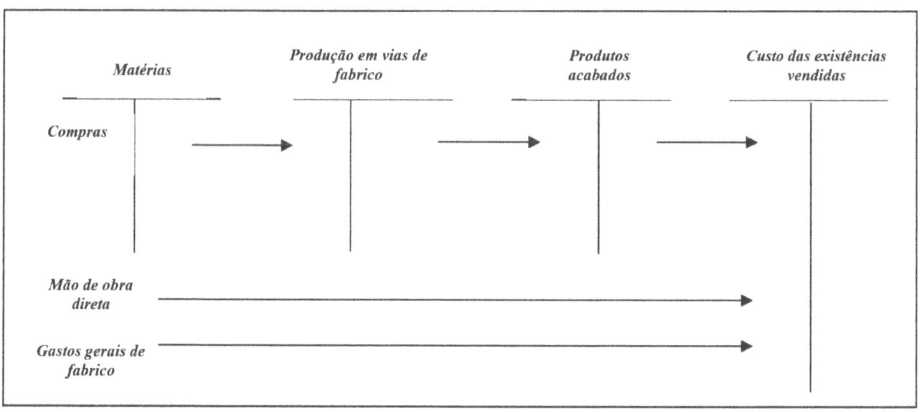

Fonte: Maher *et al.* (1991) e Hunt *et al.* (1985), adaptado.

Verifica-se que a contabilidade regista apenas os materiais nas contas de existências, imputa os gastos com a mão de obra direta e os gastos gerais de fabrico quando incorrem. A *Hewlett-Packard* eliminou cerca de 100 000 registos mensais no diário com a simplificação do seu sistema contabilístico. O resultado deste processo foi que a *Hewlett-Packard* conseguiu significativas economias quer de tempo quer de custos, sem alterações significativas nas rubricas das demonstrações financeiras, ou nos custos de planeamento e controlo.

Para além disso, constatou-se que os gestores da produção passaram a entender melhor os relatórios fornecidos pela contabilidade e a usar a informação neles contida. Por seu lado, os profissionais de contabilidade passaram a ter mais tempo disponível para poderem assumir uma atitude mais proativa e preocuparem-se com a resolução de problemas futuros em vez de estarem focados nos erros do passado.

SUMÁRIO

O JIT é um sistema ou filosofia de gestão empresarial que surgiu com o intuito de eliminar inventários e desperdícios, tornando as empresas mais flexíveis ao produzirem e colocarem no mercado apenas o necessário para satisfazer a procura e as exigências dos consumidores, na altura certa e com a qualidade desejada. Assim, o JIT não é um processo de produção, mas uma filosofia ou cultura orientada para a redução de custos e dos tempos mortos e para o controlo do processo produtivo, incrementando a rendibilidade e competitividade.

Comprar e produzir apenas o que se necessita, no momento em que se necessita é, em poucas palavras, o princípio ou objetivo básico do JIT. Portanto, o que se pretende é produzir de acordo com as solicitações do mercado, evitando-se o recurso a *stocks* e privilegiando-se a qualidade do produto. Desta forma, a gestão de operações como, compras, produção, vendas, distribuição e administração, são fortemente influenciadas pelo JIT, que terá importantes impactos na cadeia produtiva.

Pôr em prática esta técnica implica a procura de causas que geram ou podem gerar ineficiência, através da simplificação dos fluxos produtivos, da mudança rápida das ferramentas, de maquinaria polivalente, da máxima fiabilidade dos equipamentos e máxima qualidade da produção, do estabelecimento de relações de cooperação com os clientes, estabelecendo com eles acordos estáveis que permitam obter uma produção regular e da capacidade de tornar os fornecedores parceiros da organização. Obviamente que também se registarão algumas alterações a nível contabilístico, nomeadamente no grupo de custos, nas bases de rateio ou imputação, no sistema de cálculo de custos e nas medidas de rendimento utilizadas. Cada um destes impactos pode diferir de empresa para empresa, em função de diferenças organizacionais ou dos produtos fabricados. No entanto, o denominador comum é a simplificação no desenho do produto, no processo produtivo e no sistema de Contabilidade de Custos, o qual deve ser transformado num sistema de "gestão" dos custos.

O *Backflush Costing* surge como uma alternativa para a contabilização dos custos no sistema JIT defendendo a imputação dos custos aos produtos assim que a produção está terminada, visando eliminar registos contabilísticos complexos.

TERMOS E CONCEITOS-CHAVE

Backflush Costing
Just in Time (JIT)
Zero desperdícios
Zero stocks

QUESTÕES TEÓRICAS

1. Explique como surgiu e em que consiste o JIT.
2. Compare os sistemas de produção tradicionais com o JIT.
3. Apresente as principais implicações do JIT para a Contabilidade de Custos e de Gestão.
4. Classifique como verdadeira (V) ou falsa (F) cada uma das seguintes afirmações:
   a. O JIT caracteriza-se pela compra de grandes quantidades de matérias-primas no sentido de obter economias de escala.
   b. O JIT é mais do que um sistema de produção constituindo um processo de melhoria contínua.
5. Analise as principais vantagens e dificuldades do JIT.
6. Caracterize o sistema *Backflush Costing.*

BIBLIOGRAFIA DO CAPÍTULO

Bhimani, A., & Bromwitch, M. (1991). Accounting for Just-in-time manufacturing systems, *CMA Magazine*, 65, 31-34.

Bragg, S. (2001). *Just-in-time Accounting – How to Decrease Costs and Increase Efficiency* (2.ª ed.). John Wiley & Sons.

Dopico, M.I, & Guzmán, B. (1999). Estrategias de Cambio ante el Euro: Un Reto Oportunista para las Organizaciones JIT, *Cuadernos de Economía*, 9(1), 81-111.

Dopico, M.I., & Agra, S. (1998). Información estratégica y actividade empresarial: el just-in--time ante una huelga de transporte, *Partida Doble*, 90, 30-39.

Drury, C. (2021). *Management and Cost Accounting*, (11th ed.). Cengage Learning College.

Dugdale, D., & Shrimpton, S. (1990). Product Costing in a JIT Environment, *Management Accounting*, 68(3), 40-42.

Durden, C., Hassel, L., & Upton, D. (1999). Cost accounting and performance measurement in a just-in-time production environment, *Asia Pacific Journal of Management*, 16(1), 111-125.

Feliu, V., & Aznar, C. (1996). Sistematización de la Filosofía JIT en el ABC/ABM, *Técnica Contable*, 569, 313-326.

Fernandéz, A., & Rodríguez, M.C. (1997). *Contabilidad de gestión y excelencia empresarial*. Editorial Ariel.

Ferreira, D., Caldeira, C., Asseiceiro, J., Vieira, J., & Vicente, C. (2019). *Contabilidade de Gestão, Estratégia de Custos e de Resultados* (2.ª ed.). Rei dos Livros.

Ferreira, D., Caldeira, C., Asseiceiro, J., Vieira, J., & Vicente, C. (2016). *Contabilidade de Gestão, Estratégia de Custos e de Resultados – Casos Práticos – Volume II*. Rei dos Livros.

Foster, G., & Horngren, C. (1993). Contabilidad de Costes y Gestión de Costes en un ambiente JIT, in Moreno, S., *Cambio tecnológico y contabilidad de gestión*, pp. 201-226, Madrid: ICAC, Ministerio de Economía y Hacienda.

Horngren, C., Datar, S., & Rajan, M. (2012). *Cost Accounting: A Managerial Emphasis* (14th ed.). Pearson Education.

Hunt, R., Garrett, L., & Merz, C. (1985). Direct labor cost not always relevant at H-P. *Management Accounting*, February, 58-62.

Maher, M., Stickney C., Weil, R., & Davidson, S. (1991). *Managerial Accounting – An Introduction to concepts, methods and uses* (4th ed.). Harcourt Brace Jovanovich International Edition.

Mallo, C., & Merlo, J. (1995). *Control de Gestión y Control Presupuestario*, McGraw-Hill/ Interamericana de España.

McIlhattan, R. (1993). La forma en que los sistemas de gestión de costes pueden apoyar la filosofía JIT, in Moreno, S., *Cambio tecnológico y contabilidad de gestión*. ICAC, Ministerio de Economía y Hacienda.

Montañés, M. Á. (1997). *Los costes de calidad en la contabilidad de gestión*. ICAC, Ministerio de Economía y Hacienda.

O'Grady, P. (1992). *Just-In-Time: Una estrategia fundamental para los jefes de producción*, McGraw-Hill/Interamericana de España.

Patell, J. (1987). Adapting a Cost Accounting System to Just in Time Manufacturing: The Hewlett-Packard Personal Office Computer Division. in W. Bruns. In W. Bruns & R. Kaplan (Eds.), *Accounting and Management – A Field Study Perspective* (pp. 229-267). Harvard Business School.

Scarlett, B. (1996). In defense of management accounting applications. *Management Accounting*, 74(1), 46-48.

Zimmerman, J. (1997). *Accounting for Decision-Making and Control* (2nd ed.). McGraw-Hill.

CAPÍTULO 12
—
CURVA DE APRENDIZAGEM: CUSTOS E CICLO DE VIDA

OBJETIVOS DE APRENDIZAGEM

1. **Perspetivar o ciclo de vida do produto;**
2. **Saber distinguir custos comprometidos de custos incorridos;**
3. **Conhecer a utilidade de aplicação da curva de aprendizagem na estimação e redução de custos ao longo do ciclo de vida do produto.**

12.1. Introdução

Com o aumento da concorrência, as empresas, cujas margens de lucro têm vindo constantemente a ser reduzidas, veem-se na necessidade de determinar os preços de venda de forma mais clara. Nesse sentido torna-se necessário calcular os custos suportados em todas as fases da vida do produto, desde a fase de pesquisa e desenvolvimento até os custos pós-venda.

O ciclo de vida de um novo produto a ser introduzido no mercado pode ser dividido em dois momentos: o período anterior à entrada no mercado e o período posterior à entrada no mercado. O primeiro período vai desde as fases da ideia, desenvolvimento e do *design* até à fase da sua comercialização. Já o período posterior à entrada no mercado fica marcado pelas fases da maturidade e do declínio. É assim necessário que para cada fase do ciclo de vida do produto, os custos sejam avaliados de acordo com diferentes critérios, sendo importante distinguir os custos comprometidos dos custos incorridos.

Um dos instrumentos importantes na ajuda à avaliação dos custos de produção, é a curva da experiência ou de aprendizagem, uma vez que permite formalizar uma estrutura de custos concorrenciais, dado que oferece uma relação empírica entre as variações dos custos e o volume acumulado de produção.

Neste capítulo é explicado o custeio ao longo do ciclo de vida do produto, identificando os custos do ciclo de vida do produto, ao que se segue uma secção sobre a análise à diferença entre os custos comprometidos e os custos incorridos e finaliza-se com a explicação da curva de aprendizagem, recorrendo a exemplos elucidativos.

12.2. O custeio do ciclo de vida do produto

Perspetivar o ciclo de vida de um produto, determinar a duração das suas diferentes fases, e identificar os custos incorridos ou a incorrer durante essas diferentes fases, fornece uma visão para a compreensão e gestão dos custos totais ao longo do ciclo de vida do produto, nomeadamente ajudando os gestores a compreenderem as consequências em termos dos custos de desenvolver e produzir um produto, identificando as áreas onde os esforços de redução de custos serão mais eficazes.

O desenvolvimento do conceito de custo do ciclo de vida identifica três aceções diferentes (Hunkeler *et al.*, 2008):

- Custo de ciclo de vida convencional – avaliação de todos os custos associados ao ciclo de vida de um produto que é diretamente coberto pelo produtor principal. A avaliação inclui os custos internos reais.
- Custo de ciclo de vida ambiental – avaliação de todos os custos associados ao ciclo de vida de um produto que está diretamente coberto por um ou mais intervenientes no ciclo de vida do produto (fornecedor, fabricante, utilizador ou consumidor), com a inclusão de custos associados a externalidades com consequências no futuro e que são relevantes para a tomada de decisão (Rebitzer & Hunkeler, 2003). Existe cada vez maior pressão para uma maior compreensão e consciencialização sobre o meio ambiente e os impactos provocados pela indústria (recursos limitados como materiais, energia e água), bem como os impactos das mudanças climáticas no presente e no futuro. O grande desafio é gerir e prosseguir com projetos que não são apenas necessários para serem economicamente viáveis (Miah *et al.*, 2017), mas que obtêm produtos e serviços ecológicos que permitem alcançar o desenvolvimento sustentável (Atia *et al.*, 2020). Por exemplo, se for relevante, devem ser incluídos na avaliação os subsídios e impostos associados ao fator ambiental.
- Custo de ciclo de vida social – avaliação de todos os custos associados ao ciclo de vida de um produto que são cobertos por qualquer pessoa da sociedade, seja hoje ou no futuro a longo prazo. Nesta perspetiva, para além dos custos desembolsáveis associados ao ciclo de vida ambiental, acrescenta-se a avaliação de custos externos adicionais a suportar pela sociedade em geral, nacional e internacionalmente, incluindo governos.

Neste sentido, a perspetiva aqui em debate é apenas o custo do ciclo de vida convencional (Figura 12.1), que está relacionado com a cadeia de valor interna, sendo uma sequência de atividades no interior da empresa que começa com a Investigação e Desenvolvimento (I&D) e segue com o Design, a Produção, o Marketing/Distribuição e o Serviço ao Cliente.

FIGURA 12.1 – **Ciclo de Vida do Custo**

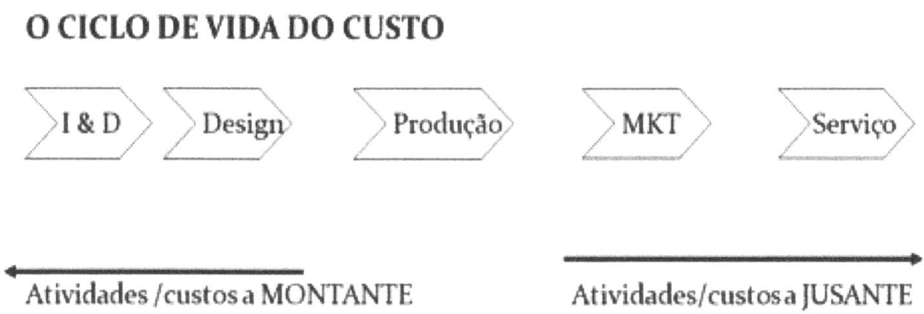

O ciclo de vida do produto (Figura 12.2), que está relacionado com as fases das suas vendas, é uma sequência de fases da vida do produto ou do serviço no mercado – desde a sua introdução até ao crescimento das vendas e, finalmente a maturidade e o declínio.

FIGURA 12.2 – **Ciclo de Vida do Produto**

O custeio do ciclo de vida do produto é um sistema de custeio que fornece informação sobre os custos do produto antes, durante e após o seu ciclo de fabricação, ou seja, desde a sua conceção, pesquisa, desenvolvimento, fabricação, marketing, pós-venda e eliminação.

O custeio do ciclo de vida, adota, assim, uma perspetiva de longo prazo, na medida e no relato dos custos dos produtos e serviços, uma vez que considera todo o seu ciclo de vida:

- **CUSTOS PRÉ-INDUSTRIAIS**:
  - I&D e *design* (conceção de protótipos, testes, engenharia simultânea e qualidade);
  - Importantes nas indústrias farmacêutica e automóvel, por exemplo, com software de computadores e equipamento especializado médico e industrial.

- **CUSTOS DE PRODUÇÃO:**
  - Gastos de compra de matérias, custos diretos industriais e gastos gerais de fabrico.

- **CUSTOS PÓS-INDUSTRIAIS:**
  - Gastos de marketing e distribuição (embalagem, transporte, amostras, promoções, publicidade) e de serviço e prestação de garantias (entre os quais, devoluções, serviço aos clientes);
  - Importantes, por exemplo, nas indústrias farmacêutica e automóvel, no retalho, na perfumaria e cosméticos.

A abordagem do custeio de ciclo de vida de um produto é, geralmente, reconhecida como valiosa para comparar projetos alternativos de construção – permitindo que os benefícios de custo operacional sejam avaliados em relação a qualquer aumento de custo inicial. Porém, as organizações confrontam-se com uma série de dificuldades práticas que limitam a sua análise. Este constrangimento é particularmente importante na construção verde, onde muitos dos benefícios das escolhas estratégicas muitas vezes só podem ser entendidos e justificados quando lançados num contexto de ciclo de vida (Cole & Sterner, 2000).

12.3. Custos comprometidos e custos incorridos

Quando os gestores consideram os custos pré-industriais e os custos pós-industriais, o *Design* torna-se essencial – não tanto pelos respetivos custos, mas porque ele determina a maior parte dos restantes custos de todo o Ciclo de Vida (custos comprometidos).

Os custos comprometidos são os custos que ainda não ocorreram, mas que irão ocorrer no futuro com base em decisões já tomadas. Ex: custos que já se sabe que se vão suportar por se ter definido determinado *design* para o produto.

Os custos incorridos, por sua vez, ocorrem quando os recursos se encontram a ser sacrificados ou utilizados. Os sistemas de custeio enfatizam os custos incorridos. Reconhecem e registam custos quando estes ocorrem.

FIGURA 12.3 – **Custos comprometidos e custos incorridos**

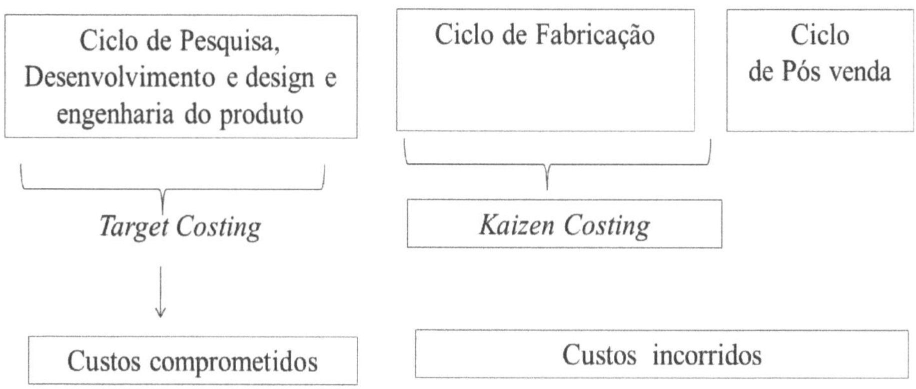

É importante distinguir entre custos comprometidos e custos que já ocorreram (Figura 12.3), uma vez que é difícil alterar ou reduzir custos que já estão comprometidos (ex: que resultam de um *design* previamente definido).

A Figura 12.4 ilustra o típico padrão entre custos comprometidos e custos incorridos ao longo das três grandes fases do ciclo de vida do produto: a fase do planeamento e do *design*, a fase da fabricação e a fase do serviço pós-venda e abandono do produto. Da leitura do gráfico, verifica-se que cerca de 80% dos custos dos produtos ficam normalmente comprometidos durante a fase do planeamento e *design*. É nesta fase que os *designers* da empresa, no seu processo de inovação e diferenciação, definem quer o desenho do produto, quer o processo de fabrico. Pelo contrário, a maioria dos custos incorridos acontecem na fase da fabricação, mas como os mesmos já foram bloqueados na fase de planeamento e *design*, os mesmos tornam-se difíceis de alterar. Na fase de serviço pós-venda e abandono do produto ocorrem ainda custos adicionais, relacionados com o suporte ao cliente e à necessidade de a empresa cumprir as suas responsabilidades de sustentabilidade e ambientais.

FIGURA 12.4 – **Ciclo de Vida do Custo do Produto**

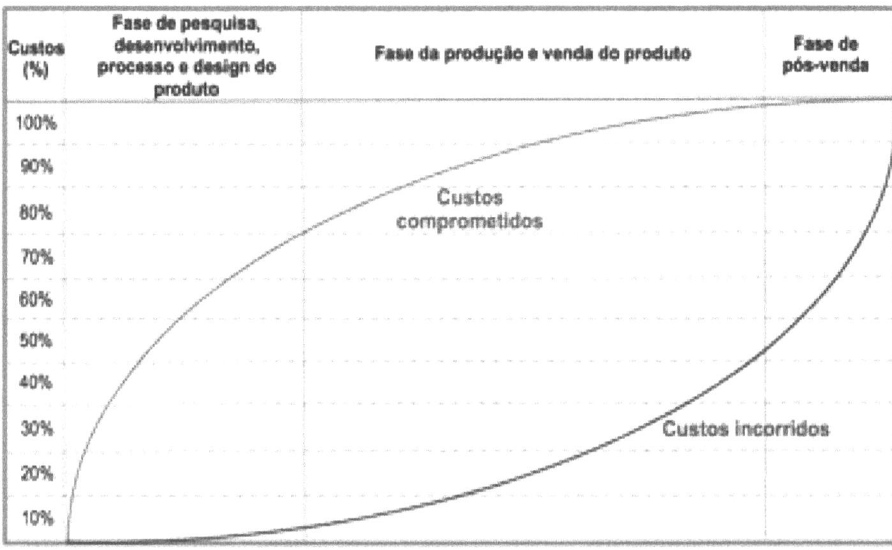

Fonte: Drury (2021, p. 620), adaptado.

Compreender o custeio do ciclo de vida de um produto e conhecer como é que os custos ficam comprometidos e ocorrem nas suas diferentes fases, levou ao surgimento do *Target Costing*, uma técnica que se foca essencialmente na gestão de custos durante a fase do planeamento do produto e do seu *design* e que já foi analisada anteriormente.

Já na fase de fabricação, onde ocorrem os custos, será importante a aplicação das ferramentas *Kaizen*, na tentativa de aplicar novas formas de reduzir os custos, juntamente com outras técnicas de gestão, nomeadamente, a gestão pela qualidade total, o JIT, o *lean* e a teoria das limitações.

Por outro lado, é na fase da fabricação, e em termos de planeamento, que se torna importante compreender o comportamento dos custos, nomeadamente naqueles produtos cujo *design* e funcionalidades implicam uma forte incorporação de mão de obra.

Nestes casos torna-se importante identificar o efeito que a aprendizagem tem sobre os níveis de eficiência; sabendo-se à partida, que à medida que os operários se tornam mais familiares com as suas tarefas, a sua eficiência melhora. Desta forma, os gestores aprenderam o quanto compensa melhorar os métodos e a programação do trabalho, verificando-se que os custos unitários decrescem à medida que a produtividade aumenta, o que significa que se passa a ter uma função de custos que deixa de ser linear.

12.4. Curva de Aprendizagem

Uma Curva de Aprendizagem ou de Experiência é uma função que mostra o quanto as horas de trabalho por unidade decrescem à medida que cresce o número de unidades de *output*. Os gestores utilizam as curvas para prever como é que as horas de mão de obra (ou os respetivos custos) irão variar quando se alteram as quantidades produzidas (Drury, 2021; Ferreira, *et al.*, 2019).

A Curva de Aprendizagem é um instrumento útil, atendendo a que:

- Permite quantificar a evolução da produtividade e representa a evolução dessa produtividade (dos custos) em função da produção acumulada.
- Permite ajudar os gestores a formalizar uma estrutura de custos concorrenciais, dado que oferece uma relação empírica entre as variações dos custos e o volume acumulado de produção do bem ou serviço.
- Pode assim apoiar os decisores das empresas na planificação da produção e de outras atividades na base de uma melhoria progressiva, a elaborar os seus orçamentos, a analisar os seus custos e até a definir a sua estratégia.

Os gestores estão atualmente a alargar a noção da Curva de Aprendizagem para incluir outras áreas de custos da cadeia do valor, como os custos de Marketing, de Distribuição ou de Serviço ao Cliente, sendo que uma Curva de Aprendizagem é a função que mostra como é que os custos totais unitários de um produto (incluindo a produção, a distribuição, etc.) diminuem à medida que as unidades produzidas aumentam.

Nesta base, podem ser aplicados dois modelos de Curvas de Aprendizagem:

– O modelo do Tempo Médio Acumulado

– O modelo do Tempo Unitário Incremental

Modelo de Aprendizagem do Tempo Médio Acumulado

Neste modelo, o tempo médio acumulado por unidade decresce numa percentagem constante de cada vez que as quantidades acumuladas produzidas duplicam:

Os dois gráficos seguintes correspondem ao quadro que se apresenta a seguir:

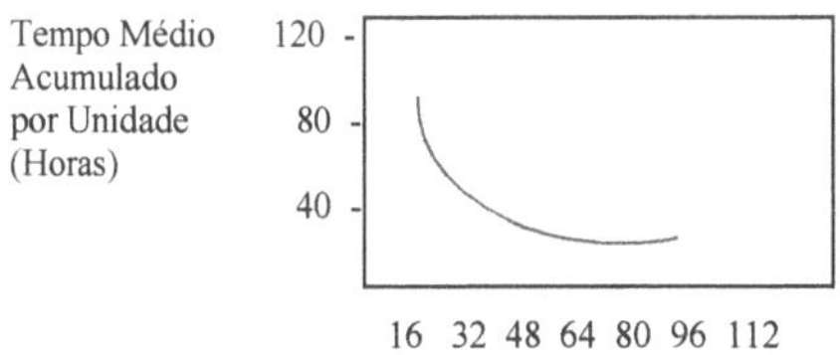

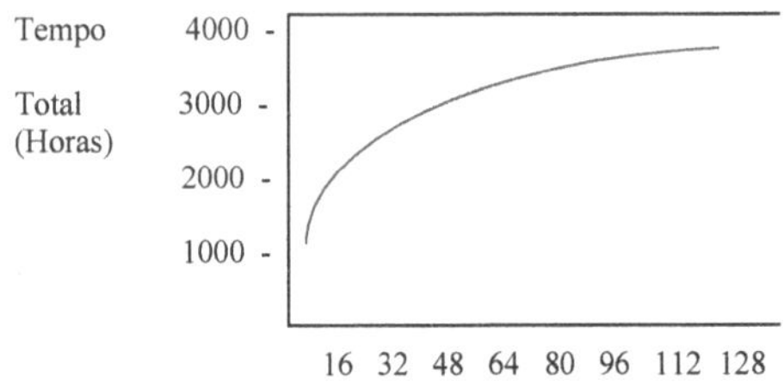

N.º Acumulado de Unidades (1)	Tempo Médio Acumulado por Unidade (y) (Horas) (2)	Tempo Total Acumulado (Horas) (3) = (1) *(2)	Tempo Unitário Individual para a x.ª Unidade (Horas) (4)
1	100,00	100,00	100,00
2	80,00 (100 * 0,8)	160,00	60,00
3	70,21	210,63	50,63
4	64,00 (80 * 0,8)	256,00	45,37
5	59,57	297,85	41,85
6	56,17	337,02	39,17
7	53,45	374,15	37,13
8	51,20 (64 *0,8)	409,60	35,45
.	.	.	.
.	.	.	.
16	. 40,96 (51,2*0,8)	655,36	28,06

NOTA: A relação matemática subjacente ao modelo é:

$y = pX^q$

onde y – tempo médio (em horas) acumulado

X – número acumulado de unidades produzidas

p – tempo (em horas) requerido para produzir a 1.ª unidade

q – índice de aprendizagem

O valor de q é calculado como segue:

q = (log.º natural da % de aprendizagem/log.º natural de 2)

q = ln (% aprend) /ln 2

Para um índice de aprendizagem de 80% sai:

q = – 0,2231/ 0,6931 = – 0,3219

Como ilustração, quando X = 3, p = 100 e q = – 0,3219

$y = 100 * 3^{-0,3219} = 70,21$ horas

O tempo total acumulado quando X = 3 é de 70,21 * 3 = 210,63 horas

Os tempos unitários individuais da coluna (4) são calculados usando os dados da coluna (3).

Por exemplo, o tempo unitário individual de 50,63 horas para a terceira unidade é calculado como segue: 210,63 – 160,00

O gráfico ilustra o modelo de aprendizagem do tempo médio acumulado para uma curva de aprendizagem de 80 %. Os 80 % significam que quando a quantidade de unidades produzidas duplica de X para 2X, o tempo médio acumulado por unidade para as 2X unidades é de 80 % do tempo médio acumulado por unidade para as X unidades. O gráfico da esquerda mostra o tempo médio por unidade como uma função das unidades produzidas. O gráfico da direita mostra o número total de horas de trabalho como função das unidades produzidas. Para se obter o tempo total acumulado deve-se multiplicar o tempo médio acumulado por unidade pelo número acumulado de unidades produzidas. Por exemplo, para produzir 4 unidades acumuladas são necessárias 256,00 horas (4 x 64).

Modelo do Tempo Unitário Incremental

Neste modelo, o tempo unitário incremental (tempo necessário para produzir a última unidade) diminui numa percentagem constante de cada vez que a quantidade acumulada de unidades produzidas duplica. O gráfico seguinte ilustra este modelo com uma curva de aprendizagem de 80 %:

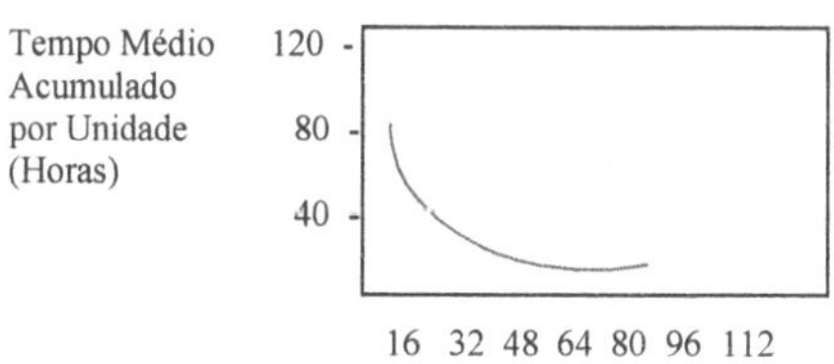

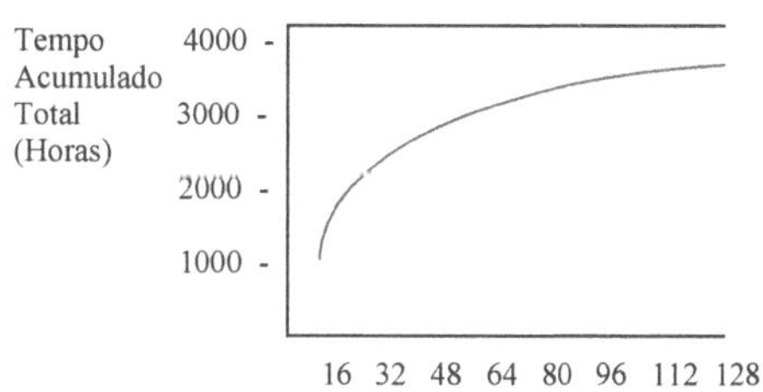

N.º Acumulado de Unidades (1)	Tempo Unitário Individual da X.ª Unidade (m) (2)	Tempo Total Acumulado (Horas) (3)	Tempo Médio por Unidade Acumulado (Horas) (4) = (3) / (1)
1	100,00	100,00	100,00
2	80,00 (100 * 0,8)	180,00	90,00
3	70,21	250,21	83,40

N.º Acumulado de Unidades (1)	Tempo Unitário Individual da X.ª Unidade (m) (2)	Tempo Total Acumulado (Horas) (3)	Tempo Médio por Unidade Acumulado (Horas) (4) = (3) / (1)
4	64,00 (80 * 0,8)	314,21	78,55
5	59,57	373,78	74,76
6	56,17	429,95	71,66
7	53,45	483,40	69.06
8	51,20 (64 *0,8)	534,60	66,82
.	.	.	.
.	.	.	.
.	.	.	.
16	40,96 (51,2*0,8)	892,00	55,75

NOTA: A relação matemática subjacente ao modelo é:

$m = pX^q$

onde m – tempo (em horas) que leva produzir a última unidade

X – número acumulado de unidades produzidas

p – tempo (em horas) requerido para produzir a 1.ª unidade

q – índice de aprendizagem

O valor de q é calculado como segue:

q = (log.º natural da % de aprendizagem/log.º natural de 2)

q = ln (% aprend) /ln 2

Para um índice de aprendizagem de 80% sai:

q = – 0,2231/ 0,6931 = – 0,3219

Como ilustração, quando X = 3, p = 100 e q = – 0,3219

$m = 100 * 3^{-0,3219} = 70,21$ horas

O tempo total acumulado quando X = 3 é de 100 + 80 + 70,21 = 250,21 horas

Aqui os 80 % significam que quando a quantidade de unidades produzidas duplica de X para 2X, o tempo necessário para produzir a última unidade no nível 2X de produção é de 80 % do tempo necessário para produzir a última unidade do nível de produção X. O gráfico da esquerda mostra o tempo médio por unidade em função das unidades produzidas. O gráfico da direita mostra o número total de horas de trabalho em função das unidades produzidas. Obtemos o tempo total acumulado somando os tempos unitários individuais. Por exemplo, para produzir 4 unidades acumuladas são necessárias 314,21 horas (100,00 + 80,00 + 70,21 + 64,00).

Este modelo prevê que é necessário um maior tempo total acumulado para produzir duas ou mais unidades do que é deduzido pelo modelo do tempo médio acumulado.

Qual dos dois modelos é preferível?

Aquele que de um modo mais correto aproxime o comportamento do uso de horas de trabalho por subidas do nível do *output*. A escolha pode ser decidida casuisticamente. Engenheiros, gestores de fábricas e operários são as grandes fontes de informação sobre o volume da aprendizagem que existe atualmente por acréscimos de produção.

No entanto, a aplicação da curva de aprendizagem apresenta algumas limitações, sendo que se apresenta como uma abordagem mais apropriada para tarefas repetitivas, presume-se que a taxa de aprendizagem é constante, sendo que uma curva de aprendizagem mesmo muito bem estimada pode não ser fiável, se as alterações de produtividade tiverem sido devidas a outros fatores que não a aprendizagem (por exemplo, entre outros, alteração no "mix" da mão de obra ou no "mix" dos produtos).

SUMÁRIO

No contexto de um mercado concorrencial ou competitivo, para poderem obter lucros e sustentabilidade a longo prazo, as empresas precisam de gerir e dominar os custos dos seus produtos ou serviços. De facto, uma determinada empresa que pretenda implementar uma estratégia de liderança pelos custos terá de colocar os seus produtos no mercado a custos inferiores aos dos seus concorrentes e, neste sentido, tornar-se-á fundamental compreender a evolução dos custos dos seus produtos.

O custeio do ciclo de vida estima e acumula os custos ao longo de todo o ciclo de vida do produto, desde a fase da conceção até aos serviços pós-venda e fase de abandono. O objetivo passa por avaliar se os lucros obtidos na fase da produção cobrem os custos incorridos nas fases anterior e posterior à fase de produção. O custeio do ciclo de vida permite à gestão compreender as consequências em termos de custos do desenvolvimento e conceção de um produto e identificar as áreas onde a redução dos custos terão maior eficácia. Em todo este processo, torna-se importante distinguir os custos incorridos dos custos comprometidos, atendendo a que não é fácil alterar os custos quando os mesmos ficam comprometidos na fase do *design*.

Por esta razão, a gestão de custos será mais eficaz na fase de planeamento, conceção e *design* do produto do que na fase de produção, sendo que, como já analisado no capítulo anterior, temos o *target costing* como sendo a técnica focalizada na gestão de custos na fase de planeamento, conceção e *design* do produto e o *kaizen costing* como uma técnica para a melhoria contínua dos processos a aplicar na fase da produção.

A curva de aprendizagem ou experiência é, por outro lado, um instrumento útil para ajudar os gestores a formalizar uma estrutura de custos concorrenciais, dado que oferece uma relação empírica entre as variações dos custos e o volume acumulado de produção.

Da prática e da repetição nasce a perfeição. A repetição das tarefas de forma orientada e com objetivos, conduz não apenas a fazer melhor, mas também a melhorar através de novos ensaios. O efeito da experiência e da aprendizagem traduz-se em reduções no tempo de produção unitário, em consequência da repetição das atividades desenvolvidas. Se um trabalhador demora um determinado tempo a realizar uma tarefa pela primeira vez, é natural esperar que demore cada vez menos tempo a repetir aquela tarefa, aumentando a eficiência e, em consequência diminuindo os custos de cada repetição.

A curva da aprendizagem, pode assim ajudar os decisores das empresas a planificar a produção e outras atividades, na base de uma melhoria progressiva, a elaborar os seus orçamentos, a analisar os seus custos e até definir a sua estratégia. No fundo, a curva de aprendizagem permite quantificar a evolução da produtividade e representa a evolução dessa produtividade (dos custos) em função da produção acumulada.

TERMOS E CONCEITOS-CHAVE

Curva de aprendizagem ou de experiência
Custeio do ciclo de vida do produto
Custos comprometidos
Custos incorridos

QUESTÕES TEÓRICAS

1. Explique as características principais do custeio do ciclo de vida.
2. Distinga custos comprometidos de custos incorridos.
3. Descreva o que é a curva de aprendizagem e qual a sua utilidade.
4. Descreva o modelo do tempo unitário incremental.
5. Descreva o modelo de aprendizagem do tempo médio acumulado.

EXERCÍCIOS RESOLVIDOS

Exercício 12.1 – Curva de Aprendizagem – Modelo do Tempo Médio Acumulado

Uma atividade leva 40 horas para ser completada da primeira vez. Assumindo que a aprendizagem ocorre de acordo com uma curva de 80%, determine:

A. o tempo médio ao fazer a 2.ª, 4.ª e a 8.ª unidade;
B. o tempo médio ao fazer a 3.ª, 6.ª e a 12.ª unidade.

Resolução questão A:

No caso da 2.ª, 4.ª e a 8.ª unidades, basta multiplicar o tempo da primeira unidade por 0,8, o da segunda por 0,8, e assim sucessivamente:

2.ª unidade ________ 40 x (0,8) = 32 horas
4.ª unidade ________ 32 x (0,8) = 25,6 horas
8.ª unidade ________ 25,6 x (0,8) = 20,48 horas

Resolução questão B:

O tempo médio para fazer a 3.ª unidade pode ser obtido a partir da fórmula:

$$y3 = 40 \times 3^{-0,3219} = 28,08 \text{ horas}$$

e depois:

6.ª unidade ________ 28,08 x (0,8) = 22,46 horas
12.ª unidade ________ 22,46 x (0,8) = 17,97 horas

Exercício 12.2 – Curva de Aprendizagem – Modelo do Tempo Unitário Incremental

A montagem e a regulagem de um determinado equipamento complexo requerem, para a primeira unidade um total de 80 horas. Assumindo uma curva de aprendizagem de 80% determine:

A. O tempo médio por unidade para as dez primeiras unidades.
B. O tempo total para se fazer as 10 primeiras unidades.
C. O tempo para se fazer a 10.ª unidade.

Resolução questão A:

O tempo médio para fazer a 10.ª unidade pode ser obtido a partir da fórmula:

$$y10 = 80 \times 10^{-0,3219} = 80 \times 0,4765 = \mathbf{38,12\ horas}$$

Resolução questão B:

O tempo total para se fazer as 10 primeiras unidades = 10 x 38,12= **381,2 horas**

Resolução questão C:

O tempo para se fazer a 10.ª unidade = Total de 10 unidades – Total de 9 unidades

= 381,2 h – 354,89 h
= 26,31 h

Com:

$$y9 = 80 \times 9^{-0,3219} = 80 \times 0,4929 = 39,432 \text{ horas}$$

Total para 9 unidades = 9 x 39,432 = 354,89 horas

Exercício 12.3 – Custeio do Ciclo de Vida

A empresa ElectricCO está a planear produzir um novo pequeno utensílio elétrico com 2 anos de garantia. Para estimar a rentabilidade do produto a empresa utiliza o custeio do ciclo de vida. Considere as seguintes informações para estimar o resultado obtido com a produção e venda deste produto no fim do seu ciclo de vida:

1. Custo de desenvolvimento do produto (pré-lançamento): 200 000,00 €;
2. Custo de reparações no prazo da garantia: 10,00 € por reparação, em 5% das unidades, 1 ano depois da venda (esta situação deve ocorrer durante e depois da vida do produto no mercado);
3. Custo no fim da vida do produto relativo à responsabilidade ecológica de reciclagem de componentes: 2,00 € por unidade, 2 anos após as vendas (esta situação deve ocorrer durante e depois da vida do produto no mercado);
4. Preço de venda: 40,00 € por unidade no primeiro ano e redução de 8,00 € por ano durante os 3 anos de vida do produto no mercado, considerando que o produto deixa de ser novidade e se intensifica a concorrência;
5. Custo variável: 18,00 € por unidade no ano 1 e redução de 2,00 € por ano, redução de custos relacionada com ganhos resultantes da experiência (efeito "Curva de Experiência e Aprendizagem");
6. Custos Fixos: 100 000,00 € por ano;
7. Prevê-se vender 10 000 unidades no primeiro ano, 20 000 no segundo e 5 000 no terceiro e último ano de vida do produto no mercado.

Para estimar o custo do produto no seu ciclo de vida, por simplicidade, não considere as possíveis alterações do valor do dinheiro.

Resolução:

Orçamento do Ciclo de Vida do Produto

	Ano 0	Ano 1	Ano 2	Ano 3	Ano 4	Ano 5	Ciclo de Vida
Volume de Vendas (unidades)		10 000,00 €	20 000,00 €	5 000,00 €			**35 000,00 €**
Pv		40,00 €	32,00 €	24,00 €			
Cvu		18,00 €	16,00 €	14,00 €			
I - Vendas		400 000,00 €	640 000,00 €	120 000,00 €			**1 160 000,00 €**
II - Custos Variáveis		180 000,00 €	320 000,00 €	70 000,00 €			**570 000,00 €**
III - Margem de Contribuição (I-II)		220 000,00 €	320 000,00 €	50 000,00 €			**590 000,00 €**
IV- Custos de Desenvolvimento	200 000,00 €						**200 000,00 €**
V - Out. Custos Fixos	- €	100 000,00 €	100 000,00 €	100 000,00 €			**300 000,00 €**
VI - Margem antes dos Custos reparaç e de reciclagem (III-IV-V)	**- 200 000,00 €**	**120 000,00 €**	**220 000,00 €**	**- 50 000,00 €**			**90 000,00 €**
VII - Custos de Reparação			5 000,00 €	10 000,00 €	2 500,00 €		**17 500,00 €**
VIII - Custos de reciclagem	- €	- €	- €	20 000,00 €	40 000,00 €	10 000,00 €	**70 000,00 €**
IX - Resultado Total (VI - VII - VIII)	**- 200 000,00 €**	**120 000,00 €**	**215 000,00 €**	**- 80 000,00 €**	**- 42 500,00 €**	**- 10 000,00 €**	**2 500,00 €**

EXERCÍCIOS E PROBLEMAS POR RESOLVER PROPOSTOS

Exercício 12.4 – Curva de Aprendizagem – Modelo do Tempo Unitário Incremental

Considere uma companhia aérea que opera na rota Lisboa – Madrid e que vai iniciar um programa de reforma das 32 aeronaves que estão afetas a esta rota, adjudicando o serviço à empresa do grupo REPARA, SA certificada em termos de reparações de aeronaves.

A empresa REPARA, SA considera que em trabalhos deste tipo, é razoável adotar uma curva de aprendizagem de 80%, estimando que 600 horas-homem (HH) é o tempo necessário para a reforma da primeira aeronave.

Pretende-se que:

A. Determine a previsão de tempo necessário para a reforma:
   i) Da 2.ª aeronave.
   ii) Das primeiras 8 aeronaves.
   iii) Das últimas 16 aeronaves.
   iv) De uma unidade, em média, no final do programa.

B. Sabendo que o custo unitário da MOD é de 10,00 €/HH, que o custo unitário dos gastos gerais de produção é 7,00 €/HH e que se estima que o custo dos materiais incorporados numa reparação seja, em média, de 22 500,00 €, elabore uma proposta de preço por reparação e total, devidamente fundamentada, sabendo que a REPARA, SA pretende obter uma margem de 35% sobre o preço de venda.

Exercício 12.5 – Curva de Aprendizagem – Modelo do Tempo Unitário Incremental

Suponha que o Paulo e o André trabalham para uma empresa de mobiliário urbano em Lisboa. O seu principal trabalho consiste em recuperar carris de caminho-de-ferro, transformá-los em floreiras e instalá-las nos jardins em frente de cada bloco de apartamentos. Na primeira vez que fizeram este tipo de trabalho eles gastaram, em média, 17 horas num bloco. No final do ano passado, eles aceitaram decorar mais sete blocos numa nova urbanização em Lisboa, mas só puderam concluir 3, por atrasos imputáveis ao empreiteiro; estabeleceram, então, o objetivo de concluir o trabalho em fevereiro deste ano, gastando, no máximo, 8 horas (um dia de trabalho) em média por cada um dos blocos. No passado mês de fevereiro eles concluíram, de facto, o trabalho, decorando os 4 blocos em falta.

Pretende-se que:

A. Considerando uma taxa de aprendizagem de 80% e supondo que todos os blocos são aproximadamente do mesmo tamanho, acha que eles atingiram o objetivo?

B. Sabendo que os gastos totais suportados com os blocos da nova urbanização, foram de: 1 000,00 € de materiais, 526,32 € de MOD e 263,16,00 € de GGF (imputados aos blocos com base nas HH), determine qual o montante gasto nos últimos 4 blocos.

BIBLIOGRAFIA DO CAPÍTULO

Atia, N., Bassily, M., & Elamer, A, (2020). Do life cycle costing and assessment integration support decision-making towards sustainable development? *Journal of Cleaner Production*, 267, 122056.

Cole, R., & Sterner, E. (2000). Reconciling theory and practice of life-cycle costing, *Building Research & Information*, 28(5-6), 368-375.

Drury, C. (2021). *Management Accounting for Business* (11th ed.). Cengage Learning EMEA.

Ferreira, D., Caldeira, C., Asseiceiro, J., Vieira, J., & Vicente, C. (2019). *Contabilidade de Gestão, Estratégia de Custos e de Resultados* (2.ª ed.). Rei dos Livros.

Hunkeler, D., Lichtenvort, K., & Rebitzer, G. – Editors (2008). *Environmental life cycle costing.* SETAC Publications.

Minh, J., Koh, S., & Stone, D. (2017). A hybridised framework combining integrated methods for environmental Life Cycle Assessment and Life Cycle Costing. *Journal of Cleaner Production*, 168, 846-866.

Rebitzer, G, & Hunkeler, D. (2003). Life cycle costing in LCM: ambitions, opportunities, and limitations, discussing a framework. *International Journal of Life Cycle Assessment*, 8(5), 253-256.

CAPÍTULO 13

—

GESTÃO DE CUSTOS PELA QUALIDADE TOTAL

OBJETIVOS DE APRENDIZAGEM

1. **Apresentar os conceitos de qualidade;**
2. **Descrever as etapas da evolução do conceito de qualidade;**
3. **Identificar as quatro categorias de custos da qualidade;**
4. **Preparar e interpretar relatórios-tipo de custos de qualidade;**
5. **Compreender o conceito de Gestão da Qualidade Total (TQM) e a relação com os sistemas ABC/ABM e *Just In Time*;**
6. **Desenvolver o conceito de *Six Sigma*.**

13.1. Introdução

Desde há muito tempo que uma das preocupações fundamentais das empresas, como forma de manter clientes satisfeitos e leais, se prende com a produção de produtos e a prestação de serviços com qualidade, desenvolvendo esforços para melhorar essa qualidade e identificando e implementando sistemas de gestão da qualidade. Estas preocupações são mais evidentes no atual contexto de globalização e de grande competitividade e são fundamentais na definição da estratégia mais adequada da organização e no planeamento das ações a desenvolver (Quesado *et al.*, 2012).

Ao tentarem melhorar os níveis de qualidade das organizações, os gestores tiveram de, previamente, definir o seu significado. Tem havido um debate considerável em torno da definição do conceito da Qualidade e daquilo que, atualmente, constitui a Gestão da Qualidade Total (TQM). Todavia, para a maioria dos autores, a TQM abrange tanto a melhoria dos aspetos tangíveis da qualidade dos produtos (desempenho, fiabilidade, conformidade com as especificações, durabilidade, capacidade de serviço e qualidade percebida) mas também o aumento da eficiência da organização (redução de custos e aumento da produtividade). A TQM procura, assim, melhorar todos os aspetos da empresa: os produtos, os processos e os serviços. (Zimmerman, 2019).

Os gestores devem também conceber e implementar sistemas de medição das melhorias da qualidade – passando pela prévia categorização de diferentes tipos de custos de qualidade – e que de um modo geral envolvem a redução dos defeitos e a satisfação das expectativas dos clientes.

Os custos da qualidade – custos de prevenção e de avaliação e custos de falhas internas e externas – estão, geralmente, dispersos por numerosas rubricas de gastos, devendo ser reorganizados e agregados num relatório único. No entanto, os maiores custos de qualidade são custos de oportunidade, relativos a vendas perdidas, causados por má reputação, decorrente do fornecimento de produtos de baixa qualidade ou ineficiente nível de prestação de serviços, custos que não são mensurados pelos sistemas clássicos de contabilidade.

A utilização de ferramentas estatísticas, com recurso a métodos de amostragem para identificar índices de não conformidade, atingiu o seu máximo expoente com a introdução de filosofia *Six Sigma* tendo em vista um objetivo de "zero defeitos" em todos os processos e áreas de produção ou de prestação de serviços de uma empresa.

A implementação de um sistema de Gestão da Qualidade (SGQ) é, pois, uma decisão estratégica que tem de ser assumida pela gestão de topo, abrangendo toda a pirâmide hierárquica, tendo em vista assegurar de forma contínua a vantagem competitiva uma organização face aos demais competidores.

Nos capítulos seguintes são desenvolvidos os conceitos que, de forma muito sumária, acabaram de ser apresentados.

13.2. Conceito de qualidade

Num ambiente de concorrência global e de mudanças tecnológicas muito rápidas, com ciclos de vida dos produtos curtos, as empresas só conseguem assegurar a rentabilidade e sustentabilidade a longo prazo se oferecerem produtos e prestarem serviços com qualidade.

Numa primeira definição, um produto tem qualidade se o mesmo se revelar apto ou adequado ao uso para o qual foi produzido. É neste sentido que a Sociedade Americana para a Qualidade[19] define qualidade como as funções e as características totais com que um produto deve ser obtido ou um serviço deve ser prestado, cumprindo com especificações, para satisfazer os clientes no momento da compra e durante a sua utilização (Datar & Rajan, 2021).

[19] American Society for Quality.

Para a APQ[20] a "qualidade é: produzir, no menor tempo possível e ao menor custo, bens adequados ao uso e finalidade, fazendo-os bem á primeira vez, e sempre conformes com as especificações e padrões internacionais e no interesse da satisfação das expectativas dos clientes e consumidores" (citado em Lopes *et al.*, 2020)

O desenvolvimento dos mercados, com o crescente distanciamento físico entre fornecedores e compradores, obrigou à definição de "especificações" ou atributos dos bens, de forma a garantir que os mesmos cumpriam necessidades dos clientes, bem como as suas expetativas. Deste modo, reconhece-se que a qualidade de um produto não está associada apenas ao seu desempenho, propriamente dito, mas também ao valor percebido pelo cliente quanto aos benefícios que o mesmo é capaz de assegurar, nos seguintes termos:

- O produto cumpre as funções especificadas, sem falhas, durante um certo período de tempo (garantia);
- O produto pode ser utilizado ou manipulado em segurança;
- O produtor ou distribuidor asseguram um serviço de reposição ou reparação do produto, em caso de falha, no período pós-venda.

Simultaneamente, o produto tem de apresentar um preço competitivo que o cliente esteja disposto a pagar.

A qualidade tem, assim, uma dimensão subjetiva, ao procurar assegurar a correspondência entre a perceção das propriedades dum bem e aquilo que o cliente espera do referido bem, e que conduz ao reconhecimento do grau de **satisfação do cliente** e à sua eventual **fidelização**. "Gerir a qualidade" significa, em primeiro lugar, assegurar que um bem contém os atributos que o cliente percebe como estritamente valiosos – outros atributos podem apenas encarecer o produto e configurar-se como desperdícios – e, em segundo lugar, atuar sobre a perceção e expetativas do cliente relativamente à qualidade esperada.

O conceito de "**qualidade de serviço**" é distinto, em termos amplos, do de "**qualidade do produto**". O cliente espera ter qualidade de serviço tanto num fornecedor de bens como num fornecedor de serviços. A qualidade de serviço está associada ao modo como são realizadas as atividades complementares ou secundárias associadas ao fornecimento de um bem ou prestação do serviço principal.

[20] Associação Portuguesa para a Qualidade.

Por exemplo, é qualidade de serviço, a cordialidade de atendimento dos clientes, a existência de restaurante, de um *spa* ou de atividades lúdicas, de parqueamento, a rapidez do *check-out* ou o tratamento de reclamações numa estadia num hotel, cujo serviço principal é o alojamento de hóspedes.

Um "bom-serviço", associado a uma atividade principal, pode circunstancialmente dissimular a entrega de um produto ou a prestação de serviço principal "sem qualidade", mas não o conseguirá fazer de forma permanente. Por outro lado, em mercados competitivos, a diferenciação de produtos ou serviços faz-se pelo nível e qualidade de serviço, tal como referem Ferreira *et al.* (2019).

O teste final de boa qualidade avalia se um produto ou serviço atende ou supera as **expectativas dos clientes** em face do **preço proposto**. São essas expectativas que devem servir de referência para a empresa definir as especificações do produto e serviço. Expectativas por serviços que podem diferir: um turista não espera o mesmo tipo de serviços de um motel ou de um hotel de 5 estrelas.

A Figura 13.1 ilustra o modo como o desempenho de uma empresa está associado à qualidade do produto ou de serviço, garantindo uma vantagem competitiva estratégica e uma maior rentabilidade dos investimentos. Melhor qualidade permite reduzir:

- A devolução de produtos e diminuir, em consequência, os custos com garantias e de reelaboração dos produtos;
- O nível de *stocks* com matérias-primas, componentes ou produtos acabados, pois os processos de programação de fabrico são mais confiáveis;
- O tempo dos ciclos de produção e de entrega do produto aos clientes;
- Os custos de fabrico, em resultado da melhoria de produtividade e do menor consumo de recursos.

Simultaneamente, maior qualidade permite:

- Uma maior perceção de valor dos produtos, por parte dos clientes e preços mais elevados;
- Uma maior procura e crescimento da quota de mercado.

A qualidade assume, assim, uma dimensão relevante na **gestão estratégica de custos**, independentemente de a empresa adotar uma estratégia de liderança de custos ou de diferenciação de produto. Com efeito, uma empresa que opte por concorrer com preços baixos não pode fabricar produtos de baixa qualidade, tal como uma empresa que aposta na diferenciação só pode ser bem-sucedida se oferecer produtos e serviços de qualidade superior, que atendam ou excedam as expectativas dos clientes.

FIGURA 13.1 – **Relação entre Qualidade, Rentabilidade e Retorno de Investimento**

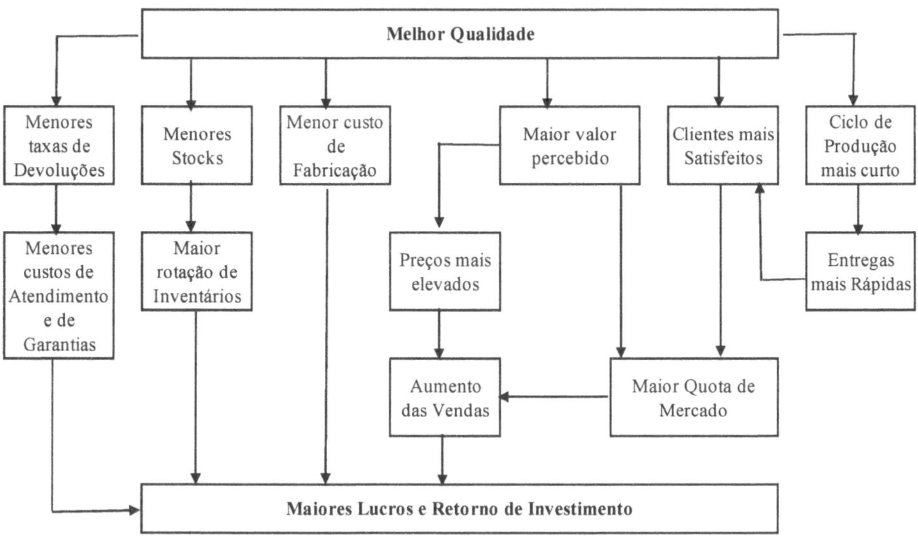

Fonte: Blocher *et al.* (2005), adaptado.

13.3. Evolução do conceito da qualidade

Os conceitos da qualidade foram introduzidos no Japão por Deming, após a segunda guerra mundial tendo sido desenvolvidos, com a introdução de novas ideias e ferramentas estatísticas, por Juran, Feigenbaum, Crosby, Taguchi e Ishikawa.

São identificáveis cinco etapas no desenvolvimento da função da Qualidade numa organização, evoluindo de um conjunto de atividades básicas de controlo para um sistema de gestão da qualidade, cujas características se sumariam na seguinte tabela:

Tabela 13.1 – **Etapas de evolução da função da Qualidade**

Etapas	Características/atividades
• Controlo de Qualidade	Inspeções e ensaios de matérias e produtos, por amostragem e à posteriori, de forma a verificar o nível de cumprimento das especificações (físicas, funcionais e estéticas) predefinidas. Nos serviços, a inspeção é feita através da supervisão do trabalho.
• Garantia da Qualidade	Implementação de um sistema de prevenção de falhas da qualidade, com base em procedimentos bem definidos (normas ISO 9000), centrado na garantia de qualidade dos processos e na gestão de contratos de fornecimento de bens e serviços, com regras de conformidade. A qualidade faz parte dos objetivos e políticas de gestão estratégica das organizações. Criação de metodologias orientadas para o cliente e de ferramentas de avaliação preventiva das não conformidades.
• Melhoria da Qualidade	Adoção de um sistema de planeamento que aprova um plano anual de melhorias contínuas (kaizen), com projetos bem identificados, e a existência de estruturas organizativas (ex. Círculos de Qualidade ou Grupos de Melhoria) que asseguram o cumprimento de objetivos e metas. Filosofia de gestão da qualidade das empresas no Japão.
• Qualidade Total (TQM)	Estratégia ou filosofia de gestão que pretende envolver, de forma participativa, todos os colaboradores da empresa, na busca de patamares crescentes de qualidade que excedam as necessidades e expectativas dos clientes.
• Sistema Integrado de Gestão da Qualidade	O sistema da qualidade passou a ser um subsistema estratégico da gestão global das empresas; Integração dos sistemas de Higiene e Segurança no Trabalho (OHSAS 18001), Gestão Ambiental (ISO 14001) e Responsabilidade Social (SA 8000) num sistema integrado de gestão da qualidade. Objetivos de satisfação do cliente e de melhoria contínua de processos, com o apoio e empenhamento da gestão de topo, envolvendo todos os colaboradores são princípios que definem e caracterizam a cultura da organização.

Fonte: Ferreira *et al.* (2019), adaptado.

A Organização Internacional de Normalização[21] introduziu cinco normas da Qualidade, conhecidas como normas ISO 9000, que fornecem as diretrizes para a

[21] Em inglês: *International Organization for Standardization*, organismo das Nações Unidas, sediado em Genebra, conhecido por ISO e que tem como objetivo a normalização técnica internacional de modo a evitar barreiras tecnológicas entre países.

certificação dos sistemas de gestão de qualidade das empresas. Dos vários procedimentos operacionais destacam-se a inspeção de processos, manutenção de equipamentos, formação, teste de produtos e tratamento das reclamações de clientes. O processo de obtenção da certificação está sujeito a auditorias detalhadas, sendo moroso e dispendioso. Atualmente, muitas empresas exigem aos seus fornecedores a certificação ISO, e este requisito tornou-se necessário para competir no mercado global.

13.4. Custos da qualidade

Os custos associados à qualidade ocorrem quando a empresa implementa regras, procedimentos e afeta recursos técnicos, humanos e financeiros – suportando gastos – tendo em vista:

- Prevenir falhas e avaliar a qualidade dos processos, produtos e serviços prestados – cujos gastos são categorizados como "**custos da qualidade** ou de conformidade";
- Identificar e corrigir falhas detetadas nos produtos ao longo ou no termo do processo produtivo ou após a entrega dos produtos e/ou prestação dos serviços – envolvendo gastos designados de "**custos de não qualidade** ou de não conformidade".

De forma mais detalhada:

- Os custos da qualidade referem-se aos gastos que a empresa suporta com as atividades para garantir, *à priori*, que os produtos e serviços cumprem os níveis de qualidade previamente definidos e que foram acordados com os clientes, envolvendo **custos de prevenção** e **custos de avaliação**.
- Os **custos da não qualidade** referem-se aos gastos associados às falhas dos bens e serviços quando se verifica, *à posteriori*, que os requisitos acordados com os clientes não foram cumpridos, estando associados a **custos de falhas internas** e a **custos de falhas externas**.

A tabela seguinte categoriza os diferentes tipos de custos da qualidade:

Tabela 13.2 – **Caracterização dos custos da qualidade**

Categorias de custos da qualidade	**Caraterização**	**Natureza das atividades**
Custos de prevenção *(Prevention costs)*	Gastos relacionados com as atividades cujo objetivo é evitar a existência de defeitos e de não conformidades nos produtos e serviços. Inclui custos de manutenção preventiva, planeamento e formação nas áreas da qualidade e custos adicionais na aquisição de matérias de elevada qualidade.	• Design e engenharia de produtos e processos; • Planificação da Qualidade; • Calibragem de instrumentos de verificação e ensaio; • Manutenção preventiva de equipamentos; • Formação na área da qualidade; • Avaliação de fornecedores; • Teste de novos materiais; • Avaliação de satisfação de clientes; • Auditorias ao Sistema da Qualidade.
Custos de avaliação *(Apraisal costs)*	Gastos incorridos com a determinação do grau de conformidade com os requisitos do Sistema da Qualidade. Visam a manutenção dos níveis de qualidade especificada, através de análises formais da qualidade do produto ou serviço, envolvendo as áreas de inspeção, ensaio e auditorias.	• Inspeção de materiais; • Testes e ensaios de produtos e serviços; • Auditorias de processos e produtos; • Testes de qualificação, certificação e homologação de novos produtos (laboratórios internos ou externos); • Inspeções finais (internas ou subcontratadas).
Custos de falhas internas *(Internal failure costs)*	Gastos relacionados com os defeitos encontrados nos materiais e produtos antes dos mesmos serem enviados para os clientes. Os defeituosos podem obrigar à sua reparação ou recuperação, provocando tempos de inatividade ou interrupções de trabalho, ou gerar defeituosos irrecuperáveis (sucatas).	• Desperdícios e sucata (scrap); • Reparações/reelaborações (reworking); • Repetição de testes e ensaios; • Redesenho de produtos; • Ajustamentos de processos produtivos.
Custos de falhas externas *(External failure costs)*	Gastos associados aos defeitos que são encontrados após os produtos terem sido entregues ao cliente, e que originam reclamações, devoluções de artigos, ativação de garantias, com perdas de reputação e imagem negativa da empresa e perdas relativamente a vendas futuras.	• Tratamento de reclamações de clientes; • Reparações no âmbito de garantias; • Concessões, alterações ou prorrogações comerciais ou contratuais (descontos de preços, prolongamento de períodos de garantia, revisões complementares); • Penalizações (incumprimento de prazos, ações legais); • Reposição/substituição de bens e serviços devolvidos ou recusados pelos clientes.

Fonte: Drury (2021) e Blocher *et al.* (2005), adaptado.

A sistematização dos custos anteriores permite elaborar relatórios de custos da qualidade. Na Tabela 13.3 apresenta-se, a título ilustrativo, um relatório clássico deste tipo de custos:

Tabela 13.3 – **Relatório de custos da qualidade**

		Valor (mil €)		**%**	**% de vendas (100 milhões €)**
		Parcial	**Subtotal**		
Custos de prevenção					
	Formação na área da Qualidade	1 000			
	Avaliação de fornecedores	300			
	Engenharia dos produtos	400			
	Manutenção preventiva	500	2 200	14,8%	2,2%
Custos de avaliação					
	Inspeção dos materiais recebidos	500			
	Inspeção de produtos em curso e acabados	1 000			
	Teste e ensaios de equipamentos	300			
	Auditorias de processo	800	2 600	17,4%	2,6%
Custos de falhas internas					
	Sucata	800			
	Retrabalho (*rework*)	1 000			
	Tempos de inatividade por falhas de qualidade	600			
	Repetição de testes e ensaios	400	2 800	18,8%	2,8%
Custos de falhas externas					
	Devoluções	2 000			
	Recolha (*recall*)	1 000			
	Reparações com garantia	800			
	Tratamento de reclamações de clientes	500			
	Margem de contribuição das vendas perdidas	3 000	7 300	49,0%	7,3%
	Total	**14 900**	**14 900**	100,0 %	**14,9%**

Fonte: Drury (2021), adaptado.

O relatório mostra que os custos de falhas externas, tais como reclamações dentro do prazo de garantia e a margem por perdas de vendas, representam 49% do total dos custos de qualidade. A apresentação de cada categoria de custos com base na percentagem das vendas, permite fazer comparações com períodos anteriores ou com outras divisões do Grupo e/ou outras organizações (*benchmarking*). Por exemplo, a comparação de custos de falhas externas com outras empresas pode fornecer uma indicação do nível de satisfação dos clientes.

A análise do relatório anterior permite, também, antecipar que poderão ser alcançadas economias relevantes com a redução de custos com falhas internas, nomeadamente com perdas de produtos que têm de ser reelaborados ou enviados para sucata, como refugo. E alertam a gestão de topo da empresa para a possibilidade de reduzir os custos totais de qualidade, através de uma repartição mais equilibrada dos custos pelas quatro categorias de qualidade. Por exemplo, ao gastar mais em custos de prevenção e custos de avaliação, o montante a incorrer nas categorias de custos com falhas internas e externas pode vir a ser substancialmente reduzido e, por conseguinte, os gastos totais da qualidade podem reduzir-se. Por outro lado, ao definir previamente, na fase de *design*, quais os níveis de qualidade dos produtos e dos processos que devem ser assegurados, os custos de avaliação poderão reduzir-se, uma vez que não será necessário desenvolver um nível tão elevado de atividades de inspeção (Drury, 2021).

Parte da informação pode ser obtida através do sistema de Contabilidade de Gestão, tal como os gastos com perdas de materiais, avenças com auditorias ou remunerações dos colaboradores do departamento da Qualidade. Mas, outros valores correspondem a estimativas, como, por exemplo, a margem de contribuição por "perda de vendas" devido à má qualidade, e incluída na categoria de custos de falhas externas. É um custo de oportunidade, difícil de estimar, que resulta das vendas que a empresa deixou de realizar como consequência do "*negative word of mouth*", isto é, da má reputação resultante de falhas e incumprimentos. É, todavia, preferível incluir uma estimativa, ainda que aproximada, do que omitir esse custo do relatório.

13.5. Indicadores de medida da qualidade

Para além de indicadores financeiros, as organizações necessitam de indicadores não financeiros relacionados com a qualidade dos produtos e serviços e as atividades que os produzem.

Os indicadores de qualidade relacionados com os processos internos, fornecidos pelos sistemas de gestão da qualidade são, em regra, do seguinte tipo:

- Número e taxa de defeituosos, para cada linha de produtos;
- Rendimento do processo: rácio entre produção útil e os materiais lançados em fabrico;
- *Performance* dos fornecedores, tais como: percentagem de defeitos dos materiais entregues e número de entregas tardias.

As medidas não financeiras relacionadas com a satisfação do cliente incluem:

- Número e percentagem de bens defeituosos entregues aos clientes;
- Número e percentagem de reclamações dos clientes;
- Percentagem de produtos que não cumprem os requisitos de garantia;
- Percentagem de entregas não pontuais.

Além disso, muitas empresas realizam inquéritos para medir a satisfação do cliente em relação à qualidade dos produtos ou serviços.

Os indicadores podem ainda ser apresentados por áreas funcionais, tais como o Departamento de Compras, de Fabricação, de Vendas ou, de forma agregada, para a Empresa (Tabela 13.4):

Tabela 13.4 – **Indicadores da Qualidade**

Indicadores (exemplos):		
Áreas	**Custos de prevenção e avaliação**	**Custos de falhas (internas/externas)**
– Compras	Custos de verificação em receção	Custo de material "sem qualidade"
	Custo de material recepcionado	Custo de material recepcionado
– Fabricação	Custos de verificação dos produtos	Custos de recuperações e fabricações
	Custo total de fabricação	Custo total de fabricação
– Vendas	Gastos de formação em qualidade	Valor venda dos produtos devolvidos
	Custos operacionais da área vendas	Vendas totais
– Empresa	Custos de prevenção e avaliação	Custos de falhas (internas/externas)
	Custos totais da qualidade	Custos totais da qualidade

Os relatórios de custos de qualidade são, em regra, produzidos anualmente ou em presença de necessidades específicas de informação (fase de auditorias). Todavia, indicadores de natureza não financeira devem ser reportados em intervalos de tempo mais frequentes, com o objetivo de fornecer avisos mais precoces de potenciais problemas de qualidade, determinar as causas das falhas e permitir a implementação de medidas corretivas, atempadamente. Os gestores devem avaliar as tendências ao longo do tempo e utilizar os indicadores para identificar as áreas que requerem ações de melhoria.

Diferentes níveis de qualidade exigem custos e investimentos distintos, com impacto diferenciado no valor que o cliente pode percecionar no produto e, logo, no respetivo preço de venda. Qual o investimento ótimo em termos de qualidade?

De acordo com o "modelo clássico", o custo associado à qualidade pode ser dividido em duas componentes:

- Custos de controlo (ou prevenção): custos associados ao controlo, propriamente dito, tais como, testes e ensaios de materiais ou produtos, calibragem de equipamentos, etc.
- Custos de falhas: custos com reclamações, reprocessamento de produtos, prestação de um novo serviço, descontos, etc.

Os custos de falhas diminuem com a diminuição da percentagem de produtos defeituosos, tendendo para zero. Os custos de controlo aumentam à medida que se incrementa o nível exigido de qualidade, exigindo gastos crescentes.

Como decorre da análise da Figura 13.2, o custo total da qualidade – correspondente à soma dos custos de falhas e dos custos de controlo – atinge um ponto mínimo e que representa a qualidade ótima, com o menor custo de qualidade por unidade de produto útil. Assim, para Juran e Godfrey (1998), o ponto ótimo para os custos de qualidade ocorre quando os custos de falhas são iguais aos custos de controlo ou prevenção.

13.6. Total Quality Management

Gestão da Qualidade Total (*Total Quality Managenent* – TQM) é um termo utilizado para descrever uma situação em que todas as funções empresariais estão envolvidas num processo de melhoria contínua da qualidade.

As práticas de TQM – prescritas nos EUA por Deming e Juran – emergiram durante a década de 1980, como modelos de gestão inovadores, em diversas empresas ocidentais do ramo automóvel, telecomunicações e eletrónico, que procuravam responder à falta de competitividade e à superioridade das empresas japonesas no fornecimento de produtos e serviços de alta qualidade. Até então, a ênfase de gestão das empresas europeias e americanas centrava-se no volume de produção, em detrimento do nível de qualidade, obrigando a elevados volumes de inventários em curso de fabrico, de forma a colmatar as falhas ou os defeitos das produções obtidas durante o ciclo de fabricação. Nos anos 90, muitas empresas descobriram que era mais barato "produzir bem à primeira" (*get it right, first time*), em vez de desperdiçarem recursos no fabrico de artigos que, sendo de qualidade inferior, tinham de ser inspecionados no final da linha de produção ou, posteriormente, devolvidos pelos clientes para serem sujeitos a reelaboração (*reworking*) ou enviados para sucata, em caso de não recuperabilidade.

FIGURA 13.2 – **Modelo clássico de custos da Qualidade**

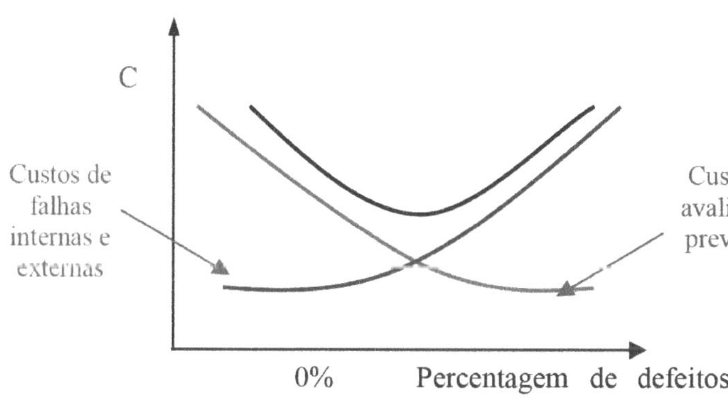

Fonte: Juran e Godfrey (1998), adaptado.

As principais características de um sistema TQM são as seguintes:

- Foco na satisfação do cliente;
- Esforço permanente de melhoria contínua (*kaizen*);
- Participação de todos os colaboradores;
- Apoio e envolvimento da gestão de topo;
- Objetivos claros e mensuráveis;
- Reconhecimento oportuno dos sucessos alcançados em termos de qualidade;
- Formação contínua em Gestão da Qualidade Total.

As necessidades, exigências e expectativas dos clientes externos ou internos – enquanto indivíduos ou subunidades que estão envolvidos na fabricação ou prestação de serviços dentro de uma organização – são o foco de um processo de melhoria contínua em termos de qualidade dos produtos a fornecer e dos serviços a prestar, de redução de custos e, logo, da manutenção de uma posição competitiva no mercado.

Os gestores, do CEO aos diretores das unidades de negócio ou divisões operacionais, devem promover ou participar ativamente nos programas de melhoria da qualidade, encorajando todos os colaboradores da empresa, qualquer que seja o nível hierárquico, a envolverem-se nesse processo. Uma abordagem eficaz passa pela criação de **Círculos de Qualidade** (QC), em que um pequeno grupo de colaboradores de uma determinada área promove reuniões regulares para identificar problemas, implementar e monitorizar as soluções adotadas para a resolução desses problemas.

A Figura 13.3 mostra a interação dos diferentes fatores, referenciados anteriormente, que permitem a implementação de um sistema de Gestão da Qualidade Total, com sucesso.

A identificação de objetivos alcançáveis, compreendidos pela organização e mensuráveis são um dos fatores determinantes para alcançar melhorias significativas de qualidade. O reconhecimento dos êxitos alcançados a título individual e coletivo, nos departamentos ou unidades de negócio, são também um mecanismo de estímulo e motivação para prosseguir na busca contínua de melhorias, considerando a qualidade como uma meta em movimento e não um mero destino.

Em suma, no atual ambiente competitivo, a qualidade é um fator-chave para o êxito e sobrevivência das organizações. Assim, a TQM assumiu um papel crucial ao destacar a importância da integração de indicadores ou medidas não financeiras nos sistemas de Contabilidade de Gestão, tendo como objetivo a melhoria contínua da satisfação dos clientes internos e externos, procurando que o produto e serviço resultem otimamente adequados às suas necessidades. Além disso, o compromisso da gestão de topo, a relação com a concorrência, a cultura organizacional, a melhoria dos processos e a inovação são fatores-chave inerentes à filosofia da qualidade (Quesado *et al.*, 2012).

Figura 13.3 – **Fatores determinantes na Gestão da Qualidade Total**

Fonte: Blocher *et al.* (2005), adaptado.

13.7. Gestão da Qualidade Total vs Gestão Baseada nas Atividades (TQM/ABM) e sistemas *Just In Time* (JIT)

Um sistema de custeio ABC/ABM facilita a implementação de um sistema TQM pelas seguintes razões:

- O ABC mensura o custo das atividades, pelo que atividades com índices de reduzida produtividade ou com falhas de qualidade se tornam facilmente identificáveis, devido aos seus elevados custos;

- As organizações que já implementaram um sistema ABC/ABM, dispõem de grande parte das informações que permitem identificar as atividades e custos relacionados com a gestão da qualidade, classificando-os de acordo com as categorias de qualidade, que a empresa pretender utilizar.

As empresas com sistemas de custeio tradicionais – focados nas funções organizacionais de produção, vendas e administração – necessitam de análises complementares, por vezes demoradas, para preparar os relatórios de custo da qualidade, desincentivando a implementação de sistemas TQM.

As empresas que adotam um sistema JIT e que operam sem *stocks*, requerem que os materiais ou componentes de fornecedores sejam entregues no momento em que os processos necessitam dos mesmos, cumprindo todos os quesitos prévios de qualidade. Se os materiais ou componentes de fornecedores, ou entregues pelas seções produtivas a montante, forem de baixa qualidade ou tiverem defeitos, há uma quebra do fluxo ou do ritmo de produção em resultado de interrupções de trabalho para substituir componentes defeituosos ou aguardar a entrega de novos materiais com as especificações de qualidade exigidas. A implementação de uma filosofia JIT exige a adoção de sistemas TQM na empresa e nos seus fornecedores.

13.8. Filosofia Six Sigma

A filosofia Seis Sigma (designada por *Six Sigma*[22] na terminologia anglo-saxónicos) utiliza um conjunto de procedimentos de controlo de qualidade nos processos produtivos, tendo em vista atingir uma meta de "zero defeitos" em todas as áreas de produção ou de prestação de serviços de uma empresa. É uma metodologia que está focada na eliminação de desperdícios e na redução de defeitos, assim como na redução da variabilidade dos processos, utilizando instrumentos de análise estatística. O objetivo é atingir uma qualidade global de 6 sigma, isto é um máximo de 3,4 produtos defeituosos por cada milhão (DPM – Defeitos Por Milhão), o que corresponde a apenas 0,00034% de não conformidades, em face das especificações prévias de um produto ou de um serviço. Dito de outro modo, isto significa, que num determinado processo de fabrico de um produto, ou parte do produto, são esperadas 99,99966 % de operações sem defeito.

---

[22] *Six Sigma* é uma marca registada da Motorola Inc.

A designação sigma está relacionada com o símbolo grego sigma (σ), utilizado na definição das grandezas probabilísticas de "variância" e "desvio padrão", considerando uma distribuição contínua de probabilidades normal ou de *Gauss*.

A tabela seguinte ilustra o índice de decrescimento de defeitos por cada sigma.

Tabela 13.5 – **Probabilidades de produtos em conformidade vs defeituosos**

Intervalos de variação	**% de produtos em conformidade**	**% de produtos com defeito**	**Produtos com defeito por milhão (DPM)**
$\mu \pm 1\sigma$	30,23	69,77	697 700
$\mu \pm 2\sigma$	69,13	30,87	308 700
$\mu \pm 3\sigma$	93,32	6,68	66 810
$\mu \pm 4\sigma$	99,3790	0,621	6 210
$\mu \pm 5\sigma$	99,97670	0,0233	233
$\mu \pm 6\sigma$	99,999660	0,00034	3,40

Fonte: Breyfogle (1998, p. 14), adaptado.

Observa-se que para um intervalo de variação situado entre $\mu - 3\sigma$ e $\mu + 3$, a estimativa de produtos fabricados em conformidade é 93,32 % e a de produtos defeituosos é de, 100 – 93,32 = 6,68 %, ou seja, 66 810 DPM (Defeitos Por Milhão); a situação de 3,4 DPM verifica-se para o intervalo $\mu \pm 6\sigma$.

A filosofia Seis Sigma envolve duas metodologias chave – **DMADV** e **DMAIC** –, inspiradas no ciclo PDCA (*Plan–Do–Check–Act*), de Deming.

- A metodologia **DMADV**, também designada por DFSS – *Design For Six Sigma*, é utilizada para criar novos produtos ou processos, e abrange 5 etapas:

Tabela 13.6 – **Etapas da metodologia DMADV**

Sigla	**Caracterização**
D – Define	Definição dos objetivos a atingir, em sintonia com a procura dos clientes e com a estratégia da empresa.

Sigla	Caracterização
M - Measure	Medição e identificação das especificações ou características críticas de qualidade do produto, serviço ou processo. Inclui a mensuração de riscos e capacidades de produção.
A - Analyse	Análise de informação para definir as melhores opções do processo, de forma a assegurar elevado grau de satisfação dos clientes.
D - Design	Desenho e teste do produto, serviço ou do processo.
V - Verify	Verificar se o *output* do projeto cumpre com os requisitos previamente definidos, na fase de *design* do produto e serviço (validação).

Fonte: https://www.purdue.edu/leansixsigmaonline/blog/dmaic-vs-dmadv/ (adaptado).

- A metodologia **DMAIC** é utilizada para melhorar processos já existentes, e envolve, também, 5 etapas:

TABELA 13.7 – **Etapas da metodologia DMAIC**

Sigla	Caracterização
D – Define	Definição do problema, da produção ou processo a melhorar.
M – Measure	Recolher informação e indicadores relevantes do processo.
A – Analyse	Analisar os dados recolhidos para se determinar as relações de causa e efeito (razão de ser) dos defeitos ou anomalias existentes.
I – Improve	Desenvolver, testar e implementar soluções de melhoria dos processos.
C – Control	Implementar procedimentos de controlo (estatísticos e outros), para assegurar que os objetivos de melhoria estão a ser alcançados.

Fonte: https://www.purdue.edu/leansixsigmaonline/blog/dmaic-vs-dmadv/ (adaptado).

A implementação de um sistema Seis Sigma envolve um forte compromisso do *top management* da empresa, normalmente liderada por um pequeno grupo interno de colaboradores, conhecidos como *black belts*, dotados de fortes competências no uso de ferramentas informáticas que permitem a aplicação das metodologias de análise referidas anteriormente.

Os benefícios da implementação de um sistema Seis Sigma são os seguintes:

- Aumento da qualidade dos produtos e serviços;
- Melhoria da produtividade dos recursos, com a eliminação de atividades *non-value- added* e consequente redução de custos;
- Maior potencial de fidelização de clientes e atração de novos clientes;
- Mudança da cultura da organização.

As dificuldades de implementação dos processos Seis Sigma decorrem de fatores tais como:

- Baixo nível de compromisso dos decisores de topo da organização;
- Formação e/ou competências de gestão não suficientes das equipas que lideram os projetos, nomeadamente na utilização das ferramentas informáticas.

Os críticos do Seis Sigma argumentam que este sistema coloca a ênfase em melhorias incrementais e não em processos de inovação disruptivos, que permitem a sustentabilidade das organizações a longo prazo. Todavia, as empresas reconhecem que existem benefícios relevantes na implementação de iniciativas *Six Sigma* (Datar & Rajan, 2021).

SUMÁRIO

Um produto ou serviço tem qualidade quando produzido de acordo com especificações que cumprem ou superam as expectativas dos clientes, a um preço que estes estejam dispostos a pagar. A qualidade de serviço está relacionada com a forma como são realizadas as atividades complementares ao fornecimento ou prestação de um serviço principal.

O conceito e a função da Qualidade evoluíram ao longo do tempo, tendo sido identificado, numa primeira fase, como sinónimo de "controlo" para ser, atualmente, referenciado como um sistema integrado de gestão, cuja certificação deve cumprir normas ISO, divulgadas pela Organização Internacional de Normalização.

Os relatórios de custos de qualidade apresentam quatro categorias de custos da qualidade: custos de prevenção, de avaliação e custos de falhas internas e falhas externas. Os custos de prevenção e de avaliação são referenciados como sendo custos de conformidade e os custos de falhas internas e externas são designados de custos de não conformidade. Este tipo de relatório deve permitir que cada departamento ou unidade de negócio identifique as áreas com custos de qualidade mais elevados e implemente as ações necessárias para definir novos padrões de excelência, otimizando os referidos custos.

As organizações que adotam uma filosofia de Gestão da Qualidade Total (TQM) ou *Six Sigma* – que envolvem metodologias designadas de DMADV e DMAIC – assumem princípios e adotam procedimentos que requerem de todos os colaboradores esforços de melhoria contínua, de forma a superarem as expectativas dos seus clientes, internos ou externos, e, assim, atingirem patamares de excelência.

TERMOS E CONCEITOS-CHAVE

Custos de (não) conformidade
Custos de avaliação
Custos de falhas internas
Custos de falhas externas
Custos de prevenção
DMADV* e *DMAIC
Normas ISO
Qualidade e não qualidade
Relatório de custos da qualidade
Six Sigma
Total Quality Management (TQM)
Zero defeitos

QUESTÕES TEÓRICAS

1. Apresente, sucintamente, o conceito de *Qualidade* e as diferentes etapas de evolução deste conceito.
2. O que é TQM e quais são os princípios fundamentais da Gestão da Qualidade Total?
3. Como se designam os custos incorridos, quando:
   a) Os produtos ou serviços não estão em conformidade com os requisitos ou não satisfazem as necessidades do cliente após a sua entrega;

b) Incluem os custos de tratamento de reclamações de clientes, substituição de garantia, reparações de produtos devolvidos e os custos decorrentes de má reputação da empresa;
c) Os custos desta categoria podem ter um impacto dramático nas vendas futuras.

4. Classifique e apresente alguns exemplos de tipo de custos da qualidade a incluir num relatório da Qualidade.
5. Qual das categorias de custos da qualidade – prevenção, avaliação, falhas internas, falhas externas – tende a aumentar nos primeiros anos de implementação de um programa TQM?
6. Que importância assume o relatório de custos da qualidade num programa de melhoria da qualidade?
7. Classifique como verdadeira (V) ou falsa (F) cada uma das seguintes afirmações:
   a) A Gestão da Qualidade Total (TQM) descreve a situação em que todas as funções empresariais estão envolvidas num processo de melhoria contínua da qualidade;
   b) A Gestão da Qualidade Total (TQM) foca-se na entrega consistente de produtos ou serviços de alta qualidade e de forma atempada.
   c) No passado, a maioria das empresas considerava a qualidade como um custo adicional de fabrico, mas recentemente começaram a aperceber-se de que a qualidade permite poupar dinheiro.
8. Preencha os espaços em branco do texto seguinte, utilizando os conceitos ou palavras-chave abaixo apresentados:

   "A direção (board) de M, um fabricante especializado em automóveis desportivos construídos à mão, está a considerar uma proposta de implementação de Gestão da Qualidade Total (TQM).

   O "board" está interessado na proposta TQM em face da possibilidade de eliminar os custos de ______________, decorrentes, por exemplo, da frequente necessidade de repintura dos painéis de carroçaria, que não foram devidamente tratados antes da pintura e os custos de ______________, como, por exemplo, as indemnizações pagas a concessionários de automóveis que tiveram de substituir componentes comprados a fornecedores externos, tais como os motores dos limpa para-brisas.

   A eliminação total dos defeitos é ______________, porque______________. Isto deve-se aos custos ______________, que incluem os custos de prevenção e os custos de avaliação. Os custos de prevenção são elevados para a empresa porque o elevado

custo de cada automóvel significa que os clientes não toleram a mais pequena imperfeição. Em contrapartida, não existem custos de avaliação significativos, porque ______________.
Realisticamente, os defeitos podem vir a ser reduzidos para ______________."

Palavras-chave:

a) Desejável;
b) Falhas internas;
c) Não – conformidade;
d) Zero; e) Menos de 15% da produção;
f) Falhas externas;
g) Uma pequena proporção da produção;
h) São compradas muito poucas peças ao exterior;
i) Conformidade;
j) Pouco provável que seja possível.

9. Em que consiste a filosofia Seis Sigma (*Six Sigma*) e quais as vantagens e dificuldades do processo de implementação desta filosofia de gestão da Qualidade?
10. Distinga o âmbito de aplicação das metodologias de gestão da Qualidade, designadas de DMAIC (*Define – Measure – Analyse – Improve – Control*) e DMADV (*Define – Measure – Analyse – Design -Verify*).

Resposta 3:

- Custos de falhas externas.

Resposta 7:

a) Verdadeira b) Verdadeira c) Verdadeira

Resposta 8:

b) falhas internas; f) falhas externas; a) desejável; j) pouco provável que seja possível; i) conformidade; h) são compradas muito poucas peças ao exterior; g) uma pequena proporção da produção.

EXERCÍCIOS RESOLVIDOS

Exercício 13.1 – Classificação de Custos da Qualidade[23]

A empresa industrial T apresenta, mensalmente, os seguintes custos de qualidade:

- Custo de produtos acabados, rejeitados antes de entrega: 10 000,00 €
- Custo de reelaboração de produtos acabados, antes de entrega: 15 000,00 €
- Custo de inspeção de matérias-primas adquiridas: 12 000,00 €
- Custo de inspeção de produtos acabados: 18 000,00 €
- Manutenção do equipamento fabril: 14 000,00 €

Qual das seguintes opções corresponde aos custos de prevenção (*prevention costs*), custos de avaliação (*appraisal costs*), custos de não conformidade (*non-conformance costs*):

Opções	Custos de prevenção	Custos de avaliação	Custos de não conformidade
A	33 000 €	26 000 €	10 000 €
B	27 000 €	32 000 €	10 000 €
C	14 000 €	30 000 €	25 000 €
D	10 000 €	45 000 €	14 000 €

Resposta:

É a opção C.

Comentários:

a) O custo de manutenção do equipamento fabril (14 000,00 €) é um custo de prevenção. Isto ajuda a garantir que os equipamentos se mantêm em

[23] *CIMA, adaptado.*

boa ordem. Os benefícios potenciais deste custo de conformidade incluem a prevenção de avarias de máquinas e a prevenção da produção de produtos defeituosos.

b) Os custos de inspeção, tanto das matérias-primas adquiridas (12 000,00 €) como o dos produtos acabados (18 000,00 €) são custos de avaliação; totalizam 30 000,00 €. Os benefícios potenciais deste custo de conformidade resultam do facto das matérias-primas ou produtos acabados defeituosos serem identificados, sujeitos a reprocessamento ou isolados do processo produtivo, em vez de se permitir que continuem a causar problemas numa fase posterior.

c) Os custos de produtos acabados, rejeitados antes do envio (10 000,00 €) e a reelaboração de produtos acabados antes do envio (15 000,00 €) são custos de falhas internas, porque ocorrem antes de os produtos terem sido enviados para o cliente; totalizam 25 000,00 €. Estes custos de falhas internas são custos de não-conformidade porque surgem como resultado de não se conseguir acertar as coisas da primeira vez (*to get things right first time*).

Exercício 13.2 – Classificação de Custos da Qualidade

Categorize os diferentes gastos, que constam da tabela seguinte, em termos de custos de prevenção (CP), custos de avaliação (CA), custos de falhas internas (CFI) e custos de falhas externas (CFE):

	Tipo de gastos:	**CP**	**CA**	**CFI**	**CFE**
1	Materiais utilizados em ensaios e inspeções				
2	Reinspecção de produtos				
3	Auditorias a fornecedores				
4	Serviços de atendimento de reclamações pós-venda				
5	Seleção e recrutamento de novos colaboradores				
6	Reparação de produtos devolvidos				
7	Descontos de preços em artigos de 2.ª qualidade				
8	Planificação da qualidade a curto e médio prazo				
9	Incobráveis				
10	Auditorias de qualidade de produtos				
11	Absentismo laboral				
12	Classificação de produtos defeituosos				

	Tipo de gastos:	CP	CA	CFI	CFE
13	Formação e treino em controlo de qualidade				
14	Acionamento de garantias por parte de clientes				
15	Auditorias de satisfação de clientes				

Resposta:

CP	CA	CFI	CFE
3	1	2	4
5	10	7	6
8	15	11	9
13		12	14

Exercício 13.3 – Classificação e quantificação de Custos da Qualidade

A empresa *Hartono, S.A.* produz e vende moinhos industriais. O quadro seguinte apresenta informação relativa ao valor de vendas e aos gastos de qualidade da empresa, para os exercícios N e N-1 (valores em milhares €):

	N	N-1
Vendas	12 500	10 000
Gastos:		
1 Inspeção da linha de produção	85	110
2 Desperdícios de matérias	175	250
3 Engenharia de *design*	240	100
4 Produtos devolvidos	45	60
5 Manutenção de equipamentos de teste dos produtos	50	50
6 Reclamações dos clientes	30	40
7 Reprocessamentos	135	160
8 Manutenção preventiva	90	35
9 Reclamações sobre a fiabilidade dos produtos	125	200
10 Inspeção de materiais à entrada	40	20
11 Paragens para manutenção	40	90
12 Mão de obra de teste dos produtos	75	220

	N	N-1
13 Formação de pessoal de assistência pós-venda	120	45
14 Reparações no âmbito de garantias	200	300
15 Avaliações de fornecedores	50	20
Total de gastos	1 500	1 700

Pedidos:

A. Categorize e quantifique os gastos da qualidade em termos de custos de prevenção, de avaliação, de falhas internas e de falhas externas;
B. Calcule a percentagem de cada tipo de custos, nas vendas em cada um dos anos;
C. Analise as tendências de evolução dos custos, do ano N-1 para o ano N;
D. Apresente exemplos de indicadores de natureza não financeira, que empresa poderia adotar para melhorar os esforços de Controlo da Qualidade.

Respostas:

Pedidos A e B – Categorização e quantificação dos gastos da qualidade. Percentagem de cada tipo de custos, nas vendas:

	Ano N			Ano N-1		
	Parcial (mil €)	Subtotal (mil €)	% vendas	Parcial (mil €)	Subtotal (mil €)	% vendas
Custos de prevenção						
3 Engenharia de *design*	240			100		
5 Manutenção de equipamentos de teste dos produtos	50			50		
8 Manutenção preventiva	90			35		
13 Formação de pessoal de assistência pós-venda	120	500	4,0%	45	230	2,3%
Custos de avaliação						
1 Inspeção da linha de produção	85			110		
10 Inspeção de materiais à entrada	40			20		
15 Avaliações de fornecedores	50			20		

	Ano N			Ano N-1		
	Parcial (mil €)	Subtotal (mil €)	% vendas	Parcial (mil €)	Subtotal (mil €)	% vendas
		175	1,4%		150	1,5%
Custos de falhas internas						
2 Desperdícios de matérias	175			250		
7 Reprocessamentos	135			160		
11 Paragens para manutenção	40			90		
12 Mão de obra de teste dos produtos	75	425	3,4%	220	720	7,2%
Custos de falhas externas						
4 Produtos devolvidos	45			60		
6 Reclamações dos clientes	30			40		
9 Reclamações sobre a fiabilidade dos produtos	125			200		
14 Reparações no âmbito de garantias	200	400	3,2%	300	600	6,0%
Total	**1 500**	**1 500**	**12,0%**	**980**	**1 700**	**17,0%**
Vendas (mil €)			12 500			10 000

- Redução dos custos da qualidade em valor absoluto (-200 000,00 €) e em termos relativos, face ao valor de vendas (-5 pontos percentuais).

Pedidos C – Análise das tendências de evolução dos custos:

	Ano N		**Ano N-1**		**Variações**	
	Total	**% vendas**	**Total**	**% vendas**	**Total**	**%**
Custos de prevenção	500	4,0%	230	2,3%	270	117,4%
Custos de avaliação	175	1,4%	150	1,5%	25	16,7%
Custos de falhas internas	425	3,4%	720	7,2%	-295	-41,0%
Custos de falhas externas	400	3,2%	600	6,0%	-200	-33,3%
Total	1 500	12,0%	1 700	17,0%	-200	-11,8%

Vendas	12 500	100,0%	10 000	100,0%	2 500	25,0%

- O aumento relevante dos custos de prevenção, de 230 000,00 € para 500 000,00 € (+ 117%), traduziu-se numa economia significativa de custos de falhas internas e externas, num total de redução de 495 000,00 €;
- Em consequência a empresa gerou uma economia de custos de qualidade de 200 000,00 €, apesar do aumento do valor de vendas da empresa de 25%. Deste modo, os custos da qualidade no ano N passaram a representar apenas 12% do valor de vendas, em face dos 17% do ano anterior.

Pedidos d) – Exemplos de indicadores de natureza não financeira para melhorar os esforços de Controlo da Qualidade:

As empresas utilizam normalmente indicadores não financeiros para acompanhar os planos de melhoria de qualidade que implementam, tais como:

- Percentagem de produtos defeituosos;
- Percentagem de produtos reelaborados;
- Número de diferentes tipos de defeitos, utilizando gráficos de controlo, diagramas de Pareto, e diagramas de causa-e-efeito;
- Número de alterações de *design* e de processo efetuadas para melhorar a qualidade do desenho ou reduzir os custos da qualidade.

A implementação deste tipo de medidas pretende incrementar o nível de satisfação dos clientes, reduzir os custos da qualidade e melhorar a *performance* financeira (Datar, 2021).

Exercício 13.4 – Custo de Melhoria da Qualidade

Um fabricante de automóveis pretende investir 1 000 M€ num programa de melhoria da qualidade de um modelo de viatura, tendo em vista a eliminação de situações de *recalls* e redução de custos de reparações durante o período de garantia das viaturas.

1. O histórico da empresa tem sido o seguinte:
   - Taxa de *recalls*: 20% das viaturas vendidas;

- Custo médio de cada *recall*: 3 000,00 €/viatura, sendo expetável um crescimento deste custo, para o novo modelo, de 10%;
- Redução de custos de reparação, no período de garantia, de 500,00 € para 200,00 €, por viatura, relativamente a 30% das viaturas;

2. A previsão inicial de vendas deste novo modelo é de 500 000 unidades, com um lucro por viatura de 5 000,00 €;
3. Todavia, estima-se que, com a divulgação do novo programa de qualidade e garantia, as vendas possam ser incrementadas para 650 000 viaturas.

Pedido:

Avalie, em termos económicos, se este programa de melhoria da qualidade deve ser implementado.

Resolução:

1 Economia de custos gerada pela eliminação de *recalls*	
N.º de viaturas a recolher (20% x 500 000)	100 000
Custo de cada intervenção: 3 000,00 € x 110%	3 300,00 €
Custo total	330 000 000 €
2 Redução de custos com reparações, no âmbito da garantia	
(500,00 € – 200,00 €) x 500 000 viaturas x 30%	45 000 000 €
3 Lucro, em resultado do aumento de vendas	
Aumento de vendas do n.º de viaturas	150 000
Lucro/viatura	5 000 €
Lucro total	750 000 000 €
4 Total das economias de custos (1+2+3)	1 125 000 000 €

5 Custo do programa de melhoria da qualidade	1 000 000 000 €

6 Resultado obtido com o programa de melhoria da qualidade	125 000 000 €

O programa de melhoria de qualidade deve ser implementado, permitindo um ganho de 125 M€, em resultado de um maior volume de vendas e da diminuição dos custos de reparação no âmbito das garantias e de *recalls* à oficina.

Exercício 13.5 – Benefícios vs custos de Melhoria da Qualidade

A empresa *Smart Logistics* dedica-se ao transporte de diverso tipo de bens de uso doméstico na região norte do país. Procurando monitorizar o nível de qualidade dos serviços prestados aos clientes, a direção da empresa analisa com particular atenção os seguintes indicadores:

1. Tempo necessário para o transporte dos bens;
2. Cumprimento dos prazos de entrega (até 2 dias da data acordada);
3. N.º de envios perdidos ou danificados.

Está a ser ponderado um investimento, num montante de 160 000,00 €/ano, num novo sistema de agendamento e seguimento das entregas que permitirá melhorar a performance de desempenho da empresa relativamente aos indicadores referenciados em 2 e 3.

Estima-se que com o referido investimento se obtenha um rendimento anual adicional de 20 000,00 € por cada ponto percentual de aumento no cumprimento dos prazos de entrega (pontualidade). A *performance* da empresa poderá atingir os seguintes índices:

	Situação atual	**Situação futura**
Cumprimento dos prazos de entrega	85%	95%
N.º de caixas perdidas ou danificadas por ano	3 000	1 000
Custo variável por cartão perdido ou danificado	60,00 €	60,00 €
Custo fixo por cartão perdido ou danificado	100,00 €	100,00 €

- A margem de contribuição da atividade da empresa é de 50%.

Pedidos:

A. Avalie se o investimento deve ser realizado.

B. Calcule o montante mínimo necessário de acréscimo de rendimentos para que os benefícios do novo sistema de seguimento das entregas sejam iguais ao respetivo custo.

Resolução:

A. Avaliação dos investimentos:

Acréscimo de margem de contribuição com o aumento de rendimentos: Melhoria na pontualidade de 85% para 95%, isto é, de 10% 20 000 € x 1% x 10% = 200 000 € Margem de contribuição 200 000 € x 50% = Redução de custos com caixas perdidas ou danificadas: (*)	 100 000 €
60,00 €/caixa x (3 000 – 1 000) caixas	120 000 €
Total de rendimentos Custo anual com o novo sistema	220 000 € 160 000 €
Ganho líquido	60 000 €

(*) – Apenas os custos variáveis são relevantes.

- Na medida em que os benefícios esperados com o investimento atingem 220 000,00 € e excedem os custos em 60 000,00 €, o mesmo deve ser realizado.

B. Montante mínimo necessário de acréscimo de rendimentos para que os benefícios sejam iguais aos custos:

Custo anual com o novo sistema (1)	160 000 €
Redução de custos com caixas perdidas ou danificadas (2)	120 000 €
Margem de contribuição para igualar os custos (3) = (1) – (2)	40 000 €
Margem de contribuição	50%
Acréscimo de rendimentos: 40 000 €/50%	**80 000 €**

Quando a empresa atingir uma margem de contribuição de 40 000,00 € os custos serão iguais aos benefícios, pelo que um acréscimo mínimo de rendimentos de 80 000,00 € proporciona uma situação de neutralidade de custos e benefícios, pelo que bastará um incremento de 4% no indicador de melhoria da pontualidade (20 000,00 € x 4% = 80 000,00 €).

Exercício 13.6 – Análise custos benefícios de implementação de programa de melhoria da Qualidade

A *KP Industries* dedica-se à produção e comercialização do produto P e está numa fase de implementação de um novo programa de melhoria da qualidade (PGQ). É conhecida a seguinte informação relativamente à atividade da empresa:

1. Produção, vendas, devoluções de clientes e defeituosos:
   a. A produção efetiva útil mensal e as respetivas vendas são de 20 000 UF, com um preço de venda, para os produtos de 1.º qualidade, de 200,00 €/UF;
   b. A taxa de devolução de produtos pelos clientes, devido a falhas, é de 5%, sendo os artigos trocados, conforme as condições de garantia da qualidade, com um custo adicional de expedição de 10,00 €/UF;
   c. Os seguros de responsabilidade dos produtos e o custo de atendimento de reclamações de clientes é de 2% do valor das vendas de produtos sem defeito;
   d. A análise estatística dos produtos devolvidos revela o seguinte:
      - 60% dos produtos são sujeitos a reparação, com 0,50 horas/UF de tempo de *reworking* e vendidos como produtos de 3.ª qualidade, por 40% do preço de venda dos produtos de 1.ª qualidade;
      - 40% dos produtos são vendidos como sucata, a 10,00 €/UF;
   e. No final do processo produtivo, são identificados produtos defeituosos, correspondente a 10% da produção, que são classificados como produtos de 2.ª qualidade, sendo vendidos com um desconto de 25%.
2. Custos de aprovisionamento e de controlo de qualidade:
   a. Cada UF de P incorpora 10,00 kg de matérias-primas, com um custo unitário de 8,00 €/kg;
   b. A inspeção das matérias, na fase de receção e armazenagem, custa 0,50 €/kg; apesar deste processo de controlo, na fase de lançamento em produção é gerado uma perda de 4% das matérias incorporadas, que são classificadas como desperdícios, sem valor de venda;

   c. As falhas de equipamento geram perdas de 6% das matérias processadas.
3. Utilização de equipamentos:
   a. O tempo de fabrico de cada unidade útil de P, envolvendo a utilização de um conjunto de máquinas e outros equipamentos, é de 1,25 Hmaq/UF a 50,00 €/hora.
   b. Taxa média de atividade dos equipamentos: 80%;
4. Gastos de distribuição e administrativos: 50 000,00 €/mês;
5. Custos de qualidade:
   a. Os custos da atividade, de identificação e seleção de fornecedores e procedimentos de controlo são de 40 000,00 €/mês;
   b. O programa atual de gestão da qualidade tem um custo de 30 000,00 €/mês;
   c. A implementação do novo programa de melhoria da Qualidade (PGQ) implica um custo adicional mensal de 70 000,00 €, configurando os seguintes objetivos de melhoria, relativamente à situação atual:

	Situação atual	**Situação com PGQ**
Custos com seleção de fornecedores	40 000 €	Redução 20%
Perdas de matérias na fase de lançamento em produção (%)	4%	1%
Perdas de matérias com falhas de equipamentos (%)	6%	3,5%
Defeituosos, identificados no termo do ciclo produção (%)	10%	2,5%
Devoluções de clientes (%)	5%	1,5%
Tempo de inatividade das máquinas (%)	20%	15%
Tempo de operação de equipamentos	1,25 h/ UF	1,00 h/UF
Custo de seguros e atendimento de reclamações (%)	2%	1,5%
Gastos de distribuição e administração	50 000 €	Redução 2%

Pedidos:

Compare a situação atual com a nova situação com PGQ, em termos de:

A. Produção a lançar em fabrico;
B. Programa de compra de matérias, considerando a inexistência de variação de inventários;

C. Horas de atividade de máquinas;
D. Resultados mensais.

Resolução:

A. Programa de produção:

	Situação atual		Situação com PGQ	
Vendas e Produção útil (UF)		20 000		20 000
Devoluções de clientes	5%	1 000	1,5%	300
Subtotal		21 000		20 300
Defeituosos, no termo do ciclo produção	10%	2 333	2,5%	521
Produção a lançar em fabrico (UF)		**23 333**		**20 821**

Cálculo de defeituosos:	(10%/90%) x 21 000 UF = 2 333,(3) UF
	(2,5%/97,50%) x 20 300 UF = 520,5 UF

- Para calcular a produção a lançar em fabrico é necessário atender às necessidades de reposições de produtos, correspondentes às devoluções dos clientes e satisfazer, adicionalmente, o número de defeituosos identificados no termo do processo produtivo.
- Economia de produção a lançar em fabrico: 2 512 UF (-10,8%).

B. Programa de compra de matérias:

	Situação atual		**Situação com PGQ**	
Produção a lançar em fabrico (UF)		23 333		20 821
Consumo MP (kg)	10,00	233 333	10,00	208 205
Perdas em fase de lançamento de produção	4%	9 722	1,0%	2 103
Subtotal		243 056		210 308
Perdas MP com falhas equipamentos (kg)	6%	15 514	3,5%	7 628
Compras necessárias de MP (kg)		**258 570**		**217 936**

C. Horas de atividade de máquinas:

	Situação atual		Situação com PGQ	
Produção a lançar em fabrico (UF)		23 333		20 821
Tempo utilização de equipamentos (horas)	1,25	29 167	1,00	20 821
Horas de *reworking*				
Devoluções de clientes (60 %, UF)		600		180
Tempo utiliz. equipamentos (horas)	0,50	300	0,50	90
Horas de atividade		29 467		20 911
Horas de inatividade	20%	7 367	15%	3 690
Horas necessárias (Hmaq)		**36 833**		**24 601**

D. Resultados mensais:

	pv/k	Situação atual		Situação com PGQ	
		Q	Valor	Q	Valor
Vendas					
1.ª Qualidade	200,00 €	20 000	4 000 000 €	20 000	4 000 000 €
2.ª Qualidade	150,00 €	2 333	350 000 €	521	78 077 €
3.ª Qualidade	80,00 €	600	48 000 €	180	14 400 €
Sucata	10,00 €	400	4 000 €	120	1 200 €
Total de vendas			**4 402 000 €**		**4 093 677 €**
Custos					
Matérias (kg)	8,00 €	258 570	2 068 558 €	217 936	1 743 488 €
Receção matérias	0,50 €	258 570	129 285 €	217 936	108 968 €
Equipamentos	50,00 €	36 833	1 841 667 €	24 601	1 230 030 €
Custo expedição produtos devolvidos	10,00 €	1 000	10 000 €	300	3 000 €
Seleção de fornecedores			40 000 €	80%	32 000 €
Seguros produtos e atend. reclamações		2,0%	80 000 €	1,5%	60 000 €
Distribuição e administrativos			50 000 €	98%	49 000 €
Gestão da qualidade			30 000 €		100 000 €
Total de custos			**4 249 509 €**		**3 326 486 €**
Resultado			**152 491 €**		**767 191 €**

Resultado/Vendas (%)	3,5%	18,7%

Principais conclusões:

- o Redução de vendas em 7%, devido à diminuição de produtos de 2.ª e 3.ª qualidade e da sucata;
- o Diminuição significativa dos custos totais, em 923 024,00 €, isto é mais de 21,7%, em resultado da implementação do programa TQM, com particular ênfase para o custo das matérias (-15,7%) e o custo com a utilização de equipamentos, devido à redução do n.º de horas máquina (-33,2%);
- o Os resultados mensais crescem 5 vezes, representando 18,7% das vendas totais mensais.

Exercício 13.7 – *Six Sigma*

A sociedade "*T – Telecom S.A.*" é um dos três *players* nacionais que atua no setor de serviços de comunicações móveis e de rede fixa, de televisão e *internet*.

A empresa tem adotado uma estratégia de diferenciação, face à concorrência, com introdução de soluções tecnológicas pioneiras, procurando garantir serviços fiáveis e inovadores.

Todavia, têm-se verificado várias reclamações relativamente a erros de faturação e outras não conformidades em face dos contratos, geradores de conflitos legais e insatisfação dos clientes. Normalmente, após avaliação e reconhecimento, os erros são de imediato corrigidos, ou retificados nas faturas a emitir ou compensados com serviços adicionais.

Com o objetivo melhorar o nível de satisfação dos clientes e aumentar a quota de mercado, está em curso a implementação de um programa de melhorias *Six Sigma* para os Serviços de Faturação e Cobranças, com uma análise detalhada de procedimentos e atividades relativos aos seguintes subprocessos:

- Faturação;
- Cobranças e controlo de crédito;
- Gestão de pedidos e reclamações de clientes.

Pedidos:

A. Avalie como é que a implementação de uma filosofia *Six Sigma* pode contribuir para se atingirem os objetivos de melhoria da qualidade do serviço de faturação aos clientes e aumentar a quota de mercado da empresa?

B. Quais os fatores que devem ser assegurados para permitir o sucesso do projeto?
C. Qual a metodologia a adotar para o programa em curso: DMAIC ou DMADV?

Resolução:

A. Avaliação da filosofia *Six Sigma* para o cumprimento dos objetivos:
- Em termos de qualidade de serviço, o objetivo é obter um máximo de 3,4 DPM (i.e., 3,4 erros por cada milhão de eventos relativos à faturação, cobrança, reclamações de clientes relativas a não conformidades contratuais);

B. Fatores para permitir o sucesso do projeto?
- É imperioso assegurar: o envolvimento dos decisores da empresa; competências de saber fazer por parte dos líderes do projeto, com eventual recurso a consultores especializados; participação ativa dos vários departamentos e colaboradores no propósito de atingir "zero defeitos", em busca da Qualidade Total.

C. Qual a metodologia a adotar: DMAIC ou DMADV?
- Metodologia DMAIC, pois são processos já existentes.

Sigla	Caracterização	Ações
D *- Define*	Definição dos processos de melhoria em sintonia com os clientes e a estratégia da empresa.	Processos de faturação, com diversos tipos de erros e outras não conformidades e insatisfação dos clientes. Quantificar o tipo de erros e frequência dos mesmos e a razão.
M *- Measure*	Mensuração do desempenho (*Key Performance Indicators*)	KPIs: n.º de reclamações e índices de satisfação de clientes
A *- Analyse*	Análise dos dados para determinar as relações de causa e efeito das anomalias.	Análise ABC Diagrama de Pareto Diagrama de causa e efeito
I *- Improve*	Melhoria dos processos através da eliminação dos defeitos.	Automatização dos processos de registo dos contratos Novo *software* de faturação Formação dos colaboradores Prémios de desempenho

Sigla	Caracterização	Ações
C - *Control*	Controlo estatístico do processo, para assegurar que os objetivos de melhoria são atingidos.	Análise estatística de evolução dos indicadores relevantes Avaliação de desempenhos individuais e departamentais

EXERCÍCIOS E PROBLEMAS POR RESOLVER

Exercício 13.8 – Relatório de custos da Qualidade

A *Electronic Instruments* fabrica ventoinhas para mini e microcomputadores. Com o objetivo de implementar um programa de melhoria da qualidade, a empresa recolheu os seguintes dados operacionais para o ano N (valores em €):

1 - Inspeção da linha de produção	55 000
2 - Formação	120 000
3 - Devoluções	100 000
4 - Reparações no âmbito de garantias	68 000
5 - Manutenção preventiva de equipamentos	20 000
6 - *Recalls*	157 000
7 - Engenharia de projetos	67 000
8 - Refugos	30 000
9 - Tempo de paragem	40 000
10 - Equipamento para teste de produtos	88 000
11 - Seguro de responsabilidade legal de produtos	20 000
12 - Avaliação de fornecedores	15 000
13 - Retrabalho	35 000
14 - Inspeção e testes de materiais recebidos	25 000
15 - Gastos com litígios por alegações de produtos defeituosos	240 000
Total de gastos	1 080 000

Pedido:

Elabore um relatório de custos de qualidade e classifique os gastos em termos de custos de prevenção, de avaliação, de falhas internas e de falhas externas.

Exercício 13.9 – Cálculo de custos de Qualidade

1. A Sociedade *Lamp-Lusa, S.A.* produz candeeiros de plástico, cujas operações fabris ocorrem em duas fases: Moldagem e Montagem. A procura dos candeeiros é bastante elevada, pelo que a empresa mantém um preço de venda constante de 6,00 €/UF, qualquer que seja a quantidade a produzir e vender.
2. A capacidade de produção na operação de Moldagem é de 200 000 UF/ano e na operação de Montagem é de 300 000 UF/ano, pelo que, devido à limitação de capacidade das máquinas de Moldagem, só podem ser processados 200 000 candeeiros por ano.
3. A operação de Moldagem gera defeituosos, a uma taxa normal de 15%, que são reduzidos a fragmentos não tendo estes resíduos qualquer valor de venda. Os custos unitários industriais das unidades defeituosas – considerando gastos variáveis (V) e fixos (F), incorridos até à operação de moldagem – são os seguintes:
   - Materiais diretos (V): 2,40 €
   - Mão de obra , direta, de "*setup*" e de movimentação de materiais (V): 0,45 €
   - Gastos gerais, incluindo custos de inspeção e de teste (F): 0,90 €

   Custo unitário total: 3,75 €
4. As unidades sem defeito são transferidas para a fase de Montagem, sendo os custos variáveis de 0,375 € por unidade, não ocorrendo, nesta fase, defeituosos.
5. A informação sobre os custos de Qualidade é a seguinte:
   - *Design* do produto e custos do processo 36 000,00 €
   - Inspeção e custos de testes 25 500,00 €
   - Defeituosos (na Moldagem) 112 500,00 €
6. Testes desenvolvidos pelo Departamento de Engenharia e Controlo de Qualidade permitiram concluir que, adicionando determinado material aos materiais já utilizados, os defeituosos se reduziriam a zero; todavia, isso implicará custos variáveis adicionais na fase de Moldagem de 0,45 € por unidade.

Pedidos:

A. Calcule os custos diretos da não qualidade;

B. Determine o custo adicional dos novos materiais em resultado da implementação do novo método de produção, tendo em vista a melhoria da Qualidade?
C. Apure o resultado adicional para a Empresa;
D. Que outros fatores não quantitativos devem ser considerados antes de se tomar a decisão?

Exercício 13.10 – Análise custos benefícios de implementação de programa de melhoria da Qualidade

A unidade industrial Alfa produz e comercializa um único produto P. As especificações técnicas de P são as seguintes:

	Unidade medida	Consumo unitário (q)	Custo unitário (k)
Matérias M	m^2	8,00	4,00 €
Máquinas	horas	0,60	40,00 €

O preço de venda é de 100,00 €/UF.

Considere a seguinte informação relativa às condições de aprovisionamento de matérias, características do processo produtivo e serviço de pós-vendas a clientes:

1. As matérias sofrem perdas de 5% devido a deficiências de receção e armazenamento;
2. A armazenagem de M custa 0,10 €/ m^2;
3. Registam-se quebras de 4% nas matérias, ao longo do processo fabril;
4. As ações de controlo ao longo ao longo do ciclo fabril custam 25 000,00 €, por mês;
5. A produção defeituosa, retirada no final do processo, representa 12,50% da produção útil final; esta produção é classificada como 2.ª qualidade, sendo vendida com um desconto de 30% sobre o preço de venda;
6. As devoluções de clientes – que implicam um incremento da produção lançada em fabrico – representam 5% das unidades inicialmente entregues; a substituição dos produtos devolvidos implica um custo adicional de entrega de 8,00 €.
7. As devoluções de clientes são recuperadas em 80%, implicando a utilização de tempo máquina de 0,20 horas/UF, sendo revendidas como produtos de

3.ª qualidade, com um desconto de 50% sobre o preço de venda; as restantes unidades devolvidas (20%) são vendidas como resíduos a 5,00 €/UF.

8. Os custos do serviço pós-venda estimam-se em 3% do valor de vendas;
9. O tempo de paragem das máquinas representa 20 % das horas disponíveis;
10. O programa atual de controlo de qualidade é de 20 000,00 €/mês;
11. Os gastos de distribuição e administrativos são de 60 000,00 €/mês.

A empresa planeia implementar um novo Sistema de Gestão da Qualidade (SGQ), que implica um custo adicional mensal de 40 000,00 €, e que se estima vir a ter os seguintes impactos:

	Situação atual	**SGQ**
Perdas na receção e armazenagem de M	5%	3%
Perdas de matérias durante o processo produtivo (%)	4%	2,5%
Ações de controlo ao longo ao longo do ciclo fabril	25 000 €	Redução 40%
Defeituosos, identificados no termo do ciclo produção (%)	12,5%	7,5%
Devoluções de clientes (%)	5%	2,5%
Tempo de inatividade das máquinas (%)	20%	12,5%
Tempo de operação de equipamentos	0,60 h/ UF	0,50 h/UF
Custo do serviço pós-venda (%)	3,0%	1,0%
Gastos de distribuição e administrativos	60 000 €	Redução 10%

Relativamente ao mês M, é conhecida a seguinte informação:

1. Produção: 5 000 UF
2. Inventários iniciais e finais de matérias-primas e produtos: nulos.

Pedidos:

Compare a situação atual com a nova situação com SGQ, em termos de:

A. Produção a lançar em fabrico;
B. Programa de compra de matérias;
C. Horas de atividade de máquinas;
D. Resultados mensais.

BIBLIOGRAFIA DO CAPÍTULO

AECA Associación Española de Contabilidad y Administratión de Empresas (1995). *Costes de Calidad*, Principios de Contabilidad de Gestión. Ediciones Gráficas Ortega.

Amat, O. (1993). *Costes de Calidad y de no Calidad.* Eada Gestión.

Blocher, E., Chen, K., Cokins, G., & Lin, T. (2005). *Cost management: A strategic emphasis* (3rd ed.). McGraw-Hill Irwin.

Breyfogle, F. W. (2003). *Implementing Six Sigma* (2nd ed.). Wiley.

Chenhall, R. (1997). Reliance on Manufacturing Performance Measures, Total Quality Management and Organizational Performance. *Management Accounting Research*, 8(2), 187-206.

Costa, P. (2022). *A Qualidade e o Pensamento Lean – Livro 2. A ISO 9001 numa perspetiva Lean.* Gestbook.

Datar, S., & Rajan, M. (2021). *Horngren's Cost Accounting, A Managerial Emphasis* (17th ed.). Pearson Education.

Drury, C. (2021). *Management and Cost Accounting* (11th ed.). Cengage Learning.

Ferreira, D., Caldeira, C., Asseiceiro, J., Vieira, J., & Vicente, C. (2019). *Contabilidade de Gestão, Estratégia de Custos e de Resultados* (2.ª ed.). Rei dos Livros.

International Organization for Standardization. ISO 9000 – Quality management. Genebra. Disponível em https://www.iso.org/iso-9001-quality-management.html

Juran, J., & Godfrey, A. (1998). *Blanton – Juran's quality handbook* (5th ed.). McGraw-Hill.

Lopes, J., Pimentel, B., Pinto, J., Soares, J., & Nunes, S. (2020). *Gestão da Produção e Operações. Teoria e casos práticos resolvidos.* Escolar Editora.

Pinto, A. (2017). *ISO 9001:2015 Gestão da Qualidade. Guia Prático.* Lidel.

Pires, A. (2016). *Sistemas de Gestão da Qualidade* (2.ª ed.). Edições Sílabo.

Quesado, P., Rodrigues, L., & Aibar-Guzmán, B. (2012). O *Balanced Scorecard* como Ferramenta de Gestão Estratégica da Qualidade. *Revista FAE*, 15(2), 126-145.

Silva, V. (2002). Análise aos custos da qualidade, *Revista TOC*, 28, 26-31.

Zimmerman, J. (2019). *Accounting for Decision Making and Control* (10th ed.). McGraw-Hill.

CAPÍTULO 14

—

LEAN MANUFACTORING

OBJETIVOS DE APRENDIZAGEM

1. **Conhecer os princípios da filosofia *Lean*;**
2. **Perceber a ligação entre valor e desperdício;**
3. **Identificar as principais ferramentas do *Lean*.**

14.1. Introdução

O *Lean* é considerado uma abordagem inovadora das práticas de gestão, conduzindo as suas ações para a eliminação contínua das atividades que não acrescentam valor, isto é, eliminar os desperdícios mediante simples ferramentas. Com base na insatisfação e na melhoria contínua, pretende-se alcançar a perfeição dos processos, fazendo do tempo a principal arma competitiva. Esta metodologia tem o seu foco no cliente e procura identificar e eliminar sistematicamente todas as problemáticas que vão surgindo. Cumulativamente, garante aos clientes os padrões de qualidade e preço exigidos, ganhando também desta forma vantagem competitiva e valor para o acionista.

O objetivo principal do *Lean*, é, pois, maximizar o valor para os consumidores finais através da minimização do desperdício, isto é, criar valor para o cliente final utilizando o menor número de recursos e da melhor forma possível. Sendo o objetivo máximo a perfeição, então as organizações devem desenvolver o produto/serviço perfeito com zero por cento de desperdícios. Desta forma, uma empresa que implemente este sistema está numa constante procura pela perfeição, num ciclo de melhoria contínua.

Neste capítulo é explorado o conceito do *Lean* e sua evolução assim como os princípios base do pensamento *Lean*. Será abordado ainda o conceito de valor e de desperdício no âmbito desta metodologia e por último identifica-se um conjunto de ferramentas de aplicação do *Lean*.

14. 2. O conceito Lean Manufacturing

A expressão *Lean* (em português, "magro") foi mencionada pela primeira vez em 1987 por John Krafcik, um dos pesquisadores do Internacional *Motor Vehicle Program – Massachussets Institute of Technology* (MIT), depois de, em conjunto com a sua equipa, ter analisado o sistema de sucesso implementado pela Toyota. Krafcik (1988) observou o modelo desenvolvido por Ohno e evidenciou que, em comparação com as grandes empresas americanas, tal modelo requeria menos recursos, maximizando a eficiência, a produtividade e a flexibilidade através da agilidade e inovação, sendo, desta forma, capaz de enfrentar melhor as mudanças conjunturais e de mercado.

A Evolução do *Lean*

O conceito *Lean Manufacturing*, produção enxuta, foi desenvolvido entre os anos 1948 e 1975 e teve como principais pioneiros Taiichi Ohno, Shigeo Shingo e Eiji Toyoda, que pertenciam à indústria automóvel da japonesa Toyota. Este conceito então designado de *Lean Thinking* teve como antecedentes a produção artesanal e a produção em massa (Krafcik, 1988).

Inicialmente a produção automóvel era efetuada de forma artesanal. No início do século XX criou-se o conceito de linha de produção, fundado por Henry Ford, onde a produção de automóveis passou a ser um processo contínuo e otimizado, deixando de ser um processo artesanal. Este foi um conceito bastante inovador para a época, que se transformou rapidamente em ganhos, pois permitiu eliminar todas as excessivas deslocações que os operários tinham em torno do automóvel. As ideias de Taylor, aliadas ao conceito da linha de produção de Henry Ford, ajudaram a aperfeiçoar e a tornar mais eficiente a indústria automóvel, não deixando esta de ser ainda muito inflexível.

A 2.ª Guerra Mundial, onde o Japão saiu derrotado, deixou o país em estado crítico, sem poder de compra. A Toyota, sem exceção, encontrava-se com muitas dificuldades financeiras, uma vez que o *stock* começou a aumentar, porque não se vendiam carros, e também porque não possuía recursos para conseguir competir com os líderes mundiais.

Assim, Eiji Toyoda viajou para os EUA para estudar os modelos de produção que aí eram implementados. O objetivo desta viagem era a necessidade de melhorar o sistema de produção e os próprios produtos que apresentavam uma fraca qualidade. No entanto, após observar o sistema de produção em massa desenvolvido nos EUA, concluiu que, de acordo com o seu objetivo, este tipo de produção não seria vantajoso. Quando Eiji regressou ao Japão atribuiu a Taiichi Ohno a função de colocar a produtividade da Toyota ao nível da Ford.

Taiichi Ohno tinha conhecimentos acerca do funcionamento do sistema produtivo da Toyota, sendo que esta tencionava produzir grande variedade de automóveis em pequenos volumes (Krafcik, 1988). Foi assim que surgiu o sistema designado *Toyota Production System* (TPS).

A filosofia do TPS assenta nas chamadas "melhores práticas". Neste seguimento e com o objetivo de facilitar a sua aprendizagem, Fujio Cho (ex-diretor da Toyota) desenhou a denominada "Casa do TPS" onde se apresentam os princípios e a filosofia deste sistema, tal como mostra a Figura 14.1.

FIGURA 14.1 – **A Casa do TPS**

Fonte: Liker (2004), adaptado.

Descrevendo a Casa (Figura 14.1) de cima para baixo, no topo temos o telhado que define de forma clara os objetivos que devemos procurar. Isto assenta em dois pilares fundamentais – o *Just-in-time* (JIT) e o *Jidoka* – que nos mostram como devemos olhar para os processos para conseguirmos alcançar os objetivos definidos

(Bicheno & Holweg, 2009). O *Just-in-Time* (ver capítulo 11) caracteriza-se por produzir exatamente o que os clientes querem, quando e nas quantidades que querem. O *Jidoka* corresponde à automação das capacidades humanas e consiste em conceder à máquina ou ao humano (operador) a autonomia de parar o processo sempre que uma anomalia for detetada (Liker & Morgan, 2006).

Na parte central da casa encontram-se o trabalho em equipa (envolvimento de todos os colaboradores) e a minimização de desperdícios. Por último, na base estão representados os alicerces da casa que são constituídos pelo *Heijunka* (produção nivelada), *Kaizen* (melhoria contínua - ver secção 10.4) e processos estáveis e padronizados.

Este sistema de gestão tornou-se um sucesso devido ao facto de assentar numa cultura organizacional, levando a uma proliferação da filosofia *Lean* pelos diferentes setores de atividade.

A filosofia *Lean* tem sido um tema central de investigação, identificando-se quatro correntes: *Lean Manufacturing, Lean Supply Chain Management; Lean Enterprise,* e *Lean Product Development* (Jasti & Kodali, 2015).

Os Princípios do *Lean*

O pensamento do *Lean Thinking* compreende um conjunto de princípios que procuram simplificar a maneira como uma organização produz e entrega valor aos seus clientes, ao mesmo tempo que procura eliminar todos os desperdícios. Está direcionado para a melhoria contínua dos processos e para a focalização de meios e métodos que promovam essas melhorias (Pinto, 2010).

Podem-se assim identificar-se sete princípios (Paterson, 2015; Hines *et al.*, 2010; Mann, 2010) que direcionam as empresas quando estas pretendem implementar o *Lean* (Figura 14.2):

FIGURA 14.2 – **Os sete princípios do *Lean Thinking***

Fonte: Pinto (2010), adaptado.

- **Definição de Valor:** O valor deve ser a referência e consiste em definir internamente quais os produtos/serviços aos quais se pode adicionar valor e que seja reconhecido pelo cliente. Para tal é necessário refletir e ouvir o cliente, perceber quanto é que este está disposto a pagar e quais as suas reais necessidades.
- **Definir a Cadeia de Valor:** Desenhar/mapear e analisar a cadeia de valor irá permitir um reconhecimento de quais as tarefas/atividades que acrescentam valor e as que não criam valor. Existem também aquelas que não acrescentam valor e podem ser eliminadas (puro desperdício) e as que não têm valor, mas são insubstituíveis, relacionadas com a atual tecnologia ou com os ativos de produção. Assim, o pensamento 'magro' deve olhar para o todo e englobar todas as tarefas que estão intrínsecas à criação e produção de um determinado produto ou serviço. Só assim é possível construir a cadeia e estudar quais as tarefas que podem ser evitadas.
- **Otimizar Fluxos:** Procura tornar a cadeia de valor o mais fluída possível, através do reconhecimento de quais são os desperdícios que levam a que existam falhas. A verdadeira preocupação deve ser o produto/serviço e as suas necessidades e não a organização ou o equipamento.
- **Implementar o Sistema *Pull* (puxar):** Diminuir o tempo necessário desde a conceção ao lançamento, da venda à entrega e da matéria-prima ao cliente. Obter reduções no *lead time* e no tempo de resposta às necessidades do cliente. Pretende-se que seja o cliente a "puxar" o produto quando precisa, assim como só deve ser produzido o que o cliente diz que precisa, ao invés de os produtos, por vezes indesejados, serem "impingidos" aos clientes, evitando assim a criação de *stocks*.
- **Perfeição (ou Melhoria Contínua):** A perfeição começa a surgir naturalmente com o ciclo de melhoria. As diferenças começam a ser visíveis quando as organizações definem **valor** e identificam toda a **cadeia de valor**, proporcionando um **fluxo** contínuo, e deixam que seja o cliente a "**puxar**" o valor para a empresa. Todos os colaboradores estão conscientes que serão reduzidos os esforços, o tempo, o espaço, os custos e os erros e que, em simultâneo, se obtém uma maior satisfação por parte do cliente, por se oferecer produtos/serviços mais aproximados àquilo que ele quer/procura.
- **Conhecer os *Stakeholders*:** Conhecer o que o cliente determina como valor é bastante importante, mas numa organização onde se relacionam diversos grupos de interesses que afetam e são afetados pelas atividades da organi-

zação, também se torna importante conhecer as necessidades dessas partes interessadas. O foco não deve estar no próximo cliente da cadeia de valor, mas sim no cliente final, implementando corretamente a estratégia e servir o melhor para que o cliente adquira o nosso produto/serviço.

- **Inovar sempre:** A inovação que consiste em explorar com sucesso novas ideias e com elementos diferenciadores é um ponto fulcral para o cenário competitivo entre as organizações. As empresas devem ter consciência e entender na perfeição o conceito de inovar e a sua dinâmica, definindo uma estratégia de acordo com os objetivos da organização. Atentas no futuro, as organizações devem aplicar ao longo do processo de inovação, ferramentas de gestão que sejam adaptáveis a cada realidade. Consideram-se três os objetos de inovação: o **produto** (modificar os atributos do produto, incluído na forma como ele é entendido pelos consumidores), o **processo** (mudanças no processo de produção do produto ou serviço, gerando benefícios, tais como redução dos custos e aumentos de produtividade) e o **modelo de negócio** (mudanças na forma como o produto ou serviço é levado e oferecido ao mercado).

14.3. O Valor e o Desperdício na Metodologia Lean

Para entender o que significa desperdício, primordialmente é necessário entender o que significa valor do ponto de vista do cliente, sendo esta uma questão estratégica. Desta forma, pode-se definir desperdício como tudo o que consome recursos, mas não acrescenta valor para o cliente, pelo que devemos eliminá-lo ou reduzi-lo ao máximo. Em qualquer tipo de organização existem desperdícios que, para além de não acrescentarem valor ao produto, podem fazer com que o cliente pague mais pelo produto. Para identificar os desperdícios é necessário conhecer muito bem todos os processos. As atividades numa organização podem ser identificadas como: atividades que adicionam valor, atividades que criam valor no futuro; atividades de suporte e atividades que não adicionam valor, a que se dá o nome de desperdício (Hines *et al.*, 2002).

Vários estudos revelam que apenas 0% a 5% das atividades que as empresas desempenham, acrescentam valor, os outros 95% estão subdivididos entre desperdício puro e desperdício, conforme a Figura 14.3. Por um lado, podemos definir desperdício puro como as atividades que devem ser totalmente eliminadas e, por outro lado, designamos de desperdício as atividades que, embora necessárias, devem ser minimizadas.

FIGURA 14.3 – **Valor e desperdício nas organizações**

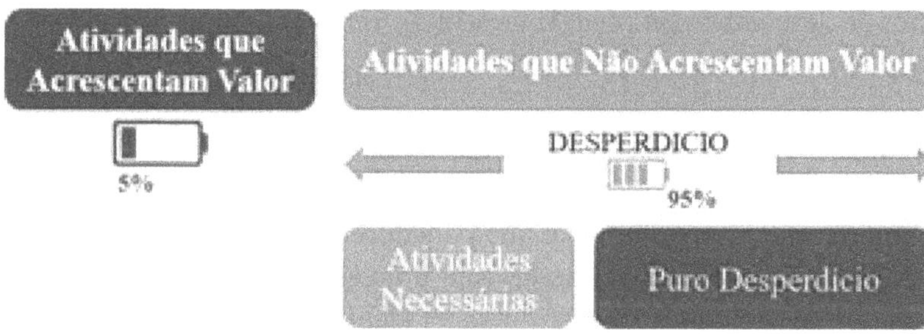

Fonte: Nogueira (2010), adaptado.

FIGURA 14.4 – **Os 7 tipos de desperdícios**

Fonte: Ohno (1998), adaptado.

De acordo com Taiichi Ohno (1998), considerado o maior crítico do desperdício, qualquer atividade humana que absorva recursos, aumente os custos e não forneça valor do ponto de vista do cliente, é considerada um desperdício. Este engenheiro da Toyota foi o primeiro a descrever os possíveis desperdícios que se podem encontrar num processo de produção, sendo que os mesmos são responsáveis por 95% do total dos custos de ambientes *non-Lean* (Figura 14.4).

14.4. Principais Ferramentas do Lean

São muitas as ferramentas *Lean* que podem ser aplicadas, contudo a sua aplicação só faz sentido quando alinhadas com uma estratégia de implementação correta. Numa primeira fase, é importante saber identificar e quantificar os problemas das organizações, ou seja, saber identificar onde estão as perdas e as oportunidades de melhoria, bem como encontrar as causas raiz. Depois deste diagnóstico é que se deve escolher quais as ferramentas de melhoria que são passiveis de serem utilizadas face aos problemas e oportunidades reconhecidos; porém, nem sempre é fácil selecionar as melhores ferramentas para resolver os problemas em causa. A convicção é que a escolha dos problemas para implementação *Lean* deve ter como primórdios os processos mais ineficientes ou aqueles que acarretam mais custos, examinando o sistema como um só e tendo atenção aos sistemas dependentes. Também as características inerentes a certos serviços podem colocar entraves na aplicação das ferramentas *Lean*.

A literatura diz-nos que são inúmeras as ferramentas de diagnóstico, das quais podemos salientar o VSM – *Value Stream Mapping*; o Kaizen; a Metodologia 5S; o 6 Sigma; a Análise da Causa Raiz (5 Porquês; Relatório A3; Diagrama de Espinha); o Diagrama de *Spaghetti*; o Ciclo PDCA; a Gestão Visual; o *Poka-Yoke* e o *Heijunka*, entre outras, e que se passa a descrever muito sumariamente.

Os métodos e ferramentas *Lean* devem ser escolhidos de acordo com o problema ou desafio específico a resolver, mas nem sempre é fácil adequar as melhores ferramentas e métodos *Lean* para resolver o problema em causa (Langstrand & Drotz, 2016; Daultani *et al.*, 2015).

VSM – *Value Stream Mapping* (Mapeamento da Cadeia de Valor)

O VSM é uma ferramenta de diagnóstico visual capaz de representar todas as etapas envolvidas nos fluxos de material e informação associados aos processos, viabilizando uma perspetiva "aérea" uma vez que permite a visão integrada dos fluxos de valor. Esta ferramenta só deve ser utilizada depois de se definir valor na ótica do cliente, servindo para eliminar atividades que não acrescentam valor (desperdício) e reduzir a variabilidade de equipamentos a utilizar.

O VSM é mapeado em diferentes momentos: o mapeamento do estado atual, do estado futuro e do estado ideal (em alguns casos). E também pode ser mapeado com variados níveis de detalhe de acordo com as necessidades do problema. Assim, o VSM mapeia todas as atividades que ocorrem ao longo do fluxo de valor correspondente a determinado produto ou serviço, complementando com o tempo que cada atividade demora, com os tempos de espera, transportes entre operações e número de trabalhadores. O VSM é uma ferramenta para todas as equipas que pretendam acelerar o processo e eliminar custos adicionais que não acrescentam valor (George *et al.*, 2005).

De forma sucinta, esta ferramenta de melhoria do fluxo de valor é constituída pelas seguintes etapas:

1.º Identificação do produto ou serviço que se pretende analisar;
2.º Construção de um mapa do estado atual, com base no processo real e obtendo informação junto dos trabalhadores do processo, mencionando as etapas que não acrescentam valor e os problemas de fluxo de material e de informação:
3.ª Mapeamento do estado futuro focado no cliente e na eliminação dos desperdícios, concebendo soluções para os eliminar;
4.ª Implementação do plano futuro (estado desejável). No entanto, quando o estado futuro se tornar realidade, deve ser elaborado um novo mapa, originando assim um ciclo de melhoria contínua do fluxo de valor. Desta forma, pretende-se reduzir aos poucos, mas significativamente e de forma simples, a complexidade do processo.

Kaizen

Um dos pilares da filosofia *Lean* é o *Kaizen* (ver secção 10.4), termo que também deriva do japonês e que significa melhoria contínua. Procura ininterrupta pela melhoria, tendo como finalidade atingir a perfeição. Esta filosofia pretende aumentar a produtividade através da eliminação gradual e contínua dos desperdícios (Imai, 2012, 1986). A peça fundamental para um funcionamento pleno é o envolvimento e a dedicação de todos os colaboradores da organização, pois a melhoria contínua é algo abrangente, que não acontece por iniciativa de uma única pessoa.

O *Kaizen*, como ferramenta, não atua de forma independente, englobando todas as técnicas de melhoria e fazendo a ligação entre cada uma delas.

É fundamental selecionar a área e o problema que exige intervenção, com a intenção de aumentar o valor e reduzir o desperdício na organização, podendo, para isso, recorrer-se à análise de causa raiz (Jackson, 2013).

No *Kaizen* os grandes resultados são, na maioria das vezes, fruto de muitas e pequenas melhorias acumuladas ao longo do tempo. Assim, a base desta metodologia traduz-se em pequenas melhorias, baseadas no bom senso e no baixo custo, garantindo resultados duradouros.

Metodologia 5S

O nome desta metodologia de melhoria contínua, já referida no capítulo 10, deriva de 5 palavras japonesas, todas elas iniciadas pela letra "S": *Seri* (separar), *Seiton* (organizar), *Seison* (limpar), *Seiketsu* (normalizar) e *Shitsuke* (manutenção). Esta metodologia surgiu no Japão após a 2.ª Guerra Mundial, devido à necessidade que este país tinha de criar condições de organização e limpeza, como forma de recuperar da destruição causada pela guerra.

Esta ferramenta é bastante aplicada nas organizações pela sua facilidade de implementação, mas, muitas vezes, difícil de manter. Cria espírito de equipa e ajuda a descobrir onde estão escondidos os maiores desperdícios e as melhores oportunidades para melhoria. Em fases posteriores, para obtenção de mais resultados, é necessário implementar ferramentas de melhoria e diagnóstico mais robustas. Esta metodologia está relacionada com a eficiência do ambiente de trabalho, pertencendo à categoria das ferramentas que, de forma simples, organizam os espaços de trabalho, mas também facilitando a tomada de decisão sobre o que deve ser mantido e onde e como deve ser armazenado. Neste sentido os processos e atividades são estandardizados e eliminam-se desperdícios.

Na Tabela 14.1 encontra-se de uma forma resumida a descrição do que abrange cada uma das ações identificadas pelos 5S (Pinto, 2016; Asefeso, 2013; Imai, 2012; Machado & Leitner, 2010).

TABELA 14.1 – **Descrição dos 5S**

Seiri **(Separar)**	Triagem de todos os itens e verificação daqueles que são mesmo necessários para execução das atividades. Os itens que não forem necessários devem ser removidos do local de trabalho. Com esta separação ganha-se mais espaço, permitindo um melhor fluxo de pessoas e equipamentos e menos confusão.
Seiton **(Organizar)**	Depois de removido o que não é necessário, é tempo de arrumar e organizar os itens pelo seu grau de utilização. Em seguida deve ser definido um local para cada item e cada coisa deve estar no seu lugar. Permite minimização do esforço e a poupança de tempo na procura dos materiais, sendo que se revela como um dos maiores desperdícios o tempo dispensado na procura dos itens. Esta segunda etapa resume-se em dois passos: decidir quais os lugares apropriados a cada material e identificá-los visualmente.
Seison **(Limpar)**	Depois de tudo organizado, devemos limpar as zonas de trabalho e criar normas que mantenham o espaço sempre limpo. A produtividade, motivação e o trabalho em equipa também aumentam se as condições de trabalho e de higiene forem respeitadas. Tanto a imagem da organização como as próprias atividades beneficiam se tiverem um "aspeto limpo e organizado" porque a limpeza dos locais de trabalho, equipamentos e utensílios promove a qualidade.
Seiketsu **(Normalizar)**	Para manter as condições de melhoria alcançadas até então, é necessário criar mecanismos e procedimentos. São então criadas instruções de limpeza, instruções visuais e de verificação à implementação das etapas anteriores.
Shitsuke **(Manutenção)**	É mais uma vez necessário criar uma cultura que permita suportar os ganhos obtidos e criar sustentabilidade através da melhoria contínua. Esta manutenção traduz-se em auditorias aos 5S.

Método 6 Sigma (*Six Sigma*)

O *Six Sigma* é um método organizado e sistemático de melhoria estratégica de processos e de desenvolvimento de novos produtos e serviços que se baseia em métodos estatísticos e no método científico para efetuar reduções drásticas em taxas de defeito definidas pelo cliente (Carreira, 2005; Pande & Holpp, 2002).

O *Six Sigma* é uma extensão dos conceitos da qualidade total com foco na melhoria contínua dos processos, com início nos processos que atingem diretamente o cliente (interno e externo). Esta proposta inovadora aproveita todas as iniciativas de qualidade que já foram implementadas na organização, harmoniza-as e define objetivos desafiantes para reduzir os desperdícios, sendo esta a preocupação permanente desta metodologia. Considera que um defeito é qualquer desvio (*gap*) de uma característica que gere insatisfação ao cliente. Em jeito de resumo, o *Six Sigma* avalia a capacidade de um processo e a forma como interfere noutros, considerando-os num plano integrado e não isolado. Deste modo, ambiciona reduzir o número de defeitos e a variabilidade dos processos que tendem a aumentar os custos.

O *Six Sigma* considera como referência para a resolução dos problemas o Ciclo DMAIC: *Define-Measure-Analyze-Improve-Control*:

- ***Define*** – Definir com precisão os objetivos do projeto e os requisitos dos clientes (internos e externos).
- ***Measure*** – Medir o processo para determinar a sua *performance*. Determinar a localização ou origem dos problemas.
- ***Analyze*** – Analisar e determinar as causas dos defeitos ou erros relevantes para cada problema encontrado;
- ***Improve*** – Melhorar o processo através da eliminação das causas dos erros ou defeitos. Propor, avaliar e implementar soluções para cada problema;
- ***Control*** – Controlar o desempenho e os resultados futuros decorrentes das medidas implementadas.

Análise da Causa Raiz (5 Porquês; Relatório A3; Diagrama de Espinha)

Enquadrada na análise de Causa Raiz pode-se identificar e ferramentas habitualmente utilizadas (Guimarães, 2013; Imai, 2012; George *et al.*, 2005):

- **5 Porquês** (5 *Why's*, em inglês): Esta ferramenta é bastante prática e poderosa, na medida em que procura conhecer e identificar os desperdícios e as oportunidades de melhoria. Esta ferramenta leva a equipa a procurar as "causas-raiz" e a não se satisfazer apenas com soluções superficiais.
  Ao longo do mapeamento da cadeia de valor são colocadas questões como:
  - *Why*? – Porque se realiza?
  - *What*? – O que está a ser realizado?

- o *When*? Quando é que se está a ser realizado? *Who*? Quem o está a realizar?
- o *Where*? Onde é que está a acontecer? *How*? Como está a ser realizado?
- o *How well*? Qual o seu desempenho?

- **Relatório/Matriz A3:** É uma ferramenta que visualmente ajuda a descrever algo, e também faz parte do processo de resolução de problemas. Este relatório deve ser um "contador de histórias" cuja sua leitura deve ser possível de trás para a frente e de frente para trás, não devendo ser utilizado como um formulário. Esta matriz deve ser de fácil preenchimento e emprega o modelo PDCA, envolve a partilha de ideias e a colaboração de toda a equipa para o seu preenchimento. Além da visão holística, esta matriz tem outra vantagem, a capacidade de resolver problemas de rotina e permitir a criação de um histórico.
- **Diagrama de Espinha:** Também conhecido como Diagrama Causa-Efeito ou como Diagrama de Ishikawa, em homenagem ao seu criador Kaoru Ishikawa. É classificado como uma das sete ferramentas básicas da gestão da qualidade. Esta ferramenta ajuda a equipa a estruturar e a identificar as fontes da causa e as razões. Depois de determinado o problema, este deve ser colocado no final da espinha de peixe e em seguida deve procurar-se a sua causa. Também se aplica para prevenção de causas de futuros problemas.

Diagrama de *Spaghetti*

Ao nível logístico, do local de trabalho ou até de análise do fluxo de documentos/objetos/pessoas, esta ferramenta tem uma utilização muito vasta. Na planta de uma determinada área são desenhados os fluxos/percursos efetuados. Na análise final é percetível como a maioria dessas deslocações e movimentações são desperdícios. Assim, através desta ferramenta de diagnóstico, é possível identificar quais as causas de todas essas deslocações (layout inadequado, local de trabalho desorganizado, falta de comunicação e material necessário em local desadequado).

Ciclo PDCA

Esta metodologia assegura que os problemas que foram detetados, corrigidos e eliminados não voltam a acontecer. Esta é uma ferramenta simples de aplicar, que se rege pelo ciclo de melhoria contínua e que se divide em quatro etapas básicas (Imai, 2012; George *et al.*, 2005):

- ***Plan*** (Planear) – Nesta etapa estabelecem-se objetivos para uma área de melhoria e cria-se um plano de ação. Faz-se uma breve análise da situação atual e o possível impacto das transformações futuras.
- ***Do*** (Executar) – Nesta etapa é executado o plano definido na etapa anterior.
- ***Check*** (Verificar) – Verificar os resultados obtidos com a aplicação do plano e comparar com os resultados esperados.
- ***Act*** (Agir/Ação) – Depois da análise dos resultados obtidos, é necessário atuar sobre o plano executado, melhorando se necessário ou promovendo melhorias nos processos.

Em suma, esta é uma ferramenta agregadora que contempla a avaliação, a melhoria e a monitorização.

Gestão Visual

A Gestão Visual tem um papel fulcral nas organizações, uma vez que a visão é o nosso sentido mais apurado, atendendo a que cerca de 83% da informação que conseguimos captar é através da visão.

Este sistema está canalizado para estimular e facilitar a comunicação e colaboração entre as diferentes categorias profissionais de uma organização no processo de discussão de problemas. Também o *Lean* se apoia na gestão visual e procura "tornar visíveis virtualmente todos os processos" através de ferramentas visuais simples, apelativas e dinâmicas.

O desafio da qualidade relaciona-se com as reduções de erro pela sua visão sistémica e pelo papel atribuído à gestão visual.

Poka-Yoke

O *Poke-Yoke* é um método que surgiu para ajudar os operadores a evitar erros. Existem duas situações: um erro está na iminência de acontecer, ou já aconteceu. Assim, reconhecer que o defeito já ocorreu designa-se de "deteção" e ao reconhecimento que um defeito está para ocorrer chama-se "predição" (prever o erro). Desta forma, este sistema assegura que as condições apropriadas existem antes de se iniciar o processo, impedindo que ocorram defeitos. Mas quando isto não é possível, os defeitos são detetados e eliminados do processo rapidamente.

Heijunka

Heijunka é uma palavra proveniente do Japão que significa "programação nivelada" e é obtida pela ininterrupção de pedidos. Um dos seus objetivos consiste em abrandar as anomalias da procura comercial produzindo, por pequenos lotes, vários modelos diferentes na mesma linha. É o apelidado *"one piece flow"*.

Este mecanismo tem a capacidade de converter a instabilidade da procura dos clientes num processo de produção estável e previsível, sendo, regra geral, combinado com outras técnicas de produção *Lean* para estabilizar o fluxo de valor. A programação de produção permite a combinação de itens diferentes de forma a garantir um fluxo contínuo de produção.

Sintetizando, o *Heijunka* facilita a estabilidade e a estandardização do trabalho, pois permite "nivelar" a carga das linhas, misturando a ordem de produção dos produtos. Este método também consegue construir modelos diferentes na mesma linha eliminando os desperdícios devido à estandardização. Com a aplicação do *Heijunka* é possível produzir por ordem da procura do cliente. Esta ferramenta reparte e equilibra a produção no conjunto dos meios disponíveis, em vez de submeter os meios específicos às irregularidades da procura.

Ao contrário daquilo que se pensa, é mais fácil otimizar o equilíbrio dos postos quando as linhas são multimodelo, porque um trabalho mais importante num produto é compensado por um trabalho mais leve no seguinte: as tarefas elementares são multiplicadas, fracionadas, sendo assim mais fácil a divisão em unidades elementares.

Jones (2006) afirma que com a multiplicação das tarefas, repartindo-as da melhor forma e uniformizando-as graças a um nivelamento estudado, consegue-se utilizar melhor o tempo de trabalho disponível para a criação de valor. O *Heijunka* permite assim a redução das diferentes mudanças, afetando maior valor à linha de Produção *Lean*.

SUMÁRIO

Para conseguir satisfazer as necessidades dos seus clientes, as empresas confrontam-se com sucessivas pressões para controlar os seus custos, através da racionalização dos recursos que dispõem, e igualmente garantir a eficiência e a qualidade dos produtos ou serviços prestados. Neste contexto, a filosofia *Lean* apresenta-se como uma poderosa metodologia para a melhoria de processos, que potencia a qualidade e a eficiência através das suas ferramentas de gestão simples.

Os princípios do pensamento *Lean* são facilmente entendidos, no entanto, a sua aplicação nem sempre é fácil, necessitando do empenho e motivação de todos os profissionais envolvidos. Esses princípios recomendam a eliminação gradual de todas as fontes de desperdício, enquanto se cria valor para as partes interessadas. Desta forma, são desenvolvidos processos mais rápidos e mais leves ("magros"), capazes de gerar produtos ou serviços de qualidade e a baixo custo. A metodologia *Lean* é também considerada um modelo de liderança e de gestão que promove a evolução através da melhoria contínua, estimulando à criação de valor na resolução dos problemas.

São muitas as ferramentas *Lea*n que podem ser aplicadas, contudo a sua aplicação só faz sentido quando alinhadas com uma estratégia de implementação correta.

A literatura diz-nos que são inúmeras as ferramentas de diagnóstico no âmbito do *Lean* que permitem reduzir ou eliminar o desperdício. Dentro dessas ferramentas podemos salientar o VSM – *Value Stream Mapping*; o *Kaizen*; a Metodologia 5S; o 6 Sigma; a Análise da Causa Raiz (5 Porquês; Relatório A3; Diagrama de Espinha); o Diagrama de *Spaghetti;* o Ciclo PDCA; a Gestão Visual; o *Poka-Yoke* e o *Heijunka,* entre outras.

Os problemas que geralmente se colocam na implementação de ferramentas *Lean* são idênticos a outras ferramentas de melhoria e são perfeitamente transferidas para melhorar a gestão de organizações que prestam cuidados de saúde (Brandão & Pidd, 2011).

TERMOS E CONCEITOS-CHAVE

Desperdício
Lean Manufactoring
Método 6 Sigma
Metodologia 5S
Valor
Value Stream Mapping

QUESTÕES TEÓRICAS

1. Explique o objetivo principal do *Lean*.
2. Identifique os sete princípios que direcionam as empresas quando estas pretendem implementar o *Lean*.
3. Explique o que significa valor e desperdício na filosofia *Lean*.
4. Descreva os possíveis desperdícios que se podem encontrar num processo de produção.
5. Quais são os 5S e qual a importância desta metodologia?
6. Diga, justificando, em que medida o método *Six Sigma* é considerado como uma ferramenta *Lean*.
7. Identifique e explique uma das ferramentas que habitualmente é utilizada na análise de Causa Raiz.

BIBLIOGRAFIA DO CAPÍTULO

Asefeso, A. (2013). *5S for healthcare*. AA Global Sourcing Ltd.

Bicheno, J., & Holweg, M. (2009). *The Lean Toolbox- The Essential Guide to Lean Transformation* (4th ed.). PICSIE Books.

Brandão L., & Pidd, M. (2011). Exploring the barriers to Lean health care implementation. *Public Money & Management*, 31(1), 59-66.

Carreira, B. (2005). *Lean Manufacturing That Works: Powerfull Tools for Dramatically Reducing Waste and Maximizing Profits*. AMACOM. Fujimoto.

Daultani, Y., Chaudhuri, A., & Kumar, S. (2015). A Decade of Lean in Healthcare: Current State and Future Directions. *Global Business Review*, 16(6), 1082-1099.

George, M., Rowlands, D., Price, M., & Maxey, J. (2005). *The Lean Six Sigma Pocket Toolbook: A Quick Reference Guide to Nearly 100 Tools for Improving Process Quality, Speed, And Complexity*. Mcgraw-Hill.

Guimarães, M. (2013). *Lean Thinking in Healthcare Services – Learning from Case Studie*

Hines, P., Holweg, M., & Rich, N. (2004). Learning to Evolve: A Review of Contemporary Lean Thinking. *International Journal of Operations & Production Management*, 24(1), 994-1011.

Hines, P., Found, P., Griffths, G., & Harrison, R. (2010). *Staying Lean: Thriving, Not just Surviving*. Productivity Press

Hines, P., Silvi, R., & Bartolini, M. (2002). *Lean Profit Potential*. Lean Enterprise Research Centre.

Imai, M. (1986). *Kaizen: The Key to Japan's Competitive Success*. McGraw-Hill/Irwin

Imai, M. (2012). *Gemba Kaizen: A commonsense Approach to a Continuous improvement Strategy.* 2nd ed., McGraw Hill

Jackson, T. (2013). *Kaizen Workshops for Lean Healthcare.* Lean Tools for Healthcare Series. CRC Press

Jasti, N. & Kodali, R. (2015). Lean Production: literature review and trends. *International Journal of Production Research*, 53(3), 867-885.

Krafcik, J.F. (1988). Triumph of the Lean production system, *Sloan Management Review*, 30(1), 41-52.

Langstrand, J., & Drotz, E. (2015). The Rhetoric and Reality of Lean: A Multiple Case Study. *Total Quality Management & Business Excellence*, 27(3-4), 398-412.

Liker, J. (2004). *The Toyota way.* McGraw Hill.

Liker, J., & Morgan, J. (2006). The Toyota Way in Services: The Case of Lean Product Development. *Academy of Management Perspectives,* 20(2), 5-20.

Linderman, K. (2003). Six Sigma: A Goal-Theoretic Perspective. *Journal of Operations Management*, 21(2), 193-203.

Machado, V., & Leitner, U. (2010). Lean Tools and Lean Transformation Process in Health. *International Journal of Management Science and Engineering Management*, 5(5), 383-392.

Mann, D. (2010). *Creating a Lean Culture – Tools to Sustain Lean Conversions* (2nd ed). CRC Prize.

Mazzocato, P., Savagem, C., & Brommels, M. (2010). Lean Thinking in Healthcare: A Realist Review of The Literature. *Qual Saf Health Care*, 19, 376-382

Ohno, T. (1998). *Toyota Production System: Beyond Large-Scale Production.* Productivity Press.

Pande, P., & Holpp, L. (2002). *What is Six Sigma?* McGraw-Hill.

Paterson, J. (2015). *Lean Auditing Driving Added Value and Efficiency in internal audit.* John Wiley & Sons.

Pinto, J. (2008). *Lean Thinking: Introdução ao pensamento magro.* Comunidade *Lean* Thinking.

Pinto, J. (2016). *Manual dos 5S.* CLT Valuebased Publishing.

CAPÍTULO 15
—
TEORIA DOS CONSTRANGIMENTOS (*THEORY OF CONSTRAINTS* - TOC)

OBJETIVOS DE APRENDIZAGEM

1. **Compreender em que consiste e como evoluiu a TOC;**
2. **Identificar os passos da TOC;**
3. **Analisar os impactos da TOC na contabilidade tradicional;**
4. **Analisar a possível complementaridade entre a TOC e o sistema ABC;**
5. **Identificar as vantagens e as dificuldades de implementação da TOC.**

15.1. Introdução

A procura por técnicas eficientes de gestão de custos para obter vantagens competitivas tem sido uma constante na vida das organizações, para serem capazes de enfrentar a intensa concorrência e a crescente exigência por parte dos clientes ao nível da qualidade dos produtos e serviço e ao nível do serviço pós-venda.

A necessidade de identificar as restrições ou constrangimentos que limitam a capacidade das empresas na realização dos seus objetivos e metas colocou novos desafios à Contabilidade de Gestão que levaram ao desenvolvimento da chamada Teoria dos Constrangimentos (TOC) ou das Restrições.

Neste capítulo, depois de se esclarecer sobre a origem e definição da teoria, apresenta-se a sua evolução, as cinco etapas que a literatura identifica para colocar a TOC em prática, relaciona-se a teoria com a Contabilidade de Ganhos (*Throughput Accounting*) para expressar a TOC em termos monetários e esclarece-se quanto às principais medidas operacionais e financeiras que, neste âmbito, geralmente, apoiam a tomada de decisões. Finalmente, depois de se fazer resumidamente uma análise comparativa entre a TOC e o sistema ABC, apresentam-se as vantagens e os constrangimentos que se têm identificado na operacionalização da TOC.

15.2. Origem e definição da TOC

A origem da TOC remonta aos anos 70 quando um físico israelita, Eliyahu Goldratt, na procura de métodos de otimização de processos industriais, desenvolveu um programa (*Optimized Production Technology* – OPT) de calendarização eficaz para aumentar a produção.

A TOC é mais do que um sistema de planeamento da produção, tendo sido definida na literatura como uma abordagem ou metodologia de gestão multifacetada, voltada para a melhoria contínua dos processos que condicionam o fluxo da produção e, consequentemente, do desempenho das operações fabris. Assim, visa promover a reflexão organizacional em torno dos problemas, bem como o desenvolvimento de soluções adequadas e a sua implementação com sucesso.

Segundo a TOC, o que justifica a inexistência de produção ilimitada e um lucro infinito nas empresas é precisamente a existência de uma ou mais restrições[24] físicas, ou seja, fatores que restringem ou impedem a atuação das empresas (vistas como um sistema, como um todo), e o alcance de um desempenho superior relativamente à meta. Assim, no sentido de maximizar os lucros, os gestores devem gerir e controlar da melhor forma tais restrições. Como tal, o contínuo aperfeiçoamento e fortalecimento do processo produtivo e empresarial passa pela eliminação das restrições que vão surgindo.

A TOC parte de uma visão sistémica da empresa ao considerar que existe uma causa comum para um conjunto de efeitos. A identificação das restrições, no sentido de minimizá-las ou eliminá-las, irá otimizar a produção de uma organização e sugerir a implementação de mudanças para melhorar o seu desempenho global. Outra particularidade da TOC é a ênfase colocada nos ganhos (e não nos custos), dando prioridade ao produto que gera maior ganho sobre os recursos limitados.

Criada na área das operações, a TOC rapidamente foi expandida para outras áreas de atuação empresarial. Para Goldratt (1990), os conceitos de causa e efeito e a relação de interdependência dos elementos de um sistema são a base do raciocínio da TOC. Assim, cada elemento do sistema depende de um outro elemento e, em consequência, o desempenho global está intrinsecamente relacionado com o desempenho do conjunto, como um todo, e não do desempenho individual e isolado de cada parte do sistema. Como tal, torna-se fundamental desenvolver métodos para se encontrar as próprias soluções através da observação entre as causas dos diversos problemas e da perceção da origem desses problemas. Neste sentido, a TOC pode ser considerada uma ferramenta de gestão empresarial centrada na análise e solução dos problemas relacionados à competitividade das empresas.

[24] Este conceito também é conhecido como "gargalo" (*bottleneck*).

15.3. Evolução da TOC

A evolução da TOC, em termos cronológicos, caracteriza-se por cinco "Eras" representadas na figura 15.1 (Watson *et al.*, 2007):

Figura 15.1 – **As cinco "Eras" da TOC**

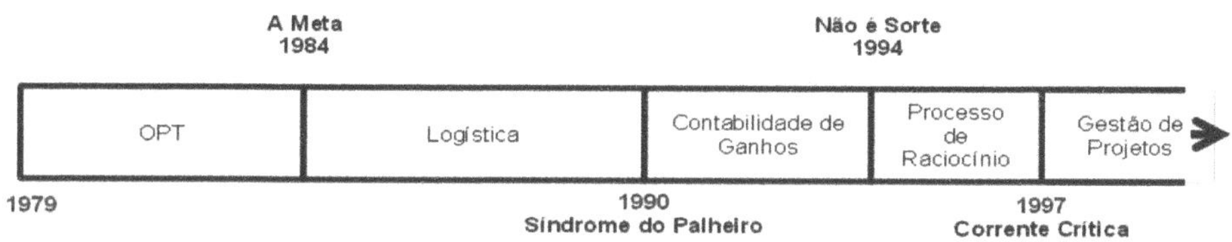

Fonte: Watson *et al.* (2007, p. 388), adaptado.

Era 1 (1979-1984) - OPT: a Era 1 decorre entre 1979 e 1984 com o surgimento do programa OPT que foi adotado por várias organizações. No entanto, a sua programação gerou controvérsia por promover a inatividade de alguns recursos e atividades, opondo-se ao sistema de medição de desempenho da maioria das organizações norte-americanas, onde os colaboradores eram avaliados segundo a eficiência individual. Deste modo, alguns colaboradores ignoravam a programação e continuavam a produzir para evitarem avaliações de desempenho desfavoráveis. Como medida corretiva, Goldratt decidiu "educar" os gestores e colaboradores e lançou os nove princípios OPT: (i) deve ser o fluxo a balancear e não a capacidade; (ii) o nível de utilização de um recurso que não é a restrição não deve ser determinado pelo seu próprio potencial, mas sim pela restrição; (iii) a utilização e a ativação de um recurso não são a mesma coisa; (iv) uma hora perdida na restrição é uma hora perdida em todo o sistema; (v) uma hora economizada num recurso que não é a restrição é apenas uma ilusão; (vi) são as restrições que determinam o ganho e o inventário; (vii) o lote a ser transferido nem sempre deve ser igual ao lote a ser processado; (viii) o lote a processar deve ser variável e não fixo; (ix) o planeamento deve ser definido de acordo com todas as restrições simultaneamente.

Era 2 (1984-1990) – Logística: em 1984, Goldratt reconheceu a lentidão e falta de compreensão sobre a programação da OPT e decidiu publicar, com Jeff Cox, o livro "A Meta", em jeito de romance ou novela, onde apresentaram a TOC e as suas ferramentas base para os problemas de logística e produção, com forte incidência na identificação e remoção das restrições e na maximização do ganho da organização. Neste livro, os autores alertam para a ineficácia do sistema tradicional de Contabilidade de Custos, ao se concentrar essencialmente na redução dos custos unitários de produção e não sobre as atividades que possibilitam o aumento dos resultados. Mais tarde, com o livro "A Corrida", Goldratt consolida as ferramentas da TOC.

Era 3 (1990-1994) – Contabilidade de Ganhos: com a publicação do livro "Síndrome do Palheiro", Goldratt apresenta a Contabilidade de Ganhos (*Throughput Accounting*) e as suas medidas de desempenho, com o propósito de apoiarem os gestores na avaliação do impacto das decisões a tomar e de os ajudar a concentrarem-se no objetivo da organização.

Era 4 (1994-1997) – Processo de Raciocínio: em 1994, Goldratt publicou mais um livro intitulado "Não é Sorte", onde apresenta outro dos ramos da TOC: o Processo de Raciocínio, que funciona como um guia para a descoberta de novas soluções para problemas complexos e não estruturados. Para o autor, para as empresas estarem preparadas para o futuro e poderem evoluir continuamente, precisavam de conseguir resolver individualmente os seus problemas.

Era 5 (pós 1997) – TOC aplicada à Gestão de Projetos: finalmente, com a publicação do livro "Corrente Crítica", em 1997, Goldratt reintroduz o estudo sobre a Gestão de Projetos baseado na lógica TOC, com o objetivo de reduzir a duração e simplificar o controlo dos projetos.

Face ao exposto, mais do que uma filosofia de gestão, a TOC é um conjunto de técnicas de gestão e otimização da atividade de uma organização, podendo ser vista como um trio (Figura 15.2): logística, Contabilidade de Ganhos e processo de raciocínio. Estas três ferramentas são efetivamente necessárias para o sucesso na melhoria dos resultados e para o aproveitamento dos limites de qualquer organização (Schaefers *et al.*, 2004).

FIGURA 15.2 – **Os ramos da TOC e as suas ferramentas**

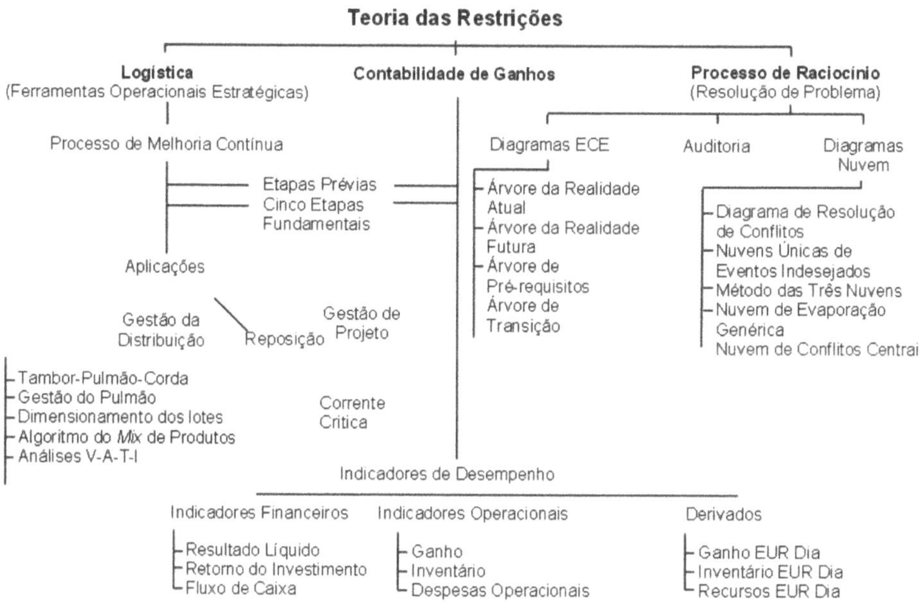

Fonte: Groop (2012, p. 35), adaptado.

15.4. PASSOS DA TOC

Após a definição da meta global da empresa e das medidas que permitirão avaliar o impacto de qualquer subsistema ou ação local nessa meta, são cinco os passos identificados na literatura para colocar a TOC em prática e focar a atenção dos gestores nos fatores que inibem o crescimento do lucro:

1 – Identificação da(s) restrição(ões) do sistema: o objetivo deste passo é identificar um recurso que limita o fluxo da produção e impede a empresa de alcançar a sua meta. Esta identificação pode ser realizada através da localização de inventários em curso ou pela diferença entre os materiais necessários e aqueles solicitados pela produção. Assim, o desempenho do sistema só pode ser melhorado se o seu ponto mais fraco for identificado. No caso de existir mais do que uma restrição, a opção recai sobre aquela que gera maior ganho ou melhor desempenho. Para Goldratt, a maioria das restrições das empresas são internas, derivadas sobretudo de políticas de gestão erradas, mas também podem resultar da capacidade produtiva, da falta de matéria-prima, da escassez de mão de obra, entre outras. Para o autor, raramente se verificam restrições externas relacionadas com prazos de entrega, preços praticados e qualidade do produto;

2 – Definição de como explorar a(s) restrição(ões) do sistema: o objetivo é conseguir atingir, atendendo à limitação de recursos, a melhor taxa de rendimento possível, não desperdiçando nada dessa(s) restrição(ões). Trata-se de definir um conjunto de ações para obter o melhor proveito do recurso restrito, maximizando o desempenho do sistema. Assim, esta etapa resume-se a decidir como explorar a restrição, exigindo um acompanhamento constante, sem incorrer em despesas adicionais e sem a utilização dos outros recursos. É fundamental, como tal, garantir que não há tempo de inatividade e que todos os desperdícios de tempo e atividades não-produtivas na restrição são eliminados, o que implica que a atenção deve estar centrada nos produtos que geram maior resultado por unidade utilizada na restrição;

3 – Subordinação de todos os aspetos às decisões tomadas no passo anterior: é necessária uma boa gestão dos recursos não restritos para, por um lado, não aumentar os inventários em curso e, por outro, para que não falte material. Para Goldratt (1990), os recursos não restritos devem "trabalhar" ao ritmo da restrição, ou seja, nem mais rápido nem mais devagar, para evitar perdas e desperdícios de recursos. Neste passo, no sentido de evitar conflitos entre recursos, é crucial garantir que as relações existentes entre os recursos limitados e não limitados estejam muito bem definidas, evitando-se quebras na produção, perdas de tempo e, consequentemente, uma redução da margem operacional. Assim, os recursos não limitados não devem ter como objetivo principal a redução de custos, para que qualquer decisão tomada atenda ao impacto que a decisão terá na restrição;

4 – Elevação da(s) restrição(ões) do sistema: o objetivo deste passo é promover a eficiência no funcionamento do sistema através da otimização da utilização dos recursos escassos disponíveis. Tal pode ser conseguido através, por exemplo, da redução dos *setups*, do tempo de manutenção preventiva de equipamentos, e do aumento das competências dos funcionários. Assim, a preocupação está centrada em tomar medidas para promover o aumento da capacidade da restrição e, consequentemente, da margem operacional. Simultaneamente, deve-se garantir que os restantes recursos tenham capacidade suficiente para alimentar o recurso limitado;

5 – Quando uma restrição for quebrada, voltar para o "elo" agora mais fraco, sem deixar que a inércia se torne a nova restrição (reiniciar o ciclo): partindo do princípio que aparecerá sempre uma nova restrição, e tendo sempre presente o objetivo de alcançar, de forma permanente e sistemática, a meta global do sistema, este passo promove a renovação do ciclo de melhoria contínua, voltando-se para o primeiro passo (processo cíclico de melhoria contínua). Assim, se uma restrição, previamente identificada, foi eliminada, o sistema precisa ser reavaliado para verificar se a restrição não se mudou para outro elo, alertando os gestores de que nenhuma política ou solução é adequada para todos os momentos e para todas as situações.

15.5. A TOC e a Contabilidade de Ganhos

Para Goldratt (2010, 2009), os princípios da contabilidade tradicional quando aplicados à medição do desempenho, ao custo do produto e às decisões de investimento de capital, fornecem informações ilusórias ou incorretas, conduzindo a políticas ou práticas inconsistentes com os objetivos da organização. A excessiva preocupação com a diminuição ou eliminação dos custos pode levar, segundo o autor, à redução de custos que sejam estritamente necessários para a continuidade da produção. Como tal, o autor apresenta a chamada Contabilidade de Ganhos (*Throughput Accounting*) para expressar a TOC em termos monetários, que se baseia na ideia de que o lucro líquido de uma empresa pode ser aumentado sem limites. Assim, o lucro líquido, o retorno sobre o investimento e os fluxos de caixa são importantes indicadores ou medidas financeiras às quais se deve dar especial atenção que, para se enquadrarem na filosofia da TOC, devem ser devidamente adaptados, dando origem às denominadas "Medidas Operacionais": ***Throughput*** (quanto dinheiro se gera na nossa empresa?), **Inventário** (quanto dinheiro se investe na nossa empresa?) e **Despesas Operacionais** (quanto dinheiro se gasta para fazer funcionar a empresa?).

Segundo Corbett (1997), para se tomar uma decisão de acordo com a TOC é necessário quantificar o impacto da decisão nessas três medidas, no sentido de analisar qual é a variação no lucro líquido e no retorno sobre o investimento (o que vai nos mostrar se a decisão é boa ou não).

Subjacente a estes conceitos está o entendimento dos negócios como uma sequência de processos interrelacionados numa cadeia que transforma as entradas (inventários) em produções "vendáveis" (ganho). Assim, permitirão perceber qual o impacto de uma decisão nos resultados finais da empresa, privilegiando-se decisões que aumentem o ganho e diminuam o investimento em inventários e a despesa operacional. Qualquer decisão com impactos positivos no retorno sobre o investimento conduzirá a empresa para o alcance da sua meta.

Face ao exposto, a Contabilidade de Ganhos é uma abordagem regular para melhorar o desempenho de um sistema por meio da gestão do fluxo de materiais e da utilização da capacidade da restrição, tendo como principal objetivo a maximização da rendibilidade.

Medidas operacionais

Prevendo que o objetivo de uma organização é atingir a sua meta sem violar as condições necessárias, a Contabilidade de Ganhos inclui três medidas operacionais para a tomada de decisões: *Throughput* (ganho ou margem operacional), Inventário (investimento) e Despesa Operacional. Basicamente, pode-se dizer que a Contabilidade de Ganhos é usada para responder às seguintes questões: (i) qual o impacto da decisão nos ganhos? (ii) qual o impacto da decisão no inventário? (iii) qual o impacto da decisão nas despesas operacionais?

Estas medidas operacionais são de simples aplicação a qualquer nível de uma organização e bastante úteis para avaliar o impacto das decisões tomadas e alinhar as decisões individuais com o objetivo global.

O ***Throughput*** (ganho ou margem operacional) é o fluxo monetário gerado através das vendas. Este valor é nos fornecido pela diferença entre o preço de venda ou valor de venda do produto ou serviço e os custos variáveis dessas vendas, sejam eles industriais ou não industriais. Por outras palavras, é a margem de contribuição, não havendo intenção de adicionar qualquer outro tipo de custos, significando que a quantidade de ganho por produto é, geralmente, alta. Assim, a mão de obra direta, quando retribuída por tempo, e não por unidade produzida, não se considera custo variável e, por conseguinte, não se deduz ao valor para determinar a margem operacional. O ganho só é reconhecido aquando das vendas, ou seja, somente quando houver entrada de dinheiro e, para ser maximizado, as organizações deverão não só vender os bens ou serviços com a maior diferença entre o preço e o custo totalmente variável, como também reduzir o tempo entre o dinheiro despendido para produzir e o dinheiro obtido nas vendas.

O **Inventário** (investimento) é todo o dinheiro existente dentro do sistema que a empresa investe na compra de bens para depois vender. Compreende todos os ativos, daí a designação investimento, mas também abarca o inventário das matérias-primas e o inventário dos produtos em vias de fabrico ou em curso e dos produtos acabados não vendidos, sem estarem englobados os custos com a mão de obra direta e os gastos gerais de fabrico. Um valor excessivo nesta medida significa mais encargos para a organização (custos com espaço, dinheiro cativo, etc.).

A **Despesa Operacional** é todo o dinheiro gasto pelo sistema para transformar o inventário (investimento) em margem operacional (ganho), bem como a parte dos bens que fazia parte do inventário e foi desgastada no período, ou seja, todas as outras despesas que não entraram no ganho ou no inventário. Regra geral, são todas as despesas que resultam da passagem do tempo (em vez do processo produtivo), logo, são o preço que a organização paga para manter o seu nível de capacidade operacional. Em termos mais simples, representa as despesas do período, ou seja, todo o dinheiro gasto pela organização independentemente da quantidade vendida. Nelas, incluem-se todos os custos que não são totalmente variáveis como a mão de obra direta e indireta, administração, depreciações, fornecimentos externos, pagamentos de juros, entre outros.

Esta nova abordagem permite medições e objetivos mais realistas para as organizações porque, inicialmente, estarão concentradas em aumentar o ganho e, só depois, em reduzir o inventário/investimento e a despesa operacional. Logo, do ponto de vista da TOC, o ganho é a medida mais importante e deve ser o foco central na tomada de decisão por parte dos gestores, enquanto, o custo fixo da capacidade, uma vez adquirido é um custo irrecuperável e, portanto, não é relevante na tomada de decisões. Por isso, a TOC defende que a despesa operacional deve ser suportada pelo ganho global, não devendo ser imputada aos produtos. Relativamente ao custo com inventário, este por ser considerado um ativo no balanço e por a maioria dos gestores acreditarem que tudo na organização deve ser mantido a trabalhar em todos os momentos, existe frequentemente nas organizações uma quantidade excessiva de dinheiro investida em inventário, no entanto, ao considerar a mão de obra e gastos de fabrico como Despesa Operacional, a TOC desencoraja os gestores a criarem inventário desnecessário.

Segundo a TOC, o ganho por unidade do fator restrito deve ser calculado para se determinar o *mix* de produtos mais apropriado. Esse ganho por unidade é a mesma margem de contribuição por unidade em restrição abordada no capítulo 3, do presente manual, relativo à análise CVR.

Medidas financeiras

A TOC utiliza três indicadores financeiros que são constituídos por duas medidas de desempenho global (Resultado Líquido e o Retorno sobre o Investimento) e por uma medida de sobrevivência (Fluxo de Caixa). Segundo a teoria, apenas estas três medidas norteiam o grau de alcance da meta:

- **Lucro Líquido** [Ganho – Despesa Operacional] – é uma medida absoluta que reflete a capacidade da organização de fazer dinheiro, agora e no futuro, e é a medida absoluta do lucro da organização, ou seja, representa o dinheiro que a empresa está a gerar.
- **Retorno sobre o Investimento (RSI)** [(Ganho – Despesa Operacional) / Investimento] – é uma medida relativa ao investimento efetuado e qualquer decisão positiva no RSI conduz a organização em direção à sua meta.
- **Fluxo de Caixa** – é uma medida indispensável para a sobrevivência da organização, significando que quando se tem dinheiro suficiente, este não é assim tão importante. Mas quando não é suficiente, nada mais importa que o dinheiro para a sobrevivência da organização.

15.6. A TOC e o sistema ABC

A TOC e o ABC aparentemente são dois sistemas controversos. Estamos perante duas ferramentas de gestão distintas quanto ao seu objetivo, procurando o sistema ABC o apuramento correto e preciso dos custos, enquanto a TOC considera os custos irrelevantes, estando sim direcionada para o aumento do ganho e otimização da produção. A mesma divergência pode ser observada quanto ao tempo de aplicação das mesmas. A TOC possibilitará uma melhor tomada de decisões no curto prazo. Por sua vez, o sistema ABC facilitará uma melhor imputação dos custos das atividades a cada produto no longo prazo.

Apesar de, segundo a TOC, todos os métodos de custeio são obsoletos, arbitrários, subjetivos e ultrapassados, não permitindo apurar o custo dos produtos e serviços de uma forma correta, quer a TOC quer o ABC são sistemas que fornecem aos gestores informações para apoiar o processo de tomada de decisões relativas à afetação dos recursos, auxiliando na compreensão dos processos de produção das empresas. Assim, são dois sistemas interligados já que apareceram nos últimos anos para fazer face à necessidade de se obter melhores informações sobre o que deve ser produzido e em que quantidade, assim como se se pode incrementar o lucro da empresa, mantendo os custos operacionais. Neste sentido, são duas ferramentas de gestão complementares baseadas na filosofia da melhoria contínua, em que a exploração das restrições deve ser efetuada de forma a aumentar o ganho nos produtos, ou seja, a maximizar o lucro da empresa.

15.7. Vantagens e dificuldades da TOC

A TOC é recusada ou ignorada por uns e apoiada incondicionalmente por outros, sobretudo devido às vantagens e aos aspetos críticos inerentes à sua implementação.

São várias as vantagens apontadas na literatura que podem resultar do processo de implementação da TOC, nomeadamente:

- Maximização dos lucros;
- Melhoria contínua da produção;
- Identificação e eliminação de restrições;
- Descoberta de novas soluções para problemas complexos e não estruturados;
- Simplificação do controlo de projetos;
- Avaliação do impacto de decisões a tomar;
- Aumento da produtividade;
- Redução de custos;
- Identificação dos fatores críticos de sucesso;
- Complementaridade com outras teorias, técnicas e metodologias de gestão.

Não obstante as vantagens enumeradas, também é possível encontrar na literatura alguns aspetos críticos relacionados com a TOC, em concreto:

- A não originalidade dos conceitos apresentados;
- Análise demasiado simplista;
- Análise do desempenho apenas com medidas financeiras;
- Orientação apenas para o curto prazo;
- A identificação e exploração de restrições baseia-se em quantidades fixas de recursos;
- Dificuldade em identificar a restrição em cenários onde existe mais do que uma restrição.

SUMÁRIO

As ideias básicas subjacentes à TOC são as de que a empresa é um sistema, ou seja, um conjunto de elementos interdependentes, e que o processo de produção tem pelo menos uma restrição (física ou política) que deve ser gerida e controlada para melhorar o desempenho do sistema.

A TOC desenvolve um conjunto de procedimentos para identificar e otimizar as restrições e promover a melhoria contínua: identificação da(s) restrição(ões); definição de como explorar a(s) restrição(ões) do sistema; subordinação de todos os aspetos às decisões tomadas no passo anterior; elevação da(s) restrição(ões) do sistema; e voltar para o "elo" agora mais fraco, sem deixar que a inércia se torne a nova restrição.

Para Goldtratt (1990), a contabilidade tradicional centra a sua atenção na determinação dos custos e na utilização de bases de rateio ou imputação de custos indiretos subjetivas para a tomada de decisão sobre preços de venda, quando os preços são determinados pelo mercado (tal como defende o *Target Costing*) e os problemas na tomada de decisão não são justificados pelas distorções nos custos dos produtos e serviços. Assim, a prioridade é a maximização do ganho, depois a redução do inventário e, finalmente, a redução das despesas operacionais.

Um conceito associado à TOC é o de "Contabilidade de Ganhos" que surgiu com a perceção de que as medidas da Contabilidade Tradicional eram um impedimento para a implementação da TOC por não se focarem na restrição e por considerarem que a inatividade significava uma perda de produtividade. Desta forma, focada nas restrições e projetada para ser uma abordagem de custeio direto, a Contabilidade de Ganhos suporta especialmente as decisões de produção de curto e médio prazo. Portanto, na teoria e na prática, as decisões de *Mix* de produtos tem sido a sua principal área de atuação onde é fundamental identificar as restrições e observar os processos e não as demonstrações contabilísticas convencionais.

Relativamente à relação TOC vs ABC, embora a TOC apresente melhores resultados no curto prazo e o ABC no longo prazo, podem ser integrados para efeitos de tomada de decisão, ao proporcionarem informação para gerir restrições e sobre o custo de atividades, respetivamente.

A maximização dos lucros através de um processo de melhoria contínua da produção e a identificação, gestão e eliminação de restrições têm sido apontadas como importantes vantagens da TOC. Não obstante, a concentração num horizonte temporal de curto prazo e em medidas puramente financeiras, são importantes aspetos críticos a que se deverá atender no momento da sua aplicação.

TERMOS E CONCEITOS-CHAVE

***Optimized Production Technology* (OPT)**
Restrição
***Theory of Constraints* (TOC)**
Throughput Accounting

QUESTÕES TEÓRICAS

1. Explique como surgiu e em que consiste a TOC.
2. Caracterize as diferentes "Eras" da TOC.
3. Explique como a TOC e o sistema ABC, embora com fundamentos básicos opostos, se complementam.
4. Classifique como verdadeira (V) ou falsa (F) cada uma das seguintes afirmações:
   a. Não existem diferenças entre a Contabilidade de Ganhos e a Contabilidade Tradicional.
   b. A TOC dá primazia às medidas não financeiras de avaliação do desempenho.
5. Analise as principais vantagens e dificuldades da TOC.

EXERCÍCIOS RESOLVIDOS

Exercício 15.1 – Implementação da TOC

A sociedade Campo Verde, Lda. fabrica uma variedade de produtos: S, T, U, V e W. A escassez frequente de mão de obra qualificada coloca-lhe frequentemente problemas para fazer face à procura, vendo-se assim obrigada a decidir o que produzir e quando produzir de modo a maximizar o lucro obtido.

Os custos fixos totais ascendem a 1,5 milhões de euros.

Relativamente ao mês de março, conhecem-se as seguintes informações:

Produtos	S	T	U	V	W
Preço de venda	200€	360€	280€	240€	320€
Custo variável unitário	176€	328€	160€	156€	160€
Consumo de MOD por unidade produzida	12h	8h	40h	24h	32h
Procura (unidades)	10 000	4 000	5 000	8 000	6 000

Pedidos:

Considere duas situações distintas para a definição do plano de produção da sociedade para o mês de março:

A. Não existem restrições à capacidade produtiva.
B. A MOD disponível é de apenas 480 000 horas.

Resolução questão A:

Não havendo restrições quanto à capacidade produtiva, a organização pode produzir os seus produtos pela ordem que bem entender. O plano de produção poderá obedecer, por exemplo, às necessidades do departamento de vendas por forma a diminuir os custos com a armazenagem dos produtos acabados.

Resolução questão B:

Havendo restrições quanto à disponibilidade de mão de obra qualificada, este será o fator restritivo. A organização deve identificar a ordem de produção de acordo com os produtos que lhe proporcionam maiores margens de contribuição unitária por fator restritivo, identificando, desta forma, a ordem pelo qual deverá produzir os seus produtos. No seu plano de produção deverá ser produzido, em primeiro lugar, o produto cuja margem de contribuição unitária por fator restritivo, neste caso, horas de MOD necessárias para produzir o produto, é maior.

Produtos	S	T	U	V	W
Produção	10 000	4 000	5 000	8 000	6 000
Preço unitário de venda	200,00 €	360,00 €	280,00 €	240,00 €	320,00 €
Custo unitário variável	176,00 €	328,00 €	160,00 €	156,00 €	160,00 €
mc	24,00 €	32,00 €	120,00 €	84,00 €	160,00 €
MOD (horas por unidade)	12	8	40	24	32
mc/H de MOD	2,00 €	4,00 €	3,00 €	3,50 €	5,00 €
Ordem de produção	5.º	2.º	4.º	3.º	1.º

A sociedade Campo Verde, Lda. deverá fabricar primeiro o produto W, que contribui com 5,00 € de margem de contribuição por cada produto fabricado; em segundo, terceiro, quarto e quinto lugares os produtos T, V, U e S, respetivamente.

Para se saber quanto é que a sociedade pode produzir, de cada um dos produtos, tendo como prossuposto as 480 000 horas de MOD disponíveis, terá de se traduzir o plano de produção em horas de trabalho efetivas.

		Horas de MOD disponíveis			**480 000**
Produtos	**S**	**T**	**U**	**V**	**W**
Produção	10 000	4 000	5 000	8 000	6 000
MOD (horas por unidade)	12	8	40	24	32
Horas de MOD utilizadas na produção	120 000	32 000	200 000	192 000	192 000

Ordem de produção	Produto	Horas de MOD	Total

1.º	W	192 000	192 000
2.º	T	32 000	224000
3.º	V	192 000	416 000
4.º	U	64 000	480 000

De acordo com o plano de produção delineado, a sociedade Campo Verde, Lda. deve produzir toda a produção prevista dos produtos W, T e V, consumindo 416 000 horas da MOD disponível. Contudo, para produzir a produção expectável do produto U necessitava de mais 200 000 horas de MOD e só dispõe de 64 000 horas (480 000 horas disponíveis – 416 000 horas utilizadas). Assim, a sociedade Campo Verde, Lda. só poderá produzir 1 600 unidades do produto U (64 000 horas disponíveis / 40 horas por produto) e não deverá produzir nenhuma unidade do produto S.

EXERCÍCIOS E PROBLEMAS POR RESOLVER

Exercício 15.2 – Implementação da TOC

A QUENTE & FRIO – Soluções de Climatização, SA (Q&F, SA) é uma empresa industrial que fabrica e vende aparelhos de ar condicionado, instalando os aparelhos nas instalações dos clientes e assegurando que funcionam bem. Segue-se informação adicional sobre os departamentos industrial e de instalação.

	Departamento Industrial	Aparelhos Instalados
Capacidade Anual	950 Unidades/ano	750 Unidades/ano

Sabe-se ainda que:

- A procura estimada é de 1 000 unidades/ano.
- O aparelho de ar condicionado é vendido a um preço médio por unidade de 1 500,00 €, sendo de 800,00 € o custo de materiais por unidade. Todos os restantes custos são considerados fixos.

As questões que se seguem referem-se somente aos dados acima e não existe ligação entre as situações.

Pedidos:

A. Os engenheiros da empresa encontraram uma forma de reduzir o tempo quer na produção quer na instalação dos equipamentos. O novo método implicará custos adicionais de 100,00 € por unidade. A alteração permitirá à empresa produzir mais 50 unidades e instalar mais 100 unidades por ano. Deve a empresa implementar o novo método? Justifique.
B. Os investigadores da empresa propõem uma alteração do *design* que poderá aumentar em 160,00 € os custos dos materiais por unidade, mas que permitiria que a empresa aumentasse a capacidade de instalação em 30%. Deve a empresa adotar o novo *design*? Justifique.
C. Foi desenvolvida uma nova técnica que permitirá aos engenheiros da empresa instalar mais 150 unidades por ano. O novo método implica um aumento dos custos fixos da empresa em 50.000,00 € por ano, obrigando à transferência de recursos do departamento industrial o que implicará uma diminuição da sua capacidade anual de produção em 10%. Deve a empresa adotar a nova técnica? Justifique.
D. A empresa equaciona a realização de um investimento global que vai permitir um aumento de 50% da capacidade de produção e de instalação. Os custos anuais estimados com este investimento rondam os 100.000,00 €. Calcule o ponto crítico deste investimento e diga se acha que a empresa deve avançar com o mesmo. Justifique.

Exercício 15.3 – Implementação da TOC

De uma análise ao processo produtivo das bicicletas da empresa ÁS DO PEDAL verifica-se que o mesmo passa por três grandes fases: 'Produção', 'Montagem' e 'Pintura'.

Analisados os recursos afetos a cada fase, recolheu-se a seguinte informação para o ano N:

	Produção	Montagem	Pintura
Tipo e n.º de recursos principal	40 Trabalhadores	23 Trabalhadores	4 Máquinas
Capacidade anual por recurso	1845 horas/trab.	1800 horas/trab.	1 600 horas/máquina
N.º horas/minutos por bicicleta	3 horas / bicicleta	1,5 horas /bicicleta	15 minutos/bicicleta

Pedidos:

A. Determine a capacidade anual em horas e em n.º de bicicletas para cada fase do processo produtivo

B. Como resultado do investimento publicitário previsto para N+1 a empresa prevê que a procura aumente para cerca de 28 000 bicicletas/ano, criando assim uma situação de estrangulamentos internos. Desta forma, a empresa reuniu os responsáveis de cada fase assim como a área comercial, com o objetivo de estudarem algumas hipóteses que possam eliminar esses estrangulamentos. Nessa reunião foram ponderadas as seguintes soluções que podem ser complementares:

1. O responsável da fase de 'Produção', começou por sugerir a aquisição de uma nova funcionalidade a introduzir nos equipamentos já existentes o que permitira baixar o tempo necessário para produção de uma bicicleta em 0,5 horas e reduzir o custo variável unitário em 1,20 €. O custo anual deste investimento estima-se em 100 000,00 € de custos fixos.
2. Posteriormente o responsável da fase de 'Pintura', sugeriu que fosse adquirida uma nova máquina mais moderna com a mesma capacidade horária, mas que permite pintar 4,5 bicicletas por hora. O custo anual deste investimento estima-se em 160 000,00 € de custos fixos.
3. Por sua vez, o responsável da fase de 'Montagem', sabendo que tem sido difícil recrutar pessoal para este tipo de tarefas, sugere ainda que se recorra ao limite máximo permitido de horas extraordinárias, que ronda as 150 horas por ano e por trabalhador. O custo médio da hora extraordinária é de 10,00 €.
4. Por outro lado, a área comercial sugere que se reforcem as campanhas publicitárias com um aumento dos custos no valor de 10 000,00 €/mês e que permitirá que a procura aumente em cerca de 3 000 bicicletas.

C. Com base nos elementos disponibilizados, e sabendo que a margem de contribuição média unitária é de 100,00 €, diga, justificando, qual deverá ser a decisão final, atendendo apenas ao critério financeiro.

BIBLIOGRAFIA DO CAPÍTULO

AECA (Asociación Española de Contabilidad y Administración de Empresas) (2000). *La Teoría de las Limitaciones en la Contabilidad de Gestión*. Principios de Contabilidad de Gestión, 21. AECA

Cooper, R., & Slagmulder, R. (1999). Integrating Activity-Based Costing and the Theory of Constraints. *Management Accounting*, 80(8), 21-22.

Corbett Neto, T. (1997). *Contabilidade de Ganhos: a Nova Contabilidade Gerencial de acordo com a Teoria das Restrições*. Nobel.

Corbett Neto, T. (2000). Throughput Accounting and ABC: The Driving Factors Behind Each Methodology. *Journal of Cost Management*, 37-45.

Demy, S., & Talbott, J. (1998). Improve Internal Reporting with ABC and TOC. *Management Accounting*, 8(5), 18-22.

Ferreira, D., Caldeira, C., Asseiceiro, J., Vieira, J., & Vicente, C. (2019). *Contabilidade de Gestão, Estratégia de Custos e de Resultados* (2.ª ed.). Rei dos Livros.

Ferreira, D., Caldeira, C., Asseiceiro, J., Vieira, J., & Vicente, C. (2016). *Contabilidade de Gestão, Estratégia de Custos e de Resultados – Casos Práticos – Volume II*. Rei dos Livros.

Gardiner, S., Blackstone, J., & Gardiner, L. (1994). The Evolution of the Theory of Constraints. *Industrial Management*, 36(3), 13-16.

Goldratt, E. (2010). Introduction to TOC – My Perspective. In Cox III, J. & Schleier, J. (2010). *Theory of Constraints Handbook*. McGraw-Hill.

Goldratt, E. (2009). Standing on the Shoulders of Giants – Production Concepts versus Production Applications: The Hitachi Tool Engineering Example. *Gestão & Produção*, 16(3), 333-343.

Goldratt, E. (1990). *What is this Thing Called Theory of Constraints and How Should it be Implemented?* Massachusetts: North River Press.

Goldratt, E. & Cox, J. (2004). *The Goal, A Process of Ongoing Improvement*. North River Press.

Groop J. (2012). *Theory of Constraints in Field Service: Factors Limiting Productivity in Home Care Operations*. Aalto University Publication Series Doctoral Dissertations, 47/2012.

Kirche, E., & Srivastava, R. (2005). An ABC-based cost model with inventory and order level costs: a comparison with TOC. *International Journal of Production Research*, 43(8), 1685-1710.

Noreen, E., Smith, D., & Mackey, J. (1997). *La Teoría de las Limitaciones y sus Consecuencias para La Contabilidad de Gestión*. Ediciones Díaz de Santos

Orouji, M. (2016). Theory of constraints: A state-of-art review. *Accounting*, 2, 45-52.

Quesado, P., & Branco, R. (2017). A Teoria das Restrições (TOC) como suporte à decisão dos gestores: um estudo numa organização agroindustrial. *Revista Custos e @gronegócios Online*, 13(4), 54-88.

Schaefers, J., Aggoune, R., Becker, F., & Fabbri R. (2004). TOC-based planning and scheduling model. *International Journal of Production Research*, 42(13), 2639-2649.

Simsit, Z., Gunay, N., & Vayvay, O. (2014). Theory of Constraints: A Literature Review. *Procedia – Social and Behavioral Sciences*, 150, 930-936.

Watson, K., Blackstone, J., & Gardiner, S. (2007). The Evolution of a Management Philosophy: The theory of constraints. *Journal of Operations Management*, 25(2), 387-402.

CAPÍTULO 16

—

BENCHMARKING

OBJETIVOS DE APRENDIZAGEM

1. **Compreender o *Benchmarking*;**
2. **Distinguir entre *Benchmarking* interno e externo;**
3. **Discutir as diferenças entre *Benchmarking* competitivo e funcional;**
4. **Identificar os benefícios das aplicações de *Benchmarking*;**
5. **Conhecer as vantagens associadas ao *Benchmarking*.**

16.1. INTRODUÇÃO

Nos sistemas tradicionais de Contabilidade de Gestão enfatiza-se mais a contenção de custos do que a redução de custos. Porém, uma gestão de custos rigorosa pode marcar a diferença entre as organizações e constituir uma vantagem competitiva. A gestão de custos deve-se focar na redução destes, na melhoria contínua e na mudança, em vez de apenas na contenção dos custos.

Porém, saliente-se que a gestão de custos nunca deve obter a redução de custos sacrificando a satisfação dos clientes. Pelo contrário, o objetivo é sempre reduzir custos mantendo ou, se possível, criando ainda mais valor no produto ou serviço que seja reconhecido pelo cliente, aumentando os seus níveis de satisfação. Nesse sentido, já foram discutidos sistemas, técnicas e ferramentas de custeio que ajudam a apoiar a gestão estratégica da organização. Adler *et al.* (2000), ao descrever como a Contabilidade de Gestão, agregadora de valor, precisa de ser integrada na gestão da organização para que se consiga alcançar padrões de "fabricação de classe mundial", salientam o *Benchmarking* como uma "filosofia" indispensável à melhoria contínua.

A literatura identifica o *Benchmarking* como uma das cinco ferramentas mais populares, mais usadas e acima da média em termos de satisfação. O *Benchmarking* tem tido uma popularidade contínua por causa da economia global que exige das organizações uma aprendizagem constante e a aplicação de melhores práticas para satisfazer necessidades de clientes cada vez mais bem informados (Mann, 2015).

Neste capítulo, começa-se por definir e descrever a evolução do conceito, de seguida identificam-se as características do *Benchmarking* interno e externo, desenvolvendo o que diferencia o *Benchmarking* competitivo do *Benchmarking* funcional ou genérico. O capítulo conclui com a reflexão sobre uma metodologia de implementação de um processo de *Benchmarking*, evidenciando os fatores de sucesso e os obstáculos inerentes à aplicação do *Benchmarking*.

16.2. Definição e evolução do conceito

O *Benchmarking* é um conceito multifacetado que se baseia numa abordagem orientada para a ação, e incentiva a organização a identificar áreas para melhoria e a agir em conformidade, através da medição do desempenho, análise e comparação com as melhores referências internas e externas. O *Benchmarking* é traduzido como a "definição, através da recolha de dados, de metas e indicadores, que permitem identificar níveis relativos de desempenho (e particularmente áreas de subdesempenho)", sendo que "a adoção das melhores práticas identificadas devem melhorar o desempenho" (CIMA, 2005, p. 55). O objetivo do *Benchmarking* não é apenas reduzir custos (Zairi & Leonard, 1996), mas também melhorar a qualidade da estratégia (Anderson & McAdam, 2004). O "*Benchmarking* é primeiro e acima de tudo uma ferramenta de melhoria alcançada através da comparação com outras organizações reconhecidas como as melhores da área" (Bhutta & Huq, 1999, p. 255), estando, por isso, relacionada com a melhoria contínua para a implementação de práticas de excelência.

O termo *benchmark* surgiu em meados do século XIX e é coincidente com a produção padronizada de armas de precisão e munições, com especificações diferentes. O atirador passa a ser a variável incerta e as armas eram colocadas numa bancada (*bench*) fixa para que os atiradores testassem as armas, atirando em direção a um alvo (*mark*) e comparando os resultados obtidos. Esse alvo, "marca de referência" (*benchmark*), servia para selecionar a melhor combinação entre arma e munição (Zairi & Leonard, 1996). Também durante a Era Vitoriana (1837-1901), os *benchmarks* eram amplamente utilizados no Reino Unido, como marcas esculpidas pelos maçons em estruturas verticais (edifícios e monumentos) para mostrar as altitudes acima do nível do mar. Historicamente, a origem do termo *benchmark* também aparece associada à forma como um sapateiro marcaria (mediria) o tamanho de um pé num banco.

Apesar das várias aceções, o *benchmark* tornou-se um termo comum quando se pretende medir e/ou comparar uma coisa com outra. O *Benchmarking* não se resigna a uma avaliação que utiliza *benchmarks*, o *Benchmarking* consiste em realizar uma análise comparativa de desempenhos entre organizações, ou entre departamentos da mesma organização, com o objetivo da adoção ou adaptação das melhores práticas visando a melhoria do seu desempenho ou de um determinado departamento ou do desempenho de um determinado processo de negócio (Camp, 1993). A comparação do desempenho com *benchmarks* deve provocar ações de melhoria na organização, deve permitir identificar, compreender e depois aplicar, com as devidas adaptações, as práticas que originaram os *benchmarks*. Büyüközkan e Maire (1998) reforçam que não só esta ação é parte integrante do processo de *Benchmarking* como constitui a sua fundamentação. A essência central do *Benchmarking* é aprender como melhorar os produtos, as atividades, os processos e a gestão (Ahmed & Rafiq, 1998; Bogan & English, 1994; Spendolini, 1992).

A história económica faz referência à origem do *Benchmarking*, no século XVIII, com os empresários Quaker em Coalbrookdale, no Reino Unido, que formaram uma rede de pequenas e médias empresas inovadoras, à semelhança do que existe atualmente em Silicon Valley, e partilhavam, aprendendo uns com os outros, as inovações nas tecnologias de transporte de carvão, ferro e vapor que avançavam rapidamente por causa da revolução industrial e das ferrovias (Hurst, 2002). Nos Estados Unidos da América situam a origem do *Benchmarking*, em meados da década de 1880, quando engenheiros americanos visitaram a Grã-Bretanha, copiaram e fizeram algumas mudanças nos motores britânicos para adaptá-los às características dos rios norte americanos (Bolton, 1993).

Mesmo que inconscientemente, na sua essência, o *Benchmarking* tem sido exercido como uma prática milenar, mas como ferramenta de apoio à tomada de decisão, como é conhecida hoje, é relativamente recente. Apenas no final do século XIX é que foi revelado o *Benchmarking* como método científico na organização, com o trabalho de Frederick Taylor sobre a sua aplicação na comparação de processos de trabalho (Watson, 1993). Henry Ford, em 1912, após uma visita a um matadouro de Chicago, onde observou as carcaças penduradas em ganchos, que corriam num monotrilho, sendo retirada por cada operário que, depois de realizar a sua tarefa de corte da carne, empurrava o remanescente da carcaça para o seu colega seguinte, comentou que esta observação lhe tinha suscitado uma boa ideia. Passados seis meses, criou a primeira linha de montagem do mundo e começou a fabricar dispositivos de ignição magnética na fábrica de Ford (Bogan & English, 1994).

O *Benchmarking* teve uma grande disseminação durante a Segunda Guerra Mundial em que as empresas se comparavam entre si com o objetivo de determinar padrões para comportamentos de pagamento de salários, horas de trabalho, segurança, higiene e outras características de processos de produção e de produtos (Vijai *et al.*, 2017). Porém, a grande difusão do *Benchmarking* foi impulsionada pela Xerox no final da década de 80, por ter ganho o Prémio Nacional de Qualidade em 1989, nos Estados Unidos da América. Esta organização desenvolveu conhecimento científico principalmente sobre o *Benchmarking* competitivo, imprescindível na sua estratégia da Qualidade Xerox (denominada por "Liderança através da Qualidade), e partilhou com outras organizações através dos seus clientes, fornecedores, associações profissionais e artigos escritos pelos seus colaboradores.

FIGURA 16.1 – **Evolução do *Benchmarking***

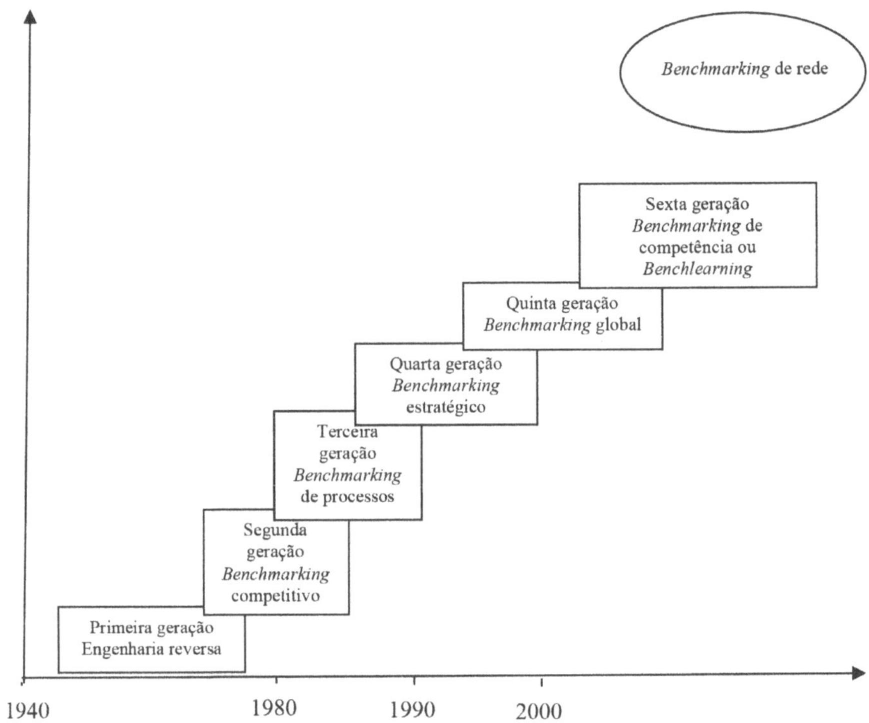

Fonte: Ahmed e Rafiq (1988, p. 288) e Kyrö (2003, p. 214), adaptado.

O *Benchmarking* é um conceito em evolução, fruto da sua aplicação principalmente desde 1940, que tem ganho formas mais sofisticadas. Gregory Watson, ex-vice-presidente de qualidade da Xerox, reconhecido como uma autoridade em *Benchmarking*, identifica nesta evolução cinco gerações principais (Figura 16.1) que se diferenciam quer nas dimensões da análise quer nos seus objetivos (Watson, 1993):

- **Primeira geração – Engenharia reversa** – também designada por análise competitiva do produto ou orientada para a produção, entre os anos 50 e meados da década de 70, centrava-se numa análise baseada na engenharia, incluindo a desmontagem e a avaliação das características técnicas dos produtos, observação das funcionalidades e desempenhos entre produtos ou serviços semelhantes da concorrência. Esta análise é progressivamente alargada para o efeito destas características na competitividade do produto no mercado, ou outras características que têm capacidade para atrair mercado. Alguns autores situam esta fase já na passagem para a década de 80 com os desenvolvimentos produzidos pela Rank Xerox.
- **Segunda geração – *Benchmarking* competitivo** – desenvolvido pela Xerox, entre 1976 e 1986, ao dar-se conta que os custos dos seus produtos eram idênticos aos preços de venda praticados pela concorrência, o que fez com que passassem a comparar os processos de fabrico e identificassem os processos mais eficientes na concorrência para terem como referência. A avaliação focava-se nas características que dotassem os produtos com maiores capacidades competitivas no mercado para identificar os processos mais eficientes a serem analisados e adotados.
- **Terceira geração – *Benchmarking* de processos** – ganha forma à medida que os diretores de qualidade vão reconhecendo que o recurso à comparação com os processos de organizações de outras indústrias ou atividades, entre 1982 e 1988, a partilha de informações era menos restrita do que com a concorrência, porque as organizações não se sentiam ameaçadas, mas ao mesmo tempo exigia maior profundidade de conhecimentos para perceber semelhanças em processos que aparentemente eram diferentes, e assim elegiam-se processos de referência que por analogia pudessem ser adaptados.
- **Quarta geração – *Benchmarking* estratégico** – desde os finais da década de 80 e anos 90, esta geração está vocacionada para a orientação estratégica e mudança organizacional (Kyrö, 2003), traduz-se num processo sistemático de analisar, compreender e avaliar estratégias alternativas bem-sucedidas de parceiros externos de confiança que possam ser adaptadas com o objetivo de melhorar o desempenho de forma contínua e a longo prazo. A principal distinção relativamente à geração anterior é o nível de profundidade e amplitude da análise porque as organizações observadas são aliadas da organização e permitem análises mais "invasivas", passando-se a analisar, para além dos produtos e processos, todas as vertentes do negócio de duas ou mais

organizações de referência (desde a estrutura organizacional até ao modelo de governo).

- **Quinta geração – *Benchmarking* global** – reflete o mundo atual em que a concorrência é à escala global, integrando diferentes culturas e exigindo que a organização tenha de adotar padrões internacionais para os produtos e serviços, para a comunicação e comercialização no seu planeamento estratégico (Ahmed & Rafiq, 1998). Nesta geração, que é identificada quase em paralelo com a quarta geração, as organizações procuram e avaliam as melhores práticas internacionais, o que impõe maior conhecimento de aspetos culturais e empresariais de outros países, assim como uma visão mais global de aplicação de melhorias no processo empresarial. Mas tudo está cada vez mais acessível, de forma quase imediata, devido à evolução tecnológica que tanto os meios de comunicação (*internet*) como os processos de recolha e análise de informação têm registado, por exemplo com recurso à inteligência artificial.

No início deste milénio, a literatura revela uma continuidade nesta evolução do conceito de *Benchmarking* tendo já identificado uma **sexta geração – *Benchmarking* de competência ou de aprendizagem (*benchlearning*)** – onde a filosofia de base é que a mudança de ações e comportamentos dos indivíduos e equipas promovem os processos de mudança e as organizações podem melhorar a sua eficácia desenvolvendo competências e capacidades (*skills*), aprendendo a mudar as suas atitudes e práticas (Kyrö, 2003). Ainda que a aprendizagem tenha feito parte de todas as gerações anteriores, no final do século XX há uma mudança de uma simples orientação (modelo de aprendizagem) para uma tendência contemporânea focada no processo de aprendizagem, no como encontrar soluções para as questões em vez de se concentrar nas perguntas. O objetivo é saber como as coisas aconteceram nas outras organizações e como é possível aplicá-las na organização. A maioria das investigações no virar do século expandem esta aprendizagem do nível individual e de grupo para a aprendizagem coletiva de forma a influenciar a cultura organizacional (Zairi & Whymark, 2000a, 2000b).

A ideia de "aprender de outros" tem evoluído para a ideia de "aprender com os outros", tanto dentro da organização como entre organizações, em que o conceito de *Benchmarking* se fundamenta numa verdadeira partilha de experiências em qualidade dentro de uma rede de parceiros (Kyrö, 2003; Prado, 2001). As organizações podem ter tamanhos diferentes, e até pertencerem a indústrias diferentes, mas têm um problema comum a ser resolvido. Esta situação pode indiciar uma **sétima**

geração de *Benchmarking* – *Benchmarking* de rede – em que se contorna uma das críticas identificada por Longbottom (2000) no *Benchmarking* de competência – o dilema de copiar os concorrentes e obter vantagens competitivas. Também designado como *Benchmarking* colaborativo, este processo pode ser realizado através dos clubes de *Benchmarking* e grupos de melhores práticas que envolvem a colaboração entre várias organizações que partilham e aprendem umas com as outras práticas inspiradoras. Estes mecanismos de partilha são considerados por alguns autores como redes de conhecimento e redes de aprendizagem.

As **redes de conhecimento** permitem aumentar a inovação, melhorar a eficiência organizacional e a satisfação dos colaboradores (Büchel & Raub, 2002). Estas redes de conhecimento, ao permitir a troca de ideias entre pessoas com os mesmos interesses, ao terem visibilidade e verem reconhecidas as suas capacidades individuais, criam um sentimento de pertença e impulsionam o desenvolvimento de novas capacidades, através da participação nas atividades da rede, bem como a autopromoção da própria carreira, que dá uma motivação e satisfação aos colaboradores, beneficiando a organização (Büchel & Raub, 2002).

As **redes de aprendizagem** são constituídas por organizações com necessidades comuns de aprendizagem, que em conjunto colaboram promovendo a aprendizagem dos indivíduos ou das organizações sobre um tópico específico, visando aumentar o conhecimento e possibilitar uma aprendizagem (Bessant & Tsekouras, 2001).

O ponto comum entre os dois tipos de rede é que pretendem ser um meio para que as organizações e indivíduos possam acumular conhecimento através da colaboração, mas as redes de conhecimento focam-se nos resultados que as organizações individualmente podem alcançar, como melhorar a eficiência, inovar, aumentar a satisfação dos funcionários; contudo, as redes de aprendizagem enfatizam o efeito do desenvolvimento das capacidades das pessoas do grupo que permitem promover as mudanças necessárias nas organizações.

O facto de atualmente as organizações, de uma forma geral, se preocuparem com problemas comuns e de maior dimensão quanto à garantia de um futuro, como os objetivos de desenvolvimento sustentável, faz com que haja uma outra flexibilidade, abertura e motivação para a partilha em rede, a concorrência deixa de ser um problema fundamental porque há outros desafios que se sobrepõem (Prado, 2001).

O *Benchmarking* começou por ser uma prática associada a grandes organizações empresariais, mas atualmente é comum em pequenas e médias empresas, e até microempresas, tendo sido também expandido o seu contexto do setor privado para o setor público e organizações do setor não lucrativo. A natureza destas entidades sem fins lucrativos (públicas ou privadas), geralmente, não é competir, mas sim oferecer os melhores serviços de forma mais eficiente e eficaz possível, existindo cooperação e não competição. Estes aspetos mais relacionados com o setor público, com os seus problemas específicos, reforçam a evolução do conceito para um *Benchmarking* de rede (Kyrö, 2003).

FIGURA 16.2 – **Menu de *Benchmarking***

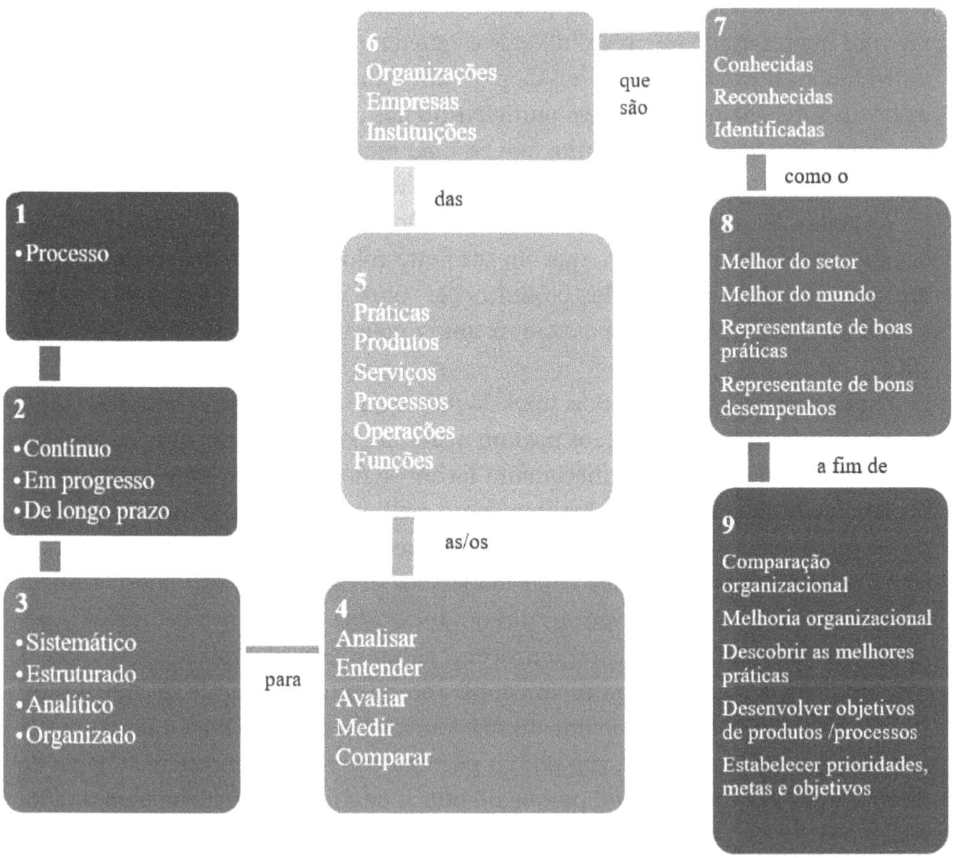

Fonte: Spendolini (1992, p.10), adaptado.

Ainda antes de ter sido reconhecida na literatura a evolução para estas novas duas gerações do conceito, Spendolini (1992) tinha revelado na sua investigação empírica que um dos objetivos era o de perceber a variedade de definições de *Benchmarking* existentes na prática. Da amostra (inquérito a 57 organizações que utilizavam o processo de *Benchmarking* com resultados satisfatórios), 49 tinham um tipo de definição formal de *Benchmarking*, sendo que 41 destas eram suportadas com várias definições existentes na literatura. O desafio era encontrar uma definição geral que traduzisse uma ideia comum a todas as organizações, uma definição geral. Desta forma surgiu o que Spendolini (1992) chamou de menu de *Benchmarking* (Figura 16.2), um resumo de possíveis definições a partir das várias palavras encontradas nas respostas à questão sobre a definição de *Benchmarking* e que eram coincidentes com as que são referidas na literatura sobre a temática.

Deste menu (Figura 16.2) quando se seleciona, pelo menos, uma palavra de cada caixa, pode-se criar uma definição de *Benchmarking*. Sendo possível identificar qualquer combinação de palavras que melhor exprima o que é o *Benchmarking* adaptado a cada caso e a cada organização.

16.3. Tipos de Benchmarking

Autores diferentes dividem ou combinam as gerações de *Benchmarking* identificadas na secção anterior de acordo com critérios diferentes, por exemplo, o objetivo, o âmbito (toda a organização ou parte da organização), as bases ou métricas de comparação ou, ainda, os processos que as geram. As diferentes formas não são mutuamente exclusivas, mas sim complementares. Realça-se aqui, de acordo com a tipologia de *Benchmarking* que geralmente é mais referida na literatura, qual o tipo de *Benchmarking* que está a ser implementado.

Como já foi referido, o desenvolvimento do *Benchmarking* está associado à Xerox, que introduziu a prática em 1983. Robert Camp, Gerente de Qualidade de Competência de *Benchmarking* e Satisfação do Cliente na Xerox durante a transformação da empresa na década de 1980, propôs três tipos (Camp, 1993), que são igualmente referidos por outros autores como a tipologia dominante (Watson, 1993; Spendolini, 1992):

- ***Benchmarking* interno** – processo de conhecimento de práticas internas que permite melhorias por comparação entre um departamento/unidade operacional com outro/a da mesma organização ou entre organizações de um mesmo grupo económico (localizados em diferentes geografias), pois "algumas das melhores lições que aprendemos são ensinadas em casa" (Watson, 1993, p. 103). O processo é económico e a aprendizagem quase imediata quando se comparam operações semelhantes em unidades diferentes, se identificam as melhores práticas internas e se replicam, ainda que adaptadas, para outras unidades da organização, com base em informação mais detalhada sobre o processo (como são alcançados os resultados pretendidos). A desvantagem é que, face ao *Benchmarking* externo (*Benchmarking* competitivo e *Benchmarking* funcional – Figura 16.3), o impacto em termos de resultados é, geralmente, menos significativo.

FIGURA 16.3 – **Tipos de *Benchmarking***

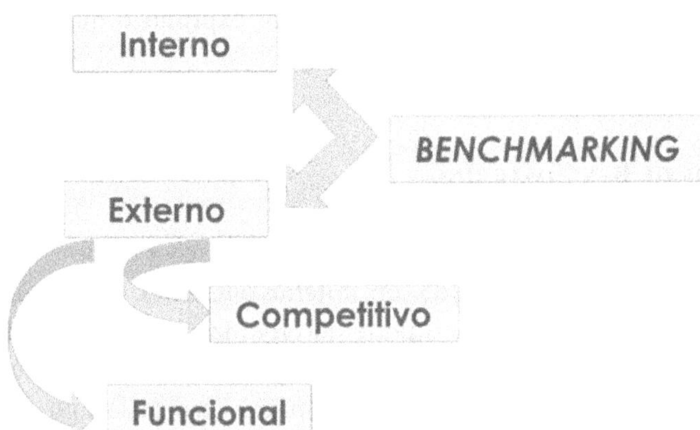

- ***Benchmarking* competitivo** – reúne informações concorrentes (diretos ou não) e traduz-se num processo contínuo de comparação dos produtos, serviços e práticas empresariais com essas organizações, presumindo-se que a organização irá ter como referência as melhores práticas existentes dos mais fortes concorrentes ou de organizações reconhecidas como líderes, para agir tentando igualar ou superar os seus resultados. É muito útil para posicionar o desempenho da organização face à concorrência, fazendo-se comparações, entre outros, de produtividade, crescimento, custos, preços, investimento e inovação. É mais difícil de ser praticado porque as organizações visadas são as que disputam o mesmo mercado. Globalmente, pretende analisar funções, métodos e características de produção dos concorrentes diretos, e melhorar os desempenhos para a organização alcançar os seus concorrentes, e se possível ultrapassá-los, tornando-a, no mínimo, melhor que os seus concorrentes. O *Benchmarking* competitivo pode ser realizado para:

- o Produtos e serviços, em que envolve a comparação dos produtos e serviços oferecidos pela organização objeto de comparação, analisando:
- o o design dos produtos e serviços da concorrência e
- o os custos de produção dos produtos ou os custos envolvidos na prestação do serviço.
- o Processos, em que se comparam os processos da organização com os da organização líder.

- O ***Benchmarking* estratégico** é um tipo de *Benchmarking* competitivo, em que se pretende detetar soluções globais que permitam obter vantagens competitivas no longo prazo (Kyrö, 2003, Bhutta & Huq, 1999; Bogan & English, 1994). Visa conhecer como se dá a competição das empresas no mercado. As organizações procuram identificar as estratégias competitivas que têm levado outras empresas a obter sucesso, por exemplo, referências sobre as melhores escolhas estratégicas a nível de gestão de competências, diferenciação de produtos, I&D ou redução de custos. Muitas vezes as melhores estratégicas nem sempre estão no mesmo segmento da indústria da organização.
- ***Benchmarking* funcional** (*Benchmarking* operacional ou genérico) – compara as funções internas da organização com as dos melhores praticantes externos, independentemente do setor ou indústria; é realizado através da identificação das melhores práticas em qualquer tipo de organização cuja reputação de excelência na área específica, ou alvo de estudo (por exemplo, função, atividade, produto, serviço ou processo), a torna como uma organização de referência de práticas inspiradoras. Este tipo de *Benchmarking* tem como foco um processo específico, investiga o desempenho de uma função dentro de uma área da organização, atendendo às melhores práticas em processos específicos da indústria e/ou em processos genéricos empresariais. O objetivo consiste em identificar o comportamento ideal onde quer que ele esteja, examinar como essa organização de referência realiza uma função específica a fim de melhorar a forma como a organização que está a fazer *Benchmarking* realiza a mesma função ou uma função semelhante. O sucesso reside em descobrir problemas análogos que foram resolvidos com bom desempenho por

alguma organização e adaptar essas boas práticas na nossa organização. É o tipo de *Benchmarking* mais frequente e com maior amplitude de aplicação, nomeadamente no setor público e em organizações do setor não lucrativo.

Mais recentemente, tem sido suscitado na literatura uma distinção entre o *Benchmarking* funcional – quando se comparam tecnologias análogas ou uma determinada função, ainda que de diferentes indústrias – e o *Benchmarking* genérico – quando se compara na generalidade, tendo como referência as melhores práticas, independentemente do setor ou indústria (Kyrö, 2003; Bhutta & Huq, 1999).

Existem excelentes organizações, empresas de classe mundial, mas que nunca serão excelentes em todos os processos, de modo que sempre terão o que aprender com outras organizações reconhecidas como referências num ou em mais processos.

16.4. Metodologia de implementação de um processo de Benchmarking

O conceito de *Benchmarking* é multifacetado, existindo autores que defendem que a palavra é usada até como moda, aparecendo associada às mais diversas temáticas e que apenas devemos considerar que a organização recorre a esta técnica quando é aplicado um modelo de *Benchmarking*. Camp (1993) organizou o processo em **quatro fases: planeamento, análise, integração e ação**. Estas quatro fases são percorridas em 10 etapas: (1) identificação do que deve ser alvo de *Benchmarking*, (2) identificação da organizações com quem comparar, (3) determinar o método de recolha de dados e proceder à respetiva recolha, (4) determinar os níveis de desempenho atuais; (5) projetar os níveis de desempenho futuros, (6) comunicar o que se descobriu e ganhar aceitação, (7) estabelecer os objetivos funcionais, (8) desenvolver planos de ação, (9) implementar ações específicas e monitorizar o progresso, e (10) (re)ajustar as referências (*benchmarks*).

As diversas aplicações do *Benchmarking* em variadas áreas, para além do setor industrial, têm impulsionado desenvolvimentos deste modelo e abordagens distintas na literatura. Uma das novidades foi a descrição dos objetivos de cada uma das fases enunciadas por Camp (1993) e o acrescentar da **quinta fase – maturidade** (Tabela 16.1), geralmente se a organização consegue alcançar em pleno os objetivos de liderança ou institucionaliza, como prática indispensável à gestão, a revisão e a melhoria contínua do processo de *Benchmarking*.

TABELA 16.1 – ***Benchmarking* na Xerox como modelo de cinco fases com objetivos**

Fase	Objetivos
1 - Planeamento	Preparar o plano de *Benchmarking*.
2 - Análise	Compreender as forças da concorrência e avaliar o desempenho da organização relativamente a essas forças.
3 - Integração	Usar os dados recolhidos a fim de definir as metas necessárias para ganhar ou manter a superioridade e incorporar essas metas no processo de planeamento formal da organização.
4 - Ação	Implementação e avaliação periódica das estratégias e do plano de ação definidos pelo processo de *Benchmarking* com relatórios de progresso em relação aos objetivos que se pretendem alcançar (pode implicar um reajustamento destes, das estratégias ou das ações).
5 - Maturidade	Identificar quando a organização atingiu uma posição de liderança e avaliar se o *Benchmarking* se tornou um elemento essencial e contínuo do processo de gestão.

Fonte: Cole (2009, p. 11), adaptado.

As dez etapas originais do processo de implementação de *Benchmarking* enunciado por Camp (1993) têm sido adaptadas às várias situações de implementação do *Benchmarking* em organizações, sendo que o número de etapas passou a variar imenso em número – desde 3 etapas (Cole, 2009) a 33 etapas (Bhutta & Huq, 1999). De acordo com Maire *et al.* (2008), alguns modelos podem ser utilizados em todos os setores da indústria (*Benchmark index 9* ou Prémio Nacional de Qualidade *Malcom Baldrige*), outros são adaptados para setores mais específicos ou para uma determinada função deste setor (por exemplo, função de meio ambiente no setor de acabamento de metais), outros abrangem determinadas práticas da organização (por exemplo, liderança, política e estratégia, clientes e mercado, recursos humanos ou gestão da informação), outros centram-se nos resultados do desempenho obtido pela organização (entre outros, desempenho dos processos, satisfação dos clientes, desempenho nas parcerias, resultados financeiros). Os autores acrescentam ainda que alguns modelos (ferramentas) são baseados numa análise e avaliação dos resultados e outros fundamentam-se também numa análise e avaliação das práticas que estão na origem desses resultados. Assim, cada organização parece aplicar o número de etapas que melhor corresponde às suas necessidades individuais, e que melhor se adapta ao tamanho e à complexidade do objeto de *Benchmarking*.

Embora em cada um dos modelos, por vezes, se conjugue mais do que uma etapa do modelo inicial da Xerox, se adicione alguma etapa ou se remova ou fragmente alguma das etapas existentes, as principais etapas dos vários modelos indicam procedimentos semelhantes (Southard & Parente, 2007, Prasnikar *et al.*, 2005). A primeira etapa de *Benchmarking* é comum a todos os modelos, sendo reconhecido como indispensável começar por identificar o que deve ser comparado (é sem dúvida o mais crucial para o sucesso de todo o processo). Assim, clarifica-se melhor um modelo adaptado em **sete etapas** que conjugam processos de *Benchmarking* analisados por vários autores (Garrison *et al.*, 2021; Anand & Kodali, 2008; Maire, *et al.*, 2008; Reider, 2000; Ammons, 1999; Bhutta & Huq, 1999), baseados em modelos ou análise de modelos cujas etapas aparecem em maior, igual ou menor número, trocadas, sobrepostas ou fragmentadas:

1. **Decidir os fatores objeto de *Benchmarking* – O quê?** – para identificar o que comparar, as organizações devem examinar tudo, incluindo produtos e processos. Ao fazer pela primeira vez esta exploração de *Benchmarking*, as áreas escolhidas devem ser parte integrante do negócio, ser áreas críticas para melhoria e ter o potencial de causar um impacto convincente. Geralmente, coincide com áreas identificadas como pontos fracos para a competitividade, que absorvam mais custos, ou com mais reclamações por parte dos clientes, podendo corresponder a produtos, serviços, atividades ou processos de negócio. Uma vez que tenha sido resolvida essa identificação, a organização pode continuar com outras iniciativas para melhorar eficiências operacionais gerais e aumentar a sua rendibilidade.
2. **Identificar os parceiros de *Benchmarking* – Com quem?** – selecionar quem é melhor nas áreas identificadas na primeira etapa, analisar e identificar os potenciais parceiros de *Benchmarking* e depois trocar informações, observar e comparar processos. Para isso é necessário estudar a área/processo na própria organização (Ammons, 1999).
3. **Definir a metodologia de recolha e tratamento da informação** – estabelecer as equipas de *Benchmarking* e o responsável principal (Bhutta & Huq, 1999), identificar que dados devem ser usados e quais são os indicadores críticos, desenvolver uma estratégia para a recolha de dados com a definição dos instrumentos de recolha e as fontes de informação que devem ser utilizadas, calendarizar das ações, entre outras tarefas.

4. **Localizar e recolher informação** – através de fontes indiretas (entre outros, clientes, fornecedores, empresas de consultadoria, feiras e catálogos, bases de dados) e da realização de reuniões, entrevistas ou questionários na empresa; desenvolver os indicadores de melhores práticas e níveis que devem ser atingidos nesses indicadores, comparar esses resultados com o próprio desempenho. Muita informação já é de domínio público, com organizações que publicam informações sobre *benchmarks* de melhores práticas para setores específicos, existem relatórios financeiros que podem fornecer informações sobre eficiência de custos, relatórios de jornais ou de analistas disponíveis para grandes empresas listadas. Apesar de serem um bom ponto de partida, é pouco provável que as informações publicamente disponíveis forneçam todas as informações necessárias para um exercício de *Benchmarking* bem-sucedido.
5. **Análise e interpretação dos dados** – analisar as práticas correntes e decidir quais são as práticas operacionais e estratégicas a usar, à luz dos processos identificados como inspiradores e que contam para uma *performance* superior, com o objetivo principal de reduzir o desvio de *performance*; comunicar na organização as dimensões de melhores práticas para ganhar aceitação, compreender essas práticas inspiradoras e adaptá-las ao contexto da organização, através do desenvolvimento de planos de ação e melhoria, para atingir ou ultrapassar as metas de superioridade.
6. **Implementação do processo de melhoria** – implementar, acompanhar a implementação e controlar os planos de ação.
7. **Melhoria contínua** – institucionalizar o *Benchmarking* como prática habitual da gestão da organização, monitorizar continuamente através da revisão periódica do processo de *Benchmarking*, redefinir e reajustar os *benchmarks* e rever as operações como uma melhoria contínua, esforçando por uma evolução e aperfeiçoamento constantes.

Para potenciar todo o processo, recomenda-se que os colaboradores participem ativamente em associações profissionais, partilhem melhorias de processos com grupos de pares, participem em conferências. As equipas de *Benchmarking* que visitam outras organizações, para observar processos, devem comparar as necessidades de novos investimentos em equipamento, fazer a análise do custo/benefício do investimento e prepararem-se para a comunicação da necessidade de mudança na organização.

Desta forma, o processo de *Benchmarking* conduz a dois tipos de resultados (Watson, 1993): – Os *benchmarks* – medidas de referência para o desempenho de excelência, e que, em última análise, devem permitir a articulação entre a estratégia e a ação; – As melhores práticas (*enablers*) – atividades, métodos ou práticas de excelência que facilitam e sustentam os tais desempenhos de excelência das melhores organizações (*best in class*).

Têm sido identificadas na literatura **duas abordagens principais para a implementação do *Benchmarking*** (Longbottom, 2000): (1) o processo de *Benchmarking* tradicional – perspetiva dos tradicionalistas; (2) o processo de *Benchmarking* diagnóstico – perspetiva dos modernistas. Com o **processo de *Benchmarking* tradicional** pretende-se compreender, comparar e adaptar os processos-chave e desenvolver medidas de desempenho. Para isso, o processo resume-se a: (i) planear (identificar o objeto de *benchmark*); (ii) formar a equipa de *Benchmarking*; (iii) identificar parceiros de *Benchmarking*; (iv) recolher e analisar as informações de *Benchmarking*; (v) agir (adaptar e melhorar).

O **processo de *Benchmarking* diagnóstico** inclui uma avaliação de níveis de desempenho alcançados por várias empresas e que permitem autoavaliações de excelência empresarial (Maire, 2002; Longbottom, 2000). Geralmente, baseia-se na utilização de um único modelo de desempenho (da organização, de um departamento ou atividade) que é partilhado por várias organizações envolvidas no processo de *Benchmarking*. Por isso, apresenta três grandes restrições (Maire, 2002): (1) ser suficientemente genérico, para ser usado por diferentes organizações, e, simultaneamente, suficientemente detalhado para que a representação obtida por este modelo ajude a perceber elementos de desempenho específicos de cada organização; (2) não se limitar a dar à organização apenas uma visão de sua atuação, mas dotá-la de diferentes visões complementares interrelacionadas e suscetíveis de identificar pontos de melhoria; e (3) ter objetividade que permita limitar os erros de interpretação relativamente aos níveis de desempenho avaliados, usar o menor número possível de indicadores de desempenho e, idealmente, os que são comuns a todos os colaboradores das diversas organizações envolvidas no processo. Esta forma de *Benchmarking* é, normalmente, utilizada por associações e organismos governamentais, com recurso a programas que recolhem e analisam dados padronizados dos seus associados ou organizações que integram um determinado setor (por exemplo, hospitais públicos), com o objetivo de disponibilizar os resultados para a comunidade.

As principais etapas de implementação do *Benchmarking* diagnóstico são (Longbottom, 2000): (i) planear identificando a área a referência; (ii) escolher medidas de desempenho apropriadas e adaptar a ferramenta de *Benchmarking*; (iii) diagnosticar o desempenho existente; (iv) adotar ações de melhoria.

As principais diferenças entre estas duas abordagens residem nos custos mais elevados e na dificuldade de estimar e controlar os gastos gerais da implementação. O *Benchmarking* tradicional é mais frequentemente utilizado por grandes organizações, com recursos suficientes para investir no processo de *Benchmarking* e poder desenvolver ferramentas de *Benchmarking* interno para apoiar e aumentar a eficiência do processo, a médio e longo prazo, e ter resultados apenas comparáveis com os seus parceiros de *Benchmarking*. O *Benchmarking* diagnóstico é mais económico, com dados acessíveis a todas as organizações pertencentes à associação ou ao setor, é de fácil controlo e mais utlizado no curto e médio prazo. Estas duas abordagens podem ser utilizadas de forma complementar (Longbottom, 2000).

16.5. Impacto da aplicação do Benchmarking

Para que o *Benchmarking* seja um sucesso, todo o processo deve ser claramente comunicado e ter total comprometimento dos colaboradores em todos os níveis da organização. O *Benchmarking* deve ser o esforço de uma equipa e, quando existe uma transparência total quanto ao que deve ser comparado, com metas e objetivos claros, cada colaborador compreende as suas responsabilidades e como podem contribuir de forma mais proativa para a organização. Conforme observado na fase 4 do processo de *Benchmarking*, é uma necessidade para a gestão implementar ações específicas e monitorizar o progresso. Os responsáveis não podem limitar-se a comunicar os *benchmarks*, mas devem igualmente acompanhar os colaboradores para garantir que eles utilizam os *benchmarks* e encetam esforços para alcançar as metas estabelecidas pela organização.

As organizações recorrem ao *Benchmarking* por diversas razões (Elnathan, *et al.*, 1996): melhoria contínua das operações internas, tornarem-se mais competitivas externamente ou para a sua sobrevivência. A aplicação do *Benchmarking* além de melhorar o desempenho, os processos e as estratégias das organizações, cria uma cultura de aprendizagem rápida e constante em toda organização. Fazendo com que as pessoas compreendam a necessidade das mudanças, aceitando-as como importantes e necessárias, porque irão trazer benefícios para a organização e para todos os envolvidos. Ao longo das secções anteriores, já foi percetível as diversas aplicações do *Benchmarking* que se passam agora a sistematizar (Drury, 2021; Garrison *et al.*, 2021):

- Como instrumento de auxílio nos processos de melhoria contínua pode ser aplicado em todos os níveis da organização ou apenas parte deles. É importante não perder tempo reinventando aquilo que os outros já fazem melhor.
- É uma ação que surge da necessidade de a organização encontrar novas práticas para superar um momento difícil.
- A aplicação em todos os níveis e funções da organização vem auxiliar na retoma da competitividade da empresa.
- É aplicado para conhecer e identificar as práticas operacionais eficazes de outras empresas, com o objetivo de melhorar os processos, e através deste estudo criar melhorias dentro da organização. Por exemplo, a melhoria no sistema de custos, que pode trazer aumento no lucro e maior poder de competitividade para a organização.
- Para melhoria do desempenho, visa comparar os níveis competitivos dos seus produtos e serviços, como qualidade, preços e prazos.

Reconhecidos por vários executivos de organizações consideradas referências em excelência no mundo dos negócios: American Express Company, Toyota, General Electric, Jhonson & Johnson, e a Xerox Company, uma das organizações que mais divulgou os benefícios que conseguiu com a utilização do *Benchmarking*, são inúmeros os fatores de sucesso e obstáculos decorrentes da aplicação do *Benchmarking* (Economic Commission for Europe, 2021; Amaral & Sousa, 2009; Freytag & Hollensen, 2001).

Um dos maiores benefícios que o *Benchmarking* veio trazer às organizações foi a capacidade de reação e adaptação diante das mudanças, com o advento da globalização, o tempo é considerado um fator de extrema importância para que as organizações mudem suas estratégias e continuem competitivas e lucrativas diante desse mercado sem fronteiras. Associado à implementação do *Benchmarking*, entre outros, identificam-se ainda os seguintes **fatores de sucesso (vantagens):**

- Obriga as organizações a fazerem uma autoanálise e possuírem um conhecimento profundo de si mesmas em todos os níveis;

- É essencial para as organizações testarem o rigor das suas metas operacionais internas, reconhecerem/tomarem consciência e descobrirem as suas debilidades;
- Exige a implementação de um plano de ação que permita melhorar para obter os resultados pretendidos;
- Aumenta a motivação dos colaboradores através do seu envolvimento no processo e porque, com os planos de melhoria, a organização torna-se mais eficiente e com melhor desempenho, levando a um maior reconhecimento do fator trabalho;
- Cria uma visão externa para a organização, identifica as melhores práticas que podem ser vistas como inspiradoras e catalisadoras para o processo de aprendizagem, criando uma cultura aberta a novas ideias, novas tecnologias e técnicas adotadas pelas organizações concorrentes no mercado e reconhecidas como líderes, o que pode promover a atualização tecnológica e ampliar a perspetiva operacional da organização para melhor combater a concorrência;
- Avalia a posição competitiva da organização – ao identificar o seu posicionamento no mercado a organização pode dominar melhor a concorrência;
- Aumenta a produtividade porque a organização analisa e estuda os padrões de referência das organizações reconhecidas como líderes no mercado e isso faz com que eleve o seu padrão de produção e a qualidade dos seus produtos e serviços em conformidade, enquanto pode impulsionar melhorias na qualidade do trabalho e o crescimento organizacional – proporciona uma abordagem sistemática para a melhoria da qualidade;
- Amplia a probabilidade de a organização identificar melhor, acompanhar, entender e satisfazer os requisitos e as necessidades do cliente – melhorando a experiência do cliente e o seu nível de satisfação;
- Aumenta a eficiência de custos porque fornece à organização dados valiosos sobre a tecnologia mais recente, processos mais eficientes seguidos no ambiente de negócios que permitem aumentar a produtividade e reduzir custos;
- Ajuda as organizações a identificar as áreas onde a lacuna entre os seus padrões e os da indústria é maior, o que apoia as organizações a tomar decisões quanto às áreas que são mais prioritárias;
- Facilita o processo de mudança;
- Conduz a operações de baixo custo – no caso de se optar por um *Benchmarking* diagnóstico.

A implementação do *Benchmarking* também apresenta alguns **obstáculos** à sua boa concretização:

- Requer muita experiência e um vasto acervo de dados, tornando-se difícil para algumas organizações obter a informação necessária para executar o *Benchmarking* e levando a comparações inapropriadas ou inadequadas do desempenho da organização com os seus concorrentes;
- Torna-se difícil a sua aplicabilidade em diferentes ambientes organizacionais;
- Dificuldade na interpretação e compreensão do próprio conceito – às vezes, as organizações adotam o *Benchmarking* apenas comparando por comparar, em vez de descobrir a necessidade disso e não consegue detetar nem entender as suas fraquezas, limitando-se a observar o funcionamento dos seus concorrentes;
- Dificuldades internas e específicas de cada organização;
- Aumenta a dependência face às organizações reconhecidas como líderes no mercado para a organização se tornar bem-sucedida, por vezes sacrificando a sua individualidade e singularidade, passando apenas a seguir o caminho indicado pelos outros;
- Algumas organizações não entendem o objetivo real do *Benchmarking* e começam a replicar os seus concorrentes em todos os aspetos, o que pode conduzir a uma diminuição da *performance.*

O recurso ao *Benchmarking* pode e deve ser conjugado com outras soluções da Contabilidade de Gestão. Por exemplo, a Gestão Baseada nas Atividades (ABM) é utilizada, com alguma frequência, conjuntamente com o ABC para identificar áreas que possam beneficiar de melhorias nos processos, pois as taxas de atividade podem fornecer pistas sobre onde devem incidir os esforços para melhorias. O *Benchmarking* pode ser utilizado para comparar a informação sobre custos das atividades com *standards* de desempenho conseguidos por outras organizações. Também a abordagem da teoria das limitações é uma ferramenta poderosa para conseguir melhorar os processos.

O desafio de operar num ambiente global exige não só a transferência de tecnologias, a procura de fornecedores globalmente e o desenvolvimento de uma rede de distribuição global, mas também a compreensão das necessidades dos clientes e um conhecimento da forma como a concorrência está a resolver questões similares.

Para isso o recurso ao *Benchmarking* tem marcado a diferença, subjacente nos seus **princípios fundamentais** (Zairi & Leonard, 1996):

- **Reciprocidade** – como prática baseada em relações recíprocas entre os vários participantes, existem limites que devem ser acautelados, deve ser negociado previamente que dados e informações devem ser partilhadas e como deve ser processado o estudo, como são garantidos os direitos e deveres de cada um dos participantes.
- **Analogia** – deve ser garantido que existindo processos análogos ou semelhantes, em que possibilita uma grande transferência de conhecimento, as equipas de *Benchmarking* terão de demonstrar como vão aplicar e adaptar os conhecimentos e práticas observadas.
- **Medição** – para que o *Benchmarking* resulte, os indicadores selecionados devem ser compatíveis e ter o mesmo significado atribuído pelos vários participantes, sob pena dos sistemas de medição e ferramentas utilizadas não permitirem produzir o efeito desejado do *Benchmarking*, pois pode deturpar a compreensão das razões que justificam melhores resultados e as diferenças existentes relativamente aos resultados apresentados pelas organizações reconhecidas como líderes.
- **Validade** – a fiabilidade do *Benchmarking* é inerente à fiabilidade dos dados em estudo e pode ser avaliada, quando possível, com base em métodos estatísticos. Por muita experiência que tenha a equipa de *Benchmarking*, as conclusões não devem ser fundamentadas na intuição sobre a razoabilidade dos dados.

No fim do milénio anterior já se antecipava que o *Benchmarking* deve ser uma prática de uma "organização de elevado desempenho do século XXI insere ou incorpora o implacável impulso para a melhoria contínua" (Bogan & English, 1994, p. 253). Aprender o que os outros já fazem certo e procurar boas ideias fora da organização é um recurso que não deve ser desprezado. Porém, é preciso ter cuidado na adaptação das melhores práticas para garantir que são aplicáveis nas circunstâncias em que essas boas práticas foram uma alavanca (Watson, 2007). Por isso deve-se ter informações sobre os pormenores de cada organização que participa no estudo. O referido autor menciona o *Benchmarking* como um processo de categorização baseado na lógica aristotélica que era mutuamente exclusivo e mutuamente exaustivo (MECE). A questão fundamental é que não se deve esquecer como o efeito das melhores práticas pode variar em função das decisões da organização que as implementa e das suas especificidades, definidas também pela sua própria cultura interna. Watson (2007) reforça que no *Benchmarking* adquire-se conhecimento pela observação e que uma organização deve compreender a natureza do que pode ser apreendido pela observação.

SUMÁRIO

O recurso ao *Benchmarking* pode envolver toda a organização ou apenas parte da organização e, no seu exercício, podem-se comparar resultados, métricas de desempenho, os processos que os geram ou, por exemplo, atividades-chave com as práticas inspiradoras de outras organizações reconhecidas como líderes ou de departamentos que exercem boas práticas, dentro ou fora da organização.

O *Benchmarking* externo permite identificar um produto, atividade ou processo que precisa de ser melhorado, bem como identificar uma organização ou departamento que tem o produto, atividade ou processo idêntico, reconhecido como representando a melhor prática, de "classe mundial", e estudar de que forma é desenvolvido esse produto, atividade ou processo. O objetivo é poder adaptar e melhorar o desempenho da nossa organização. O *Benchmarking* interno compara unidades de negócio com processos semelhantes dentro da mesma organização ou pertencentes ao mesmo grupo económico e a unidade que é reconhecida com as melhores práticas passa a ser a referência de boas práticas a seguir.

O *Benchmarking* é frequentemente utilizado como diagnóstico de posicionamento relativo numa organização, numa atividade económica, numa associação ou num setor, relativamente a determinadas métricas de desempenho, como, por exemplo, custo de produção, produtividade, rendibilidade e outros indicadores de desempenho económico e financeiro ou de cariz mais qualitativo. Esta abordagem é uma prática em crescendo no setor público, em que os Governos induzem as entidades públicas a divulgar informação relevante para exercícios de *Benchmarking* e promoverem a transparência relativamente à sua gestão.

TERMOS E CONCEITOS-CHAVE

Benchlearning
***Benchmarking* competitivo**
***Benchmarking* estratégico**
***Benchmarking* externo**
***Benchmarking* funcional**
***Benchmarking* global**
***Benchmarking* interno**

QUESTÕES TEÓRICAS

1. Explique como é que o *Benchmarking* pode ser usado para gerir custos e melhorar o desempenho.
2. O *Benchmarking* é um conceito em evolução, descreva as várias gerações que são geralmente enunciadas historicamente nesta evolução.
3. Identifique as diferenças entre *Benchmarking* interno e *Benchmarking* externo.
4. Explique as diferenças entre *Benchmarking* competitivo e *Benchmarking* funcional.
5. Enuncie e descreva as etapas principais de um processo de Benchmarking.
6. Distinga a abordagem do processo de *Benchmarking* tradicional da abordagem do processo de *Benchmarking* diagnóstico.
7. Indique cinco fatores de sucesso da implementação do *Benchmarking* numa organização.
8. Explique quais os obstáculos que podem surgir na implementação do *Benchmarking* numa organização.
9. Caracterize os princípios fundamentais que devem estar subjacentes no exercício do *Benchmarking*.

BIBLIOGRAFIA DO CAPÍTULO

Adler, R., Everett, A., & Waldron, M. (2000). Advanced management accounting techniques in manufacturing: utilization, benefits, and barriers to implementation. *Accounting Forum*, 24(2), 131-150.

Ahmed, P., & Rafiq, M. (1998). Integrated Benchmarking: a holistic examination of select techniques for Benchmarking analysis. *Benchmarking for Quality Management & Technology*, 5(3), 225-242.

Amaral, P., & Sousa, R. (2009). Barriers to internal Benchmarking initiatives: An empirical investigation. *Benchmarking: An International Journal*, 16(4), 523-542.

Ammons, D. (1999). A proper mentality for Benchmarking. *Public Administration Review*, 59(2), 105-109.

Anand, G., & Kodali, R. (2008). Benchmarking the Benchmarking models. *Benchmarking: An International Journal*, 15(3), 257-291.

Anderson, K., & McAdam, R. (2004). A Critique of Benchmarking and Performance Measurement: Lead of Lag? *Benchmarking: An International Journal*, 11(5), 465-483.

Bessant, J. & Tsekouras, G. (2001). Developing learning networks. *AI & Society*, 15(1-2), 82-98.

Bhutta, K., & Huq, F. (1999). Benchmarking ± best practices: an integrated approach. *Benchmarking: An International Journal*, 6(3), 254-268.

Bogan, C., & English, M. (1994). *Benchmarking for Best Practices: Winning Through Innovative Adaptation*. McGraw-Hill.

Bolton, M. (1993). Imitation versus innovation: lessons to be learned from the Japanese. *Organizational Dynamics*, 21(3), 30-45.

Büchel, B., & Raub, S. (2002). Building Knowledge: creating value networks. *European Management Journal*, 20(6), 587-596.

Büyüközkan, G., & Maire, J.-L. (1998). Benchmarking process formalization and a case study, *Benchmarking for Quality Management & Technology Benchmarking*, 5(2), 101-125.

Camp, R. (1993). A bible for Benchmarking. *Financial Executive*, July/August, 23-29.

CIMA (2005). *CIMA Official Terminology*. CIMA

Cole, M. (2009). Benchmarking: A Process for Learning or Simply Raising the Bar? *Evaluation Journal of Autralasia*, 9(2), 7-15.

Drury, C. (2021). *Management and Cost Accounting* (11th ed.). Cengage Learning College.

Economic Commission for Europe (2021). *A Benchmarking literature review – definitions concepts and methodologies*. Inland Transport Committee Working Party on Transport Trends and Economics Thirty-third session Geneva, 7–9 September. https://unece.org/sites/default/files/2021-09/ECE-TRANS-WP5-2020-06e.pdf.

Elnathan, D., Lin, T.W., & Young, M.S. (1996). Benchmarking and management accounting: a framework for research. *Journal of Management Accounting Research*, 8, 37-54.

Freytag, P., & Hollensen, S. (2001). The process of Benchmarking, benchlearning and benchaction. *The TQM Magazine*, 13(1), 25-34.

Garrison, R., Noreen, E., & Brewer, P. (2021). *Managerial Accounting* (17th ed.). McGraw-Hill/Irwin.

Hansen, G., & Mowen, M. (2007). *Management Accounting* (8th ed.). Thomson Learning Inc.

Hurst, D. (2002). *Crisis and Renewal: Meeting the Challenge of Organizational Change.* Harvard Business Review Press.

Kyrö, P. (2003). Revising the concept and forms of Benchmarking. *Benchmarking: An International Journal*, 10(3), 210-225.

Longbottom, D. (2000). Benchmarking in the UK: an empirical study of practitioners and academics. *Benchmarking: An International Journal*, 7(2), 98-117.

Maire, J. (2002). A model of characterization of the performance for a process of Benchmarking. *Benchmarking: An International Journal*, 9(5), 506-520.

Maire, J., Bronet, V., & Pillet, M. (2008). Benchmarking: methods and tools for SME. *Benchmarking: An International Journal*, 15(6), 765-781.

Mann, R. (2015). Expert Point of View Note – The History of Benchmarking and Its Role in Inspiration. *Journal of Inspiration Economy*, 2(2), 131-143.

Prado, J. (2001). Benchmarking for the development of quality assurance systems. *Benchmarking: An International Journal*, 8(1), 62-69.

Prasnikar, J., Debeljak, Z., & Ahcan, A. (2005). Benchmarking as a tool of strategic management. *Total Quality Management & Business Excellence*, 16(2), 257-275.

Reider, R. (2000). *Benchmarking Strategies: A Tool for Profit Improvement.* Wiley.

Southard, P., & Parente, D. (2007). A model for internal Benchmarking: when and how?. *Benchmarking: An International Journal*, 14(2), 161-171.

Spendolini, M. (1992). *The Benchmarking book.* Amacon Books.

Vijai, J., Somayaji, G., Swamy, R., & Aital, P. (2017). Relevance of F.W. Taylor's principles to modern shop-floor practices: A Benchmarking work study. *Benchmarking: An International Journal*, 24(2), 445-466.

Watson, G. (1993). *Strategic Benchmarking: How to Rate your Company's Performance against the World's Best.* John Wiley & Sons, Inc.

Watson, G. (2007). *Strategic Benchmarking Reloaded with Six Sigma.* John Wiley & Sons, Inc.

Zairi, M., & Leonard, P. (1996). *Practical Benchmarking: The Complete Guide.* Springer Dordrecht.

Zairi, M., & Whymark, J. (2000a). The transfer of best practices: how to build a culture of Benchmarking and continuous learning – 1st part. *Benchmarking: An International Journal*, 7(1), 62-78.

Zairi, M., & Whymark, J. (2000b). The transfer of best practices: how to build a culture of Benchmarking and continuous learning – 2nd part. *Benchmarking: An International Journal*, 7(2), 146-67.

Parte V

Os objetivos desta quinta parte, que é composta por três capítulos, centram-se nos instrumentos de controlo de gestão e de gestão estratégica que as empresas têm de desenvolver para fazer frente às alterações verificadas no ambiente de negócios nas últimas décadas. Assim, embora os modelos tradicionais, baseados em estruturas hierárquicas rígidas continuem presentes, o atual contexto de globalização e maior competitividade exige agilidade e flexibilidade da gestão e tem conduzido as empresas para estruturas mais descentralizadas. Neste contexto, e para efeitos de avaliação de desempenho ganham relevância novas dimensões, como a criação de valor para o cliente e para o acionista, surgem novos desafios, como a mensuração dos intangíveis, e surgem novos conceitos como a Contabilidade de Gestão Estratégica, que vêm reforçar a ligação entre o controlo de gestão e a estratégia das organizações.

Através do capítulo 17, procura-se explicar de que forma fenómenos como a descentralização e a criação de subunidades, que embora venham aumentar a complexidade da estrutura organizacional, são atualmente fundamentais para um bom sistema de controlo de gestão. Estes fenómenos vêm criar desafios ao nível da mensuração do desempenho, que obrigam ao desenvolvimento de ferramentas como os preços de transferência interna.

Através do capítulo 18 são analisadas várias métricas para a avaliação do desempenho das subunidades que resultam do processo de descentralização, analisado no capítulo anterior. Com maior foco na criação de valor estas métricas, que começaram por ter um cariz essencialmente financeiro (ROI), ganham uma nova dimensão e permitem obter uma visão mais holística da performance das organizações. Surgem assim métricas como o *Residual Income* (RI), o *Economic Value Added* (EVA), o *Cash Value Added* (CVA) ou o *Market Value Added* (MVA).

No capítulo 19 é explorada a ligação do sistema de contabilidade e controlo de gestão à estratégia da organização. Sendo aqui discutido o conceito de Contabilidade de Gestão Estratégica (CGE), que se traduz no desenvolvimento de práticas como o *Balanced Scorecard* (BSC). O BSC permite uma mensuração mais abrangente do desempenho uma vez que contempla duas dimensões adicionais: a mensuração dos intangíveis e a criação de valor. Estas novas dimensões encontram-se refletidas no mapa estratégico e nas relações de causa e efeito entre os resultados das perspetivas financeira e de clientes e os indutores desses resultados ao nível dos processos internos, das tecnologias da informação e do capital humano e organizacional.

CAPÍTULO 17

—

CENTROS DE RESPONSABILIDADE E PREÇOS DE TRANSFERÊNCIA

OBJETIVOS DE APRENDIZAGEM

1. **Compreender a importância da descentralização da tomada de decisão nas empresas;**
2. **Identificar as vantagens e desvantagens da descentralização;**
3. **Compreender o papel dos centros de responsabilidade na estrutura de controlo de gestão;**
4. **Descrever os objetivos do sistema de preços de transferência;**
6. **Analisar os métodos alternativos para o cálculo dos PTI;**
7. **Calcular o valor mínimo que deverá ser cobrado pelo fornecimento de um produto ou serviço interno.**

17.1. Introdução

A globalização dos negócios verificada nas últimas décadas tem conduzido a modelos de gestão mais descentralizados. Assim, embora os modelos tradicionais, baseados em estruturas hierárquicas rígidas continuem presentes, o atual contexto de globalização exige maior agilidade e flexibilidade da gestão e tem conduzido as empresas para estruturas mais descentralizadas. Neste contexto ganham relevância ferramentas como os preços de transferência interna.

Os preços de transferência são importantes sobretudo para empresas mais descentralizadas, grupos empresariais e multinacionais. Este tema começou a ser estudado na década de 60 e tem vindo a ganhar relevância desde então (Kumar *et al.*, 2021). Analisando a literatura, constata-se que se evidenciam duas vertentes no estudo dos preços de transferência. Uma vertente interna associada aos preços de transferência internos (PTI) designados na literatura anglo-saxónica por *Domestic Transfer Pricing* e uma vertente internacional designada por *International Transfer Pricing,* que surge no contexto das multinacionais (Atkinson *et al.*, 2004; Borkowsk, 1992). No contexto internacional, os preços de transferência resultam dos processos de globalização e internacionalização das empresas e encontram-se muito ligados a questões de política e planeamento fiscal destas organizações. Estas duas vertentes (interna e externa) apresentam características distintas, sendo por isso estudadas separadamente. Neste capítulo serão apenas estudados os preços de transferência interna (PTI).

Assim, no contexto interno da organização, a problemática dos preços de transferência surge associada aos processos de descentralização, isto é, quando a empresa na procura de uma maior eficiência na gestão dos seus recursos, opta por se reestruturar em subunidades organizacionais mais pequenas, com alguma autonomia na tomada de decisão. Estas subunidades organizacionais são denominadas de centros de responsabilidade e podem assumir diferentes configurações consoante se trate de centros de custo, centros de rendimentos, centros de resultados ou centros de investimento (Atkinson *et al.*, 2004). A criação de centros de responsabilidade é fundamental para o sistema de contabilidade e controlo de gestão da organização (Drury, 2021).

Neste capítulo, depois de se analisar a problemática da descentralização e os seus efeitos na organização, são apresentados os vários tipos de centros de responsabilidade: centros de custo, de rendimento, de resultados e de investimento. Em seguida, e para uma efetiva avaliação da performance destes centros, é estudado o mecanismo do preço de transferência interna.

17.2. Centralização e descentralização da gestão

Numa empresa, o grau de centralização ou descentralização refere-se ao nível de concentração ou dispersão do poder dentro da empresa, ou seja, à distribuição da autoridade e da capacidade de decisão (Chiavenato, 1987). Por sua vez, o processo pelo qual a autoridade é distribuída, ou pelo qual o nível de descentralização é estabelecido, designa-se por delegação da autoridade (Chiavenato, 1987). Assim, o processo de descentralização irá afetar sobretudo o processo de tomada de decisão (tipo de decisões que irão ser descentralizadas) e a delegação de autoridade na empresa.

O processo de descentralização pode então ser definido como um processo de delegação de autoridade e transferência de responsabilidades para os níveis mais baixos da hierarquia organizacional (Atkinson *et al.*, 2004).

Nas empresas a tomada de decisão pode ser centralizada ou descentralizada e o grau de descentralização pode medir-se pelo posicionamento da tomada de decisão dentro da estrutura hierárquica da organização. Aqui a estrutura organizacional representa relações hierárquicas e funcionais entre os vários membros da empresa, não traduz, necessariamente, os seus centros de responsabilidade (Horngren *et al.*, 2012). A total centralização ocorre quando as decisões são tomadas apenas por decisores do topo da hierarquia, não existindo, portanto, delegação de autoridade.

Ou seja, este tipo de tomada de decisão é geralmente acompanhado por uma elevada concentração da autoridade no topo da hierarquia. Pelo contrário, fala-se em tomada de decisão descentralizada quando o nível de decisão se situa em níveis hierárquicos mais baixos, existindo portanto a correspondente delegação de autoridade. O grau de descentralização da organização mostra, assim, até que ponto a autoridade foi delegada para níveis operacionais mais baixos. Quanto mais descentralizada for a tomada de decisão da organização, maior será a delegação de autoridade nos níveis mais baixos da hierarquia.

Mas porque surge a necessidade de descentralização?

De um modo geral, à medida que as empresas vão crescendo, aumenta a necessidade de descentralização da tomada de decisão. O nível de descentralização mais adequado deverá ser decidido em função das características específicas de cada organização (dimensão, setor de atividade) do seu sistema de informação (facilidade de acesso à informação necessária para a tomada de decisão), e das características da equipa de gestão, nomeadamente do estilo de liderança e do nível de confiança nos decisores dos níveis hierárquicos inferiores.

São apontadas como **vantagens** ou benefícios da descentralização nas organizações:

1. O fomentar uma competição mais saudável entre os vários segmentos organizacionais;
2. O estimular a inovação e criatividade na busca de soluções para os problemas;
3. O promover uma maior agilidade no processo de tomada de decisão;
4. O permitir uma tomada de decisão mais tempestiva;
5. O motivar os dirigentes e prepará-los para cargos de maior responsabilidade dentro da organização. A descentralização do processo de decisão pode ser vista como uma forma de motivar e responsabilizar os decisores nos níveis mais baixos da hierarquia organizacional.

Contudo, são também apontadas algumas **desvantagens** à descentralização. Aqui as críticas centram-se sobretudo:

1. Nas falhas ao nível da eficiência do processo de comunicação;
2. Nos custos de implementação de um modelo mais descentralizado;
3. Na maior dificuldade em obter a informação necessária, dada a dispersão da informação provocada pela menor centralização;

4. Na dificuldade em alinhar e coordenar os objetivos das várias subunidades organizacionais;
5. Na dificuldade em localizar os responsáveis pela tomada de decisão;
6. Na dificuldade em coordenar todo o trabalho operacional;
7. Em maiores dificuldades ao nível do controlo de gestão e da avaliação de desempenho.

Estas vantagens e desvantagens do processo de descentralização devem ser ponderadas pela gestão de topo sempre que for necessário alterar a estrutura para uma melhor adequação à estratégia da empresa (Horngren *et al.*, 2012).

Para colmatar estas maiores dificuldades ao nível do controlo de gestão e da avaliação de desempenho e para acompanhar a delegação de poder (autoridade) e a inerente responsabilização associadas com o processo de descentralização, são criadas subunidades organizacionais que denominaremos por centros de responsabilidade.

17.3. Os Centros de Responsabilidade e o seu desempenho

Como já vimos atrás, à medida que as empresas vão crescendo, aumenta a necessidade de descentralização da tomada de decisão, o que vem colocar novos desafios ao sistema de controlo de gestão, nomeadamente ao controlo dos custos de funcionamento que deixa de poder ser feito de forma centralizada. Esta descentralização de responsabilidades e de tomada de decisão leva à criação de Centros de Responsabilidade (CR).

De um ponto de vista administrativo, qualquer empresa pode ser considerada um CR. Todavia, na prática, este termo é usado para representar as subunidades da organização, sendo a empresa constituída por um conjunto de CR.

Em termos de controlo de gestão, e para uma gestão mais eficiente dos gastos, é necessário proceder ao apuramento dos custos de funcionamento por CR. Estes centros formam, assim, a estrutura do sistema de contabilidade e controlo de gestão da empresa, e permitem definir a atribuição de responsabilidades às subunidades organizacionais, devendo refletir a estratégia da organização (Anthony & Govindarajan, 2003).

O desdobramento da empresa em CR pressupõe o cumprimento de um conjunto de **pressupostos**, nomeadamente, a existência de uma:

1. Descentralização efetiva de responsabilidades;
2. Responsabilização e delegação clara de autoridade;
3. Prestação de contas regular;
4. Gestão por objetivos.

Os CR são geralmente representados por retângulos no desenho da estrutura organizacional, isto é, no organigrama da empresa. Sendo que no primeiro nível encontramos os CR que correspondem ao nível operacional e no nível mais elevado encontramos o que corresponde à administração.

Os CR representam subunidades organizacionais, devidamente identificadas e dotadas de meios humanos e materiais, com objetivos superiormente definidos; e comando devidamente identificado. Esta subunidade organizacional é comandada por uma única pessoa, que responde perante um superior, deve ter objetivos próprios e dispor de capacidade de atuação quanto aos meios necessários para alcançar os seus objetivos. Em suma, as **características básicas** de um centro de responsabilidade incluem:

- Um responsável, que obedece a uma linha de comando devidamente identificada;
- Objetivos próprios, superiormente definidos;
- Capacidade de atuação (meios).

Embora existam várias tipologias de CR, iremos aqui considerar **4 tipos de centros** (Drury, 2021; Atkinson *et al.*, 2004):

- **Centros de Custos ou de Gastos** – o responsável deverá prestar contas pela gestão de recursos, ou seja, pelos gastos ocorridos. Este tipo de centros "tem por finalidade acumular custos decorrentes dos meios geridos pelo seu responsável, não havendo preocupações em imputá-los seja a quem for" (Jordan *et al.*, 2021:304). Podem existir aqui centros de custo padrão e centros de custos discricionários (como por exemplo um centro de custos de investigação e desenvolvimento). Nestes centros o desempenho poderá ser medido a partir dos desvios entre os valores previstos e os gastos reais.
- **Centros de Proveitos ou Rendimentos** – o responsável deverá prestar contas apenas pelos rendimentos obtidos. É o caso, por exemplo, de um representante das vendas da empresa num mercado específico. Aqui o responsável

do centro apenas dispõe da possibilidade de conceder descontos de modo a incentivar as compras.

- **Centros de Resultados** – o responsável deverá prestar contas pelos rendimentos gerados e também pelos gastos ocorridos, ou seja, pelo resultado (lucro ou prejuízo) gerado. Este tipo de centro possui alguma autonomia de decisão, excluindo-se apenas as decisões de investimento que são tomadas nos níveis hierárquicos superiores. Podemos aqui encontrar centros de resultados por funções, por produto, por área geográfica, por projeto, etc.
- **Centros de Investimento** – o responsável deverá prestar contas pelos resultados obtidos e pelos investimentos efetuados, ou seja, o responsável por este tipo de centro terá poder de decisão para influenciar não só os resultados, através dos descontos concedidos a clientes por exemplo, mas também poderá influenciar os ativos da empresa, através da negociação das condições de pagamento. A prestação de contas deste CR é a que mais se assemelha à de uma empresa independente, pelo grau de autonomia e pela elevada responsabilização que contempla.

Iremos em seguida focar a atenção nos centros de resultados e de investimento, uma vez que se trata de subunidades organizacionais às quais são atribuídos gastos e rendimentos, contribuindo os **Preços de Transferência Interna** (PTI) para a determinação destes últimos. Deste modo, o responsável por um centro de resultados (ou de investimento) é avaliado como sendo um empresário, que terá de prestar contas pelos resultados gerados, ou seja, tanto pelos rendimentos que consegue angariar como pelos gastos que tenha sofrido.

Para uma efetiva avaliação do desempenho das decisões tomadas num centro de resultados, é necessário que se cumpram duas condições (Anthony & Govindarajan, 2003, p. 204):

1) o decisor deve ter acesso à informação necessária;
2) é preciso que se consiga perceber que restrições existiam e como é que foram tomadas as decisões. Isto porque embora o responsável por um centro de resultados deva ser avaliado como sendo um empresário, ou seja, pelos resultados (lucros) gerados, há que ter em conta que trabalhar num centro de resultado pressupõe sempre a existência de algumas restrições. Por exemplo, o responsável dificilmente terá acesso a toda a informação sobre a organização no seu todo, ou à informação sobre as restrições dos outros centros de

resultados, o que poderia, de alguma forma, influenciar a sua tomada de decisão. Ou seja, no centro de resultados pode ser mais difícil ter acesso a toda a informação relevante, nomeadamente à informação sobre a empresa no seu todo e sobre as outras subunidades.

Por outro lado, para uma avaliação completa do desempenho dos centros de resultados é necessário ter em conta duas vertentes:

- A forma como o centro de resultados está a ser gerido (mensuração da eficácia e eficiência do desempenho do responsável);
- Os resultados económicos efetivamente gerados (lucro) (mensuração do desempenho económico).

Para avaliar o desempenho financeiro dos centros de resultados são habitualmente utilizados indicadores financeiros, como por exemplo, a margem de contribuição, os resultados operacionais e os resultados líquidos (Jordan *et al.*, 2021). Por sua vez, para analisar o desempenho dos centros de investimento podem ser utilizadas métricas financeiras como o ROI, o RI e o EVA que teremos oportunidade de analisar no capítulo seguinte.

17.4. Os Preços de Transferência Interna

17.4.1. Conceito

Numa organização descentralizada, cada gestor é responsável pelo bom desempenho do seu CR. E, como já vimos, a avaliação de um centro de resultados pressupõe que o responsável por esta subunidade tenha de prestar contas pelos resultados gerados (lucros ou prejuízos), ou seja, pelos gastos efetuados e pelos rendimentos obtidos. A necessidade de definir um PTI surge quando um centro de resultados vende a outro centro de resultados, ou seja, quando existe uma transação entre um centro fornecedor e um centro cliente pertencentes à mesma organização (Figura 17.1).

O preço de transferência corresponde, assim, ao valor cobrado por um CR para fornecer um produto ou serviço a outro centro da mesma organização. Dito de outra forma, o PTI corresponde ao valor atribuído aos bens e/ou serviços transferidos entre dois centros de resultados (um centro cliente e um centro fornecedor). Deste modo, o PTI corresponderá ao rendimento obtido pelo centro fornecedor e ao preço de aquisição suportado pelo centro cliente.

FIGURA 17.1 – **Preço de Transferência Interna**

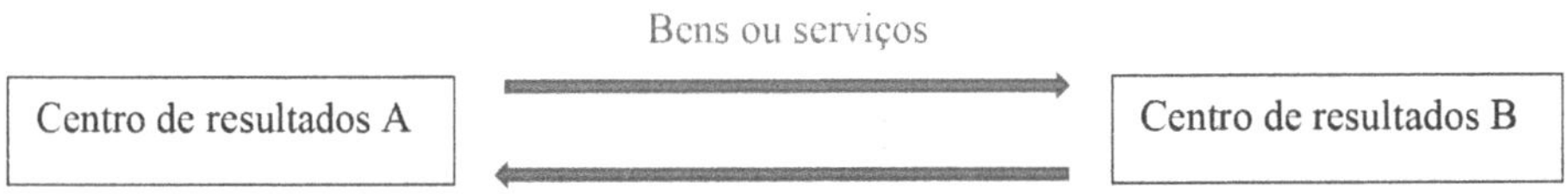

Na definição do preço pelo qual irá ser realizada a transação (PTI) há que ter em conta que é legítimo o gestor do centro A (centro fornecedor) procurar maximizar o preço de venda e, em simultâneo, o gestor do centro B (cliente) procurar reduzir ao máximo o preço de aquisição. Por outro lado, na definição do PTI, o princípio básico a seguir é o seguinte: o PTI deve ser semelhante ao preço que seria cobrado se o produto fosse vendido a clientes externos ou comprado de fornecedores externos (Anthony & Govindarajan, 2003).

No contexto do centro de resultados, o PTI pode também ser visto como uma técnica de imputação de gastos e de atribuição de rendimentos, uma vez que se traduz num mecanismo de imputação de gastos de um centro de responsabilidade fornecedor a um centro de responsabilidade cliente, e de um mecanismo de atribuição de rendimentos de um centro de responsabilidade cliente a um centro de responsabilidade fornecedor, ou seja, evidenciando dois fluxos de igual valor e sentido inverso (figura 1). Assim sendo, o PTI é um mecanismo que permite valorizar os fluxos reais de bens (semiprodutos, produtos acabados) ou serviços entre CR.

17.4.2. Objetivos, requisitos e condicionantes dos PTI

Os **objetivos** que as empresas pretendem alcançar com a definição de PTI são diversos, entre eles destacam-se os seguintes:

1. Proporcionar ao centro de resultados informação fiável sobre os rendimentos obtidos, o que permite melhorar o processo de tomada de decisão do responsável;

2. Avaliar de forma mais correta o desempenho de cada centro a partir de um melhor conhecimento dos seus gastos e rendimentos efetivos;
3. Gerir melhor os recursos da organização e motivar os dirigentes envolvidos;
4. Coordenar melhor o trabalho de toda a organização, a partir de um melhor conhecimento dos gastos e rendimentos de cada divisão.

McAulay e Tomkins (1992) sintetizam estes objetivos em quatro dimensões: questões de ordem funcional (associadas à criação de centros de resultados e resultantes do processo de descentralização); questões de ordem económica (maior racionalidade na gestão dos recursos); questões de ordem organizacional (resultantes da maior integração e diferenciação interna) e questões estratégicas.

Para alcançar os seus objetivos, o PTI deverá cumprir **quatro requisitos** (Horngren *et al.*, 2012; Brandon & Drtina, 1997):

1. Congruência de objetivos: o PTI definido deverá permitir que o gestor tome decisões alinhadas com os objetivos da empresa, ou seja, deverá permitir que os ganhos no CR se traduzam em ganhos para a empresa no seu todo.
2. Autonomia: o PTI definido deverá permitir ao gestor evidenciar a autonomia que lhe foi conferida no processo de descentralização da tomada de decisão, isto é, deverá permitir ao gestor zelar pelos bons resultados do seu centro, e se necessário rejeitar o PTI que lhe for proposto.
3. Equidade: o PTI escolhido deve ser reconhecido como sendo um valor "justo" pelos centros de resultados: fornecedor e cliente.
4. Motivação: o PTI escolhido deve funcionar como fator de motivação para os responsáveis dos dois centros envolvidos na transação.

Na definição dos PTI há ainda que ter em conta **condicionantes,** como as características dos bens e/ou serviços transacionados. Assim, a facilidade com que o bem ou serviço pode ser obtido livremente no mercado poderá condicionar o PTI. São considerados aqui três tipos de bens e/ou serviços (Mallo *et al.*, 2000):

1. Produtos estratégicos: são fabricados na empresa, possuem características muito específicas, sendo muito pouco provável conseguir encontrá-los no mercado. Dadas as suas características, o PTI dos produtos estratégicos dificilmente poderá ser estabelecido tendo por base o preço de mercado.

2. Produtos alternativos: são fabricados na empresa e no mercado, mas a sua aquisição no mercado poderá provocar um aumento de custos fixos internos (por unidade), resultante da diminuição do volume de produção da empresa.
3. Produtos livres: são aqueles que estão disponíveis no mercado e cuja aquisição não acarrete gastos muito significativos para a empresa. Neste caso, o PTI poderá ser calculado tendo por base o preço de mercado.

17.4.3. Métodos de apuramento dos PTI

Embora seja quase impossível que um método de apuramento dos PTI satisfaça todos os requisitos (Horngren *et al.*, 2012), são apresentados e analisados os principais métodos apontados na literatura. Assim, podem ser considerados quatro métodos na definição dos preços a cobrar nas transações internas entre CR:

1. **PTI baseado no Preço de mercado**: consiste em utilizar como PTI o preço que é praticado pelos fornecedores externos. Se existe um mercado externo, o PTI deverá ser baseado no preço de mercado do produto ou serviço. O cálculo do PTI é feito tendo por base o preço de mercado praticado pela empresa aos seus clientes (podendo aqui deduzir-se os gastos adicionais que esta tenha com a colocação do produto no cliente) ou tendo por base uma lista de preços de produtos (ou serviços) idênticos ou pelo menos similares (Drury, 2021).

A aplicação direta deste método é recomendada quando (Horngren *et al.*, 2012):

- Existe um mercado externo perfeitamente competitivo;
- As interdependências entre as subunidades não existem ou são mínimas;
- Não existem custos adicionais ou benefícios adicionais, para a empresa no seu todo, se as aquisições forem feitas no mercado em vez de serem feitas internamente.

2. **PTI baseado nos custos de produção**: consiste em utilizar um PTI baseado nos gastos associados com o consumo dos recursos necessários para a obtenção do produto e/ou serviço. Aqui é necessário ter em conta as restrições associadas com a capacidade de produção da empresa, isto é, numa situação em que não está disponível preço de mercado ou, quando o centro de resultados fornecedor tiver capacidade excedentária, o PTI deverá ser igual ao preço de custo do produto ou serviço

transacionado. Podem aqui ser consideradas várias modalidades: preço baseado no custo real ou no custo padrão e preço com margem, partição de margem ou sem margem.

Quando existem vários centros de resultados que trabalhem uns para os outros, de forma organizada para a obtenção de um único produto final torna-se ainda mais difícil saber que parcela do resultado obtido poderá ser atribuída a cada um dos centros envolvidos, e qual o desempenho de cada um dos centros envolvidos. É neste contexto que surge a necessidade de se desenvolver um mecanismo para alocar o resultado global auferido pelos CR envolvidos e é este mecanismo que iremos denominar de PTI com partição de margem. Desta forma, o PTI baseado no custo pode assumir a forma de:

- PTI baseado no custo variável (inclui matérias-primas, mão de obra direta e outros custos diretos);
- PTI baseado no custo marginal (inclui matérias-primas, mão de obra direta, outros custos diretos e ainda o custo fixo incremental);
- PTI baseado no custo total (inclui matérias-primas, mão de obra direta, outros custos diretos, custo fixo incremental e outros custos fixos);
- PTI baseado no custo total com margem (inclui matérias-primas, mão de obra direta, outros custos diretos, custo fixo incremental, outros custos fixos e uma margem).

A aplicação do PTI baseado nos custos é recomendada quando (Horngren *et al.*, 2012):

- O preço de mercado não se encontra disponível;
- O preço de mercado é inapropriado;
- A obtenção de informação sobre o preço de mercado é demasiado dispendiosa.

3. **PTI baseado em modelos híbridos:** estes modelos têm em consideração simultaneamente o preço de mercado e os custos de produção. Podem assumir a forma de:

a) PTI negociado: consiste em utilizar um PTI que resulte de uma negociação de preços entre o centro de resultados fornecedor e o centro de resultados vendedor, tendo em consideração as condições de mercado. O PTI negociado tem a vantagem de preservar a autonomia e de motivar os gestores. Porém, implica algum investimento no processo negocial.

b) **PTI administrativo**: é definido pela Administração e consiste em utilizar um PTI que resulte da aplicação de uma regra administrativa. É geralmente aplicado quando a transação é frequente e resulta de uma estimativa teórica feita por um gestor. São aqui encontrados PTI baseados em fórmulas simples como, por exemplo, o preço de mercado menos 10% ou o preço de custo mais 5%. Estes modelos híbridos são aconselhados quando o preço de mercado é volátil e muda com frequência (Horngren *et al.*, 2012).

Na Tabela 17.1 é apresentada uma análise comparativa dos diferentes métodos de apuramento dos PTI.

TABELA 17.1 – **Métodos de determinação dos PTI, vantagens e inconvenientes**

PTI	Baseado no preço de mercado	Baseado nos custos	Negociado	Administrativo
Como é calculado?	Preço de mercado	Custo do Produto	Negociação direta	Aplicação de uma regra
Quais as vantagens?	Objetividade	Informação fiável e de fácil obtenção na contabilidade	Se bem negociado pode funcionar como fator de motivação	É fácil de implementar e evita desentendimentos
Que problemas podem surgir?	Tem de existir um preço de mercado do produto ou serviço, ou pelo menos o de um produto similar.	Grande diversidade de opções. Pode não fornecer a orientação adequada quando existem restrições de capacidade.	Pode conduzir a decisões que não sejam as melhores em termos económicos.	O PTI deixa de funcionar como fator de motivação e responsabilização.

Fonte: Atkinson *et al.* (2004, p. 548), adaptado.

Como já foi visto atrás, é quase impossível encontrar um método de apuramento dos PTI que satisfaça todos os requisitos apontados. Existem, contudo, quando o PTI é negociado, algumas **diretrizes gerais para determinação do preço** a praticar (Horngren *et al.*, 2012). Isto porque na negociação do preço a praticar nas transferências entre centros de resultados, é legítimo o gestor do centro fornecedor procurar maximizar o preço de venda e, em simultâneo, o gestor do centro cliente procurar reduzir ao máximo o preço de aquisição. É neste contexto que surge o conceito de **preço de transferência interno mínimo**, que irá ajudar o gestor a definir se deve comprar internamente ou externamente.

Por outro lado, ao procurar definir o PTI é importante atender às seguintes evidências:

1. Quando o PTI é inferior ao custo de fabricação de uma unidade, a transação resultará em uma perda para o centro fornecedor, levando o seu responsável a recusar o negócio.
2. Da mesma forma, quando o PTI se mostra muito alto, o centro cliente não poderá obter nenhum benefício com a transação.
3. Assim, considera-se que para qualquer transação entre centros, o PTI terá um limite inferior, determinado pelo centro fornecedor que vende, e um limite superior, determinado pelo centro cliente, que compra.

Consequentemente, o PTI real acordado pelos responsáveis dos dois centros deve situar-se entre esses dois limites, que definem uma **faixa de PTI aceitáveis.** Nesta faixa de preços os lucros dos dois centros participantes da transação podem aumentar ou diminuir.

Neste sentido, recorre-se à seguinte fórmula para a **determinação do PTI mínimo de um centro fornecedor**. Esta fórmula inclui simultaneamente, o custo marginal e o custo de oportunidade da operação.

Preço de transferência interna mínimo (Centro fornecedor)	=	**Custo variável por unidade**	+	**Margem de contribuição perdida se o produto ou serviço for transferido internamente (em vez de ser vendido no mercado).**

Ou

PTI mínimo = Custo variável unitário + Custo de oportunidade unitário

Do ponto de vista do centro cliente o PTI deverá ser inferior ou igual ao preço de mercado.

Preço de transferência interna (Centro cliente)	≤	Preço de mercado

Nesta análise surgem ainda dois **fatores relevantes** (Horngren *et al.*, 2012):

1) O existir, ou não, um mercado perfeitamente competitivo; e
2) O existir, ou não, capacidade excedentária em termos de produção.

Em relação à existência de um mercado, Kaplan e Atkinson (1989) fazem as seguintes recomendações.

1. Se existir um mercado perfeitamente competitivo a solução passa por fixar um PTI mínimo que contemple o **preço de mercado**, deduzido de poupanças internas como gastos com venda e distribuição.
2. Se existir um mercado competitivo, mas não perfeito, a solução passa por **um preço negociado.**
3. Quando não existe mercado externo a solução passa por um **PTI baseado nos custos.**

Quanto à existência ou não de capacidade excedentária, e tendo em conta a fórmula apresentada anteriormente, constata-se que, se um centro de resultados fornecedor estiver a trabalhar com capacidade excedentária, o custo de oportunidade ao vender um produto internamente, em vez de o vender externamente, será igual ao preço de mercado menos o custo variável unitário.

Apresenta-se em seguida uma **síntese dos procedimentos** a seguir nas situações mais comuns, considerando estas duas variáveis (mercado e capacidade de produção).

Pressuposto 1 – Existe um mercado perfeitamente competitivo: aqui, o PTI mínimo deverá ser igual ao preço de mercado, caso não haja nenhum gasto adicional com a transação.

Pressuposto 2 – O centro de resultados fornecedor tem capacidade de produção excedentária: aqui, o PTI mínimo deverá ser igual ao custo variável unitário.

Em suma, quando exista capacidade excedentária o PTI deve situar-se entre o preço mínimo pelo qual o centro fornecedor está disposto a vender (custo variável unitário) e o preço máximo que o centro cliente está disposto a pagar (preço de mercado).

Tendo em conta a variável capacidade de produção, a tabela seguinte sintetiza as opções possíveis para o centro fornecedor.

TABELA 17.2 – **PTI mínimo aceitável para um centro fornecedor**

Capacidade de produção excedentária	**PTI mínimo aceitável (Centro fornecedor)**
Sim	≥ Custo variável unitário
Não	≥ Custo variável unitário + Custo de oportunidade unitário

Finalmente, na definição do **PTI máximo aceitável** para um centro cliente, há ainda que ter em conta que nem sempre a empresa encontra um fornecedor no mercado. Consequentemente, esta variável poderá influenciar o PTI como se pode verificar na tabela seguinte.

TABELA 17.3 – **PTI máximo aceitável para um centro cliente**

Existência de um fornecedor externo	**PTI máximo aceitável (Centro Cliente)**
Sim	≤ Preço de mercado
Não	≤ resultado líquido esperado nas vendas a clientes

SUMÁRIO

Este capítulo procura explicar porque é que as empresas precisam de descentralizar, delegando autoridade e responsabilizando os gestores dos vários níveis da estrutura organizacional. Constata-se que à medida que a empresa vai crescendo, o empresário vai perdendo controlo e necessita de proceder à descentralização de responsabilidade e delegação de autoridade. Este processo desenvolve-se através da criação de subunidades denominadas centros de responsabilidade. Esta reorganização vai aumentar a complexidade da estrutura organizacional, mas é fundamental para um bom sistema de controlo de gestão.

Neste capítulo abordam-se vários tipos de centros de responsabilidade: centros de custo, de rendimento, de resultados e de investimento. Quando existem compras internas, isto é, quando um centro de responsabilidade compra a outro centro surge a necessidade de se definir o valor pelo qual se vai realizar essa transação. Este valor denomina-se preço de transferência interna.

São ainda aqui analisados vários métodos para calcular o PTI de um centro de resultados.

TERMOS E CONCEITOS-CHAVE

Centralização e Descentralização
Centro de Custos
Centro de Responsabilidade
Centro de Resultados
Preço de Transferência Interna
Preço de Transferência Mínimo

QUESTÕES TEÓRICAS

1. Quais as vantagens e inconvenientes do processo de descentralização nas empresas?
2. O que são os centros de responsabilidade?
3. Que tipos de centros de responsabilidade existem?
4. Quais são os métodos para o cálculo dos PTI?
5. Que características / propriedades deve possuir um sistema de PTI?
6. Como é que se define o PTI mínimo?
7. Qual a importância da descentralização das organizações?

EXERCÍCIOS RESOLVIDOS

Exercício 17.1 – Cálculo de PTI mínimo

A empresa BEIRALARMES, SA é uma empresa de média dimensão, descentralizada, e com múltiplas divisões, atuando num mercado perfeitamente competitivo. A Divisão A compra habitualmente os seus alarmes à Divisão B. Na fabricação dos alarmes, o custo variável unitário da Divisão B é de 45,00 € por unidade. Esta Divisão (B) encontra-se atualmente a trabalhar a 90% da sua capacidade produtiva. O preço atual de mercado destes alarmes é de 150,00 € por unidade.

Sabe se ainda que a produção da Divisão B foi de 4 500 unidades e que a Divisão A pretende comprar 450 unidades.

Pedidos:

A. Calcule o PTI mínimo pelo qual se deve realizar a transação?
B. Suponha agora, que a Divisão B não possui capacidade de produção excedentária. Nestas condições, qual seria o PTI mínimo?

Resolução:

A. Preço de transferência mínimo = Custo variável unitário + Custo de oportunidade unitário

Capacidade excedentária = (4 500/0,9) – 4 500 = 500 unidades

PTI mínimo= 45,00 € + 0 = 45,00 € ou seja, é igual ao custo variável unitário porque existe uma capacidade excedentária.

B. Preço de transferência mínimo = Custo variável unitário + Custo de oportunidade unitário

Preço de transferência mínimo = 45,00 € + 105,00 € = 150,00 €
ou seja, é igual ao preço de mercado.

Exercício 17.2 – Cálculo de PTI mínimo

A empresa Jardins da Beira tem duas divisões A e B, que operam como centros de resultados, uma dedica-se a produção e comercialização de orquídeas (Divisão A) e outra à preparação e organização de jardins (Divisão B). A divisão A vende orquídeas aos seus clientes externos e fornece internamente plantas à divisão B.

As orquídeas produzidas na empresa enquadram-se na categoria de produtos "livres" uma vez que a sua aquisição no mercado não acarreta custos significativos para a empresa. O gestor responsável pela Divisão B tem estado a auscultar o mercado e identificou um fornecedor externo que está disposto a prover orquídeas similares ao preço de 2,50 € cada.

Até aqui a Divisão A tem vendido internamente e externamente as orquídeas ao preço de 2,50 € por planta. Os custos variáveis são 1,20 € por unidade. Os custos de distribuição são de 0,40 € por unidade nas vendas externas.

Considerando as duas hipóteses seguintes:

Hipótese 1 – A empresa opera num mercado perfeitamente competitivo e a divisão A possui capacidade de produção excedentária.

Hipótese 2 – A empresa opera num mercado perfeitamente competitivo, mas a divisão A não possui capacidade de produção excedentária.

Qual o PTI mínimo que poderá ser aceite pela Divisão A?

Resolução:

Hipótese 1

O PTI mínimo aceitável para a Divisão A (centro fornecedor) é dado pela fórmula:

PTI mínimo = Custo variável unitário + Custo de oportunidade unitário

ou

PTI mínimo = Custo variável unitário + (Margem de Contribuição dos produtos não vendidos / número de produtos transferidos)

Neste exercício o PTI mínimo que a Divisão A poderia aceitar é dado pela fórmula (PTI mínimo = Custo variável unitário + Custo de oportunidade unitário) e havendo capacidade excedentária de produção, o custo de oportunidade é igual a zero, logo o PTI mínimo aceitável para a Divisão A é de 1,20 €.

Hipótese 2

Contudo, não havendo capacidade de produção excedentária da divisão A para satisfazer a procura, e existindo um fornecedor externo que proveja esse produto, podemos seguir as indicações de Kaplan e Atkinson (1989) se existir um mercado perfeitamente competitivo: a solução passa por fixar um PTI mínimo que contemple o preço de mercado, deduzido de poupanças internas como gastos com venda e distribuição.

Neste caso o PTI mínimo = Preço de mercado – Poupanças internas

O PTI mínimo aceitável para a Divisão A é: PTI mínimo = 2,50 € – 0,40 € = 2,10 €

Exercício 17.3 – Cálculo de PTI mínimo e PTI máximo

Considerando a empresa do exercício anterior, e recordando que a Jardins da Beira tem duas divisões A e B, que operam como centros de resultados, uma dedica-se a produção e comercialização de orquídeas (Divisão A) e outra à preparação e organização de jardins (Divisão B). A divisão A vende orquídeas aos seus clientes externos e fornece internamente plantas à divisão B.

As orquídeas produzidas na empresa enquadram-se na categoria de produtos "livres" uma vez que a sua aquisição no mercado não acarreta custos significativos para a empresa e o gestor responsável pela Divisão B tem estado a auscultar o mercado e ameaça recorrer a um fornecedor externo.

Até aqui a Divisão A tem vendido as orquídeas ao preço de 2,50 € por planta. Os custos variáveis são 1,20 € por unidade. Os custos de distribuição são de 0,40 € por unidade.

Existe no mercado, um fornecedor externo que está disposto a prover orquídeas similares ao preço de 2,50 € cada.

Considerando que a empresa opera num mercado perfeitamente competitivo e que a Divisão A possui capacidade de produção excedentária.

Pedidos:

A. Qual o PTI mínimo que poderá ser aceite pela Divisão A?
B. Qual o PTI máximo que poderá ser proposto pela Divisão B?
C. Supondo que as Divisões A e B estão dispostas a negociar um PTI, qual será o intervalo dentro do qual se deverá situar esse valor?

Resolução:

A. Qual o PTI mínimo que poderá ser aceite pela Divisão A?

Como já vimos no exercício anterior, o PTI mínimo = CVunit = 1,20 €.

B. Qual o PTI máximo que poderá proposto pela Divisão B?

Neste caso corresponde ao preço de mercado, ou seja, é igual a 2,50 €.

C. Na definição do PTI deve-se assumir que é legítimo o gestor do centro fornecedor procurar maximizar o preço de venda e, em simultâneo, o gestor do centro cliente procurar reduzir ao máximo o preço de aquisição. O princípio básico a seguir é que o PTI escolhido deve ser semelhante ao preço que seria cobrado se o produto fosse vendido a clientes externos ou comprado de fornecedores externos.

Procurando conciliar estas duas perspetivas (centro cliente e centro fornecedor) podemos dizer que seria aceitável um PTI negociado que se situasse entre os 1,20 € e os 2,50 €.

Exercício 17.4 – Decisão sobre recurso ao *outsourcing*

Uma empresa de plásticos tem uma divisão D que produz pó de moldar. Nos últimos 3 anos vendeu 15 000 ton, das quais, 70% à divisão A da empresa, tendo a parte remanescente sido vendida a clientes externos. Os resultados da atividade do último ano são apresentados em seguida:

Demonstração dos Resultados

Descrição	Divisão A	Clientes externos	Total
Vendas	525 000 €	315 000 €	840 000 €
Custos variáveis	-315 000 €	-135 000 €	-450 000 €
Custos fixos	-100 000 €	-50 000 €	-150 000 €
Resultado operacional	110 000 €	130 000 €	240 000 €

No próximo ano, a divisão cliente (A) poderá obter um contrato com um fornecedor externo por 40,00 €/ton. Porém, o responsável da divisão que fabrica o pó de moldar recusa-se a vender àquele preço alegando não obter qualquer lucro.

Pedidos:

A. Concorda com a opinião do responsável da divisão vendedora? Justifique.
B. Qual será a decisão da empresa tendo em conta que não podem ser vendidas ao exterior mais do que as 4 500 ton.

Resolução – Questão A)

Análise de preços (PTI e preço de venda a clientes externos):

	Div A	Clientes externos
Vendas	525 000 €	315 000 €
Q. vend.	10 500	4 500
PTI/Preço de venda	**50,00 €**	**70,00 €**

Custo variável	315 000 €	135 000 €
Q. vend.	10 500	4 500
Custo unit. variável	**30,00 €**	**30,00 €**

Verifica-se que com um PTI de 40,00 €, a divisão vendedora (D) tem lucro, embora marginal:

		Total
Vendas	(10 500 x 40 €)	420 000 €
Custos		
. Variáveis	(10 500 x 30 €)	315 000 €
. Fixos		100 000 €
		415 000 €
	Resultado ---»	5 000 €

O gestor da Divisão A tem todo o interesse em comprar ao custo mais baixo possível, neste caso a 40,00 €.

A alternativa para a divisão D seria deixar de produzir as 10 500 ton, suportando o custo fixo de 100 000,00 €, o que não é razoável, tanto mais que as vendas ao exterior representam apenas 30% do total.

Situação com "abandono" do cliente "Divisão A":

Descrição	Divisão A	Clientes externos	Total
Vendas		315 000 €	315 000 €
Custos variáveis		-135 000 €	-135 000 €
Custos fixos	-100 000 €	-50 000 €	-150 000 €
Resultado operacional	-100 000 €	130 000 €	30 000 €

Resolução – Questão B)

Ótica da empresa:

Compra ao exterior	(10 500 x 40 €)	420 000 €
Custos fixos a suportar		100 000 €
Total *cash-flow*		**520 000** €

Custos internos (variáveis + fixos)	415 000 €

Diferença (poupança):	105 000 €

Conclusões:

Para a empresa como um todo é mais rentável a venda da divisão D à divisão A.

Noutra perspetiva:

A poupança da divisão cliente A na compra ao exterior (10 500 x 10,00 € = 105 000,00 €) é inferior ao ganho que a divisão vendedora obtém internamente (110 000,00 €). Logo, a Divisão A deverá aceitar o PTI de 40,00 €.

Logo, a Divisão A deverá aceitar o PTI de 40,00 €.

EXERCÍCIOS E PROBLEMAS POR RESOLVER

Exercício 17.5 – Centralização e descentralização da gestão

A Jardinsdabeira, SA fabrica mobiliário de jardim e dedica-se à preparação de jardins ao ar livre. A empresa possui quatro departamentos: 1 – *mobiliário em madeira*, 2 – *mobiliário em plástico*, 3 – *mobiliário em alumínio* e 4 – *preparação de jardins*. Os três departamentos de mobiliário dedicam-se à fabricação de três tipos de mobiliário de jardim: madeira, plástico e alumínio e o departamento de Preparação de Jardins dedica-se à construção de áreas de lazer e jardins para os seus clientes, incluindo o mobiliário na prestação de serviços prestados.

Os cronogramas de produção para os quatro departamentos são definidos pela gestão de topo, sendo esta que os avalia quanto à quantidade produzida, variações de custo e qualidade do produto.

Pedidos:

A. Considera que os quatro departamentos apresentados são centros de custo, centros de rendimentos ou centros de resultados?
B. Na sua opinião estes quatro departamentos são centralizados ou descentralizados?
C. Um departamento centralizado pode ser um centro de resultados? Justifique.
D. Suponha agora que a Administração da Jardinsdabeira, SA decide deixar os quatro departamentos definirem seus próprios cronogramas de produção, comprar e vender produtos no mercado externo e fazer com que os departamentos de *mobiliário em madeira, mobiliário em plástico, mobiliário em alumínio* negociem com o departamento *Preparação de jardins* negociando um preço de transferência. Esta mudança alteraria a sua resposta às questões A e B?
E. Que recomendações daria à gestão de topo quanto à forma de avaliar estes quatro departamentos, se esta mudança for feita?

Exercício 17.6 – Cálculo de PTI

O grupo *SIGMA SA* é constituído pelas divisões **A, B, C.** Cada divisão constitui um centro de resultados com autonomia de decisão quanto a opções de compra e/ou venda no mercado ou à realização dessas operações entre as divisões do grupo, a preços de transferência pré-definidos. Cada um dos gestores procura otimizar a margem de contribuição da sua divisão em face dos ativos operacionais que lhe estão alocados. O gestor da divisão **B** está confrontado com duas propostas de fornecimentos alternativas, em face da capacidade produtiva instalada:

I – A divisão **A** necessita de 3 000 unidades de um motor que pode ser fornecido por **B**.

Para o efeito, B adquire os respetivos componentes à divisão C a um preço de transferência unitário de 600,00 €. O custo variável de C, para este tipo de componente, é de 300,00 €, sendo o custo variável de processamento dos motores em B de 500,00 €.

A divisão A pode adquirir estes motores a um fornecedor externo M a um preço unitário de 1 500,00 €. Todavia, este fornecedor encomendará um certo tipo de componentes a C, a um preço de 400,00 €. O custo variável de C, para este tipo de componentes, é de 200,00 €.

II – O cliente W pretende colocar na Divisão **B** uma encomenda de 3 500 motores, similares, a um preço unitário de 1 250,00 €. Os componentes serão fornecidos por C a um preço de transferência de 500,00 €, com um custo variável de 250,00 €. O custo variável de processamento dos motores em B de 400,00 €.

Pedidos:

A. Avalie, justificadamente, se o gestor da divisão B deve vender os motores à divisão A, ao preço de mercado, ou aceitar a encomenda do cliente W.

B. Assuma que o gestor da divisão B aceita a proposta do cliente W. Esta decisão otimiza o benefício económico do grupo SIGMA como um todo?

BIBLIOGRAFIA DO CAPÍTULO

Anthony, R. & Govindarajan, V. (2003). *Management Control Systems* (11th ed.). McGrawHill.

Atkinson, A., Kaplan, R., & Young, S. (2004). *Management Accounting* (4th ed.). Pearson.

Atrill, P., & McLaney, E. (2021). *Management Accounting for Decision Makers* (10th ed.). Pearson.

Bhimani, A., Horngren, C. T., Datar, S. M., & Rajan, M. V. (2019). *Management and Cost Accounting*. Pearson.

Borkowsk, S. (1992). Choosing a transfer pricing method: A study of the domestic and international decision-making process. *Journal of International Accounting, Auditing and Taxation*, 1(1), 33-49.

Brandon, C., & Drtina, R. (1997). *Management Accounting: Strategy and Control*, International Edition, McGraw-Hill College.

Chiavenato, I. (1987). *Administração – Teoria, Processo e Prática*. McGraw-Hill.

Chong, V., Loy, C., Masschelein, S., & Woodliff, D. (2018). The effect of performance evaluation schemes on predicted transfer prices: Do leadership tone and perceived fairness concerns matter? *Management Accounting Research*, 41, 11-19.

Cook, P. W. Jr (1955). Decentralization and the Transfer Price Problem', *Journal of Business*, 28, 87-94.

Dearden, J. (1960). Interdivisional Pricing', *Harvard Business Review*, 38(1), 117-125.

Dearden, J. (1962). Mirage of Profit Decentralization', *Harvard Business Review*, 40(6), 140-154.

Drury, C. (2021). *Management and Cost Accounting* (11th ed.). Cengage Learning College.

Garrison, R., Libby, T., Webb, A., Noreen, E., & Brewer, P. (2016). *Fondements de la comptabilité de gestion* (French Edition). McGraw-Hill Education.

Gould, J. (1964). Internal Pricing in Firms Where there are Costs of Using an Outside Market', *Journal of Business*, 37, 61-67.

Horngren, C., Datar S., & Rajan M. (2012). *Cost Accounting: A Managerial Emphasis* (14th ed.). Pearson Education.

Jordan, H., Neves, J., & Rodrigues, J. (2021). *O Controlo de Gestão ao Serviço da Estratégia e dos Gestores* (11th ed.). Áreas Editora.

Kaplan, R., & Atkinson, A. (1989). *Advanced Management Accounting* (2nd ed.). Prentice-Hall.

Kumar, S., Pandey, N., Lim, W., Chatterjee, A., & Pandey, N. (2021). What do we know about transfer pricing? Insights from bibliometric analysis. *Journal of Business Research*, 134, 275-287.

Mallo, C., Kaplan, R., Meljem, S., & Giménez, C. (2000). *Contabilidad de costos e estratégica de gestión*. Prentice Hall.

McAulay, L. & Tomkins, C. (1992). A Review of the Contemporary Transfer Pricing Literature with Recommendations for Future Research. *British Journal of Management*, 3, 101-122.

CAPÍTULO 18

—

A AVALIAÇÃO DO DESEMPENHO FINANCEIRO NAS UNIDADES DE NEGÓCIO – RENDIBILIDADE E CRIAÇÃO DE VALOR

OBJETIVOS DE APRENDIZAGEM

1. Compreender as diferenças entre o desempenho de gestão e o desempenho económico e financeiro;
2. Explicar os fatores a considerar na definição dos indicadores financeiros para a avaliação dos responsáveis das unidades de negócio;
3. Analisar que métricas podem ser utilizadas para avaliar o desempenho das unidades de negócio, incluindo o ROI, o RI e o EVA;
4. Compreender em que consiste o ROI e identificar vantagens e limitações;
5. Compreender em que consiste a MCR, o RI, explicar qual a utilização deste indicador e identificar vantagens e limitações;
6. Compreender a importância do EVA, do CVA, do MVA na avaliação de unidades de negócio e identificar as suas limitações;
7. Calcular o ROI, o RI, o EVA e o CVA.

18.1. INTRODUÇÃO

Nas últimas décadas, os rápidos desenvolvimentos tecnológicos e o fenómeno da globalização dos negócios têm colocado novos desafios às empresas, que as têm levado a adotar modelos de gestão mais descentralizados. Neste contexto, a necessidade de controlo de gestão e de avaliação de desempenho aumenta, assim como cresce a necessidade de se encontrar ferramentas de mensuração de desempenho que permitam avaliar os resultados das várias unidades de negócio da empresa e simultaneamente motivar os seus responsáveis. Mais ainda, estando a empresa dividida em subunidades, aumenta o risco de estas unidades competirem entre si, de forma não cooperativa, comprometendo os resultados da empresa no seu todo (Drury, 2021), sendo necessário controlar este fenómeno. Assim, a mensuração do desempenho tem sido uma questão muito debatida pela comunidade científica, nas últimas décadas, tendo-se concluído que a escolha adequada de indicadores de avaliação de desempenho representa um desafio para qualquer organização (Ittner & Larcker, 1998).

No capítulo anterior foram analisadas as vantagens da descentralização e da criação de subunidades operacionais na empresa. Estas subunidades denominadas de centros de responsabilidade, caracterizam-se por terem um responsável, com objetivos de gestão próprios e com capacidade de decisão e atuação, para cumprir objetivos predefinidos. Referiu-se também que existem vários tipos de centros de responsabilidade: centros de custo, centros de rendimentos, centros de resultados e centros de investimentos. É precisamente sobre os centros de investimento que se irá agora centrar a atenção, por se tratar de centros de responsabilidade onde o responsável é avaliado como se fosse um empresário, podendo assim equiparar-se estes centros a unidades de negócio. Isto é, este tipo de centro funciona como se de um negócio isolado se tratasse, com o responsável colocado numa posição em que deverá prestar contas pelos resultados obtidos e ainda pelos investimentos efetuados, sendo avaliado e premiado pelo desempenho alcançado.

Por outro lado, é necessário ter em conta que avaliar o desempenho de um centro de investimento[25] e avaliar o desempenho do seu responsável são duas coisas diferentes (Anthony & Govindarajan, 2003). Se o propósito for avaliar o responsável, então apenas devem ser considerados os itens (variáveis de gestão) que estiverem sob o seu controlo, com base nos indicadores de rendibilidade previamente definidos. Contudo, a gestão de topo (administradores de Grupo) terá interesse em avaliar o desempenho económico-financeiro de cada um dos segmentos da empresa para apoio à tomada de decisão. Neste contexto, para mensurar o desempenho económico-financeiro de um centro poderão ser considerados itens não controláveis pelo responsável do centro de investimento, como por exemplo juros e impostos (Drury, 2021).

Como se referiu no capítulo anterior, para avaliar o desempenho económico-financeiro dos centros de resultados são utilizados indicadores relativos a resultados líquidos, resultados operacionais, à margem de contribuição direta ou margem de contribuição variável (Jordan *et al.*, 2021). Estes indicadores são insuficientes para analisar o desempenho económico-financeiro dos centros de investimento, uma vez que o responsável tem autonomia de decisão neste domínio, influenciando o valor de ativos e/ou passivos da empresa. Para analisar o desempenho dos centros de investimento podem ser utilizadas métricas baseadas nas Demonstrações Financeiras, como a Rendibilidade dos Capitais Investidos, ou métricas baseadas na criação de valor, como Resultado Residual (RI), *Economic Value Added* (EVA), *Cash Value Added* (CVA) ou *Market Value Added* (MVA). Neste capítulo serão analisadas estas métricas de avaliação de desempenho.

---

[25] Neste capítulo as expressões "centro de investimentos", "unidade de negócios" ou "segmento" são utilizadas como sinónimos.

18.2. O DESEMPENHO ECONÓMICO E FINANCEIRO NOS CENTROS DE RESULTADOS

Como foi referido, no capítulo anterior, para avaliar o desempenho económico financeiro dos centros de resultados podem ser analisados os resultados (resultados operacionais e/ou resultados líquidos) e as margens bruta e de contribuição (direta ou variável). Ou seja, a avaliação de desempenho dos centros de resultados deverá contemplar não apenas os custos atribuídos ao centro, mas também os proveitos ou rendimentos gerados pelo centro. A avaliação destes centros de resultados pode ser feita pela lógica da absorção ou pela lógica da contribuição (Jordan *et al.*, 2002). Na primeira perspetiva recorrer-se-á a análise dos resultados, na segunda recorrer-se-á à análise da margem de contribuição. Assim, se se optar pela avaliação de desempenho do centro através dos resultados será usada a **lógica da absorção dos custos**[26] na obtenção dos resultados; se se optar pela avaliação de desempenho do centro através da análise das margens será usada a **lógica da contribuição**[27].

- Numa **perspetiva de Resultados** – os resultados gerados, resultam da diferença entre os proveitos e os custos do centro em análise. Podem ser considerados o Resultado Operacional (RO) e ou o Resultado Líquido (RL). No primeiro caso, e numa perspetiva de absorção de custos, pode ainda considerar-se uma taxa de imposto que incida sobre o Resultado Operacional, e deste modo obter-se-á o Resultado Operacional Líquido (ou ajustado) de Imposto (ROLI[28]). No segundo caso, e novamente numa perspetiva de absorção de custos, devem ser considerados os restantes custos da empresa, nomeadamente os financeiros. Finalmente, há que ter em conta que os custos contemplados nas duas situações analisadas abarcam os custos diretos e os custos indiretos, pelo que, neste caso, haverá que considerar os critérios utilizados na sua repartição.

---

[26] O apuramento dos resultados segundo a lógica da absorção parte do pressuposto de que os custos existem na empresa porque os produtos geram custos, isto é, decorrem da fabricação de produtos e das atividades de suporte para serem comercializados; logo, todos os custos devem ser imputados aos seus objetos de custeio: os produtos.

[27] A lógica da contribuição fundamenta-se na ideia de que nem todos os custos podem ser imputados aos produtos e como tal, para efeito de tomada de decisão interessa saber qual o produto/segmento que contribui mais para os resultados depois de ponderados todos os custos fixos e variáveis que podem ser diretamente imputados ao objeto de custo.

[28] Na linguagem financeira, de matriz anglo-saxónica, é utilizada a expressão NOPAT (*Net Operating Profit After Tax*) para designar o Resultado Operacional Líquido de Imposto (ROLI). Manter-se-ão, em simultâneo, as duas siglas.

- Numa **perspetiva de Margem de Contribuição** – a margem de contribuição resulta da diferença entre os proveitos e os custos variáveis ou os custos diretos, consoante se adote o sistema de custeio variável ou o sistema de custeio direto. O argumento que suporta este tipo de análise advém da ideia de que os custos fixos não são controláveis pelo responsável do centro, e este deverá centrar a sua atenção nos custos que consegue controlar. A margem de contribuição variável será obtida pela diferença entre os proveitos e os custos variáveis, isto é:

- **Margem de contribuição variável = Proveitos – Custos variáveis**

A margem de contribuição direta será obtida pela diferença entre os proveitos, os custos variáveis e os custos fixos diretos, ou seja:

- **Margem de contribuição direta = Proveitos – Custos diretos**

Ou, dito de outro modo:

- **Margem de contribuição direta = Proveitos – Custos variáveis – Custos fixos diretos**

18.3. O DESEMPENHO ECONÓMICO E FINANCEIRO E A CRIAÇÃO DE VALOR NOS CENTROS DE INVESTIMENTO

Para se analisar o desempenho económico e financeiro dos centros de investimento, constata-se que os indicadores utilizados para os centros de resultados são insuficientes, uma vez que o responsável do centro de investimentos também tem capacidade de decisão para influenciar o valor de ativos e/ou passivos da empresa. Ou seja, o indicador de avaliação de desempenho a usar terá de conter parâmetros que traduzam o impacto das decisões não apenas nos resultados (rendimentos e gastos) mas também no nível de ativos e passivos (Jordan *et al.*, 2021). Assim, um ponto chave na avaliação de desempenho dos centros de investimento, é a questão da afetação e mensuração dos ativos afetos a cada segmento ou centro de investimento (Atkinson *et al.*, 2004). A atribuição de ativos a um centro, é complexa porque se está a tentar identificar e agregar elementos com características muito diferentes (ativos fixos e ativos correntes), surgindo muitas vezes dúvidas sobre os critérios de mensuração a utilizar (p.e. se o custo histórico se o valor realizável líquido desses ativos).

Assim, embora existam dificuldades, com a criação de centros de investimento, consegue-se criar uma espécie de "pequenas empresas" dentro da empresa e, simultaneamente, exerce-se maior pressão sobre os responsáveis no que toca a decisões sobre investimentos ou desinvestimentos em ativos fixos e ativos circulantes, decorrentes, neste caso, da adoção de políticas de compra e respetivas condições de pagamento a fornecedores, do nível e rotação de inventários e das políticas de venda e consequentes prazos de recebimento de clientes.

Na avaliação deste tipo de centros existem várias alternativas. Assim, podem ser utilizadas medidas do desempenho económico-financeiro baseadas nos resultados contabilísticos (e nas demonstrações financeiras) e medidas de desempenho mais baseadas na criação de valor.

Como já se referiu, para medir o desempenho dos centros de investimento, o indicador a usar terá de conter parâmetros que traduzam o impacto das decisões não apenas nos resultados, mas também no nível de ativos e passivos. Para isso recorre-se a dois tipos de indicadores:

- Indicadores que permitam comparar as margens de contribuição de cada centro com os recursos consumidos, tal como o **ROI** (*Return on Investment*).
- Indicadores que permitam identificar o resultado obtido pelo centro depois de remunerados todos os recursos consumidos, tais como o **RI** (*Residual Income*) ou **Resultado Residual** ou a **Margem de Contribuição Residual** e o **EVA** (*Economic Value Added*), (Horngren *et al.*, 2012).

18.3.1. *Return on Investment* (ROI) ou a Rendibilidade dos Capitais Investidos (RCI)

A rendibilidade do ativo tem sido tradicionalmente um dos indicadores mais utilizados na avaliação do desempenho operacional das unidades de negócio (Neves, 2005). As origens do ROI (*Return on Investment*) remontam à segunda década do século passado. É um indicador financeiro que surgiu para apoiar a gestão de empresas com formas organizacionais mais complexas, que procuravam integrar vários segmentos e avaliar o seu desempenho. Este indicador foi desenvolvido para a *DuPont Powder Company*, uma empresa integrada verticalmente, e onde os gestores se defrontavam com problemas de coordenação, sentindo dificuldades em avaliar quais os centros de investimento mais rentáveis, em termos do resultado obtido pelo centro e do nível de capital investido (Johnson & Kaplan, 1987).

$$ROI = \frac{Resultado\ Operacional}{Capital\ Investido}$$

O ROI (*Return on Investment*), por vezes designado por Rendibilidade dos Capitais Investidos (RCI), é frequentemente usado na avaliação dos Centros de Investimento por estes se assemelharem, em termos de gestão, a pequenas empresas. O conceito de rendibilidade dos capitais investidos parte do pressuposto de que deve ser exigida uma remuneração aos recursos utilizados pela empresa, uma vez que estes são escassos e têm um custo (Jordan *et al.*, 2021).

O ROI é um rácio de rendibilidade que tem no numerador o Resultado Operacional (RO) ou o Resultado Operacional Líquido de Imposto (ROLI), se se considerar o efeito do imposto sobre o rendimento, e no denominador o valor dos ativos investidos ou Capital Investido (CI). O capital investido considera os investimentos em ativos fixos tangíveis e em fundo de maneio (clientes, inventários, fornecedores). O ROI permite assim conjugar, num único indicador, proveitos, custos e investimentos. Pretende-se que seja o mais elevado possível, incentivando os gestores a maximizar o resultado, com um mínimo de recursos. Ou seja, relaciona a margem de contribuição gerada pelo centro (resultado) com os recursos consumidos (investimentos), sendo obtido a partir da fórmula seguinte:

$$ROI = \frac{ROLI}{CI} = \frac{RO(1-t)}{CI}$$

em que:

- RO – Resultado Operacional
- ROLI ou NOPAT – Resultado Operacional Líquido de Imposto ou *Net Operating Profit After Tax*
- CI – Capital Investido
- t – Taxa de imposto

Para uma melhor compreensão do desempenho dos centros de investimento, pode-se desdobrar este indicador, considerando a margem operacional e a rotação dos capitais investidos (Neves, 2005), pelo que a fórmula se decompõe da seguinte forma (análise de *Dupont*):

$$ROI = \frac{ROLI}{CI} = \underbrace{\frac{ROLI}{V} \times \frac{V}{CI}}$$

Margem x Rotação das vendas

- V – Volume de Negócios

A partir do desdobramento desta fórmula, consegue-se perceber que algumas unidades de negócio baseiam o seu desempenho com baixas margens operacionais, mas com elevadas taxas de rotação das vendas, como por exemplo os supermercados; e outras em baixas taxas de rotação, mas com elevadas margens operacionais, como por exemplo os negócios de produtos de luxo. O importante, é que, no final, o investidor tenha conseguido uma rendibilidade do capital investido que compense o risco de negócio (Neves, 2005).

A utilização do ROI na avaliação dos centros de investimentos apresenta algumas **vantagens** (Jordan *et al.*, 2021; Horngren *et al.*, 2012):

- Combina num único indicador todos os elementos que permitem a avaliação do desempenho económico do centro de investimento: rendimentos, gastos e investimentos;
- Permite relacionar os lucros obtidos face aos ativos utilizados, em cada centro de investimento;
- Permite a comparação com os outros centros de investimento da empresa (por se tratar de um rácio, é mais fácil de usar quando se pretende efetuar comparações).

Porém, o ROI também apresenta **limitações** (Jordan *et al.*, 2021; Neves, 2005; Dearden, 1987, 1969):

- Pode conduzir o gestor a comportamentos oportunísticos, priorizando o bom desempenho do seu centro em detrimento de um melhor desempenho da empresa;

- Pode levar o responsável a ter uma maior preocupação com resultados de curto prazo em detrimento de resultados a médio e longo prazo;
- Não permite fazer comparações entre centros com dimensões diferentes ou expostos a diferentes níveis de risco;

Considere-se o seguinte exemplo, para melhor compreender os efeitos indesejáveis do ROI:

A sociedade Jota, SA pretende realizar um investimento de 25 M€, mas tem dúvidas sobre qual será o investimento mais rentável: se investir na Unidade de Negócios A (com ROI médio de 27%), gerando um resultado operacional de 6,25 M€ ou investir na Unidade de Negócios B (com ROI médio de 12%), gerando um resultado operacional de 3,5 M€. Assume-se que este investimento não provoca alterações da estrutura de gastos das unidades de negócio e que a taxa de remuneração do capital exigida (k) é de 15%.

O cálculo e análise do ROI[29] é o seguinte:

	Unidade Negócios A	**Unidade Negócios B**
Investimento	25 000 000 €	25 000 000 €
Resultado Operacional	6 250 000 €	3 500 000 €
ROI do Investimento	25%	14%
ROI inicial	27%	12%

O gestor da Unidade de Negócios A, poderá mostrar alguma relutância em aceitar o investimento adicional de 25 milhões €, porque o ROI deste investimento (25%) é inferior ao ROI inicial (27%). Se aceitar o projeto de investimento, o indicador de desempenho diminuirá. Por outro lado, o gestor da Unidade de Negócios B, estará claramente interessado em aceitar o investimento adicional porque o respetivo ROI (14%) é superior ao ROI inicial (12%). Se aceitar este projeto de investimento o indicador de avaliação de desempenho final melhorará.

Todavia, na ótica da Empresa, nenhum projeto deve ser aceite se não tiver um retorno superior ao custo médio do capital (15%).

[29] Neste exemplo, o ROI é apurado com base no Resultado Operacional, ignorando-se o efeito fiscal, que permite o cálculo do Resultado Operacional Líquido de Imposto (ROLI ou NOPAT), tal como referido anteriormente.

Ora, é precisamente o que acontece na Unidade de Negócios B. Por outro lado, o responsável da Unidade de Negócios A tende a recusar o investimento proposto, pois apresenta uma taxa de retorno estimada de 25%, que é inferior ao ROI inicial.

Conclui-se que os dois gestores poderão vir a tomar decisões individuais que contrariam-os interesses mais gerais dos acionistas da empresa, podendo gerar-se um conflito de interesses entre estes *stakeholders*.

18.3.2. Residual Income (RI) ou Resultado Residual

Para ultrapassar algumas das consequências disfuncionais do ROI, pode-se recorrer ao RI – *Residual Income*[30] (Drury, 2021). Constata-se que desde a sua criação, o ROI sofreu várias adaptações e o Resultado Residual (RI), na opinião de Dearden (1969), talvez represente a mais importante de todas as adaptações.

O RI é um indicador que já apresenta uma perspetiva de criação de valor e tem vindo a ser apresentado como preferível ao ROI (Dearden, 1969). É utilizado para avaliar o grau de contribuição de cada centro de investimento para a criação de valor da empresa, tendo em consideração uma taxa de remuneração para o capital investido no centro. Este indicador analisa um valor absoluto, em vez de uma percentagem. Tem a vantagem de permitir eliminar algumas das decisões disfuncionais ou incoerentes na ótica da empresa, referidas anteriormente.

RI = Resultado Operacional-(Capital investido*taxa de custo de capital)

O RI apresenta assim algumas **vantagens**:

- Considera o custo do capital[31];
- Evita que os responsáveis dos centros de investimento utilizem o ROI para justificar a recusa de investimentos.

Para medir o desempenho de uma unidade de negócio, embora o Resultado Residual seja preferível ao ROI, esta abordagem continua a evidenciar alguns dos

---

[30] Utilizar-se-á a sigla em inglês RI, para designar o indicador de Resultado Residual.

[31] Os economistas perceberam muito cedo que um investimento para criar valor devia conseguir obter uma rendibilidade superior ao custo do respetivo capital.

problemas do ROI que se prendem com o custo do capital investido e mais concretamente com a avaliação dos ativos fixos (Dearden, 1969). Esta questão esta diretamente relacionada com os critérios de mensuração do deperecimento do ativo não corrente. Se forem utilizados os critérios contabilísticos tradicionais de registo de depreciações, o valor contabilístico do imobilizado irá diminuir à medida que decorre a vida útil do bem e, consequentemente, o RI irá aumentar, sem que isso se traduza num melhor desempenho. Pelo contrário, se o investimento for recente o RI terá tendência a ser mais baixo. Mas o RI apresenta ainda outras limitações:

- Assume uma perspetiva de curto prazo, à semelhança do ROI;
- Torna mais difícil as comparações com outros centros de investimento, porque mede a rendibilidade em valores absolutos;

Talvez por isso, o ROI continua a ser um indicador muito utilizado.

Regressando ao exemplo anterior, no qual se analisou uma decisão de investimento de 25 M€ da sociedade Jota, SA, os cálculos do RI são os seguintes:

	Unidade de Negócios A	Unidade de Negócios B
Investimento	25 000 000 €	25 000 000 €
Resultados Operacional	6 250 000 €	3 500 000 €
Custo de capital (15%)	3 750 000 €	3 750 000 €
RI	2 500 000 €	(250 000 €)

Os resultados obtidos mostram que o resultado residual da Unidade de Negócios A irá crescer com este investimento enquanto o Resultado Residual (RI) da Unidade de Negócios B irá decrescer se o seu responsável aceitar o projeto de investimento. Assim, o investimento deverá ser aceite pelo responsável da Unidade de Negócios A e recusado pelo responsável da Unidade de Negócios B. Estas decisões encontram-se alinhadas e são coerentes com o interesse da empresa no seu todo, que pretende otimizar o valor para os acionistas.

18.3.3. A Margem de Contribuição Residual (MCR).

O Resultado Residual (RI), ao medir a **contribuição de cada centro** (segmento) para a **criação de valor da empresa**, permite introduzir uma nova designação, a de **Margem de Contribuição Residual** (MCR). A MCR permite-nos avaliar qual o contributo de cada unidade de negócio, enquanto centro de investimentos, para a criação de valor da empresa. Esta margem obtém-se deduzindo à margem de contribuição direta o custo financeiro do ativo económico (Jordan *et al.*, 2021).

É obtida da seguinte forma:

1. Aos proveitos são retirados os custos diretos, obtendo-se a Margem de Contribuição Direta (MCD);
2. À MCD retira-se o custo do capital (k) para se obter-a MCR;
3. O custo do capital é apurado multiplicando a taxa de custo médio do capital (k) pelo Ativo Económico (AE);

O Ativo Económico corresponde ao montante dos ativos afetos ao centro de investimento, deduzidos dos passivos originados pelo próprio centro.

Logo, a fórmula de MCR será:

$$\mathbf{MCR = MCD - k * AE}$$

Se a MCD for negativa significa que o centro de investimentos não está a gerar valor para a empresa.

Com a métrica da MCR, mais do que determinar o resultado por unidade de negócio ou segmento, o que se pretende é saber qual o contributo de cada segmento para a cobertura dos custos comuns ou de estrutura da empresa.

A principal diferença entre esta métrica e o *Economic Value Added* (EVA) está na consideração do imposto sobre o rendimento. Assim, a MCR está mais vocacionada para medir a contribuição do centro para a criação de valor, independentemente da situação tributária da empresa, enquanto o EVA enfatiza a mensuração do valor na ótica do acionista (Jordan *et al.*, 2021).

18.3.4. O Valor Económico Acrescentado ou *Economic Value Added* (EVA)

Durante os anos 80 e início dos 90 do século XX, o conceito de Resultado Residual (RI) foi desenvolvido tendo lhe sido atribuído uma nova denominação, *Economic Value Added* (EVA(TM)) pela *Stern Stewart & Company*, uma empresa de consultadoria, que registou esta denominação como marca registada (Drury, 2021). Contudo, as origens do EVA remontam aos anos 20 tendo ao longo do tempo surgido diversas designações (Neves, 2005). A tabela seguinte mostra a evolução do conceito.

Anos	***Evolução do Conceito***
1920	*Excess Earnings* (Canning, 1929)
1930	*Excess Earnings* (Preinreich, 1938; 1937; 1936)
1950	*Super-profits* (Edey, 1957)
1960	*Excess realizable profits* (Edwards & Bell, 1961) *Residual Income* (Anthony *et al.*, 1965; Salomons, 1965)
1970	*Excess-income* (Kay, 1976)
1980	*Excess-income* (Peasnell, 1982; 1981)
1990	*Economic profit* (Copeland *et al.*, 1990) *Economic Value Added* (Stewart, 1991)
	Abnormal earnings (Feltham & Ohlson, 1995)

Fonte: Neves (2005) e Biddle *et al.* (1997), adaptado.

O EVA é uma métrica de natureza mais económica do que contabilística, que procura medir a criação de valor em termos económicos. Conceptualmente, os seus fundamentos advêm da área da microeconomia, e do cálculo de lucro económico, e, mais concretamente, do estudo da ligação entre os resultados da empresa e a criação de riqueza para os acionistas (Bell, 1998). Para os gestores, a criação de riqueza é fundamental para a sobrevivência económica da empresa (Grant, 2003).

Segundo Neves (2005) as críticas que na década de 1980, Rappaport fez aos métodos convencionais de análise do desempenho, através de rácios financeiros, levou a que os gestores e os analistas financeiros aderissem a métricas que procuram captar melhor a noção de **valor económico criado**. É neste contexto que o Resultado Residual foi redescoberto, redenominado como EVA e passado para a prática empresarial. O EVA é assim uma métrica que procura analisar o valor criado para o acionista.

Basicamente, a noção de valor econômico criado baseia-se em **dois princípios** (Grant, 2003):

1. Uma empresa não é verdadeiramente lucrativa se não obtiver um retorno sobre o capital investido que exceda o custo de oportunidade do capital, e
2. A riqueza é criada quando os gestores de uma empresa tomam decisões de investimento com Valor Atual Líquido (VAL) positivo para os acionistas.

Constata-se que as métricas usadas na avaliação do desempenho económico apesar de terem como ponto de partida a informação da Contabilidade, incorporam ajustamentos contabilísticos por forma a refletir a realidade económica da empresa (Larsen & Holland, 2012). Segundo estes autores, uma avaliação robusta da situação da empresa implica que se conheçam as regras contabilísticas, que se corrijam as distorções contabilísticas, que se conheça o contexto de negócios em que a empresa atua, a estratégia, a vantagem competitiva, os riscos e se façam projeções apropriadas e se adote um método de avaliação e mensuração adequado.

O EVA obtém-se subtraindo o custo do capital investido ao resultado operacional líquido de imposto (ROLI ou NOPAT).

Mas como criar valor? Voltando à fórmula constata-se que podemos escolher duas vias:

1. Aumentando a rendibilidade operacional: RO (1 – t);
2. Otimizando a estrutura de capitais de forma a minimizar o custo de capital;

$$\mathbf{EVA_n = RO_n\,(1\text{-}t) - k_m{*}CI_{n\text{-}1} = ROLI_n - k_m * CI_{n\text{-}1}}$$

Sendo:

- EVA – Valor Económico Acrescentado
- RO – Resultado Operacional
- ROLI ou NOPAT – Resultado Operacional Líquido de Imposto ou *Net Operating Profit After Taxes*
- CI_{n-1} – Capital Investido (capital próprio e capital alheio) correspondente ao ativo existente no início do ano n
- t – Taxa de imposto (IRC)
- k_m – Custo médio do capital

O custo médio do capital (km) inclui os custos financeiros do capital alheio e a remuneração do capital próprio (incluindo o respetivo custo de oportunidade). Assim o EVA representa uma medida do lucro excedentário (*excess earnings)* depois de convenientemente remunerado o capital investido.

No contexto financeiro, diz-se que há:

- Criação de Valor para o acionista se, $EVA_n > 0$

- Destruição Valor para o acionista se, $EVA_n < 0$

O EVA é uma **métrica inovadora** em três aspetos (Young, 1997):

1. Não está condicionado às regras da contabilidade;
2. Pode ser usado para avaliar o desempenho em todos os níveis da organização, de modo a garantir que todos os *stakeholders* da empresa estejam cientes que deve ser criado valor para o acionista;
3. Oferece algo que nenhum outro sistema de avaliação económico-financeira foi capaz de igualar; é simultaneamente:
   - Uma métrica para medir e comunicar o desempenho da empresa interna e externamente, para os mercados de capitais;
   - Uma métrica de avaliação de investimentos; e
   - Um instrumento para avaliação do desempenho e atribuição de prémios e incentivos aos gestores. O facto de a remuneração dos gestores estar ligada ao EVA leva estes últimos a agirem como "proprietários" da empresa e a defenderem melhor os interesses dos acionistas.

Algumas **vantagens** são reconhecidas ao EVA (Atkinson *et al.*, 2004):

1. Coloca ao mesmo nível os interesses dos gestores e dos acionistas, incentivando os gestores a agirem como "proprietários";
2. É um conceito facilmente apreendido e aplicado;
3. Ajusta-se aos esforços de melhoria contínua indispensáveis em qualquer organização de sucesso;
4. Apresenta uma correlação mais próxima do valor de mercado, do que outras métricas;
5. Está diretamente ligado às expectativas dos investidores através do estabelecimento de metas mais ambiciosas em termos de EVA;
6. Está focado no desempenho de longo prazo, com prémios e metas de desempenho a alcançar predefinidas;
7. Permite recorrer à mesma linguagem para a mensuração do desempenho, o apoio à tomada de decisão, a definição de prémios e incentivos e a comunicação.

Contudo, esta métrica apresenta também algumas **limitações:**

1. Apresenta uma menor correlação com o valor bolsista do que o CVA por exemplo;
2. Pode induzir em erro os gestores. Uma vez que, o EVA é geralmente baixo em períodos iniciais de investimento e elevado nos períodos de maturidade (levando os gestores a aumentar a distribuição de dividendos e a diminuir os níveis de autofinanciamento, podendo pôr em risco o equilíbrio financeiro futuro da empresa);
3. O EVA tende a ser superior em negócios ou empresas de maior dimensão desfavorecendo a avaliação de PMEs rentáveis.

18.3.5. O *Residual Cash Flow* (RCF) ou *Cash Value Added* (CVA)

O *Cash Value Added* (CVA) ou *Residual Cash Flow* (RCF) é uma métrica utilizada pela *Boston Consulting Group*, que permite avaliar o valor criado pela Unidade de Negócio. O CVA apresenta uma fórmula muito parecida com a do EVA.

$$CVA = MOLI - km * CI$$

Onde:

CVA – *Cash Value Added*
MOLI – Meios Libertos Operacionais Líquidos de Imposto
km – Custo médio de capital
CI – Capitais totais investidos (próprios e alheios)

Depois de ter surgido o EVA constatou-se que para a determinação do seu valor era mais correto que o cálculo das depreciações ou amortizações fosse feito numa ótica económica em vez da tradicional ótica contabilística (Neves, 2005; Young, 1999). Para ultrapassar esta limitação, foi proposta a utilização do indicador de Meios Operacionais Líquidos de Imposto (MOLI), em vez do ROLI (ou NOPAT). Deste modo, no cálculo do CVA é considerado o MOLI, ao qual se deduz o custo do capital investido no centro de investimento (Jordan *et al.*, 2021).

A diferença entre o EVA e o CVA reside apenas nas depreciações, amortizações e provisões. O CVA não é mais do que o EVA (ou valor residual) adicionado das depreciações, amortizações e provisões.

Uma das **vantagens** do CVA é que esta métrica evidencia melhores correlações com a rendibilidade das ações do que o EVA (Clinton & Chen, 1998).

18.3.6. O *Market Value Added* (MVA) – *Boston Consulting Group*

O EVA é uma métrica que tem ganho popularidade no seio dos analistas de valores mobiliários, que podem usar essa métrica para identificar empresas que criam riqueza para os acionistas.

O *Market Value Added* (MVA) é uma métrica utilizada pela *Boston Consulting Group*, que procura retratar, num dado momento, o desempenho acumulado, isto é, que traduz o valor atual de toda a atividade da empresa até aquele momento e avalia assim o grau de êxito dos investimentos realizados e as expectativas de crescimento da empresa no futuro. Não é mais que o somatório dos EVA gerados ao longo dos anos, atualizados para o momento zero.

$$MVA = \sum_{i=1}^{n} \frac{ROLIn - km * CIn - 1}{(1 + km)}$$

$$MVA = \sum_{i=1}^{n} \frac{EVAi}{(1 + km)}$$

Segundo Grant (2006), existem duas perspetivas na definição do EVA. Uma perspetiva contabilística que já aqui foi apresentada e uma perspetiva financeira. Do ponto de vista financeiro, o EVA é definido em termos da forma como se relaciona com o "valor de mercado criado" pela empresa. Neste contexto, o MVA é igual ao valor atual dos futuros EVA esperados da empresa (Young & O'Byrne, 2001). O método é similar ao do cálculo do Valor Atual Líquido, sendo que no VAL descontam-se os fluxos de caixa gerados e no MVA o valor acrescentado.

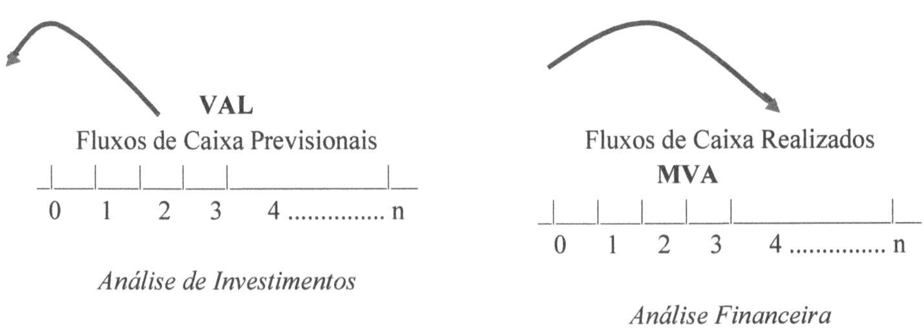

Pode também ser descrito como a diferença entre o valor de mercado da empresa e o valor do capital investido pelos credores e acionistas, não se aplicando portanto a empresas não cotadas.

MVA = Valor de Mercado da Empresa – Valor Contabilístico do Investimento

O valor de mercado reflete o veredicto do mercado sobre o sucesso da tomada de decisões dos gestores, isto é, se ao investirem o capital que lhes foi confiado o conseguiram aumentar (Young e O'Byrne, 2001). Neste contexto, diz-se que há:

- Criação de valor para o acionista se, MVA > 0
- Destruição valor para o acionista se, MVA < 0

O objetivo do responsável deve ser a criação do maior MVA possível.

18.4. Custo médio de capital

Ao longo dos subcapítulos anteriores, ao apresentar o processo de cálculo dos indicadores de RI, MCR, EVA, MVA considerou-se sempre a necessidade de calcular o custo médio de capital.

Apresentam-se de forma sucinta, agora, os principais conceitos que permitem determinar este custo, que decorre da consideração de uma taxa média de remuneração dos capitais próprios e alheios, em face da utilização simultânea destas duas fontes de financiamento dos capitais investidos na empresa (ou numa divisão ou unidade de negócios dessa empresa).

Assim, a taxa média ponderada de capital (k_m) é calculada com base na determinação das seguintes variáveis e parâmetros:

- Taxa de custo dos capitais alheios (k_d), líquida de impostos;
- Taxa de custo dos capitais próprios (k_e);
- Peso relativo de cada uma das fontes de financiamento dos capitais investidos (CI).

Ou seja, em termos de fórmula:

$$km = kd \cdot (1 - t) \cdot \% D + ke \cdot \% E$$

Sendo:

- k_d – Taxa de custo do Capital Alheio
- t – Taxa de imposto
- k_e – taxa de custo do Capital Próprio
- D – *Debt* (Capital Alheio)
- E – *Equity* (Capital Próprio)
- % D = D / (D+E)
- % E = E / (D+E)

Custo do Capital Alheio

O custo do capital alheio (*kd*) representa o custo de financiamento decorrente do endividamento, sendo influenciado pelas seguintes variáveis:

- Taxas de juro de mercado;
- Risco de crédito específico da empresa, que será tanto maior quanto o tipo de negócio, a estrutura de custos, o nível de endividamento e a qualidade de gestão da empresa;

Nestes termos:

$$k_d = \text{TIR} + \text{PRC}$$

Sendo:

- TIR: taxa isenta de risco
- PRC: prémio de risco de crédito específico da empresa (*spread*)

A taxa de custo de capital alheio deve ser deduzida da taxa de imposto sobre o rendimento (t), devido à economia fiscal decorrente da contabilização dos gastos de financiamento. Assim, a taxa de custo de capital alheio líquida de impostos (*kd´*) apura-se aplicando o termo (1-t):

$$k_d' = k_d \cdot (1 - t)$$

- Quanto menor o nível de incidência fiscal maior a taxa k_d´.

Devido à existência de diversos tipos de financiamento, com custos diferenciados, o cálculo da taxa de custo do capital alheio deve ser obtido com base na ponderação de cada tipo de financiamento. Na prática, simplificando, os analistas financeiros apuram uma taxa média nos seguintes termos:

$$kd = \frac{Gastos\ de\ financiamento}{Passivo\ de\ Financiamento}$$

Custo do Capital Próprio

O custo de capital próprio (k_e) não tem um caráter contratualmente explícito e corresponde, em termos genéricos, a um custo de oportunidade que expressa a rendibilidade ou retorno mínimo exigido pelos acionistas para a realização de um determinado investimento, considerando aplicações alternativas e o respetivo nível de risco específico.

O modelo CAPM (*Capital Asset Pricing Model*)[32] é o mais utilizado para este efeito, sendo a taxa de custo de capital próprio apurada com base na seguinte fórmula:

- $\boldsymbol{k_e = R_f + \beta\ PRM}$
- R_f: taxa de rendibilidade de ativos sem risco (taxas de juro de Obrigações de Tesouro)
- β: Beta ou coeficiente de risco do ativo (risco específico)[33]
- PRM: Prémio de risco do mercado, sendo PMR = $R_m - R_f$
- R_m: taxa de rendibilidade esperada do mercado

No subcapítulo relativo à "resolução de exercícios" é apresentado um exemplo que permite uma compreensão abrangente do processo de cálculo anteriormente apresentado.

[32] O modelo CAPM foi desenvolvido por Harry Markowitz, em 1952, com base em conceitos sobre a formação de carteiras de ações e na avaliação da relação entre risco e rendibilidade.

[33] Damodaran (2002) refere que o β **é condicionado pelos seguintes fatores: tipo de negócio, grau de alavancagem operacional** (GAO) **e grau de alavancagem financeiro** (GAF).

SUMÁRIO

O responsável de um centro de investimentos tem autonomia para tomar decisões sobre as variáveis de gestão que determinam os resultados do centro e ainda sobre ativos e passivos operacionais, (inventários, créditos a clientes, crédito de fornecedores) e ativos fixos.

A análise de desempenho destes centros de investimento é, assim, baseada em métricas em que se relacionam os resultados operacionais com o montante dos capitais investidos (CI), tal como o ROI (*Return on Investment*), motivando o gestor para comportamentos de gestão que visam a adequação do nível de investimentos aos resultados gerados pelo centro.

Todavia, este indicador não considera o custo financeiro inerente à utilização de capitais, próprios ou alheios, para financiar o investimento nos ativos do centro. Por outro lado, pode ainda conduzir os gestores a decisões que colidem com os interesses dos demais *stakeholders* (acionistas), nomeadamente quando novos projetos de investimento implicam a diminuição dos valores históricos de ROI, e impliquem uma redução de bónus ou prémios de desempenho desses mesmos gestores.

Assim, este indicador deve ser complementado com a utilização de outras métricas, baseadas na criação de valor, tais como as de Resultado Residual ou *Residual Income* (RI), *Economic Value Added* (EVA), *Cash Value Added* (CVA) ou *Market Value Added* (MVA).

O cálculo do custo de capital envolve a determinação da taxa média ponderada do custo dos capitais próprios e alheios, utilizados para o financiamento dos recursos aplicados em ativos numa unidade de negócios, que se configure como um centro de investimentos.

TERMOS E CONCEITOS-CHAVE

CAPM – *Capital Asset Pricing Model*
Centro de Investimento
Centro de Resultados
Criação de valor económico
Custo médio de capital
CVA – *Cash Value Added*
EVA – *Economic Value Added*

MOLI - Meios Operacionais Líquidos de Imposto
MVA - *Market Value Added*
NOPAT- *Net Operating Profit After Taxes*
RI - *Residual Income*
ROI - *Return on Investment*
ROLI - Resultado Operacional Líquido de Imposto

QUESTÕES TEÓRICAS

1. Explique porque se deve distinguir o desempenho de gestão do desempenho económico financeiro.
2. Que fatores devem ser considerados na definição de métrica de avaliação de desempenho para os centros de investimento?
3. Como se distinguem os centros de resultados dos centros de investimento.
4. Que métricas podem ser usadas na avaliação do desempenho dos Centros de Investimento?
5. O que é a Margem de Contribuição Residual e como se calcula?
6. Porque é que a avaliação do desempenho com base no ROI poderá conduzir a decisões erradas ou comportamentos disfuncionais?
7. Distinga o ROI, do RI e do EVA?
8. Explique como se calcula o ROI e o EVA?
9. Explique as diferenças entre EVA, CVA e MVA?
10. O gestor da divisão **A** é avaliado com base no indicador designado de Resultado Residual. No âmbito das suas competências e responsabilidades pode celebrar contratos de aquisição ou aluguer de equipamentos de natureza industrial (ativos fixos). Em que medida o referido critério de avaliação pode afetar as decisões de investimento ou de locação operacional?

EXERCÍCIOS RESOLVIDOS

Exercício 18.1 - ROI

A divisão R, do Grupo X, obteve, no ano N, um Resultado Operacional de 300 000,00 €, sendo o ROI de 15%. Em 31-12-N faziam parte dos ativos da divisão, entre outros, as instalações adquiridas há 10 anos por 1 500 000,00 €, depreciadas segundo o método da linha reta (quotas constantes), à taxa anual de 2%.

Pedidos:

A. Determine o valor do investimento em outros ativos, que estão subjacentes ao cálculo do ROI;

B. Considere, alternativamente, que as instalações da divisão R são arrendadas, com um custo anual de 180 000,00 €, mantendo-se os demais ativos. Calcule o ROI nesta situação.

Resolução:

A. **Valor do investimento em Outros Ativos (OA):**

$$\text{ROI} = \frac{\text{Resultado Operacional}}{\text{Capital Investido (CI)}}$$

$$15\,\% = \frac{300\,000{,}00\,€}{\text{CI}}$$

- CI = 2 000 000,00 €, correspondente ao total dos ativos, que incluem as instalações, valorizadas pelo valor contabilístico líquido (VCL), à data de 31-12-N.
- Cálculo do VCL das instalações:
  VCL = 1 500 000,00 € x [1 – (10 anos x 2 %)]
  VCL = 1 200 000,00 €
- Outros ativos (OA):
  OA = 2 000 000,00 € – 1 200 000,00 €
  OA = 800 000, €

B. **ROI com arrendamento das instalações:**

- Valor da renda: 180 000,00 €, em detrimento das depreciações anuais de 30 000,00 € (2% x 1 500 000,00 €)

$$ROI = \frac{\text{RO inicial} + \text{Renda} - \text{Depreciações}}{\text{CI (excluindo VCL instalações)}}$$

$$ROI = \frac{300\ 000{,}00\ € + 180\ 000{,}00\ € - 30\ 000{,}00\ €}{800\ 000{,}00\ €}$$

- ROI = 18,75 %

Comentário: O ROI cresce, passando de 15 % para 18,75 %, em resultado de opções de gestão dos ativos fixos (ativos próprios vs. instalações arrendadas).

Exercício 18.2 – **ROI. Problemas de medida do valor dos ativos investidos**

Considere um investimento de 100 000,00 € num conjunto de novos equipamentos de uma linha de produção, com uma vida útil estimada de 10 anos e que permitirá gerar um EBITDA anual de 25 000,00 €.

Pedidos:

Calcule o ROI do investimento, durante os primeiros cinco anos, considerando:

A. O Valor contabilístico líquido do ativo fixo (VCL);
B. Comente criticamente a evolução deste indicador.

Resolução:

Cálculo do ROI

Ano	**EBITDA (1)**	**Depreciação/ano (2)**	**Res. Oper. (3) = (1) - (2)**	**VCL (4)**	**ROI (3)/(4)**
1	25 000 €	10 000 €	15 000 €	90 000 €	16,7%
2	25 000 €	10 000 €	15 000 €	80 000 €	18,8%
3	25 000 €	10 000 €	15 000 €	70 000 €	21,4%
4	25 000 €	10 000 €	15 000 €	60 000 €	25,0%
5	25 000 €	10 000 €	15 000 €	50 000 €	30,0%

Comentários:

1. Sendo o ROI calculado com base no valor contabilístico dos ativos, o indicador de desempenho aumenta ao longo da vida útil desses ativos, na medida da redução do respetivo valor, mantendo-se, todavia, o mesmo EBITDA e Resultado Operacional anual, ao longo do período em análise; isto é, a melhoria do ROI é uma mera consequência da adoção errada de um critério de mensuração do ativo, com base no valor contabilístico líquido de depreciações acumuladas;
2. Resulta, em consequência, uma distorção de cálculo do indicador, que pode ser evitada se o ROI for calculado com base no **valor inicial dos ativos fixos**, mantendo-se constante, (ROI = 15 000,00 €/100 000,00 € = 15%), em congruência com os resultados operacionais anuais, que são constantes;
3. Evita-se ainda, consequentemente, que o gestor da unidade de negócio beneficie de eventuais aumentos de bónus ou prémios de desempenho, que não resultam de melhorias efetivas de resultados operacionais. Minimiza-se ainda o risco de que o gestor possa ser induzido a adotar uma postura de desinteresse ou rejeição na realização de novos investimentos, rentáveis, mas que, porventura, não alcancem o nível de ROI pré-existente.

Exercício 18.3 – ROI. Limitações do indicador

A divisão W do Grupo Alfa adota um sistema de remuneração dos gestores que inclui uma remuneração base mais um bónus calculado em função do ROI da divisão, que será tanto mais elevado quanto mais elevado for este indicador. A divisão W tem vindo a obter um ROI de 30%. O gestor tem a oportunidade de investir num novo projeto que assegura um ROI de 25%, sendo que o retorno mínimo exigido pelos acionistas para novos investimentos é de 15%.

Pedido:

O gestor da divisão decidirá investir neste novo projeto?

Resposta:

Não! O gestor da divisão W, em coerência com os seus objetivos individuais, não investe em projetos que diminuem os seus bónus; o ROI atual da divisão é de 30 % e o ROI do novo investimento é apenas de 25 %. Na perspetiva da empresa (acionistas) o investimento deveria ser realizado, pois o ROI do novo projeto (25%) é superior ao ROI mínimo, que será igual ao custo de capital do Grupo.

Exercício 18.4 – Avaliação de desempenho com base em indicadores do ROI e RI

Questão 1: Considere o Grupo AB constituído por duas Divisões, que tem a natureza de centros de investimento, com a seguinte informação económica e financeira:

	Divisão A	Divisão B
Resultado Operacional	480 000 €	720 000 €
Capital Investido	2 400 000 €	4 000 000 €

- A taxa média de custo de capital é de 12 %.
- Ignore o efeito da fiscalidade (imposto sobre o rendimento) sobre os resultados.

Pedidos:

A. Qual a divisão com melhor desempenho, considerando o ROI e o Resultado Residual. Comente os resultados obtidos;
B. Qual a taxa de custo de capital que garante um Resultado Residual (RI) igual para as duas Divisões.

Resolução:

A. Qual a divisão com melhor desempenho, considerando o ROI e o Resultado Residual (RI):

	Divisão A	Divisão B
1 – Resultado Operacional (RO)	480 000 €	720 000 €
2 – Capital Investido (CI)	2 400 000 €	4 000 000 €
3 – ROI = RO/CI = (1) / (2)	20,0 %	18,5 %
4 – Custo de Capital (CC = 12% x CI)	288 000 €	480 000 €
5 – Resultado Residual = (1) – (4)	192 000 €	240 000 €

Comentários:

- Com base no ROI a divisão A tem o melhor desempenho, com $ROI_A > ROI_B$
- Com base no RI a divisão A tem menor desempenho, com $RI_A < RI_B$
- O exemplo mostra que as insuficiências do ROI como indicador de avaliação, ao ignorar o custo de utilização dos recursos investidos, para alcançar os resultados operacionais gerados. O RI, calculado em termos absolutos, introduz essa dimensão de análise.

B. Qual a taxa de custo de capital que garante um Resultado Residual (RI) igual nas duas Divisões?

RI = RO – (k x CI)

$$\begin{cases} RI_A = 480\,000{,}00\text{ €} - (k \times 2\,400\,000{,}00\text{ €}) \\ RI_B = 720\,000{,}00\text{ €} - (k \times 4\,000\,000{,}00\text{ €}) \end{cases}$$

Logo, se $RI_{A\,=}\,RI_{A}$, então:

480 000,00 € – (k x 2 400 000,00 €) = 720 000,00 € – (k x 4 000 000,00 €)

k = 240 000,00 €/1 600 000,00 €

k = 15%

Questão 2: O gestor da Divisão A está em presença de um novo projeto de investimento, nos seguintes termos:

- Investimento: 1 000 000,00 €
- Resultado operacional: 150 000,00 €

Pedidos:

A. Sendo ROI o critério de decisão, o projeto de investimento é aceite pelo gestor da divisão?
B. Reaprecie a decisão de investimento, considerando a taxa de custo de capital de 12 %

Resolução:

A. Sendo ROI o critério de decisão, o projeto de investimento é aceite?

	Sit. Inicial	Investimento	Sit. Final
1 – Resultado Operacional (RO)	480 000 €	150 000 €	630 000 €
2 – Capital Investido (CI)	2 400 000 €	1 000 000 €	4 000 000 €
3 – ROI = RO/CI (1)/(2)	20,0 %	15,0 %	18,5 %

- O ROI do investimento é de 15 %, reduzindo de 20,0% para 18,5%
- O gestor, assumindo uma perspetiva pessoal, não deseja que o seu índice de desempenho se reduza, pelo que tenderá a não aceitar o investimento.

B. Reaprecie a decisão de investimento, com base no ROI

RI = RO – (k x CI)

	Investimento
1 – Resultado Operacional (RO)	150 000 €
2 – Capital Investido (CI)	1 000 000 €
3 – Custo de Capital (CC = 12% x CI)	120 000 €
4 – Resultado Residual (RI) (1) – (3)	30 000 €

- O RR do investimento é positivo em 30 000 €, pelo que o mesmo deve ser realizado;
- ROI = 20 % e k = 15 %; sempre que ROI > k, o investimento deve realizar-se
- O RI incentiva os gestores a realizarem investimentos rentáveis que seriam rejeitados se fosse utilizado o ROI como indicador de avaliação de desempenho.

Exercício 18.5 – ROI e RI. Análise de *Dupont*

Questão 1:

O orçamento para o ano N da divisão S do *Grupo SX* apresenta a seguinte informação, relativamente a um plano de vendas de 100 000 UF do produto P.

- Vendas 500 000,00 €
- Custos variáveis 200 000,00 €
- Custos fixos 120 000,00 €

O investimento da Divisão S é de 800 000,00 €, sendo exigida uma taxa de retorno mínima de 10%.

Pedidos:

A. Determine o ROI da divisão S analisando a rentabilidade das vendas e a rotação dos ativos investidos;
B. Determine o Resultado Residual;
C. Calcule o preço de venda necessário para que o ROI atinja um limiar de 25%, mantendo-se o mesmo nível de custos.

Resolução:

A. Cálculo do ROI:

Cálculo do Resultado Operacional (RO)

RO = Margem de contribuição (MC) – Custos fixos (CF)

Vendas	500 000 €
Custos variáveis (CV)	200 000 €
Margem de contribuição (MC)	300 000 €
Custos fixos (CF)	120 000 €
Resultado operacional (RO)	180 000 €

Análise de *Dupont*:

$$ROI = \frac{RO}{CI}$$

$$ROI = \frac{RO}{Vendas} \times \frac{Vendas}{CI}$$

$$ROI = \frac{180\ 000\ €}{500\ 000\ €} \times \frac{500\ 000\ €}{800\ 000\ €}$$

$$ROI = 0{,}360 \times 0{,}625 = \mathbf{22{,}50\%}$$

A rentabilidade das vendas é de 36 % e a rotação do ativo é de 0,625 (inferior a 1), o que significa que a empresa necessita de 19,2 meses de vendas para "cobrir" o valor do capital investido (CI) (800 000/500 000 x 12 meses).

B. Cálculo do Resultado Residual (RR):

Res. Oper. (RO)	180 000 €	
Custo de capital: (k x CI)	80 000 €	(10 %*800 000€)
Res. Residual (RI)	**100 000** €	

C. Cálculo do preço de venda, para ROI de 25 %:

RO = 25% X 800 000,00 €
RO = 200 000 €

1 – Resultado Operacional (RO)	200 000 €
2 – Custos variáveis (CV)	200 000 €
3 – Custos fixos (CF)	120 000 €
4 – Vendas (1+2+3)	520 000 €
5 – Quantidade vendida	100 000 UF
6 – Preço venda (4) /(5)	5,20 €

Questão 2:

O responsável da divisão S tem a oportunidade de aceitar uma encomenda adicional de 10 000 UF, a um preço de venda unitário de 4,50 €. O custo variável unitário mantém-se igual ao orçamentado, mas os custos fixos crescerão 10 000,00 €. Será ainda necessário um investimento adicional de 100 000,00 €.

Pedidos:

Admitindo que a avaliação de desempenho da divisão S é feita com base no ROI, avalie:

A. Se a referida encomenda deve, ou não, ser aceite;
B. A congruência da referida decisão face aos objetivos globais da empresa, apresentando a conta de resultados da divisão S.

Resolução:

A. A encomenda deve, ou não, ser aceite?

A resposta à questão exige o cálculo do ROI da nova encomenda a comparação com o ROI inicial:

	Situação inicial	**Encomenda adicional**	**Situação final**
Quantidade (UF)	100 000	10 000	110 000
Vendas	500 000 €	45 000 €	545 000 €
Custo Variável	200 000 €	20 000 €	220 000 €
Margem de Contribuição	300 000 €	25 000 €	325 000 €
Custos Fixos	120 000 €	10 000 €	130 000 €
Res. Operacional	180 000 €	15 000 €	195 000 €
Investimento	800 000 €	100 000 €	900 000 €
ROI	22,50%	15,00%	21,67%

Comentários:

O ROI resultante do investimento para fazer face à nova encomenda é de 15%, pelo que a aceitação da encomenda determina que o ROI da Divisão S passe a ser apenas de 21,67%, ligeiramente menor do que o ROI inicial (22,50%).

Em face deste indicador de avaliação de performance, o responsável da divisão tenderá a rejeitar a encomenda.

B. Avaliação da congruência da referida decisão face a objetivos globais da empresa. Apresentação do resultado Residual:

	Situação inicial	**Encomenda adicional**	**Situação final**
Resultado Operacional (RO) (1)	180 000 €	15 000 €	195 000 €
Investimento (CI)	800 000 €	100 000 €	900 000 €
Taxa de custo de capital (km)	10%	10%	10%
Custo de Capital (2)	80 000 €	10 000 €	90 000 €
Res. Residual (RI) (1) – (2)	100 000 €	5 000 €	105 000 €

Comentários:

O Resultado Residual (RI) gerado pela nova encomenda é positivo em 5 000,00 €, uma vez que o ROI de 15 % é superior ao custo de capital (k) de 10 %. Logo, numa ótica global, de empresa, a encomenda deveria ser aceite. Observe-se, contudo que o prazo de recuperação (*pay-back*) do investimento é superior a 6 anos (100 000,00 €/ 15 000,00 € = 6,67 anos), sem considerar a atualização financeira dos fluxos operacionais) pelo que importaria considerar outras variáveis de decisão, nomeadamente: se a encomenda é apenas pontual e ou se está em presença de um investimento estratégico no cliente ou potenciais novos clientes.

Exercício 18.6 – ROI, RI, Análise de *Dupont*

Os gestores da divisão A do grupo SIGMA estão a avaliar a possibilidade de adquirir por 5 milhões de euros a sociedade Z, tendo em vista o crescimento da quota de mercado.

A conta de resultados e o balanço de A e de Z apresentam a seguinte estrutura (mil euros):

mil €

	A	Z
Vendas	9 500	5 100
Custos variáveis	6 000	3 200
Margem bruta	3 500	1 900
Custos fixos	1 500	900
Resultado Operacional	2 000	1 000

Ativo		
Fixo tangíveis	7 500	4 000
Operacional	2 500	2 000
Total	10 000	6 000
Passivo		
Operacional	2 000	1 000
Financeiro	3 800	1 100
Total	5 800	2 100
Capital Próprio	4 200	3 900

A avaliação de performance da divisão A é feita com base no ROI, sendo exigida uma taxa mínima de retorno de capital de 20%, havendo lugar à atribuição de um bónus aos gestores, se este mínimo for ultrapassado.

Os gestores da divisão A estão reticentes quanto ao interesse da aquisição de Z, a menos que os critérios de avaliação sejam alterados. Assim, propuseram à administração do Grupo que considerassem uma taxa de retorno de capital de 15%, para que a operação de aquisição de Z se revele aceitável, na sua perspetiva.

Pedidos:

A. Explique por que razão é que os gestores de A se revelem tão reticentes quanto ao interesse na aquisição de Z, em face dos critérios de avaliação a que estão sujeitos.

B. Em que medida é que a adoção do critério de avaliação com base no resultado residual poderá alterar os pressupostos de avaliação de Z.

C. Discuta a metodologia de cálculo do ROI para Z, determinando a rentabilidade de vendas e o grau de rotação dos ativos.

Resolução:

A. Razões para as reticências dos gestores de A quanto ao interesse na aquisição de Z:

- Cálculo do ROI de Z e comparação o valor de referência da divisão A:

$$ROI = \frac{RO}{CI\ (Ativo - Passivo\ operacional)}$$

	A	Z	A + Z
Resultado Operacional	2 000	1 000	3 000
Ativo – Passivo operacional	8 000	5 000	13 000
ROI	25%	20%	23,08%

O ROI de Z é inferior ao ROI de A, pelo que os gestores estão em presença da redução do indicador de referência que serve de base para o cálculo dos bónus atribuíveis. Sendo a taxa mínima de retorno de 20 %, os gestores têm um diferencial de prémio de 5%; o ROI de Z é exatamente de 20 %. Não há, deste modo, um incentivo extrínseco que motive os gestores de A aceitar este novo investimento, de aquisição da sociedade Z.

B. Cálculo do Resultado Residual (RI)

RI = RO – (k x CI)

	A	Z	A + Z
Resultado Operacional	2 000	1 000	3 000
Capital Investido	8 000	5 000	13 000
Custo de capital (20%)	1 600	1 000	2 600
RI = RO – Custo capital	400	0	400

- O RI de Z é de zero, sendo o ROI = taxa de custo de capital. Isto significa, na ótica dos acionistas e a curto prazo, que a aquisição de Z não permitiria um acréscimo de valor acionista; a possibilidade de integração de uma nova unidade de negócios com ganho de quota de mercado, a prazo, gerando sinergias de integração serão, porventura, as determinantes de realização do investimento.

C. **Metodologia de cálculo do ROI, determinando a rentabilidade de vendas e o grau de rotação dos ativos**:

- O ROI é calculado considerando que o CI = Ativos – Passivo Operacional;
- O investimento em Z, de 5 M€, apresenta um *goodwill* de 1,1 M€, face ao valor contabilístico dos capitais próprios de Z, de 3,9 M€;

ROI: análise de *Dupont*

	A	Z	A +Z
Margem das vendas	21,05%	19,61%	20,55%
Rotação ativo, liq passivo op.	1,1875	1,0200	1,1231
ROI	25,00%	20,00%	23,08%

- Compreende-se a proposta dos gestores de A, à Administração do Grupo, para considerar, uma taxa de retorno de capital (k) de 15%, para que a operação de aquisição de Z se revele aceitável. Manter-se-ia um diferencial de taxas entre o ROI e k de 5%, pelo que não haveria efeitos negativos na avaliação do seu desempenho e na atribuição dos bónus. Por outro lado, o Resultado Residual da operação de aquisição de Z passaria a ser positivo em 250 mil €, isto é [(20% – 15%) x 5 000 mil € = 250 mil €].

Exercício 18.7 – Cálculo do custo médio de capital e do EVA

Considere a seguinte informação de natureza financeira relativa à Sociedade Alfa S.A.:

- Taxa isenta de risco (R_f) 6,0%
- Prémio risco de crédito (PRC) 4,0%

- Prémio risco de mercado (PRM) 8,5%
- Coeficiente de risco mercado (β) 1,8
- % capital alheio (% D) 60%
- % capital próprio (% E) 40%
- Taxa de imposto (*t*) 25%

O montante de capital investido (CI) é de 2 500 000 €.

A Demonstração de Resultados do período N é a seguinte (valores em €):

	Valores	**%**
Vendas	10 000 000 €	100%
CMVMC	-7 400 000 €	-74,0%
FSE	-600 000 €	-6,0%
Gastos com o pessoal	-500 000 €	-5,0%
Outros gastos	-300 000 €	-3,0%
EBITDA	1 200 000 €	12,0%
Depreciações e amortizações	-780 000 €	-7,8%
Resultado operacional	**420 000** €	4,2%
Gastos financeiros	-150 000 €	-1,5%
Resultado antes de imposto	270 000 €	2,7%
Imposto sobre o rendimento	-73 750 €	-0,7%
Resultado líquido	**196 250** €	2,0%

Pedidos:

A. Cálculo da taxa de custo médio de capital.
B. Cálculo do EVA da empresa.

Resolução:

A. Taxa média ponderada de capital (k_m):

A taxa de k_m é obtida a partir da seguinte fórmula:

- $k_m = k_d \cdot (1 - t) \cdot \% D + k_e \cdot \% E$

Assim, de forma sequencial será necessário apurar a taxa de custo dos capitais alheios (k_d) e a taxa de custo dos capitais próprios (k_e):

(I) – Taxa de custo dos capitais alheios:

$\boldsymbol{k_d}$ = TIR + PRC

- TIR: taxa isenta de risco
- PRC: prémio de risco de crédito específico da empresa

$\boldsymbol{k_d}$ = 6,0% + 4, 0 % = **10,0 %**

(II) – Taxa de custo dos capitais próprios, apurado com base no Modelo de Avaliação de Ativos Financeiros (MAAF / CAPM)

$\boldsymbol{k_e}$ = TIR + β PRM

- TIR: taxa isenta de risco
- β: coeficiente de risco sistemático
- PRM: Prémio de risco de mercado

$\boldsymbol{k_e}$ = 6 % + (1,8 x 8,50%) = **21,30 %**

(III) – Custo médio ponderado capital:

$\boldsymbol{k_m} = k_d \cdot (1 - t) \cdot \% D + k_e \cdot \% E$

- k_d = 10,0%
- t = 25%
- k_e = 21,30 %
- % D = 60%
- % E = 40%

k_m = 10,0% x (1 – 25%) x 60% + 21,30% x 40%

$\boldsymbol{k_m}$ = ***13,02%***

Conclusão: o custo médio ponderado de capital é de 13,20%.

B. Cálculo do EVA

O indicador de EVA é apurado considerando a seguinte fórmula:

$$\underbrace{\textbf{EVA = Resultado Operacional x (1 – t)}} - (k_m \textbf{ x CI})$$

ROLI ou NOPAT (Resultado Operacional Líquido de Imposto ou *Net Operating Profit After Tax*)

- CI = *Capital investido*
- t = taxa de imposto

Cálculo do EVA		
Resultado Operacional	RO	420 000 €
Taxa de impostos	t	25%
Resultado Operacional Líquido de Imposto	ROLI ou NOPAT	315 000 €
Capital Investido	CI	2 500 000 €
Taxa média ponderada de capital	k_m	13,02%
Custo de capital		325 500 €
EVA		-10 500 €

Conclusão: A empresa apresenta um Resultado líquido (perspetiva contabilística) de 196 250,00 €. Todavia, quando se considera a perspetiva económica, em termos de análise de valor, conclui-se que o EVA é negativo, em 10 500,00 €, estando a empresa a destruir valor, porque EVA < 0.

Exercício 18.8 – Cálculo do custo médio de capital e do EVA

A unidade de negócios X realizou em 01-01-(N-5) um investimento de 2 M€, tendo apresentado os seguintes resultados ao longo dos últimos 5 anos:

	Anos				
	N	N-1	N -2	N-3	N-4
Rendimentos	270 122 €	262 254 €	254 616 €	247 200 €	240 000 €
Gastos de exploração	64 342 €	61 868 €	59 488 €	57 200 €	55 000 €
Depreciações	40 000 €	40 000 €	40 000 €	40 000 €	40 000 €
Resultado operacional	165 780 €	160 387 €	155 128 €	150 000 €	145 000 €
Gastos de financiamento	12 094 €	23 504 €	34 266 €	44 420 €	54 000 €
Resultado antes imposto (RAI)	153 686 €	136 883 €	120 862 €	105 580 €	91 000 €
Imposto s/rendimento	46 106 €	41 065 €	36 259 €	31 674 €	27 300 €
Resultado líquido	107 580 €	95 818 €	84 603 €	73 906 €	63 700 €

As depreciações anuais são de 2% e a taxa de imposto é de 30%. O custo médio ponderado dos capitais ao longo deste período tem sido de 6%.

Pedido:

A. Cálculo dos Meios Libertos Operacionais (MOLI).
B. Cálculo do EVA e MVA (*Market Value Added*).

Resposta:

A. MOLI – Meios Libertos Operacionais Líquidos de Imposto

	Anos				
	N	N-1	N -2	N-3	N-4
Resultado operacional	165 780 €	160 387 €	155 128 €	150 000 €	145 000 €
Imposto s/ R. operacional	49 734 €	48 116 €	46 538 €	45 000 €	43 500 €
ROLI = RO x (1-t) ou NOPAT	116 046 €	112 271 €	108 590 €	105 000 €	101 500 €
Depreciações	40 000 €	40 000 €	40 000 €	40 000 €	40 000 €
Meios Operacionais Líq. Impostos (MOLI)	156 046 €	152 271 €	148 590 €	145 000 €	141 500 €

b) $EVA_n = RO_n (1\text{-}t) - k_m{*}CI_{n-1} = ROLI_n - k_m * CI_{n-1}$

$$MVA = \sum_{i=1}^{n} \frac{EVAi}{(1+km)}$$

Cálculo do EVA e MVA

	1	2	3	4	5
Resultado operacional	165 780 €	160 387 €	155 128 €	150 000 €	145 000 €
Imposto s/ rendimento [30 % x (RO - Juros)	46 106 €	41 065 €	36 259 €	31 674 €	27 300 €
Res. operacional depois impostos	119 674 €	119 322 €	118 869 €	118 326 €	117 700 €
Custo de capital (6%)	110 400 €	112 800 €	115 200 €	117 600 €	120 000 €
EVA	**9 274 €**	**6 522 €**	**3 669 €**	**726 €**	**-2 300 €**
Fator de atualização	1,0000	1,0600	1,1236	1,1910	1,2625
Valor atual do EVA	9 274 €	6 913 €	4 123 €	865 €	-2 904 €
MVA (*Market Value Added*)	**18 271 €**				

BIBLIOGRAFIA DO CAPÍTULO

Anthony, R., & Govindarajan, V. (2003). *Management Control Systems* (11th ed.). McGrawHill.

Atkinson A., Kaplan R., & Young, S. (2004). *Management Accounting* (4th ed.). Pearson.

Bell, L. W. W. (1998). Theory in Action. *Journal of Business Strategy*, 19(5), 13-15.

Biddle, G. L., Bowen, R., & Wallace, J. S. (1997). Does EVA beat Earnings? Evidence on Associations with Stock Returns and Firm Values. *Journal of Accounting and Economics*, 24(3), 301-336.

Clinton, B. D., & Chen, S. (1998). Do new performance measures measure up? *Management Accounting*, 80(4), 38-43.

Dearden, J. (1969). The Case Against ROI Control. *Harvard Business Review*, 47(3), 124-135

Dearden, J. (1987). Measuring Profit Center Managers. *Harvard Business Review*, 65(5), 84-88

Drury, C. (2021). *Management and Cost Accounting* (11th ed.). Cengage Learning College.

Grant, J. (2003). *Foundations of Economic Value Added* (2nd ed.). John Wiley & Sons, Inc.

Horngren, C., Datar, S., & Rajan, M. (2012). *Cost Accounting: A Managerial Emphasis* (14th ed.). Pearson Education.

Ittner, C., & Larcker, D. (1998). Are Nonfinancial Measures Leading Indicators of Financial Performance? An Analysis of Customer Satisfaction. *Journal of Accounting Research*, 36, 1-35.

Jordan, H., Neves, J., & Rodrigues, J. (2021). *O controlo de Gestão ao Serviço da Estratégia e dos Gestores* (11.ª ed.). Áreas Editora.

Johnson, H., & Kaplan, R. (1987). The rise and fall of Management Accounting. *Management Accounting*, 68(7), 22-30.

Larsen, T. & Holland, D. (2012). Beyond Earnings: a user's guide to excess return models and the HOLT CFROI framework. In *Equity Valuation: Models from Leading Investment Banks*. Editado por Jan Viebig, Thorsten Poddig & Armin Varmaz. 109-194. West Sussex: John Wiley & Sons.

Neves, J. C. (2005). *Avaliação e Gestão da Performance Estratégica da Empresa*, Texto Editores.

Stewart, G. B., III. (1991). *The quest for value: The EVATM management guide*. Harper Business.

Young, D. (1997). Economic Value-Added: A Primer for European Managers. *European Management Journal*, 15(4), 335-343.

Young, D. (1999). Some Reflections on Accounting Adjustments and Economic ValueAdded. *Journal of Financial Statement Analysis*, 4(2), 7 13.

Young, D., & O'Byrne, S. F. (2001). *EVA and Value-Based Management: A Practical Guide to Implementation*. McGraw-Hill Education.

CAPÍTULO 19

—

MODELOS DE CONTABILIDADE DE GESTÃO ESTRATÉGICA: DO *TABLEAU DE BORD* AO *BALANCED SCORECARD*

OBJETIVOS DE APRENDIZAGEM

1. **Descrever os elementos que integram um sistema de CGE;**
2. **Explicar as diferenças entre a Contabilidade de Gestão e a CGE;**
3. **Identificar as 5 fases de construção de um TB;**
5. **Identificar os 7 requisitos a cumprir para que um TB tenha sucesso;**
6. **Identificar quais são os principais contributos do TB;**
7. **Perceber a utilidade do BSC na mensuração e gestão dos intangíveis e para a criação de valor;**
8. **Perceber a importância do mapa estratégico para entender as relações de causa e efeito entre os resultados das perspetivas financeira e de clientes e os indutores desses resultados ao nível dos processos internos, das tecnologias da informação e do capital humano e organizacional;**
9. **Descrever como é que o BSC pode ser usado para implementar a estratégia e explicar os 5 princípios para a empresa se tornar uma organização focada na estratégia.**

19.1. INTRODUÇÃO

No final do século passado, e mais precisamente nos anos 80 e 90, eram frequentes as críticas às ferramentas de Contabilidade de Gestão tradicionais e eram muitos os autores que apelavam para o desenvolvimento de instrumentos mais adequados às novas exigências de uma economia globalizada e mais competitiva. Considerava-se que a própria informação da Contabilidade de Gestão era produzida tarde, de uma forma agregada, e demasiado distorcida para ser relevante para a tomada de decisão (Johnson & Kaplan, 1987). Estas informações, baseadas em indicadores tradicionais, tinham uma preocupação excessiva com a *performance* financeira de curto prazo, descurando o investimento nos intangíveis e na criação de valor de longo prazo. Assim, os sistemas contabilísticos tradicionais eram incompatíveis com os modernos sistemas de produção e com as novas realidades empresariais. Concluindo-se mesmo que os sistemas tradicionais de avaliação do desempenho, centrando-se sobretudo em indicadores financeiros e ignorando perspetivas relevantes na atualidade como sejam a dos clientes e da concorrência, tendem a trabalhar em sentido contrário ao da otimização do valor para o acionista (Sousa & Rodrigues, 2002).

É neste contexto que surge o conceito de Contabilidade de Gestão Estratégica – CGE (Simmonds, 1981). Embora a CGE tenha sido apontada como um caminho a seguir (Drury, 2021), existe ainda alguma falta de consenso em relação ao significado do conceito e às práticas que a CGE deve contemplar. Assim, quando se fala em CGE temos de especificar a que elementos nos referimos, dado que se pode estar a falar do fornecimento de informação para a implementação da estratégia, ou de práticas concretas de CGE.

Relativamente ao fornecimento de informação para a formulação, implementação e acompanhamento do processo de gestão estratégica da empresa, que representa uma das principais vertentes da CCG (Drury, 2021; Pires *et al.*, 2020), existe algum consenso, trata-se de informação não financeira, orientada para o exterior e para o futuro, o que lhe confere uma orientação mais estratégica (Pires *et al.*, 2017).

Por outro lado, algumas práticas têm sido sugeridas como instrumentos úteis na implementação da estratégia da empresa, entre elas destaca-se claramente o *Balanced Scorecard* (BSC). Assim, ao analisar a literatura constata-se que a maioria dos estudos sobre práticas de CGE, se focam no estudo dos sistemas estratégicos de avaliação da *performance* e mais especificamente no estudo do BSC (Pires *et al.*, 2017). Por isso mesmo esta será uma das práticas desenvolvidas neste capítulo.

No entanto, o BSC não foi particularmente bem-recebido em países onde outra ferramenta, o *Tableau de Bord* já estava integrado nas práticas de gestão, designadamente em França (Bourguignon *et al.*, 2004). Para se entender melhor esta questão serão analisadas as diferenças entre estes dois instrumentos de gestão.

Segundo Saraiva e Alves (2017, p. 186), "simultaneamente à aparição do conceito de BSC, surgiram outros conceitos semelhantes, entre os quais se destacaram na literatura da época os correspondentes às metodologias *Intangible Assets Monitor* (IAM) de Sveiby (1997) e *Skandia Navigator*, de Edvinsson (1997)". Estes modelos não serão aqui desenvolvidos por se tratar de instrumentos contemporâneos que embora procurem relacionar a avaliação da *performance* com o processo de gestão estratégica, tiveram uma divulgação muito limitada (Saraiva & Alves, 2017).

Finalmente, Weghe e Bruggeman (2004) alegam que um número crescente de empresas tem vindo a fazer a ligação entre as métricas do BSC e a atribuição de prémios e incentivos. Esta ligação será explorada na parte final deste capítulo.

19.2. A Contabilidade de Gestão Estratégica

A principal razão para o surgimento de novas ferramentas de gestão advém das limitações do modelo contabilístico vigente. As críticas tradicionalmente apresentadas (Dixon & Smith, 1993) centram-se numa excessiva ligação a critérios tradicionais que nem sempre são os mais adequados; na perspetiva de curto prazo e numa orientação interna da tomada de decisão – esta visão de curto prazo está baseada fundamentalmente em indicadores financeiros e nos resultados das demonstrações periódicas; e na inadequação à realidade – questiona-se a habilidade dos sistemas contabilísticos na captação dos progressos efetuados pela empresa na procura de elevados padrões de desempenho.

Em paralelo, devem ser tidos em conta outros fatores. Por exemplo, está hoje demonstrado que em ambientes de maior incerteza aumenta a importância da informação qualitativa, que é mais tempestiva. Por outro lado, tem aumentado a importância dos bens "intangíveis" na criação de valor da empresa. Estas realidades têm sido ignoradas nos modelos tradicionais, de tal forma, que os recursos estratégicos mais importantes, nomeadamente os intangíveis, permanecem fora das valorizações contabilísticas tradicionais (Quesado *et al.*, 2017b).

Os indicadores tradicionais têm uma preocupação excessiva com a *performance* financeira de curto prazo descurando o investimento na criação de valor de longo prazo. Assim, os sistemas contabilísticos tradicionais são incompatíveis com as novas realidades empresariais. Neste sentido, torna-se necessário reorientar o objeto da Contabilidade de Gestão de modo a integrar a dimensão estratégica da empresa, evidenciando-se assim a necessidade de uma Contabilidade de Gestão Estratégica (CGE).

O termo CGE foi desenvolvido há mais de 40 anos por Simmonds (1981, p. 26) que o definiu como "o fornecimento e análise de dados da Contabilidade de Gestão sobre uma empresa e os seus concorrentes para uso no desenvolvimento e monitorização da estratégia de negócio". Mais tarde, Bromwich (1990) acrescenta que a CGE consiste na previsão e análise da informação sobre: os produtos da empresa no mercado; os custos dos concorrentes; a estrutura de custos; o acompanhamento e controlo da estratégia da empresa assim como dos concorrentes, durante um determinado período de tempo.

É importante referir que a CGE surgiu a par com outros desenvolvimentos da Contabilidade de Gestão, tais como a Contabilidade de Gestão baseada nas atividades e a contabilidade para as novas tecnologias da produção (Roslender, 1995), ferramentas que surgiram numa tentativa de restabelecimento da relevância da Contabilidade de Gestão e da adoção por parte desta última de uma orientação mais estratégica. Sendo isso precisamente o que se pretende com a CGE.

O BSC, através do mapa estratégico, fornece um quadro para descrever as estratégias criadoras de valor que ligam os ativos tangíveis aos intangíveis (Kaplan & Norton, 2001). Permite, deste modo, colmatar algumas das limitações anteriormente referidas, e surge como um instrumento adequado para a relevação dos fenómenos que a CGE pretende evidenciar.

Contudo, a CGE ainda é um campo emergente cujos limites não estão claramente definidos, não existindo ainda uma visão consensual do que é ou como se pode desenvolver. Trabalhos recentes (Rashid *et al.*, 2020; 2021) têm mostrado que ainda existe pouca investigação sobre os efeitos da adoção de práticas de CGE na *performance* das organizações, que as taxas de adoção são relativamente baixas, que as técnicas focadas na análise dos concorrentes (análise dos custos da concorrência por exemplo) foram as mais amplamente utilizadas, que fatores como o posicionamento estratégico, o tamanho da empresa, a existência de sistemas de contabilidade e controlo de gestão influenciam a adoção de técnicas de CGE.

19.3. O *Tableau de Bord*

Uma economia competitiva, obriga os gestores a terem uma atenção constante no acompanhamento da sua estratégia, e na evolução do seu desempenho. Neste contexto, Jordan *et al.* (2021), alegam que os instrumentos mais vocacionados para um adequado acompanhamento da *performance* pessoal e organizacional são o *Tableau de Bord* (TB) e o BSC.

O TB, como instrumento de gestão da *performance*, emergiu em França nos anos 30 do século passado (Bessire & Baker, 2005). Surgiu como uma ferramenta adequada para ultrapassar as insuficiências do sistema contabilístico tradicional. Foi desenvolvido pela primeira vez por engenheiros de processos que procuravam formas de aperfeiçoar o seu processo produtivo através de uma melhor compreensão das relações de causa e efeito, entre ações e *performance* dos processos (Epstein & Manzoni, 1998). Foi este mesmo processo que foi posteriormente aplicado à gestão de topo, de modo a fornecer aos administradores da empresa um conjunto de indicadores que lhes permitiam acompanhar a evolução do negócio, comparar os resultados com os objetivos preestabelecidos, e tomar as medidas corretivas em caso de necessidade.

Bouquin (2003) define o TB como um conjunto limitado de indicadores concebidos para permitir aos gestores tomar conhecimento do estado e da evolução dos sistemas que dirigem e identificar as tendências que os poderão influenciar num horizonte temporal consentâneo com a natureza das suas funções. Em suma, o TB é composto por um conjunto limitado de informações sobre pontos chave da empresa, informações que foram selecionadas pela sua pertinência e que permitem ao responsável ficar rapidamente e periodicamente com uma visão pertinente e sintética da situação, de modo a poder reagir oportunamente.

Porém, na prática, se se perguntar a um dirigente qual é a finalidade de um TB, obter-se-há uma grande variedade de respostas: monitorizar a atividade, alertar sobre resultados não conformes, reportar, informar, etc. Esta diversidade nas respostas deve-se ao facto de existirem diferentes tipos de TB. Assim, recomenda-se que exista um TB (quadro de indicadores) por cada subdivisão ou centro de responsabilidade, e todos estes quadros de indicadores devem estar integrados numa estrutura hierárquica organizada como a que é apresentada na figura seguinte (ver Figura 19.1), sendo o reporte feito de baixo para cima.

FIGURA 19.1 – **Quadros de indicadores (*dashboards*) da empresa**

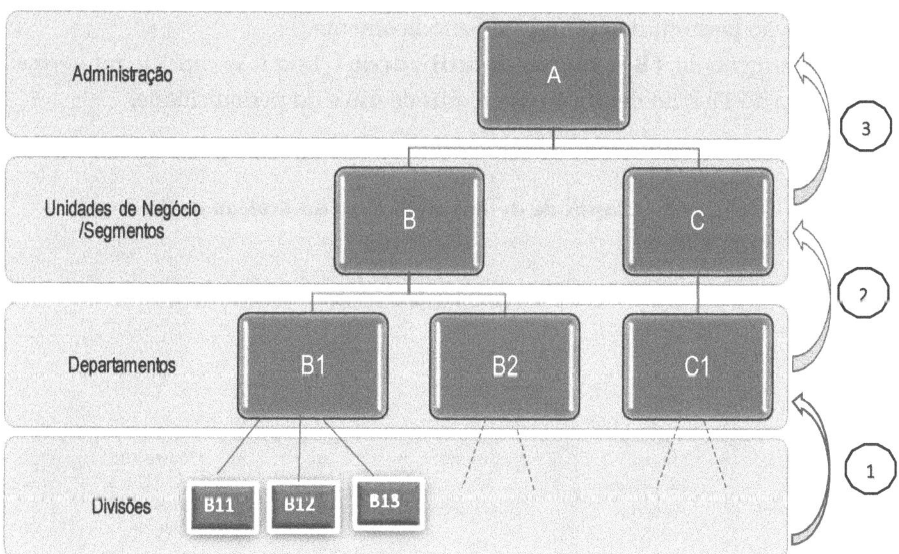

Onde:
1 - Tableau de Bord B1 inclui uma síntese do desempenho de B11 + B12 + B13 (atividades delegadas)
2 - Tableau de Bord B inclui uma síntese do desempenho de B1+B2 (atividades delegadas)
3 - Tableau de Bord A inclui uma síntese do desempenho de B+C (atividades delegadas)

Para a **construção de um TB** específico, Jordan *et al.* (2021) sugerem um processo composto por diversas fases e denominado de método OVAR – Objetivos, Variáveis de Ação, Responsáveis. As fases de desenvolvimento deste método são as seguintes:

1. Definição do **organograma** – Aqui são identificados os centros de responsabilidade da empresa e as suas relações, as áreas de responsabilidade de cada dirigente e as ligações hierárquicas (Figura 19.1). Pretende-se conhecer a estrutura organizacional e os limites de responsabilidade de cada dirigente.
2. Escolha dos **objetivos e das variáveis chaves de ação** – Aqui são identificados os objetivos a alcançar e os meios disponibilizados para cada centro de responsabilidade.
3. Escolha dos **indicadores** – Aqui são propostas unidades de medida para os objetivos e variáveis selecionados. Podem aqui ser utilizados vários tipos de indicadores (indicadores de resultados e indicadores de tendência, por exemplo).
4. **Quantificação** dos indicadores e identificação das **fontes de informação** que vão permitir determiná-los periodicamente.
5. Construção do **TB e regras de utilização** – Esta fase consiste na apresentação do TB e na definição das regras de uso e da periodicidade.

FIGURA 19.2 – **Etapas de desenvolvimento do *Tableau de Bord***

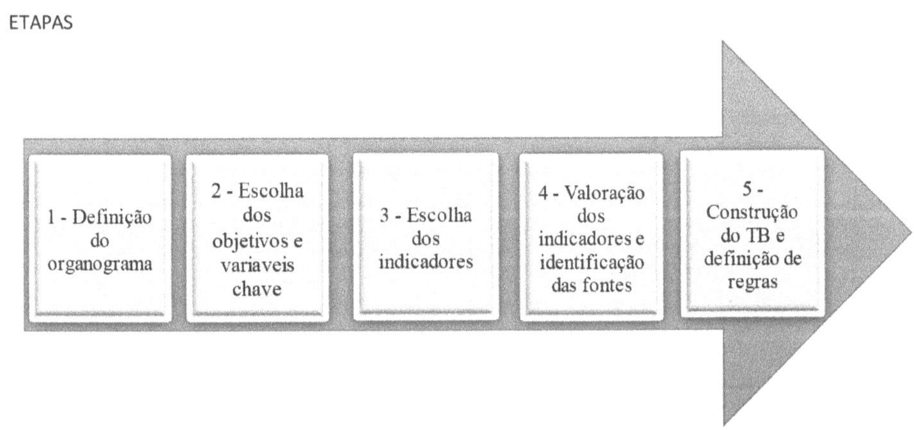

Identificam-se assim cinco etapas distintas no desenvolvimento de um TB (Figura 19.2).

Na elaboração de um TB devem ainda ser seguidas algumas regras ao nível da estrutura e da qualidade da informação que contém. Estas regras representam verdadeiros **requisitos para o sucesso** de um TB (Désiré-Luciani *et al.*, 2013):

1. **Apropriação pelos dirigentes** – A legitimidade deste instrumento advém do facto de ele ser utilizado de forma prioritária pelos dirigentes, ou seja, pressupõe um real envolvimento dos dirigentes. O TB deve estar no centro do processo de gestão e incentivar a ação sempre que necessário. Deve ser um instrumento de promoção do diálogo (entre níveis hierárquicos) através da realização de reuniões periódicas para análise de resultados.
2. **Pertinência dos indicadores** – A procura e identificação dos indicadores mais adequados deverá ser feita para cada centro de responsabilidade em função da missão do centro, e dos objetivos a alcançar. Reside aqui uma das principais dificuldades na elaboração do TB e que consiste na escolha dos indicadores mais adequados. Deverá ser escolhido um número limitado de indicadores de tendência e de indicadores de resultados. Os indicadores devem ser fiáveis, claros, livres de enviesamentos e pró-ativos (permitindo alertar o decisor para a emergência de um problema).
3. Fornecer a **informação essencial** para a tomada de decisão – Esta condição está relacionada com a anterior, uma vez que a escolha dos indicadores poderá influenciar a informação fornecida. Um TB eficaz só deve apresentar as informações essenciais e apenas estas.
4. Preservar a **coerência com o organigrama** da empresa. As informações contidas dizem respeito ao âmbito de atuação do responsável pelo centro. O TB de um determinado nível hierárquico deve contemplar ainda uma síntese dos TB do nível inferior (ver Figura 19.1).
5. **Frequência** com que o TB é atualizado – O TB poderá ser obtido com maior ou menor frequência consoante a atividade do centro de responsabilidade, como regra podemos dizer que deverá ser produzido com uma frequência que permita ao dirigente reagir atempadamente aos problemas. Assim podemos, por exemplo, ter um TB diário para acompanhar as entregas numa empresa de distribuição. Como norma, podemos dizer que um TB eficaz deveria estar sempre atualizado.

6. **Urgência da informação** – Aqui deve ser privilegiada a utilidade da informação em detrimento da sua exatidão. O mais importante é que a informação disponível permita uma tomada de decisão oportuna. A falta de integridade e tempestividade na produção e na divulgação da informação pode ocasionar a perda de relevância.
7. A **construção e apresentação** do TB – Para uma leitura mais fácil, terá de existir alguma homogeneidade na apresentação dos vários TB da empresa. O TB deve apresentar uma estrutura clara e pode ainda conter gráficos, cores etc... de modo que seja possível destacar, visualmente, a informação mais relevante.

Em relação às funções do TB constata-se que este instrumento produz informação para monitorizar e controlar a situação da empresa, para promover o diálogo entre todos os responsáveis independentemente do seu nível hierárquico e para apoiar a tomada de decisão do dirigente do centro de responsabilidade. É um instrumento de diagnóstico imediato e de acompanhamento, permitindo a comparação dos valores atuais com valores históricos, previsionais ou com a concorrência; é um instrumento de apoio e estímulo à tomada de decisão, sendo um instrumento de gestão com vista a ação; promove o diálogo, uma vez que todos os TB da empresa devem estar relacionados uns com os outros em função da sua posição na estrutura hierárquica da empresa (ver Figura 19.1).

Contudo, não existe aquilo que se poderia designar de TB "pronto a vestir", cada TB deverá ser "feito à medida" e a escolha dos indicadores requer uma pesquisa rigorosa que tenha em conta as particularidades de cada centro/unidade de negócios (Désiré-Luciani *et al.*, 2013). A estrutura e o conteúdo do TB irão depender da empresa, da sua atividade e da sua dimensão; da envolvente, nomeadamente da concorrência; do dirigente e do tipo de responsabilidade que lhe foi delegada.

Finalmente, os principais **contributos** do TB situam-se ao nível da:

- **Redução da incerteza** – Ao melhorar a perceção do contexto, concentrando a atenção do decisor num conjunto reduzido de variáveis chave, reduz a incerteza que envolve a tomada de decisão.
- **Estabilização da informação** – Ao sistematizar a informação essencial apoia a tomada de decisão.
- **Facilitação da comunicação** – Promove a comunicação entre os envolvidos nos vários níveis hierárquicos ao promover reuniões periódicas para análise de resultados.

- **Dinamização da reflexão** – Para além de evidenciar sinais de alarme o TB ajuda na análise de possíveis soluções e na resolução de problema.
- **Controlo dos riscos** – Ao disponibilizar a informação mais relevante permite uma tomada de decisão menos arriscada.

Em suma, o TB consiste num conjunto de medidas ou indicadores, geralmente da área financeira, utilizados pelos gestores para observar, compreender e apreciar a situação da organização, avaliar a importância dos desvios em relação ao previsto e fazer as correções necessárias. Deste modo, o TB está muito ligado ao âmbito interno, centrando-se na gestão dos processos industriais e na procura da eficiência operacional. Não obstante, a evidência empírica obtida nos trabalhos desenvolvidos por Kaplan e Norton demonstrou que o BSC se desmarca dos sistemas tradicionais de avaliação e controlo dos resultados, considerando-se o alinhamento entre os indicadores de gestão e a estratégia da organização como uma das chaves de êxito na sua implementação. Apesar das primeiras formulações do BSC aparecerem no início dos anos noventa, o conceito sofreu alterações ao longo do tempo, desde a sua conceção inicial como uma ferramenta desenhada para medir o desempenho financeiro e não financeiro da organização mediante quatro perspetivas que se influenciam mutuamente (confundindo-se muitas vezes com o TB), até à sua consideração atual como uma ferramenta de controlo e gestão estratégica que ajuda no alinhamento estratégico e na mudança organizacional (Quesado *et al.* 2012).

19.4. O Balanced Scorecard

19.4.1. Análise do conceito de BSC e sua evolução

Definir uma estratégia de negócio clara pode ser uma tarefa árdua numa grande empresa. Mas, traduzir essa estratégia em ações concretas pode ainda ser mais difícil (Epstein & Manzoni, 1998). Por isso, há alguns anos, no primeiro de três artigos escritos por Robert Kaplan e David Norton (1992) na revista *Harvard Business Review*, é apresentado o BSC como um instrumento que vem facilitar a transposição da estratégia para a ação.

Na década de 80 do século passado, Robert Kaplan e David Norton começaram a preocupar-se com a falta de informação relevante e estratégica, necessária para que os gestores tomem decisões fundamentadas em contextos fortemente dinâmicos e competitivos, uma vez que o modelo de gestão existente não articulava as medidas de desempenho com a estratégia organizacional (Kaplan & Norton, 1996a). Em consequência, procuraram desenvolver um novo modelo que incorporasse o valor de ativos intangíveis e intelectuais, como as relações com o exterior, a satisfação dos clientes, a capacidade de inovação, as capacidades e qualidades dos trabalhadores e o desenvolvimento de processos internos mais flexíveis (Kaplan & Norton, 1992, 1993, 1996a, 1996b).

A análise dos antecedentes do BSC mostra uma evolução gradual associada a momentos históricos e necessidades económicas específicas. Assim, perante a perda de competitividade da indústria automóvel americana, relativamente ao Japão, surgiu na década de 80 um novo desafio para a retoma da liderança perdida: estabelecer novas medidas da *performance* mais adequadas às novas realidades (Kaplan, 1983). Em paralelo surge também a necessidade de melhorar e adequar os métodos de gestão. A contabilidade, que não tinha acompanhado a evolução destas novas realidades, podia agora desempenhar um papel importante através do desenvolvimento de novas medidas da *performance*, não financeiras e capazes de avaliar os progressos da empresa.

O primeiro desenvolvimento do modelo, proposto por Kaplan e Norton (1992), teve como objetivo avaliar, através de um conjunto alargado de indicadores, a *performance* da organização. A frase "what you measure is what you get" (Kaplan & Norton, 1992) marca uma viragem na forma de ver o mundo dos negócios. Os indicadores de desempenho tradicionais indicam uma preocupação excessiva com a *performance* financeira de curto prazo, não contemplando a criação de valor de médio e longo prazo. Neste sentido, e para ultrapassar esta limitação, foram desenvolvidos novos indicadores de modo a contemplar: o curto prazo e o médio e longo prazo; a perspetiva interna e externa; os indicadores financeiros e os não financeiros. Este conjunto de indicadores deverá espelhar os fatores críticos da organização e a sua relação com a estratégia. Assim, este conjunto equilibrado de indicadores, que passa a designar-se de BSC, resulta essencialmente da procura de um equilíbrio entre:

- Indicadores financeiros e não financeiros;
- Componentes internos e externos da organização. Entende-se por componentes externos os acionistas e clientes, e por componentes internos os funcionários e processos, procurando-se um equilíbrio entre as necessidades, frequentemente contraditórias, destes grupos;

- O curto prazo e o longo prazo;
- Os indicadores de resultado e de tendência.

O equilíbrio que o BSC impõe entre os objetivos de curto prazo e longo prazo, indicadores financeiros e não financeiros, de tendência e de resultados, internos (processos, inovação e conhecimento) e externos (clientes e acionistas), permite criar uma visão holística da organização (Kaplan & Norton, 1996b; 2000).

O segundo desenvolvimento do modelo, apresentado por Kaplan e Norton (1993), resulta da constatação de que o modelo anterior, para além de permitir avaliar a *performance* da empresa, podia também ser utilizado para comunicar e alinhar a estratégia. Correspondendo assim a um sistema de avaliação da *performance* organizacional, em que a estratégia e a visão da organização são transformadas, dentro de uma cadeia de relações de causa e efeito, em medidas e ações de desempenho atual e de longo prazo. Este modelo permite um alinhamento eficiente da organização com a sua estratégia. Procurando garantir a orientação das ações das diferentes áreas organizacionais em torno do entendimento comum dos objetivos estratégicos e das metas a atingir.

O terceiro desenvolvimento do modelo de Kaplan e Norton (1996b), resulta da constatação de que o modelo inicial podia ser utilizado não só para comunicar a estratégia, mas, também, para a gerir. Trata-se de um modelo que suporta a implementação da estratégia e a sua monitorização a todos os níveis da organização, ou seja, trata-se de um autêntico sistema de gestão da mudança. Assim, o que originalmente era um sistema de avaliação da *performance*, é transformado num sistema de comunicação e alinhamento estratégico e, posteriormente, num verdadeiro sistema de gestão estratégica. Este processo de desenvolvimento e transformação do modelo deu origem, mais recentemente a uma nova forma de organização: a denominada organização centrada na estratégia (Kaplan & Norton, 2001), na qual o principal instrumento de gestão é o BSC.

Assim, o BSC deixa de ser apenas um sistema de medição da performance para se transformar num sistema de gestão da estratégia, quando permite (Kaplan & Norton, 1996b):

1. A tradução da visão e da estratégia da empresa;
2. A comunicação de objetivos e medidas estratégicas, potenciando a ligação das mesmas ao sistema de incentivos;

3. O planeamento e estabelecimento de metas tendentes ao processo de afetação de recursos, possibilitando a transformação de objetivos de longo prazo em ações de curto prazo;
4. O *feedback* e a aprendizagem estratégica.

É neste contexto e de uma forma mais abrangente, que surgem os **princípios da organização focada na estratégia** (Kaplan & Norton, 2001):

1. **Tradução da estratégia em planos operacionais** – As relações de causa e efeito presentes no mapa estratégico mostram como é que os ativos intangíveis são transformados em resultados tangíveis (financeiros). Assim, através da operacionalização do mapa estratégico e do sistema de mensuração definido no BSC consegue-se descrever como é que a partir dos ativos intangíveis se consegue criar valor para os acionistas.
2. **Alinhar a organização com a sua estratégia** – Para a obtenção de sinergias deve-se procurar que as estratégias individuais estejam relacionadas e integradas com o todo.
3. **Fazer da estratégia um trabalho diário de todos** – Todos os trabalhadores da empresa devem conhecer a estratégia e devem desenvolver o seu trabalho diário de modo que ele contribua para o sucesso da estratégia.
4. **Fazer da estratégia um processo contínuo** – Deve existir um processo contínuo de adaptação entre a gestão tática (orçamental) desenvolvida mensalmente e a gestão estratégica.
5. **Mobilizar a mudança através de uma liderança executiva** – A introdução de um BSC é mais um processo de mudança do que um processo de mensuração. É fundamental que a liderança esteja empenhada desde o início.

Portanto, o BSC, inicialmente desenvolvido para criar um modelo de avaliação do desempenho, alternativo aos modelos baseados em indicadores financeiros, económicos e contabilísticos descritivos, revelou-se uma prática ferramenta de gestão estratégica, porque permite, para além da avaliação, controlo e comunicação da estratégia, um apoio à formulação e à operacionalização da mesma (Kaplan & Norton, 1996a). Quando as empresas utilizam o BSC como um sistema de gestão estratégica integrada e interativa, elas usam-no para (Kaplan & Norton, 1996b):

1. Clarificar e atualizar a estratégia;
2. Comunicar a estratégia por toda a organização;

3. Alinhar os objetivos da unidade de negócios com os objetivos individuais e com a estratégia da empresa;
4. Ligar os objetivos estratégicos com metas de longo prazo e orçamentos anuais;
5. Identificar e alinhar as iniciativas estratégicas;
6. Efetuar revisões periódicas da *performance* para aprendizagem e melhoria da estratégia.

Para concluir esta parte, apresenta-se uma síntese cronológica da evolução do BSC (Saraiva & Alves, 2017, 2015):

- Um **sistema de medição de desempenho**: quando consiste num conjunto de objetivos e indicadores com uma orientação específica – correspondente ao período inicial de aparecimento do BSC – entre 1992 e 1993;
- Um **sistema de comunicação**: sempre que é utilizado para divulgar a todos os elementos da organização quais os objetivos estratégicos da mesma – entre 1993 e 1996/97;
- Um **sistema de avaliação global e individual**: o BSC começa a delinear-se como ferramenta de implementação de estratégias, transformando-as em medidas de ação específicas e criando valor a partir dos intangíveis – entre 96/97 e o ano de 2004;
- Um **sistema de gestão estratégica**: utilizado como elemento de suporte à tomada de decisão e de apoio à gestão da organização – isto no período que medeia entre 2004 e 2008;
- Um sistema de gestão estratégico que gere/avalia o próprio **sistema de Gestão** – integrando as componentes do capital intelectual das organizações na prossecução da estratégia e iniciando um caminho de aparente "viragem para o exterior" – a partir de 2008;
- Um **sistema de gestão de alianças estratégicas**, assumindo um papel nas relações com o exterior da organização, na gestão de alianças estratégicas – a partir de 2010.

19.4.2. As características do BSC

O BSC está organizado em quatro perspetivas ou dimensões que permitem fornecer ao gestor uma visão global da *performance* organizacional. Assim, ao focar o impacto e as relações causais entre as perspetivas da "Aprendizagem e Crescimento", "Processos Internos" e "Clientes" nos resultados avaliados segundo a "Perspetiva Financeira", o BSC permite uma avaliação integrada do desempenho.

Cada perspetiva tem associados objetivos, indicadores, metas e iniciativas (Figura 19.3). O **objetivo** representa uma declaração clara da prioridade estratégica da empresa. Se possível, deverá ser dada uma expressão quantificada dos resultados que se pretendem atingir num determinado período de tempo. Os **indicadores** serão os parâmetros utilizados para medir o alcance dos objetivos. A **meta** irá corresponder ao desempenho esperado num determinado período. E, finalmente, a **iniciativa** será a ação ou atividade levada a cabo para alcançar a meta.

FIGURA 19.3 – **Estrutura do BSC**

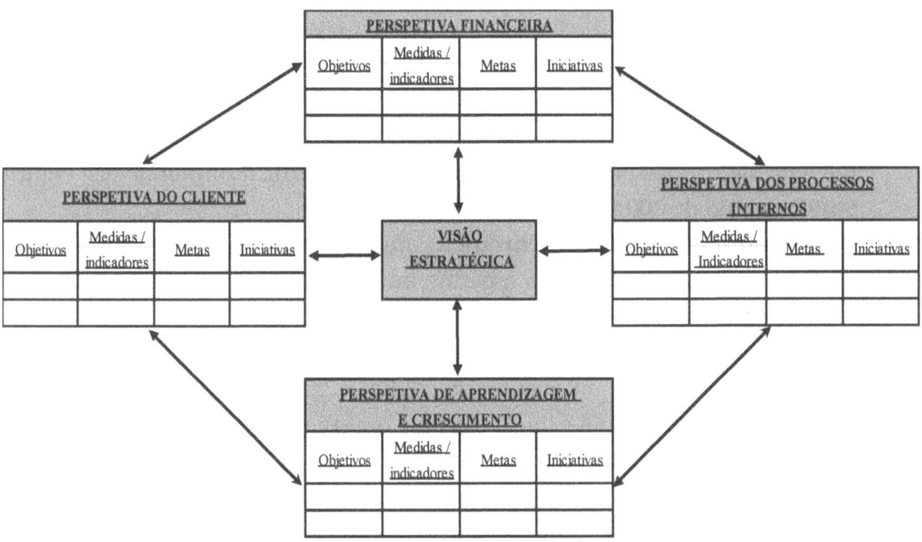

Fonte: Kaplan e Norton (1996a, p. 76), adaptado.

No modelo original, destinado a empresas privadas, é a perspetiva financeira que se evidencia no topo do modelo, representando esta o fim último da empresa, isto é a criação de valor para os acionistas. Os objetivos estratégicos da perspetiva dos clientes são alinhados com os da perspetiva financeira, para que o seu bom desempenho maximize o valor para o acionista, sendo que a perspetiva dos clientes é prosseguida através da melhoria da eficácia, da eficiência e do aumento de qualidade, avaliados nos objetivos da perspetiva dos processos internos. Por último, considera a teoria original que o desempenho da perspetiva dos processos internos é resultado do desempenho da perspetiva da aprendizagem e crescimento, a base de todo o modelo.

Para cada perspetiva, Kaplan e Norton (1996b) apresentam uma questão de forma a identificar, claramente, o que se pretende medir (cf. Tabela 19.1).

TABELA 19.1 – **Óticas e perspetivas do BSC**

Perspetiva	Ótica predominante	Questão
Perspetiva Financeira	Do passado	Para sermos bem-sucedidos, como devemos apresentar-nos aos nossos acionistas?
Perspetiva do Cliente	Do consumidor e da cadeia de valor	Para alcançar a nossa visão, como devemos apresentar-nos aos nossos clientes?
Perspetiva dos Processos Internos	Da Excelência Operacional	Para satisfazer os clientes e acionistas, em que processos devemos ser excelentes?
Perspetiva da Aprendizagem e Crescimento	De aumento de capacidades e competências dos recursos humanos e do modelo organizativo	Para alcançar a nossa visão, como devemos manter a nossa capacidade de aprendizagem e melhoria contínua?

Fonte: Kaplan e Norton (1996b), adaptado.

Iremos em seguida analisar cada uma destas perspetivas:

Perspetiva financeira

De um modo geral as medidas financeiras indicam se a conceção e execução (implementação) da estratégia estão a contribuir para a rendibilidade do capital investido. Os objetivos financeiros são a base para a definição de objetivos e medidas das restantes perspetivas do BSC. No desenvolvimento do BSC, também os objetivos financeiros devem estar articulados com a estratégia organizacional, constituindo o desempenho financeiro e a criação de valor para os acionistas o principal fim a atingir para organizações com fins lucrativos (Kaplan & Norton,2001, 1997).

Esta perspetiva integra então uma cadeia de relações causa e efeito orientada para a melhoria da performance financeira da empresa. Para medir o alcance dos objetivos financeiros, podem utilizar-se medidas como o crescimento do volume de vendas, a percentagem de investimento, o retorno do investimento, os resultados líquidos, entre outros (Tabela 19.2), ou seja, encontram-se aqui fundamentalmente, indicadores de resultados, denominados na terminologia anglo saxónica de *lagging indicators* que espelham o desempenho passado (ver Tabela 19.1). Contudo, na empresa, os resultados financeiros resultam normalmente do nível de desempenho das outras áreas. E é nessas áreas que iremos encontrar os chamados *leading indicators*, que se baseiam em dados previsionais, que procuram prever o sucesso futuro e que procuram induzir o comportamento das pessoas para o cumprimento dos objetivos estratégicos da empresa. Assim, o "BSC deve traduzir a estratégia da empresa, partindo dos objetivos financeiros a longo prazo e estabelecendo as ligações destes à sequência das ações a desenvolver – a nível de processos financeiros, clientes, processos internos, trabalhadores e sistemas – para alcançar os resultados financeiros desejados, a longo prazo" (Sousa & Rodrigues, 2002, p. 63).

TABELA 19.2 – **Exemplos de objetivos e medidas para cada perspetiva**

PERSPETIVA FINANCEIRA	
OBJETIVOS ESTRATÉGICOS	**MEDIDAS/INDICADORES**
Maximizar o valor dos acionistas	Rendibilidade Retorno do investimento, Crescimento das vendas Redução de custos Despesas em I&D
Ser bem-sucedido financeiramente de forma a maximizar o valor dos acionistas	Controlo de custos Volume de vendas Nível de risco Percentagem de investimento

Determinar se a estratégia está a ser executada	Redução de custos/produtividade Utilização de ativos/investimento Gestão do risco
Maximizar o valor dos acionistas	Retorno das vendas Crescimento das vendas Quota de mercado Resultados líquidos
PERSPETIVA DOS CLIENTES	
OBJETIVOS ESTRATÉGICOS	**MEDIDAS/INDICADORES**
Melhorar a imagem que os clientes têm da organização e aumentar o valor criado	Satisfação dos clientes Manutenção dos clientes Atração de novos clientes Quota de mercado
Manter uma boa imagem, ser o fornecedor preferido, atrair novos clientes e manter boas relações com os existentes	Satisfação dos clientes Satisfação após venda
Melhorar a satisfação dos clientes aumentando, consequentemente, a rendibilidade	Repetição nas vendas Avaliação da satisfação Retorno dos clientes em função da % de vendas Clientes recuperados
Aumentar a satisfação dos clientes com os produtos e pessoas da organização e aumentar a satisfação após venda	Segmentos chave Manutenção dos clientes Profundidade das relações Análise do grau de satisfação
PERSPETIVA DOS PROCESSOS INTERNOS	
OBJETIVOS ESTRATÉGICOS	**MEDIDAS/INDICADORES**
Identificar os processos internos adequados de forma a criar valor	Percentagem de venda de novos produtos Tempo de desenvolvimento de novos produtos Prazo de entrega / Qualidade Período de tempo na resolução de problemas
Desenvolver os bens e serviços de forma eficiente e eficaz	% Recursos com o planeamento % Recursos com o desenvolvimento Tempo médio de resposta
Identificar os processos internos críticos, nos quais a organização deve ser excelente	Capacidade de inovação Processo operacional Qualidade do serviço pós-venda

PERSPETIVA DE APRENDIZAGEM E CRESCIMENTO	
OBJETIVOS ESTRATÉGICOS	**MEDIDAS/INDICADORES**
Alinhar as capacidades e qualificações internas com os objetivos estratégicos de forma a criar valor	Satisfação dos trabalhadores Retenção dos trabalhadores Produtividade dos trabalhadores Sugestões feitas e implementadas Desempenho de equipas Cobertura de sistemas de informação
Adaptar a organização às mudanças futuras através de uma melhoria contínua	Investimento em formação dos trabalhadores Experiência com novas tecnologias Satisfação dos trabalhadores Retenção de trabalhadores
Desenvolver uma infraestrutura adequada de forma a proporcionar o crescimento a longo prazo	Capacidade dos trabalhadores Capacidade dos sistemas de informação Nível de motivação e empowerment

Fonte: Gomes (2006), adaptado.

Perspetiva do cliente

Nesta perspetiva, o principal objetivo prende-se com a identificação dos clientes, das suas necessidades e dos segmentos de mercado onde se pretende competir. O conhecimento do cliente tem como objetivo alcançar a satisfação e fidelização deste último, mas para isso há que atender às suas necessidades. De um modo geral, as necessidades dos clientes enquadram-se em quatro categorias: tempo (tempo de entrega / tempo de colocação do produto no mercado pela primeira vez); qualidade (defeitos do produto, cumprimento de datas); *performance* e serviço (modo como os produtos contribuem para a criação de valor para os clientes); custo (preço do produto). A análise do impacto desta perspetiva é feita com medidas como o nível de satisfação, a fidelização e retenção de clientes, a evolução da quota de mercado, etc. (Tabela 19.2). A proposta de valor que uma organização oferece aos seus clientes pode advir de três componentes: dos atributos dos produtos e/ou serviços que oferece; do seu capital relacional; e da sua imagem ou reputação (Kaplan & Norton, 1996b).

Perspetiva dos processos internos

Nesta perspetiva, pretende-se identificar quais são os processos internos decisivos para alcançar os objetivos financeiros e aumentar a satisfação dos clientes. A definição dos processos internos deve ser feita para toda a cadeia de valor, ou seja, desde os processos inovadores de identificação das necessidades correntes e futuras dos clientes, passando pelos processos operacionais de produção e distribuição de produtos e serviços, até aos serviços pós-venda (Kaplan & Norton, 1996a). Aqui, devem ser tidas em conta as situações que afetam a duração do ciclo de produção, a qualidade, a produtividade, a capacidade de inovação e a qualidade do serviço pós-venda (Tabela 19.2). Nesta perspetiva são fundamentais o envolvimento e a colaboração dos operacionais no processo. A definição de medidas adequadas para avaliar e controlar a situação permite uma resposta atempada aos problemas.

A articulação dos processos internos com a estratégia, constitui uma característica inovadora do BSC que permite distingui-lo dos sistemas tradicionais de desempenho.

Perspetiva de aprendizagem e crescimento

Esta perspetiva permite avaliar a flexibilidade da empresa, a sua capacidade para inovar, melhorar e aprender. Destaca a importância do investimento nas pessoas, nos sistemas de gestão e de informação e nos procedimentos. O foco é colocado no capital humano, isto é, nas capacidades dos trabalhadores (formação, capacidades, motivação); na capacidade dos sistemas de informação (capacidade de fornecer informação em tempo útil) e nos procedimentos organizacionais (delegação de poderes, motivação, incentivo à criatividade, coerência dos objetivos) (Kaplan & Norton, 1996a). A análise do impacto desta perspetiva é feita com medidas como o investimento em formação dos trabalhadores, a satisfação dos trabalhadores, a retenção de trabalhadores, etc. (Tabela 19.2).

É a combinação destas quatro perspetivas que permite dar uma visão de longo prazo da *performance* real da empresa. Esta combinação representa um sistema equilibrado que estabelece relações de causa e efeito e identifica o que deve ser feito para alcançar os objetivos.

Quanto ao número de perspetivas, constata-se que na prática, nem todas as empresas utilizam as mesmas perspetivas, o seu número e posicionamento pode mesmo variar em função do tipo de empresa. Assim, em algumas situações surge uma perspetiva específica para os recursos humanos (não os envolvendo na perspetiva de aprendizagem e crescimento), para os fornecedores ou, ainda, surgem perspetivas sobre temáticas como o meio ambiente. Contudo, a especificidade de cada organização encontra-se sobretudo refletida no conjunto de indicadores escolhidos para cada perspetiva e não no seu número.

19.4.3. O mapa estratégico e a criação de valor na empresa

A partir da observação do BSC em mais de 300 empresas, Kaplan e Norton (2004a) tentaram perceber como é que o BSC inicialmente proposto como uma ferramenta para melhorar a mensuração dos ativos intangíveis da organização, se pode transformar numa ferramenta poderosa para descrever e implementar a estratégia da organização. Estes autores constataram que o modelo de quatro perspetivas para descrever as estratégias de criação de valor da organização, fornece uma linguagem que os dirigentes podem usar para discutir a direção e as prioridades estratégicas da empresa. Constataram ainda que as medidas estratégicas podem ser vistas, não como indicadores independentes das quatro perspetivas, mas como uma série de relações de causa e efeito entre os objetivos das quatro perspetivas. A representação destas ligações denomina-se mapa estratégico. Este mapa estratégico é tão importante para os dirigentes como o próprio BSC.

Neste contexto, o BSC representa uma forma sistemática de medir a eficácia das estratégias, as quais uma vez implementadas deverão conduzir à visão. Essa eficácia deverá ser medida em tempo real (oportunamente) de modo a permitir o desenvolvimento de ações corretivas por parte da empresa.

A elaboração do mapa estratégico e do BSC representa apenas um passo de um processo contínuo de criação de valor que pode ser representado da seguinte forma (Figura 19.4).

Procurando relacionar estes conceitos, constata-se que "a missão da organização é a sua função básica na sociedade. Um objetivo é uma declaração exata de propósitos para um período específico, de acordo com a missão. Uma estratégia é, basicamente, uma compreensão partilhada sobre o modo como a missão da organização vai ser alcançada. Por sua vez, os indicadores de desempenho permitem aos trabalhadores compreender qual é a estratégia e como é que o seu desempenho está ligado a essa estratégia global" (Sousa & Rodrigues, 2002, p. 59).

19.4.4. Definir as relações de causa e efeito e o mapa estratégico

Segundo Kaplan e Norton (1996a), uma estratégia pode ser definida como um conjunto de hipóteses acerca de relações de causa e efeito. Por seu lado, o sistema de mensuração deveria tornar explícitas estas relações, entre os objetivos das várias perspetivas, para que elas possam ser geridas e validadas. De tal modo, que um

BSC bem construído deveria contar a história da estratégia da unidade de negócios através da sequência das suas relações de causa e efeito.

FIGURA 19.4 – **Mapa estratégico e BSC no processo de criação de valor da empresa**

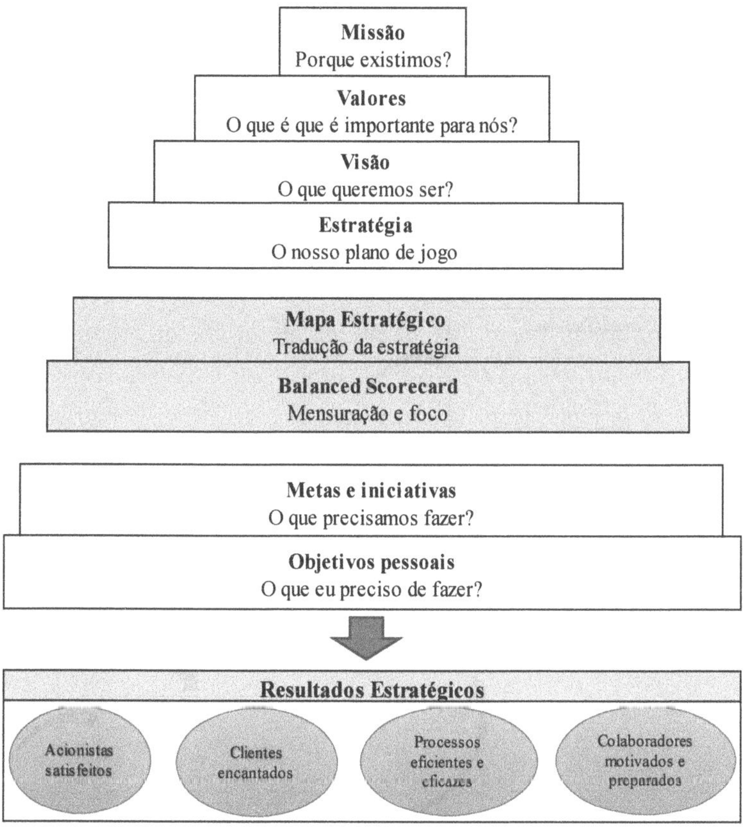

Fonte: Kaplan e Norton (2004a, p. 33), adaptado.

A Figura 19.5 procura espelhar a arquitetura de um BSC. A estratégia pode aqui descrever-se como uma série de relações de causa e efeito, estabelecendo um "fio condutor" que liga as atividades estratégicas às operacionais. O processo inicia-se com uma lógica *top-down*, isto é, com uma definição da estratégia do ponto de vista do acionista e do cliente. Assim, depois de definidos os objetivos financeiros, o processo continua e centra-se nas prioridades do cliente, onde são definidos os aspetos associados com a diferenciação dos produtos e com a criação de valor para o cliente. Nos processos internos são também definidas as atividades necessárias para a diferenciação dos produtos e para a criação de valor para o cliente e para o acionista. Finalmente, à perspetiva de aprendizagem e crescimento ir-se-á buscar as habilidades e competências necessárias para um bom desempenho das atividades associadas com os processos internos.

FIGURA 19.5 – **Definição das relações de causa e efeito da estratégia**

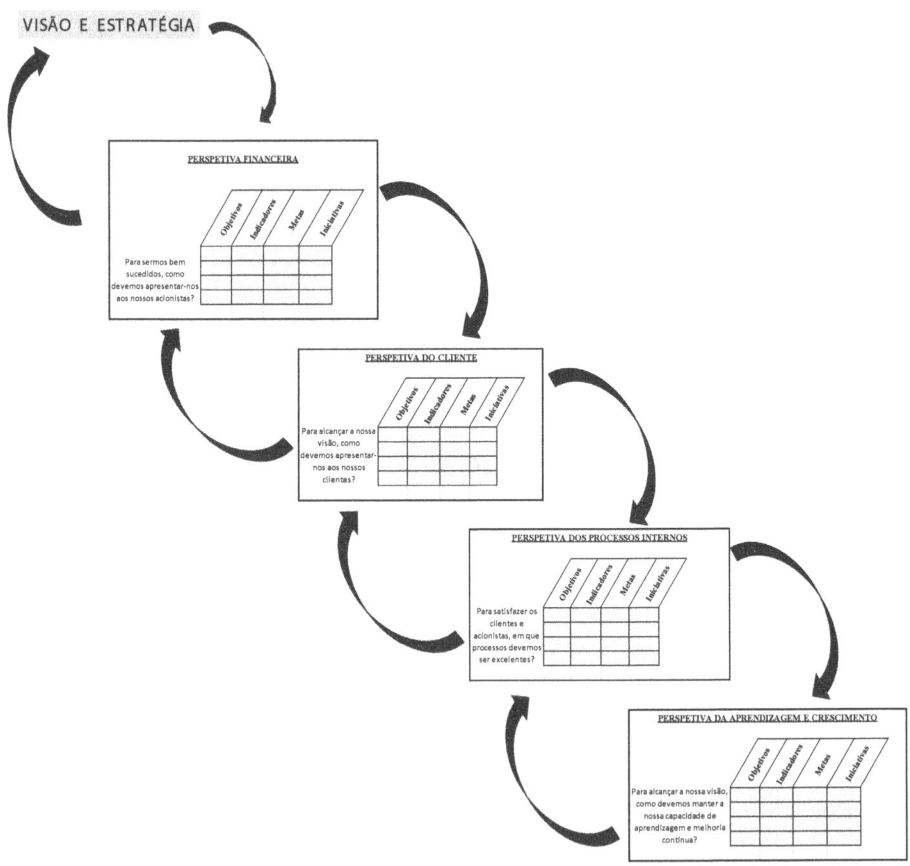

Fonte: Kaplan e Norton (2001, p. 77), adaptado.

Como referido, um instrumento fundamental do BSC é o mapa estratégico. Este mapa baseia-se no estabelecimento de relações de causa e efeito entre os objetivos definidos em cada perspetiva. O mapa estratégico fornece assim uma representação visual das relações de causa e efeito entre os elementos da estratégia de uma organização (Kaplan & Norton, 2004b). Para se visualizar melhor este processo, considere o seguinte mapa estratégico, numa versão simplificada (Figura 19.6).

O EVA e os resultados líquidos são dois indicadores tradicionais da perspetiva financeira. Um indutor de bons resultados financeiro é a retenção dos bons clientes da empresa. Um aumento da retenção de clientes e/ou na quota de mercado é suposto gerar melhores resultados financeiros para a empresa. A empresa considera que pode melhorar a sua quota de mercado e/ou reter mais clientes se conseguir melhorar a qualidade dos seus produtos, e assim melhorar os seus resultados financeiros. Finalmente, para melhorar o processo de gestão da qualidade, a empresa deve dar mais formação aos seus trabalhadores e apostar em melhores sistemas de informação.

FIGURA 19.6 – **O mapa estratégico (indicadores / perspetivas)**

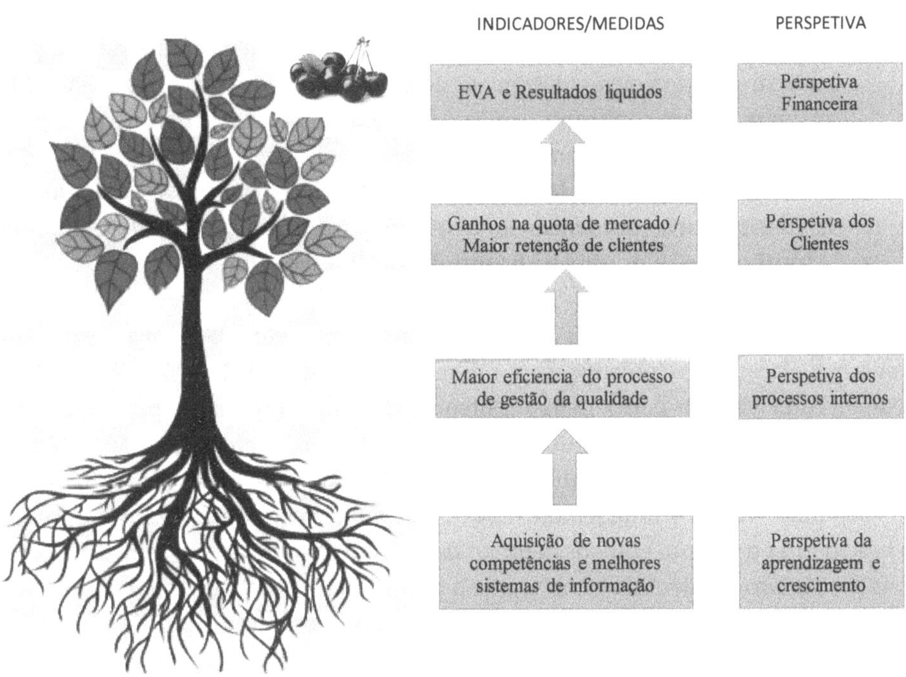

19.4.5. A integração do BSC com o sistema de incentivos e remunerações

A construção do BSC inicia-se com a criação e, consequente, concretização da visão e da estratégia definidas pela gestão de topo. Segundo Evans (citado por Dolgner & Martins, 2004), o **processo de implementação do BSC** é composto por várias etapas:

1. **Identificação da visão** – estratégia global da organização como um todo. A aplicação do BSC pressupõe que a empresa tenha a visão claramente definida e validada pelos principais executivos (*top down*).
2. **Identificação das estratégias que conduzem à visão** – Nesta fase devem ser definidas as áreas estratégicas nas quais a empresa se deve concentrar.
3. **Definição dos fatores críticos de sucesso** – Consiste na elaboração de uma grelha de fatores a ter em atenção para cada área estratégica. Representa a fase mais complexa uma vez que implica transformar a estratégia global da empresa em planos específicos de modo a propiciar o envolvimento de todas as partes (pessoas) da organização.
4. **Identificar as medidas** – Deve ser definida pelo menos uma medida para cada área estratégica e devem ser definidos objetivos para cada medida. Só assim se poderá confirmar se está a ser medido o que deve ser medido, e se a empresa está no bom caminho.
5. **Definição de planos de ação e de medição (controlo)** – Ações específicas a desenvolver para alcançar os objetivos e a estratégia global da empresa.
6. **Atualização, e acompanhamento do BSC.**

Contudo, um dos principais desafios na construção de um BSC consiste em manter o modelo simples e objetivo, com um reduzido número de indicadores e iniciativas em cada uma das perspetivas, mantendo o foco no que é considerado prioritário para a operacionalização da estratégia, pois cabe aos operacionais no terreno a tarefa de a executar no exercício das suas funções (Kaplan & Norton, 2000).

Segundo Weghe e Bruggeman (2004), um número crescente de empresas tem vindo a fazer a ligação entre as métricas do BSC e a atribuição de prémios e incentivos. Esta ligação poderá ser estabelecida a partir de um índice de *performance* do BSC (Neves, 2005) operacionalizado da seguinte forma (Jordan *et al.*, 2021):

- **1.º passo** – Identificar a importância de cada perspetiva – A definição de peso de cada perspetiva deverá ter em conta as prioridades estratégicas da empresa. Numa empresa do setor privado a perspetiva financeira é geralmente a que assume maior peso.
- **2.º passo** – Fazer participar os responsáveis dos centros na definição dos indicadores e das ponderações atribuídas – de modo que eles se identifiquem com o sistema definido e este sirva de elemento de avaliação e motivação.
- **3.º passo** – Identificar os indicadores chave – Deverão ser escolhidos os indicadores que melhor traduzam os objetivos a alcançar dentro de cada centro. Aqui também a participação dos responsáveis é muito importante uma vez que se eles se identificarem com os indicadores escolhidos, o seu empenho será mais significativo.
- **4.º passo** – Identificar a importância de cada indicador dentro de cada perspetiva – Aqui deverá ser atribuído um peso a cada indicador. Este peso deverá refletir a importância do indicador dentro da perspetiva. A importância relativa de cada um destes indicadores pretende influenciar o comportamento do gestor enviando um sinal acerca do que é mais importante dentro da perspetiva.

Apresenta-se e analisa-se em seguida um exemplo:

Considere que numa determinada empresa se pretende avaliar o desempenho do responsável de uma divisão, recorrendo a um índice de medição da *performance* tendo por base o BSC. Considere ainda que a partir da análise da missão, objetivos, meios e atividades seria possível atribuir uma ponderação a cada perspetiva que espelhasse os resultados pretendidos em cada uma delas, e a sua importância relativa (o somatório do peso atribuído às quatro perspetivas tem de ser igual a 100). Por sua vez, o peso de cada indicador dentro de cada perspetiva também irá evidenciar a sua importância relativa dentro da perspetiva (o somatório do peso atribuído aos indicadores dentro de cada perspetiva tem de ser igual a 100). O processo contempla as seguintes etapas:

1.º etapa

Identificar o peso de cada perspetiva e o peso de cada indicador dentro de cada perspetiva

Perspetivas	Peso	Indicador-chave	Peso
Perspetiva Financeira	40%	Resultados Líquidos	50%
		ROI	50%
Perspetiva de Clientes	30%	Quota de mercado	60%
		Grau de satisfação dos clientes	40%
Perspetiva de Processos Internos	20%	Duração do ciclo produtivo	50%
		Nível de produção defeituosa	50%
Perspetiva de Aprendizagem e Crescimento	10%	Formação em novas tecnologias	80%
		Prémios e incentivos atribuídos	20%

Neste exemplo, considera-se que à perspetiva financeira, sendo a mais importante, é atribuído um peso de 40%. Em seguida, surge a perspetiva de clientes com um peso de 30%. Às perspetivas de processos internos e aprendizagem e crescimento é atribuído um peso de, respetivamente, 20% e 10%. Por sua vez, dentro da perspetiva financeira será dada a mesma importância aos dois indicadores chave utilizados. Na perspetiva dos clientes, e dado que os clientes têm manifestado elevados níveis de satisfação, considera-se que é mais importante o crescimento da quota de mercado. Na perspetiva dos processos internos também será dada a mesma importância aos dois indicadores chave utilizados. E, finalmente, na perspetiva de aprendizagem e crescimento, uma vez que foi adquirido recentemente equipamento novo, considera-se que a aposta na formação em novas tecnologias é fundamental. Contudo, o valor dos prémios e incentivos atribuídos também deve ser considerado, embora com menor peso, pelo impacto que isso poderá ter na motivação dos trabalhadores.

Como facilmente se percebe, existe alguma subjetividade na atribuição e aqui reside uma das principais dificuldades deste método. Esta limitação poderá, contudo, ser atenuada se existir negociação e procura de consensos entre os envolvidos, aquando da definição dos indicadores e das metas a atingir.

2.º etapa

Calcular o peso final a atribuir a cada indicador.

Indicador-chave	Peso da perspetiva (1)	Peso do indicador (2)	Peso final (1)*(2)=(3)
Resultados Líquidos	40%	50%	20%
ROI	40%	50%	20%

Indicador-chave	Peso da perspetiva (1)	Peso do indicador (2)	Peso final (1)*(2)=(3)
Quota de mercado	30%	60%	18%
Grau de satisfação dos clientes	30%	40%	12%
Duração do ciclo produtivo	20%	50%	10%
Nível de produção defeituosa	20%	50%	10%
Formação em novas tecnologias	10%	80%	8%
Prémios e incentivos atribuídos	10%	20%	2%
Total			100%

Depois de definido o peso de cada indicador é necessário quantificar as respetivas metas face aos objetivos negociados pelos responsáveis envolvidos (Jordan *et al.*, 2021).

3.º etapa

Calcular o score real de cada indicador

Indicador-chave	Objetivo	Score pretendido	Valor alcançado	Score real
Resultados Líquidos	60 000	20%	54 000	18,00%
ROI	25 000	20%	25 000	20,00%
Quota de mercado	30%	18%	35%	21,00%
Grau de satisfação dos clientes	96%	12%	94%	11,75%
Duração do ciclo produtivo	8 dias	10%	7 dias	11,25%
Nível de produção defeituosa	2%	10%	2,5%	7,50%
Formação em novas tecnologias	25 000	8%	28 125	9,00%
Volume de prémios e incentivos atribuídos	30 000	2%	22 500	1,50%
Total				100,00%

No exemplo em análise constata-se que o desempenho alcançado é de 100% o que significa que se conseguiu alcançar os níveis de desempenho pretendidos. Porém, isso não é verdade em todas as perspetivas. No caso da perspetiva financeira, por exemplo, o desempenho ficou aquém do esperado.

19.4.6. Vantagens e aspetos críticos do BSC

Na literatura podemos encontrar numerosos trabalhos centrados nas vantagens e potencialidades da adoção do BSC nas organizações, independentemente da sua natureza. Não obstante, também existem alguns trabalhos que alertam para alguns aspetos críticos que podem decorrer da sua implementação.

Os principais contributos ou vantagens que podem derivar de uma implementação bem-sucedida do BSC podem resumir-se ao seguinte (Quesado *et al.*, 2018; 2016a, 2014a, 2014b):

- Maior flexibilidade que os tradicionais sistemas de informação;
- Inclusão e destaque dado à informação de cariz não financeiro;
- Capacidade de comunicação dos principais fatores que impulsionam o desempenho, inovação e aprendizagem organizacional;
- Reconhecimento dos efeitos do sistema de medição da performance da organização sobre o comportamento da administração e dos funcionários;
- Reconhecimento das atividades que contribuem para o sucesso e desenvolvimento de medidas de desempenho adequadas.
- Colocação da estratégia no centro das decisões;
- Tradução da estratégia em ações concretas;
- Comunicação da estratégia organizacional por todos os membros e promoção do processo de *feedback*.
- Vinculação da estratégia de longo prazo com ações de curto prazo e criação de consciência estratégica entre os colaboradores.
- Evita potenciais conflitos entre diferentes objetivos e indicadores.

Por seu turno também podemos resumir aspetos críticos que interferem no processo de implementação do BSC ao seguinte (Quesado *et al.*, 2016b, 2014a, 2014b):

- O modelo BSC original não considera toda a extensão da cadeia de valor;
- Há uma preocupação excessiva com os interesses de acionistas e clientes, deixando fornecedores, governo, comunidade e demais *stakeholders* institucionais em segundo plano;
- É considerado por muitos como um modelo rígido e mecânico que não controla as ações e os resultados alcançados pela concorrência;
- Problemas de aceitação e comunicação;

- Problemas com a definição adequada de medidas de *scorecard* e com sua mensuração na prática;
- Problemas relacionados a sistemas tecnológicos, de informação e no processamento de dados;
- Vários autores questionaram a lógica e a racionalidade do modelo, especificamente a validade das relações causa e efeito.

SUMÁRIO

Este capítulo procura explicar o conceito de CGE e descrever os elementos que integram um sistema de CGE. Procura-se ainda explicar as diferenças entre a Contabilidade de Gestão e a CGE.

São aqui também analisados o TB e o BSC por serem os instrumentos mais vocacionados para o acompanhamento da *performance* pessoal e organizacional. Relativamente ao TB, é definido o conceito, são apresentadas as fases de construção e os requisitos necessários para o sucesso deste instrumento. São ainda explicados os principais contributos do TB. Quanto ao BSC, trata-se de uma ferramenta que permite relevar os fenómenos que a CGE pretende retratar. Procura-se explicar o conceito e a sua evolução histórica de modo que se consiga perceber a utilidade do BSC na mensuração e na gestão dos intangíveis e no processo de criação de valor. Procura-se também analisar a importância do mapa estratégico no entendimento das relações de causa e efeito entre os resultados das perspetivas financeira e de clientes e os indutores desses resultados ao nível dos processos internos, das tecnologias da informação e do capital humano e organizacional. E, procura-se descrever como é que o BSC pode ser usado para implementar a estratégia. Finalmente, são explicados os princípios que é necessário cumprir para a empresa se tornar numa organização focada na estratégia.

Finalmente, e dado que um número crescente de empresas que tem vindo a fazer a ligação entre as métricas do BSC e a atribuição de prémios e incentivos, é apresentado um índice de *performance* do BSC e desenvolvido um exemplo de aplicação.

TERMOS E CONCEITOS-CHAVE

Balanced Scorecard
Contabilidade de Gestão Estratégica

Indicadores
Mapa Estratégico
Tableau de bord

QUESTÕES TEÓRICAS

1. Defina o conceito de Contabilidade de Gestão Estratégica?
2. Que condições devem estar reunidas para garantir o sucesso de um TB?
3. Identifique as 5 fases da construção de um TB.
4. O que é um BSC?
5. Quais são as quatro perspetivas tradicionais de um BSC? Caracterize-as.
6. O que é um mapa estratégico e para que é que serve?

EXERCÍCIOS RESOLVIDOS

Considere o seguinte *Dashboard* de um BSC:

TABELA 1 – ***Dashboard* de um BSC**

Perspetiva	Indicador-chave	Meta	Score	Real	Score real (?)
Financeira	Resultados líquidos	400 000,0	35,0%	420 000,0	
	EVA	300 000,0	15,0%	300 000,0	
Clientes	Índice de satisfação dos clientes	95,0%	15,0%	94,0%	
	Quota de mercado	30,0%	5,0%	32,0%	
Processos Internos	N.º de dias do Ciclo produtivo	8,0	10,0%	9,0	
	% de produtos defeituosos	2,0%	5,0%	2,0%	
Aprendizagem e Crescimento	N.º de Inovações	6,0	12,0%	5,0	
	Investimento em formação	3 000,0	3,0%	3 100,0	
TOTAL			100,0%		

A) De acordo com a informação do *Dashboard* do BSC apresentado na tabela anterior, o desempenho desta divisão é de

(Justifique a sua resposta completando a última coluna da tabela 1):

a. 85,6%;
b. 88,7%,
c. 99,8%;
d. 101,3%;
e. Nenhum dos anteriores

B) Qual o peso da perspetiva **Clientes** no BSC (tabela 1)?
a. 20,1%;
b. 95,0%,
c. 20,0%;
d. 125%
e. Nenhum dos anteriores

Resolução:

A) De acordo com a informação do *Dashboard* do BSC apresentado na tabela seguinte, o desempenho desta área organizacional é de (Justifique a sua resposta completando a última coluna da tabela):
a. 85,6%;
b. 88,7%,
c. 99,8%;
d. 101,3%;
e. Nenhum dos anteriores

Perspetiva	Indicador-chave	Objetivo	Score	Real	Score real (?)
Financeira	Resultados líquidos	400 000,0	35,0%	420 000,0	36,8%
	EVA	300 000,0	15,0%	300 000,0	15,0%
Clientes	Índice de satisfação dos clientes	95,0%	15,0%	94,0%	14,8%
	Quota de mercado	30,0%	5,0%	32,0%	5,3%

Perspetiva	Indicador-chave	Objetivo	Score	Real	Score real (?)
Processos Internos	N.º de dias do Ciclo produtivo	8,0	10,0%	9,0	8,8%
	% de produtos defeituosos	2,0%	5,0%	2,0%	5%
Aprendizagem e Crescimento	N.º de Inovações	6,0	12,0%	5,0	10,0%
	Investimento em formação	3 000,0	3,0%	3 100,0	3,1%
TOTAL			100,0%		98,8%

B) Qual o peso da perspetiva **Clientes** no BSC (Tabela 19.1)?

a. 20,1%;
b. 95,0%,
c. 20,0%;
d. 125%
e. Nenhum dos anteriores

BIBLIOGRAFIA DO CAPÍTULO

Bessire, D., & Baker, C. (2005). The French Tableau de bord and the American Balanced Scorecard: a critical analysis. *Critical Perspectives on Accounting*, 16(6), 645-664.

Bouquin H. (2003). *Le Controle de Gestion*. Edition PUF.

Bourguignon, A., Malleret, V., & Nørreklit, H. (2004). The American balanced scorecard versus the French tableau de bord: the ideological dimension. *Management Accounting Research*, 15(2), 107-134.

Bromwich, M. (1990). The case for strategic management accounting: The role of accounting information for strategy in competitive markets. *Accounting, Organizations and Society*, 15(1-2), 27-46.

Désiré-Luciani, M., Hirsch, D., Kacher, N., & Polossat, M. (2013). *Le Grand Livre du Contrôle de Gestion*. Eyrolles.

Dixon, R., & Smith, D. (1993). Strategic management accounting. *Omega*, 21(6), 605-618.

Dolgner, A., & Martins, A. (2004). O Balanced Scorecard: Uma Nota sobre a sua Aplicação. *Jornal de Contabilidade*, 332, 378-384.

Drury, C. (2021). *Management and Cost Accounting* (11th ed.). Cengage Learning College.

Edvinsson, L. (1997). Developing intellectual capital at Skandia. *Long Range Planning*, 30(3), 320-373.

Epstein, M., & Manzoni, J. (1998). Implementing corporate strategy: From Tableaux de Bord to balanced scorecards. *European Management Journal*, 16(2), 190–203.

Gomes, A. (2006). *O papel do Balanced Scorecard na avaliação de desempenho do Sistema Policial Português* (Dissertação de Mestrado em Contabilidade e Auditoria). Universidade do Minho. Braga.

Johnson H., & Kaplan R. (1987). The rise and fall of management accounting. *Management Accounting. Montvale*, 68(7), 22-30.

Jordan, H., Neves, J., & Rodrigues, J. (2021). *O Controlo de Gestão ao Serviço da Estratégia e dos Gestores* (11.ª ed.). Áreas Editora.

Kaplan, R. (1983). Measuring Manufacturing Performance: A New Challenge for Managerial Accounting Research. *The Accounting Review*, 58(4), 686–705.

Kaplan, R., & Norton, D. (1992). The balanced scorecard: measures that drive performance. *Harvard Business Review*, 70(1), 71-79.

Kaplan, R., & Norton, D. (1993). Putting the balanced scorecard to work. *Harvard Business Review*, 71(5), 134-147.

Kaplan R., & Norton, D. (1996a). *The Balanced Scorecard. Translating Strategy into Action*. Harvard Business School Press.

Kaplan, R., & Norton, D. (1996b). Using the balanced scorecard as a strategic management system. *Harvard Business Review*, 74(1), 76-85.

Kaplan R., & Norton, D. (1997). *The Balanced Scorecard.* Ediciones Deusto; Gestión, 2000.

Kaplan, R., & Norton, D. (2000). Having trouble with your strategy? Then map it. *Harvard Business Review*, 78(5), 167-176.

Kaplan, R., & Norton, D. (2001). *The Strategy Focused Organization – How Balanced Scorecard Companies Thrive in the New Business Environment*. Harvard Business School Press.

Kaplan, R., & Norton, D. (2004a). *Strategy Maps – Converting intangible Assets into tangible Outcomes*. Harvard Business School Press.

Kaplan, R., & Norton, D. (2004b). The strategy map: guide to aligning intangible assets. *Strategy & Leadership*, 32(5), 10–17.

Pires, R., Alves, M., & Rodrigues, L. (2017). Uma revisão da investigação em contabilidade de gestão estratégica: 2000-2014. *Revista Gestin*, 14/15, 355-368.

Pires, R, Alves, M. C., & Fernandes, C. (2020). Using Strategic Management Accounting Practices to Measure and Manage Intellectual Capital: A Proposal. In Farinha, L., Cruz, A. B., & Sebastião, J. R. (Ed.), *Handbook of Research on Accounting and Financial Studies* (pp. 37-62). IGI Global.

Quesado, P., Marques, S., Silva, R., & Ribeiro, A. (2022). The Balanced Scorecard as a strategic management tool in the textile sector. *Administrative Sciences*, 12(1), 38-62.

Quesado, P., Aibar-Guzmán, B., & Rodrigues, L. (2018). Advantages and Contributions in the Balanced Scorecard Implementation. *Intangible Capital*, 14(1), 186-201.

Quesado, P., Aibar-Guzmán, B., & Rodrigues, L. (2017a). Las relaciones de causa y efecto y el diseño de mapas estratégicos: un estudio empírico en organizaciones públicas y privadas portuguesas. Portuguese Journal of Finance, *Management and Accounting* (PJFMA), 3(5), 91-115.

Quesado, P., Rodrigues, L., & Aibar-Guzmán, B. (2017b). La incertidumbre percibida del entorno y el apoyo de la alta dirección en la implementación del Cuadro de Mando Integral. *Revista de Contabilidade e Controladoria*, 9(2), 11-22.

Quesado, P., Aibar-Guzmán, B., & Rodrigues, L. L. (2016a). Extrinsic and intrinsic factors in the Balanced Scorecard adoption: an empirical study in Portuguese organizations. *European Journal of Management & Business Economics*, 25(2), 47-55.

Quesado, P., Rodrigues, L., & Aibar-Guzmán, B. (2016b). Aspectos Críticos del Cuadro de Mando Integral: un Análisis Bibliográfico. *Revista Eletrônica de Estratégia & Negócios*, 9(3), 248-280.

Quesado, P., Aibar-Guzmán, B., & Rodrigues, L. (2014a). Determinant Factors of the Implementation of the Balanced Scorecard in Portugal: Empirical Evidence in Public and Private Organizations. *Revista Brasileira de Gestão de Negócios*, 16(51), 199-222.

Quesado, P., Rodrigues, L., & Aibar-Guzmán, B. (2014b). La Influencia de Factores Relativos a la Estrategia Organizativa y al Entorno en la Adopción del Cuadro de Mando Integral en Empresas Portuguesas. *Spanish Accounting Review*, 17(2), 163-173.

Quesado, P., Rodrigues, L., & Aibar-Guzmán, B. (2013). La Adopción del Cuadro de Mando Integral en Organizaciones Portuguesas: Variables Contingentes e Institucionales. *Intangible Capital*, 9(2), 491-525.

Quesado, P., Aibar-Guzmán, B., & Rodrigues, L. (2012). O Tableau de Bord e o Balanced Scorecard: Uma Análise Comparativa. *Revista de Contabilidade e Controladoria*, 4(2), 128-150.

Rashid, M., Ali, M., & Hossain, D. (2020a). Revisiting the relevance of strategic management accounting research. *PSU Research Review*, 4(2), 129-148.

Rashid, M., Ali, M., & Hossain, D. M. (2020b). Strategic management accounting practices: a literature review and opportunity for future research. *Asian Journal of Accounting Research*, 6(1), 109-132.

Roslender, R. (1995). Accounting for Strategic Positioning: Responding to the Crisis in Management Accounting. *British Journal of Management*, 6(1), 45-57.

Saraiva, H., &. Alves, M. (2015). The use of the Balanced Scorecard in Portugal: Evolution and effects on management changes in Portuguese large companies, Tékhne, 13(2), 82-94.

Saraiva, H., & Alves, M.C. (2017). A evolução do Balanced Scorecard – uma comparação com outros sistemas, HOLOS, 4, 185-200.

Sveiby, K. (1997). The Intangible Assets Monitor. *Journal of Human Resource Costing & Accounting*, 2(1), 73-97.

Simmonds, K. (1981). Strategic Management Accounting. *Management Accounting*, 59(4), 26-29.

Sousa, M., & Rodrigues, L.(2002). *O Balanced Scorecard – Um instrumento de Gestão Estratégica para o Século XXI*. Editora Rei dos Livros.

Weghe, V., & Bruggeman, W. (2004). Bonus and penalty contract acceptance in a balanced scorecard environment: a case study. In Epstein & Manzoni (Eds.), *Performance Measurement and Management Control: Superior Organizational Performance* (pp. 323-352). Emerald Publishing Limited.